Reese
Operations Management

Joachim Reese

Operations Management

Optimale Gestaltung
von Wertschöpfungsprozessen
in Unternehmen

Verlag Franz Vahlen München

ISBN 978-3-8006-4484-1

© 2013 Franz Vahlen GmbH, Wilhelmstraße 9, 80801 München
Satz: Fotosatz Buck, Zweikirchener Str. 7, 84036 Kumhausen
Druck und Bindung: Beltz Bad Langensalza GmbH
Neustädter Str. 1–4, 99947 Bad Langensalza
Umschlaggestaltung: Ralph Zimmermann – Bureau Parapluie
Bildnachweis: © endapack; © Dan Barnes; © Maria Toutoudaki – istockphoto.com

Gedruckt auf säurefreiem, alterungsbeständigem Papier
(hergestellt aus chlorfrei gebleichtem Zellstoff)

Vorwort

Operations Management betrifft uns alle, die wir Entscheidungen im täglichen Leben treffen und damit Tätigkeiten („Operations") vorbereiten. Es ist eine zentrale Aufgabe, die unsere besondere Aufmerksamkeit verdient. Das heißt aber nicht, dass dieses Buch eine „How to do"-Lektüre für jedermann sein soll, der Managementaufgaben im privaten oder beruflichen Bereich übernimmt. Ziel des Buches ist es vielmehr, denjenigen Zugang zum Operations Management, seinen Problemen, Methoden und Lösungen zu verschaffen, die sich auf wissenschaftlichem Niveau mit Management befassen, vor allem natürlich Studierenden an Hochschulen und anderen Institutionen der akademischen Aus- und Weiterbildung.

Aus meiner Sicht ist es unbedingt erforderlich, diesen Zugang so attraktiv wie möglich zu gestalten, ohne dabei die wissenschaftlichen Ausbildungsziele aus dem Auge zu verlieren. Das Buch soll deshalb auch kein „State-of-the-art"-Werk sein, obwohl in ihm zahlreiche Ansätze des Operations Management zusammengeführt werden, die in der Literatur besondere Aufmerksamkeit gefunden haben. Es basiert vielmehr auf einer subjektiven Sicht auf das Untersuchungsobjekt. Dabei werden langjährige Erfahrungen an verschiedenen Universitäten berücksichtigt. Die ausgewählten Themenbereiche sind so geordnet und strukturiert, wie es m. E. die Anwendung in einer Management-Umgebung erleichtert und gut nachvollziehbar machen. Dabei liegt ein umfassender Managementbegriff zugrunde, der sowohl operative als auch strategische Facetten besitzt und Management im Sinne von Organisation, Planung und Information interpretiert. Natürlich gibt es andere Sichtweisen und dementsprechend auch andere Lehrbücher zum „Operations Management". Jeder Lernende hat demzufolge die Auswahl zu treffen, welcher Ansatz ihm am meisten entgegenkommt und sein Verständnis von der Materie am ehesten fördert.

Der Ursprung dieses Buches ist zweigeteilt. Zum einen stellt die inzwischen auch an deutschen Hochschulen übliche Bachelor- und Masterausbildung eine Herausforderung dar, die Lücke zwischen wissenschaftlichem Anspruch und praktisch verwertbarem Wissen besser zu schließen. Zum anderen sollen die einzelnen Unternehmens- und Managementtheorien nicht außer Acht bleiben. Insbesondere gilt das sowohl für die Erkenntnisse der Theorie der Unternehmung, die im Umgang mit der Allgemeinen Betriebswirtschaftslehre im deutschen Sprachraum gewonnen wurden, als auch für die Anwendung weiterer Unternehmenstheorien, die das Operations Management über differenzierte Verhaltens- und Wettbewerbskalküle erheblich beeinflusst haben. So soll sich das Buch auch dem Leser zuwenden, der eine andere Vertiefung – zum Beispiel in Richtung Finance Management oder Human Resources Management – vor bzw. hinter sich hat, aber gleichzeitig über den allgemeinen managementtheoretischen Blickwinkel verfügt.

Vorwort

Das Entstehen des Buches ist vor allem zahlreichen Diskussionen mit vielen Personen im Umfeld von Wissenschaft und Praxis zu verdanken. So sind die Entwürfe immer wieder Kollegen, Assistenten und Studierenden zur Verfügung gestellt worden, deren Rückmeldungen stets wertvolle Anregungen für die Weiterentwicklung der Darstellungen lieferten. Mein besonderer Dank gilt an dieser Stelle besonders all denen, die sich der Mühe unterzogen haben, an diesem Projekt intensiv mitzuwirken. Lars Tiedemann hat mir in vielen Diskussionen nicht nur geholfen, in zahlreichen Passagen die richtige Ansprache an den Leser zu finden; er war außerdem maßgeblich an der Auswahl und Formulierung von Beispielen beteiligt und hat weitgehend die redaktionellen Aufgaben übernommen. Roland Geisel, Kateryna Gerwin, Michael Noeske, Rainer Paffrath, Björn Saggau, Silke Schätzer, Patrick Urban, Marco Waage und Claudia Werner haben während ihrer Zeit in Lüneburg Material zusammengetragen, Übungsaufgaben entwickelt und waren immer ansprechbar, wenn es darum ging, den Stoff verständlich aufzubereiten. Justus Kayser hat sich verantwortlich um die Endredaktion gekümmert. Brigitte Stoevesandt musste viele hundert Seiten schreiben, bevor das Buch in der jetzt vorliegenden Form erscheinen konnte. Maike Hugendick hat diese Arbeit fortgeführt und zu Ende gebracht. Christopher Wulff, Lennart Pomreinke und Stefan Koch haben mit viel Geduld die Abbildungen, Tabellen und Formeln bearbeitet sowie Texte neu formatiert, bis das Ergebnis die jetzt veröffentlichte Form aufwies. Ihnen allen sei an dieser Stelle noch einmal herzlich für ihr großes Engagement gedankt.

Es bleibt nun vor allem der Wunsch bzw. die Hoffnung, dass sich unsere Arbeit gelohnt hat und das Buch von seinen Lesern wohlwollend aufgenommen wird. Wenn es gelingt, die Bedeutung und die Attraktivität des Operations Management durch die Texte und Beispiele einigermaßen gut sichtbar zu machen und den ein oder anderen anzuregen, sich diesem Bereich noch weiter zu öffnen, so wäre ein Hauptanliegen des Buches erfüllt. In diesem Sinn wünsche ich allen Lesern eine angenehme, fruchtbare Lektüre.

Lüneburg, November 2012

Joachim Reese

Inhaltsübersicht

Vorwort..	V
Inhaltsverzeichnis..	IX
Über den Autor...	XV

1 Einleitung... 1
   1.1 Was ist Operations Management?............................. 1
   1.2 Entwicklungen des Operations Managements 2
   1.3 Inhalt und Aufbau des Buches 6
   1.4 Zur Lektüre des Buches 7

2 Institutioneller Rahmen des Operations Managements 9
   2.1 Vorbemerkungen 9
   2.2 Global Sourcing 11
   2.3 Total Quality Management 30
   2.4 Netzwerkmanagement...................................... 44
   2.5 Electronic Procurement 56

3 Integrationskonzepte des Operations Managements................ 75
   3.1 Vorbemerkungen 75
   3.2 Umfang des Operations Managements 77
   3.3 Horizontale und vertikale Integration 96
   3.4 Hierarchische Integration 113
   3.5 Bestandsregelung.. 125

4 Informationsbasiertes Operations Management..................... 167
   4.1 Vorbemerkungen 167
   4.2 Angebotsbearbeitung und Auftragserfassung.................. 170
   4.3 Bedarfsauflösung und Bedarfsverfolgung...................... 193
   4.4 Auftrags- und Kapazitätsterminierung 211
   4.5 Werkstattsteuerung 227

5 Planungszentriertes Operations Management...................... 243
   5.1 Vorbemerkungen 243
   5.2 Planung des Produktionsprogramms.......................... 247
   5.3 Planung der Produktionslose 294
   5.4 Planung der Produktionstermine und Produktionskapazitäten 316
   5.5 Maschinenbelegungsplanung und Fließbandabgleich 333
   5.6 Disposition der Teilebestände 363

5.7 Ermittlung der Teilebedarfe.................................. 385
5.8 Beschaffungsmarketing..................................... 425
5.9 Planung von Bestellmenge und Bestellzeitpunkt 440

Quellenverzeichnis.. 465

Sachverzeichnis.. 471

Inhaltsverzeichnis

Vorwort V

Inhaltsübersicht VII

Über den Autor XV

1 Einleitung 1
  1.1 Was ist Operations Management? 1
  1.2 Entwicklungen des Operations Managements 2
  1.3 Inhalt und Aufbau des Buches 6
  1.4 Zur Lektüre des Buches 7

2 Institutioneller Rahmen des Operations Managements 9
  2.1 Vorbemerkungen 9
  2.2 Global Sourcing 11
    2.2.1 Einführung 11
    2.2.2 Notwendigkeit und Formen internationaler Beschaffungsaktivitäten 12
    2.2.3 Management des Global Sourcings 20
    2.2.4 Chancen und Risiken des Global Sourcings 24
    2.2.5 Zusammenfassung 28
    2.2.6 Fragen zur Wiederholung 29
    2.2.7 Literaturempfehlungen zur Vertiefung 29
  2.3 Total Quality Management 30
    2.3.1 Einführung 30
    2.3.2 Allgemeine Definitionen und Konzepte 30
    2.3.3 Erfolgswirkungen des Qualitätsmanagements 39
    2.3.4 Zusammenfassung 43
    2.3.5 Fragen zur Wiederholung 43
    2.3.6 Literaturempfehlungen zur Vertiefung 43
  2.4 Netzwerkmanagement 44
    2.4.1 Einführung 44
    2.4.2 Begriff und Erscheinungsformen 45
    2.4.3 Aufgaben auf der Netzwerkebene 49
    2.4.4 Netzwerkinduzierte Aufgabenerweiterung auf Unternehmensebene 54
    2.4.5 Zusammenfassung 54
    2.4.6 Fragen zur Wiederholung 55
    2.4.7 Aufgaben zur Übung 56
    2.4.8 Literaturempfehlungen zur Vertiefung 56

Inhaltsverzeichnis

2.5 Electronic Procurement	56
2.5.1 Einführung	56
2.5.2 Transaktionen auf elektronischen Märkten	57
2.5.3 Modelle des E-Procurements	60
2.5.4 Chancen und Grenzen des E-Procurements	66
2.5.5 Beschaffungsagenten	68
2.5.6 Beschaffungssicherheit bei E-Procurement	70
2.5.7 Zusammenfassung	72
2.5.8 Fragen zur Wiederholung	73
2.5.9 Literaturempfehlungen zur Vertiefung	74
3 Integrationskonzepte des Operations Managements	**75**
3.1 Vorbemerkungen	75
3.2 Umfang des Operations Managements	77
3.2.1 Einführung	77
3.2.2 Objekte des Operations Managements	78
3.2.3 Markt- und Unternehmensbedingungen	85
3.2.4 Zielsystem	87
3.2.5 Zusammenfassung	93
3.2.6 Fragen zur Wiederholung	93
3.2.7 Aufgaben zur Übung	94
3.2.8 Literaturempfehlungen zur Vertiefung	96
3.3 Horizontale und vertikale Integration	96
3.3.1 Einführung	96
3.3.2 Simultansystem	97
3.3.3 MRP-System	99
3.3.4 PPS-System	102
3.3.5 OPT-System	105
3.3.6 CIM-System	107
3.3.7 Zusammenfassung	112
3.3.8 Fragen zur Wiederholung	113
3.3.9 Literaturempfehlungen zur Vertiefung	113
3.4 Hierarchische Integration	113
3.4.1 Einführung	113
3.4.2 Hierarchisches System	114
3.4.3 HAX-MEAL-Modell	116
3.4.4 Zusammenfassung	123
3.4.5 Fragen zur Wiederholung	123
3.4.6 Aufgaben zur Übung	124
3.4.7 Literaturempfehlungen zur Vertiefung	125
3.5 Bestandsregelung	125
3.5.1 Einführung	125
3.5.2 System der Bestandsregelung	126
3.5.3 Belastungsorientierte Auftragsfreigabe	129
3.5.4 Fortschrittszahlen	134
3.5.5 Just-in-Time-System	138
3.5.6 Kanban-System	146

3.5.7	Zusammenfassung	161
3.5.8	Fragen zur Wiederholung	162
3.5.9	Aufgaben zur Übung	162
3.5.10	Literaturempfehlungen zur Vertiefung	165

4 Informationsbasiertes Operations Management 167

4.1	Vorbemerkungen	167
4.2	Angebotsbearbeitung und Auftragserfassung	170
4.2.1	Einführung	170
4.2.2	Grunddatenverwaltung	170
4.2.3	Anfragebearbeitung und Angebotserstellung	173
4.2.4	Auftragserfassung und -prüfung	184
4.2.5	Zusammenfassung	190
4.2.6	Fragen zur Wiederholung	191
4.2.7	Aufgaben zur Übung	191
4.2.8	Literaturempfehlungen zur Vertiefung	193
4.3	Bedarfsauflösung und Bedarfsverfolgung	193
4.3.1	Einführung	193
4.3.2	Stücklistenverwaltung	194
4.3.3	Bedarfsauflösung und -bündelung	200
4.3.4	Bedarfsverfolgung	203
4.3.5	Zusammenfassung	208
4.3.6	Fragen zur Wiederholung	209
4.3.7	Aufgaben zur Übung	209
4.3.8	Literaturempfehlungen zur Vertiefung	211
4.4	Auftrags- und Kapazitätsterminierung	211
4.4.1	Einführung	211
4.4.2	Verwaltung der Kapazitäts-, Ablauf- und Zeitdaten	212
4.4.3	Auftragsterminierung	218
4.4.4	Kapazitätsabgleich	219
4.4.5	Verfügbarkeitsprüfung und Auftragsfreigabe	222
4.4.6	Zusammenfassung	224
4.4.7	Fragen zur Wiederholung	225
4.4.8	Aufgaben zur Übung	226
4.4.9	Literaturempfehlungen zur Vertiefung	227
4.5	Werkstattsteuerung	227
4.5.1	Einführung	227
4.5.2	Feinterminierung	227
4.5.3	Qualitätssicherung	233
4.5.4	Instandhaltung	237
4.5.5	Betriebsdatenerfassung	239
4.5.6	Zusammenfassung	241
4.5.7	Fragen zur Wiederholung	241
4.5.8	Literaturempfehlungen zur Vertiefung	242

5 Planungszentriertes Operations Management 243

- 5.1 Vorbemerkungen 243
  - 5.1.1 Planungsaufgaben 243
  - 5.1.2 Gestaltung des Planungsprozesses 244
- 5.2 Planung des Produktionsprogramms 247
  - 5.2.1 Einführung 247
  - 5.2.2 Rahmenbedingungen 248
  - 5.2.3 Ziele der Programmplanung 250
  - 5.2.4 Standardansätze 251
  - 5.2.5 Planung bei Existenz konfliktärer Ziele 270
  - 5.2.6 Stochastische Planung 277
  - 5.2.7 Planung bei Kuppelproduktion 283
  - 5.2.8 Planung bei mehrstufiger Fertigung und Verfahrensalternativen . 286
  - 5.2.9 Zusammenfassung 291
  - 5.2.10 Fragen zur Wiederholung 292
  - 5.2.11 Aufgaben zur Übung 293
  - 5.2.12 Literaturempfehlungen zur Vertiefung 294
- 5.3 Planung der Produktionslose 294
  - 5.3.1 Einführung 294
  - 5.3.2 Standardansatz 295
  - 5.3.3 Dynamische Planung 297
  - 5.3.4 Heuristische Planungsverfahren 301
  - 5.3.5 Planung bei mehreren Produkten und beschränkten Kapazitäten. 308
  - 5.3.6 Zusammenfassung 313
  - 5.3.7 Fragen zur Wiederholung 314
  - 5.3.8 Aufgaben zur Übung 314
  - 5.3.9 Literaturempfehlungen zur Vertiefung 315
- 5.4 Planung der Produktionstermine und Produktionskapazitäten 316
  - 5.4.1 Einführung 316
  - 5.4.2 Standardansatz 317
  - 5.4.3 Planung des Kapazitätsangebots 323
  - 5.4.4 Mehrauftragsplanung 327
  - 5.4.5 Zusammenfassung 330
  - 5.4.6 Fragen zur Wiederholung 331
  - 5.4.7 Aufgaben zur Übung 331
  - 5.4.8 Literatur zur Vertiefung 333
- 5.5 Maschinenbelegungsplanung und Fließbandabgleich 333
  - 5.5.1 Einführung 333
  - 5.5.2 Ziele der Maschinenbelegungsplanung 336
  - 5.5.3 Standardansätze 337
  - 5.5.4 Heuristische Verfahren 346
  - 5.5.5 Prioritätsregeln 349
  - 5.5.6 Fließbandabgleich 351
  - 5.5.7 Zusammenfassung 360
  - 5.5.8 Fragen zur Wiederholung 361
  - 5.5.9 Aufgaben zur Übung 361
  - 5.5.10 Literatur zur Vertiefung 363

5.6 Disposition der Teilebestände 363
    5.6.1 Einführung 363
    5.6.2 Bestandsgrößen 364
    5.6.3 Bestandserfassung 369
    5.6.4 Bestandscontrolling 373
    5.6.5 Bestandsplanung 376
    5.6.6 Zusammenfassung 382
    5.6.7 Fragen zur Wiederholung 382
    5.6.8 Aufgaben zur Übung 383
    5.6.9 Literaturempfehlungen zur Vertiefung 384
5.7 Ermittlung der Teilebedarfe 385
    5.7.1 Einführung 385
    5.7.2 Verbrauchsorientierte Bedarfsermittlung 386
    5.7.3 Programmorientierte Bedarfsermittlung 404
    5.7.4 Zusammenfassung 421
    5.7.5 Fragen zur Wiederholung 422
    5.7.6 Aufgaben zur Übung 423
    5.7.7 Literaturempfehlungen zur Vertiefung 424
5.8 Beschaffungsmarketing 425
    5.8.1 Einführung 425
    5.8.2 Eigenfertigung oder Fremdbezug 425
    5.8.3 Lieferantenauswahl 428
    5.8.4 Zusammenfassung 436
    5.8.5 Fragen zur Wiederholung 437
    5.8.6 Aufgaben zur Übung 438
    5.8.7 Literaturempfehlungen zur Vertiefung 439
5.9 Planung von Bestellmenge und Bestellzeitpunkt 440
    5.9.1 Einführung 440
    5.9.2 Bestellpolitiken 440
    5.9.3 Deterministische Planung 445
    5.9.4 Stochastische Planung 457
    5.9.5 Zusammenfassung 461
    5.9.6 Fragen zur Wiederholung 461
    5.9.7 Aufgaben zur Übung 462
    5.9.8 Literaturempfehlungen zur Vertiefung 463

Quellenverzeichnis 465

Sachverzeichnis 471

Über den Autor

Joachim Reese ist Universitätsprofessor für Betriebswirtschaftslehre, insbesondere Produktion und Wirtschaftsinformatik am Institut für Unternehmensentwicklung (Bereich Operations Management) der Leuphana Universität Lüneburg. Sein Studium der Mathematik, Informatik und Wirtschaftswissenschaften an der Universität Bonn schloss er 1976 als Diplom-Volkswirt ab. Nach Promotion (1980) und Habilitation (1987) an der FernUniversität in Hagen übernahm er 1988 eine Professur an der Universität Bonn, bevor er 1992 einem Ruf an die Universität Lüneburg folgte. Joachim Reese war von 2001 bis 2004 als Vizepräsident für die Entwicklung der Lehre an der Leuphana Universität Lüneburg zuständig. Von 2004 bis 2010 war er Vorsitzender der Erich-Gutenberg-Arbeitsgemeinschaft.

Joachim Reese befasst sich in seinem wissenschaftlichen Werk hauptsächlich mit Problemen des Produktions-, Informations-, Logistik- und Umweltmanagements sowie mit der Entwicklung und Anwendung von Unternehmens- und Organisationstheorien. Hierzu liegen zahlreiche Veröffentlichungen in nationalen und internationalen Zeitschriften vor. Seine einschlägigen Hauptwerke sind das Lehrbuch *Wirtschaftsinformatik*, die *Theorie der Organisationsbewertung*, die *Industrielle Produktentwicklung*, die *Essays on Production Theory and Planning* sowie die Bücher *Supply Chain Management and Reverse Logistics* und *Supply Chain Management – Eine experimentelle Studie*.

1 Einleitung

1.1 Was ist Operations Management?

Der Begriff Operations Management stammt ursprünglich aus der angloamerikanischen Literatur. Während die deutsche Betriebswirtschaftslehre seit Jahrzehnten eher einer funktionalen Gliederung folgt, in der beispielsweise zwischen Beschaffung, Produktion und Absatz unterschieden wird, tendiert die international ausgerichtete Business Economics seit langem zu einer integrierten Sichtweise, mit der die realen Probleme eines Unternehmens ganzheitlich dargestellt, analysiert und Lösungen zugeführt werden sollen. Diese Absicht verbirgt sich auch hinter anderen Fachdisziplinen wie zum Beispiel Organizational Behavior, Human Resources Management, Management of Information Systems, Finance Management oder Supply Chain Management, die jeweils komplexe Bereiche wirtschaftlichen Handelns umfassen und in einem geschlossenen Ansatz zu bewältigen versuchen.

Gegenstand des Operations Managements sind grundsätzlich die Leistungsprozesse in Produktions- und Dienstleistungsunternehmen, die sich der betrieblichen Entstehung und Verwendung von Gütern widmen. Solche „Operations" sind das Herzstück eines jeden Unternehmens, da sie den eigentlichen Wertschöpfungsprozess abbilden. Volkswirtschaften, in denen Wertschöpfung nicht in ausreichendem Umfang stattfindet und in denen vornehmlich Handel betrieben wird, sind auf Dauer nicht überlebensfähig.

Die Leistungsprozesse, die im Operations Management betrachtet werden, beziehen sich auf die gesamte Wertschöpfungskette. Sie sind in dem Sinne komplex und heterogen, dass eine Vielzahl von Güter- sowie Prozessarten zu unterscheiden ist und darüber hinaus die Gewichtung der Betrachtung wesentlich von den Umständen abhängt, unter denen ein Unternehmen agiert.

Operations Management heißt auch, dass aus ökonomischer Sicht ein erhebliches Gestaltungspotenzial vorhanden ist, welches unter einer zugrunde liegenden Wettbewerbssituation bestmöglich genutzt werden sollte. Dazu offeriert das Operations Management entsprechende Gestaltungsparameter, wie etwa die dispositiven Größen der Organisation, Information und Planung. Mit ihrer Ausgestaltung hinsichtlich der einzelnen Teilprozesse entscheidet sich der Erfolg bzw. Misserfolg eines Unternehmens. Die Organisation ist deshalb wichtig, weil sie vor allem die Zuständigkeiten und Bedingungen für Transformationsprozesse regelt. Mit der Information wird sichergestellt, dass das vorhandene Wissen in den Prozessen bestmöglich genutzt wird. Planung vermeidet, dass Güter verschwendet werden.

Mit Operations Management werden Probleme sichtbar, die bei einer ausschließlich funktionenorientierten Sichtweise, wie sie etwa das Produktionsmanagement verfolgt, verdeckt geblieben wären. Hierzu zählen insbesondere alle Abstimmungs- bzw. Koordinationsprobleme mit externen und internen Partnern, die Konsequenzen in Bezug auf die Leistungsprozesse und das Gestaltungspotenzial des Unternehmens besitzen. Natürlich gibt es weiterhin Schnittstellen zu den Führungsprozessen und anderen Prozessen, die nicht zum Operations Management gerechnet werden können, aber dennoch Einfluss auf die dort getroffenen Entscheidungen nehmen. Abbildung 1.1.1 liefert eine Veranschaulichung der Abgrenzung des Operations Managements, wie sie hier zugrunde liegt.

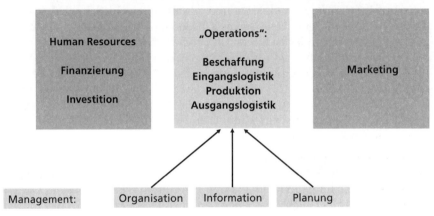

Abbildung 1.1.1: Operations Management

1.2 Entwicklungen des Operations Managements

Operations Management ist nicht nur eine wichtige und faszinierende, sondern zugleich auch geschichtsträchtige Unternehmensaufgabe, die ihre Wurzeln eigentlich schon in der industriellen Revolution zum Ende des 18. Jahrhunderts hat. Bereits mit der wissenschaftlichen Untersuchung der Arbeitsteilung durch ADAM SMITH (1776) ergaben sich auf künstliche Weise Operations, die im Hinblick auf die Verfolgung ökonomischer Ziele bestmöglich zu gestalten und aufeinander abzustimmen waren. Erst durch die effiziente und effektive Gestaltung der Operations wurden die Unternehmen für die aufkommende Marktwirtschaft gerüstet und somit wettbewerbsfähig. Als Maß für den Erfolg des Operations Managements wurden recht bald die in den Betrieben und Werkstätten entstehenden Kosten entdeckt und genau analysiert.

1.2 Entwicklungen des Operations Managements

Die erste Phase des Operations Managements währte recht lang und überdauerte das ganze 19. Jahrhundert. Sie gipfelte schließlich im Scientific Management, das man vor allem mit FREDERICK W. TAYLOR (1911) verbindet, dessen Anliegen es war, Operations systematisch zu spezifizieren und zu optimieren. Der praktische Nutzen dieser Forschung ist am Beispiel von HENRY FORD sichtbar geworden, der für die Automobilproduktion ein ausgeklügeltes Operationensystem schuf und mit seinem T-Modell (Tin Lizzy) 1913 erstmals ein Automobil produzierte, das für den amerikanischen Durchschnittsbürger erschwinglich und so zu einem Massenprodukt wurde. Bewährte Methoden des Operations Managements waren seinerzeit noch einfache mathematische Formeln wie die Losgrößenformel von FORD W. HARRIS (1913) oder graphische Darstellungen wie das Ablaufdiagramm von HENRY L. GANTT (1913).

In den 30er Jahren des 20. Jahrhunderts rückten dann die Human Relations in den Vordergrund der Managementüberlegungen. Operations Management war nicht länger auf die Gestaltung der Abläufe in den Operational Units fixiert. Vor allem ELTON MAYO (1933), FRITZ J. ROETHLISBERGER, WILLIAM J. DICKSON (1939) und ihre Kollegen wiesen in den so genannten Hawthorne-Experimenten empirisch nach, dass die Arbeitsbedingungen einen nachhaltigen Einfluss auf die Effizienz und Effektivität der Ausübung von Operationen hatten. Deshalb hieß es, diese Bedingungen so zu verbessern, dass die vom Scientific Management analysierten Abfolgen auch bestmöglich realisiert werden konnten.

In der Mitte des letzten Jahrhunderts nahm das Interesse am Operations Management weiter zu. Während sich bis dahin vor allem Ingenieure mit den einschlägigen Fragen beschäftigt hatten, wandten sich nun auch Mathematiker und mathematisch versierte Ökonomen den Problemen zu und entwickelten hierzu anspruchsvolle Lösungsverfahren auf der Grundlage mathematischer Methoden. Es entstanden eigenständige wissenschaftliche Disziplinen, die als Operations Research und Management Science bezeichnet werden. Prototyp einer äußerst erfolgreichen Methodik wurde die Lineare Programmierung, zu der GEORGE B. DANTZIG (1963) einen Simplex-Algorithmus entwickelte, mit dem bestimmte Probleme des Operations Managements zuverlässig und in begrenzter Zeit optimal gelöst werden können. Während die Mathematisierung der Disziplin zunahm und es immer mehr Aufgabe von Spezialisten wurde, Methoden zu entwickeln, welche praktische Probleme lösen konnten, entstanden zugleich auch die ersten umfassenden Lehrbücher, in denen die Probleme sowie die Methoden des Operations Managements für Studierende systematisch aufbereitet wurden. Zu den Pionieren auf diesem Gebiet zählen EDWARD H. BOWMAN und ROBERT B. FETTER (1957) sowie ELWOOD S. BUFFA (1961), deren Bücher auch heute noch lesenswert sind. Mit der Verbreitung dieser und anderer Textbooks wurde auch die Bezeichnung Operations Management populär und für die Wissenschaft ebenso wie für das Management von Unternehmen griffig. Die zentralen Themen dieser Zeit, die mit Hilfe des Operations Managements behandelt werden sollten, waren die Produkt- und Prozessgestaltung im weitesten Sinne. Dabei lagen nach wie vor die operativen Ziele der effizienten Gestaltung von Operations zugrunde, wonach keine Ressourcen verschwendet werden sollten bzw. eine höchstmögliche Ausbeutung der eingesetzten Ressourcen angestrebt wurde. An den angloamerikanischen Universitäten wurde Operations Management seinerzeit zum Standardlehrangebot der wirtschaftswissenschaftlichen Ausbildung für die Studierenden, die eine Managementkarriere in der Praxis anstrebten. Dass dies nicht erfolglos war, zeigt eine Erhebung aus den 80er Jahren, wonach die Chief Executive Officers (CEOs) der großen amerikanischen Unternehmen ihre Managerlaufbahn größtenteils im Bereich des Operations Managements begonnen hatten. Erst danach kamen die CEOs aus anderen Bereichen, wie zum Beispiel Marketing, Finance Management oder Law (vgl. KRAJEWSKI/RITZMAN 1987). Angesichts einer eher theoretischen und funktionenorientierten Betriebswirtschaftslehre ist der Boom des Operations Managements an deutschen Universitäten nicht besonders spürbar gewesen und oft genug konsequenzlos vorübergegangen. Zwar wurden die Methoden des Operations Research unterrichtet, doch hielt sich das Interesse hieran angesichts des hohen mathematischen Schwierigkeitsgrads in Grenzen. Durch die starke Gliederung des Faches blieben die Effekte einer holistischen Sichtweise, wie sie insbesondere in England und den USA betrieben wurde, weitgehend wirkungslos.

In den 60er Jahren und auch danach musste sich das Operations Management einer anderen Sichtweise erwehren, nach der sich die Rolle des Operational Managers nicht nur auf die so genannten Skills beschränken durfte. Vielmehr war der Manager in seinem Handeln auch von seinen eigenen Zielen geleitet, so dass das Managerial Behavior Einzug in die Denkwelt des Operations Managements hielt. Dass dies gelungen ist, wurde in der Folgezeit daran deutlich, dass mechanistische Sichtweisen aufgelöst wurden, zum Beispiel Zielkonflikte oder allgemeine Zielorientierungen im Sinne eines Multiple Criteria Decision Making, in den Managementprozess integriert wurden.

In den 70er und 80er Jahren beobachten wir Entwicklungen des Operations Managements hin zu einer komplexen, integrierenden Disziplin. So wurde der Computerisierung der Gesellschaft im Sinne einer Information Science Rechnung getragen, die Systeme wie das Material Requirements Planning von JOSEPH ORLICKY (1975) oder das Manufacturing Resource Planning von OLIVER WIGHT (1981) hervorgebracht hat, welche das mathematische Planungsparadigma des Operations Managements abgelöst und ein EDV-gestütztes Informationsparadigma installiert haben.

Eine weitere Entwicklung bestand darin, dass das reine Kostendenken des Operations Managements um Qualitätsziele ergänzt wurde. Die vor allem von JOSEPH M. JURAN (1951) und W. EDWARDS DEMING (1982) geforderte totale Qualitätsoffensive hatte zur Folge, dass die Operations in vielen praktischen Bereichen völlig neu gestaltet wurden und in der Folgezeit Operations Management bisweilen gar als Quality Management interpretiert wurde. Konsequenterweise wurden völlig neuartige Methoden, wie etwa Qualitätszirkel, implementiert, mit denen Operations bis hin zur Null-Fehler-Produktion entwickelt werden sollten.

Neue Impulse hat das Operations Management in den späten 80er Jahren durch die Entwicklung von Methoden erhalten, die besonders flexible Operationen

1.2 Entwicklungen des Operations Managements

unterstützen. Damit wurde insbesondere der wachsenden Dynamik von Märkten Rechnung getragen. Während bis dahin das Wachstum und der Fortschritt im Operations Management vor allem der amerikanischen Forschung zuzuschreiben waren, wurde die Einbeziehung der Flexibilität (Quick Response) in bemerkenswerter Weise durch die Erfolge in der japanischen Industrie forciert. Infolge eines zeitgerechten Operations Managements, das sich etwa den Gedanken der Lean Production zu eigen machte, wuchs der Anteil der japanischen Automobilhersteller am weltweiten Gesamtumsatz der Branche von 3 % in 1960 auf 30 % in 1990. Zunächst lange Zeit zurückhaltend beobachtete Konzepte des Operations Managements wie zum Beispiel das Kanban-System, das bereits seit den frühen 60er Jahren existierte, rückten mehr und mehr in den Mittelpunkt des Interesses. Zugleich erhielt das Operations Management eine wesentliche strategische Bedeutung, die ihm lange Zeit wegen seiner vornehmlichen Methodenorientierung versagt geblieben war. Das Berufsbild des Operational Managers wurde zunehmend komplex, die Aufgaben entwickelten sich mehr und mehr auch zu strategischen Aufgaben.

Aus heutiger Sicht sind es vor allem drei Faktoren, die den Erfolg des Operations Managements in Zukunft wesentlich determinieren werden. Erstens wird Operations Management als Information Science permanent weiter zu entwickeln sein. Es ist zu prüfen, in welcher Form Online Operations unter den erweiterten Zielsetzungen in Betracht kommen, um die Effzienz und Qualität von Managemententscheidungen weiter zu erhöhen. In vielerlei Hinsicht – wie etwa beim E-Commerce – sind die Arbeiten bereits in vollem Gange. Zweitens stellt die Globalisierung für das Operations Management eine große Herausforderung dar. In Verbindung mit Netzwerkstrukturen werden Global Operations bzw. Interorganizational Operations zu definieren sein, für die völlig neuartige Rahmenbedingungen gelten. Auch hier sind wichtige Entwicklungen des Operations Managements – wie zum Beispiel das Supply Chain Management – heute bereits zu beobachten. Dass solche Managementkonzepte weitreichende Konsequenzen haben und deswegen einer strategischen Orientierung bedürfen, ist unzweifelhaft. Drittens wird die Zukunft des Operations Managements in wesentlichem Umfang auch die Service Operations umfassen. Services beanspruchen heute bereits nahezu 70 % aller Operations, ohne dass gleichzeitig die Konzepte und Methoden des Operations Managements in demselben Umfang gewachsen wären. Information ist zwar ein wichtiger Service, der auch in diesem Buch ausführlich behandelt wird. Jedoch bleibt es der weiteren Entwicklung des Operations Managements vorbehalten, die vorhandenen Ansätze für allgemeine Services zu überprüfen, zu übernehmen bzw. zu modifizieren.

Wenn wir die Entwicklungen des Operations Managements in den letzten 50 Jahren zu einer Prognose heranziehen, so wird diese Disziplin auch in den kommenden Jahrzehnten Wirtschaft und Gesellschaft in prominenter Weise beschäftigen. Nur wenn es gelingt, die zum großen Teil noch unbekannten Herausforderungen des Operations Managements zu bewältigen, besteht eine gute Chance, die gegenwärtig in den Industrienationen vorhandene Prosperität zu wahren oder weiter auszubauen.

1.3 Inhalt und Aufbau des Buches

Das Buch ist so aufgebaut, dass grundlegende Managementüberlegungen zu Beginn behandelt werden und dann mit fortschreitender Lektüre eine Erörterung einzelner, detaillierter Managementprozesse und -instrumente erfolgt. Eingangs wird Fragen nachgegangen, die dem Organisationsbedürfnis der Leistungsprozesse entsprechen und zugleich den Rahmen für weitere Managementaktivitäten bilden (Kapitel 2 und 3). Im Anschluss daran wird vor allem dem Informationsbedürfnis der Entscheidungsträger Rechnung getragen (Kapitel 4), bevor Modelle und Verfahren der Planung von Leistungsprozessen vorgestellt werden (Kapitel 5).

Kapitel 2 widmet sich den aktuellen Trends im Operations Management, die seit einiger Zeit zu beobachten sind und sicherlich auch in Zukunft eine erhebliche Rolle spielen werden. Sie stellen die Unternehmen vor große Herausforderungen, da die Leistungsprozesse vor diesem Hintergrund in einem völlig neuen Licht erscheinen. So stellt die Globalisierung der Wirtschaftsprozesse die Unternehmen geradezu vor existentielle Entscheidungen über den Bezug, die Herstellung und die Verwertung ihrer Produkte. Im Qualitätswesen sind die Entwicklungen im letzten Jahrzehnt ebenfalls bahnbrechend gewesen. Nur mit umfassenden, prozessbegleitenden Maßnahmen zur Qualitätssicherung bzw. -verbesserung lässt sich die Stellung im Wettbewerb behaupten. Dieser Wettbewerb äußert sich längst nicht mehr allein durch die Marktstellung eines Unternehmens. Immer mehr Unternehmen treten Netzwerkverbünden bei, in denen eine dauerhafte Kooperation angestrebt wird. Dabei sind die hierdurch entstehenden überbetrieblichen Leistungsprozesse nur mit Hilfe einer leistungsfähigen Datenverarbeitung und Datenübertragung zu gewährleisten, so dass ein großer Teil der Aktivitäten über den elektronischen Weg abgewickelt wird.

In Kapitel 3 werden die verschiedenen Konzepte des Operations Managements beschrieben und hinsichtlich ihrer Einsatzfähigkeit analysiert. Ausgangspunkt solcher Überlegungen sind stets das Zielsystem und der Objektumfang der Betrachtungen. Unter diesem Blickwinkel kommt es zu mehreren Möglichkeiten eines integrierten Managements, die vom klassischen Simultansystem bis hin zum modernen PPS-System reichen. Eine besondere Form der Abstimmung bietet der hierarchische Ansatz, in dem die einzelnen Leistungsprozesse hinsichtlich der Managementebenen differenziert und integriert werden. Soweit das Operations Management überhaupt auf komplexe Integrationsmechanismen verzichten kann, kommen für Transformationsprozesse alternativ Bestandsregelungen in Betracht, die unter der Bezeichnung „Produktion auf Abruf" in die Unternehmensplanung Eingang gefunden haben.

In Kapitel 4 wird der Ansatz des informationsbasierten Operations Managements verfolgt. Dabei steht die Versorgung der Disponenten in Leistungsprozessen mit zuverlässiger und vollständiger Information im Vordergrund der Betrachtungen. Beginnend mit der vollständigen Angebotsbearbeitung und Auftragserfassung kommt es vor allem darauf an, dass Bestellungen und eigene Produktionsaufträge rechtzeitig ausgelöst und ggf. bei unerwarteten Ereignissen auch korrigiert werden können. Die Daten der freigegebenen Aufträge liefern dann die Basis für ihre Einlastung in den Werkstätten bzw. auf den einzelnen Maschinen.

In Kapitel 5 wird der planungsorientierte Ansatz des Operations Managements näher dargestellt und analysiert. Dieses Vorgehen richtet sich traditionell an Planungsverfahren aus, die aus dem Bereich des Operations Research stammen. Entscheidend ist aber vor allem, dass die richtigen Planungsmodelle entwickelt werden, d.h. solche Modelle, die der in der Praxis vorliegenden Planungssituation angemessen sind. Die einzelnen Teilplanungen, die im Sinne eines reibungslosen Planungsprozesses aufeinander abzustimmen sind, reichen von grundsätzlichen Überlegungen, welche Güter überhaupt gefertigt werden sollen, bis zur Feinabstimmung, wie die Maschinen eingesetzt und die Materialien beschafft werden. Besondere Planungsprobleme treten immer dann auf, wenn sich die Plandaten laufend ändern bzw. Unsicherheit über zukünftige Entwicklungen herrscht.

1.4 Zur Lektüre des Buches

Der Stoff dieses Buches richtet sich vornehmlich an solche Studierenden, die sich in der ersten Bachelor-Phase ihrer wirtschaftswissenschaftlichen Hochschulausbildung befinden und die sich deshalb zunächst einmal über die wichtigsten Probleme des Operations Managements eingehend informieren möchten. Spezielle Voraussetzungen für die Lektüre werden daher nicht erwartet. Allerdings sollten die Studierenden über ein solides ökonomisches Grundlagenwissen verfügen, das sie sich in entsprechenden Einführungsveranstaltungen erworben haben. Hierunter fällt natürlich auch die elementare Ausbildung in den mathematischen, statistischen und EDV-Methoden.

Das Pensum, das mit dem Buch zu bewältigen ist, ist sehr umfangreich und übersteigt bei weitem das Stoffangebot, das in einer normalen Universitätsveranstaltung zu bewältigen ist. Da die Inhalte aber modular aufbereitet sind, bereitet es im Allgemeinen keine Schwierigkeiten, einzelne Kapitel ohne Vorkenntnisse der anderen Kapitel durchzuarbeiten. Auf diese Weise kann die Stoffvielfalt für das Studium des Operations Managements flexibel genutzt werden. So kann sich im Prinzip jeder Lehrende, der das Buch in seinen Veranstaltungen verwendet, an eigenen Schwerpunkten orientieren und die entsprechenden Kapitel individuell zusammenstellen. Nach unseren Erfahrungen bietet sich, wenn ausreichend Zeit zum Studium des Operations Managements vorhanden ist, eine Aufteilung des Stoffes in der folgenden Weise an:

Die strategische Sicht des Operations Managements steht in den Kapiteln 2 und 3 im Vordergrund. Hier werden vor allem auch Probleme behandelt, die in den kommenden Jahren eine zentrale Bedeutung erlangen werden. Der Stoff dieser Kapitel ist für eine Vorlesung im Umfang von 2 Semesterwochenstunden ausgelegt.

Das Kapitel 4 basiert auf der Idee des Operations Managements im Sinne einer Information Science. Im Rahmen einer eigenständigen Veranstaltung, ebenfalls im Umfang von 2 Semesterwochenstunden, können diese Ausführungen herangezogen werden, um die operativen Aufgaben des Operations Managements zusammenhängend und im Detail zu erklären. Für die Lehrenden empfiehlt sich hierbei eine größere Gewichtung der Beispielgebung, da es sich für den typischen Studierenden der Wirtschaftswissenschaften um eine ungewohnte Sichtweise handelt, die er sich erst durch eigenständiges Erarbeiten des Stoffes mit konkreten Zahlen bestmöglich erschließen muss. Praktische Übungen im Labor, mit denen die Abläufe der Operationen im Sinne einer so genannten Geschäftsprozessmodellierung selbstständig geübt werden, erscheinen als eine sinnvolle Ergänzung im Rahmen dieses Angebots. Hierfür stehen verschiedene auf die Hochschulen zugeschnittene Softwarepakete, wie zum Beispiel das ARIS-Toolset oder der INCOME Process Designer, zur Verfügung.

Für den Stoff von Kapitel 5 wird im Allgemeinen eine Veranstaltung im Umfang von 4 Semesterwochenstunden erforderlich sein, damit die Planungsmodule des Operations Managements, die an vielen Stellen auf die Methoden des Operations Research zugreifen, in der notwendigen Intensität vermittelt werden können. Der Stoff eignet sich aber auch, um in ein entsprechendes Master-Angebot integriert zu werden, wenn darauf aufbauend Vertiefungen in einzelne Richtungen wie zum Beispiel Logistik-Management vorgenommen werden.

Im Anschluss an die einzelnen Unterkapitel enthält das Buch jeweils Wiederholungsfragen und Übungsaufgaben, die zur selbstständigen Aufarbeitung des Stoffes anregen sollen. Für Leser, die ihre Kenntnisse in einzelnen Managementbereichen über den dargebotenen Stoff hinaus vertiefen wollen, gibt es zusätzliche Literaturempfehlungen. Die Leser können auch unmittelbar mit dem Autor über die Website http://www.leuphana.de/professuren/operations-management.html in Kontakt treten, um Fragen zu stellen sowie Kritik zu üben und Anregungen zu geben. Auf dieser Website werden im Laufe der Zeit Lösungen zu den Übungsaufgaben sowie neue Übungsaufgaben eingestellt. Jedes Lehrbuch muss sich durch einen interaktiven Austausch von Meinungen und Information ständig bewähren und kann erst auf dieser Grundlage auf eine lange Lebensdauer hoffen. In diesem Sinne sind viele Kontakte mit den Lesern unbedingt erwünscht.

2
Institutioneller Rahmen des Operations Managements

2.1 Vorbemerkungen

Wir können in der gegenwärtigen Gesellschaft eine Reihe von gesamtwirtschaftlich relevanten Entwicklungen beobachten, die nicht nur auf einzelne Unternehmen oder sogar das operative Geschäft dieser Unternehmen beschränkt sind, denen im Hinblick auf das Management dieser Unternehmen vielmehr eine entscheidende Bedeutung zukommt.

Einer dieser Trends ist die zunehmende Globalisierung der Welt. Der Begriff „Globalisierung" taucht zum ersten Mal 1961 in einem englischen Lexikon auf und beschreibt dort den Prozess der Annäherung von Kulturen und Volkswirtschaften in den verschiedensten Regionen der Erde. Die Vor- und Nachteile der Globalisierung werden seit jeher heftig diskutiert. So schreibt man es vor allem der Globalisierung zu, dass die Unternehmensgewinne seit Anfang der 90er Jahre um durchschnittlich 100% gewachsen sind. Auf der anderen Seite wird ein Trend zur Vergrößerung der Kluft zwischen Arm und Reich in vielen Volkswirtschaften moniert. Allerdings gibt es auch unstrittige Zahlen: So verdienten 1990 noch 73% der in Deutschland produzierten Güter tatsächlich das Label „Made in Germany". 27% der Güter beruhten auf Vorleistungen aus dem Ausland. Dieses Verhältnis hat sich bis heute zugunsten der Vorleistungen aus dem Ausland (2011: ca. 42%) wesentlich verändert. Der Investitionsbestand deutscher Unternehmen im Ausland betrug 2009 ca. 900 Mrd. €. Das Kapital sucht sich heute ungehindert seinen Weg dorthin, wo die höchste Rendite erwirtschaftet wird. Prognosen für die Zukunft weisen deshalb auch auf eine zunehmende Verstärkung dieser Trends hin.

Von einem gesellschaftlichen Wertewandel können wir sprechen, wenn wir die verschiedenen Qualitätsoffensiven in Gesellschaft und Wirtschaft näher ins Auge fassen. Bereits in den 50er Jahren gab es eine japanische Qualitätsoffensive, für die das japanische Automobilunternehmen Toyota kennzeichnend war. Ziel dieses gewachsenen Qualitätsbewusstseins war vor allem, die unternehmerische Wettbewerbsposition zu stärken. Durch frühzeitige Fehlererkennung konnten Kosten gesenkt werden. Hinzu kamen die zunehmenden Kundenforderungen nach Gütesiegeln. Neuerdings ist auch die Abwehr von Haftungsgründen ein wichtiges Kriterium für Qualitätssicherung und -verbesserung. Seit der Veröffentlichung der ersten internationalen Qualitätsmanagement-Norm im Jahre 1987 sind es mittlerweile 107 Länder, in denen sich etwa 1 Mio. Unternehmen ihre Produkte und Prozesse nach der internationalen Norm ISO

9.000 zertifizieren lassen. Allein in Deutschland erwarben fast 50.000 Unternehmen entsprechende Zertifikate. Wir können also festhalten, dass Qualität zu einer umfassenden Produkt- und Prozesseigenschaft geworden ist, ohne die ein erfolgreiches Wirtschaften zunehmend erschwert wird.

Ein weiterer Megatrend der heutigen Gesellschaft betrifft das gestiegene Kooperationsbedürfnis zwischen Unternehmen. Wenn 1992 nur 20 % der Unternehmen ausdrücklich Kooperationsstrategien mit anderen Partnerunternehmen betrieben haben, so waren es 2001 bereits 90 % aller Unternehmen, die dauerhafte, partnerschaftliche Beziehungen zu Unternehmen derselben oder anderer Wertschöpfungsstufen unterhalten haben. Ein wichtiger Grund für solche Kooperationen ist nach wie vor die Überlegung, dass die eigenen Technologien in einer rasant wachsenden Wirtschaft sich nicht immer in demselben Tempo anpassen lassen und deshalb externe Quellen zur Technologienutzung unverzichtbar werden. In der Automobilindustrie werden beispielsweise 30 % der Entwicklungs- und Produktionskosten durch virtuelle Unternehmen und andere Netzwerkpartnerschaften eingespart. Im Luftverkehr ist die Star Alliance, an der sich viele bedeutende Fluggesellschaften beteiligen, ein herausragender Beweis für die Funktionsweise solcher Netzwerke.

Das 21. Jahrhundert moderner Zeitrechnung wird oft auch als das Jahrhundert der Informationsgesellschaft bezeichnet. Wir können erwarten, dass sich die Informationssysteme weiterhin mit großer Geschwindigkeit verbreiten und die Systemqualität exponentiell wächst. Im Jahr 2011 waren bereits 51 Mio. Deutsche online, das sind 72 % der Bevölkerung ab 14 Jahre. 89 % der Unternehmen nutzen heute das Internet. Die Online-Handelsumsätze in Europa sind von 2008 bis 2011 um 60 % auf ein Gesamtvolumen in Höhe von 202,9 Mrd. € gestiegen. Auch wenn zwischenzeitlich zu viel Euphorie über den wirtschaftlichen und gesellschaftlichen Nutzen der Informationstechnologie im Spiel war, so können wir damit rechnen, dass sich weitere kräftige Steigerungsraten einstellen werden, zumal das Informationsproblem nicht zu Unrecht immer noch auch als ein Generationsproblem betrachtet wird.

Wenn wir uns all diese Entwicklungen vor Augen führen, so müssen wir dem Rechnung tragen, indem wir Lösungen entwickeln, analysieren und auf ihre Anwendbarkeit im Operations Management prüfen, damit in einem immer härteren Wettbewerb die richtigen Entscheidungen getroffen werden können. Es ist das Ziel dieses Kapitels, den Leser mit einigen prominenten Modellen aus den angesprochenen Bereichen bekannt zu machen, die den Rahmen für weitere Maßnahmen der Operational Units in einem Unternehmen bilden. Versäumnisse, die einem Unternehmen in Bezug auf die Beachtung der beschriebenen Entwicklungstendenzen unterlaufen, lassen sich nach allen Erfahrungen später kaum mehr kompensieren. Die in diesem Kapitel beschriebenen Modelle hängen natürlich ebenso wie die skizzierten Trends voneinander ab und bedingen sich zum Teil gegenseitig.

2.2 Global Sourcing

2.2.1 Einführung

Wenn wir uns heute überlegen, was sich in der Wirtschaft in den letzten Jahrzehnten grundlegend geändert hat, werden wir mit an vorrangiger Stelle die Liberalisierung des Welthandels erwähnen müssen. Wo früher natürliche oder politische Handelsgrenzen existierten, gibt es heute infolge bahnbrechender Entwicklungen in der Informationstechnologie und Logistik, aber auch bedingt durch politische Prozesse einen regen Güter- und Informationsfluss in alle Richtungen, über alle Kontinente und unter Einbeziehung der meisten Teilnehmer am Wirtschaftsleben. Diese Globalisierung der Wirtschaft beeinflusst das Management jedes einzelnen Unternehmens so stark, dass wir die Auswirkungen tagtäglich zu spüren bekommen. Arbeitsplätze werden verlagert, Güter werden aus anderen Kontinenten bezogen, Entwicklungen an außereuropäischen Handelsplätzen sorgen für Unruhe an den heimischen Börsen.

> **Beispiel: Praktische Anwendungen von Global Sourcing**
>
> Der Flugzeughersteller Boeing kaufte Komponenten in China, um den dortigen Markt für seine Flugzeuge zu erschließen. General Electric kaufte per Internet über sein Trading Process Network (TPN) bei mehreren Tausend Lieferanten weltweit ein. Damit wurden die Bestellkosten um ein Zehntel reduziert, die Lieferzeiten halbiert. Der Autohersteller DaimlerChrysler hat die Kontraktlaufzeiten mit ausländischen Lieferanten innerhalb eines Jahrzehnts verdoppelt. Dadurch konnten von den Lieferanten Verbesserungsvorschläge im Umfang von 500 Mio. US$ (1994) unterbreitet werden. Das Unternehmen Xerox erhielt seine Energielampen für Kopierer von einem Zulieferunternehmen, das Fertigungen in Europa, Asien und den USA betreibt. Das Chemieunternehmen Air Products hat ein mehrstufiges Ratingsystem für ausländische Partner entwickelt. Bei entsprechender Zertifizierung wurden langfristige Verträge mit den Zulieferern geschlossen. Die Volkswagen AG hat Teilelieferanten in ihre Nutzfahrzeugmontage in Resende (Brasilien) derart eingebunden, dass diese Lieferanten die Teile mit eigenem Personal am Band montierten.
>
> Quelle: o.V. (1998)

Wenn das Operations Management eines Unternehmens der Globalisierung der Wirtschaft Tribut zu zollen hat, so betrifft dies die Operational Units der Unternehmen zumindest in doppelter Hinsicht: Produktionen oder Teile davon werden ins Ausland ausgelagert, so dass das operative Geschäft schrumpft (Global Manufacturing). Es kann aber auch sein, dass Einkäufe im Ausland getätigt und die Güter nach wie vor in dem eigenen Unternehmen hergestellt werden (Global Sourcing). In diesem Fall nehmen die operativen Tätigkeiten oft an Umfang und Komplexität zu. Das Unternehmen steht vor neuen Herausforderungen, die es zu bewältigen hat.

Wir wollen uns in diesem Unterkapitel 2.2 damit auseinandersetzen, welche Anforderungen Global Sourcing an ein Unternehmen stellt und wie diese bewältigt werden können. Dazu werden in Abschnitt 2.2.2 zunächst die Notwendigkeit und Formen internationaler Beschaffungstätigkeiten diskutiert. Wir werden uns ansehen, auf welcher Strategie die entsprechenden operativen Maßnahmen basieren. Dann wird im Abschnitt 2.2.3 zu erörtern sein, wie ein Global Sourcing schrittweise umzusetzen ist. Im Abschnitt 2.2.4 wollen wir die Chancen und Risiken des Global Sourcings abschätzen, bevor Abschnitt 2.2.5 eine kurze Zusammenfassung der Ergebnisse liefert.

2.2.2 Notwendigkeit und Formen internationaler Beschaffungsaktivitäten

Lange Zeit war die traditionelle Rohstoffarmut vieler westeuropäischer Länder der Hauptgrund dafür, dass diese Stoffe aus anderen Weltregionen zu importieren waren. Beschaffungsunsicherheiten, ausgelöst durch lange Transportwege und politische Risiken, haben hingegen in den meisten Fällen verhindert, dass eine systematische internationale Beschaffung auch eine wirtschaftliche Bedeutung erhielt. Die Internationalisierung des Wettbewerbs, d. h. vor allem die Entwicklung von Absatzmärkten zu Weltmärkten, hat jedoch in letzter Zeit dazu geführt, dass sich auch die Beschaffungsmärkte grundlegend erweitert haben.

Steigender Wettbewerbsdruck erfordert zunächst die Überprüfung des eigenen Kostenmanagements. Aggressive Marktstrategien der Produzenten aus Niedriglohnländern und veränderte politische Strukturen verlangen die Erschließung neuer Lieferquellen, die identische oder bessere Leistungen zu geringeren Kosten anbieten. Diese Quellen existieren nur zum Teil im eigenen Land, da sowohl die Verknappung der Rohstoffe als auch das hohe Lohnkostenniveau eine dauerhafte Unterbietung der gegenwärtigen Beschaffungspreise nicht zulassen werden. Der Spielraum, den eine Weiterentwicklung der Produktionsstruktur beim Lieferanten sowie des Logistiksystems ermöglicht – so etwa im Hinblick auf ein Supply Chain Management, eine Just-in-Time-Belieferung oder ein Modular Sourcing –, ist im Allgemeinen schnell ausgeschöpft. Selbst eine große Verhandlungsmacht auf der Seite des Abnehmers reicht deswegen nicht aus, um das allgemeine Ziel der Senkung der Beschaffungskosten über einen längeren Zeitraum mit den inländischen Stammlieferanten zu verwirklichen. Die Beispiele im Automobilsektor zeigen bereits heute, dass großer Unmut bei den Teilezulieferern über die neuen vertraglichen Konditionen herrscht. Kosteneinsparungspotenziale liegen demnach nur noch dort, wo eine günstige Kostenstruktur – etwa in Bezug auf die Arbeitskosten – auf Dauer existiert.

Dass die Suche nach Zulieferteilen auf internationalen Märkten lukrativ geworden ist, beruht auch darauf, dass die Verkaufserlöse mittlerweile bis zu 60 % durch Materialkosten absorbiert werden. Nehmen wir beispielsweise ein Unternehmen mit einem Jahresumsatz von 100 Mio. €, einem Materialkostenanteil an diesem Umsatz von 50 % und einer Umsatzrendite von sechs Prozent, so führt eine Senkung der Materialkosten um lediglich vier Prozent bereits zu einer Zunahme des jährlichen Ergebnisses um zwei Mio. € auf insgesamt acht Mio. €. Ein Umsatzwachstum von 33 1/3 %, das denselben Ergebniseffekt hätte, ist hingegen in den meisten Fällen undenkbar.

Ein weiterer Schub in Richtung auf die Einbeziehung der Auslandsbeschaffungsmärkte resultiert aus dem Bemühen der Unternehmen, ihre Fertigungstiefe wieder zu reduzieren. Eine Konzentration auf das Kerngeschäft ist aber nur dann wirtschaftlich, wenn die Voraussetzungen an die Zulieferteile sowohl in preislicher als auch in qualitativer Hinsicht von den Lieferanten erfüllt werden. Beide Bedingungen werden insbesondere mit der Internationalisierung der Beschaffung erfüllt. Neben den Preisvorteilen bieten sich auch Chancen zur technologischen Erneuerung, die wiederum dazu beiträgt, das Weltniveau der nationalen Produkte zu erhalten. Der Zusammenhang zwischen einer sinkenden Fertigungstiefe und einem steigenden Anteil der Auslandsbezüge am gesamten Beschaffungsvolumen ist längst empirisch nachgewiesen.

Entwicklungsstufen internationaler Beschaffung

Internationale Beschaffungsaktivitäten sind auch von den Erfahrungen des Unternehmens auf internationalen Märkten geprägt. Mit zunehmender Erfahrung steigt der Umfang solcher Aktivitäten. Die früheste Entwicklungsstufe ist die quasinationale Beschaffung, bei der Güter beschafft werden, die ausländische Teile enthalten. Ihr fehlt neben dem internationalen Charakter auch die systematische, strategische Ausrichtung. Eine internationale Beschaffung findet streng genommen erst dann statt, wenn die Inputfaktoren aus dem Ausland bezogen und erst im eigenen Unternehmen verarbeitet werden. Diese Beschaffung kann indirekt über zwischengeschaltete so genannte Beschaffungsmittler oder direkt über den Zulieferer erfolgen. Direkte internationale Beschaffung wird zunehmend über Koordinations- bzw. Beschaffungsbüros direkt vor Ort durchgeführt. Beschaffungsbüros sind als Service- und Koordinationsstellen jederzeit in der Lage, geeignete regionale Lieferquellen zu erschließen. Sie besitzen neben einem ausgebauten Informationssystem zur systematischen Beschaffungsmarktforschung auch die erforderliche Erfahrung, um kulturelle Unterschiede zwischen Lieferanten und Abnehmern zu bewältigen. Die bislang letzte Entwicklungsstufe internationaler Beschaffungsaktivitäten ist die weltweit koordinierte Beschaffung. Die Aktivitäten der ausländischen Partnerunternehmen werden hierbei so gebündelt, dass diese nicht als Einzelunternehmen am Beschaffungsmarkt auftreten. Neben einer geeigneten informatorischen Vernetzung setzt dies auch die Wahl einer günstigen Rechtsform voraus, die eine solche Koordination gestattet.

Die unterschiedlichen Beschaffungsformen sind in Abbildung 2.2.1 bis Abbildung 2.2.3 graphisch veranschaulicht.

2 Institutioneller Rahmen des Operations Managements

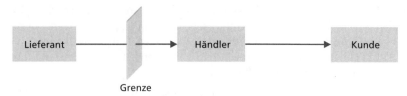

Abbildung 2.2.1: Quasinationale Beschaffung

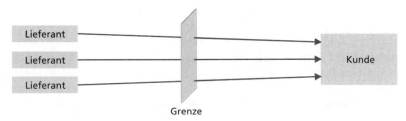

Abbildung 2.2.2: Direkte internationale Beschaffung

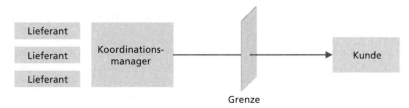

Abbildung 2.2.3: Weltweit koordinierte Beschaffung

Beispiel: Global Sourcing bei KarstadtQuelle

Durch die Einrichtung von Einkaufsbüros hat KarstadtQuelle seine zuvor über Importeure abgewickelte Beschaffung auf eine direkte internationale Beschaffung umgestellt. Der KarstadtQuelle-Konzern unterhielt 2004 weltweit 26 Einkaufsbüros. Allein die fünf chinesischen Einkaufsbüros haben Ware im Wert von über 500 Mio. € geordert. Ein zentrales Motiv für die organisatorische Umgestaltung war, Einfluss auf die Gestaltung und Qualität der Produkte zu nehmen. Hierzu wurden u. a. Inspektoren eingesetzt, welche die Lieferanten vor Ort aufsuchten, um Produktmängel frühzeitig zu erkennen und damit wirtschaftliche Risiken zu minimieren.

Quelle: WILLENBROCK (2004)

> **Beispiel: Weltweit koordinierte Beschaffung**
>
> Das Unternehmen Li & Fung ist als Beschaffungsmittler weltweit in über 40 Ländern tätig und verteilt dort für seine Kunden jährlich Aufträge im Wert von über sieben Mrd. US$. Zu den Kunden zählen prominente Unternehmen wie die Metro AG, die Modekette Esprit oder Coca-Cola. Li & Fung hat auf allen wichtigen Beschaffungsmärkten Zugriff auf eine Vielzahl potenzieller Lieferanten. Dies erlaubt es den Kunden, ihre Supply Chain je nach Marktlage oder politischer Situation flexibel anzupassen. Beschaffungsrisiken werden dadurch verringert, was am Beispiel der Wiedereinführung von Textilquoten für China durch die Europäische Union im Jahr 2005 deutlich wurde, als viele europäische Textilhändler plötzlich von ihren Lieferanten abgeschnitten waren. Li & Fung konnte aufgrund seines großen Lieferantennetzwerks umgehend alternative Bezugsquellen außerhalb Chinas aktivieren und so Lieferausfälle bei seinen Kunden vermeiden.
>
> Je nach Produktart sind für die Dienstleistungen von Li & Fung zwischen fünf und zehn Prozent des Warenwerts als Provision fällig. Dafür werden die Kunden bei der Wahl eines Lieferanten aus dem großen Lieferantenpool umfassend beraten, Verträge mit Produzenten und Transporteuren ausgehandelt und ggf. Zollformalitäten erledigt. Für Kunden wie den Disney-Konzern, der sämtliche Merchandising-Artikel über Li & Fung beschaffte, kontrollierte Li & Fung zudem vor Ort in den Fabriken, ob die Arbeitsbedingungen mit den vom Konzern geforderten Sozialstandards vereinbar waren. So wollte der Disney-Konzern u. a. gewährleisten, dass keine Kinder für die Herstellung von Disney-Artikeln eingesetzt werden, da dies für das Unternehmensimage ein erhebliches Risiko darstellt. Da Li & Fung grundsätzlich nur eine Vermittlerrolle einnimmt, haftet das Unternehmen gegenüber seinen Auftraggebern nicht für eventuelle Qualitätsprobleme oder Lieferschwierigkeiten eines vermittelten Lieferanten.
>
> Quelle: WILLENBROCK (2006)

Kooperationsformen

Je enger die Abhängigkeit der Lieferanten ist, desto einfacher lassen sich internationale Beschaffungsaktivitäten koordinieren. Auf der anderen Seite wachsen jedoch die Kapitalbindung und das Unternehmenswagnis beträchtlich. In Bezug auf internationale Beschaffungsaktivitäten sind die gebräuchlichsten Kooperationsformen

- die Bildung einer Tochtergesellschaft mit 100%igem Kapitalanteil (inneres Wachstum),
- die Übernahme von ausländischen Zulieferunternehmen (äußeres Wachstum),
- die gemeinsame Gründung von ausländischen Zulieferunternehmen (Joint Venture),
- der Abschluss eines Kooperationsvertrags (strategische Allianz).

2 Institutioneller Rahmen des Operations Managements

Bei dieser Aufzählung nimmt die Abhängigkeit des Zulieferers sukzessiv ab. Es ist deshalb gerechtfertigt, unter dem originär technischen Aspekt der Versorgungssicherheit die Konzentration auf einen einzigen Lieferanten (Single Sourcing) von der Gewährleistung einer langfristigen, vertrauensvollen Zusammenarbeit abhängig zu machen und jegliche Lieferunsicherheit auszuschließen. Am höchsten ist dieses Risiko bei losen Kooperationsverträgen, so dass hier häufig auch eine Beschaffung aus mehreren Quellen (Multiple Sourcing) praktiziert wird.

Nicht alle Ausprägungsformen internationaler Beschaffungsaktivitäten haben dieselben Konsequenzen. Am flexibelsten und zugleich am anspruchsvollsten sind solche Aktivitäten, bei denen die rechtliche und wirtschaftliche Selbständigkeit des ausländischen Zulieferers gewahrt bleibt. Sie sollen hier unter Global Sourcing zusammengefasst werden. Abbildung 2.2.4 veranschaulicht diesen Sachverhalt durch den schraffierten Bereich. Kapitalbeteiligungen an Zulieferunternehmen geschehen hingegen meistens mit dem Ziel der Einflussnahme auf die Produktion. Sie werden deshalb besser mit dem Begriff Global Manufacturing beschrieben.

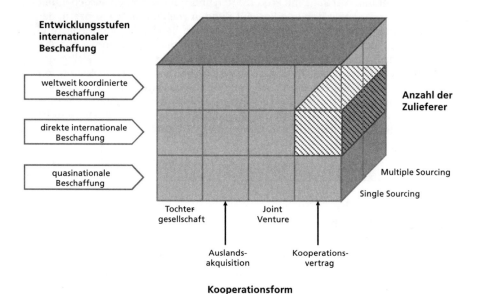

Abbildung 2.2.4: Formen des Global Sourcings
(Quelle: WEIHERMANN 1995)

Wettbewerbsstrategien

Wir müssen uns an dieser Stelle die Frage stellen, ob bereits sporadische Beschaffungsmaßnahmen auf internationalen Märkten ein Global Sourcing kennzeichnen, wenn die Kriterien im Übrigen erfüllt sind. Nehmen wir beispielsweise einen Textilkaufmann, der lediglich bei bestimmten Anlässen von seinen Reisen nach Fernost entsprechende Ware importiert. Das heißt, dass er zwar möglicherweise kurzfristig von diesen Einkäufen profitiert, eine nachhaltige Verbesserung seines wirtschaftlichen Erfolgs jedoch nicht garantiert ist. Dass es sich beim Global Sourcing um ein strategisches Problem handelt, wird an vielen Faktoren ersichtlich: Die Ausweitung der Beschaffungsaktivitäten in Richtung auf internationale Märkte ist von wesentlicher Bedeutung für das Unternehmen. Dabei geht es weniger darum, neue Beschaffungskanäle zu installieren, über die ein routinemäßiger Materialfluss abgewickelt werden soll. Eine verringerte Leistungstiefe verlangt vielmehr von den Zulieferern ein aktives Mitwirken an Produktentwicklungen, die kundengerecht sind und eine hohe Kundenzufriedenheit garantieren sollen. Sind entsprechende Maßnahmen der Kooperation mit ausländischen Zulieferern erst einmal eingeleitet, so lässt sich der ursprüngliche Zustand kaum wieder herstellen. Der Aufbau von geeigneten Logistik- und Informationssystemen verursacht nicht nur beträchtliche Investitionen, sondern ist auch das Ergebnis eines Umdenkprozesses im eigenen Unternehmen. Es ist deshalb eine wichtige Eigenschaft des Global Sourcings, dass über die Art und Weise der Maßnahmen auf oberster Unternehmensebene entschieden wird.

Grundpfeiler strategischer Maßnahmen im Sinne eines Global Sourcings ist die Entwicklung und Verfolgung einer Wettbewerbsstrategie, mit der die grundsätzlichen Entscheidungen über den Typ des angestrebten Wettbewerbsvorteils und den Ort des Wettbewerbs festgelegt werden. Diese Grundsatzentscheidungen können nach PORTER (2008) daraus abgeleitet werden, ob eine Qualitätsführerschaft oder eine Kostenführerschaft angestrebt wird.

Bei der Suche nach geeigneten Lieferanten spielt die Qualität der zu beschaffenden Teile eine wesentliche Rolle. Eine Studie von Hewlett Packard, die in den USA durchgeführt wurde, verdeutlicht diesen Aspekt. Die Fehlerquote bei den besten amerikanischen Unternehmen bzw. Lieferanten lag wesentlich höher als die der besten japanischen Produktionsstätten. Für Hewlett Packard war das seinerzeit ein wichtiger Grund dafür, Internationalisierungsmaßnahmen auf dem Beschaffungsmarkt zu forcieren.

Die Auswahl geeigneter internationaler Lieferanten darf jedoch nicht nur anhand der Produktqualität erfolgen. Die Qualifizierung des Lieferanten selbst ist im Hinblick auf eine dauerhafte Zusammenarbeit von äußerster Wichtigkeit. Das bedeutet insbesondere, dass Maßnahmen der Qualitätssicherung einen mindestens ebenso hohen Stellenwert haben wie Maßnahmen der Qualitätskontrolle. Die Qualifizierung eines Lieferanten ist daran zu erkennen, inwiefern die Mitarbeiter Qualität als oberstes Gebot ihrer Arbeit sehen und das entsprechende Qualitätsziel bei Erledigung ihrer Aufgaben berücksichtigen. Auf diese Weise lassen sich auf der ersten Stufe die wesentlichen Qualitätskontrollen vom Abnehmer auf den Lieferanten verlagern; auf der zweiten Stufe werden solche Kontrollen auch beim Lieferanten stark reduziert, sobald nämlich die Motivationskomponente bei den Mitarbeitern ausreichend entwickelt ist. Für international agierende Einkäufer reicht es dann aus zu wissen, dass weltweit anerkannte Qualitätsnormen eingehalten werden.

2 Institutioneller Rahmen des Operations Managements

Im internationalen Vergleich liegt das Lohn-, Kapital- und Materialkostenniveau deutscher Unternehmen beträchtlich oberhalb des Niveaus ausländischer Mitbewerber (Tabelle 2.2.1). Eine internationale Beschaffung ist dementsprechend nicht nur qualitäts-, sondern vor allem auch kostenorientiert. Die Kostenvorteile müssen insofern relativiert werden, als Transport- und Versicherungskosten erheblich anwachsen. Oft resultiert dennoch eine Senkung der Materialkosten in einer Größenordnung, die einen deutlichen Wettbewerbsvorteil garantiert, sofern eine angemessene Qualität der Produkte sichergestellt ist.

Land	Arbeitskosten je Stunde im Jahr 2009 in €	Land	Arbeitskosten je Stunde im Jahr 2009 in €
Norwegen	43,64	Italien	27,40
Belgien	38,59	Großbritannien	22,21
Schweiz	37,14	Spanien	21,87
Westdeutschland	36,05	Ostdeutschland	21,11
Dänemark	35,08	Griechenland	16,44
Finnland	33,76	Portugal	10,03
Frankreich	33,31	Tschechien	8,86
Österreich	33,20	Slowakei	7,80
Luxemburg	33,09	Estland	7,30
Schweden	32,88	Ungarn	6,94
Niederlande	32,75	Polen	6,04
Irland	29,62	Bulgarien	2,44

Tabelle 2.2.1: Arbeitskosten im europäischen Vergleich (Quelle: SCHRÖDER 2010)

Beschaffungsstrategien

Die Wettbewerbsstrategien zielen vornehmlich auf den Absatzmarkt, d. h. die Produkte eines Unternehmens, aber nicht auf den Beschaffungsmarkt. Wir müssen uns also fragen, wie die wettbewerbsstrategischen Überlegungen dazu dienen können, Beschaffungsstrategien abzuleiten, die Auskunft über Umfang, Zeitpunkt und Quelle der Beschaffung geben. Die Entscheidungen hierüber können wiederum nicht unabhängig voneinander getroffen werden, sondern bedingen sich gegenseitig. Zunächst muss hinsichtlich des Umfangs geprüft werden, welche Materialien am Beschaffungsmarkt zu besorgen sind. Je nach der zugrunde liegenden Wettbewerbsstrategie sind dabei wiederum sowohl Kosten- als auch Qualitätsgesichtspunkte zu beachten. Dabei ist nicht die Fra-

2.2 Global Sourcing

gestellung zu beantworten, ob Teile selbst erstellt oder fremdbezogen werden sollen. Dieser operative Aspekt tritt zurück hinter die Überlegung, inwiefern Know-how fehlt und ob dieses gegebenenfalls erworben werden soll. Die strategische Überlegung zielt also darauf ab, wo die optimale Leistungstiefe liegt. Eine umfassende Aussage ergibt sich dann, wenn neben den Produktions- auch die Transaktionskosten bestimmt werden. Dies sorgt dafür, dass auch die unterschiedliche Spezifität der Materialien, die Häufigkeit des Materialflusses sowie die Unsicherheit über den zukünftigen Materialbedarf Beachtung finden. Qualitätseinbußen müssen bei diesem Ansatz allerdings in ein kostenmäßiges Äquivalent überführbar sein, wenn eine Qualitätsführerschaft intendiert ist.

Wenden wir uns nun dem optimalen Beschaffungszeitpunkt zu, so ist hier vornehmlich zu prüfen, inwiefern eine hohe Frequenz der Beschaffung durch Anwendung eines Just-in-Time-Konzepts verwirklicht werden soll. Eine Just-in-Time-Beschaffung verringert zunächst die Kapitalbindungskosten und ist somit unmittelbar kostenwirksam. Außerdem werden die Qualitätsstandards erhöht, weil Ausschuss nicht länger tolerierbar ist. Bemerkenswert ist, dass eine Just-in-Time-Beschaffung nicht zwangsläufig eine sofortige Belieferung nach sich zieht. Bei richtigem Verständnis und richtiger Handhabung garantiert sie hingegen eine termingerechte Belieferung mit den bestellten Materialien. Insofern stehen lange Transportwege, wie sie beim Global Sourcing zu erwarten sind, der Verwirklichung des Just-in-Time-Konzepts nicht direkt im Wege. Zu prüfen ist allerdings, ob hohe Transportkosten und Transportunsicherheiten, die im Allgemeinen proportional zum Transportweg und zum gewählten Transportmittel entstehen, den beabsichtigten Vorteil einer Just-in-Time-Beschaffung wieder aufzehren. Bei einer Strategie der Qualitätsführerschaft spielt dies keine besondere Rolle.

Schließlich müssen wir klären, ob die Materialien aus jeweils einer Quelle bezogen werden sollen oder ob aus Kosten- bzw. Sicherheitsgründen mehrere Quellen zu erschließen sind. Der Bezug aus einer Quelle (so genanntes Single Sourcing) trägt in erster Linie dem Qualitätsdenken Rechnung. Erst durch eine langfristige Kooperationsvereinbarung mit einem Lieferanten, die auch eine Einbindung in den Entwicklungsprozess umfasst und dem Lieferanten Zugang zum betrieblichen Informationssystem gestattet, lässt sich nämlich die Qualität der gelieferten Teile maximieren. Umgekehrt erfordert die Strategie der Kostenführerschaft, dass am Markt jeweils die günstigsten Beschaffungspreise realisiert werden. Daraus resultiert eine Abschöpfung des vorhandenen Potenzials mit zwangsläufigem Wechsel der Lieferanten, sobald die Preispolitik dies erfordert. Wegen der geringeren Intensität der Kooperation leidet der Qualitätsaspekt beim Multiple Sourcing dadurch, dass die Lieferanten kaum aktiv in Innovationsprozesse eingreifen können. Sie verharren in der Rolle des klassischen Zulieferers, der auf Anfrage hochstandardisierte Produkte zu liefern bereit ist.

Die Zusammenhänge zwischen den Wettbewerbsstrategietypen und möglichen Einflüssen auf die Beschaffungsstrategie sind noch einmal in Abbildung 2.2.5 veranschaulicht. Das strategische Konzept des Global Sourcings kann also verschiedene Ausprägungen haben, je nachdem welche Wettbewerbsposition

2 Institutioneller Rahmen des Operations Managements

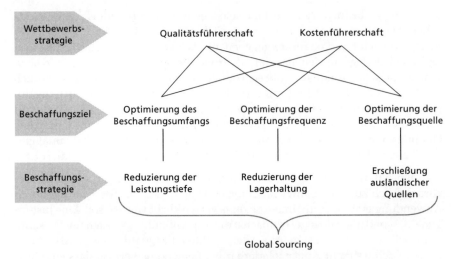

Abbildung 2.2.5: Zusammenhang von Wettbewerbs- und Beschaffungsstrategien

das Unternehmen anstrebt. Für den Fall, dass eine unbedingte Qualitätsführerschaft beabsichtigt ist, ist es wahrscheinlich, dass ein Global Sourcing dann zielunterstützend wirkt, wenn mit wenigen Lieferanten Exklusivverträge über die Just-in-Time-Belieferung mit komplexen Teilen abgeschlossen werden, nachdem im Unternehmen selbst zuvor die Leistungstiefe auf das Kerngeschäft reduziert worden ist. Bei angestrebter Kostenführerschaft wird die Kooperation mit ausländischen Lieferanten wegen der erwarteten Preisvorteile ebenfalls lohnend sein. Jedoch ist hierbei häufig eine Beschaffung aus mehreren Quellen zu beobachten, die zur Ausnutzung größtmöglicher Preisvorteile in optimalen Bestellquantitäten vollzogen wird. Da diese Strategie vor allem mit der Fertigung von Standardprodukten verbunden ist, handelt es sich bei den Zulieferteilen meistens um wenig komplexe Güter, so dass die Fremdbezugsaktivitäten insgesamt nicht sehr aufwändig sind.

2.2.3 Management des Global Sourcings

Nachdem wir nun die verschiedenen Ausprägungen des Global Sourcings kennengelernt haben und klar geworden ist, dass die Maßnahmen aus einem strategischen Konzept hergeleitet werden müssen, bedarf es einer Operationalisierung des Vorgehens. Zur Umsetzung der Strategie des Global Sourcings sind die erforderlichen Maßnahmen in mehreren Phasen systematisch zu entwickeln. In der ersten Phase geht es darum, den Ist-Zustand der Beschaffungsaktivitäten zu erfassen, zu beschreiben und zu bewerten. Dies geschieht, wenn grundsätzlich Einigkeit über die strategischen Unternehmensziele besteht, in zwei Schritten. Nachdem der Ist-Zustand erfasst und geeignet beschrieben worden ist, muss er bewertet werden.

2.2 Global Sourcing

Die zweite Entwicklungsphase einer Global Sourcing-Konzeption besteht dann in einer Anforderungsanalyse, wobei systematisch zu hinterfragen ist, welche funktionalen Anforderungen und Qualitätsanforderungen von dem neu einzurichtenden Beschaffungssystem zu erfüllen sind. Drittens ist, nachdem die Anforderungen zu einem Systementwurf zusammengefasst worden sind, die Durchführbarkeit des Konzepts zu prüfen. Sollten Probleme bei der Durchführbarkeit auftreten, so müssen evtl. auch die vorangegangenen Phasen erneut durchlaufen werden.

Ist-Analyse

Bei der Ist-Analyse stehen der Beschaffungsspielraum sowie die Beschaffungsobjekte im Vordergrund der Betrachtung. Der Ausdehnung des Beschaffungsspielraums sind geographisch keine Grenzen gesetzt. Mögliche Restriktionen können jedoch absatzpolitische Vorgaben, politische Entscheidungen oder logistische Grenzen sein. Aus deutscher Sicht stellt sich der europäische Binnenmarkt als Hauptmarkt internationaler Beschaffung dar. Auf diesem Markt stattfindende Aktivitäten werden auch als Euro Sourcing bezeichnet. Selbstverständlich darf der nationale Beschaffungsmarkt bei einer Strategie des Global Sourcings nicht unberücksichtigt bleiben. Erst wenn das Anforderungsprofil von heimischen Lieferanten nicht erfüllt wird, ist eine internationale Beschaffung erforderlich. Als Erhebungsmethode zur Erfassung des Ist-Zustands kommt die Auswertung vorhandener Unterlagen, wie zum Beispiel Marktstudien, Firmenkataloge und Handelsabkommen, in Betracht. Eine systematische Schwachstellenanalyse in Bezug auf die bisherige Ausnutzung der Beschaffungsspielräume konzentriert sich auf Schwachstellen in der Aufgabenerfüllung, in den Auswirkungen von Entscheidungen sowie in ihrer Wirtschaftlichkeit. So kann es sein, dass die Entscheidungskompetenz und Verantwortlichkeit hinsichtlich einer internationalen Beschaffung bisher nicht eindeutig geregelt ist (mangelhafte Aufgabenerfüllung). Demzufolge werden Angebote ausländischer Zulieferer gar nicht wahrgenommen oder erst mit Verzögerung bearbeitet (negative Auswirkungen). Auf diese Weise kann kein systematischer Lieferantenkatalog erstellt werden. Anstelle eines Global Sourcings werden lediglich sporadisch Einkäufe aus dem Ausland getätigt (mangelnde Wirtschaftlichkeit).

> **Beispiel: Wertanalyse**
>
> Die Wertanalyse (Value Analysis) wurde 1947 von LAWRENCE MILES (1961) entwickelt, um komplexe Systeme besser auf ihre Effizienz und Wirtschaftlichkeit untersuchen zu können. Bei der Beschaffung wird sie vor allem eingesetzt, um neue Ressourcen zu erschließen oder Kostensenkungspotenziale zu entdecken. Der Arbeitsplan einer Wertanalyse ist in der DIN EN 12973 genormt. Er ist in verschiedene Arbeitsschritte unterteilt, die von der Projektvorbereitung über die Entwicklung von Lösungsideen bis zur Realisierung der Lösung reichen.

> Betrachten wir einen PC-Monitor mit integriertem Lautsprechersystem, dessen Klang unbefriedigend ist und zu einer großen Zahl von Reklamationen geführt hat. In einer ersten Analysephase wird geprüft, ob das System überhaupt eine Zukunft am Markt hat oder ob es in absehbarer Zeit durch ein anderes Produkt abgelöst wird. Erst wenn der mögliche Nutzen einer Veränderung feststeht, wird die Analyse fortgesetzt. Dazu wird ein interdisziplinäres Team gebildet, das mit Technikern, Einkäufern und Informatikern besetzt ist. Das Lautsprechersystem wird anschließend modularisiert, d.h. in seine Komponenten zerlegt. Bei der folgenden Suche nach einer verbesserten Klangqualität stellt sich heraus, dass inzwischen eine elektronische Komponente in den USA hergestellt wird, die bereits erfolgreich getestet wurde. Ein anderer Vorschlag besteht darin, die Lautsprecher in dem PC-Gehäuse anders anzuordnen. Dazu müssen besondere Membrane beschafft werden, die in Japan hergestellt werden. Nach einer eingehenden Diskussion und Bewertung beider Lösungen entscheidet sich das Team für den Einbau der Komponente des US-Herstellers.

Im Zuge der Ist-Analyse ist auch festzustellen, welche Beschaffungsobjekte bzw. welche Mengenanteile sich für Auslandsbeschaffungen eignen. Hierfür kommen solche Güter in Frage, die nicht aufgrund bestehender, langfristiger Kooperationsvereinbarungen weiterhin von einem heimischen Lieferanten bezogen werden müssen. Außerdem darf der Transport weder zeitlich noch kapazitätsmäßig begrenzt sein. Leicht verderbliche Güter kommen für ein Global Sourcing grundsätzlich ebenso wenig in Betracht wie sehr gewichtige und voluminöse Materialien. Mit Hilfe einer Wertanalyse können die geeigneten Beschaffungsobjekte ermittelt werden.

Anforderungsanalyse

Nachdem Gegenstand und Umfang einer Global Sourcing-Konzeption festliegen, müssen die Anforderungen an eine solche Lösung formuliert werden. Zentrale Anforderungen sind sowohl an die Organisation als auch an das Personal und die logistischen Einrichtungen zu richten. Um eine zufriedenstellende Versorgung auf einem ausländischen Markt zu erreichen, muss ein zweckmäßiger Kontakt bestehen, der mit der Bedeutung der Materialien für den Produktionsprozess zunimmt. Die organisatorischen Anforderungen betreffen deshalb in erster Linie die Kooperation der Entwicklungsteams sowie den Informationsaustausch, d.h. die Verbindung der Informationssysteme von Lieferant und Abnehmer. Beide Anforderungen sind kostenwirksam. Sie verursachen einen erhöhten Reiseaufwand oder erfordern ein leistungsfähiges computergestütztes Informationsnetz.

Die Ausweitung des Beschaffungsspielraums verlangt aber auch von den mit der Kontaktpflege betrauten Unternehmensangehörigen zusätzliche Qualifikationen. Ein bereichsübergreifendes, vernetztes Denken kann nicht länger auf Führungskräfte konzentriert bleiben, sondern wird von allen Beteiligten gefordert. Darüber hinaus sind Sprachkenntnisse ebenso unerlässlich wie Kenntnisse über Rechtsvorschriften auf den internationalen Beschaffungsmärkten.

2.2 Global Sourcing

Vor allem aber muss eine Auseinandersetzung mit der Unternehmenskultur des Geschäftspartners erfolgen. Landesspezifische Gegebenheiten, Mentalitäten, Traditionen und soziokulturelle Hintergründe geben Aufschluss über das Mitarbeiterverhalten im Zulieferunternehmen. Die Personalauswahl muss sich an diesen Anforderungen orientieren, um das Global Sourcing-Konzept nicht auf tönerne Füße zu stellen.

Je größer die räumliche Distanz zwischen Zulieferer und Abnehmer ist, die überbrückt werden muss, desto größer werden auch die logistischen Anforderungen. Insbesondere ist es notwendig, die logistische Kette Zulieferer-Spediteur-Abnehmer transparent zu gestalten, um jederzeit über den Lieferfortschritt genauestens im Bilde zu sein. Die Kapazitätsgrenzen im internationalen Transport sind heute bereits erreicht. See- und Flughäfen sind überlastet. Deshalb ist es üblich, dass zur Beschleunigung der Auslieferung Speditionsläger bzw. inländische Auslieferungsläger der ausländischen Lieferanten eingerichtet werden. Die Just-in-Time-Anlieferung kann dadurch weiter vereinfacht werden.

Zum Entwurf eines Global Sourcing-Konzepts gehört auch die Entwicklung von Methoden zur Kurssicherung. Beim Abschluss eines Kaufvertrags in heimischer Währung wird das Risiko einer Wechselkursänderung auf den Lieferanten übertragen. Zwar ist mit jedem Risiko auch die Chance auf eine günstige Änderung der Wechselkurse verbunden, doch werden Lieferanten im Allgemeinen ablehnend auf ein solches Ansinnen des Abnehmers reagieren. Analog zur Übernahme des Lagerrisikos beim Just-in-Time-Konzept hängt die Durchsetzbarkeit einer Kurssicherungsmaßnahme wesentlich von der Marktmacht des Abnehmers ab. Umgekehrt wird beim Abschluss des Kaufvertrags in fremder Währung das volle Risiko vom Abnehmer übernommen. Kurssicherungsgeschäfte, zum Beispiel Devisenterminkäufe, werden notwendig, um diesem Risiko zu begegnen. Allerdings sind hiermit zusätzliche Kosten verbunden, die bei der Kalkulation der Einstandspreise berücksichtigt werden müssen. Einen Kompromiss zwischen diesen beiden Methoden bieten der Abschluss eines Kaufvertrags in Drittwährung oder die Aufnahme von Kurssicherungsklauseln in den Kaufvertrag. Bei risikoneutralem Verhalten der Vertragspartner und annähernd gleicher Marktstellung haben sich diese beiden Maßnahmen als Verhandlungslösungen bewährt. Eine Übersicht über diese und andere Maßnahmen der Kurssicherung liefert die Tabelle 2.2.2.

Vertragliche Maßnahmen	Außervertragliche Maßnahmen
▪ Vertragsabschluss in heimischer Währung ▪ Vertragsabschluss in Drittwährung ▪ Vereinbarung von Kurssicherungsklauseln	▪ Devisentermingeschäfte ▪ Fremdwährungskredite ▪ Devisenoptionsgeschäfte

Tabelle 2.2.2: Methoden zur Kurssicherung (Quelle: GRUSCHWITZ 1993)

Durchführbarkeitsanalyse

Prinzipiell sind alternative Global Sourcing-Konzepte auf ihre rechtliche, personelle, technische, zeitliche und organisatorische Zulässigkeit zu überprüfen, bevor eines dieser Konzepte implementiert wird. Die Durchführbarkeitsprüfung stellt fest, ob es sinnvoll ist, die jeweiligen Alternativen zum gegenwärtigen Zeitpunkt zu realisieren. Es kann durchaus zweckmäßig sein, Entscheidungen in die Zukunft zu verlagern und Entwicklungen abzuwarten, die die Voraussetzungen betreffen. Hierzu gehören angekündigte Produktinnovationen, Änderungen der Unternehmensorganisation, Änderungen in der Steuergesetzgebung oder Widerstände der Personalvertretung.

Operative Maßnahmen, die zur Realisierung eines Global Sourcing-Konzepts führen, müssen laufend überwacht werden. Insbesondere müssen sie im Rahmen einer Durchführungskontrolle mit den strategischen Vorgaben abgeglichen werden. Dabei ist wegen der Dynamik der Beschaffungsmärkte weniger ein Soll-Ist-Vergleich anzustellen als vielmehr eine strategische Überwachung vorzunehmen, die die Befolgung der Wettbewerbsstrategie im Blick hat.

2.2.4 Chancen und Risiken des Global Sourcings

Wie wir gesehen haben, ist die Entscheidung eines Unternehmens, sich auf den internationalen Beschaffungsmärkten im Sinne eines Global Sourcings zu engagieren, im Grunde genommen unumkehrbar. Wurden nämlich die entsprechenden Maßnahmen getroffen, so bedeutet dies zugleich eine Abkehr von den bisherigen Beschaffungsprinzipien und -kanälen, die dann auf längere Sicht nicht mehr zur Verfügung stehen, sondern erst wieder neu aufgebaut werden müssten. Insofern verbinden sich mit dem Global Sourcing nicht nur Vorteile. Bevor das Konzept Anwendung findet, müssen deshalb die möglichen Vorteile ebenso wie entstehende Nachteile bzw. Risiken frühzeitig mit ins Kalkül einbezogen werden.

Verbesserung der Wettbewerbssituation

Preisvorteile beim Global Sourcing werden in erster Linie durch die wesentlich geringeren Kosten in Niedriglohnländern realisiert. Überdies sorgen eine niedrigere Unternehmensbesteuerung und geringere, zum Teil gar nicht vorhandene Umweltauflagen dafür, dass trotz verstärkter Rationalisierungsbemühungen der deutschen Anbieter das ausländische Beschaffungspreisniveau nicht erreicht wird. Eine strategische Wettbewerbsvariante besteht darin, unter Ausnutzung der günstigen Angebote ausländischer Lieferanten bisherige deutsche Stammlieferanten unter Druck zu setzen. Der Erfolg dieser Strategie hängt wesentlich davon ab, wie transparent der internationale Markt ist und ob eine Strategie der Kostenführerschaft praktiziert wird. Unternehmenszusammenschlüsse, wie sie heute zur Stärkung der eigenen Marktposition praktiziert werden, reduzieren den Wettbewerb grundsätzlich auch auf Beschaffungsmärkten.

2.2 Global Sourcing

Nur durch die verstärkte Internationalisierung der Beschaffungsquellen kann diesem Trend wirksam begegnet werden.

Ein wichtiges Kriterium zur Entwicklung einer Global Sourcing-Konzeption stellt auch der Zugang zu neuen Technologien dar. Die potenziellen Wachstumsmärkte, vor allem in Südostasien, basieren auf der Entwicklung neuer Technologien und Produkte. Durch den Aufbau von Lieferbeziehungen zu Produzenten in diesem Raum versuchen westeuropäische Unternehmen, an derartigen Innovationen teilzuhaben, soweit sie eine Qualitätsführerschaft anstreben.

Ein weiterer Grund für Global Sourcing ist die Schaffung neuer Absatzmärkte. Durch den Bezug von Gütern aus einem bestimmten Land werden handelspolitische Schranken dadurch geöffnet, dass die „Local Content"-Bestimmungen durch die Beschaffung im Land des Absatzmarkts prinzipiell erfüllt sind. Da das Unternehmen außerdem mit den soziokulturellen Gegebenheiten bereits bestens bekannt ist, kann die Erschließung eines entsprechenden Absatzmarkts einfacher vollzogen werden.

Unabhängig davon sind internationale Beschaffungsaktivitäten eines Unternehmens im Hinblick auf den inländischen Absatz oft werbewirksam. Dem Kunden wird eine Weltoffenheit als Unternehmensphilosophie vermittelt, die ihn darin bestärkt, die Produkte des Unternehmens zu kaufen, weil er sie im Preis-Leistungsverhältnis als besonders gut einschätzt.

Schließlich wird für die exportintensive deutsche Industrie ein Global Sourcing auch aus dem Grund als wichtig erachtet, weil die vorhandenen Fremdwährungsvorräte unter Umständen in demselben Land wieder zur Beschaffung von Gütern verwendet werden können. Dadurch ergibt sich eine natürliche Absicherung des Wechselkursrisikos.

> **Beispiel: Einkauf in Niedrigkostenländern**
>
> Nach der Studie einer deutschen Unternehmensberatung war der Bezug von Teilen aus Niedrigkostenländern abhängig von der Branche, in der die produzierenden Unternehmen tätig sind. Die Konsumgüterindustrie mit 30 % ihres Einkaufsvolumens sowie die Pharma- und Chemieindustrie mit 25 % nutzten die Möglichkeit der Beschaffung aus Niedrigkostenländern am intensivsten. Hingegen waren die Luftfahrtindustrie und der Maschinenbau bei solchen Einkäufen sehr zurückhaltend. Im Konsumgütersektor spiegelte sich in der Global Sourcing-Strategie der Kostendruck wider, unter dem die Branche leidet. In der Pharma- und Chemieindustrie waren es vor allem Rohstoffe, die aus den Regionen importiert wurden, in denen sie vorkommen. Luftfahrtindustrie und Maschinenbau begründeten ihre Zurückhaltung hauptsächlich mit den Qualitätsmängeln der Materialien aus Niedrigkostenländern. Die Unternehmen wollten ihre internationale Reputation, die sie sich durch die hohe Qualität ihrer Produkte erworben haben, durch Qualitätsmängel nicht gefährden. In der Luftfahrtindustrie kam hinzu, dass den Lieferanten häufig die notwendigen Zulassungen fehlen.

> In der Befragung, die bei 100 Unternehmen durchgeführt wurde, wurden neben den Kostenvorteilen und Qualitätsmängeln weitere Vor- und Nachteile des Global Sourcings genannt: 30 % der befragten Unternehmen verwiesen auf die Möglichkeit, Gegengeschäfte abzuschließen, wenn sie sich für ein Global Sourcing in Niedrigkostenländern entschieden. Als Barriere für die internationale Beschaffung wurden neben der Qualität (72 % der Unternehmen) vor allem die komplizierte Logistik (56 %) und sprachliche Verständigungsprobleme (34 %) erwähnt.
>
> Quelle: RADEMACHER (2001)

Barrieren

Zu Beginn einer neuen Geschäftsverbindung besteht zwischen dem Inlandspreis und dem ausländischen Angebotspreis meistens eine erhebliche Diskrepanz. Im Laufe der technischen und kaufmännischen Überprüfung schrumpfen diese Differenzen allerdings dann, wenn das Auslandsangebot dem Inlandsangebot leistungsmäßig vergleichbar gemacht wird. Dabei sind nicht nur die höheren Transportkosten ausschlaggebend. Hohe Transaktionskosten, insbesondere für die Aufrechterhaltung der Kommunikation, Personalkosten für die Mitarbeiterqualifikation, Lagerkosten für erhöhte Sicherheitsbestände sowie die Kosten zur Absicherung von Währungsschwankungen und Durchführung der Zahlungstransfers an die Lieferanten müssen in den Preisvergleich ebenfalls mit einbezogen werden, ohne dass sie von vornherein schon im Einzelnen in voller Höhe bekannt wären. Eine Schätzung dieser Kostenarten birgt jedoch Risiken.

Es ist ein zentrales Anliegen des Global Sourcings, im Bereich der Forschung und Entwicklung stärker mit den Lieferanten zu kooperieren. Gerade ausländische Lieferanten sollen in den Entwicklungsprozess integriert werden, wenn sie über ein besonderes Know-how verfügen. Internationale Entwicklungskooperationen werden allerdings sowohl durch die räumliche Distanz als auch durch sprachliche und kulturelle Unterschiede erschwert. Vorbehalte westeuropäischer Abnehmer richten sich in erster Linie gegen die Landes- und Unternehmenskultur, die im Zusammenhang mit der internationalen Beschaffung zu beachten ist. Ein großes Problem besteht darin, den ausländischen Lieferanten das in Westeuropa sehr stark ausgeprägte Qualitätsdenken zu vermitteln. Ebenso bestehen Schwierigkeiten, notwendige Normierungen und Zertifizierungen der Materialien bei den Zulieferern durchzusetzen.

Für eine langfristige Zusammenarbeit mit ausländischen Zulieferern ist in besonderem Maße gegenseitiges Vertrauen eine unverzichtbare Geschäftsgrundlage. Auf der anderen Seite können mentale Barrieren den Abschluss klassischer Verträge unter Androhung von Vertragsstrafen nahelegen, um zu vermeiden, dass gemeinsam erbrachte Entwicklungsleistungen an Dritte weiterveräußert werden. Solche Know-how-Schutzvereinbarungen können jedoch wiederum als mangelndes Vertrauen interpretiert werden, so dass ein Dilemma der kooperativen Zusammenarbeit institutionalisiert wird.

Besonders hoch sind die technologischen Risiken, wenn die Wettbewerbsstrategie der Kostenführerschaft verfolgt wird. Es stellt sich die Frage, ob die ausländischen Zulieferer auch in Zukunft eine der deutschen Industrie vergleichbare Innovationskraft bieten können. Dies birgt die Gefahr, dass die mit ausländischen Teilen in Deutschland produzierten Endprodukte technologisch veralten, da die ausländischen Lieferanten zur Wahrung des Preisvorteils auf aufwändige Forschungs- und Entwicklungsaktivitäten verzichten.

Aus der Sicht des Abnehmers ist das personelle Risiko nicht zu unterschätzen. Durch verstärkte Fluktuation im Beschaffungsbereich des Unternehmens kann der Kontakt zum Lieferanten so weit gestört werden, dass Handlungsunfähigkeit eintritt. Durch die hohe Spezialisierung (Sprachkenntnisse, persönliche Kontakte zum Lieferanten, Verständnis für kulturelle Besonderheiten) werden Einkäufer zu einem Beschaffungsfaktor, der sich nicht unverzüglich substituieren lässt. Für die Aneignung der notwendigen Qualifikationen wird nämlich im Allgemeinen längere Zeit benötigt.

Unabhängig von der verfolgten Wettbewerbsstrategie gibt es einige weitere Grenzen und Risiken, die das Global Sourcing anfechtbar machen. Da im Allgemeinen keine klassischen Verträge existieren, sondern langfristige Kooperationsvereinbarungen auf relationalen Verträgen basieren, ist die Vertragseinhaltung nur dann gesichert, wenn beide Vertragsparteien denselben soziokulturellen Hintergrund haben. In vielen Niedriglohnländern sind derartige Kooperationsvereinbarungen – und im Übrigen auch klassische Verträge – nicht von derselben Verbindlichkeit wie in Westeuropa.

„Je günstiger die Beschaffungsquelle, desto größer sind die politischen Risiken." Diese These gilt zwar nicht uneingeschränkt, doch ist beim Global Sourcing mit unvorhersehbaren politischen Ereignissen zu rechnen. Insbesondere unterliegen Handelsabkommen einer Dynamik, die eine Kalkulation der Beschaffungspreise und -mengen auf lange Sicht unmöglich macht. In einzelnen Fällen kommt der Auslandsbezug von Materialien aus einer bestimmten Quelle auch deswegen nicht in Betracht, weil auf dem Absatzmarkt ein Nachweis des Ursprungs erbracht werden muss. Der Produzent hat darauf zu achten, dass er die Bestimmungen für eine Einfuhr in das Land des Absatzmarkts einhält. Gegebenenfalls ist er deshalb gezwungen, auf Zulieferteile aus einem anderen Land zu verzichten, auch wenn dies einer Strategie der Kosten- oder Qualitätsführerschaft entspräche.

Erkenntnisse

Mit dem Konzept des Global Sourcings sollen globale Beschaffungspotenziale voll ausgenutzt werden. Die Entscheidung, ob ein Global Sourcing für Unternehmen in Betracht kommt, ist individuell und situativ zu treffen. Sie hängt insbesondere von der zugrunde liegenden Wettbewerbsstrategie ab. Sind geeignete Beschaffungsspielräume und Beschaffungsobjekte für ein Global Sourcing vorhanden, so muss die Beschaffungsstrategie schrittweise auf diese Situation abgestimmt werden.

2 Institutioneller Rahmen des Operations Managements

Auf jeden Fall ist zu bemerken, dass internationale Beschaffungsaktivitäten im Verlaufe der Zeit erheblich zugenommen haben. Abbildung 2.2.6 zeigt anschaulich diese Entwicklung. Während 1990 mehr als 80% der Unternehmen kaum in diesem Beschaffungssektor tätig waren, waren es 2005 nur noch 20%, die sich Global Sourcing-Aktivitäten weitgehend verschlossen haben.

Der Wettbewerbsdruck auf die heimischen Lieferanten wird durch Global Sourcing weiter verstärkt. Global Sourcing bedeutet daher, die Stammlieferanten mit der Information und Kenntnis über die Situation auf den internationalen Beschaffungsmärkten zu konfrontieren, um sie wettbewerbsfähig zu halten. Auf diese Weise wird Global Sourcing das Verhältnis zwischen Lieferanten und Abnehmern neu definieren.

Eine Erweiterung erfährt das Global Sourcing durch das Global Manufacturing. Vorgelagerte Produktionsstufen werden ins Ausland verlagert, um an den Kostenvorteilen noch besser partizipieren und zugleich stärkeren Einfluss auf die Qualität der Zulieferteile nehmen zu können. Die erörterten Chancen und Risiken des Global Sourcings wachsen dabei in beide Richtungen.

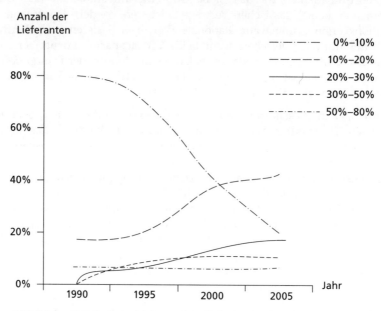

Abbildung 2.2.6: Entwicklung des Global Sourcings im Zeitverlauf (Quelle: RADEMACHER 2001)

2.2.5 Zusammenfassung

Dieses Kapitel hat gezeigt, dass die Rahmenbedingungen für Operational Units in Unternehmen dadurch mehr und mehr gelockert worden sind, dass heutzutage wesentlich mehr Entscheidungsalternativen als noch vor wenigen Jahrzehnten gegeben sind. Insbesondere müssen die Entscheidungsträger nun auch über Kenntnisse in Bezug auf die Beschaffung von Teilen, Baugruppen usw. in anderen Ländern und Kontinenten verfügen, die nicht unbedingt mit denen einer heimischen Beschaffung vergleichbar sind. So müssen neben betriebswirtschaftlichen Fähigkeiten auch Kenntnisse des nationalen Rechts, der Sprache, der Kultur sowie der Politik des jeweiligen Herkunftslandes einer Ware vorliegen, damit die Vorteile einer derartigen Geschäftsbeziehung zum Tragen kommen können. Wie wir Abschnitt 2.2.2 entnehmen konnten, gibt es deshalb Möglichkeiten zur allmählichen Entwicklung eines Global Sourcing-Konzepts, das auf das Unternehmen, die Branche und die Situation abgestimmt sein muss. Sowohl für kleinere und mittlere als auch für große Unternehmen bestehen Möglichkeiten der Kooperation mit ausländischen Lieferanten, die angemessen sind und den Gegebenheiten Rechnung tragen. Darüber hinaus gilt es, den in Abschnitt 2.2.3 skizzierten Entwicklungsprozess für Global Sourcing-Maßnahmen mit der übergeordneten Wettbewerbsstrategie des Unternehmens abzugleichen und schrittweise die notwendigen Analysen vorzunehmen. Widerstände und Bedenken, wie sie im Verlaufe eines solchen Prozesses auftreten und im Abschnitt 2.2.4 beschrieben worden sind, müssen sorgsam geprüft und gegen die Chancen abgewogen werden. Erfolgreiche Beispiele sowie die zunehmende Zahl der international agierenden Unternehmen im Beschaffungsbereich weisen jedoch darauf hin, dass Global Sourcing insgesamt keine Zeiterscheinung darstellt, sondern sich nach wie vor in einer progressiven Entwicklungsphase befindet.

2.2.6 Fragen zur Wiederholung

1. Erläutern Sie die verschiedenen Kooperationsformen internationaler Beschaffungsaktivitäten.
2. Welche Möglichkeit des Global Sourcings gibt es für kleine und mittelständische Unternehmen?
3. Warum kann eine quasi-nationale Beschaffung nicht als Global Sourcing bezeichnet werden?
4. Erläutern Sie die Schritte, die erforderlich sind, um ein Global Sourcing-Konzept aus der Wettbewerbsstrategie eines Unternehmens abzuleiten.
5. Stellen Sie den stufenweisen Entwicklungsprozess eines Global Sourcing-Konzepts für ein Unternehmen dar.
6. Worin liegen die Chancen und Risiken von Global Sourcing im Einzelnen begründet?

2.2.7 Literaturempfehlungen zur Vertiefung

KAUFMANN, L. (2001): Industrielles Beschaffungsmanagement. Gabler, Wiesbaden
PERLITZ, M, (2004): Internationales Management. 5. Auflage, Lucius & Lucius, Stuttgart
PIONTEK, J. (1997): Global Sourcing. Oldenbourg, München

2.3 Total Quality Management

2.3.1 Einführung

In den letzten Jahren sind wir häufiger dem Argument begegnet, dass hoch entwickelte Volkswirtschaften aufgrund ihrer hohen Arbeitskosten nur dann auf Dauer international wettbewerbsfähig sind, wenn ihre Produkte und Dienstleistungen ebenfalls von hoher Qualität sind. Dieser Überlegung wird oft zugestimmt, ohne dass der Qualitätsbegriff besonders kritisch hinterfragt wird. Deshalb ist dieses Unterkapitel einer eingehenderen Befassung mit dem Qualitätsmanagement eines Unternehmens gewidmet, so dass sichtbar wird, in welchem Umfang Qualitätsanforderungen unverzichtbar werden und in welcher Form sie institutionalisiert werden können.

Insbesondere im Zuge der japanischen Qualitätsoffensive hat sich das Qualitätsdenken auch in Europa und den USA einem stetigen Wandel unterzogen. Der früher einseitig geprägte Qualitätsbegriff ist ständig erweitert worden. Dies hat dazu geführt, dass inzwischen in vielen Unternehmen umfassende Qualitätsmanagement-Systeme eingerichtet worden sind.

In Abschnitt 2.3.2 werden wir untersuchen, was Qualität überhaupt bedeutet und wie sie theoretisch begründet werden kann. Anschließend wollen wir zwei verschiedene Qualitätskonzeptionen exemplarisch gegenüberstellen. In Abschnitt 2.3.3 werden die Parameter eines erfolgreichen Qualitätsmanagements noch einmal hinterfragt. Hierbei gehen wir vor allem auf die Umsetzungsprobleme bei der Etablierung eines Qualitätsmanagement-Systems näher ein. In Abschnitt 2.3.4 werden dann die wichtigsten Ergebnisse zusammengefasst.

2.3.2 Allgemeine Definitionen und Konzepte

Qualität gilt als ein konstitutives Merkmal jeden Gutes. Sie beschreibt insbesondere, welche Eigenschaften ein Gut hat, damit es auf Nachfrage stößt und am Markt gehandelt werden kann, ohne dass neben den Produktionskosten zusätzliche Transaktionskosten entstehen. Die Vollkommenheit der Beschreibung geht einher mit Qualitätssicherheit. Oft jedoch liegt Qualitätssicherheit nicht vor. Entweder ist die Qualität, die einem Gut innewohnt, nicht bzw. nicht vollständig beschreibbar, oder die Qualität wird vom Produzenten bewusst nur vage gefasst und weitergegeben. Der erste Fall zeigt die Notwendigkeit einer klaren und für alle Marktteilnehmer verständlichen Qualitätsdefinition auf. Der zweite Fall weist auf die Problematik einer „asymmetrischen" Informationsverteilung hin, weil der Kunde im Gegensatz zum Produzenten weniger Information über das Produkt hat. An ihr lässt sich die Bedeutung von Maßnahmen zur Qualitätssicherung besonders gut demonstrieren.

Informationsasymmetrie ist vor allem dort feststellbar, wo es sich um heterogene Erfahrungsgüter handelt, die scheinbar dieselbe Qualität aufweisen, bei längerem Gebrauch („Erfahrung") jedoch häufig Qualitätsunterschiede erkennbar werden lassen. Ein solches heterogenes Erfahrungsgut ist beispielsweise ein Gebrauchtwagen, dessen Qualität erst dann deutlich wird, wenn der neue Besitzer ihn über einen längeren Zeitraum genutzt hat. Der Verkäufer kennt zwar die Eigenschaften seines Gutes, gibt sie jedoch an den Nachfrager nicht bzw. nicht in vollem Umfang weiter.

Unterstellt man, dass auf dem Markt für ein heterogenes Erfahrungsgut ein Durchschnittspreis existiert, der der erwarteten Qualität des Gutes entspricht, so werden höherwertige Güter, bei denen die Preisforderungen oberhalb des Durchschnittspreises liegen, wegen der vorhandenen Informationslücke auf Dauer nicht absetzbar sein. Damit sinken mittelfristig auf dem entsprechenden Markt jedoch sowohl die Durchschnittsqualität des Gutes als auch deren Preis. Es entsteht ein so genannter „Market for Lemons", auf dem immer schlechtere Güter gehandelt werden, bis der Handel durch diese „adverse Selektion" in letzter Konsequenz völlig zum Stillstand kommt.

Eine wesentliche Schlussfolgerung aus dieser Kettenreaktion besteht darin, dass offenbar Qualitätssicherungsmaßnahmen erforderlich sind, um die Existenz eines solchen Markts auf Dauer sichern zu helfen. Die Qualitätssicherungsmaßnahmen erzeugen Transaktionskosten, die zusätzlich zu den Produktionskosten entstehen. Sie entstehen, um der vorhandenen Qualitätsunsicherheit dadurch zu begegnen, dass dem Kunden eine bestimmte Qualität signalisiert wird, was ihm zumindest Wahrscheinlichkeitsaussagen über den Gebrauchswert des Gutes gestattet. Am Beispiel des Gebrauchtwagens kann das so genannte „Signalling" darin bestehen, dass die Gebrauchtwagen zertifiziert werden (TÜV-Plakette usw.) oder dem Kunden eine Gebrauchtwagengarantie gegeben wird. Für Güter, die oberhalb der durchschnittlich erwarteten Qualität liegen, sind die Signalisierungskosten grundsätzlich geringer als bei Gütern, die die Durchschnittsqualität nicht erreichen. Aus diesem Grund bleiben solche Güter für den Markt weiterhin attraktiv. Entweder fangen die geringeren Signalisierungskosten den höheren geforderten Verkaufspreis wieder auf; oder die Nachfrager sind bereit, für die zertifizierten Güter einen höheren Preis zu zahlen.

Unternehmensziel ist es nun, die Qualitätssicherung (Quality Control) in ein umfassendes Qualitätsmanagement-System (QM-System) so einzubetten, dass das Unternehmen mit seinen Gütern langfristig am Markt reüssiert. Das heißt insbesondere, dass die Transaktionskosten im Sinne eines größtmöglichen Markterfolgs zu optimieren sind.

Qualitätsdefinitionen

Die Grundlage für ein funktionierendes QM-System bildet ein einvernehmliches Verständnis von Qualität im Zusammenhang mit Gütern. Ursprünglich leitet sich der Qualitätsbegriff aus dem Lateinischen ab (qualitas = Beschaffenheit, Eigenschaft). Mittlerweile gibt es für den wirtschaftswissenschaftlichen Gebrauch eine Vielzahl von Qualitätsdefinitionen, von denen sich die folgenden am meisten durchgesetzt haben:

Eine transzendente Auffassung von Qualität besteht darin, dass Qualität etwas Einzigartiges und Absolutes darstellt. Sie gilt als Synonym für Exzellenz. Im strategischen Management hat sich der Begriff der Qualitätsführerschaft eingebürgert. Er drückt aus, dass Unternehmen mit ihren Gütern etwas Einmaliges anstreben, das unabhängig von den Produktionskosten von keinem Wettbewerber erreicht wird. In diesem Sinne ist Qualität ein Merkmal, das ein Gut entweder hat oder nicht. Für viele Anwendungen ist diese Definition inoperabel.

Kundenorientierte Definitionen von Qualität fordern, dass die Bedürfnisbefriedigung des Kunden letztlich darüber entscheidet, welche Qualität ein Gut aufweist. JURAN (1988) bezeichnet diese subjektive Ermessensentscheidung des Kunden als „Fitness for Use". Nach diesem Ansatz ist die Qualität eines Gutes sehr häufig Schwankungen unterworfen, je nachdem welche Anforderungen vom Kunden jeweils formuliert werden.

Anders verhält es sich bei den produktorientierten Definitionen, nach denen Qualität objektiv feststellbar ist. Physikalische Messungen zeigen Qualitätsunterschiede zwischen den Gütern auf einer Skala für jeden nachvollziehbar an. Wenn wir homogene Märkte unterstellen, so ist eine höhere Qualität nach dieser Definition nur mit höheren Produktionskosten erreichbar.

Schließlich gibt es vertragsorientierte Definitionen von Qualität, die auf der Erfüllung von vertraglichen Beziehungen zwischen Lieferanten und Kunden beruhen. Nach diesen Ansätzen wird einem Gut „Qualität" bescheinigt, wenn die vertragliche Vereinbarung als erfüllt gilt. Im anderen Fall liegt „Unqualität" vor. Bei Unqualität kann der Kunde vom Lieferanten Nachbesserung, Minderung des Kaufpreises o.ä. verlangen. Im Übrigen kann die Qualität durch Einsatz anderer Produktionsverfahren nicht über die vom Kunden geforderten Merkmale hinaus maximiert werden.

Zum Vergleich dieser Definitionen dient auch die Zusammenstellung in Abbildung 2.3.1. Bei der Entwicklung eines QM-Systems besteht die nicht zu übersehende Gefahr, sich nicht rechtzeitig auf einen Qualitätsbegriff zu verständigen, der von allen Beteiligten – also Top Management, Mitarbeitern sowie Partnern – mitgetragen wird. Deshalb muss durch geeignete Managementmaßnahmen frühzeitig sichergestellt werden, dass solche Missverständnisse nicht auftreten.

kundenorientiert	
ohne Nebenbedingungen **[Total Quality Management i. e. S.]**	**mit Nebenbedingungen**
▪ subjektive Qualitätskriterien ▪ dynamische Qualitätsentwicklung ▪ Auswirkung: Qualitätsverbesserung	▪ subjektive Qualitätskriterien ▪ Maximierung der Qualität bei gegebenem Preis bzw. Sicherung der gegebenen Qualität bei minimalem Preis ▪ Auswirkung: Qualitätsverbesserung bzw. Qualitätssicherung

produktorientiert	
ohne Nebenbedingungen	**mit Nebenbedingungen** **[EN ISO-System]**
▪ objektive Qualitätskriterien ▪ Produkteigenschaften ▪ statischer Qualitätsbegriff ▪ Auswirkung: Qualitätssicherung und Qualitätsprüfung	▪ objektive technische Qualitätskriterien ▪ vertragliche Vereinbarungen ▪ statischer Qualitätsbegriff ▪ Auswirkung: Qualitätssicherung

Abbildung 2.3.1: Qualitätsdefinitionen (Quelle: nach GARVIN 1986)

Qualitätskosten

Wir müssen uns bewusst sein, dass Qualität stets Kosten verursacht. Das heißt nicht, dass die Gesamtkosten durch qualitätssichernde bzw. -steigernde Maßnahmen ebenfalls zunehmen. Jedoch entstehen zunächst Kosten dadurch, dass ein QM-System eingerichtet wird. Offensichtlich hängen die Qualitätskosten von dem zugrunde liegenden Qualitätsbegriff ab. Neben den direkten Qualitätskosten, die dem Produkt bzw. der Dienstleistung unmittelbar zuordenbar sind, müssen auch indirekte Qualitätskosten Beachtung finden, die durch Mitarbeiterschulungen u. ä. im Zusammenhang mit qualitätsbildenden Maßnahmen auftreten.

Grundsätzlich werden drei Qualitätskostenarten unterschieden:

- Fehlerverhütungskosten – Sie umfassen alle vorbeugenden Maßnahmen der Qualitätssicherung und fallen vor Fertigstellung einer Leistung an.
- Prüfkosten – Sie beinhalten alle Kosten für planmäßige Prüfungen, die vor, während und nach dem Leistungsprozess entstehen.
- Fehlerkosten – Sie lassen sich in interne und externe Fehlerkosten weiter differenzieren, je nachdem, ob die Kosten vor oder nach Verlassen der Leistung aus dem Unternehmen auftreten.

Im Allgemeinen gilt, dass die Qualitätskosten ansteigen, je später ein Mangel entdeckt und behoben wird. Andererseits ist zu bedenken, dass die Fehlerverhütungskosten häufig nur schwer messbar sind, da sie entweder nicht als solche erkannt oder nicht unmittelbar quantifizierbar sind. Beispielsweise gibt es Schulungen, die zur Qualitätssicherung eines Produktes beitragen, zugleich jedoch Fähigkeiten der Produkthandhabung vermitteln. Es ist deshalb nicht angebracht, die gesamten Schulungskosten als Fehlerverhütungskosten anzusetzen.

Beispiel: Fehlerkosten bei Bridgestone/Firestone

Der Fall des japanischen Reifenherstellers Bridgestone/Firestone, den ein Rückruf im Jahr 2000 an den Rand des Ruins trieb, dokumentiert die dramatischen Auswirkungen externer Fehlerkosten. In einer der bis heute weltweit größten

Rückrufaktionen musste der Konzern 14,4 Mio. Off-Road-Reifen der Typen ATX und Wilderness austauschen, welche zum größten Teil auf den Geländewagen Explorer von Ford montiert waren und mit schweren Verkehrsunfällen und 271 Todesopfern in Verbindung gebracht wurden. Der wirtschaftliche Schaden für Bridgestone betrug drei Mrd. US$. Der Konzern musste sein drittgrößtes Werk in den USA schließen und tausende Mitarbeiter entlassen. Gleichzeitig war ein erheblicher Imageschaden zu verzeichnen.

Mit Hilfe eines umfassenden Informationsmanagements lässt sich der durch externe Fehlerkosten verursachte Schaden jedoch begrenzen. So gelang es Nissan im Jahr 2000, einen Rückruf des Modells Almera wegen defekter Reifen auf weniger als 1.500 Fahrzeuge zu beschränken. Eine Auswertung der gespeicherten Qualitätsdaten ergab, dass der mögliche Fehler einer beschädigten Reifenwulst durch zu wenig Montagepaste ausschließlich bei Autos aus den Produktionsmonaten März bis Dezember mit Originalbereifung von Bridgestone auf Stahlfelgen auftrat.

Quelle: FISCHER u. a. (2002)

Rechtsgrundlagen zur Qualitätshandhabung

Die Einrichtung eines QM-Systems hat nicht nur ökonomische Konsequenzen, sondern führt auch zu Rechtsfolgen, die sich vor allem dann ergeben, wenn berechtigte Qualitätsforderungen nicht erfüllt sind. Grundlage hierfür sind Haftungstatbestände, die sich aus dem Prinzip der Produktverantwortung herleiten lassen.

Der Grundsatz der Produktverantwortung ist in den letzten Jahren wesentlich verfeinert worden. Er ist sowohl im Vertrags- als auch im Deliktsrecht verankert. Wichtige Rechtsnormen sind §§ 434 ff. BGB sowie § 1 ProdHaftG, in denen geregelt ist, dass auch verschuldensunabhängig ein Haftungsanspruch seitens des Kunden besteht, wenn Qualitätsvereinbarungen nicht eingehalten worden sind. Haftungstatbestände beziehen sich dabei nicht nur auf das Produkt, sondern ebenso auf Missstände im vorangehenden Produktionsprozess, also insbesondere in der Ablauf- und Aufbauorganisation.

Aufgrund der wachsenden Arbeitsteilung, die nicht nur unternehmensintern, sondern ebenso unternehmensübergreifend stattfindet, wird zunehmend das Top Management des Produzenten zur Generalverantwortung herangezogen. Damit soll vermieden werden, dass der Haftungsanspruch des Kunden bei unübersichtlichen Unternehmensstrukturen ins Leere läuft.

Das Risiko eines erweiterten Haftungsanspruchs wird traditionell durch Abschluss höherer Haftpflichtversicherungen bzw. Bildung erhöhter Rückstellungen abgewendet. Insofern handelt es sich um eine „ex post"-Lösung, die dazu beiträgt, dass die Informationsasymmetrie zwischen Anbieter und Nachfrager weitgehend beseitigt wird. Der Nachfrager kann sicher sein, dass er bei Eintritt eines Schadensfalls diesen Schaden gegenüber dem Produzenten geltend machen kann und auch erstattet bekommt. Jedoch handelt es sich bei der traditionellen Risikoabwendung um eine so genannte „second best"-Lösung, da der Schadensfall bereits eingetreten ist. Demgegenüber stellt ein präventives QM-System oft eine überlegene Alternative dar.

DEMING-Kette

Die wissenschaftliche Auseinandersetzung mit so genannten Total Quality Management (TQM)-Konzepten reicht bis in die 50er Jahre zurück. Als Begründer des TQM gelten die Amerikaner JURAN (1951) und DEMING (1952). Sie berieten Anfang der 50er Jahre japanische Unternehmen, da deren Produkte hinsichtlich des qualitativen Standards nicht wettbewerbsfähig waren, und legten so den Grundstein für die späteren Erfolge der japanischen Qualitätspolitik. Dabei wurden sowohl der Einsatz statistischer Methoden als auch der Ansatz eines kundenorientierten Qualitätsbegriffs und die Verpflichtung des Top Managements zur Durchsetzung von TQM konstitutive Merkmale. Erweitert wurde die Qualitätsphilosophie durch den Total Quality Control-Ansatz von FEIGENBAUM (1961). In Japan fand das Gedankengut der amerikanischen Qualitätsexperten große Anerkennung und wurde vor allem unter ISHIKAWA (1983) weiterentwickelt. Seine Forderung, alle Mitarbeiter in den QM-Prozess mit einzubeziehen und Qualitätszirkel zu institutionalisieren, wurde unter dem Begriff einer „Company Wide Quality Control" populär. Die Durchsetzung von Qualität entwickelte sich in Japan schließlich zu einem Way of Life. In den 70er Jahren wurden die bis dahin überwiegend produktorientierten Konzepte auf eine Prozessorientierung umgestellt und um verschiedene Vorgehensmodelle bzw. Analyseinstrumente, wie zum Beispiel Quality Function Deployment (QFD) und Failure Mode and Effects Analysis (FMEA), ergänzt.

Die Qualitätsdefinition des TQM stellt die Bedürfnisbefriedigung des Kunden in den Mittelpunkt und propagiert die Idee als „Fitness for Use". Jenes Gut, das die Präferenzen des Kunden am besten befriedigt, weist die optimale Qualität auf. Wendet man diesen Gedanken konsequent an, so ist jeder Mitarbeiter des Unternehmens Kunde und Lieferant zugleich. Es existiert das Prinzip der internen Kunden-Lieferanten-Beziehung, mit dem Abteilungsschranken abgebaut und die Einstellung der Mitarbeiter zu mehr Kooperation verstärkt werden sollen. Im weitesten Sinne ist Qualität all das, was verbessert werden kann. In diesem Zusammenhang ist Qualität nicht nur mit Produkten und Dienstleistungen verbunden, sondern auch mit der Art, wie Mitarbeiter arbeiten, Maschinen bedient und die Systeme und Prozesse gehandhabt werden. Qualität beinhaltet somit alle Aspekte menschlichen Verhaltens.

Zur Veranschaulichung des Qualitätsverständnisses, das dieser Philosophie zugrunde liegt, dient auch die DEMING-Kette (vgl. Abbildung 2.3.2). Wird die Qualität verbessert, so kommt es zu Produktivitätsverbesserungen und damit zu Kostenreduzierungen, die als Preisreduzierungen an den Kunden weitergegeben werden können. Dies führt wiederum zu einer Steigerung des Marktanteils, sichert die Position des Unternehmens sowie die Arbeitsplätze und verhilft letztlich zu einer Steigerung des Unternehmenserfolgs. Mit ihr wird der Zusammenhang zwischen qualitätssteigernden Maßnahmen und

2 Institutioneller Rahmen des Operations Managements

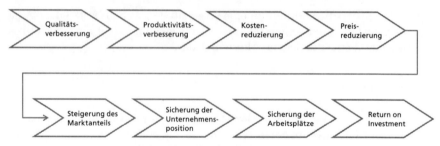

Abbildung 2.3.2: DEMING-Kette

einem besseren Unternehmensergebnis (Return on Investment) über mehrere Kausalbeziehungen hinweg dargestellt. Dabei wird natürlich eine Reihe von Annahmen über die Beschaffenheit der Märkte zugrunde gelegt, ohne die diese Kettenreaktion nicht unbedingt zustande kommen würde. Überdies empfiehlt DEMING zur Optimierung dieses Prozesses ein besonderes programmatisches Vorgehen: Zu den wichtigsten Punkten zählen dabei die langfristige, strategische Ausrichtung des QM-Systems, das durch eine prozessorientierte Sichtweise unterstützt wird, um eventuell auftretende Fehler frühzeitig entdecken und beheben zu können. Die TQM-Philosophie des „Null-Fehler-Prinzips" kann nur dann durchgesetzt werden, wenn Maßnahmen zu Verhaltensänderungen aller Beteiligten, ggf. auch soziale Verbesserungen innerhalb des Unternehmens, vom Top Management in Angriff genommen werden. Eine unterstützende Maßnahme ist der Aufbau abteilungsübergreifender Kommunikationsprozesse, mit denen Ängste der Mitarbeiter und Informationsbarrieren abgebaut werden sollen. Zur objektiven Feststellung der Verbesserungen ist der Einsatz statistischer Methoden unverzichtbar.

Qualitätsmanagement gemäß ISO 9.000 ff.

Ein anderer Weg des Qualitätsmanagements wird beschritten, indem die Unternehmen ihre Qualitätsbemühungen an Normen orientieren und entsprechend zertifizieren lassen. Die Zertifikate richten sich unmittelbar an den Kunden als Adressaten und sollen ihm signalisieren, mit welchen Qualitätsansprüchen er rechnen darf, wenn er ein bestimmtes Gut erwirbt. Die ISO (International Standardization Organization) 9.000 Normenfamilie enthält dazu eine Anzahl von QM-Elementen, die sich nicht nur auf den Produktionsprozess beziehen, sondern auch andere Operations, wie zum Beispiel Schulung, Vertragsprüfung und Wartung, umfassen.

Einen Schwerpunkt dieses Qualitätskonzepts bildet die Verantwortung des Top Managements. Wir haben bereits im vorangegangenen Abschnitt erkennen können, dass das Haftungsrecht entsprechend angepasst worden ist. Außerdem sollen alle Qualitätsmaßnahmen unternehmensweit dokumentiert werden, damit bei evtl. Rechtsstreitigkeiten eine bessere Beweisführung erfolgen kann,

2.3 Total Quality Management

d. h. Informationsasymmetrien zwischen dem Kunden und dem Lieferanten beseitigt werden können. Durch Zertifikate signalisieren Lieferanten bzw. Produzenten, dass sie zu einer vertrauensvollen Zusammenarbeit bereit sind und dem Kunden jede qualitätsrelevante Information darzulegen vermögen. Natürlich ist es auch ein wesentliches Element dieses Konzepts, auftretende Fehler frühzeitig zu erkennen und durch entsprechende Fehlermeldungen transparent zu machen. Aus der Bereitschaft, eigene Fehler zu offenbaren, sollen Lernerfolge resultieren.

> **Beispiel: QM-Elemente der Normenfamilie ISO 9.000 ff.**
>
> Die ISO 9.000 ff. Normenfamilie stammt ursprünglich aus dem Jahr 1987. Die derzeit gültige Version ist die DIN EN ISO 9001:2008-12-Normenfamilie. Sie enthält vier wesentliche Elemente:
>
> Verantwortung der Leitung – Qualität ist eine Führungsaufgabe. Die Unternehmensleitung formuliert die Qualitätspolitik sowie klare Qualitätsziele. Verantwortlichkeiten und Kompetenzen sind in einem QM-Handbuch zu dokumentieren.
>
> Management der Ressourcen – Das Unternehmen legt dar, wie es die Bereitstellung von Produktionsmitteln, wie zum Beispiel Maschinen und Software, gewährleisten will und welche Schulungen des Personals erfolgen.
>
> Produktrealisierung – Die unternehmensspezifischen Prozesse sind auf die Anforderungen der Kunden auszurichten. Das Unternehmen weist nach, wie es Kundenanforderungen identifiziert und in Einklang mit den Prozesszielen bringt.
>
> Messung, Analyse und Verbesserung – Um die Leistungsprozesse zu optimieren, implementiert das Unternehmen geeignete Maßnahmen zur Messung und Analyse. Hierbei ist vor allem die Hebung der Kundenzufriedenheit von Bedeutung. In internen Audits werden die Messungen in nachvollziehbare Maßnahmen umgesetzt.
>
> Die verschiedenen QM-Elemente bilden einen Regelkreis. Aus den Erkenntnissen der Messungen und Analyse ergeben sich neue Anforderungen für die Unternehmensleitung in Bezug auf die Formulierung der Qualitätspolitik.
>
> Quelle: DIN (2008)

> **Beispiel: Qualitätsmanagement im Baugewerbe**
>
> Bauprodukte sind heterogene Güter bzw. Erfahrungsgüter, da der Kunde die Produktqualität erst durch Gebrauch erfahren kann. Kommt es zu mangelhafter Bauausführung, so wird der Kunde Haftungsforderungen stellen. Für die Haftungsrisiken ist ISO 9.000 ff. als Instrument zur Risikoabwendung auch für Bauunternehmen deshalb zunehmend interessant.

Ein Unternehmen aus dem Baugewerbe hatte zur Anwendung von ISO 9.000:1994 die dort vorgesehenen 20 Qualitätselemente in einem Phasenplan geordnet, der in Abbildung 2.3.3 wiedergegeben ist. Danach wurde zwischen einem produktionsübergreifenden Qualitätsmanagement sowie weiteren drei QM-Phasen unterschieden. Der Leiter des zentralen Qualitätswesens, der direkt dem Vorstand unterstand, war von den operativen Geschäftsaufgaben freigestellt und verantwortlich für die Gesamtkoordination aller QM-Aktivitäten, die Berichterstattung an den Vorstand, die Weiterentwicklung des QM-Systems und die interne Auditierung. Alle Grundsätze zum QM-System wurden dokumentiert und in Form von projektbezogenen QM-Plänen sowie einem QM-Handbuch in Maßnahmen umgesetzt.

Das Qualitätsmanagement begann bereits vor Eintritt in den Produktionsprozess mit einer Vertragsprüfung, um die später entstehenden Fehlerkosten möglichst gering zu halten. Nach Auskunft des Bauunternehmens stammten bis dahin 74 % der Fehlerkosten aus einer mangelhaften Vertragsprüfung. Schadensursachen aus Planung, Ausführung und Materialfehlern wurden hingegen durch die übrigen QM-Elemente dieser Phase versucht zu beheben. Im Besonderen kontrollierte das Unternehmen auch die vom Kunden selbst hergestellten Lieferungen und Leistungen im Hinblick auf die Erfüllung gesetzlicher Auflagen, die technische Sicherheit sowie die Einhaltung von Terminen.

In der zweiten QM-Phase erfolgte die Qualitätssicherung während der Bauausführung. Soweit möglich, wurden für alle Objekte Korrektur- und Vorbeugungsmaßnahmen festgelegt. Die Prüfungen sowie die Prüfmittel wurden ebenfalls genauen Regeln unterworfen. Der jeweilige Prüfstatus wurde dokumentiert. Um Beeinträchtigungen der Qualität zu vermeiden, wurden beispielsweise für Materialien, die nur unter besonderen Bedingungen gelagert werden dürfen, spezielle Lagerräume errichtet. Der Prüfzustand einzelner Materialien bzw. Prozesse wurde auf geeignete Weise vermerkt.

Quelle: TORLACH (1996)

ISO 9.000 und DEMING-Kette im Vergleich

Während es sich beim dem QM-System gemäß ISO 9.000 eher um ein geschlossenes System handelt, das konkret auf Kundenbedürfnisse reagiert, streng objektive Kriterien verfolgt, aber lediglich von einigen speziell beauftragten Mitarbeitern getragen wird, ist TQM ein offenes System, welches sich auf das laufend weiterentwickelte Qualitätsbewusstsein aller Mitarbeiter stützt, die aktiv an dem System mitwirken und gemeinsame Zielvorstellungen entwickeln. TQM stellt eine gelebte Philosophie dar, die nicht dokumentiert werden muss, da alle Mitarbeiter intrinsisch motiviert sind. Die erforderlichen Kommunikationsprozesse werden in Qualitätszirkeln bzw. durch gemeinsam vorgenommene Analysen mit speziellen Instrumenten laufend gepflegt. Welches Konzept sich in der konkreten Unternehmenssituation durchsetzen wird, hängt nicht zuletzt von den jeweiligen Rahmenbedingungen ab, die für das Unternehmen gelten.

2.3 Total Quality Management

QM-Element	Produktionsübergreifendes QM
1	Verantwortung der Leitung
2	Grundsätze zum QM-System
5	Lenkung der Dokumentation und Daten
16	Lenkung der Qualitätsaufzeichnungen
17	Interne Qualitätsaudits
18	Schulung
20	Statistische Methoden
	1. Phase: QM vor dem Produktionsprozess
3	Vertragsprüfung
4	Designlenkung
6	Beschaffung
7	Lenkung der vom Kunden bereitgestellten Produkte
8	Kennzeichnung und Rückverfolgbarkeit von Produkten
	2. Phase: QM während der Bauausführung
9	Prozesslenkung
10	Prüfungen
11	Prüfmittelüberwachung
12	Prüfstatus
13	Lenkung fehlerhafter Produkte
14	Korrektur- und Vorbeugungsmaßnahmen
15	Handhabung, Lagerung, Verpackung, Transport und Schutz
	3. Phase: QM nach der Bauabnahme
19	Wartung

Abbildung 2.3.3: QM-Phasenplan im Baugewerbe (Quelle: TORLACH 1996)

2.3.3 Erfolgswirkungen des Qualitätsmanagements

Es gibt ein breites Spektrum von QM-Systemen, die auf unterschiedliche Weise die Anforderungen der Kunden an die Qualität der hergestellten Produkte erfüllen und somit die Unternehmen auch entsprechend differenziert am Markt positionieren. Wir wollen diese Überlegungen im Folgenden präzisieren und analysieren, welche Erfolgsmaßstäbe existieren, um das richtige QM-System auszuwählen.

Ursachen für ein Qualitätsmanagement

Spüren wir den Ursachen für die Etablierung eines QM-Systems nach, so sollten vier Faktoren unterschieden werden:
- Kundenorientierung,
- Produktorientierung,
- Umweltorientierung,
- Kooperationsorientierung.

Die Forderung des Kunden nach einem QM-System erscheint plausibel. Der Kundenwunsch kann dabei sowohl tatsächlich geäußert sein als auch vom Unternehmen antizipiert werden. Oft befinden sich die Unternehmen in einer Defensivposition, aus der heraus sie handeln müssen, damit die Kunden nicht zur Konkurrenz abwandern.

Bei der Produktorientierung handelt es sich hingegen hauptsächlich um das Streben des Unternehmens nach Wettbewerbsvorteilen. Qualität wird hier als wichtiges wettbewerbliches Instrument identifiziert. Bei der Einrichtung eines QM-Systems kommt es darauf an, die wirtschaftliche Prosperität bzw. das Überleben am Markt nachhaltig zu sichern.

Wir wissen aber auch, dass die Unternehmenskultur einem kontinuierlichen Wandlungsprozess unterzogen wird, der sich aus der Entwicklung der Unternehmensumwelt begründen lässt. Ist ein QM-System umweltorientiert, so dient es vornehmlich der Sicherung der Arbeitsplätze, der Reaktion auf den technologischen Wandel sowie der Erzielung von Vorteilen bei der Produkthaftung. Je stärker die Dynamik und die Unsicherheit dieser Entwicklungen sind, desto mehr müssen solche Aspekte beachtet werden.

Die Internationalisierung der Märkte hat dazu geführt, dass nicht nur Konkurrenz entsteht, sondern auch Kooperationen mit Partnerunternehmen im Sinne eines Supply Chain Managements eine immer größere Rolle spielen. Im Rahmen solcher Verbünde von Unternehmen wächst selbstverständlich auch das Bedürfnis nach Standards bzw. Normen, die sich u. a. in der Produktqualität äußern. So kommt auch der Orientierung an solchen Kooperationen eine erhebliche Bedeutung als Ursache für die Entwicklung von QM-Systemen zu.

Ziele

Mit einem Qualitätsmanagement lassen sich höchst unterschiedliche Ziele verfolgen, die eng mit den zugrunde liegenden Ursachen verbunden sind. Als Oberziele sind grundsätzlich zum einen die Sicherung einer gegebenen, wirtschaftlich vertretbaren Qualität und zum anderen die kontinuierliche Qualitätsverbesserung zu unterscheiden. Gelegentlich wird der Wechsel zwischen diesen Oberzielen als entscheidender Schritt auf dem Weg zu einem umfassenden Qualitätsmanagement dargestellt. Auch die Objektorientierung des QM-Systems gibt Hinweise auf die strategischen Ziele, je nachdem ob das System nach innen auf das Unternehmen oder nach außen auf den Markt bzw. die Umwelt gerichtet ist.

In einem umfassenden Zielkatalog gehört die Senkung der Fehler- und Reklamationsquote zu den Hauptzielen des Qualitätsmanagements. Sie bedeutet zugleich ein Kosteneinsparungspotenzial, das die Umsatzrendite von Unternehmen verbessern helfen kann. Darüber hinaus wird die Lieferzeit verstärkt zu einem Kaufargument. So ist es erklärlich, dass die Einhaltung von Terminen, die Senkung der Durchlaufzeiten sowie die Reduzierung der Auftragsabwicklungszeiten in QM-Systemen ein hohes Gewicht erhalten. Alle diese Einzelziele dienen einer zügigen Produktion und Auslieferung der Produkte. Andere Ziele sind entweder betriebsmittelorientiert (zum Beispiel die Erhöhung der Kapazitätsauslastung) oder betreffen die indirekten Bereiche des Unternehmens (Schulungen, Angebotsbearbeitung, Fakturierung).

Während es in Unternehmen bislang stets galt, das Spannungsverhältnis zwischen Qualität, Zeit und Kosten zu Lasten eines dieser drei Wettbewerbsparameter aufzulösen, wird Qualität in einem QM-System zu einem Bestimmungsfaktor für die Zeit und Kosten der Produktion. Je mehr Qualität erreicht wird, desto stärker lassen sich die beiden anderen Faktoren ebenfalls verbessern. Der theoretische Ansatz hinter dieser Überlegung beruht auf der DEMING-Kette. Damit wird dem Kundenwunsch Rechnung getragen, ein qualitativ hochwertiges, aber dennoch preisgünstiges Produkt zu erwerben.

Grad der Realisierung

Jedes QM-System verlangt einen Entwicklungsprozess über viele Jahre, bevor die angestrebten Ziele vollständig erreicht werden können. Die Durchdringung sämtlicher Unternehmensbereiche ist nicht eine Frage der Regelungsintensität, sondern entspringt einer veränderten Unternehmenskultur. Wir sollten uns deshalb bewusst machen, dass die Etablierung des Qualitätsmanagements stets eine Führungsaufgabe ist. Hierzu zählen sowohl die vollständige Unterstützung durch die Geschäftsführung als auch die Aufnahme von Qualitätszielen in die Unternehmensgrundsätze.

Allerdings müssen durch dieses Top-down-Vorgehen auch Unternehmensbereiche abseits der Führung bzw. des Kerngeschäfts erreicht werden. So fällt es im Allgemeinen schwer, die Mitarbeiter in das Qualitätsmanagement vollständig mit einzubeziehen und den Qualitätsbegriff auf die indirekten Bereiche zu übertragen. Es müssen vier Realisierungsphasen unterschieden werden: Die Realisierung einer neuen Unternehmensphilosophie durch die Führungsspitze entspricht beispielsweise einer Kundenorientierung bzw. einer Verbesserung der Produktqualität. In der zweiten Phase sind die internen Prozesse an die neuen Qualitätsziele anzupassen. Drittens muss die außenwirksame Umsetzung im Sinne einer Dokumentation der Qualitätserfordernisse sowie einer Systemnutzung als Marketinginstrument verwirklicht werden. Bevor im vierten Schritt dann mit einer verstärkten Umsetzung der Fehlerpräventionsmaßnahmen begonnen werden kann, müssen alle Mitarbeiter entsprechend geschult worden sein, damit sie den Anforderungen in den ihnen zugeordneten Bereichen gerecht werden können.

Umsetzungsprobleme

Im engen Zusammenhang mit der oft noch unvollständigen Realisierung eines unternehmensweiten Qualitätsmanagements steht die Frage nach den hierfür maßgeblichen Gründen. Probleme der Umsetzung geben im Allgemeinen Aufschluss darüber, ob und inwiefern die Aufgabenstellung hinreichend gut von der Unternehmensrealität abstrahiert worden ist. Wurde beispielsweise die Komplexität des Systems nicht vollständig erkannt und aufgelöst, so treten bei der Implementierung des Systementwurfs nahezu zwangsläufig erhebliche Schwierigkeiten zutage.

Zu den gravierendsten Umsetzungsproblemen eines QM-Systems gehört nach wie vor die Prioritätensetzung. Unternehmen, die dem Qualitätsziel nicht die vorgesehene herausragende Stellung zuordnen, weil sie sich in einer angespannten wirtschaftlichen Situation befinden, werden auch nicht damit rechnen können, dass das System erfolgreich eingeführt werden kann. Im Falle einer ISO 9.000-Zertifizierung fallen bereits direkte Kosten in der Größenordnung von 50.000 € an. Hinzu kommen Kosten für die Reorganisation, die Beschäftigung eines Qualitätsbeauftragten sowie Schulungen der Mitarbeiter, die ein Vielfaches dieses Zertifizierungsbetrags ausmachen. Neben der fehlenden Risikobereitschaft des Managements, das weder humane noch finanzielle Ressourcen in ausreichendem Umfang zur Verfügung stellt, müssen sowohl Motivationsprobleme bei den Mitarbeitern als auch interne Organisationsprobleme bewältigt werden. So kommt es nicht nur zu einem fehlenden oder fehlgeleiteten Engagement der Mitarbeiter. Oft sind die organisatorischen Anforderungen an ein QM-System nicht hinreichend analysiert worden, so dass Veränderungen zu stark formalisiert werden, die technischen Voraussetzungen fehlen oder auf externe Beratungsleistungen bei der Einführung des QM-Systems verzichtet wird.

> **Beispiel: Qualitätsmanagement im Werkzeugmaschinenbau**
>
> Im deutschen Werkzeugmaschinenbau ist seit jeher Qualität ein strategischer Wettbewerbsfaktor. Allerdings muss sich die deutsche Industrie seit ca. zwei Jahrzehnten nicht nur in Bezug auf das Produktionsvolumen, sondern auch bezüglich der Exportdaten mit der Konkurrenz aus Fernost verstärkt auseinandersetzen. Eine Befragung von 261 Unternehmen der deutschen Werkzeugmaschinenindustrie im Juli 2000 zur Entwicklung ihrer QM-Systeme hatte Folgendes gezeigt: Die Einführung eines QM-Systems basierte im Wesentlichen auf einer reaktiven Strategie. Meistens waren es die Forderungen von Kunden, die die Einrichtung eines QM-Systems begründeten. Jedoch hatte die veränderte Wettbewerbssituation offenbar nur einen geringen Einfluss auf die entwickelte Qualitätsstrategie gehabt. Zur Erreichung neuer Käuferschichten erschienen andere Parameter, wie etwa der Preiswettbewerb, besser geeignet. So war es denn auch erklärbar, dass die meisten Werkzeugmaschinenbauer nach der Einführung eines QM-Systems vornehmlich die vom Kunden wahrgenommenen Mängel senken wollten. Ziele, die nicht unmittelbar kostenwirksam sind, spielten hingegen eine untergeordnete Rolle. Mehr als 60 % der befragten Unternehmen hatten die Einführung des QM-Systems damals als noch nicht erfolgreich bewertet. Dabei wurde vor allem betont, dass die Mitarbeitermotivation nicht zufriedenstellend gelungen war.
>
> Quelle: REESE/PETERSEN (2000)

2.3.4 Zusammenfassung

Dieses Unterkapitel hat den Leser mit einigen Ansätzen zum Qualitätsmanagement eines Unternehmens vertraut gemacht. Qualität wird vor allem bei Erfahrungsgütern zu einem entscheidenden Wettbewerbsfaktor. Die Ausführungen in Abschnitt 2.3.2 zeigen, dass der Qualitätsbegriff sehr komplex und jeweils auf die konkrete Unternehmenssituation anzuwenden ist. Darüber hinaus ist festzuhalten, dass das ursprünglich in Japan entwickelte Konzept des Total Quality Managements dem Ansatz einer Zertifizierung gegenüberzustellen ist, der auf völlig anderen Annahmen über die in einem Unternehmen ablaufenden qualitätsbildenden Prozesse basiert. Während TQM auf eine permanente Qualitätsverbesserung bis hin zur Null-Fehler-Produktion zielt, versuchen Unternehmen durch Zertifikate gemäß ISO 9.000 nachzuweisen, dass sie bestimmte Qualitätskriterien im Sinne einer Qualitätssicherung erfüllen.

Im Abschnitt 2.3.3 ist erläutert worden, dass bei QM-Systemen mehrere Erfolgskriterien beachtet werden müssen, die nur schrittweise in kontinuierlich ablaufenden Prozessen zu erreichen sind. Es wurde deutlich, welche Schwierigkeiten bei der Umsetzung auftreten können. Meistens handelt es sich um Führungs- und Organisationsprobleme, die nur mittelfristig zu beheben sind.

2.3.5 Fragen zur Wiederholung

1. Erläutern Sie, warum Qualität gerade bei der Herstellung von Erfahrungsgütern so wichtig ist.
2. Grenzen Sie verschiedene Qualitätsdefinitionen gegeneinander ab.
3. Unterscheiden Sie die verschiedenen Qualitätskostenarten und nennen Sie jeweils ein Beispiel.
4. Erläutern Sie die DEMING-Kette und ihren Beitrag zum Total Quality Management.
5. Wodurch unterscheidet sich ein Qualitätsmanagement gemäß ISO 9.000 von einem Total Quality Management?
6. Welche Gründe für die Einführung eines Qualitätsmanagements müssen unterschieden werden?
7. Beschreiben Sie systematisch den mehrstufigen Realisierungsprozess eines QM-Systems.
8. Auf welche Umsetzungsprobleme muss bei der Einführung eines QM-Systems geachtet werden?

2.3.6 Literaturempfehlungen zur Vertiefung

BRUHN, M. (2011): Qualitätsmanagement für Dienstleistungen – Grundlagen, Konzepte, Methoden. 8. Auflage, Springer, Berlin u. a.
EVANS, J. R. (2005): Total Quality: Management, Organization and Strategy. 4. Auflage, Thomson Learning/South Western, Mason/OH.

SCHMITT, R./PFEIFER, T. (2010): Qualitätsmanagement. 4. Auflage, Hanser, München u. a.

TÖPFER, A./MEHDORN, H. (2006): Prozess- und wertorientiertes Qualitätsmanagement – Wertsteigerung durch Total Quality Management im Unternehmen, 5. Auflage, Springer, Berlin

ZOLLONDZ, H.-D. (2011): Grundlagen Qualitätsmanagement: Einführung in die Geschichte, Begriffe, Systeme und Konzepte. 3. Auflage, Oldenbourg, München u. a.

2.4 Netzwerkmanagement

2.4.1 Einführung

Wir wollen uns im Folgenden mit einer weiteren grundlegenden Bedingung für das Operations Management in einem Unternehmen befassen, welche die Abstimmung zwischen den verschiedenen Operational Units betrifft. Nehmen wir an, dass einer der großen Hersteller von Kraftfahrzeugen die Produktion von Armaturen für einen bestimmten PKW-Typ plant. Vor nicht allzu vielen Jahren hätte sich die Entscheidung vermutlich auf die Frage konzentriert, ob die Armaturen selbst hergestellt oder aber fremdbezogen werden sollen. Im ersten Fall hätte das Unternehmen eine Werkstatt einrichten müssen, die für die Herstellung der Armaturen nach bestimmten Anweisungen verantwortlich ist. Es hätte den Standort dieser Werkstatt festlegen, die Einrichtung der Werkstatt mit Maschinen usw. vornehmen und Personal einstellen müssen. Im zweiten Fall hätte das Management des Unternehmens sich am Markt nach einem geeigneten Lieferanten umgesehen und mit ihm einen entsprechenden Liefervertrag abgeschlossen. Möglicherweise hätte es aber auch andere Lieferanten angesprochen und mit ihnen ebenfalls Lieferbeziehungen unterhalten, um nicht in eine zu enge Abhängigkeit zu geraten. Bei Lieferausfällen wären sonst gravierende Probleme zu befürchten gewesen. Ob Eigenfertigung oder Fremdbezug in diesem Fall zweckmäßig gewesen wäre, hätte von einer Abwägung der jeweiligen Vor- und Nachteile abgehangen.

Inzwischen haben jedoch viele Unternehmen – nicht zuletzt aufgrund der modernen Informationstechnologie und einer leistungsfähigen Logistik – eine andere Kooperationsform entwickelt, die auf jeden Fall mehr Chancen als Risiken birgt. Sie richten mit ihren Kooperationspartnern Unternehmensnetzwerke ein, mit denen es gelingen soll, einen optimalen Kompromiss zwischen Eigenfertigung und Fremdbezug zu verwirklichen. Zwar wird weiterhin mit rechtlich und wirtschaftlich selbstständigen Unternehmen kooperiert, jedoch werden mit den Unternehmen Absprachen getroffen, dauerhaft zusammenzuarbeiten. Auf diese Weise lässt sich in aufwändige Informations- und Logistikverbindungen investieren, die früher so nicht ökonomisch sinnvoll gewesen wären. Beispielsweise können proprietäre Kommunikationsnetze („Intranets") eingerichtet werden, über die die Kooperationspartner jederzeit auf die sie betreffenden Daten bei den anderen Partnern zugreifen können. Ergibt sich etwa eine neue

Auftragssituation, so werden alle Partner rechtzeitig darüber informiert und können geeignete Maßnahmen treffen.

Unternehmen in einem Netzwerk gehören einem Clan an, der eigenständige Ziele verfolgt und gegen andere Clans konkurriert. Wegen der Selbstständigkeit der beteiligten Unternehmen sind die Kooperationen jedoch längst nicht so einfach wie zwischen den rechtlich und wirtschaftlich unselbstständigen Abteilungen eines einzelnen Unternehmens, die zentral gelenkt werden. Es bedarf eines Netzwerkmanagements, in dem auch Partikularinteressen einzelner Partner Beachtung finden. Wir finden in der umfangreichen Literatur zum Netzwerkmanagement heutzutage Lösungsvorschläge unter verschiedenen Bezeichnungen wie etwa Advanced Planning and Scheduling (APS), Supply Chain Management (SCM) oder Collaborative Business. Diese Konzepte basieren aber auf dem fundamentalen Gedanken, Abstimmungsprozesse zwischen selbstständigen Unternehmen herbeizuführen und zu begleiten, die sich in einem Netzwerk zusammengeschlossen haben.

Wir werden in Abschnitt 2.4.2 zunächst einige Begrifflichkeiten klären, um die verschiedenen Formen von Netzwerken hinreichend genau differenzieren zu können. In Abschnitt 2.4.3 wollen wir den Auftragsprozess von der Auftragsannahme über die Auftragsallokation bis zur Auftragsüberwachung detailliert beschreiben und analysieren und dann in Abschnitt 2.4.4 prüfen, wie die Aufgaben in jedem einzelnen Unternehmen geeignet zu erweitern sind, damit das System optimal konfiguriert ist, bevor in Abschnitt 2.4.5 eine Zusammenfassung gegeben wird.

2.4.2 Begriff und Erscheinungsformen

Von einem Unternehmensnetzwerk spricht man in der Betriebswirtschaftslehre, wenn eine zweckorientierte Beziehung zwischen mehreren Unternehmen vorliegt, die rechtlich und auch weitgehend wirtschaftlich unabhängig voneinander sind. Die Beziehungen sind in einem Netzwerk durch intensive interpersonelle Verflechtungen gekennzeichnet und durch langfristige (Rahmen-)Verträge geregelt. Ein Netzwerk wird zur Verfolgung gemeinsamer Ziele – primär zur Realisierung von Wettbewerbsvorteilen – aufgebaut. Die beteiligten Unternehmen bringen zur Zielerreichung Ressourcen in Form von Wissen und/oder Kapazitäten in die Beziehung ein. Inhalt der Beziehungen im Netzwerk können grundsätzlich alle unternehmerischen Aktivitäten sein.

Unternehmensnetzwerke werden danach unterschieden, ob die Unternehmen derselben Wertschöpfungsstufe und Branche angehören oder nicht. Bei einem vertikalen Netzwerk lassen sich die Partnerunternehmen derselben Branche, jedoch verschiedenen Wertschöpfungsstufen zuordnen. Sie stehen in einer Kunden-Lieferanten-Beziehung. Ein typisches Beispiel hierfür sind die Wertschöpfungsketten in der Automobilindustrie. Neben dem Produzenten gibt es eine Reihe von Teilezulieferern, die ihrerseits wiederum auf Zulieferer zugreifen. Oft beobachten wir bei vertikalen Netzwerken eine pyramidale Struktur (vgl. Abbildung 2.4.1). Der große Automobilkonzern unterhält Kontakte mit

2 Institutioneller Rahmen des Operations Managements

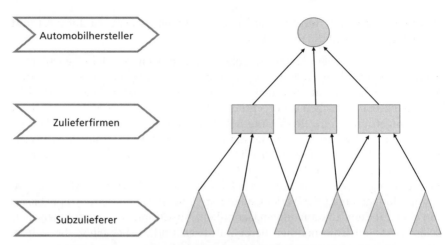

Abbildung 2.4.1: Pyramidale Struktur eines vertikalen Netzwerks in der Automobilbranche

einer Anzahl kleinerer direkter Zulieferer, die wiederum selbst auf eine noch größere Anzahl von Zulieferunternehmen der zweiten Stufe zugreifen.

In einem horizontalen Netzwerk gehören die Unternehmen sowohl derselben Branche als auch derselben Wertschöpfungsstufe an. Obwohl die Unternehmen eigentlich Konkurrenten sind, kooperieren sie dennoch im Rahmen eines Vertragsverhältnisses, um etwa ihre Kapazitäten besser auszulasten oder um Skaleneffekte zu erreichen.

Schließlich gibt es auch laterale Netzwerke, bei denen sich Unternehmen aus verschiedenen Branchen zusammengeschlossen haben, um Systemlösungen anzubieten. Meist handelt es sich um annähernd gleich große Unternehmen, die auch jenseits ihrer Kooperation eigene Geschäftsfelder haben.

Die wirtschaftliche Macht in Netzwerken ist oft unterschiedlich verteilt. Dementsprechend gibt es Netzwerke, die auf ein einziges Unternehmen fokussiert sind. Sie weisen eine hierarchisch pyramidale Struktur auf. In horizontalen und lateralen Netzwerken gibt es allerdings oft kein eindeutig identifiziertes Machtzentrum, so dass die Netzwerke polyzentrisch ausgerichtet sind.

Während wir bislang davon ausgegangen sind, dass sich Unternehmen vollständig in ein Netzwerk einbringen, wollen wir im Folgenden den Fall näher ins Auge fassen, in dem lediglich ein Teil eines Partnerunternehmens Kernkompetenzen zur Verfügung stellt, damit ein bestimmter Auftrag im Rahmen des Netzwerks erfüllt werden kann. Diese Verbindung von Kernkompetenzen aus verschiedenen Unternehmen wird auch als virtuelles Unternehmen bezeichnet (vgl. Abbildung 2.4.2). Die beteiligten Unternehmen verfügen also über Kenntnisse oder Technologien, die nicht transformierbar und nur langfristig generierbar sind. Damit ein Projekt erfolgreich bewältigt werden kann, sind diese Kernkompetenzen temporär zu kombinieren und in eine gemeinsame Leistung einzubringen. Das hat natürlich zur Folge, dass virtuelle Unternehmen nur eine

2.4 Netzwerkmanagement

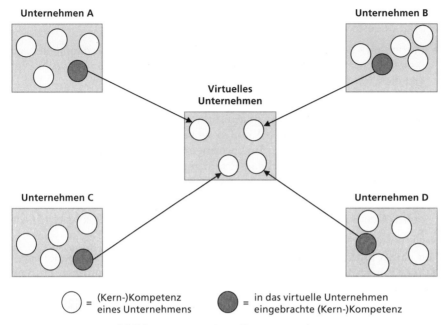

Abbildung 2.4.2: Virtuelles Unternehmen
(Quelle: CORSTEN/GÖSSINGER 2001)

zeitlich begrenzte Dauer aufweisen und im Allgemeinen nach Erfüllung des Projektes aufhören zu existieren.

> **Beispiel: Vertikale und laterale Unternehmensnetzwerke in der Automobilbranche**
>
> Vertikale und laterale Netzwerke sind charakteristisch für die Wertschöpfungsarchitektur in der Automobilindustrie. Während sich die Automobilhersteller zunehmend auf Kernkompetenzen wie Design, Markenpflege oder Motorenfertigung konzentrieren, werden immer mehr Aufgaben auf die Zulieferer übertragen. Bereits heute beträgt der Wertschöpfungsanteil der Zulieferer an einem Auto im Schnitt 65 %, was eine enge Kooperation zwischen Hersteller und Zulieferer bei der Entwicklung und der Logistik erfordert.
>
> Der Übergang zu einem Modular Sourcing, bei dem sich die Automobilhersteller statt einzelner Komponenten ganze Module anliefern lassen, hat zudem zur Bildung lateraler Netzwerke auf Seiten der Zulieferer geführt. So kooperierten beispielsweise die Behr GmbH & Co. KG, ein Hersteller von Klimaanlagen und Motorkühlungs-Systemen, und der Scheinwerfer- und Elektronikhersteller Hella KG Hueck & Co., um gemeinsam Frontends (Autovorderteile inklusive Kühler und Beleuchtung) für Großserienhersteller wie Volkswagen und DaimlerChrysler zu produzieren.
>
> Quelle: WESSELHÖFT (2003)

2 Institutioneller Rahmen des Operations Managements

In einem virtuellen Unternehmen werden im Besonderen drei Wettbewerbsvorteile angestrebt:

- Flexibilität – Durch die Konzentration der Partner auf ihre Kernkompetenzen lässt sich ein Produkt besser den Kundenwünschen anpassen bzw. schneller erstellen, als dies in einem Einzelunternehmen möglich wäre.

- Spezialisierung – In dem virtuellen Unternehmen müssen die Kernkompetenzen der Partner Berücksichtigung finden. So entspricht der Leistungsumfang genau den von den Kunden gewünschten Anforderungen. Jedes Unternehmen bringt genau die Leistungen ein, auf die es spezialisiert ist und für die bereits ausreichend Erfahrungsgewinne gesammelt wurden. Man bezeichnet dies auch als Skaleneffekte.

- Bündelung – Durch den Zusammenschluss von Know-how auf verschiedenen Gebieten wird der Markteintritt erleichtert. Dies gilt sowohl für die Beschaffungs- als auch für die Absatzmärkte.

Von einem virtuellen Unternehmen soll dann die Rede sein, wenn alle beteiligten Kooperationspartner aus einem stabilen Netzwerk stammen, in dem dauerhafte Geschäftsbeziehungen unterhalten werden. Diese Unternehmen werden auch als „Pool-Unternehmen" bezeichnet. In Abbildung 2.4.3 veranschaulicht A ein virtuelles Unternehmen der beschriebenen Art. Es gibt aber auch auftrags- oder problembezogen spontane Zusammenschlüsse von Unternehmen, die nicht zuvor in einem stabilen Netzwerk verbunden waren. Beim

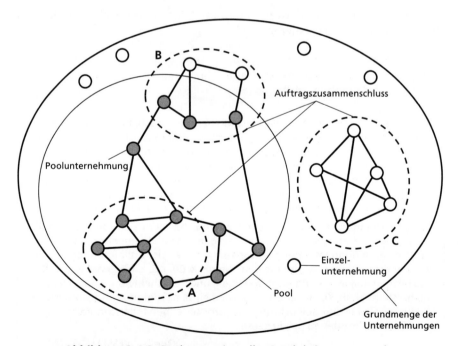

Abbildung 2.4.3: Spektrum virtueller Produktionsnetzwerke
(Quelle: CORSTEN/GÖSSINGER 2000)

Zusammenschluss B in Abbildung 2.4.3 werden externe Unternehmen einbezogen; die Kooperation C beschreibt schließlich einen Zusammenschluss von Unternehmen, von denen keines zu dem stabilen Netzwerk gehört.

2.4.3 Aufgaben auf der Netzwerkebene

Nachdem verschiedene Formen einer Netzwerkarchitektur vorgestellt worden sind, wollen wir uns nun den einzelnen operativen Aufgaben zuwenden, die zu einem erfolgreichen Netzwerkmanagement gehören. Netzwerke erfordern grundsätzlich eine Ergänzung der unternehmensinternen Koordination durch eine Koordinationsinstanz auf Netzwerkebene, um netzwerkinduzierte Aufgaben zu übernehmen, die der unternehmensübergreifenden Leistungserstellung unter effizientem Einsatz verschiedener Kernkompetenzen dienen. Innerhalb der Koordinationsinstanz werden Transportfragen erörtert und die Kommunikation der Partner geregelt. Eine besondere Herausforderung für die Koordinationsinstanz liegt in der Produktionsplanung und -steuerung auf Netzwerkebene. Zu ihren Aufgaben zählen im Modell von CORSTEN/GÖSSINGER (2000) die netzwerkbezogene Kundenauftragsannahme, die Auftragsallokation sowie die Auftragsüberwachung.

Kundenauftragsannahme

Die Kundenauftragsannahme ist die Schnittstelle des Netzwerks nach „außen" und sorgt für ein einheitliches Auftreten des Netzwerks. Bei Vorliegen einer Netzwerkauftragsanfrage ist zunächst die technische Realisierbarkeit mit der im Netzwerk gebündelten Kompetenz der Netzwerkpartner zu prüfen. Dazu wird der Gesamtauftrag in Teilaufgaben bzw. einzelne Prozesselemente zerlegt, die von verschiedenen Netzwerkpartnern übernommen werden können. Die Aufgabenzerlegung erfolgt beispielsweise anhand von Vergangenheitsdaten, die bei der Erstellung abgeschlossener Aufträge gesammelt wurden und Aufschluss über die Kompetenzen der beteiligten Unternehmen geben, oder durch Anfragen bei den Partnern, welche Prozesselemente des vorliegenden Auftrags sie ausführen können. In einem zweiten Schritt wird die Prüfung der Ressourcenverfügbarkeit durch entsprechende Anfragen bei den Partnern vorgenommen.

Die im Netzwerk gesammelte Information wird ausgewertet und zeigt in Form eines Segmentierungsergebnisses auf, inwieweit der Auftrag vom Netzwerk der befragten Partner angenommen werden kann. Wir wollen vier Klassen der Segmentierung unterscheiden:

- Im einfachsten Fall gibt es für jedes Produktionsprozesselement genau einen Netzwerkpartner, dessen Ressourcen für dieses Element geeignet und frei sind. Derartige Fälle bilden die Klasse 1 der Segmentierungsergebnisse.
- Die Klasse 2 der Segmentierungsergebnisse umfasst alle Fälle, bei denen der Auftrag vollständig im Netzwerk bearbeitet werden kann, die Ressourcen also ausreichend wie in Klasse 1 vorhanden sind, bei der Konfiguration des Netzwerks jedoch Kompetenzüberschneidungen auftreten. Diese liegen vor,

wenn mindestens zwei Netzwerkpartner dasselbe Produktionsprozesselement übernehmen wollen.

- Ergeben die Befragungen dagegen eine Überschneidungsfreiheit wie in Klasse 1 und Lücken im Produktionsprozess, so dass sich kein Partner zur Übernahme einer Teilaufgabe bereit erklärt, so wird der Auftrag der Klasse 3 der Segmentierungsergebnisse zugeordnet.
- Liegen Überschneidungen und Lücken vor, gehört ein Auftrag der Klasse 4 an.

Bei Aufträgen der Klassen 3 und 4 sind für die Auftragsübernahme weitere Partner, die nicht zum Netzwerkpool gehören, für das virtuelle Produktionsnetzwerk zu gewinnen. Gelingt dies nicht, kann der Auftrag nicht übernommen werden. Die Abbildung 2.4.4 gibt einen Überblick über die alternativen Klassen bei den Ergebnissen der Aufgabenzerlegung.

Auftragsallokation

Überschneidungen im Arbeitsplan sind im Rahmen der Auftragsallokation zu beheben. Die dabei auftretenden Problemklassen sind eng mit dem Zerlegungsgrad des Produktionsauftrags verknüpft. Häufig sind Überschneidungen durch weitere Zerlegung eines Arbeitsschrittes vermeidbar, wenn die Unternehmen unterschiedliche Teilaufträge innerhalb des Überschneidungsbereichs übernehmen können. Ist es dagegen nicht möglich, von Überschneidungen betroffene Produktionsprozesse ohne weiteres zu zerlegen, lassen sich vier Problemklassen unterscheiden (vgl. Abbildung 2.4.5):

- Problemklasse 1: eine nicht weiter zerlegbare Aufgabe
- Problemklasse 2: mehrere identische, nicht weiter zerlegbare Aufgaben
- Problemklasse 3: mehrere unterschiedliche, nicht weiter zerlegbare Aufgaben
- Problemklasse 4: eine oder mehrere zerlegbare Aufgaben mit mehrdeutiger Zerlegungsvorschrift

Für die Problemklasse 1 ist bei der Zuordnung einer Aufgabe das geeignetste Unternehmen zu bestimmen. Für die Problemklassen 2 und 3 gilt es dagegen, die günstigste Gruppierung von Unternehmen für die Übernahme einer Aufgabe zu ermitteln. Bei der Problemklasse 4 muss schließlich die günstigste Kombination aus Aufgabenzerlegung und Unternehmensgruppierung realisiert werden.

Bei der Vergabe der Aufträge sollten wir uns zunächst fragen, wie die Zuordnung der Aufgaben zu erfolgen hat. Generell kann zwischen einer hierarchischen Koordination in Form von Vorgaben und einer marktlichen Koordination anhand von Preisen differenziert werden. Eine hierarchische Koordination setzt die Existenz eines fokalen Unternehmens innerhalb des Netzwerks voraus. Das fokale Unternehmen übernimmt auf Basis seiner Größe, seiner finanziellen Ressourcen und/oder seines Zugangs zu den Absatzmärkten die strategische Führungsrolle innerhalb des Netzwerks und weist die Aufgaben zu.

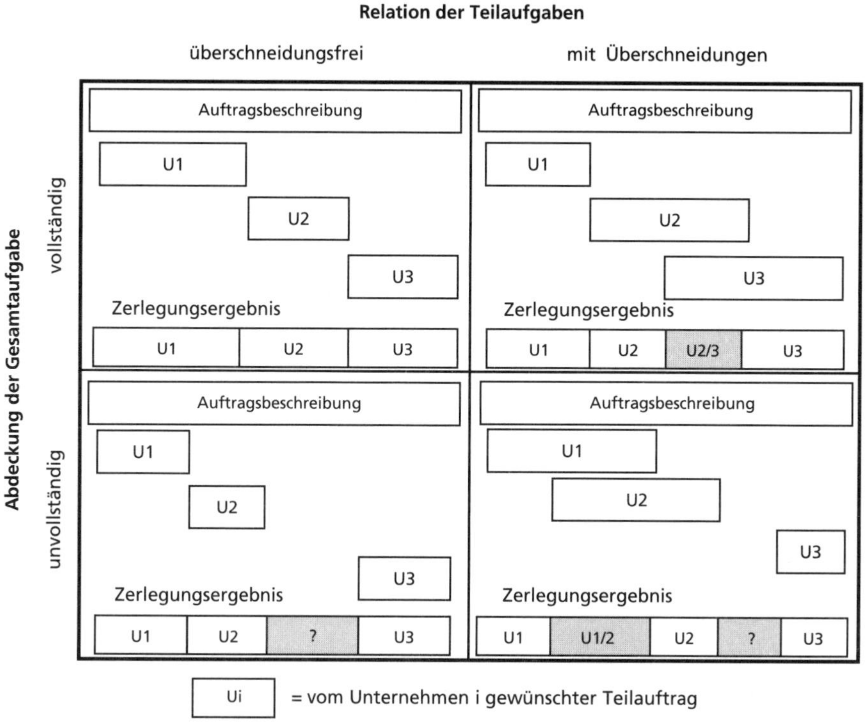

2.4 Netzwerkmanagement 51

Relation der Teilaufgaben

	überschneidungsfrei	mit Überschneidungen
vollständig	Auftragsbeschreibung: U1, U2, U3 Zerlegungsergebnis: U1 | U2 | U3	Auftragsbeschreibung: U1, U2, U3 (mit Überschneidung) Zerlegungsergebnis: U1 | U2 | U2/3 | U3
unvollständig	Auftragsbeschreibung: U1, U2, U3 (mit Lücke) Zerlegungsergebnis: U1 | U2 | ? | U3	Auftragsbeschreibung: U1, U2, U3 (mit Überschneidung und Lücke) Zerlegungsergebnis: U1 | U1/2 | U2 | ? | U3

Abdeckung der Gesamtaufgabe

☐ Ui = vom Unternehmen i gewünschter Teilauftrag

Abbildung 2.4.4: Alternative Ergebnisklassen nach der Aufgabenzerlegung
(Quelle: CORSTEN/GÖSSINGER 2000)

		Anzahl der Aufgaben		
		eine Aufgabe	mehrere Aufgaben	
			identische Aufgaben	unterschiedliche Aufgaben
Zerlegbarkeit der Aufgaben	nicht zerlegbar	Problemklasse 1	Problemklasse 2	Problemklasse 3
	zerlegbar, mehrdeutige Zerlegungs-vorschrift	Problemklasse 4		

Abbildung 2.4.5: Einordnung der Problemklassen
(Quelle: CORSTEN/ GÖSSINGER 2000)

Bei Zugrundelegung eines polyzentrischen Netzwerks mit gleichberechtigten Netzwerkakteuren wird eine Aufgabe an denjenigen Netzwerkpartner vergeben, der am kostengünstigsten produzieren kann. Dieses preisbezogene Koordinationsverfahren wird häufig in Form einer elektronischen Börse oder Auktion implementiert. Die Anwendung von Auktionen gründet sich sowohl auf ihre theoretisch nachgewiesene als auch auf die empirisch belegte Effizienz sowie die vergleichsweise starke Schematisierung von Auktionen, die es erlaubt, einerseits die Durchführung formal zu überprüfen und andererseits – aufbauend auf der gemeinsamen Informations- und Kommunikationsstruktur der Netzwerkakteure – eine weitgehende Automatisierung des Auktionsablaufs vorzunehmen.

In Abhängigkeit von der Problemklasse bieten sich verschiedene Auktionsformen zur Lösung der Allokationsprobleme an. Zur Lösung von Problemen der Klasse 1 kann eine VICKREY-Auktion herangezogen werden. Bei diesem Auktionstyp werden verdeckte Angebote gemacht. Der Bieter mit dem niedrigsten Gebot erhält den Zuschlag (Zuschlagsregel), bekommt aber den Preis entsprechend dem zweitniedrigsten Gebot (Entgeltregel). Die Entgeltregel wirkt zunächst befremdlich. Sie sollten jedoch bedenken, dass der Kunde für den Auftrag nicht mehr bezahlen muss als für den Fall, dass das Unternehmen, welches den Zuschlag erhält, nicht an der Auktion teilgenommen hätte.

Die Koordinationsinstanz – also etwa der Broker – schreibt die auftragsbezogene Aufgabe aus. Dazu veröffentlicht er insbesondere den Leistungsumfang und die Frist zur Aufgabenerledigung bzw. den Liefertermin des Auftrags. Die Partnerunternehmen werden aufgefordert, bis zu einem bestimmten Termin ein verdecktes Angebot abzugeben. Zunächst überprüfen die einzelnen Unternehmen, ob sie die geforderte Aufgabe in vollem Umfang übernehmen können. Dann erstellen sie gegebenenfalls ein Angebot, das den Preis enthält, zu dem sie gerade noch bereit sind, die Aufgabe zu erfüllen. Die verdeckte Abgabe der Gebote stellt sicher, dass die Unternehmen keine Information haben, welches andere Unternehmen sich zu welchem Preis um die Auftragsübernahme bewirbt. Der Broker beginnt mit der Auswertung der Gebote, nachdem die Ausschreibungsfrist abgelaufen ist. Er wendet dabei die Zuschlags- und Entgeltregel an.

Zur Lösung von Allokationsproblemen der Klassen 2 und 3 empfiehlt sich die Anwendung einer Matrixauktion. Die Matrixauktion funktioniert ähnlich wie die VICKREY-Auktion. Die Unternehmen geben jetzt jedoch Gebote für ihnen sinnvoll erscheinende Auftragskombinationen ab; natürlich können sie auch nach wie vor nur auf einzelne Aufträge bieten, wenn ihnen dies zweckmäßig und vernünftig erscheint. Der Broker stellt nach Erhalt der Gebote eine Gebotsmatrix auf (vgl. Abbildung 2.4.6) und ermittelt daraus die kostengünstigste Gebotskombination. Die Entgeltregel folgt der bereits bekannten Überlegung aus der VICKREY-Auktion, muss hier jedoch modifiziert werden: Die Zuschlagspreise werden um die Beträge angehoben, die sich für die Kunden ergeben hätten, wenn die Unternehmen, die den Zuschlag erhalten haben, nicht an der Auktion teilgenommen hätten.

Am besten lässt sich diese Entgeltregel anhand der Zahlen aus Abbildung 2.4.6 erklären. Offenbar erhält Unternehmen B den Zuschlag für Auftrag 1, während

2.4 Netzwerkmanagement

Unternehmen A Auftrag 2 bearbeiten soll. Der Zuschlagspreis für Auftrag 1 liegt bei 11 Geldeinheiten (GE). Hätte Unternehmen B jedoch nicht an der Auktion teilgenommen, so hätte auch Unternehmen A diesen Auftrag zugesprochen bekommen. Die Mehrkosten für den Kunden lägen bei (24 − 10 − 11 =) 3 GE. Diesen Betrag erhält nun Unternehmen B zusätzlich zum eigenen Gebot, d.h. das festgelegte Entgelt für Auftrag 1 liegt bei 11 + 3 = 14 GE. Analog ist das Entgelt für Auftrag 2 zu kalkulieren: Unternehmen A erhält nach Anwendung der modifizierten Entgeltregel einen Betrag von 10 + 1 = 11 GE.

Auftragskombination			
	1	2	1+2
Unternehmen A	15	**10**	24
Unternehmen B	**11**	12	22

Abbildung 2.4.6: Gebotsmatrix

Wir wollen die Problemklasse 4 an dieser Stelle nicht mehr ausführlich behandeln, sondern lediglich darauf hingewiesen, dass das Vorgehen ähnlich wie bei den Problemklassen 1 bis 3 ist. Jedoch ist eine mehrstufige VICKREY-Auktion erforderlich. Für interessierte Leser sei auf die Literatur verwiesen (BICHLER u.a. 2005).

Auftragsüberwachung

Aus der Auftragsallokation ergibt sich ein Grobplan, der festlegt, welches Unternehmen im Netzwerk welche Teilaufgaben wann zu erledigen hat. Dieser Grobplan enthält zweierlei Unsicherheiten. Zum einen können Probleme innerhalb des Netzwerks auftreten, wenn zum Beispiel die tatsächliche Durchführungsdauer der Teilaufgaben von der geplanten Dauer abweicht oder ein Partner seine Kapazitäten nicht planmäßig einsetzen kann. Zum anderen sind kundenseitige Unsicherheiten vorhanden, da eine endgültige Auftragsspezifikation bei der Grobplanung meist noch nicht vorliegt. Diese Unsicherheiten müssen bei der Auftragsüberwachung berücksichtigt werden. Dabei sind alle Partner angehalten, relevante Information bezüglich eventueller Abweichungen vom Grobplan unverzüglich der Koordinationsinstanz zu melden, da diese nicht immer die Kapazitäten der autonomen Unternehmen einsehen kann. Instrumente zur Auftragsüberwachung in virtuellen Unternehmen sind zum Beispiel Cooperative Scoreboards, die den Fortschritt des Produktionsauftrags durch Kennzahlen visualisieren, oder der Einsatz von Laufmarken (Token), die bei der Auftragserteilung ausgegeben werden und nach zuvor festgelegten Auftragsschritten an die Koordinationsinstanz zurückfließen. Trifft ein Token nicht fristgemäß wieder bei der Koordinationsinstanz ein, kann diese auf die Verzögerung reagieren und notfalls ein anderes Unternehmen mit der Teilaufgabe beauftragen.

2.4.4 Netzwerkinduzierte Aufgabenerweiterung auf Unternehmensebene

Durch die Einbindung in ein Netzwerk sieht sich das einzelne Unternehmen im Rahmen seiner Planungen mit zusätzlichen Problemen konfrontiert:

- Die Konditionen für die Teilaufgaben eines Netzwerkauftrags werden nicht durch das Unternehmen festgesetzt oder mit einem Kunden ausgehandelt, sondern durch Auktion und mit der Gebotsabgabe als gegeben anerkannt.
- Zwischen der übernommenen Teilaufgabe und den anderen Teilaufgaben der Netzwerkpartner bestehen Interdependenzen. Hieraus resultieren Unsicherheiten hinsichtlich der Aufgabenerfüllung, die durch die Abhängigkeit der Netzwerkpartner untereinander begründet sind.

Solche Abhängigkeiten und Unsicherheiten erschweren natürlich die Aufgaben der einzelnen Unternehmen. Zunächst ist die Vermutung naheliegend, dass die Akquisition von neuen Aufträgen gar nicht weiter beeinträchtigt wird, weil die Unternehmen lediglich Kernkompetenzen in das virtuelle Unternehmen einbringen und die Auftragsprüfung und die Auftragsannahme demnach von der Koordinationsinstanz wahrgenommen werden müssen. Allerdings sind die Operational Units der Einzelunternehmen insofern von dem Engagement in einem Netzwerk bzw. einem virtuellen Unternehmen betroffen, als sie die netzwerkakquirierten Aufträge zusätzlich prognostizieren und in ihrer weiteren Planung berücksichtigen müssen. So müssen etwa hinreichend Kapazitäten für die ersteigerten Aufträge bereitgehalten werden. Die Beschaffungsaktivitäten sind entsprechend auszuweiten. Im Allgemeinen müssen die Konsequenzen, die sich aus den zunächst separaten Prognosen für selbstständig akquirierte und netzwerkakquirierte Aufträge ergeben, intern abgestimmt und zu einer optimalen Lösung gebracht werden. Da wir uns hier jedoch zunächst auf den institutionellen Rahmen der operativen Tätigkeiten beschränken wollen, werden wir den durch die Akquisition von Aufträgen in Gang gesetzten Planungsprozess erst in Kapitel 5 vertiefen.

2.4.5 Zusammenfassung

Wir haben uns in diesem Unterkapitel einer modernen Form der Kooperation von Unternehmen zugewandt, die zwischen den traditionellen Koordinationsformen Markt und Hierarchie angesiedelt ist. Auf Märkten kooperieren Unternehmen nur lose über den Preis. Das mag Vorteile haben in Bezug auf die Flexibilität, da die Unternehmen sich jederzeit neue Partner suchen können. Sicherheit über einen längeren Zeitraum können die Unternehmen dadurch aber nicht erhalten. Sie ist von unerwarteten Marktereignissen in besonderem Maße beeinträchtigt. Hierarchie bedeutet hingegen, dass Unternehmen in Form von Sparten, Divisionen oder Abteilungen aufs Engste verbunden und einer zentralen Instanz unterstellt sind, die Weisungsbefugnis hat. Insofern sind die Entscheidungsträger in höchstem Maße unselbstständig und abhängig. Bedenken Sie, dass solche Abhängigkeiten oft dazu führen, dass suboptima-

2.4 Netzwerkmanagement

le Entscheidungen getroffen werden, weil beispielsweise eine produzierende Sparte nicht frei ist, ihre Güter am Markt zu beschaffen, sondern diese von einer anderen Sparte innerhalb der Hierarchie geliefert bekommt.

Als dritte Koordinationsform sind Netzwerke vorgestellt worden, die sowohl durch einen gewissen Grad von Flexibilität als auch durch eine beträchtliche Unabhängigkeit der einzelnen Unternehmen gekennzeichnet sind. Wir konnten feststellen, dass durch Etablierung von Netzwerken in vielen Fällen effiziente Rahmenbedingungen für die Operational Units eines Unternehmens geschaffen werden. Zunächst wurde in Abschnitt 2.4.2 erläutert, dass zwischen vertikalen, horizontalen und lateralen Netzwerken zu differenzieren ist. Ein besonderes Augenmerk ist dann dem virtuellen Unternehmen gewidmet worden, wobei Unternehmen aus einem Pool ihre Kernkompetenzen diesem virtuellen Unternehmen temporär zur Verfügung stellen. Im Abschnitt 2.4.3 haben wir die Rolle der Koordinationsinstanz näher beleuchtet. Ein Netzwerkmanagement kann dadurch betrieben werden, dass die bei einer Koordinationsinstanz eingehenden Netzwerkaufträge im Rahmen von Auktionen auf verschiedenste Art und Weise an die Netzwerkpartner versteigert werden. Damit wird sichergestellt, dass die Aufträge sowohl hinsichtlich der Qualität als auch bezüglich der Kosten zur Zufriedenheit der Kunden erledigt werden. Schließlich wurde in Abschnitt 2.4.4 skizziert, welche zusätzlichen Aufgaben auf Unternehmensebene zu bewältigen sind, wenn sich ein Unternehmen zur Bereitstellung seiner Kernkompetenzen im Rahmen eines Netzwerks verpflichtet hat.

2.4.6 Fragen zur Wiederholung

1. Erläutern Sie Netzwerke als Koordinationsformen und grenzen Sie den Begriff gegen die Koordinationsformen Markt und Hierarchie ab.
2. Beschreiben und differenzieren Sie vertikale, horizontale und laterale Netzwerke unter Anwendung der Kriterien Wertschöpfungsstufe und Branche.
3. Wie lässt sich ein virtuelles Unternehmen als spezielle Form eines Unternehmensnetzwerks beschreiben?
4. Erläutern Sie den Segmentierungsprozess als Aufgabe der Koordinierungsinstanz in einem Netzwerk.
5. Erläutern Sie die Zuschlags- und Entgeltregeln der VICKREY-Auktion.
6. Wodurch unterscheidet sich die Matrixauktion von der einfachen VICKREY-Auktion?
7. Erörtern Sie die Probleme, die sich für ein Unternehmen aus der Unsicherheit und Abhängigkeit im Rahmen der Beteiligung an einem Unternehmensnetzwerk ergeben.

2.4.7 Aufgaben zur Übung

Aufgabe 1

Die Porter Inc. verzinkt auftragsbezogen im Verbund mit wechselnden Kooperationspartnern Zulieferteile für verschiedene Kunden. Für einen frisch eingegangenen Auftrag über 540 Karosserieteile gilt es, innerhalb des polyzentrischen Netzwerkes die günstigste Gruppierung von Unternehmen zu bestimmen. Aus organisatorischen Gründen wird die Verzinkung von den Unternehmen in Einheiten à 90 Mengeneinheiten (ME) angeboten. Die Preise der Unternehmen für die einzelnen Aufgaben lassen sich der Gebotsmatrix entnehmen.

Ermitteln Sie die optimale Aufgabenallokation in Anlehnung an den Ansatz von VICKREY. Welches Entgelt sollten die Unternehmen, die den Zuschlag bekommen haben, erhalten?

		Verzinken von Karosserieteilen					
		90	180	270	360	450	540
Unternehmen	Porter Inc.	5	8	9	11	16	20
	Kooperationspartner 1	3	6	10	12	14	20
	Kooperationspartner 2	2	3	6	13	15	17

Gebotsmatrix (in 1.000 €)

2.4.8 Literaturempfehlungen zur Vertiefung

CORSTEN, H. (Hrsg.) (2001): Unternehmungsnetzwerke – Formen unternehmensübergreifender Zusammenarbeit. Oldenbourg, München u. a.
KALUZA, B./BLECKER, T. (Hrsg.) (2000): Produktions- und Logistikmanagement in virtuellen Unternehmen und Unternehmensnetzwerken. Springer, Berlin u. a.
SYDOW, J./MÖLLERING, G. (2009): Produktion in Netzwerken – Make, Buy & Cooperate. 2. Auflage, Vahlen, München

2.5 Electronic Procurement

2.5.1 Einführung

Die meisten Menschen von heute sind „Kinder der Informationsgesellschaft" und mit Computern aufgewachsen. Fast täglich hören und lesen wir, dass Anwendungen der EDV Geschäftsvorgänge erleichtern, beschleunigen und verbessern. Oft bleibt jedoch auch keine andere Wahl mehr, wenn beispielsweise Verkaufsagenturen für Bahntickets in der näheren Umgebung nicht mehr anzutreffen sind und wir uns die Fahrkarten deshalb aus dem Internet besorgen müssen. Dennoch gibt es Vorbehalte: Oft genug haben wir Zweifel, dass wir die Informationstechnik gut genug beherrschen oder elektronisch unterstützte Geschäftsvorgänge genauso sicher sind wie auf konventionelle Art durchgeführte Geschäfte. Vor allem aber gibt es nicht selten eine Vielfalt von EDV-Lösungen, die es zu analysieren und bewerten gilt. Dies ist keine leichte Aufgabe.

Wie wir in den vorangegangenen Unterkapiteln offene Märkte, Qualitätsoffensiven und Unternehmensnetzwerke als Rahmenbedingungen einer modernen Wirtschaft kennengelernt haben, so wollen wir die weltumspannende Informationstechnologie in diesem Unterkapitel als eine Einrichtung begreifen und erörtern, die vor allem die operativen Tätigkeiten eines Unternehmens wesentlich beeinflussen kann und die wir optimal nutzen möchten. Dazu werden wir uns auf die elektronisch unterstützte Beschaffung konzentrieren, bei der die höchsten Wachstumsraten zu verzeichnen sind. Mittlerweile sind fast alle Unternehmen auf diesem Sektor im Internet vertreten.

Abschnitt 2.5.2 wendet sich zunächst den verschiedenen Erscheinungsformen elektronischer Märkte zu, bevor in Abschnitt 2.5.3 einzelne Modelle des Electronic Procurements (E-Procurement) genauer analysiert werden. Für jedes dieser Modelle gibt es konkrete Anwendungsbedingungen, die zu beachten sind. Dabei müssen sich die Anwender stets fragen, welche vorrangigen Ziele sie mit einer bestimmten Anwendung verbinden. In Abschnitt 2.5.4 werden Chancen und Grenzen des E-Procurements aufgezeigt, bevor wir in Abschnitt 2.5.5 untersuchen, ob und inwieweit der elektronische Beschaffungsprozess durch so genannte Beschaffungsagenten weiter automatisiert werden kann und welche Anforderungen an solche Agenten zu formulieren sind. Ein größeres, zum Teil noch unüberschaubares Problem betrifft die Beschaffungssicherheit beim E-Procurement. In diesem Bereich wird ständig weiter gearbeitet, damit die Anwender in E-Procurement dasselbe Vertrauen setzen können, wie sie es bisher den traditionellen Beschaffungskanälen entgegengebracht haben. In Abschnitt 2.5.6 fassen wir die wichtigsten Erkenntnisse aus diesem Unterkapitel noch einmal zusammen und geben einen Ausblick auf zukünftige Potenziale des E-Procurements.

2.5.2 Transaktionen auf elektronischen Märkten

Märkte sind in einer Volkswirtschaft dadurch gekennzeichnet, dass auf ihnen ein Austausch von Gütern bzw. Dienstleistungen stattfindet. Dabei übernimmt der Preis die entsprechende Koordinationsfunktion zwischen Anbietern und Nachfragern. Ein vollkommener Markt ist u. a. dadurch gekennzeichnet, dass er transparent ist, d. h. die Marktteilnehmer über alle Marktbedingungen vollkommen informiert sind. Vollkommene Märkte sind idealtypisch und in der Realität kaum anzutreffen. Auf einem unvollkommenen Markt fallen hingegen Transaktionskosten an, so zum Beispiel bei der Suche nach geeigneten Marktpartnern, bei der Verhandlung von Verträgen, bei der vertraglichen Absicherung und schließlich bei der Leistungsabwicklung. Eine Transaktion beschreibt grundsätzlich die Übertragung von Verfügungsrechten an Gütern oder Dienstleistungen. Gemäß der Transaktionskostentheorie werden mindestens drei Phasen einer Transaktion unterschieden:

- In der Informationsphase findet ein Informationsaustausch zwischen Lieferanten und Kunden statt. Die notwendige Information muss gewonnen, weitergegeben und auf geeignete Weise verarbeitet werden. Erst danach kann die Liste der Transaktionspartner erstellt werden, die für den Leistungsaustausch in Betracht kommen.
- In der Vereinbarungsphase wird der Kontakt mit den Marktpartnern gesucht. Es wird über den Leistungsumfang und die Leistungskonditionen verhandelt. Diese Phase schließt bei planmäßigem Verlauf mit einem Vertrag zwischen den Parteien ab.
- Die Abwicklungsphase wird auch als nachvertragliche Phase der Transaktion gekennzeichnet. In ihr werden die Leistungen und Dokumente ausgetauscht. Außerdem dient diese Phase der Pflege der Geschäftsbeziehung für weitere Transaktionen.

Um Transaktionskosten zu sparen, vermeiden Produzenten oft die Teilnahme an unvollkommenen Märkten und erweitern dafür ihr eigenes Unternehmen derart, dass sie die bislang fremdbezogenen Leistungen selbst erbringen.

Eine andere Möglichkeit, Transaktionskosten zu reduzieren, bietet die Teilnahme an elektronischen Märkten. Ein elektronischer Markt im engeren Sinne kann als Informations- und Kommunikationssystem definiert werden, das die Geschäftsbeziehungen in allen Phasen einer Transaktion elektronisch unterstützt. In der Realität finden sich jedoch häufig auch Informations- und Kommunikationssysteme, die sich lediglich auf einzelne Transaktionsphasen beziehen. Solche Systeme werden entsprechend als elektronische Märkte im weiteren Sinne gekennzeichnet. Die allgemeine Systemarchitektur von elektronischen Märkten ist in Abbildung 2.5.1 skizziert.

Abbildung 2.5.1: Architektur eines elektronischen Markts

2.5 Electronic Procurement

> **Beispiel: Das Beschaffungssystem ProcureCA**
>
> ProcureCA war ein elektronisches Beschaffungssystem der Flughafen Frankfurt Main AG. Ein Problem des Zentraleinkaufs des Flughafens bestand darin, dass 85 % der verfügbaren Ressourcen im Einkauf eingesetzt werden mussten, um 10 % des Beschaffungsvolumens abzuwickeln. So hatte man sich entschlossen, Lieferantenkataloge in das Intranet der Flughafengesellschaft einzubinden. Die Kataloge wurden von den Lieferanten selbst gepflegt und laufend aktualisiert. Ein Bedarfsträger, in diesem Fall also ein Mitarbeiter der Flughafengesellschaft, meldete sich mit einem Passwort im System an. Ihm standen dann vier Funktionen, die als Besteller-Menüauswahl bezeichnet wurden, zur Verfügung:
>
> - Lieferantenshop: bietet den Zugang zu den Katalogen verschiedener Lieferanten
> - Aktuelle Bestellungen: geben eine Übersicht über laufende Bestellungen
> - Bestellung wiederholen: ermöglicht, häufig auftretende Bestellungen abzurufen und zu wiederholen
> - Budgetcontrolling: überwacht das Beschaffungsverhalten der Besteller.
>
> Die ausgewählten Artikel wurden in einen virtuellen Warenkorb gelegt. Per Mausklick konnte eine Bestellung ausgelöst werden. Manuelle Tätigkeiten, wie zum Beispiel die Bestellschreibung, entfallen. Dadurch, dass der Mitarbeiter die Bestellung selbst durchführte, entfiel für den Einkauf außerdem die Prüfung der Eingangsrechnung. Wurde ein vorgegebenes Budget überschritten, so wurde die Bestellung abgewiesen. Alle Bestellvorgänge wurden in dem Monitoring-System registriert und konnten somit jederzeit nachvollzogen bzw. überprüft werden. Am Jahresende lieferte das System zuverlässige Werte über das Einkaufsverhalten der Bedarfsträger, d.h. Kennzahlen zur Budgetauslastung, Abweichungen zum Vorjahreszeitraum und ABC-Analysen. Durch Einsatz des Systems konnten gegenüber dem zuvor praktizierten Bestellwesen rund 80 % der Beschaffungskosten eingespart werden.
>
> Quelle: KONHÄUSER (1999)

Elektronische Märkte sind vielfach frei zugänglich. Man spricht dann von offenen Märkten. Ist die Teilnahme auf einen bestimmten Adressatenkreis begrenzt, so sind die Märkte geschlossen. Im Besonderen sollte man auch danach unterscheiden, wer als Anbieter bzw. Nachfrager von Leistungen auf elektronischen Märkten grundsätzlich in Betracht kommt. So können sowohl Konsumenten (Consumer) als auch Unternehmen (Business) und öffentliche Institutionen (Administration) auf den Märkten agieren. Abbildung 2.5.2 gibt einen Überblick über die möglichen Kombinationen von Anbieter-Nachfrager-Beziehungen auf solchen Märkten. Als E-Procurement soll im Folgenden nur die Beziehung zwischen Unternehmen bezeichnet werden. Das heißt, Unternehmen treten sowohl als Nachfrager als auch als Anbieter in Erscheinung (Business-to-Business bzw. B2B).

Nachfrager der Leistung

	Consumer	Business	Administration
Consumer	„C2C"	„C2B"	„C2A"
Business	„B2C"	„B2B"	„B2A"
Administration	„A2C"	„A2B"	„A2A"

(Anbieter der Leistung)

Abbildung 2.5.2: Überblick über die Akteure auf elektronischen Märkten

2.5.3 Modelle des E-Procurements

In den letzten Jahren ist eine Reihe von Überlegungen angestellt worden, wie Beschaffungsvorgänge durch Nutzung der elektronischen Datenverarbeitung unterstützt werden können. Einige dieser Modelle, die sich durchgesetzt haben, werden im Folgenden vorgestellt. Dabei werden wir zwischen solchen Systemen unterscheiden, die sich auf spezielle Transaktionsphasen beziehen, und Systemen, bei denen es auf der Anbieter- bzw. Nachfragerseite Beschränkungen gibt.

Betrachten wir zunächst die im vorangegangenen Abschnitt vorgenommene Unterteilung eines Beschaffungsprozesses in seine Informations-, Vereinbarungs- und Abwicklungsphase. In der Informationsphase werden hauptsächlich Produktkataloge sowie Ausschreibungsplattformen verwendet, um den Informationsaustausch zwischen Lieferanten und Abnehmern zu fördern.

Ein Produktkatalog ist ein Verzeichnis, das alle Objekte und Leistungen des Lieferanten beschreibt und möglichen Kunden zugänglich macht. Gegenüber einem gedruckten Produktkatalog ergeben sich in vielerlei Hinsicht Vorteile, so zum Beispiel durch die laufende Aktualisierung des Leistungsangebots, die Anwendung von Suchroutinen in komplexen Katalogen, multimediale Animationen usw. Prinzipiell gibt es zwei Formen von Produktkatalogen. Entweder wird der Katalog beim Anbieter oder beim Lieferanten vorgehalten. Im ersten

Fall wird der Katalog des Lieferanten ins Intranet des abnehmenden Unternehmens eingestellt. Unterschiedliche Datenformate können einerseits die Datenübernahme erschweren. Andererseits bietet dieses System den Vorteil einer hohen Verfügbarkeit für die Bedarfsträger. Im zweiten Fall bleibt der Katalog im System des Lieferanten. Er wird dort ständig gepflegt und aktualisiert. Dem gegenüber steht der Nachteil eines recht großen Aufwands für die Einrichtung von Zugriffs- und Kontrollmechanismen.

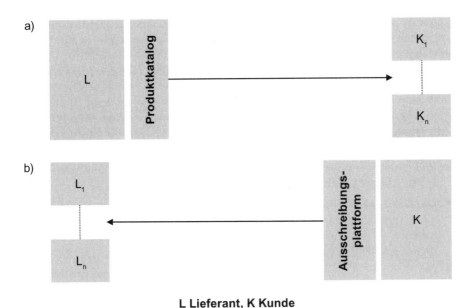

L Lieferant, K Kunde

Abbildung 2.5.3: Vergleich zwischen Produktkatalog und Ausschreibungsplattform

Eine Ausschreibungsplattform wird grundsätzlich vom Kunden erstellt. Sie enthält die erforderliche Information über den benötigten Leistungsumfang. Der Kunde hat somit die Möglichkeit, auch bei bestehenden langjährigen Lieferbeziehungen stets wieder den Markt neu nach weiteren Lieferanten zu sondieren, um damit die eigene Unternehmensstrategie noch besser zu unterstützen. Neu hinzukommende Lieferanten erhalten die Gelegenheit, sich schnell und umfassend über Bedingungen einer evtl. einzugehenden Partnerschaft zu informieren. Die unterschiedliche Perspektive der beiden Modellarten Produktkatalog und Ausschreibungsplattform ist in Abbildung 2.5.3 veranschaulicht. Weitere Modelle, die der Informationsphase zugeordnet werden können, sind:

- virtuelle Branchenbücher, d.h. Websites, auf denen die Lieferanten gemäß ihrem Leistungsangebot in entsprechender Ordnung aufgeführt sind,
- Linksammlungen, mit denen Websites von Firmen einer bestimmten Branche aufgerufen werden können,

- „Schwarze Bretter", die auf gelegentliche bzw. einmalige Partnerschaften konzentriert und analog zur Kleinanzeige aufgebaut sind,
- Suchdienste, wie zum Beispiel Web-Verzeichnisse oder Suchmaschinen mit manueller bzw. automatischer Indexierung.

In der Vereinbarungsphase begegnen wir vornehmlich so genannten fixierten Systemen. In einem fixierten System werden die Konditionen einer Leistung einseitig, im Allgemeinen vom Anbieter festgesetzt. Der Marktpartner hat nur noch die Möglichkeit, diese Konditionen anzunehmen oder nicht. Änderungen kommen nicht mehr in Betracht. Es entstehen also keinerlei Vereinbarungskosten durch Preisfindungsmechanismen u. ä. Darüber hinaus gibt es aber auch eine Reihe von DV-gestützten Vermittlungssystemen, die im Wesentlichen unter Einbeziehung eines Intermediärs, so etwa eines Brokers, Agenten oder Dealers, funktionieren. Ein Intermediär ist dadurch charakterisiert, dass er zum einen über eine bessere Marktübersicht verfügt, zum anderen als dritte, unabhängige Partei gefordert ist, den Verhandlungsprozess transparent und objektiv zu gestalten. Preisfindungsmechanismen sind etwa elektronische Auktionen („E-Auctions"), elektronische Börsen oder Matching-Systeme:

- Ziel einer E-Auction ist es, den Preis zu ermitteln, der zur Markträumung führt. Andere Leistungskonditionen bleiben unberücksichtigt.
- Die elektronische Börse erlaubt eine Preisfindung in Echtzeit. Sie wird vor allem dann genutzt, wenn Objekte in größerem Umfang getauscht werden sollen. Sowohl die Auktionen als auch die Börsen bietet den Marktpartnern die Möglichkeit, anonym zu bleiben.
- Das Matching-System beschreibt einen Preisfindungsmechanismus einfachster Art. Sobald ein Marktpartner gefunden wird, der die Bedingung des anderen Marktpartners erfüllt, kommt der Vertrag zustande. Das System gleicht dem fixierten System. Nur wird die bessere Marktübersicht des Intermediärs genutzt, um das Geschäft in kürzerer Zeit und gegebenenfalls zu besseren Konditionen zustande zu bringen.

Inwieweit E-Procurement sich auch auf die nachvertragliche Abwicklungsphase beziehen kann, hängt von der ausgetauschten Objektart ab. Prinzipiell muss in Bezug auf die Abwicklung zwischen dem Güter- und Zahlungsstrom unterschieden werden. Dementsprechend gibt es ein Logistiksystem sowie ein Zahlungssystem, das mehr oder weniger stark durch den Einsatz elektronischer Medien unterstützt werden kann. Das Logistiksystem ist in der Regel insofern von der elektronischen Übertragung losgekoppelt, als materielle Güter nur auf konventionelle Art, also zum Beispiel per Straße oder Schiene, ausgeliefert werden können. Allerdings kommen Modelle des E-Procurements begleitend für den Dokumentenverkehr in Betracht. So können beispielsweise die Lieferpapiere auf elektronischem Wege übermittelt werden. Handelt es sich bei den erbrachten Leistungen um Dienstleistungen (zum Beispiel Rechtsberatung), so sind natürlich umfassendere E-Procurement-Lösungen für die Abwicklungsphase denkbar.

Der Zahlungsverkehr, der ebenfalls zur Abwicklungsphase gehört, ist seit jeher Bestandteil eines DV-gestützten Zahlungssystems. Die Bezahlung der Leistung kann vollständig elektronisch über Kredit- oder Chipkarte erfolgen. Finanzmärkte können ohnehin als Keimzelle für elektronische Märkte bezeichnet werden, so dass hier eine Vielzahl von Modellen zur Verfügung steht, wenn auch Probleme der Systemsicherheit nach wie vor existieren.

Es hat sich eingebürgert, Modelle des E-Procurements auch danach zu unterscheiden, wie viele Teilnehmer auf beiden Seiten jeweils an den betreffenden elektronischen Märkten partizipieren. Bezeichnet n die Anzahl der Lieferanten und m die Anzahl der Kunden, so gibt es folgende Möglichkeiten:

- 1:1 bilaterales Business,
- n:m Marktplatz,
- n:1 Einkaufsplattform,
- 1:m Fachportal.

Solange nur ein Lieferant und ein Kunde die Möglichkeit der Kooperation auf elektronischem Wege nutzen, sollte eigentlich nicht von einem Markt im engeren Sinne gesprochen werden. Es handelt sich offenbar um eine fest etablierte Lieferbeziehung zwischen den beiden Partnern, die durch den elektronischen Datenaustausch (Electronic Data Interchange bzw. EDI) begründet ist. Zum Zwecke einer besseren und schnelleren Partizipation an den Technologie- und Auftragsentwicklungen der jeweils anderen Seite nutzen die Partner elektronische Medien. Die entstehenden Kostenersparnisse sind evident.

Elektronische Märkte, an denen sowohl viele Nachfrager als auch viele Anbieter teilnehmen, werden als Marktplätze bezeichnet. Der Vorteil eines Marktplatzes besteht darin, dass er orts- und zeitungebunden ist. Die Marktteilnehmer müssen nicht physisch anwesend sein. Sie können jedoch jederzeit – d.h. im Extremfall 24 Stunden am Tag – Leistungen anbieten bzw. nachfragen. Dabei ist zwischen vertikalen Marktplätzen und horizontalen Marktplätzen zu unterscheiden. Auf vertikalen Marktplätzen konzentrieren sich Nachfrage und Angebot auf eine Branche. Es werden also Objekte ausgetauscht, die auf den verschiedenen vertikalen Verarbeitungsstufen in einem Produktionsprozess benötigt werden. So gilt etwa für die Automobil- oder Maschinenbauindustrie, dass auf einem Marktplatz sowohl Rohstoffe als auch Halbfabrikate bezogen werden können. Horizontale Marktplätze sind hingegen branchenunabhängig. Es werden Materialien, wie zum Beispiel Rohmaterialien oder Reinigungsmittel, angeboten, die in verschiedenen Branchen einsetzbar sind. Als Beispiel eines horizontalen Marktplatzes in der Automobilindustrie kann der von den Unternehmen DaimlerChrysler, Ford, General Motors, Nissan und Renault gegründete Marktplatz Covisint (http://www.covisint.com) herangezogen werden. Eine branchenübergreifende Lösung stellt der Marktplatz Surplex (http://www.surplex.com) dar, auf dem gebrauchte Maschinen und Anlagen gehandelt werden.

Ein kundengetriebenes Modell des E-Procurements ist die Einkaufsplattform. Darunter ist ein Transaktionssystem zu verstehen, das aus verschiedenen Modulen besteht und auf die Bedürfnisse des Käufers zugeschnitten ist. Eine solche Plattform kann beispielsweise Module wie Qualitätsmanagement, Katalogbestellung, Auftragsabwicklung und Beschaffungscontrolling enthalten. Darüber

2 Institutioneller Rahmen des Operations Managements

hinaus ist es mit den Modulen des Produktionsplanungs- und -steuerungssystems des Abnehmers eng verknüpft, so dass von dort die Artikelstammdaten, Produktbeschreibungen usw. importiert werden können. Die verschiedenen Lieferanten stellen für diese Plattform ihre Kataloge zur Verfügung. Auf diese Weise kann der Beschaffungsprozess aus Kundensicht optimiert werden. Allerdings kommen Einkaufsplattformen der beschriebenen Art hauptsächlich für größere Unternehmen in Betracht. Die Vorteile der Reduzierung der Bestellkosten würden durch den hohen Administrationsaufwand einer solchen Plattform sonst wieder aufgezehrt.

Beispiel: Logistik-Plattform der Medion AG

Die Medion AG ist bekannt als Zulieferer von Discountern in Deutschland. Die meist aus Übersee stammende Ware wird in Deutschland umgeschlagen, bevor die Zentralläger der deutschen Großkunden beliefert werden. Für ihre Distributionslogistik richtete die Medion AG 2004 eine Logistik-Plattform ein, mit der zehn Prozent des Beschaffungsvolumens im Frachtbereich über geschlossene E-Auctions umgesetzt wurden. Das funktionierte so, dass jedes geeignete Distributionsprojekt für bestimmte Frachtdienstleister zunächst ausgeschrieben wird. Anschließend wurde eine E-Auction für ca. zwei bis drei Wochen angesetzt. Jeder Dienstleister bekam im Verlaufe dieser Auktionsfrist den aktuellen Rang seines Angebots angezeigt, so dass er stets über die Chance des Zuschlags informiert war. Die Auktionsplattform war hoch standardisiert und einfach zu bedienen.

Quelle: o.V. (2004)

Beispiel: Fachportal

Der Technische Händler Sahlberg GmbH & Co. KG bot seinen Kunden ein breites Sortiment von über 30.000 Artikeln aus den Bereichen technische Produkte, Arbeitsschutz und Berufskleidung. Registrierte Kunden hatten über das WWW-basierte Online-Bestell-Center Zugriff auf einen individuellen elektronischen Produktkatalog mit umfassender Produktinformation, aktuellen Preisen und Produktfotos. Darüber hinaus konnten im Online-Bestell-Center auch die Budgets für die einzelnen Kostenstellen hinterlegt, Bestellungen verwaltet oder eigene Favoritenlisten angelegt werden. Für den Fall, dass die Beschaffung in einem Unternehmen auf mehrere Bedarfsträger verteilt war, bestand die Möglichkeit, nutzerspezifisch eingeschränkte Sortimente zu definieren. Jedem Bedarfsträger wurden dann nur die für ihn zugelassenen Produkte angezeigt.

Quelle: o.V. (2005a)

2.5 Electronic Procurement

Für kleinere Unternehmen bietet sich hingegen das Modell eines Fachportals an. Das Fachportal wird von einem Lieferanten oder einer Vielzahl von Kunden, die vornehmlich aus einer Branche stammen, zur Verfügung gestellt. Der Lieferant (bzw. der Absatzmittler) garantiert den Kunden ein breites Sortiment, das diese „aus einer Hand" erhalten können. Auf diese Weise lassen sich sowohl die Informationskosten als auch die Vereinbarungs- und Abwicklungskosten im Rahmen der Beschaffung erheblich senken.

In der Praxis haben sich vor allem einige komplexere Modelle bewährt, die nicht rein phasen- bzw. marktformspezifisch sind, wohl aber auf den zuvor beschriebenen Modellen aufbauen.

Ein zentrales Modell des E-Procurements ist das Direct Purchasing. Hierbei handelt es sich um ein Modell, das einerseits auf dem Produktkatalog und dem fixierten System basiert, andererseits einen Marktplatz abbildet. Eine Vielzahl von Käufern kann bei verschiedenen Lieferanten auf Katalogangebote zugreifen und die gewünschten Produkte nach den dort geregelten Konditionen beschaffen. Der Ablauf des Beschaffungsprozesses vollzieht sich in den Stufen Bestellung, Verfügbarkeitsprüfung, Bestätigung und Rechnungsstellung. Die Auslieferung erfolgt auf konventionelle Art und Weise, die Zahlung hingegen automatisiert bzw. DV-gestützt. Die Vorteile des Direct Purchasings resultieren aus den Vorteilen der einzelnen Modellkomponenten. Die Kataloge werden laufend aktualisiert; es entfallen langwierige Preisverhandlungen. Die Informationsphase kann stark abgekürzt werden.

Das E-Bidding gründet sich in der Informationsphase auf eine Ausschreibungsplattform, in der Vereinbarungsphase auf ein Vermittlungssystem, das Reverse Auctioning. In der Ausschreibungsplattform artikuliert der Kunde seine konkreten Lieferwünsche sowie außerdem einen Höchstpreis, den er für den gegebenen Leistungsumfang zu zahlen bereit ist. Die Lieferanten sind dann aufgefordert, sich in einem Preiswettbewerb gegenseitig zu unterbieten, so dass nach einer bestimmten Frist der Kunde auf das günstigste Preisangebot zugreifen kann. Neben der Senkung der Transaktionskosten ergibt sich für den Kunden oft auch eine Reduzierung der Produktionskosten, d. h. der Einstandspreise für die erworbenen Güter. Das hängt auch damit zusammen, dass die Lieferanten in diesem konkreten Fall eher zu Preiszugeständnissen bereit sind, da sie nicht das Preisniveau – beispielsweise in einem Katalog – generell reduzieren müssen. So ist es durchaus vorstellbar, dass der Kunde von demselben Lieferanten früher schon zu günstigeren Konditionen beliefert worden ist und der Lieferant dieselben Leistungen jetzt weiterhin zu günstigeren Konditionen anbietet, zumal der Kunde in der Vereinbarungsphase anonym bleiben kann.

Das Modell des Consortium Purchasings geht davon aus, dass mehrere Nachfrager strategische Beschaffungsallianzen bilden, um ihre Einkaufskraft zu bündeln („Power Buying"). Dabei werden nicht, wie im B2C-Bereich, lediglich einmalige Kooperationen angestrebt („Power Shopping"). Vielmehr steht die längerfristige Zusammenarbeit der Nachfrager im Zentrum dieses Modells. Nachdem die Bedarfe entsprechend zusammengeführt worden sind, entspricht der weitere Ablauf im Prinzip dem Modell des E-Biddings. Einsparungen von Produktions- und Transaktionskosten – so können bis zu 50 % der ursprünglichen Einstandspreise gespart werden – stehen auch Nachteile gegenüber: Insbesondere erfordert die horizontale Kooperation auf der Nachfrageseite vom einzelnen Mitglied der Beschaffungsallianz u. U. die Preisgabe seiner ursprünglichen Lieferantenkonditionen sowie anderer interner Information. Das Modell des Consortium Purchasings hat sich in vielerlei Formen weiter entwickelt. So reicht die Kooperation vom losen Informationsaustausch zwischen Anfragern bis zur eigenständigen Einkaufs-GmbH.

Als E-Market werden im engeren Sinne nur solche elektronischen Märkte bezeichnet, die als Marktplätze organisiert sind und von Intermediären betrieben werden. Bei einem E-Market handelt es sich also um ein Vermittlungssystem, bei dem viele Lieferanten auf viele Nachfrager treffen. Im Mittelpunkt steht dabei der Informations- und Preisfindungsprozess. Oft sind E-Markets als Börsensysteme eingerichtet. Ein unmittelbarer Nutzen für die Teilnehmer resultiert vor allem dann, wenn es sich sonst um Märkte mit gravierender Intransparenz handelt, d. h. hohe Kosten der Informationssuche und -verarbeitung entstehen würden. Die Senkung der Transaktionskosten wird zum Teil durch die Zahlung eines Nutzungsentgelts bzw. einer Provision an den Marktplatzbetreiber kompensiert.

2.5.4 Chancen und Grenzen des E-Procurements

Wir wollen zunächst festhalten, dass es beim Einsatz von E-Procurement-Lösungen vornehmlich darauf ankommt, die hohen Transaktionskosten der traditionellen Beschaffungsabwicklung zu reduzieren. Grundsätzlich nehmen Transaktionskosten mit der Spezifität, der Unsicherheit und der Häufigkeit der Transaktion zu. Im Umkehrschluss sind also gerade solche Objekte für ein E-Procurement geeignet, die hoch spezifisch sind, ein hohes Versorgungsrisiko in sich bergen und regelmäßig beschafft werden müssen. Hier liegen die größten Einsparpotenziale, wenn die richtige Form des E-Procurements gewählt wird.

Das strategische Beschaffungsportfolio nach KRALJIC (1988) unterscheidet vier Arten von Gütern, die zu beschaffen sind (Abbildung 2.5.4):

- Strategische Güter sind von hoher Bedeutung für das Unternehmen, bergen aber auch ein großes Beschaffungsrisiko. Häufig sind strategische Güter dadurch gekennzeichnet, dass erhebliche Investitionen in die Kunden-Lieferanten-Beziehung getätigt werden.

- Engpassgüter sind ebenso risikobehaftet, werden jedoch nur unregelmäßig für bestimmte Auftragsproduktionen benötigt. Insofern ist entscheidend, dass eine kurzfristige Versorgung mit diesen Gütern sichergestellt werden kann. Oft ist die Beschaffung an einen einzigen Lieferanten gebunden (Single Sourcing); Lagerhaltung kommt wegen des fallweisen Bedarfs nicht in Betracht.

- Hebelgüter besitzen ähnlich wie strategische Güter eine erhebliche Wirkung für den Unternehmenserfolg. Jedoch stehen die Lieferanten unter einem starken Konkurrenzdruck, so dass das Beschaffungsrisiko gering bleibt. Insgesamt üben diese Güter wegen ihrer strategischen Bedeutung sowie der

Möglichkeit, den Materialfluss und die Materialkosten effizient zu steuern, eine große Hebelwirkung aus.

- Unkritische Güter sind kaum erfolgswirksam, da sie weder regelmäßig benötigt werden noch ein nennenswertes Risiko der Beschaffung auftritt.

Aus der Sicht einer Einsparung von Transaktionskosten handelt es sich also um die strategischen Güter, die für die Existenz des Unternehmens in seinem Kerngeschäft lebensnotwendig sind und für die E-Procurement-Alternativen geprüft werden müssen.

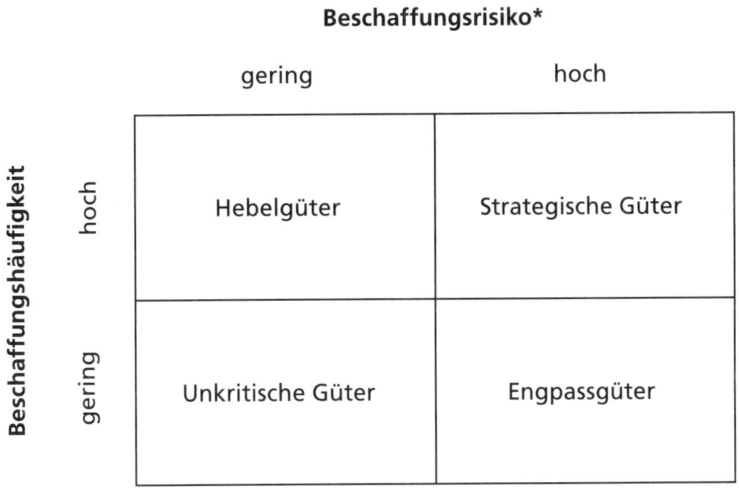

Beschaffungsrisiko*

	gering	hoch
hoch	Hebelgüter	Strategische Güter
gering	Unkritische Güter	Engpassgüter

(Beschaffungshäufigkeit)

*entspricht der Objektspezifizität

Abbildung 2.5.4: Häufigkeits-Risiko-Portfolio der Beschaffung

Nun sind jedoch offenbar nicht alle E-Procurement-Modelle, wie sie im vorangegangenen Abschnitt 2.5.3 beschrieben wurden, geeignet, die Beschaffungsprozesse für strategische Güter zu unterstützen, indem sie die Transaktionskosten senken. So setzen etwa Produktkataloge voraus, dass die gehandelten Objekte gut beschreibbar und zum Teil standardisiert sind. Dementsprechend handelt es sich um Güter von recht geringer Spezifität, soweit sie zumindest im Sinne eines Direct Purchasings vielen Interessenten angeboten werden sollen. Das Modell des Produktkatalogs wäre also im Sinne eines One-to-one-Marketings so zu erweitern, dass spezielle Kundenwünsche bei der Katalogerstellung beachtet werden. Auch die verschiedenen Modelle der Preisfindung in der Vereinbarungsphase unterstützen eher die Beschaffung von Standardprodukten und unregelmäßig benötigten Gütern, wenn sie als Vermittlungssysteme konzipiert, d.h. Intermediäre eingeschaltet sind. Der für die Beschaffung von strategischen Gütern wesentliche Aspekt einer vertrauensvollen Geschäftsbeziehung leidet schließlich auch dann, wenn einer der Marktpartner anonym bleibt. Insofern ist es erklärlich, dass nur wenige der behandelten Modelle die für die Senkung der

2 Institutioneller Rahmen des Operations Managements

Transaktionskosten wesentlichen Annahmen erfüllen. Hierbei handelt es sich um recht elementare Modelle wie etwa das bilaterale Business, das die direkte, vertrauensvolle langfristige Geschäftsbeziehung zwischen zwei Marktpartnern elektronisch unterstützt.

Für die meisten anderen Modelle ist hingegen zu beobachten, dass sie letztendlich doch eher der Reduzierung von Produktionskosten im Sinne einer Senkung der Einstandspreise dienen. Solche Vorteile werden zum Beispiel bei C-Gütern (vgl. Abschnitt 3.2.2) erreicht, die zum einen gut beschreibbar und zum anderen bei konventioneller Beschaffung mit hohen Bestellkosten behaftet sind. Es handelt sich ferner um Standardgüter mit geringem Erklärungsbedarf und recht niedrigem Versorgungsrisiko, da die Güter gerade auf den elektronischen Märkten von mehreren Anbietern offeriert werden.

2.5.5 Beschaffungsagenten

Wir haben das DV-gestützte Beschaffungssystem bisher vornehmlich als Kommunikationsmedium interpretiert. Es ist jetzt nur konsequent zu überprüfen, ob und inwiefern der Mensch auch bei den übrigen Beschaffungsaktivitäten entlastet werden kann. Hierzu zählen etwa die Suche nach geeigneten Lieferanten im Internet sowie die Abwicklung der Bestellungen. Werden hierzu ebenfalls Computerprogramme eingesetzt, so spricht man von Beschaffungs- oder Einkaufsagenten. Beschaffungsagenten besitzen, je nachdem welche Aufgaben sie erfüllen sollen, einen unterschiedlichen Grad an künstlicher Intelligenz.

Neben der reinen Entlastungsfunktion sind es vor allem zwei Gründe, die in den letzten Jahren dafür gesorgt haben, dass vermehrt Beschaffungsagenten eingesetzt werden:

- Menschen sind der wachsenden Datenflut oft nicht mehr gewachsen. Sie können die durch das Informations- und Kommunikationssystem zur Verfügung gestellten Daten nicht mehr als Information auswerten („Information Overload"). Als Konsequenz werden Beschaffungsagenten eingesetzt, die zugleich als Kontrollinstanz dienen, d. h. die den Informationsprozess kontrollierend begleiten.

- Je mehr E-Procurement von Unternehmen genutzt wird, umso mehr sinkt zugleich die durchschnittliche Qualifikation der Benutzer. Vor diesem Hintergrund können Beschaffungsagenten Hilfsfunktionen in Anwendungsprogrammen übernehmen, damit die Programme möglichst einfach nutzbar sind.

Beschaffungsagenten müssen über einen gewissen Intelligenzgrad verfügen, damit sie den Menschen bei seinen Aktivitäten wirkungsvoll unterstützen können. Mögliche, aber nicht von allen Agenten gleichermaßen erfüllte Merkmale der Intelligenz sind:

- Autonomie – Darunter soll die Fähigkeit verstanden werden, Aufgaben selbstständig und ohne Eingriffe bzw. Anweisungen aus der Umwelt auszuführen.

- **Kommunikationsfähigkeit** – Sie bemisst sich nach der Reichweite, die ein Agent in Interaktion mit anderen Agenten bzw. Benutzern erreichen kann. Hierfür gibt es spezielle Agentenkommunikationssprachen bzw. Benutzerschnittstellen. Eine Weiterentwicklung der Kommunikationsfähigkeit ist die Fähigkeit, mit anderen Agenten bzw. Benutzern zu kooperieren, d.h. komplexe Aufgaben gemeinsam und arbeitsteilig zu bewältigen.

- **Permanente Aktivität** – Ein Beschaffungsagent sollte stets einsatzbereit sein, damit er auf neue Information unverzüglich reagieren kann.

- **Vertrauenswürdigkeit** – Auch wenn es sich beim Beschaffungsagenten nicht um einen Menschen handelt, so ist er doch von Menschen programmiert worden. Deshalb muss sichergestellt sein, dass beispielsweise vertrauliche Information entsprechend behandelt wird. Ist dies durch die Programmierung nicht sichergestellt, so wird der Agent wenig zum Einsatz kommen.

Je nach Ausprägung der verschiedenen Intelligenzeigenschaften unterscheiden wir drei Arten von Beschaffungsagenten.

Ein einfacher Informationsagent sorgt dafür, dass ein Benutzer bei der Suche nach Information geeignet unterstützt wird. Ein Vorteil besteht darin, dass ein solcher Agent schneller und zuverlässiger als ein menschlicher Benutzer arbeiten kann. Beispielsweise lassen sich von dem Beschaffungsagenten „Bargain Finder" Preisvergleiche für Musik-CDs anstellen. Überdies existiert als so genannter Mehrwert häufig eine einheitliche Benutzeroberfläche für die anschließende Erteilung von Aufträgen.

Kooperationsagenten sind mit mehr Intelligenz ausgestattet als Informationsagenten. Sie greifen nicht nur auf vorhandene Information zu, sondern werden eingesetzt, um für komplexe Beschaffungsprobleme aktiv Problemlösungen durch Kooperation mit anderen Teilnehmern am Informations- und Kommunikationssystem zu erarbeiten. Bei der Kommunikation mit anderen Agenten kann beispielsweise überprüft werden, ob benötigte Materialien rechtzeitig lieferbar sind bzw. die Konditionen hierfür existieren. Bei unbefriedigender Rückmeldung kann vom Kooperationsagenten dann geprüft werden, ob Modifikationen am Produktions- bzw. Beschaffungsprogramm überhaupt möglich sind.

Bei Transaktionsagenten handelt es sich vorzugsweise um Kaufagenten, die im Wesentlichen mit der Durchführung und Überwachung von Transaktionen beauftragt sind. Neben dem eigentlichen Bestellvorgang obliegt den Transaktionsagenten auch die Weitergabe von vertraulichen Daten, so zum Beispiel Information über Kreditkarten. Insofern ist es unerlässlich, dass diese Agenten in hohem Maße vertrauenswürdig sind.

Eine Übersicht über die Eigenschaften, die bei den einzelnen Agententypen auf jeden Fall vorhanden sein sollten, liefert Abbildung 2.5.5.

Intelligente Beschaffungsagenten haben nicht nur den Vorteil, dass sie die Transaktionskosten dadurch reduzieren helfen, dass mit ihnen der Suchprozess nach Information wesentlich abgekürzt werden kann und dementsprechend mehr Markttransparenz hergestellt wird. Überdies will ein intelligenter Beschaffungsagent keinen Gewinn erzielen. Insofern ist es denkbar, dass er in

2 Institutioneller Rahmen des Operations Managements

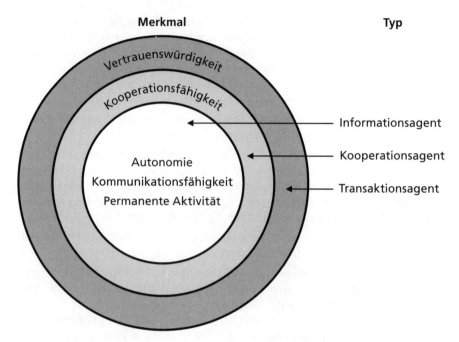

Abbildung 2.5.5: Merkmale und Typen von Beschaffungsagenten

Zukunft in bestimmtem Umfang menschliche Intermediäre ersetzen wird, die von der Differenz aus Einkaufs- und Verkaufspreis leben. Damit leisten die Beschaffungsagenten auch einen Beitrag zur Reduzierung der Produktionskosten. Als nicht mehr allzu ferne Vision sind agentenbasierte Marktplätze denkbar, auf denen Verkaufs- und Einkaufsagenten autonom miteinander verhandeln.

2.5.6 Beschaffungssicherheit bei E-Procurement

Am Einsatz von elektronischen Medien für Beschaffungsvorgänge ist seit jeher Kritik geübt worden, weil die Übertragung der Daten auf elektronischem Wege gelegentlich mit eklatanten Sicherheitsmängeln behaftet ist. Dies gilt umso mehr, wenn öffentlich zugängliche Netze wie etwa das Internet beansprucht werden. Es ist nicht verwunderlich, dass bei Befragungen zur Nutzung von E-Procurement als Anwendungsbarriere solche Sicherheitsbedenken immer wieder an erster Stelle genannt werden. Aus diesem Grund wird verstärkt daran gearbeitet, elementare Sicherheitsanforderungen vor allem in öffentlichen Netzen besser zu erfüllen. Zu den Sicherheitsanforderungen zählen insbesondere:

- Vertraulichkeit – Hierbei geht es um den Schutz der Datenübertragung vor unbefugtem Zugriff.

- Integrität – Sie soll dafür sorgen, dass Unbefugte keine Veränderungen an den übertragenen Daten vornehmen können.

- Verfügbarkeit – Hierunter versteht man die unbeeinträchtigte Funktionalität des Systems, so dass die Information zur rechten Zeit am benötigten Ort zur Verfügung steht.

Aus diesen elementaren Anforderungen werden weitere Anforderungen hergeleitet, etwa die Authentizität, die Anonymität, die Zugriffskontrolle bzw. die Verbindlichkeit, d. h. die Zurechenbarkeit einer Nachricht zum Zwecke eines Schadenersatzanspruches.

Um Sicherheitsanforderungen zu erfüllen, ist in der Vergangenheit eine Vielzahl von Modellen entwickelt worden. Allgemein unterscheidet man zwischen Modellen, die die Datenübertragung im engeren Sinne betreffen, und solchen Modellen, die sich am Schutz des Informations- und Kommunikationssystems insgesamt ausrichten.

Zum Schutz und zur Sicherung der Informationsübertragung gibt es eine Reihe von Verschlüsselungsmodellen, die dafür sorgen, dass die übertragenen Daten nur mit Hilfe eines so genannten Schlüssels gelesen bzw. verändert werden können. Bewährt haben sich insbesondere asymmetrische Verschlüsselungsverfahren, bei denen der Sender über einen öffentlich zugänglichen Schlüssel verfügt, der Empfänger die Nachricht jedoch nur mit einem privaten Schlüssel entschlüsseln kann.

Die Sicherheit des gesamten Informations- und Kommunikationssystems wird vielfach durch Firewalls, d. h. Brandschutzmauern, gewährleistet. Firewalls bestehen aus Hardware- und Softwarekomponenten, die dafür sorgen, dass aus einem öffentlichen Netz heraus keine unberechtigten Zugriffe auf das private, unternehmensbezogene Informations- und Kommunikationssystem erfolgen können.

Eine besonders beim E-Procurement anzutreffende Sicherheitsmaßnahme ist die digitale Signatur. Dies ist ein Schlüssel, der nur vom rechtmäßigen Besitzer erzeugt werden kann und die Echtheit eines übertragenen Dokuments bestätigen soll. Neben der Echtheitsfunktion besitzt die digitale Signatur jedoch auch weitere Funktionen, so

- die Abschlussfunktion, mit der der Abschluss eines Vorgangs, etwa eines Vertrags, verbindlich zum Ausdruck gebracht werden soll,
- die Identitätsfunktion, mit der die Identität des Unterzeichnenden nachgewiesen wird,
- die Warnfunktion, die dem Unterzeichnenden die rechtliche Konsequenz seiner Unterschrift bewusst machen soll,
- die Beweisfunktion für den Fall einer strittigen Auseinandersetzung.

Die Anforderungen an eine digitale Signatur sind im Signaturgesetz (SigG) von 2001 im Einzelnen geregelt. Hierzu zählen etwa grundsätzliche Anforderungen, dass die Signatur fälschungssicher und die Echtheit einer Signatur überprüfbar sein müssen, sowie Alltagsanforderungen in Bezug auf die generelle Durchführbarkeit, Standardisierung und Nicht-Übertragbarkeit. Sind diese Anforderungen erfüllt, so wird eine digitale Signatur der handschriftlichen Unterschrift grundsätzlich gleichgestellt. Mit der digitalen Signatur wird erneut eine Senkung der Transaktionskosten angestrebt.

> **Beispiel: Digitale Signatur**
>
> Beim Autovermieter National Car Rental erfolgt die Rechnungsstellung für Geschäftskunden ausschließlich elektronisch. Eine zentrale Rolle spielt hierbei die digitale Signatur. Um einen Missbrauch von elektronischen Rechnungen zu verhindern, schreibt das Umsatzsteuergesetz von 2002 vor, dass Rechnungen mit einer qualifizierten Signatur zu versehen sind. Hierdurch wird gemäß Deutschem Signaturgesetz und EU-Signaturrichtlinie dem Rechnungsempfänger bestätigt, dass die Rechnung auch wirklich vom dem in der Rechnung benannten Rechnungsversender stammt (Identitätsfunktion) und dass der Inhalt nicht unbemerkt manipuliert wurde (Integrität des Inhalts). Rechnungsempfänger und Rechnungsversender werden so vor Rechnungsmissbrauch und daraus resultierenden Schäden geschützt. Außerdem berechtigen nur elektronische Rechnungen mit qualifizierter Signatur zum Vorsteuerabzug. Der Rechnungsempfänger muss hierzu eine Signaturprüfung durchführen und das Prüfergebnis zusammen mit den Rechnungsdaten archivieren.
>
> Die elektronische Rechnungsabwicklung bietet sowohl National Car Rental als auch dem beschaffenden Unternehmen Vorteile: So spart National Car Rental Kosten für Papier, Druck, Porto und Personal und kann aufgrund der Prozessbeschleunigung auf einen schnelleren Zahlungseingang hoffen. Dem beschaffenden Unternehmen stehen verschiedene Rechnungsformate zur Verfügung, die parallel per E-Mail an den Kunden gesendet werden können. Neben einer Rechnung im PDF-Format könnte so zum Beispiel auch eine Rechnung im XML-Format übertragen werden, die ohne zusätzlichen Erfassungsaufwand automatisch in die Buchhaltungssoftware bzw. das ERP-System des Rechnungsempfängers übernommen werden kann.
>
> Quelle: o.V. (2005b)

2.5.7 Zusammenfassung

E-Procurement hat sich längst als Alternative zu traditionellen Beschaffungsprozessen etabliert. Die Entwicklung der Informations- und Kommunikationstechnologie wird weiter dazu beitragen, dass einerseits Sicherheitsbedenken gegen die Anwendung von E-Procurement weiter zurückgedrängt und andererseits die Transaktionskosten, welche aus der Existenz unvollkommener Märkte resultieren, noch deutlicher gesenkt werden können. Damit können sich elektronische Märkte grundsätzlich als eine Alternative zur Ausweitung von Unternehmen erweisen, da ja gerade Unternehmen aus der Existenz unvollkommener Märkte erklärt werden. Nach wie vor gilt allerdings, dass auf elektronischen Märkten nur ein Teil der Leistungen auch in Zukunft abgewickelt werden kann. Der physische Güterstrom wird weiterhin außerhalb dieser Märkte stattfinden müssen.

In diesem Unterkapitel sollte deutlich geworden sein, dass sich mit den verschiedenen Formen des E-Procurements sowohl die Produktionskosten als auch insbesondere die Transaktionskosten senken lassen. Wie groß diese Potenziale sind, hängt davon ab, ob Unternehmen die richtige Form eines E-Procurements für ihre Beschaffungsgüter wählen. In Abschnitt 2.5.3 sind die wichtigsten Erscheinungsformen elektronischer Märkte dargestellt und differenziert worden. Im Gegensatz zu den idealtypischen Überlegungen gibt es einige hybride Formen des E-Procurements, die unter Bezeichnungen wie Direct Purchasing, E-Bidding oder Consortium Purchasing unmittelbar praktischen Nutzen stiften. In Abschnitt 2.5.4 haben wir untersucht, inwieweit strategische Beschaffungsgüter, die den höchsten Transaktionskostenvorteil versprechen, wenn E-Procurement-Lösungen angewendet werden, tatsächlich auch Gegenstand der derzeit praktizierten Konzeptionen sind. Dabei haben wir festgestellt, dass Theorie und Praxis oft noch voneinander abweichen und weitere, komplexere Lösungen des E-Procurements zu erwarten sind. Die Ausführungen in Abschnitt 2.5.5 haben gezeigt, dass mittlerweile auch Beschaffungsagenten eingesetzt werden, um den Beschaffungsprozess zu begleiten, indem automatisch Bestellvorschläge erarbeitet und Lieferungen – etwa über die moderne RFID-Technologie – begleitet werden. Ein großer Schritt in Richtung Beschaffungssicherheit beim E-Procurement, wie sie in Abschnitt 2.5.6 diskutiert wurde, ist gemacht worden, als 2001 das Signaturgesetz novelliert wurde. Zuvor hatten fast 90 % der Einkäufer Beschaffungen über das Internet für unsicher gehalten. Nunmehr existiert ein geregeltes Sicherheitskonzept für elektronischen Datenaustausch in der Weise, dass eine vertrauensvolle dritte Instanz in Form eines Anbieters von Zertifizierungsdiensten eingeschaltet wird.

2.5.8 Fragen zur Wiederholung

1. Welche Bedeutung kommt den Transaktionskosten bei der Einführung der elektronischen Beschaffung zu?
2. Grenzen Sie den elektronischen Produktkatalog von der Ausschreibungsplattform ab und erörtern Sie die Anwendbarkeit beider Modelle eines E-Procurements.
3. Worin besteht der Unterschied zwischen fixierten Systemen und Vermittlungssystemen des E-Procurements?
4. Erläutern Sie den Begriff des elektronischen Marktplatzes.
5. Grenzen Sie das Consortium Purchasing vom Direct Purchasing ab.
6. Führen Sie eine Eignungsbeurteilung von Beschaffungsmaterialien für das E-Procurement anhand eines Beschaffungsportfolios durch.
7. Welche Anforderungen sind an Beschaffungsagenten zu richten? Wie werden diese Anforderungen von den Beschaffungsagenten verschiedener Intelligenzstufen erfüllt?
8. Nennen Sie ein typisches Problem der Beschaffungsunsicherheit und erklären Sie, welche Sicherheitsanforderungen in diesem Fall nicht erfüllt sind.
9. Mit welchen Funktionen sollte eine digitale Signatur ausgestattet sein? Erklären Sie diese Funktionen.

2.5.9 Literaturempfehlungen zur Vertiefung

CORSTEN, H. (2003): Einführung in das E-Business. Oldenbourg, München

DOLMETSCH, R. (2001): eProcurement: Einsparungspotenziale im Einkauf. Addison-Wesley, München u. a.

KOLLMANN, T. (2007): E-Business – Grundlagen elektronischer Geschäftsprozesse in der Net Economy. Gabler, Wiesbaden

NEKOLAR, A.-P. (2003): eProcurement: Euphorie und Realität. Springer, Berlin u. a.

NENNINGER, M./LAWRENZ, O. (2002): B2B-Erfolg durch eMarkets und eProcurement. Strategien und Konzepte, Systeme und Architekturen, Erfahrungen und Best Practice. 2. Auflage, Vieweg, Braunschweig u. a.

WIRTZ, B. W. (2010): Electronic Business. 3. Auflage, Gabler, Wiesbaden

3 Integrationskonzepte des Operations Managements

3.1 Vorbemerkungen

Die laufenden Aufgaben, die Gegenstand des Operations Managements sind, zerfallen in eine unüberschaubare Vielzahl von Einzelaktivitäten, so dass wir uns jetzt fragen müssen, wie diese Aktivitäten überhaupt zustande kommen und wie sie sich dann wieder zu planvollen Unternehmensentscheidungen zusammenfügen. Dabei ist es so, dass die geänderten Rahmenbedingungen, die in Kapitel 2 diskutiert worden sind, mit Bezug zum Operations Management neue Lösungen provoziert haben, die etwa auf die Globalisierung oder die sprunghaft gewachsene Informationstechnologie direkt rekurrieren. Was wir also in diesem Kapitel untersuchen werden, sind Organisationskonzepte im Allgemeinen und Abstimmungskonzepte im Besonderen, die geeignet sind, die strategischen Ziele eines Unternehmens, wie etwa Qualitäts- und Kostenziele, aber auch die Sicherung von Marktanteilen, den Erhalt der Wettbewerbsfähigkeit und nicht zuletzt die Überlebensfähigkeit des Unternehmens, bestmöglich zu erfüllen.

> **Beispiel: Interne Unternehmenskonflikte**
>
> Ende 2005 kündigte die Continental AG die Verlagerung der PKW-Reifenproduktion vom Stammwerk Hannover-Stöcken nach Osteuropa an, obwohl das Werk profitabel operierte. Als Begründung verwies die Unternehmensleitung auf die mit rund 1,3 Mio. Reifen im Jahr zu geringe Kapazität des Werks sowie auf die hohen Lohnkosten am Standort, welche die langfristige Wettbewerbsfähigkeit des Unternehmens gefährdeten. Die Entscheidung stieß bei den betroffenen 320 Mitarbeitern, die sich dem Verlust ihres Arbeitsplatzes gegenüber sahen, auf heftigen Widerstand. Unterstützt von den Gewerkschaften brachten die Beschäftigten in zahlreichen Protestaktionen ihre Opposition zum Ausdruck.
>
> Quelle: Financial Times Deutschland (23.11.2005, S. 7)

Das Management eines Unternehmens setzt sich aus unterschiedlichsten Individuen zusammen, die nach klassischer Lehrmeinung zwar gemeinsam an der Realisierung eines Oberziels – etwa der Gewinnmaximierung – mitwirken, nach neueren Erkenntnissen und Einschätzungen jedoch unübersehbar divergierende Einzelinteressen aufweisen, die durch das zugrunde liegende Organisationskonzept abgestimmt werden müssen. Beispiele in genügender Zahl werden uns täglich vor Augen geführt. Denken wir nur an die Tarifauseinandersetzungen zwischen Arbeitgebern und Arbeitnehmern oder feindliche Übernahmen eines Unternehmens durch einen Konkurrenten.

Am bequemsten wäre es, man hätte eine Standardroutine zur Hand, die festlegt, wann und in welcher Reihenfolge die Aufgaben von den Operational Units zu erledigen sind (vgl. Abbildung 3.1.1). Dass dies heute in Anbetracht der komplexen Problemfelder von den meisten Unternehmen nicht mehr so einfach umzusetzen ist, liegt auf der Hand. Es muss eine ungewöhnlich große Informationsflut bewältigt werden. Die Konsequenzen einzelner Entscheidungen reichen bis zu Tochterunternehmen und Lieferanten, die weltweit verteilt sind. Das Kostengefüge ist bisweilen so intransparent, dass Auswirkungen einzelner Prozessparameter auf den Gesamtprozess nicht ohne weiteres zuverlässig prognostiziert werden können.

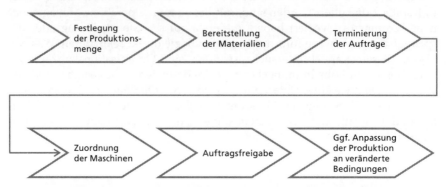

Abbildung 3.1.1: Standardprozesse im Operations Management

Im Unterkapitel 3.2 werden wir deshalb das Zielsystem des Operations Managements einer genaueren Überprüfung im Hinblick auf die Zusammenhänge einzelner Aufgaben unterziehen. Wir werden erkennen, wo es Harmonien, aber auch Konflikte zwischen den einzelnen Zielen und Aufgaben gibt und wie diese begründet sind. Unterkapitel 3.3 soll zeigen, wie das klassische Organisationskonzept der sukzessiven Abstimmung zwischen den Operational Units heutzutage in konkrete Lösungsansätze übertragen wird. Dabei spielt vor allem auch die Informationsarchitektur des Unternehmens eine zentrale Rolle. Zu bedenken ist dabei auch, dass in Unternehmen neben dem Operations Management zudem eine strategische Führung vonnöten ist, die die langfristigen Leitideen unternehmerischen Handelns festlegt. So können 80 % der Unternehmen mit einer strategischen Führung auch auf ein sehr detailliertes operatives Management verweisen. Dieser so genannte Top-down-Ansatz der vertikalen Integration ist Gegenstand von Unterkapitel 3.4. Während die Führung langfristige, aber nicht im Detail ausgearbeitete Unternehmensgrundsätze festlegt, wird der Prozess der Detaillierung durch das Operations Management stufenweise verfeinert. Dies schließt nicht aus, dass die zustande gekommenen Ergebnisse anschließend wieder mit den übergeordneten Instanzen abzustimmen sind.

Ein völlig anderes Organisationskonzept stellt das Toyota-System dar. Toyota ist der größte Automobilhersteller weltweit mit 8,4 Mio. Automobilen, die im Jahre 2010 verkauft wurden. Seit einer MIT-Studie von 1992 wird das japanische Toyota-System auch in den anderen großen Industrienationen stark diskutiert. Es gilt heute als Benchmark für hoch effiziente Produktionen in verschiedensten Industriezweigen. Die Grundidee besteht darin, den Planungs- und Steuerungsprozess weitgehend sich selbst zu überlassen, nachdem geeignete Organisationseinheiten definiert worden sind. Die Selbststeuerungsmechanismen basieren auf der Beobachtung von Auftrags- bzw. Lagerbeständen. Soweit solche Bestände ein bestimmtes Niveau überschreiten, wird dies in der Toyota-Philosophie als Störung in den operativen Abläufen eines Unternehmens angesehen. Fehlbestände müssen ebenso vermieden werden wie Überbestände in den einzelnen Organisationseinheiten, damit der Produktionsprozess sich im Gleichgewicht befindet. Deshalb wird auch von einem Konzept der Bestandsregelung gesprochen. Wir wollen dieses Konzept der Bestandsregelung mit seinen verschiedenen Facetten in Unterkapitel 3.5 vertiefen.

3.2 Umfang des Operations Managements

3.2.1 Einführung

Wie zu Beginn dieses Buches ausgeführt, befasst sich das Operations Management mit der Leistungserstellung in Unternehmen. Wir wollen dieses Unterkapitel dazu nutzen, den Leistungsprozess genauer zu analysieren, indem wir die in Betracht kommenden Leistungen spezifizieren und die Ziele differenzieren, nach denen die Leistungen ausgerichtet werden sollen.

Nehmen wir zum Ausgangspunkt beispielsweise die Automobilherstellung in einem großen deutschen Konzern. Im Vordergrund des Operations Managements eines solchen Konzerns steht sicherlich die Produktion einer Reihe von Fahrzeugmodellen für verschiedene Käufergruppen. Die Modellpolitik wird dabei vom Vorstand betrieben. Sie ist nicht Gegenstand der operativen Einheiten. Hingegen müssen die einzelnen Serien so aufgelegt werden, dass die Fahrzeuge rechtzeitig an die Kunden ausgeliefert werden können und die Werkstätten dennoch gut ausgelastet sind. Darüber hinaus sind die Lieferanten in den Leistungsprozess mit einzubinden, d. h. die Vorleistungen in Form von Reifen, Getrieben, Scheinwerfern, Armaturen usw. sind so zu erbringen, dass die Werkstätten die benötigten Teile stets zur Verfügung haben und keine Unterbrechungen der Produktion stattfinden. Zunehmend wichtig wird es auch, dass Umweltauflagen von den operativen Einheiten beachtet werden. So müssen beispielsweise bei der Produktion Emissionshöchstgrenzen in Form von

Abgasen usw. ebenso berücksichtigt werden wie die Entsorgung von Abfällen, die etwa bei dem Zuschnitt und der Lackierung von Karosserieteilen anfallen.

Wir wollen uns in Abschnitt 3.2.2 zunächst den Objekten des Operations Managements zuwenden, diese abgrenzen und genauer klassifizieren. Anschließend werden wir in Abschnitt 3.2.3 einige Rahmenbedingungen erörtern, mit denen die operativen Einheiten konfrontiert werden und die kurzfristig nicht zu verändern sind. In Abschnitt 3.2.4 soll es dann darum gehen, das Zielsystem des Operations Managements zu bestimmen und Beziehungen zwischen den Einzelzielen näher zu untersuchen.

3.2.2 Objekte des Operations Managements

Im Hinblick auf den Objektumfang des Operations Managements müssen wir zunächst zwischen den Leistungen unterscheiden, die unmittelbar den Hauptzweck des Unternehmens definieren, und solchen Leistungen, die untrennbar in dem Sinne damit verbunden sind, dass sie notwendige Vorleistungen darstellen. Allerdings werden wir diese Vorleistungen in einem weiteren Schritt mit entsprechender Begründung enger eingrenzen.

Der Hauptzweck von Industrieunternehmen besteht in der Produktion von erwünschten Gütern. In Dienstleistungsunternehmen werden hingegen keine materiellen, sondern immaterielle Güter hergestellt. Die Art und Weise, wie die Produktion vollzogen werden soll, damit die ökonomischen Zielsetzungen von Unternehmen erfüllt werden, ist unabhängig von der Güterart Gegenstand der Produktionswirtschaft. Zwar handelt es sich bei der Produktion originär um eine technische Aufgabe. Allerdings weist der Wortstamm „Wirtschaft" bereits darauf hin, dass die technische Aufgabe stets mit einer derivativen ökonomischen Aufgabe verknüpft ist. Das heißt, die originär technische Aufgabe ist außerdem zu günstigen Kosten bzw. hohen Erlösen zu erledigen. Die gestaltende Funktion der ökonomischen Aufgabe ist erheblich. Wie wir später sehen werden, hängt sie von den Zielen und den zu beachtenden Rahmenbedingungen ab.

Um produzieren, also erwünschte Güter herstellen zu können, müssen sich die operativen Einheiten eines Unternehmens auch damit befassen, welche Vorleistungen – oft auch Vorprodukte – erforderlich sind, damit der Produktionsprozess in Gang gesetzt werden kann. Ob diese Vorleistungen fremdbezogen werden oder aus anderen operativen Einheiten desselben Unternehmens stammen, ist zunächst ohne Bedeutung. Entscheidend ist, dass die Vorleistungen zur rechten Zeit, in der rechten Menge und am rechten Ort zur Verfügung gestellt werden. Ähnlich wie im Fall der Produktionswirtschaft müssen wir auch bei der Beschaffungswirtschaft strikt zwischen einer technischen Funktion, nämlich der „sicheren" Bereitstellung der Güter am Ort der Produktion, sowie der ökonomischen Versorgungsaufgabe unterscheiden. Im Allgemeinen gibt es verschiedene Formen der Erbringung von Vorleistungen, die unter den noch zu behandelnden Zielen gegeneinander abzuwägen sind. Sollen beispielsweise Materialien „just in time" beschafft werden, also immer erst zum benötigten Zeitpunkt, so hat dies häufig andere wirtschaftliche Konsequenzen, als wenn das Unternehmen für die wichtigsten Materialien stets ein Lager hält.

3.2 Umfang des Operations Managements

Sowohl die Produktions- als auch die Beschaffungswirtschaft gehören grundsätzlich zum Operations Management. Allerdings ist die bisher gewählte Abgrenzung noch längst nicht präzise genug, da Operations Management nicht nur anhand der Leistungen, sondern vor allem auch bezüglich der Güter betrachtet wird, an denen diese Leistungen vollbracht werden. Wir werden uns bei den folgenden Ausführungen auf Industrieunternehmen, die Sachgüter produzieren, konzentrieren. Der interessierte Leser sei für die speziellen Ausführungen zum Dienstleistungsmanagement auf CORSTEN/GÖSSINGER (2007) verwiesen.

Der Begriff des Gutes als Gegenstand des Operations Managements ist zweckbestimmt. Bei einem wirtschaftlichen Gut handelt es sich um ein Objekt

- bekannter Eignung,
- das zur Befriedigung menschlicher Bedürfnisse direkt oder zur Verwendung in einem vorgelagerten Produktionsprozess indirekt geeignet,
- das für Tauschprozesse verfügbar und
- das im Verhältnis zum bestehenden Bedarf knapp ist.

Für eine sinnvolle Eingrenzung wollen wir zunächst eine genauere Klassifikation von Gütern vornehmen:

- Die Unterscheidung zwischen materiellen und immateriellen Gütern gehorcht dem stofflichen Aspekt. Materielle Güter sind greifbar. Sie werden auch als Sachgüter bezeichnet. Zu ihnen zählen in erster Linie die Werkstoffe und Betriebsmittel. Immaterielle Güter sind beispielsweise die menschliche Arbeitskraft, Dienste, Rechte und Information.
- Man unterscheidet außerdem zwischen realen und nominalen Sachgütern. Reale Sachgüter besitzen einen direkten Nutzen für die Produktion. Nominale Sachgüter sind Geld- und Finanzmittel.
- Verbrauchs- und Gebrauchsgüter werden danach unterschieden, ob sie durch den einmaligen Einsatz in der Produktion ihre Eignung für weitere identische Nutzungen verlieren oder nicht. Gebrauchsgüter sind mehrfach nutzbar, Verbrauchsgüter dagegen nur einfach.

Gegenstand unserer Managementüberlegungen sollen lediglich reale Sachgüter sein, die im Betriebsprozess eingesetzt werden und dadurch ihre Eignung im Hinblick auf weitere identische Verwendungen verlieren. Das heißt, weder immaterielle Güter noch nominelle Sachgüter sind unter diesem Begriff zu subsumieren. Die Eingrenzung erscheint zunächst unbefriedigend, weil auch solche Güter bereitgestellt bzw. produziert werden müssen. In Bezug auf die Beschaffungswirtschaft wollen wir darüber hinaus auch Gebrauchsgüter ausgrenzen, die lediglich in größeren Abständen beschafft werden müssen, dann aber für die Produktion vieler Einheiten zur Verfügung stehen. Diese Eingrenzung erscheint ebenfalls unbefriedigend, da auch die übrigen Güter bereitgestellt und produziert werden müssen. Im betriebswirtschaftlichen Sprachgebrauch hat sich die Unterteilung jedoch bereits dadurch manifestiert, dass neben der Beschaffungs- und Produktionswirtschaft auch von einer Personalwirtschaft, einer Anlagenwirtschaft oder einer Kapitalwirtschaft gesprochen wird. Die

Gründe für eine derartige Abgrenzung sind vor allem eine Modell- und Methodenabhängigkeit der Objektbetrachtung. Wirtschaftlichkeitsbetrachtungen verlangen nämlich bestimmte Modellierungen der Realität und darauf anwendbare wissenschaftliche Methoden, die nicht für alle Güter identisch sein müssen. So ist Personal ein immaterielles Gut, das im Allgemeinen nicht als homogen gilt. Die Qualifikation eines Beschäftigten ist durch so viele Merkmale beschrieben, dass sie in derselben Merkmalskonfiguration bei anderen Beschäftigten nicht erwartet werden kann. Bei der Beschaffung von Personal sind außerdem weitreichende soziale Aspekte zu beachten. Die Personalauswahl und Personalentwicklung unterliegen deshalb anderen Anforderungen, als dies für reale Sachgüter der Fall ist. Information, Rechte und Dienstleistungen sind immaterielle Güter. Für die Ausgrenzung aus dem Objektbegriff des Operations Managements ist mit entscheidend, dass diese Güter zum einen nicht in der Produktion untergehen und zum anderen nicht allgemein lagerfähig sind. Sie erfordern deshalb völlig andere Entscheidungsprozesse. Ähnliches gilt für die Beschaffung von Anlagen, bei denen die Häufigkeit der Wiederverwendung ein auslösendes Beschaffungsmoment sein kann. Kapital ist hingegen kein betrieblicher Produktionsfaktor im engeren Sinne, da es nicht unmittelbar in Produktionsprozessen genutzt werden kann, sondern zuvor seine Umwandlung in ein Realgut erforderlich ist.

Insgesamt ist festzustellen, dass alle aus dem Güterbegriff ausgegrenzten Güter besonderen Anforderungen unterworfen sind, die eine separate Behandlung rechtfertigen. Soweit jedoch die Modelle und Methoden des Operations Managements auch hierauf angewandt werden können, sollte dies natürlich geschehen. So sind beispielsweise einfache Übertragungen von Methoden der Losgrößenplanung auf Probleme der Kapitalwirtschaft zu beobachten.

Wenn wir argumentiert haben, dass das Operations Management für die betrachteten Objekte differenzierte Organisations- und Planungsmethoden bereithält, so sollte dieser Weg konsequent weiter beschritten und eine Differenzierung der realen Sachgüter dahingehend vorgenommen werden, dass möglichst passgenaue Methoden anwendbar werden. Für eine solche weitergehende Klassifizierung, die sich an der wertmäßigen Stellung eines Gutes im Beschaffungs- oder Produktionsprozess ausrichtet, bietet sich in erster Linie die ABC-Analyse an. Im Einzelnen sind hierbei folgende Analyseschritte erforderlich:

- die Ermittlung von mengenmäßigem Bedarf, Einzelpreis sowie wertmäßigem Bedarf je Güterart und Periode,
- das Sortieren der Güterarten nach ihrem wertmäßigen Bedarf in absteigender Folge,
- die Kumulierung der Bedarfswerte,
- die Berechnung der prozentualen Wertanteile je Güterart,
- die Kumulierung der Wertanteile in absteigender Folge,
- die Festlegung von Klassengrenzen, d. h. die Einteilung in A-, B- und C-Güter.

3.2 Umfang des Operations Managements

1)	2) – 4)		
Materialart	Jahresbedarf (ME)	Einzelpreis (GE/ME)	Wertmäßiger Verbrauch (GE)
A	150	430,00	64.500
B	10.000	4,50	45.000
C	1.500	3,00	4.500
D	5.000	1,30	6.500
E	1.000	6,20	6.200
F	850	7,90	6.715
G	15.000	0,12	1.800
H	17.500	0,09	1.575
I	12.000	0,08	960
K	40.000	0,02	800
			Summe: 138.550

5)	6)	7)	8)	9)
Reihung	Materialart	Prozentualer wertmäßiger Verbrauch	Kumulierter prozentualer wertmäßiger Verbrauch	Klasseneinteilung
1.	A	46,6 %	46,6 %	A
2.	B	32,5 %	79,1 %	A
6.	F	4,8 %	83,9 %	B
4.	D	4,7 %	88,6 %	B
5.	E	4,5 %	93,1 %	B
3.	C	3,2 %	96,3 %	C
7.	G	1,3 %	97,6 %	C
8.	H	1,1 %	98,7 %	C
9.	I	0,7 %	99,4 %	C
10.	K	0,6 %	100 %	C

Tabelle 3.2.1: Entwicklungsschritte einer ABC-Analyse

3 Integrationskonzepte des Operations Managements

Das Vorgehen sowie die Ergebnisse einer ABC-Analyse sind in Tabelle 3.2.1 beispielhaft dokumentiert. In den Spalten 2) bis 4) sind zunächst die Grunddaten für die betrachteten Güter in Mengeneinheiten (ME) bzw. Geldeinheiten (GE) wiedergegeben. Die neue Reihung der Güterarten erfolgt dann nach den berechneten Werten der Spalte „Wertmäßiger Verbrauch". Nachdem die Güterarten zeilenweise neu geordnet worden sind, werden die einfachen und kumulierten prozentualen wertmäßigen Verbräuche ermittelt. Es ist nun eine Faustregel, die wertvollsten Güter, welche insgesamt etwa 80 % des wertmäßigen Verbrauchs darstellen, als A-Güter zu bezeichnen. Die Klassengrenze für die B-Güter wird anschließend bei ca. 95 % des kumulierten prozentualen Verbrauchs gezogen. In diesem Fall zählen die Güter F, D und E zu den B-Gütern. Die übrigen Güter werden als C-Güter klassifiziert. Das Interesse des Operations Managements konzentriert sich vor allem auf die wichtigen A-Güter. Insbesondere im Vergleich zu C-Gütern binden A-Güter relativ viel Kapital, sei es in der Bevorratung, sei es im Produktionsprozess selbst. Deshalb erhalten A-Güter im Rahmen der anstehenden Beschaffungs- und Produktionsentscheidungen oft eine hohe Priorität. So ist es beispielsweise lohnend, bezüglich der A-Güter eine exakte Bedarfserfassung vorzunehmen. Diese ist in der Regel sehr aufwändig, wird aber durch die hohen Kosteneinsparungen gerechtfertigt. Bei B- und C-Gütern kommen dagegen im Allgemeinen vereinfachte Bedarfserfassungsmethoden zum Einsatz.

Das Ergebnis der ABC-Analyse können wir auch graphisch darstellen. Hierzu nutzen wir die Idee der Konzentrations- bzw. LORENZ-Kurve. Abbildung 3.2.1

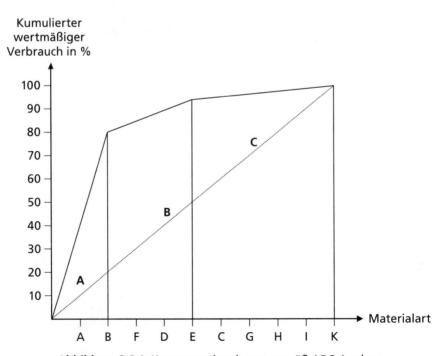

Abbildung 3.2.1: Konzentrationskurve gemäß ABC-Analyse

veranschaulicht die Konzentration der Güterarten gemäß Tabelle 3.2.1. Dabei ist der kumulierte Mengenanteil dem kumulierten Wertanteil der Güterarten gegenübergestellt. Wir erkennen beispielsweise, dass 20 % der Güterarten, also die Güter A und B, bereits 79,1 % des wertmäßigen Verbrauchs ausmachen. 50 % der Güterarten, d. h. die Güter A, B, F, D und E, sorgen für 93,1 % des gesamten wertmäßigen Verbrauchs. Die Konzentration der Güterarten ist umso stärker, je stärker gekrümmt die Konzentrationskurve verläuft. Nähert sich die Kurve hingegen der gestrichelt eingezeichneten Diagonalen, so verringert sich die Konzentration. Wird die Diagonale zur Konzentrationskurve, so bedeutet dies, dass die Werte aller Güterarten, die für den Leistungsprozess benötigt werden, gleichverteilt sind. Eine Unterteilung in A-, B- und C-Güter wird unmöglich.

Wir wollen noch eine andere Klassifikation der Güter erörtern, die Gegenstand des Operations Managements sind. In der Praxis ist es durchaus üblich, die Güter auch nach ihrer Bedarfshäufigkeit zu ordnen. Eine solche Einteilung nimmt die RSU-Analyse vor. R-Güter kennzeichnen einen regelmäßigen Bedarf, S-Güter einen schwankenden und U-Güter einen unregelmäßigen Bedarf. So kommt für U-Güter, selbst wenn es sich dabei gleichzeitig um C-Güter handelt, eine Vorratsbeschaffung bzw. -produktion nicht in Frage. Einzelbeschaffung bzw. bedarfssynchrone Fertigung ist angeraten. Bei R-Gütern ist eine systematische Lagerhaltung zu überprüfen. Die Entscheidung wird allerdings auch davon abhängen, wie die Güter hinsichtlich ihres wertmäßigen Bedarfs eingestuft werden.

Zur Bestimmung der Regelmäßigkeit des Bedarfs wird als Maßzahl der Störpegel (SP) herangezogen. Der Störpegel erfasst die relativen Schwankungen der betrachteten Bedarfswerte B_t der letzten N Perioden t=T-N+1,…, T, um den Durchschnittswert μ. Für den Durchschnittswert gilt zunächst:

$$\mu = \frac{1}{N} \sum_{t=T-N+1}^{T} B_t.$$

Die Differenz zwischen einem Bedarfswert und dem Durchschnittswert ergibt die Bedarfsabweichung. Die einzelnen Abweichungen im Betrachtungszeitraum werden zu einem durchschnittlichen absoluten Streuungsmaß zusammengefasst, wobei darauf zu achten ist, dass positive Abweichungen vom Mittelwert in einem Zeitintervall nicht durch negative Abweichungen in einem anderen Intervall ausgeglichen werden. Die Bestimmung der mittleren absoluten Abweichung („Mean Absolute Deviation" bzw. MAD) ergibt sich folglich zu

$$\text{MAD} = \frac{1}{N} \sum_{t=T-N+1}^{T} |B_t - \mu|.$$

Da Bedarfsschwankungen im Betrachtungszeitraum auch von der absoluten Höhe der Bedarfswerte abhängen, wird die Maßzahl MAD in einen relativen Wert, den Störpegel, umgerechnet. Formal bestimmt sich der Störpegel als

$$\text{SP} = \frac{\text{MAD}}{\mu}.$$

Der Störpegel kann nun herangezogen werden, um eine Einteilung der Produkte in solche mit einem regelmäßigen bzw. schwankenden Bedarf vorzunehmen. Hierbei ist, wie auch bei der Einteilung der ABC-Analyse, zumeist nur ein pauschales Vorgehen möglich. Es gilt allgemein, dass ein wachsender Störpegelwert zunehmende Schwankungen signalisiert. Von einem schwankendem Bedarf (S-Güter) wollen wir sprechen, wenn SP > 0,4 gilt.

Um außerdem zwischen einem schwankenden und einem unregelmäßigen Bedarf zu unterscheiden, empfiehlt sich zunächst ergänzend die Bestimmung des Nullbedarfsperiodenanteils. Zunächst ist die Anzahl der Perioden ohne Bedarf (N^0) im Betrachtungszeitraum zu ermitteln. Der Anteil der Nullbedarfsperioden (PER) ergibt sich dann unmittelbar zu:

$$\text{PER} = \frac{N^0}{N}.$$

Sobald PER > 0,4 ist, soll von unregelmäßigem Bedarf gesprochen werden.

Obwohl kein direkter Zusammenhang zwischen den Maßzahlen SP und PER existiert, lassen sich beide Werte im Allgemeinen gut miteinander kombinieren. Für eine RSU-Analyse ist deshalb ein zweistufiges Verfahren ratsam. Ein geringer Ausschlag des Störpegels (zum Beispiel SP ≤ 0,4) rechtfertigt die Einordnung eines Gutes als R-Gut. Größere Ausschläge erfordern zudem eine Überprüfung des Nullperiodenanteils, um weiter zwischen S- und U-Gütern zu differenzieren. Tabelle 3.2.2 gibt diese Überlegung anschaulich wieder.

SP	PER	Einteilung
≤ 0,4	(≤ 0,4)	R-Material
> 0,4	≤ 0,4	S-Material
(> 0,4)	> 0,4	U-Material

Tabelle 3.2.2: Einteilung der Güter gemäß RSU-Analyse

Im Folgenden soll die Funktionsweise der beiden Bestimmungsmaße der RSU-Analyse beispielhaft dargestellt werden. Nehmen wir an, die Bedarfe für ein Gut verteilen sich gemäß der Zeitreihe in Tabelle 3.2.3. Zur Bestimmung des Störpegels ist zunächst der Durchschnittswert der Bedarfe im Betrachtungszeitraum zu ermitteln. Dieser Wert ergibt sich zu

$$\mu = \frac{0+50+35+15+80}{6} = 30.$$

t	1	2	3	4	5	6
B_t	0	50	35	0	15	80

Tabelle 3.2.3: Beispielhafter Bedarfsverlauf eines Gutes

Die mittlere absolute Abweichung lautet:

$$\text{MAD} = \frac{30+20+5+30+15+50}{6} = 25.$$

Damit erhält man für das zu beschaffende Gut den Störpegel:

$$\text{SP} = \frac{25}{30} = \frac{5}{6}.$$

Es liegt also auf keinen Fall ein R-Gut vor, so dass im zweiten Schritt der Nullperiodenanteil zu prüfen ist. Hierfür gilt:

$$\text{PER} = \frac{2}{6} = \frac{1}{3}.$$

Wenn wir nun die Tabelle 3.2.2 zu Rate ziehen, so lässt sich das analysierte Gut als S-Gut einstufen.

3.2.3 Markt- und Unternehmensbedingungen

Das Operations Management stellt nur einen – wenn auch sehr wichtigen – Ausschnitt aus den Managementaufgaben eines Unternehmens dar. Für entsprechende Dispositionen sind deshalb umfangreiche Datenerhebungen notwendig, um geeignete Abstimmungsprozesse mit den übrigen Aufgaben vorzunehmen. Sowohl was das Unternehmen anbetrifft als auch in Bezug auf die Märkte existiert ein Datenkranz, der das Operations Management entscheidend beeinflusst und den Rahmen absteckt, in dem die Gestaltungsfunktion ausgeübt werden kann. Es ist sinnvoll, zwischen den externen Marktdaten und den internen Unternehmensdaten zu differenzieren, da lediglich die internen Daten im Zuge eines iterativen Planungsprozesses noch modifiziert werden können. Externe Daten sind dagegen im Allgemeinen als unabänderlich hinzunehmen.

Zu den wichtigsten Beschaffungsmarktdaten zählen zunächst die Arten und Mengen der Güter, wie sie grundsätzlich verfügbar sind. Die Verfügbarkeitsinformation kann beispielsweise aufgegliedert werden in die Ressourcenknappheit bezüglich der Rohstoffe, den technischen Fortschritt hinsichtlich der benötigten Halbfabrikate oder auch die Beschaffungsunsicherheit infolge politischer Einflüsse. Weitere interessante Marktdaten sind die Beschaffungspreise (evtl. vorausschauend hierzu auch die Nachfragestruktur und die Entwicklung des Lohnniveaus), die Lieferanten (Anzahl, Standort, Lieferzeit) sowie die Transportmodalitäten (Transportkosten und Transportzeiten).

> **Beispiel: Produktionsbedingungen in einem Industrieunternehmen**
>
> In der Praxis können die zur Auftragsabwicklung benötigten Daten schnell einen beträchtlichen Umfang annehmen. In einem Maschinenbaubetrieb, der Papiermaschinen fertigt, ergab sich bei der Analyse der Fertigungsdaten folgendes Bild: Am Bau der Papiermaschine, die sich aus insgesamt 144.200 Einzelteilen zusammensetzt, waren im Unternehmen 600 Personen beteiligt. Für die in 86 Haupt- und 263 Unterbaugruppen gegliederte Maschine resultierten zusammen 10.950 Positionen, von denen 4.500 als Fremdteile bzw. Fremdbaugruppen zugekauft wurden. Die restlichen 6.450 Teile wurden im Unternehmen selbst gefertigt. Da 50 oder mehr Datenfelder in einem Teilestammsatz keine Seltenheit sind, ist leicht nachvollziehbar, dass allein aus der Verwaltung der 6.450 Teilestammdaten ein erhebliches Datenvolumen erwächst. Die 1.500 Stücklisten, ca. 7.000 Zeichnungen und 6.700 Arbeitspläne, die zur Dokumentation der Fertigungsstruktur notwendig waren, erhöhen dieses Volumen weiter drastisch. In vielen Unternehmen weisen die zu fertigenden Produkte meist eine deutlich geringere Komplexität auf, so dass sich der Datenumfang entsprechend verringert. Allerdings gilt es gleichzeitig zu berücksichtigen, dass das Produktionsprogramm eines Unternehmens zumeist aus verschiedenen Produkttypen bzw. Varianten besteht. Bezieht man ferner den vorhandenen Maschinenpark eines Unternehmens und dessen Einsatz im Fertigungsprozess in die Betrachtung ein, kommt man selbst in einem mittleren Fertigungsbetrieb mit unterstellten 100 Endprodukten und 10.000 Eigenfertigungsteilen auf folgendes realistisches Datenvolumen:
>
> - 40.000 Teilestammsätze,
> - 280.000 Erzeugnisstruktursätze,
> - 20.000 Arbeitspläne,
> - 100.000 Arbeitsgänge,
> - 200.000 Betriebsmittelzuordnungen zu Arbeitsgängen,
> - 150 Betriebsmittelgruppen,
> - 750 Einzelbetriebsmittel.
>
> Dieses Datenvolumen lässt sich nur mit geeigneter DV-technischer Unterstützung beherrschen.
>
> Quellen: SCHEER (1990); WIENDAHL (2005)

Auch Kapital- und Absatzmarktdaten können für die Dispositionen von Interesse sein. Der relevante Marktzins muss aus dem Grunde Beachtung finden, weil für die beschaffungswirtschaftlichen Aufgaben entweder Fremdkapital aufgenommen werden muss oder bei Selbstfinanzierung das Eigenkapital durch das Umlaufvermögen gebunden wird. In diesem Fall sind kalkulatorische Eigenkapitalzinsen zu beachten. An Absatzmarktdaten ist vornehmlich interessant, wie stark das Unternehmen an konkrete Kundenaufträge gebunden ist. Je mehr Sonderwünsche zu erfüllen sind, desto fraglicher wird eine Vorratshaltung.

Die internen Unternehmensbedingungen sind ebenso vielfältig. Neben der Fertigungsstruktur sind Produktionspläne, Stücklisten, technische Zeichnungen und Arbeitspläne zu beachten. Prinzipiell hat diese Information als Vorgabe für das Operations Management zu gelten. Lediglich in Ausnahmefällen sind Datenanpassungen, zum Beispiel Abweichungen vom ursprünglichen Produktionsplan, gestattet.

Aufgaben des Operations Managements sind großteils von kurzer Frist. Vorgelagert sind Entscheidungen über die Organisation von Produktion und Beschaffung, Standorte der Läger und Werkstätten, Güterflüsse oder das allgemeine Logistikkonzept. Derlei strategische Vorgaben müssen für die operative, kurzfristige Produktions- und Beschaffungswirtschaft als Daten behandelt werden.

Nicht alle Daten liegen stets vor oder können zu vertretbaren Kosten beschafft werden. Sind die Rahmenbedingungen deshalb nur unvollständig bekannt, so wächst die gestaltende Aufgabe des Operations Managements. Sie ist nur unter Unsicherheit bzw. Risiko zu bewältigen. Bei einer ausschließlich verwaltenden Funktion des Operations Managements verhält sich der Disponent dagegen reaktiv und wartet die entsprechende Information ab.

3.2.4 Zielsystem

Das Zielsystem des Operations Managements haben wir bisher lediglich vage dadurch umschrieben, dass neben den originär technischen auch derivativ ökonomische Aufgaben zu erfüllen sind, die die Gestaltung des Leistungsprozesses betreffen. Es ist hier nun zu diskutieren, worin diese Aufgaben im Einzelnen bestehen bzw. welche Ziele dabei zu verfolgen sind. Während die technischen Aufgaben eine sichere Versorgung mit Gütern verlangen, bedingen die ökonomischen zugleich eine kostengünstige Beschaffung und Produktion. Sicherheits- und Kostenziel sollten also gleichzeitig beachtet werden, wobei die Frage ist, ob beide Zielarten auch miteinander harmonieren. Eine Gewichtung der Ziele kann grundsätzlich nicht vorgenommen werden, wohl aber lässt sich erkennen, dass das Sicherheitsziel umso wichtiger wird, je weniger stabil die Umwelt ist. Dann nämlich müssen trotz Unsicherheit über die Unternehmens- und Marktbedingungen die Güterarten sicher bereitgestellt werden. Dieser Anspruch verlangt zugleich eine hohe Qualifikation des Disponenten sowie eine entsprechende Leistungsfähigkeit der von ihm verwendeten Methoden und Instrumente zur Herleitung seiner Entscheidungen.

Die unterschiedliche Beschaffenheit von Sicherheits- und Kostenziel ist auf verschiedenen Ebenen nachweisbar. Während es ökonomisch darum geht, die Kosten möglichst gering zu halten, kann es technisch kaum sinnvoll sein, die Sicherheit zu maximieren. Vielmehr kommt es darauf an, für wahrscheinliche Bedarfsverläufe mit Gütern ausreichend gerüstet zu sein. Das heißt, es muss ein vernünftiges Sicherheitsniveau angestrebt werden. Das Sicherheitsziel ist dementsprechend vor allem auf die Reaktionsfähigkeit der Güterversorgung gegenüber unerwarteten Entwicklungen im Beschaffungs-, Logistik- und Produktionsprozess ausgerichtet. Folglich sind die Gestaltungsspielräume relativ eng begrenzt. Die strategische Sichtweise dominiert beim Sicherheitsziel, zumal

Versorgungsunsicherheit zu gravierenden und unübersehbaren längerfristigen Konsequenzen führen kann. Nehmen wir an, dass ein Unternehmen seine konsequente Lagerhaltungspolitik zugunsten einer Just-in-Time-Beschaffung aufgibt. Wenn nun Lieferanten in diesem System ihren Lieferverpflichtungen nicht mehr zuverlässig nachkommen, ist eine unmittelbare Rückkehr zum alten System unmöglich, weil inzwischen die Lagerkapazitäten entsprechend reduziert worden sind. Das Unternehmen gerät in existentielle Gefahr. Wegen der verschiedenen Marktdynamiken muss das Kostenziel dagegen in erster Linie kurzfristig erfüllt werden. Um die doppelte Zielsetzung aufzulösen, nimmt das Sicherheitsziel wegen seines „Satisfizierungsanspruchs" häufig den Charakter einer zusätzlichen Nebenbedingung an. Das heißt, die allgemeine Zielformulierung lautet: Minimiere die operativen Kosten unter der Nebenbedingung, dass eine sichere Versorgung hinsichtlich der Güterbedarfe auf einem individuell festzulegenden Niveau gewährleistet ist.

Damit kein Missverständnis entsteht: Es gibt natürlich eine Reihe von ökonomischen Zielen, die von den operativen Einheiten verfolgt werden müssen und ohne direkten Bezug zu irgendwelchen Kosten sind. So ist es wichtig, die vorhandenen Produktionsmittel gut auszulasten und die einzelnen Aufträge möglichst unverzögert auf den Maschinen zu bearbeiten, damit keine Wartezeiten entstehen. Bei der Auswahl der Lieferanten kommt es darauf an, neben den Materialkosten auch die Qualität, die Lieferzuverlässigkeit und den Service mit ins Kalkül einzubeziehen. Alle diese Überlegungen, wie wir sie später bei den Einzelaufgaben anstellen werden, geschehen jedoch vor einem einheitlichen ökonomischen Hintergrund. Ein Operations Manager hat dabei allerdings kaum die Erlösseite vor Augen, sondern achtet vornehmlich darauf, dass die Leistungsprozesse störungsfrei ablaufen, d. h. optimiert sind und deswegen zu geringstmöglichen Kosten führen. Wenn wir hier also die relevanten Kostenziele betrachten, so erfolgt das in der Absicht, die überwältigende Komplexität des Operations Managements zunächst auf ein noch überschaubares Maß zu reduzieren. Es wird sich zeigen, dass selbst die verschiedenen Kostenziele noch so stark untereinander vernetzt sind, dass es häufig nicht leicht fällt, optimale Entscheidungen zu treffen.

Die Beschaffungskosten im engeren Sinne berechnet man durch Multiplikation der Beschaffungsmenge mit dem Einstandspreis. Die Kalkulation des Einstandspreises verläuft nach folgendem Schema:

```
  Einstandspreis
= Angebotspreis
+ Zuschläge
− (Boni + Rabatte)
− Skonto
+ Kosten für Fracht, Verpackung und Versicherung
```

Die Beschaffungsmenge ist bedarfsabhängig. Der Angebotspreis richtet sich nach der Auswahl des Lieferanten. Zuschläge können zum Beispiel für bezogene Mindermengen oder Sonderanfertigungen zu zahlen sein. Abzüge vom Angebotspreis sind im Allgemeinen dann möglich, wenn geeignete Zahlungsmodalitäten oder Abnahmemengen vereinbart werden. Die Auslieferkosten sind im Wesentlichen transport- und entfernungsabhängig.

Neben den Beschaffungskosten sind die Bestellkosten zu berücksichtigen. Sie ergeben sich aus den Personal- und Sachkosten der Einkaufsabteilung sowie außerdem den Kosten der Wareneingangs-, Qualitäts- und Rechnungsprüfung. Bestellkosten hängen entscheidend von der Bestellhäufigkeit ab. Auch die Wahl des Bestellverfahrens, zum Beispiel unter EDV-Einsatz, sowie der Prüfungsumfang können die Bestellkosten deutlich beeinflussen. So führt die Verlagerung der Qualitätsprüfung zum Lieferanten vielfach zu einer hohen prozentualen Ersparnis.

Leerkosten entstehen während der Produktion dadurch, dass die Maschinen nicht in der gesamten Produktionsperiode, während der sie grundsätzlich verfügbar sind, auch genutzt werden. Dies liegt an der Auftragssituation im Allgemeinen, aber auch an der Planung der Auftragsreihenfolgen im Besonderen. Diese Kosten signalisieren, dass die Periodenkapazität für den vorhandenen Auftragsbestand zu groß gewählt worden ist. Jedoch schwanken Leerkosten häufig von Periode zu Periode, so dass eine Kapazitätsreduzierung dann nicht in Betracht kommt. Auf jeden Fall ist es für eine Reduzierung der Leerkosten von Bedeutung, dass die vorhandenen Aufträge gleichmäßig verteilt werden.

Unter den Rüstkosten sind all die Kosten zu subsumieren, die anfallen, wenn Maschinen besonders eingerichtet werden müssen, damit sie bestimmte Güter bearbeiten können. So entstehen beispielsweise in einer Druckerei für den Reinigungsprozess Rüstkosten, wenn von einem Schwarz-Weiß-Druck auf einen Farbdruck umgerüstet wird. Auch hier fallen sowohl Personal- als auch Sachkosten für die Reinigungsmittel etc. an. Natürlich lassen sich die Rüstkosten durch eine geschickte Reihenfolge der Bearbeitung von Gütern reduzieren.

Prozesskosten im eigentlichen Sinn entstehen während der Produktion von Gütern in dem Umfang, wie Kapital gebunden wird. Zwischen der Aufnahme der Produktion und der Auslieferung der fertigen Produkte stellt das Unternehmen seinen Auftraggebern prinzipiell ein zinsloses Darlehen bereit, indem es die verwendeten Produktionsfaktoren vorfinanziert. Diese Kosten fallen demnach grundsätzlich proportional zur Dauer des Leistungsprozesses, aber auch in Abhängigkeit vom Wert der eingesetzten Produktionsfaktoren an.

Lagerkosten werden durch die vorzeitige Bereitstellung von Gütern verursacht. Sie umfassen die fixen Kosten für den Lagerraum, die Lagereinrichtung und die Lagerverwaltung ebenso wie die Zins- und Versicherungskosten für die gelagerten Mengen, die je nach Versicherungsart und durchschnittlichem Lagerbestand variieren. Zusammen mit den Prozesskosten ergeben die Lagerkosten die gesamten Logistikkosten.

Fehlmengenkosten treten auf, wenn Güter nicht rechtzeitig zur Verfügung stehen. Sie äußern sich in Konventionalstrafen, Gewinnschmälerungen infolge stornierter Aufträge und mittelfristig auch im Verlust an Goodwill, dadurch dass Aufträge in Zukunft nicht mehr erteilt werden. Indirekt können durch

Fehlmengen auch Kosten der Ersatzbeschaffung ausgelöst werden, wenn etwa teure Eilbestellungen der Güter oder evtl. sogar des Endprodukts unumgänglich sind, weil man den Kundenauftrag auf jeden Fall erfüllen möchte.

	Beschaffungskosten	Bestellkosten	Lagerkosten	Fehlmengenkosten
Beschaffungskosten		Geringe Bestellmengen (hohe Bestellkosten) erhöhen die Beschaffungskosten.	Eine große Vorratshaltung (hohe Lagerkosten) ermöglicht günstige Einstandspreise (geringe Beschaffungskosten).	Das Vermeiden von Fehlmengenkosten gebietet gelegentlich die Inkaufnahme hoher Einstandspreise (hohe Beschaffungskosten).
Bestellkosten	+		Geringe Lagerkosten erfordern eine Vielzahl von Bestellabwicklungen (hohe Bestellkosten).	Das Vermeiden von Fehlmengenkosten erfordert gelegentlich Eilbestellungen (hohe Bestellkosten).
Lagerkosten	–	–		Das Vermeiden von Fehlmengenkosten erfordert hohe Sicherheitsbestände (hohe Lagerkosten).
Fehlmengenkosten	–	–	–	

Tabelle 3.2.4: Kostenabhängigkeiten im Beschaffungssystem

Die beschriebenen Kostenziele können nun wieder in Teilziele zerlegt werden. Umgekehrt ist eine isolierte Minimierung der einzelnen Kostenziele nicht anstrebenswert, da Auswirkungen auf die jeweils anderen Ziele unausbleiblich sind. In Tabelle 3.2.4 sind solche Effekte anhand der Ziele, die besonders für die Beschaffungswirtschaft relevant sind, einmal exemplarisch dargestellt. Im linken, unteren Teil der Tabelle ist die Gleich- bzw. Gegenläufigkeit von jeweils zwei Zielen durch ein Plus bzw. Minus markiert. Im rechten, oberen Teil wird dies in Form eines Kurzkommentars beispielhaft erläutert. Offensichtlich sind überwiegend Zielkonflikte beobachtbar. Selbst die durch ein Plus markierte gleichläufige Beziehung zwischen Bestell- und Beschaffungskosten kann sich umkehren, wenn der Einkäufer gezielt auf Beschaffungspreisschwankungen

3.2 Umfang des Operations Managements

reagiert. Geringe Beschaffungskosten werden dann trotz hoher Bestellkosten realisiert. Zielkonflikte erschweren die Optimierungsaufgaben des Operations Managements, da jeder Schritt in Richtung Minimierung einer Kostenart zugleich einen Rückschritt bezüglich einer anderen Kostenart darstellt. Es ist deshalb unbedingt eine umfassende Kostenbetrachtung anzustellen.

> **Beispiel: Zielkonflikte**
>
> Die spanische Bekleidungskette ZARA, die heute mit rund 1700 Läden in fast 80 Ländern vertreten ist, operiert auf dem durch kurze Produktlebenszyklen und unsichere Bedarfsverläufe gekennzeichneten Modemarkt überdurchschnittlich erfolgreich. Schon vor einigen Jahren betonte ZARA das technisch orientierte Ziel einer hohen Reaktionsfähigkeit besonders stark. So benötigte das Unternehmen für den Entwurf eines Kleidungsstücks bis zur Präsentation im Laden in der Regel nur 15 Tage und war damit in der Lage, auf Modetrends und Nachfrageänderungen schnell zu reagieren. Mit Blick auf das Kostenziel war dieser Leistungsprozess mit zahlreichen Zielkonflikten verbunden. Das Unternehmen ZARA bezog seine Stoffe im Rahmen eines Global Sourcings aus einer Vielzahl verschiedener Quellen. Mögliche „Economies of Scale" durch ein Single Sourcing wurden somit einer gesicherten Versorgung untergeordnet. Wie viele Konkurrenten, so nutzte auch ZARA in der Fertigung den Vorteil niedriger Stundenlöhne in Südostasien. Allerdings vergab ZARA nur Fertigungsaufträge für vergleichsweise einfache Produkte wie zum Beispiel Sweater in den klassischen Farben an dort ansässige Zulieferer. Komplizierte Produkte, insbesondere Damenbekleidung in den Trendfarben der Saison, wurden trotz erheblich höherer Arbeitskosten in den spanischen Werken in La Coruña und Barcelona gefertigt. Lange Transportzeiten einer Produktion aus Asien sowie aufwändige Qualitätssicherungsmaßnahmen vor Ort entfielen damit. Regulär arbeitete die Fertigung bei ZARA im Einschichtsystem. Fertigungskapazitäten wurden damit bewusst nicht voll ausgelastet, um ausreichend Reservekapazität für überraschende Nachfragespitzen zu haben. Das Distributionssystem von ZARA war streng getaktet. Die Belieferung der Händler erfolgte in kleinen Partien zweimal pro Woche aus dem Zentrallager in La Coruña. Um die Ware schnell in die Verkaufsräume zu bringen, ohne sie vorher bügeln zu müssen, erfolgte die Lieferung zudem in Kleidersäcken auf Ständern statt zusammengefaltet in Kartons. Auf Kosteneinsparungen durch eine Bündelung von Liefermengen und optimierte Frachtvolumina wurde also bewusst verzichtet. Dafür betrugen die Lagerhaltungskosten bei ZARA nur 10 % des Umsatzes gegenüber beispielsweise 15 % bei Wettbewerbern wie H&M.
>
> Quelle: FERDOWS u. a. (2005)

Neben die Ziele einer sicheren und kostengünstigen Leistungserstellung tritt verstärkt auch die Forderung nach umweltgerechten Leistungsprozessen. Eine Ausprägung des Umweltziels kann darin bestehen, die Minimierung des mengenmäßigen Bedarfs zu fordern. Offenbar bedeutet dies zugleich eine bestmögliche Ressourcenschonung. Durch Gewichtung der einzelnen Güterarten mit ihren sozialen Kostensätzen ließe sich dieses Ziel unmittelbar in eine Minimierung der sozialen Güterkosten überführen. Solange allerdings die relativen Knappheitspreise für die Güter nicht mit den sozialen Kostensätzen übereinstimmen, bleiben die ökonomische und die ökologische Zielsetzung divergent. Würde etwa das Umweltziel als gesamtwirtschaftliche Zielsetzung zu einem Oberziel erhoben, das von jedem Unternehmen auf jeden Fall zu erfüllen ist, so käme es darauf an, die relativen Marktpreise durch Eingriffe von außen so anzupassen, dass sie den relativen sozialen Kostensätzen entsprechen. Der Staat ist hierzu am ehesten in der Lage, indem er differenzierte Steuersätze erhebt. Allerdings ist die Erfassung der sozialen Kosten für die verbrauchten und hergestellten Güter bis heute ungeklärt, so dass die Höhe dieser Steuersätze unbekannt bleibt.

Eine weitere Umweltzielsetzung kann die Minimierung von Abfällen sein. Abfallvermeidung ist grundsätzlich ein produktionswirtschaftliches Problem, welches durch das produktionstechnische Know-how geregelt werden sollte. Allerdings hat Abfallvermeidung auch zwei beschaffungswirtschaftliche Komponenten: Durch Bereitstellung geeigneter Materialien kann die Abfallmenge beeinträchtigt werden. Außerdem sind bestimmte Materialien recycelfähig. Bei diesem Ansatz muss das Zielsystem also um Entsorgungs- bzw. Recyclingkosten ergänzt werden. Im Falle des Recyclings müssen die Recyclingkosten unterhalb der externen Beschaffungskosten liegen, damit Recycling stets den Vorrang vor externer Beschaffung hat. Nötigenfalls müsste diese Kostenrelation wiederum durch Eingriffe von außen sichergestellt werden, wenn die Umweltzielsetzung dominieren soll.

Schließlich ist eine weit verbreitete Umweltzielsetzung die Minimierung von externen Effekten. Beispielsweise fällt hierunter die Minimierung von Schadstoffemissionen in Industriebetrieben. Auch hier gilt, dass sowohl die Produktionstechnik als auch die Wahl der Materialien zur Erfüllung dieses Ziels beitragen können. Eine Gewichtung der Schadstoffmengen mit den Schadstoffkoeffizienten ist ebenso denkbar wie ein Recycling zum Zwecke des erneuten Produktionseinsatzes.

Mit der Beachtung des Umweltziels wird dem Operations Management eine weitere, wichtige Aufgabe zuteil. Wir haben gesehen, wie die Kostenziele geeignet ergänzt werden können, wenn bestimmte Information über die Kostenverursachung einzelner Handlungsalternativen bekannt ist. Dass dies vielfach heute noch nicht der Fall ist, liegt vor allem an den schwierigen Messproblemen. Allerdings bleibt es dem Staat vorbehalten, über die Festlegung von Steuern und Gebühren die Leistungsprozesse eines Unternehmens auf ihm geeignet erscheinende Weise zu beeinflussen. Wir wollen im weiteren Verlauf der Ausführungen ein solches Vorgehen annehmen und unterstellen, dass das Umweltziel jederzeit Eingang in das ökonomische Ziel finden kann. Diese Sichtweise ist vereinfachend, zugleich aber operational. Leser, die sich ausführlicher mit dem Umweltziel und daraus entstehenden Konsequenzen für das Operations Management auseinandersetzen wollen, sei auf DYCKHOFF u. a. (2004) verwiesen.

3.2.5 Zusammenfassung

Im Abschnitt 3.2.2 haben wir uns damit beschäftigt, was überhaupt Gegenstand des Operations Managements sein soll. Zunächst haben wir eingegrenzt, dass die Leistungen der Beschaffungs- und Produktionswirtschaft betrachtet werden sollen, soweit sie operativen Charakter haben, d. h. das Tagesgeschäft eines Unternehmens betreffen. Wir haben außerdem sehen können, dass es nicht zweckmäßig ist, den Objektumfang auf alle Güterarten auszudehnen. Häufig besitzen Güter spezifische Eigenschaften, die es ratsam erscheinen lassen, die erforderlichen Planungen und Entscheidungen getrennt durchzuführen, beispielsweise im Rahmen eines Personal- oder Finanzmanagements. Zur näheren Charakterisierung der Güter und Leistungen, die Gegenstand des Operations Managements sind, werden oft die ABC- sowie die RSU-Analyse herangezogen. Damit können wir in den folgenden Kapiteln dieses Buches auch besondere Konzepte und Methoden für die jeweiligen Güterklassen entwickeln und anwenden. Im Abschnitt 3.2.3 wurde deutlich, dass Operations Management einer umfassenden Informationspolitik bedarf, um erfolgreich zu sein. Im Umfeld der operativen Einheiten gibt es zahlreiche, zum Teil langfristige Entscheidungen, die zu beachten bzw. als Rahmenbedingungen den eigenen Entscheidungen zugrunde zu legen sind. Einige dieser Bedingungen sind in Kapitel 2 bereits ausführlich erörtert worden. Andere Bedingungen werden im Kontext der nachfolgenden Ausführungen und Konzepte angesprochen. Eine wichtige Erkenntnis zur Organisation und Planung der Leistungsprozesse ist in Abschnitt 3.2.4 erörtert worden. Hier ging es darum, die Zusammenhänge in einem umfassenden Zielsystem des Operations Managements zu entdecken. Neben dem im Vordergrund stehenden ökonomischen Ziel existieren für das Operations Management auch ein primär technisch ausgerichtetes Sicherheitsziel sowie ein Umweltziel. Grundsätzlich können diese verschiedenen Zielkategorien nicht nebeneinander verfolgt werden. Es wurde aber deutlich, welche Möglichkeiten der Integration es gibt und wie wir diese im Folgenden handhaben werden. Selbst wenn es gelingt, sich auf das ökonomische Ziel zu konzentrieren, so gibt es hier wiederum eine Reihe von Unterzielen, die sich wechselseitig beeinträchtigen. Als Fazit möge der Leser deshalb verstehen, wie eine solche Zielpyramide aufgebaut ist. Wenn es später darum geht, Ziele isoliert zu erreichen, sollte er in der Lage sein, die Ergebnisse entsprechend zu würdigen.

3.2.6 Fragen zur Wiederholung

1. Stellen Sie die Leistungsprozesse in einem Unternehmen dar.
2. Nehmen Sie eine Abgrenzung der im Operations Management betrachteten Güter vor. Wie lässt sich diese Abgrenzung rechtfertigen?
3. Führen Sie eine ABC-Analyse anhand eines selbst gewählten Beispiels aus.
4. Wenden Sie das Verfahren der RSU-Analyse auf ein selbst gewähltes Beispiel an.

5. Welche Markt- und Unternehmensbedingungen sind vom Operations Management zu beachten? Nennen Sie aus Ihrer Erfahrung Beispiele hierzu.
6. Stellen Sie jeweils die Merkmale von Sicherheits- und Kostenzielsetzung im Operations Management gegenüber und erörtern Sie die unterschiedliche Qualität beider Zielarten.
7. Bilden Sie zu dem Kostenziel eine Zielpyramide, indem Sie aus dem übergeordneten Ziel jeweils Teilziele ableiten. Geben Sie Beispiele für auftretende Zielkonflikte.
8. Wie lässt sich das Umweltziel in das Kostenziel integrieren? Welche zusätzlichen Informationen werden hierzu benötigt?

3.2.7 Aufgaben zur Übung

Aufgabe 1

Das Unternehmen LüneStar ist ein Zulieferbetrieb der Automobilindustrie. Der tägliche Materialbedarf für den Bau von Fahrzeugkomponenten kann der folgenden Tabelle entnommen werden:

Materialart	Täglicher Bedarf [ME]	Einzelpreis [GE/ME]
A	1.500	6,00
B	850	15,80
C	10.000	9,00
D	150	860,00
E	15.000	0,24
F	40.000	0,04
G	5.000	2,60
H	17.500	0,18
I	1.000	12,40
J	12.000	0,16

Grunddaten für die ABC-Analyse

Führen Sie auf Basis dieser Daten eine ABC-Analyse durch.

Aufgabe 2

Der Unternehmer Peter Neuhans überarbeitet die gesamte Struktur und den Ablauf seiner Einkaufsabteilung. Hierzu muss er sich über die Klassifikation seiner Zulieferteile klar werden. Zu diesem Zweck analysiert Herr Neuhans die im letzten Jahr beschafften Materialien. Die untenstehende Tabelle gibt einen Überblick über die Nachfrage und den Beschaffungspreis der betrachteten Materialien.

3.2 Umfang des Operations Managements   95

Material	Beschaffungs-preis [GE/ME]	Beschaffungsmenge [ME] im Monat											
		1	2	3	4	5	6	7	8	9	10	11	12
Walzbleche (1)	150,00	–	5	–	–	10	–	7	–	–	–	2	–
Zieheisen (2)	125,00	–	10	–	10	–	10	–	10	–	10	–	10
Rohstahl (3)	175,00	6	8	10	8	6	8	10	8	6	8	10	8
Zinkbleche (4)	425,00	40	45	50	55	60	–	–	–	–	–	–	50
Schrauben (5)	0,80	90	10	95	5	80	20	60	40	45	55	95	5
Muttern (6)	1,75	90	95	90	95	90	95	90	95	90	95	90	95

Beschaffungsmengen und -preise im Jahr 2011

Klassifizieren Sie die Objekte mit Hilfe einer ABC-Analyse sowie einer RSU-Analyse.

Aufgabe 3

Der Fahrradhersteller Radelfix GmbH leidet unter dem hohen Wettbewerbsdruck in der Branche. Aus diesem Grund hat die Geschäftsführung der Radelfix GmbH beschlossen, ein Restrukturierungsprogramm aufzulegen. In einer ersten Projektphase wurden bereits die Materialarten des Unternehmens hinsichtlich ihres wertmäßigen Verbrauchs analysiert. Die Geschäftsführung überlegt nun, die zu den A-Gütern zählenden Materialien A und B im Rahmen einer Just-in-Time-Belieferung zu beziehen. Für die Materialien wurden im vergangenen Halbjahr die in der folgenden Tabelle angegebenen Verbrauchswerte ermittelt. Welche Empfehlung können Sie auf Basis einer RSU-Analyse geben?

Periode t	1	2	3	4	5	6
Verbrauch Material A_t	35	28	43	32	45	27
Verbrauch Material B_t	64	23	11	17	49	58

Grunddaten für RSU-Analyse

3.2.8 Literaturempfehlungen zur Vertiefung

CHASE, R. B./JACOBS, F. R./AQUILANO, N. J. (2007): Operations Management for Competitive Advantage. 11. Auflage, McGraw-Hill Irwin, Boston u. a.
KRAJEWSKI, L. J./RITZMAN, P./MALHOTRA, M. K. (2009): Operations Management: Processes and Value Chains. 9. Auflage, Pearson Prentice Hall, Upper Saddle River u. a.
THONEMANN, U. (2010): Operations Management – Konzepte, Methoden und Anwendungen. 2. Auflage. Pearson Studium, München u. a.

3.3 Horizontale und vertikale Integration

3.3.1 Einführung

Diesem Unterkapitel wollen wir die folgende Überlegung voranstellen: Die Aufgaben im Rahmen des Operations Managements werden einer Reihe von Operational Units übertragen, die sich im Zuge der Arbeitsteilung für die Erledigung dieser Aufgaben besonders qualifiziert haben. Wir haben uns mit diesen Operational Units bisher nicht eingehender befasst und wollen dies auch weiterhin nicht tun, soweit Fragen des Personalmanagements berührt sind. Wir unterstellen, dass die Operational Units hinreichend qualifiziert sind, um die übertragenen Aufgaben erledigen zu können. Durch geeignete Anreizsysteme mögen sie auch entsprechend motiviert sein, dies zu tun. So bleibt die Frage, wie stark die Abhängigkeit der Aufgaben untereinander ist, die die verschiedenen Operational Units zu erfüllen haben, und wie die Aufgaben untereinander abzustimmen sind. Nehmen wir beispielsweise ein Unternehmen, das Spezialmaschinen nach Kundenwünschen fertigt. Jede Werkstatt stellt eine Operational Unit dar, die wissen muss, wann genau die Maschinenteile aus anderen Werkstätten angeliefert werden bzw. wann andere Werkstätten die gefertigten Maschinenteile benötigen. Auch die Beschaffung ist eine Operational

Unit. Sie muss Bestellungen so auslösen, dass fremdbezogene Teile rechtzeitig zum Produktionsbeginn verfügbar sind. Insgesamt resultiert ein komplexes Gefüge von Operational Units, die sich gegenseitig über ihre Entscheidungen, aber auch Störungen im Produktionsablauf, Änderungen der Auftragslage usw. informieren. Wie nun dieser Informationsprozess abläuft, ist Gegenstand eines Integrationskonzepts, das gewöhnlich von der Unternehmensleitung beschlossen wird.

Dass Integrationskonzepte nicht einfach sind, sondern vor allem im Hinblick auf die hohe Komplexität des Operations Managements wohlüberlegt sein müssen, ist unstrittig. Dies wird durch die Ausführungen dieses Unterkapitels noch einmal bestätigt. Wir wollen im Abschnitt 3.3.2 zunächst ein elementares Integrationskonzept betrachten, das als Simultansystem bekannt ist. Anschließend werden wir im Abschnitt 3.3.3 das MRP-System kennenlernen, das als Keimzelle moderner, datengestützter Integrationskonzepte gilt. Weitere Konzepte sind das PPS-System, das im Abschnitt 3.3.4 behandelt wird, sowie die in den Abschnitten 3.3.5 bzw. 3.3.6 diskutierten Systeme OPT und CIM. Im Abschnitt 3.3.7 werden wir die Ergebnisse dieses Unterkapitels noch einmal zusammenfassen.

3.3.2 Simultansystem

Am einfachsten wäre es, die Operational Units würden gleichzeitig („simultan") ihre Entscheidungen treffen und sich darüber auch abstimmen. Der Integrationsgrad wäre dann maximal. Solange nur wenige Operational Units in das Operations Management involviert sind oder sogar nur eine Operational Unit zentral alle Entscheidungen trifft, wäre ein Simultansystem durchaus praktikabel. Wegen der vielzähligen Abhängigkeiten und Komplexitäten, die in der Realität zu beobachten sind, handelt es sich beim Simultansystem jedoch eher um ein Idealsystem, mit dem ein Idealzustand angestrebt wird.

> **Beispiel: Simultane Losgrößen- und Programmplanung**
>
> Ein typisches Problem des Simultansystems besteht darin, dass der optimale Produktionsplan, das so genannte Produktionsprogramm, gemeinsam mit den Losgrößen der zu fertigenden Produkte festzulegen ist. Mit der Produktionsprogrammplanung wird ermittelt, welche Produkte unter Beachtung der verfügbaren Betriebsmittelkapazitäten in welcher Periode hergestellt werden sollen. Die Losgrößenplanung bestimmt, ob die Produktionsmengen verschiedener Perioden zu einem Los zusammengefasst werden sollen. Wenn nicht simultan geplant wird, kann der Fall eintreten, dass zu wenig Produktionsaufträge angenommen werden, weil zunächst beispielsweise 10 % der Betriebsmittelkapazitäten für Rüstzeiten berücksichtigt werden müssen. Durch Zusammenfassung der Produktionsmengen verschiedener Perioden werden die Rüstzeiten so reduziert, dass zusätzliche Produktionskapazität entsteht. Häufig kommt diese Einsicht dann zu spät, um zuvor abgelehnte Aufträge doch noch annehmen zu können. Mit einer simultanen Programm- und Los-

> größenplanung lassen sich diese negativen Effekte vermeiden. Eine besondere Bedeutung hat diese Art der Simultanplanung bei Saisonprodukten, zum Beispiel Regen- und Sonnenschirmen oder Winter- und Sommerreifen, da die Planung des Produktionsprogramms hierbei durch zusätzliche Überlegungen, wie die Einrichtung von Sonderschichten, weiter erschwert wird. Eine gleichzeitige Losgrößenbetrachtung könnte die Problematik also von vornherein entzerren.
>
> Quelle: ZÄPFEL/GFRERER (1984)

Die Versuche, ein Simultansystem einzurichten, datieren in erster Linie aus den 60er und 70er Jahren des letzten Jahrhunderts. In neuerer Zeit sind sie nicht weiter verfolgt worden. Vielfach sind aufwändige mathematische Modelle entwickelt worden, die sich mit der damals verfügbaren EDV-Hardware und -Software nicht haben bewältigen lassen. Optimale Entscheidungen, bei denen jede mögliche Abhängigkeit berücksichtigt wurde, waren praktisch nicht bestimmbar. Die Rechenzeiten betrugen Tage und Wochen.

Dem Einwand, dass heute leistungsfähige Rechner existieren, die ein Simultansystem unterstützen würden, wird neuerdings mit anderen Vorbehalten begegnet:

- Ein Simultansystem ist ein so genanntes monolithisches System, in dem de facto keine Abgrenzung und Differenzierung der Operational Units stattfindet. Das System orientiert sich nicht an der vorhandenen Managementstruktur mit den entsprechenden Kompetenzen. Insofern ist es lediglich für zentrale Entscheidungen auf der Leitungsebene des Unternehmens realistisch. In unserem Wirtschaftssystem ist eine solche Zentralisierung eher die Ausnahme.

- Ein Simultansystem, in dem alle Abhängigkeiten exakt – zum Beispiel mit Hilfe mathematischer Formeln – abgebildet werden, ist ein mechanistisches System, in dem Algorithmen ablaufen und das keine unmittelbaren Freiheitsgrade für weitere Eingriffe zulässt, wenn die optimale Entscheidung nicht in Frage gestellt werden soll. Demnach stellt sich die Frage, ob man überhaupt noch individuelle Operational Units braucht. Zumindest wären Entscheidungsträger austauschbar. Persönliche Ziele bleiben in diesem System grundsätzlich unberücksichtigt. Lediglich Interaktionen des Entscheidungsträgers durch Korrektur der automatisch erstellen Lösungsvorschläge sind denkbar.

- Im Simultansystem bleibt das Erfordernis unterschiedlicher Detaillierungsgrade in den verschiedenen Operational Units unbeachtet. Die benötigten Informationen, wie zum Beispiel über Daten und Planungsintervalle, sind ebenso wie das zugrunde liegende formale Modell prinzipiell auf den höchsten Detaillierungsgrad auszurichten. So müssten Operational Units, die mit Wochen- oder Monatsdaten arbeiten, einen erheblich höheren Arbeitsaufwand praktizieren, indem sie ihre Daten auf Tages- oder Stundenwerte umstellen, wenn dies für andere Operational Units von Bedeutung ist. Beispielsweise müssten die Monatspläne der Produktion u. U. angepasst werden,

3.3 Horizontale und vertikale Integration

wenn es zu Maschinenausfällen kommt und die optimale Maschinenbelegung dadurch beeinträchtigt wird. Träten solche Störungen täglich auf, so wäre der Produktionsplan ebenso oft einer Überprüfung zu unterziehen. Die Konsequenzen für die Produzenten sowie die Kunden wären unübersehbar.

Im Falle des Simultansystems sprechen wir von einem maximalen Integrationsgrad, da alle bekannten Interdependenzen berücksichtigt werden. Der Integrationsgrad bemisst sich aus den im System berücksichtigten Interdependenzen zu allen bekannten Interdependenzen. Selbst wenn ein solches System technisch heutzutage als machbar erscheint, so verursacht es erhebliche Probleme bei der praktischen Umsetzung. Aus diesem Grund konnte sich das Simultansystem bisher auch nicht durchsetzen.

3.3.3 MRP-System

Ein hohes Datenvolumen, welches das kritische Niveau für eine Offline-Verarbeitung und manuelle Verwaltung der von den Operational Units zur Verfügung gestellten Daten längst überschritten hatte, war Anfang der 70er Jahre Ursache dafür gewesen, nach geeigneten Alternativen einer DV-gestützten Informationsübertragung und Informationsverarbeitung zu suchen. ORLICKY (1975) hat dazu einen Vorschlag unterbreitet, der seitdem als Material Requirements Planning (MRP)-System bezeichnet wird. Konkret werden mit diesem System drei Ziele verfolgt:

- Der Materialbedarf für die Verwirklichung eines Produktionsprogramms – auch als Master Production Schedule (MPS) bezeichnet – soll exakt und zeiteffizient bestimmt werden.
- Die Lagerbestände sollen dabei auf einem möglichst geringen Niveau gehalten werden.
- Die rechtzeitigen Bestellzeitpunkte für Materialien müssen bestimmt werden, damit Fehlmengen bzw. Lieferunfähigkeit vermieden werden.

Hieraus wird zugleich deutlich, dass die betreffenden Operational Units vornehmlich aus der Materialdisposition stammen. Das Neue an dieser Idee bestand vor allem darin, dass die in den einzelnen Operational Units angewandten Methoden der Beschaffungswirtschaft ineinander integriert werden sollen. So wird beispielsweise mit Hilfe des MRP entschieden, ob die Güterbedarfe anhand von Prognosen oder anhand der vorliegenden Fertigungsaufträge kalkuliert werden. Außerdem wird geprüft, ob die Teile intern gefertigt oder extern beschafft werden sollen. Bei der Bestimmung der Bedarfe werden Vorlaufzeiten – das sind die Produktionsdauern auf den einzelnen Fertigungsstufen – beachtet, so dass die Güter pünktlich bereitgestellt werden können.

Auch wenn hier erstmals ein Integrationskonzept praktisch realisiert worden ist, so stellte sich im Hinblick auf die Umsetzbarkeit von MRP recht bald heftige Kritik ein. Diese bezog sich vor allem darauf, dass keine Operational Units eingerichtet wurden, die sich mit der Kapazitätsüberprüfung befassten. In dem System wird nämlich unterstellt, dass die berechneten Produktionslose

3 Integrationskonzepte des Operations Managements

auch tatsächlich gefertigt werden können, d.h. stets ausreichend Kapazität verfügbar ist.

Ein entsprechend erweitertes Konzept wurde von WIGHT (1981) entwickelt. In seinem Manufacturing Resource Planning (MRP II)-System wurden die Integrationsmechanismen verfeinert. Nach Berechnung der optimalen Losgrößen für die zu fertigenden Teile wird zunächst geprüft, ob ausreichend Kapazität vorhanden ist, um planmäßig fortzufahren. Falls dies nicht der Fall ist, erfolgt eine Rückmeldung an die Operational Unit, die davon betroffen ist und geeignete Revisionen vorzunehmen hat. Im MRP II werden mehrere Rückkopplungsschleifen als zusätzliche Integrationsmechanismen unterschieden:

- Rückkopplungen in der eigenen Operational Unit: So ist beispielsweise zunächst einmal zu überprüfen, ob eine Kapazitätsanpassung kurzfristig realisierbar ist.

- Rückkopplung mit anderen Operational Units: So kann bei relativ unbeweglicher Kapazität eine Rückkopplung mit der Operational Unit Losgrößenermittlung erfolgen. Beispielsweise können die Lose zeitlich verschoben oder gesplittet werden, um die Kapazitätsbedingungen zu erfüllen. Allerdings ist auch eine Rückkopplung mit der Operational Unit Produktionsprogrammplanung denkbar. Dort sind die angenommenen Aufträge erneut zu überprüfen und mit dem Kapazitätsengpass abzustimmen.

Inzwischen liegen für die Anwendung des MRP-Systems aufschlussreiche empirische Studien vor. So ist für Unternehmen, die das MRP-System praktiziert haben, der Lagerumschlag um 50% gestiegen; die Lieferzeiten sanken gleichzeitig um annähernd 20%. Auch die Lieferzuverlässigkeit ist um 50% und mehr angewachsen.

Beispiel: MRP II-System

Kloehn Ltd. ist ein weltweit führendes Unternehmen für die Herstellung von Spezialinstrumenten, die in wissenschaftlichen und medizinischen Bereichen eingesetzt werden. Wichtige Abnehmer sind zum Beispiel die Bayer AG, Abbott Laboratories und Hewlett Packard. Lange Zeit hatte Kloehn Ltd. das Problem hoher Lagerbestände, in denen Kapital gebunden war, da das Hauptziel von Kloehn eine 100%ige Lieferbereitschaft war. Durch Einsatz des MRP II-Systems konnten bemerkenswerte Verbesserungen erzielt werden. Innerhalb von 60 Tagen nach Systemimplementierung konnte die Wiederbeschaffungszeit der Produkte um durchschnittlich 20% gesenkt, der Gewinn hingegen innerhalb eines Jahres um 10% gesteigert werden. Das eingesetzte MRP II-System hatte vor allem fünf zentrale Aufgaben:

- Das System sorgte dafür, dass schnellstmöglich Konstruktionszeichnungen und Pläne für konkrete Kundenaufträge erstellt wurden.

- Das System archivierte Daten über frühere Aufträge und kalkulierte auf dieser Basis die Produktionskosten neuer, ähnlicher Kundenaufträge.

- Das System verwaltete und optimierte Personalkosten.

- Das System prüfte und steuerte den Auftragsstatus, die Materialverfügbarkeit, den Zugriff auf die Läger sowie den Materialfluss.
- Das System führte Finanzanalysen zur Budgetierung und Kostenverrechnung aus.

Außerdem war das MRP II-System in eine TQM-Philosophie eingebunden. Die Lieferzeiten für alle Hauptprodukte betrugen höchstens eine Woche.

Quelle: KRAJEWSKI/RITZMAN (2005)

Allerdings gibt es weiterhin Probleme in Bezug auf die Anwendbarkeit bzw. Optimalität des MRP-Systems. Zum einen ist die Gewinnung von zuverlässigen und aktuellen Daten nach wie vor ein schwieriges Problem. Vollkommene Datenkonsistenz lässt sich am ehesten über ein zentrales Datenbanksystem gewährleisten. Die technische Lösung dieser Idee ist jedoch noch nicht so weit fortgeschritten, da die Erzeugung von Dateien aus einer zentralen Datenbank je nach Programm-Modul individuellen Ansprüchen unterworfen ist. Weiterhin wird rein inhaltlich am MRP-System kritisiert, dass die Losgrößenbestimmung nicht optimal ist, da die Losgrößen bei mehrstufiger Fertigung sukzessiv ermittelt werden. Außerdem werden die Rüstkosten nur unzureichend berücksichtigt. Für jeden Bearbeitungsschritt werden durchschnittliche Rüstkosten angenommen, die durch Auf- und Abrüstung auf den Normalzustand entstehen. Dass nicht immer auf den Normalzustand abgerüstet werden muss, sondern durch geschickte Zusammenfassung ähnlicher Lose beträchtliche Rüstzeiten eingespart werden können, wird beim MRP-System nicht beachtet. Als Letztes wird die Instabilität („Nervosität") des MRP-Systems bemängelt. Sie tritt insbesondere bei Veränderung des Planungshorizonts zutage.

Den Kritikpunkt der Systemnervosität wollen wir anhand eines Beispiels näher betrachten. Wir nehmen an, dass das Unternehmen heute seine Produktionslose jeweils für die kommenden sechs Wochen festlegen möchte. Für das erste Planungsintervall der betreffenden Operational Unit ist der obere Teil der Tabelle 3.3.1 maßgeblich. Da es sich um einen zweistufigen Produktionsprozess handelt, wird zunächst geplant, welche Mengen jeweils auf der letzten Stufe II (Endmontage) gefertigt werden sollen. Wie wir der zweiten Zeile von Tabelle 3.3.1. entnehmen können, erfolgt die entsprechende Produktion in den Perioden 1 (360 ME) und 5 (234 ME). Die Vormontage auf Stufe I wird in vollem Umfang (594 ME) in Periode 1 vorgenommen. Die Entscheidungen der Operational Units sind nur für die nächste Periode verbindlich, da Änderungen der Nachfragemenge immer auch eine Planrevision gestatten sollen. Dieses Prinzip wird als Prinzip der rollierenden Planung bezeichnet. Befinden wir uns im Planungsprozess zu Beginn von Periode 5, so gilt der untere Teil von Tabelle 3.3.1. Jetzt ist die Nachfrageentwicklung bis einschließlich der 10. Periode Gegenstand der Planung. Wir wollen annehmen, dass in Periode 5 271 (statt der bisher geplanten 234) ME fertig montiert werden, weil die 37 ME von Periode 7 dieser Losgröße zugeschlagen worden sind. Die restlichen ME (413 ME) werden dann in Periode 8 gefertigt. Allerdings ergibt sich eine unerwünschte Konsequenz: Die 37 ME, die in Periode 7 nachgefragt werden, müssen unverzüglich vormontiert werden. Da jedoch keine weitere Produktionsaufnahme der Vormontage in Periode 5 geplant war, fallen nunmehr für diese kleine Produktionsmenge Rüstkosten in vollem Umfang an. Fazit ist, dass das ehemals optimale Planungsergebnis durch Einbeziehung bereits einer weiteren Periode (Periode 7) eine ungewünschte Wendung erhält, so dass wir von einem Optimum nicht mehr sprechen können.

Periode	1	2	3	4	5	6
Nachfragemenge	100	85	130	45	160	74
Losgröße Stufe II	360	–	–	–	234	–
Losgröße Stufe I	594	–	–	–	–	–

Periode	5	6	7	8	9	10
Nachfragemenge	160	74	37	195	160	58
Losgröße Stufe II	271	–	–	413	–	–
Losgröße Stufe I	37	–	–	413	–	–

Tabelle 3.3.1: Nervosität des MRP-Systems

3.3.4 PPS-System

Das Produktionsplanungs- und -steuerungs (PPS)-System ist eine konsequente Weiterentwicklung des MRP-Systems mit dem Ziel, möglichst viele Operational Units in das System mit einzubeziehen. Dementsprechend werden nicht nur Planaktivitäten – etwa zur Festlegung des Produktionsprogramms, der Fertigungstermine und des Betriebsmitteleinsatzes – berücksichtigt. Außerdem sind administrative Aufgaben – wie zum Beispiel die Auftragsüberwachung und Betriebsdatenverwaltung – ausdrücklich Gegenstand eines solchen Systems. Ein Schwerpunkt des Systems liegt auf der korrekten Datenerfassung und -bearbeitung. Für die Einzelaufgaben der Operational Units existieren DV-Programme, die über Schnittstellen miteinander verbunden sind. Diese Schnittstellen sind Daten bzw. Dateien. Die Outputdaten einer Operational Unit werden zu den Inputdaten einer anderen Unit. Die DV-Programme können zwar auf umfassende Modell- und Methodenbanken zugreifen. Jedoch tritt der wissenschaftliche Planungsgedanke der Optimalität beim PPS-System in den Hintergrund. Entscheidungen, die nicht optimal sind, sich jedoch nicht zu weit vom Optimum entfernt bewegen, werden in der Praxis häufig als befriedigend empfunden. Dementsprechend werden in den einzelnen Operational Units meistens einfache Näherungsverfahren praktiziert. Es hat sich nämlich herausgestellt, dass vor allem ein inkonsistentes Datengerüst für manch schlechtes Planungsergebnis verantwortlich ist. So werden dieselben Daten, die in verschiedenen Operational Units benutzt werden, dort in unterschiedlicher Weise aktualisiert. Außerdem werden bei der manuellen, nicht standardisierten Datenübertragung gravierende Fehler gemacht. Es ist deswegen verständlich, dass die Forderung nach einer Datenintegration mehr und mehr um sich greift. Die Funktionenintegration – also die eigentliche Abstimmung der Sachaufgaben bzw. Funktionen zwischen den Operational Units – spielt in ihrer EDV-technischen Umsetzung vor allem als Programmintegration weiterhin eine Rolle. Die Art der Programmintegration bleibt dabei aber den vielen kommerziellen Systemlösungen – wie etwa dem SAP-System – überlassen.

Beispiel: SAP-System

Einer der wohl bekanntesten Anbieter funktionsübergreifender integrierter Standardsoftware ist die SAP AG aus Walldorf. Das Produkt SAP ERP bildet den Kern der SAP Business Suite und gliedert sich in vier große Bereiche:

- SAP ERP Financials
- SAP ERP Human Capital Management
- SAP ERP Operations
- SAP ERP Corporate Services (Konzerndienste und Serviceleistungen für Unternehmensmitarbeiter)

Verschiedene Zusatzmodule, etwa zum Supply Chain Management und zur Business Intelligence, sind verfügbar.

Zur Unterstützung des Leistungserstellungsprozesses wurde beispielsweise im Jahr 2006 beim chinesischen Stahlproduzenten Handan Iron and Steel Co., der eine Jahresproduktion von acht Millionen Tonnen aufweist und in 11 Werken insgesamt 26.000 Mitarbeiter beschäftigt, die Einführung des SAP-Systems erfolgreich abgeschlossen. Vor der Systemeinführung verfügten jedes Werk und jede Abteilung des Unternehmens über eigene Datenbanken. Die Erfassung und der Austausch von Produktionsdaten zwischen diesen „Informationsinseln" erwiesen sich als äußerst fehleranfällig und zeitaufwändig: Materialverbräuche und Produktionsmengen wurden in der Regel nur dezentral erfasst und in Excel-Dateien abgelegt. Die entstehenden Datenlücken verursachten u. a. enorme Sicherheitsbestände an Rohstoffen, um befürchteten Versorgungsengpässen bei der Produktion zu begegnen. Nach der werksübergreifenden SAP-Einführung in Verbindung mit einer Geschäftsprozessoptimierung konnte die Daten- und Prozessqualität erheblich gesteigert werden. Eine integrierte Datenhaltung gab nun unternehmensweit verlässlich Auskunft über aktuelle Lagerbestände und den Materialverbrauch, so dass die Rohstoffbestände reduziert werden konnten. Da auch der Status von Kundenaufträgen laufend verfolgt werden konnte, ließen sich sogar kurzfristig vor Produktionsbeginn geäußerte Änderungswünsche der Kunden berücksichtigen.

Quelle: o.V. (2006)

Eine weitere Eigenschaft des PPS-Systems besteht darin, dass der Integrationsgrad wesentlich kleiner als eins ist. Auf Rückkopplungen zwischen den Operational Units wird im PPS-System fast ausnahmslos verzichtet. Man bezeichnet das PPS-System deshalb auch als Sukzessivsystem. Sobald eine Operational Unit ihre Entscheidungen getroffen und die Daten weitergegeben hat, wird sie mit demselben Problem prinzipiell nicht mehr behelligt, sondern kann sich anderen Aufgaben zuwenden.

Wir wollen das PPS-System in seinem grundsätzlichen Aufbau etwas genauer studieren (Abbildung 3.3.1). Zwischen den Dateien, die in einer Datenbank abgelegt sind, sowie den Programmen herrscht ein Wechselspiel. Inputdaten werden einem Programm zugeführt, dort verarbeitet und anschließend als Outputdaten in einer anderen Datei wieder abgelegt. Die wichtigsten Dateien sind die Auftragsdatei, die Teilestammdatei, die Erzeugnisstrukturdatei, die Arbeitsplandatei sowie die Betriebsmitteldatei. Alle dort enthaltenen Daten zählen zu den Grunddaten des Operations Managements. Die wichtigsten Programme betreffen die Produktionsprogrammplanung, die Materialdisposition und die Prozessplanung. Sie bestehen ihrerseits wieder aus jeweils mehreren Unterprogrammen und werden um weitere Basisprogramme ergänzt. Die Ergebnisse der Datenverarbeitung in einem Programm, d.h. die Outputdaten, werden dann entweder als Inputdaten für andere Programme oder aber direkt zur Unterstützung unternehmerischer Entscheidungen genutzt.

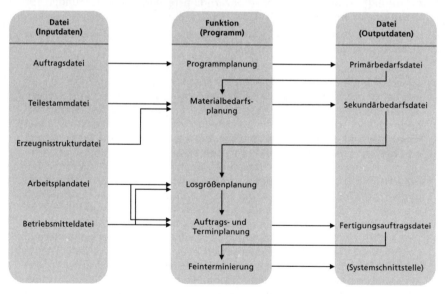

Abbildung 3.3.1: Aufbau des PPS-Systems

Wir entnehmen der Abbildung 3.3.1, dass zunächst mit Hilfe der Auftragsdaten und anderer, hier nicht weiter explizierter Daten, wie zum Beispiel Information zur Produktions- und Kostenstruktur des Unternehmens, das optimale Produktionsprogramm bzw. die entsprechenden Primärbedarfe bestimmt werden. Als Primärbedarfe bezeichnet man die Bedarfsmengen, die unmittelbar auf Kundennachfragen zurückgehen. Diese Daten werden dann zusammen mit den Erzeugnisstruktur- und Teilestammdaten für die Disposition der zu beschaffenden Güter verwendet. Im Rahmen dieser Materialbedarfsdisposition werden Nettobedarfe – das sind die Bruttobedarfe abzüglich der Lagerbestände – und optimale Bestellmengen berechnet, bevor die Bestellungen ausgelöst werden. Außerdem werden hier die Bestände kalkuliert und verwaltet. Wichtige Outputdaten dieses Programms sind die Sekundärbedarfsdaten, d. h. die Bedarfsmengen, die in Form von Teilen und Zwischenprodukten indirekt aus den Primärbedarfsmengen abgeleitet werden können. Können Teile selbst erstellt werden, so wird die Sekundärbedarfsinformation an die Operational Units übermittelt, in denen Produktionslose gebildet und terminiert werden. Damit steht grundsätzlich fest, dass die Produktion auf eine bestimmte Art und Weise auch planmäßig bewältigt werden kann. Die Aufträge erhalten einen Freigabevermerk. Unter Nutzung weiterer Betriebsmittel- und Fertigungsauftragsdaten wird schließlich die genaue Produktionssteuerung vorgenommen. Das dazugehörige Programm erarbeitet Vorschläge zur Maschinenbelegung in den einzelnen Werkstätten und führt eine detaillierte Verfügbarkeitsprüfung der Anlagen durch. Als Resultat erhalten wir die exakten Betriebsdaten des Beschaffungs- und Produktionsprozesses. Gibt es – etwa im Rahmen eines Soll-Ist-Vergleichs – Hinweise auf Störungen im Betriebsprozess, können weitere Programme im Rahmen des Operations Managements hinzugezogen werden, um solche Störungen zu beheben.

Das PPS-System ist hier in seiner einfachsten Form wiedergegeben. In der kommerziellen Software wird insbesondere mit einer Vielzahl von Systemausgestaltungen auf praktische Anforderungen in einzelnen Branchen reagiert. Inzwischen gibt es allein in Deutschland mehrere hundert kommerzielle Systeme, die sich in ihren Ausprägungen wesentlich voneinander unterscheiden. Der interessierte Leser sei auf eine Marktstudie von FANDEL u. a. (1997) verwiesen.

3.3.5 OPT-System

Einen anderen Integrationsmechanismus, der auf einer so genannten Dichotomie der Operational Units basiert, finden wir im Optimized Production Technology (OPT)-System. Danach gehört eine Operational Unit entweder zum kritischen oder zum unkritischen Bereich des Operations Managements. Diese Zuordnung entscheidet darüber, wie die Entscheidungsprozesse in den Operational Units ablaufen sollen.

Zunächst verlangt die Philosophie des OPT-Systems im Wesentlichen die Beachtung folgender sechs Regeln:

- Strebe einen reibungslosen Materialfluss an, keine Kapazitätsausgleiche.
- Engpässe in Operational Units bestimmen die Produktionsgeschwindigkeit und den Aufbau von Lägern.
- Operational Units, die keine Engpässe darstellen, haben sich an den Engpässen zu orientieren.
- Die Einrichtung und die Nutzung von Maschinenkapazität sind nicht dasselbe.

- Zeitverlust im kritischen Bereich bedeutet Zeitverlust bei der Produktion.
- Zeitersparnis im nicht-kritischen Bereich ist Illusion.

Wir sehen also, dass das Ziel des OPT-Systems darin besteht, einen reibungslosen Güterfluss im Sinne kurzer Durchlaufzeiten zu sichern. Damit ist zugleich eine Entscheidung im Konflikt zwischen geringen Durchlaufzeiten von Aufträgen durch die Fertigungsstufen und einer hohen Kapazitätsauslastung der Maschinen gefallen. Unternehmen mit einem hohen Umlaufvermögen streben gewöhnlich kurze Fertigungsdauern an, damit sich das Umlaufvermögen durch die Veräußerung der fertigen Produkte schnell verzinst. Hat ein Unternehmen hingegen sein Kapital hauptsächlich im Anlagevermögen, also insbesondere in Maschinen, gebunden, so erscheint eine hohe Kapazitätsauslastung vordringlich. Beide Zielsetzungen stehen üblicherweise im unauflösbaren Konflikt zueinander. Dieser Konflikt hat als Dilemma der Ablaufplanung Eingang in das Operations Management gefunden. Er wird später noch ausführlicher behandelt.

Der Integrationsprozess im OPT-System ist in mehrere Phasen unterteilt. Am Anfang ist ein Netzwerk zu erstellen, das die Operational Units umfasst. Ein solches Netzwerk ist beispielhaft in Abbildung 3.3.2 veranschaulicht. Die Vor-, Zwischen- und Endprodukte sind als Kreise symbolisiert, die einzelnen Fertigungsprozesse als Rechtecke. Das Netzwerk kann um Kapazitäts- und Zeitdaten ergänzt werden. Beginnend bei den Kundenaufträgen sind zunächst die einzelnen Kapazitätsbelastungen durch spätestmögliche Terminierung zu bestimmen. Es ist zu überprüfen, ob hierbei Auslastungsgrade von mehr als 100 % auftreten. Falls ja, sind Kapazitätserweiterungsmaßnahmen in Erwägung zu ziehen. Erst wenn dies nicht möglich ist, wird der so genannte kritische Bereich identifiziert. Er entspricht dem Teil des Netzwerks, der auf die Operational Unit folgt, welche den Engpass darstellt, bei der also die gegenwärtige Kapazität nicht ausreicht, um den Auftragsbestand unverzögert abzuarbeiten. Für den kritischen Bereich ist in Form einer frühestmöglichen Terminierung die Planung der Produktionslose und -termine vorzunehmen. Die Planung für den unkritischen Bereich, d. h. also in der Regel die ersten Fertigungsstufen, vollzieht sich anschließend wieder durch spätestmögliche Terminierung. Hier treten keine besonderen Probleme auf, solange keine weiteren Engpässe zu beobachten sind. Bemerkenswert ist, dass der Algorithmus des von GOLDRATT (1980) entwickelten Systems immer noch geheim gehalten wird, obwohl der Ansatz inzwischen nicht mehr kommerziell verwendet wird.

Offensichtlich muss im OPT-System zunächst nach der Operational Unit gesucht werden, die den Engpass darstellt und somit Impulse für das gesamte Operations Management gibt. Während dies in vielen Unternehmen problemlos gelingen mag, gibt es aber auch Situationen, die die Engpasssuche beträchtlich erschweren. Ist das Operations Management nämlich unter großer Unsicherheit zu vollziehen, potenzieren sich die Konsequenzen bei einer fehlerhaften Bestimmung des Engpasses dadurch, dass systematisch falsche Integrationsregeln angewandt werden. Unsicherheiten sind im Operations Management jedoch eher die Regel als die Ausnahme. Sie entstehen etwa durch unerwartete Maschinenausfälle, Auftragsstornierungen oder sonstige Störungen in den Operational

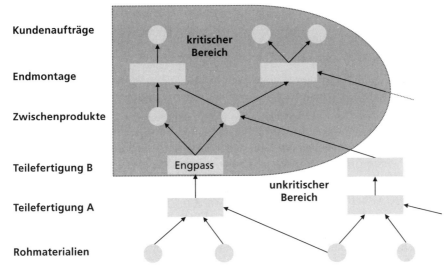

Abbildung 3.3.2: Das Produktnetzwerk im OPT-System

Units, die nicht zuverlässig prognostizierbar sind. Kann der Engpass durch das OPT-System aber nicht einwandfrei identifiziert und befriedigend behoben werden, so ist nach anderen, systemfremden Lösungen zu suchen.

3.3.6 CIM-System

Bisher haben wir die Betrachtungen strikt auf die Integration von Operational Units konzentriert, die mit Aufgaben des Operations Managements befasst sind. Nun gibt es aber auch eine Reihe von Technical Units, in denen technische Produktionsdaten erzeugt werden, die für das Operations Management von großer Bedeutung sind. Hierzu zählen etwa Arbeitspläne, Stücklisten und technische Zeichnungen. Diese Daten müssen an der Schnittstelle zum Operations Management geeignet aufbereitet und in dieses System integriert werden. Der Rücktransfer von ökonomischen in technische Daten erfolgt auf ähnliche Weise, bevor die Ergebnisse des Operations Managements im technischen Bereich umgesetzt werden können. Diese Schnittstelle bezeichnet man als Computer Integrated Manufacturing (CIM)-System. Hierzu zählen insbesondere folgende Komponenten:

- Computer Aided Design (CAD), das ist die rechnergestützte Konstruktion.
- Computer Aided Planning (CAP), d. h. die rechnergestützte Arbeitsplanung.
- Computer Aided Manufacturing (CAM), also die rechnergestützte Steuerung und Überwachung der Anlagen bei der Herstellung der Erzeugnisse.
- Computer Aided Quality Assurance (CAQ), d. h. die rechnergestützte Qualitätssicherung. Es werden automatisch Prüfpläne erstellt, Prüfungen vorgenommen und Prüfprotokolle ausgegeben, um sicherzustellen, dass die erhöh-

ten Anforderungen an die Qualität der Materialien und die Zuverlässigkeit der Maschinen auch eingehalten werden. Bei automatisierter Fertigung sind die Fertigungsabläufe für den Menschen häufig zu undurchsichtig und komplex, so dass eine manuelle Qualitätsprüfung unwirksam wäre.

Innerhalb des CIM-Systems, aber auch an der Schnittstelle zum PPS-System existieren verschiedene Integrationskreise. Die wichtigsten sind:

- CAD – CAM: Die Geometriedaten, die der computergestützten Konstruktion entstammen, müssen an die NC („Numerical Control")-Programmierung weitergegeben werden. Andererseits ist die fertigungstechnische Information wiederum in der Konstruktion zu berücksichtigen. Im letzteren Fall spricht man auch vom Simultaneous Engineering.

- CAD/CAP – PPS: Die Geometriedaten der rechnergestützten Konstruktion legen den Stücklistenaufbau fest. Diese Daten gehen daher nach geeigneter Aufbereitung an die Grunddatenverwaltung des PPS-Systems. Analoges gilt für die Arbeitsplandaten des CAP-Moduls, die zur Bildung von Fertigungsaufträgen herangezogen werden.

- CAM – PPS: Die Ergebnisse der Fertigungssteuerung sind mit der NC-Programmierung zu verknüpfen. Umgekehrt finden die technischen Fertigungsdaten bei der Fertigungssteuerung Beachtung.

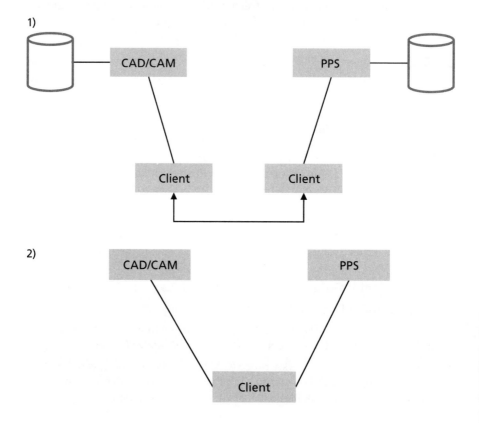

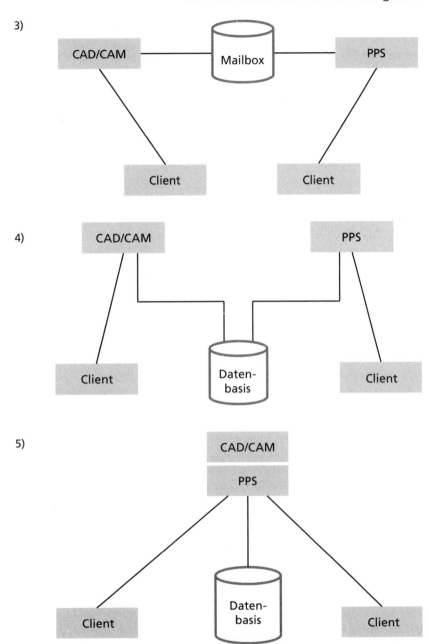

Abbildung 3.3.3: Entwicklungsstufen des CIM-Systems

- CAQ – PPS: Die rechnergestützte Qualitätsprüfung dient unter anderem auch zur Feststellung des aktuellen Lagerbestands und somit zur Lagerbestandsführung. Die Prüfergebnisse werden als Betriebsdaten gespeichert. Aufgrund einer Analyse der Betriebsdaten sind die Prüfpläne ggf. zu modifizieren.

Solange an den Schnittstellen Daten neu formatiert und u. U. sogar mit Hand in das jeweils andere System eingegeben werden müssen, resultieren mehrere Probleme. Die Übertragung ist zeitintensiv und birgt die Gefahr, dass dieselben Daten in den einzelnen Technical Units bzw. Operational Units auf verschiedene Weise konfiguriert werden. Inkonsistente und fehlerhafte Ausführungen in den einzelnen Programmteilen können die Folge sein. Das CIM-System verhindert gerade diese Probleme, indem es einen Integrationsmechanismus schafft, der mit einem höheren Grad an Automatisierung und Flexibilität ausgestattet ist.

Von SCHEER (1997) stammt ein Entwicklungskonzept, bei dem der Integrationsgrad des CIM-Systems stufenweise heraufgesetzt wird (vgl. Abbildung 3.3.3). Die erste Entwicklungsstufe besteht lediglich in einer organisatorischen Verbindung ansonsten technisch unverbundener Systeme. An einem Arbeitsplatz stehen sowohl die Daten des technischen Systems als auch die Daten des PPS-Systems zur Verfügung. Ein erforderlicher Datentransfer ist manuell über verschiedene DV-Eingabeeinheiten zu vollziehen. Auf der zweiten Stufe ist die Integration so weit fortgeschritten, dass DV-Werkzeuge genutzt werden, um alle Daten über ein und dasselbe Terminal („Client") abzurufen. Hierzu dient beispielsweise die Fenster-Technik, die den Bildschirm in mehrere Bereiche partitioniert, oder die Nutzung einer allgemeinen Abfragesprache. Die erste automatische Datenintegration erfolgt auf der dritten Entwicklungsstufe. Für den direkten Dateitransfer zwischen technischem System und PPS-System müssen Schnittstellenlösungen erzeugt werden. Die Ausgangsdaten eines Systems werden in einer Mailbox abgelegt und umformatiert, bevor sie in das andere System Eingang finden. Auf der vierten Entwicklungsstufe wird für beide Systeme eine gemeinsame Datenbasis angelegt. Die vollkommene Datenintegration ist damit gewährleistet. Allerdings ist die Erzeugung einer zentralen Datenbasis nach wie vor mit erheblichen Schwierigkeiten verbunden, da vor allem unterschiedliche Anforderungen an eine solche Basis resultieren. Erst wenn auch diese Anforderungen abgestimmt sind, ist der Idealzustand der Integration auf der fünften Stufe erreicht.

Obwohl es sich beim CIM-System in erster Linie um eine Form der Datenintegration handelt, sind auch die verschiedenen Programme integriert. Von einzelnen Programmfunktionen eines Systems kann automatisch auf Funktionen des jeweils anderen Systems zugegriffen werden. Die wesentlichen hardware- und softwaretechnischen Voraussetzungen für diesen Zustand müssen natürlich vorliegen. Zum Entwicklungsverlauf des CIM-Systems gibt Abbildung 3.3.4 Auskunft. Der Integrationsprozess wird retrograd vollzogen. Zwischen den Operational Units, die mit der Produktionssteuerung befasst sind, und den Technical Units, die sich der technischen Realisierung der Fertigungsplanung zuwenden, gelingt er schneller als auf den vorgelagerten Stufen.

3.3 Horizontale und vertikale Integration

Beispiel: Umsetzung des CIM-Systems

Die Kaved AG stellt als Systemlieferant des weltweit zweitgrößten Aufzug-Herstellers Schindler AG konfektionierte Verkabelungssysteme her. Alle Aufzüge der Schindler AG werden kundenindividuell gefertigt. Zur Erfassung der Konstruktionsdaten nutzte die Vertriebsorganisation der Schindler AG einen Produktkonfigurator, der mit dem CAD-Modul verknüpft war und im Benutzerdialog die technische Realisierbarkeit von Kundenwünschen prüfte. Per EDI gingen die produktspezifischen CIM-Daten zusammen mit weiteren Auftragsdaten an die Kaved AG. Dort wurde die Produktspezifikation weiterverarbeitet und zur Erzeugung von Fertigungsstücklisten für das zugrunde liegende Verkabelungssystem genutzt. Anschließend wurden die für die Fertigung benötigten Ressourcen (Material, Maschinen, Personal) disponiert und Fertigungsaufträge angelegt. Die CIM-Daten wurden nach der Auftragsfreigabe zur Einstellung der Maschinensteuerung verwendet. In der Fertigung erhielten die Mitarbeiter mit Hilfe der CIM-Daten außerdem auf einem Monitor am Arbeitsplatz schrittweise Anweisungen zur Maschinenbedienung und zur Montage. In der Fertigung der Kaved AG galt grundsätzlich eine Nullfehlerqualität. Um diesen hohen Qualitätsstandard zu erreichen, wurden aus den CIM-Daten automatisch die konfigurationsspezifischen Prüfmerkmale abgeleitet und im Fertigungsprozess permanent gemessen sowie überwacht.

Quelle: LEIMSTOLL (2003)

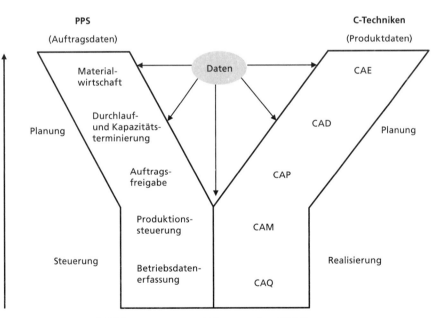

Abbildung 3.3.4: Realisierung des CIM Systems
(Quelle: SCHEER 1997)

3.3.7 Zusammenfassung

Dieses Unterkapitel hat gezeigt, dass das Operations Management entscheidend davon geprägt ist, wie die einzelnen Operational Units definiert sind und in welcher Form sie kooperieren. Obwohl die Integrationskonzepte höchst unterschiedlich sind, gehen alle Überlegungen davon aus, dass in den einzelnen Operational Units jeweils nur Teilsichten auf das Gesamtproblem existieren und insofern erst eine kooperative Lösung ein Operations Management als Ganzes erfolgreich repräsentiert. Die Aufgaben, die von den einzelnen Operational Units zu erfüllen sind, reichen dabei von einfachen administrativen Tätigkeiten bis hin zu schwierigen Planungsaktivitäten.

In Abschnitt 3.3.2 haben wir uns zunächst mit dem theoretisch attraktiven, aber praktisch sehr umstrittenen Simultansystem beschäftigt. Wir haben gesehen, warum dieses System in einer komplexen Problemumgebung kaum zum Zuge kommen wird. Abschnitt 3.3.3 hat gezeigt, dass mit einem MRP-System eine pragmatische Lösung des Integrationsproblems zur Verfügung steht, bei der zunächst der Materialfluss und damit das Umlaufvermögen im Vordergrund stehen. Das Anlagevermögen wird erst durch das MRP II-System in Form einer Kapazitätsüberprüfung problematisiert. Mit dem PPS-System, das in Abschnitt 3.3.4 betrachtet wurde, ist endgültig die Basis für leistungsfähige kommerzielle Softwarelösungen geschaffen worden, bei denen es in erster Linie auf die Bewältigung der Datenflut ankommt, wie wir sie in praktischen Problemumgebungen heutzutage in den meisten Branchen vorfinden. Die Optimalität der Lösungen gerät dabei bisweilen in den Hintergrund. So versuchen die Softwaresysteme, die auf dem PPS-System gründen, vor allem dadurch Kosten einzusparen, dass mit den richtigen Daten zum richtigen Zeitpunkt kalkuliert wird. Für die Planung des Güterflusses sowie die Nutzung der Maschinen in den Produktionswerkstätten werden hingegen relativ einfache Verfahren herangezogen. Im OPT-System (Abschnitt 3.3.5) wird im Gegensatz zu allen anderen Systemen zu Beginn die Operational Unit identifiziert, die einen Engpass im Sinne des Operations Managements bildet. Dieser Engpass kann sich von Planungsabschnitt zu Planungsabschnitt ändern. Jedenfalls werden die Entscheidungen der betreffenden Operational Unit den übrigen Planungen und Entscheidungen zugrunde gelegt. Die Anwendung des OPT-Systems wird dann fragwürdig, wenn ein Engpass nicht mehr eindeutig identifiziert werden kann. In Abschnitt 3.3.6 haben wir schließlich die Integrationsbedürfnisse an den Schnittstellen eines PPS-Systems untersucht. Wenn diese Schnittstellen in das Operations Management mit einbezogen werden, spricht man von einem CIM-System. Wegen der unterschiedlichen Anforderungen, die an Technical Units und Operational Units gestellt werden, befindet sich das CIM-System zumindest hinsichtlich seiner praktischen Erprobung noch im fortgeschrittenen Entwicklungsstadium.

3.3.8 Fragen zur Wiederholung

1. Ordnen Sie die Integrationskonzepte nach dem Integrationsgrad und begründen Sie dies.
2. Nennen Sie die wichtigsten Kritikpunkte für eine praktische Umsetzung des Simultansystems.
3. Worin besteht die Nervosität des MRP-Systems?
4. Skizzieren Sie den Prozess der Datenintegration im PPS-System.
5. Welche Bedeutung hat die Programmintegration im PPS-System?
6. Wie und warum werden im OPT-System die Operational Units im kritischen Bereich anders behandelt als im nicht-kritischen Bereich?
7. Beschreiben Sie die Schnittstellen des CIM-Systems und skizzieren Sie die zugehörigen Integrationskreise.
8. Erörtern Sie das Entwicklungskonzept eines CIM-Systems nach SCHEER.

3.3.9 Literaturempfehlungen zur Vertiefung

KISTNER, K.-P./STEVEN, M. (2001): Produktionsplanung. 3. Auflage, Physica, Heidelberg

VAHRENKAMP (2008): Produktionsmanagement. 6. Auflage, Oldenbourg, München u. a.

ZÄPFEL, G. (2000): Strategisches Produktionsmanagement. 2. Auflage, Oldenbourg, München u. a.

3.4 Hierarchische Integration

3.4.1 Einführung

Im vorangegangenen Unterkapitel wurde davon ausgegangen, dass Operational Units existieren, die unterschiedliche Aufgaben zu bewältigen haben und die sich in ihrer Aufgabenerledigung untereinander abstimmen müssen. Wir wollen nun berücksichtigen, dass die Operational Units zu einem Organisationsschema gehören, in dem es Vorgesetzte gibt, so genannte Instanzen. Das Instanzensystem wiederum ist mehrstufig, d. h. Instanzen haben selbst wieder Vorgesetzte bis hin zur Unternehmensleitung. Wenn es nun darum geht, Integrationsmechanismen zu finden, die die Aufgabe der Operational Units koordinieren, so sollten wir uns die Frage stellen, ob und wie die Instanzen diese Koordinationsfunktion übernehmen können. Instanzen kennen die Aufgaben der Operational Units und haben zugleich Weisungsbefugnis, so dass ein entsprechendes Integrationskonzept effizient sein kann. Wir werden uns in Abschnitt 3.4.2 zunächst mit dem Aufbau und Ablauf eines hierarchisch gegliederten Integrationsmusters befassen und dort bereits eine allgemeine Bewertung vornehmen. Anschließend wird in Abschnitt 3.4.3 ein dreistufiges

3 Integrationskonzepte des Operations Managements

System der hierarchischen Integration präsentiert, in dem die Operational Units durch die Instanzen klare Weisungen in Bezug auf die Produktionsmengen und -ziele empfangen.

3.4.2 Hierarchisches System

Der fundamentale Ansatz der hierarchischen Integration gründet sich darauf, Operations Management zunächst als eine geschlossene Aufgabe zu betrachten, die von einer Instanz bewältigt werden kann. Der Detaillierungsgrad muss dabei noch so gering sein, dass ein Simultansystem von der Instanz praktiziert werden kann. Die Ergebnisse dieses Managementprozesses werden anschließend als Vorgaben an die nachfolgende Managementebene weitergegeben. Zugleich wird die bislang aggregierte Aufgabe des Operations Managements in Teilaufgaben zerlegt, die dann natürlich detaillierter bewältigt werden können. Die Managemententscheidungen werden einerseits zur nächst tieferen Managementebene weitergereicht. Dort werden sie wiederum als Vorgaben beachtet. Andererseits werden sie als Rückkopplungen an die übergeordnete Instanz weitergeleitet. Dieser dienen sie zur Kontrolle und gegebenenfalls zur Korrektur. Inhaltlich bestehen die Rückkopplungen entweder aus Meldungen bezüglich einer planmäßigen Beachtung der Vorgaben oder aber als Information über toleranzüberschreitende Abweichungen von diesen Vorgaben. Insofern besitzt jede Managementebene auch jenseits der Vorgaben einen eigenen Entscheidungsspielraum. Abbildung 3.4.1 fasst das Vorgehen anschaulich zusammen.

Gegenüber den nicht-hierarchischen Integrationsregeln sind vor allem folgende Abweichungen bemerkenswert: Die hierarchische Integration verfolgt den Gedanken einer zentralen Koordination statt einer dezentralen Koordination. Sie nimmt ihren Ausgangspunkt in zentralen Entscheidungen auf Instanzenebene. Die Zerlegung des Objektumfangs zum dezentralen Operations Management

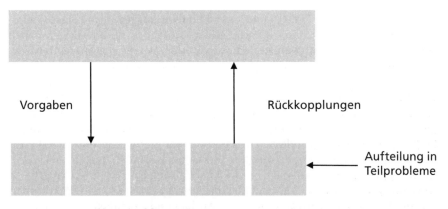

Abbildung 3.4.1: Hierarchische Integration zweier Managementebenen

3.4 Hierarchische Integration

folgt dabei der Organisations- und nicht der Produktionsstruktur. Auch wenn auf oberster Instanzenebene ein Simultanproblem gelöst wird, handelt es sich bei der hierarchischen Integration weiterhin um ein Sukzessivsystem mit verschiedenen Rückkopplungsprozessen. In Tabelle 3.4.1 ist eine hierarchische Integration über vier Stufen beispielhaft illustriert.

Leistungs-ebene	Aufgabe	Datenfluss		
		nach unten	nach oben	
			a. Plan-erfüllung	b. Planab-stimmung
Betriebsebene	Programm-planung	▪ Produktionsprogramm ▪ gewünschtes Lager	–	–
Fertigungs-ebene	Losgrößen-planung	▪ Losgrößen ▪ Start- und Endtermine für die Lose	▪ realisiertes Programm	▪ Kapazitäts-aufteilung in Rüst- und Bearbeitungsanteile
Bereichsebene	Ablauf-planung	▪ Arbeitsvorgänge ▪ Bearbeitungstermine	▪ realisierte Losgröße	▪ Kapazitäts-aufteilung in Nutz- und Leerzeiten
Arbeitsplatz-ebene	Durchführung des Produktionsprozesses	–	▪ realisierter Ablaufplan	▪ aktuell verfügbare Kapazität, Betriebsstörungen

Tabelle 3.4.1: Beispiel einer hierarchischen Produktionsplanung

Wir wollen die grundlegenden Vorteile der hierarchischen Integration gegenüber den nicht-hierarchischen Konzepten bereits an dieser Stelle rekapitulieren:

- Das System orientiert sich an einer bestehenden Organisationsstruktur und bietet im Hinblick auf die Steuerung der Operational Units bessere Kontroll- und Anreizchancen.
- Es können existierende Informationskanäle genutzt werden, um die Daten zwischen den Instanzen und den Operational Units zu übertragen.
- Durch Einschaltung der Instanz ist gewährleistet, dass eine unabhängige Koordinationsstelle existiert, die für die Abstimmung zwischen den Operational Units sorgt.

- Der Ansatz aggregierter Daten auf der Ebene der höchsten Instanz gestattet die Anwendung des Simultansystems und garantiert damit eine hohe Ausgangsqualität der Managemententscheidungen.

- Die Einbeziehung von Instanzen bietet die Gelegenheit zu einer unmittelbaren Anknüpfung an strategische und taktische Managemententscheidungen.

Allerdings sind mit der hierarchischen Integration auch einige Nachteile verbunden:

- Im Vergleich zu einfachen nicht-hierarchischen Integrationsmechanismen ist eine Mehrzahl an Schnittstellen zu beobachten, die einen Datentransfer erfordern. Auf den unteren Managementebenen sind die Managementprobleme entsprechend der vorliegenden Organisationsstruktur bisweilen so stark zu zerlegen, dass für jede Produktart ein eigenes Managementproblem resultiert.

- Die Orientierung an der Organisationsstruktur führt dazu, dass kaum Standardprogramme (Routinen) entwickelt werden können. Der Entwicklungsaufwand für Software steigt damit erheblich an.

- Die Gefahr sich verselbstständigender Managementziele wächst, wenn Kompetenzen an vergleichsweise unabhängige Operational Units, wie zum Beispiel Produktsparten, übertragen werden.

3.4.3 HAX-MEAL-Modell

Es ist nun deutlich geworden, wie hierarchische Integration grundsätzlich funktioniert und dass es keinen allgemeinen Ansatz gibt, der auf jedes praktische Problem direkt übertragen werden kann. Die Unternehmen und ihre Organisationsstrukturen sind zu verschieden, um einen solchen Ansatz aussichtsreich zu entwickeln. Deshalb gibt es auch eine große Anzahl von Vorschlägen zur Umsetzung der hierarchischen Integration. In diesem Abschnitt werden wir einen konkreten Ansatz behandeln, der von HAX und MEAL (1975) entwickelt worden ist und auf einer Reihe ganz spezieller Annahmen beruht. Es wird eine Serienfertigung, d. h. losweise Produktion unterstellt. Von einem Produkt werden bestimmte Mengen hintereinander gefertigt, bevor die Maschinen auf andere Produkte umgerüstet werden. Ferner handelt es sich um einteilige Erzeugnisse, deren Bedarfe in den verschiedenen Perioden saisonalen Schwankungen unterliegen können. In Bezug auf das Managementobjekt wird dreifach unterschieden:

- Ein Produkttyp ist eine Gruppe von Produktfamilien, die sich in Kosten-, Produktions- und Bedarfsstruktur ähneln.

- Eine Produktfamilie umfasst eine Klasse von Einzelprodukten, die identische Maschinenrüstungen erfordern und deshalb zusammen gefertigt werden sollten.

- Ein Einzelprodukt bzw. Finalerzeugnis kennzeichnet das Endprodukt, das unmittelbar an den Kunden ausgeliefert wird.

Das Operations Management betrifft in diesem Modell nur den Produktionsprozess. Die Managemententscheidungen vollziehen sich auf drei Ebenen, wobei der Detaillierungsgrad ständig zunimmt. Auf der ersten bzw. oberen Instanzenebene wird eine Kapazitätsreservierung für jeden Produkttyp vorgenommen. Damit stehen auch vorläufige Produktionsmengen für diesen Typ fest. Der Planungszeitraum erstreckt sich über mindestens einen Saisonzyklus, der in Teilperioden aufgeteilt ist. Im Sinne der rollierenden Planung werden jeweils nur die Managemententscheidungen der jeweils nächsten Teilperiode verbindlich umgesetzt. So werden zu Beginn nur die Ergebnisse der ersten Teilperiode von der obersten Instanz an die nachfolgende zweite bzw. mittlere Managementebene weitergeleitet. Dort werden detailliertere Auftragsmengen für jede Produktfamilie ermittelt. Das heißt, für die erste Teilperiode des gesamten Planungszeitraums erfolgt jeweils eine Zuteilung der Typenkapazität auf die einzelnen Familien eines Typs. Die Typenkapazität wird auf der dritten bzw. unteren Planungsebene dann weiter auf die Einzelprodukte verteilt. Daraus ergeben sich die Produktionsmengen für die Einzelprodukte. Die Summe der Produktionsmengen soll dabei wieder der Auftragsmenge für den Produkttyp entsprechen.

> **Beispiel: Hierarchische Planung für die Stahlproduktion der Tata Iron and Steel Co. Ltd. in Indien**
>
> Die Tata Iron and Steel Co. Ltd. unterhielt drei Stahlwerke, die Bloom Mill No. 1, die Forgebar and Tyre Mill und die Bloom Mill No. 2. Während die Bloom Mills Winkeleisen, Stahlbalken und Röhren sowie Stäbe, Stangen, Feinblech und Metallwände herstellten, produzierte die Forgebar and Tyre Mill Schmiedewaren und Reifenfelgen. Die Endprodukte wurden unmittelbar zu dezentralen Endproduktlagern weitergeleitet, um die Produkte der Nachfrage in einem Flächenstaat wie Indien zugänglich zu machen. Auf der Betriebsebene der Tata Iron and Steel Co. Ltd. wurden die Ressourcen, wie zum Beispiel die zur Produktion benötigte elektrische Energie, Heizenergie sowie weitere benötigte Inputgüter, den Stahlwerken zugeteilt. Die Endprodukte eines einzelnen Stahlwerks konnten dementsprechend zu Produktfamilien zusammengefasst werden, für die ein Budget existierte. Auf der Fertigungsebene erfolgte eine Budgetverteilung auf die einzelnen Endprodukte.
>
> Quelle: MOHANTY/SINGH (1992)

Management auf der obersten Instanzenebene

Betrachten wir zunächst die oberste Managementebene. Hier greift das Prinzip der Aggregation am stärksten. Es werden lediglich produkttypische Daten benötigt. Aufgrund der angenommenen saisonalen Bedarfsschwankungen bestehen die Alternativen in einer synchronisierten oder einer emanzipierten Produktion. Synchronisation bedeutet, dass die Produktion sich in jeder Periode der Nachfrage anpasst. Dies führt zwangsläufig zur Einrichtung von temporären Zusatzkapazitäten und entsprechenden Mehrkosten in der Produktion. Emanzipation besagt, dass unabhängig von der Nachfrage eine periodenweise möglichst ausgeglichene Produktion angestrebt wird. Die in der jeweiligen Periode nicht nachgefragten Einheiten werden gelagert. Die Konsequenz sind Lagerkosten. Es kommt demnach darauf an, die Kapazitäten so aufzuteilen, dass die Summe aus zusätzlichen Kapazitäts- und Lagerkosten möglichst gering gehalten wird.

Die Managemententscheidung der obersten Instanz besteht in einem aggregierten Produktionsplan, der für jeden Produkttyp i und jede Periode t Produktionsmengen vorgibt. Allerdings sind jeweils nur die ermittelten Werte für die kommende Periode bindend. Das heißt, zunächst werden nur die ermittelten Mengen für die Periode t = 1 an die zweite Managementebene weitergegeben.

> **Beispiel: Aggregierte Produktionsplanung**
>
> Die Nachfrage nach mobilen Klimaanlagen ist stark saisonal abhängig. Ein Großteil der Bestellungen des Handels erreicht die Hersteller in den warmen Sommermonaten. In den Herbst- und Wintermonaten ist die Nachfrage gering. Zudem sorgen überdurchschnittlich heiße Sommer für zusätzliche Nachfragespitzen.
>
> Weltweit operierende Hersteller von mobilen Klimaanlagen wie Whirlpool oder General Electric arbeiten daher mit aggregierten Produktionsplänen. Ausgehend von einem durchschnittlichen Sommer wird auf der Basis von Marktforschungsdaten die Gesamtnachfrage eines Jahres ermittelt und gleichmäßig auf die einzelnen Monate verteilt. So werden bei gleichmäßiger Kapazitätsauslastung über die Herbst- und Wintermonate Bestände aufgebaut, die im Frühjahr und im Sommer helfen, die Nachfragespitzen zu befriedigen. Die überregionale Präsenz der Hersteller erlaubt auch eine regionale Umverteilung von Produktionsmengen. Bei einem extrem heißen Sommer im Mittelmeerraum und einem eher unterdurchschnittlichen Sommer in Nordeuropa können so vom langjährigen Durchschnitt abweichende regionale Witterungsverläufe ausgeglichen werden.
>
> Quelle: KRAJEWSKI/RITZMAN (2005)

Management auf der zweiten Instanzenebene

Die Instanzen der zweiten Ebene sind jeweils für einen Produkttyp zuständig. Sie teilen die ihnen übermittelten Produktionsmengen und -kapazitäten auf die verschiedenen Produktfamilien dieses Typs auf. Zunächst wird überprüft, ob und welche Produktfamilien in der betrachteten Produktionsperiode überhaupt aufgelegt werden sollen. Das maßgebliche Kriterium für eine Auflage besteht darin, zu prüfen, ob die Lagerreichweite für mindestens ein Produkt kj aus einer Produktfamilie j abzüglich des Sicherheitsbestands kleiner ist als eine Periode. Ist dies der Fall, so muss die Familie aufgelegt werden. Andernfalls kann mit

3.4 Hierarchische Integration

der Produktionsentscheidung für diese Familie mindestens eine weitere Periode gewartet werden. Die Lagerreichweite wird auch als Eindeckungszeit bezeichnet.

Formal lassen sich die Eindeckungszeiten EZ_{kj} folgendermaßen darstellen:

$$EZ_{kj} = \frac{L_{kj} - SB_{kj}}{D_{kj}}$$

L_{kj} bezeichnet den Lagerbestand des Produkts kj aus einer Familie j, SB_{kj} den Sicherheitsbestand und D_{kj} die Nachfragemenge für die betreffende Periode. Sobald also mindestens eines der Produkte kj eine Eindeckungszeit von weniger als einer Periode besitzt, ist die Auflage der Produktfamilie in der betreffenden Periode zu erwägen. Welche Produkte dann letztlich produziert werden, bleibt den Operational Units auf der untersten Planungsebene vorbehalten.

Nachdem nun entschieden ist, welche Produktfamilien j grundsätzlich aufzulegen sind, müssen allerdings deren Produktionsmengen noch bestimmt werden. Hierbei können wir beispielsweise auf die optimalen Losgrößen Q_{kj} der Einzelprodukte einer Familie zugreifen und diese aufsummieren. Dann hätten wir eine kostenminimale Produktion sichergestellt. Allerdings sollten für jedes einzelne Produkt auch Lagergrenzen existieren, die nicht überschritten werden dürfen. Solche Grenzen sind im Allgemeinen wirtschaftlich determiniert. Sie sind aber auch dadurch gerechtfertigt, dass zu hohe Lagermengen nicht mehr in dem betrachteten Planungszeitraum abgesetzt werden können. Formal ergibt sich die Auftragsgröße einer Produktfamilie j deshalb vorerst als

$$Q_j = \sum_{kj} \left(Q_{kj}, \overline{L}_{kj} - L_{kj} \right).$$

$\overline{L}_{kj}$ bzw. L_{kj} geben die Lagergrenzen bzw. die aktuellen Lagerbestände der Einzelprodukte kj an.

Wenn wir nun die Auftragsgrößen aller Produktfamilien j, die zu einem Produkttyp i gehören, zusammenfassen, indem wir die für die Produktion insgesamt benötigte Zeit berechnen, so lässt sich dieser Wert mit der Vorgabe der oberen Instanz vergleichen. Drei Resultate sind denkbar:

- Die Auftragsgröße für einen Produkttyp i entspricht der Kapazität, die von der obersten Instanz für die Fertigung des Produkttyps vorgesehen ist. Die Auftragsgrößen für die einzelnen Produkte können dann unmittelbar an die Operational Units der dritten Ebene übermittelt werden.
- Die Auftragsgröße des Produkttyps i ist geringer als die auf der obersten Managementebene bereits reservierte Kapazität für diesen Typ. Die noch freie Restkapazität sollte dann genutzt werden, die Produktionsmengen der ohnehin aufzulegenden Produktfamilien proportional zu erhöhen. Dabei müssen wir aber die Lagergrenzen für jedes Einzelprodukt beachten. Wird die reservierte Kapazität immer noch nicht erreicht, so sind andere Maßnahmen zu erwägen. Beispielsweise können dann auch solche Produktfamilien aufgelegt werden, deren Eindeckungszeit noch mehr als eine Periode beträgt.

Alternativ ist der obersten Managementebene anzuzeigen, dass die vollständige Nutzung der reservierten Kapazität nicht zweckmäßig erscheint. Dort sind dann die ursprünglich getroffenen Managemententscheidungen neu zu überdenken.

- Überschreitet die auf der zweiten Ebene zunächst festgelegte Auftragsgröße des Produkttyps i die vorgegebene Kapazitätsreservierung, so sind die Auftragsgrößen aller Produktfamilien proportional zu reduzieren, bis die Vorgabe erreicht ist.

Wir wollen uns das Vorgehen auf der mittleren Managementebene einmal exemplarisch verdeutlichen. Dazu seien die Periodenwerte aus Tabelle 3.4.2 gegeben. Der betrachtete Produkttyp besteht aus drei Produktfamilien und insgesamt zehn Einzelprodukten. Für diesen Produkttyp sei auf der ersten Managementebene eine Kapazitätsreservierung von 3.654 Zeiteinheiten (ZE) vorgenommen worden. Die Produktionsrate für jedes Einzelprodukt des Typs beträgt eins, d. h. es wird eine Mengeneinheit (ME) pro ZE gefertigt, so dass die Produktionsmenge den reservierten ZE entspricht.

j	kj	D_{kj}	L_{kj}	SB_{kj}	Q_{kj}	$\bar{L}_{kj}$
1	1	300	500	100	600	1.100
	2	90	500	50	400	500
	3	200	600	100	1.200	1.000
	4	500	750	150	1.500	2.000
	5	350	520	120	700	1.350
2	6	620	750	304	330	2.900
	7	300	300	144	350	1.560
	8	140	250	68	800	860
3	9	900	350	434	1.300	4.220
	10	750	400	360	680	3.920

Tabelle 3.4.2: Beispieldaten für die Berechnung der Auflagemengen
von Produkten eines Typs
(Quelle: ZÄPFEL 1982)

Wenn wir zunächst die Eindeckungszeiten betrachten, so stellen wir fest, dass Produktfamilie 1 in dieser Periode nicht aufgelegt werden sollte, weil alle Einzelprodukte der Familie eine Eindeckungszeit von mehr als einer Periode aufweisen. So verbleiben lediglich die Produktfamilien 2 und 3 für eine weitere Bestimmung der Auftragsgrößen. Wir erhalten nach den vorangegangenen Überlegungen folgende Werte:

$$Q_2 = 330 + 350 + 610 = 1.290$$

bzw.

$$Q_3 = 1.300 + 680 = 1.980$$

Bei der Berechnung der Auftragsgrößen sind die Lagergrenzen zu beachten. So besitzt das Einzelprodukt 8 zwar eine optimale Losgröße von 800 ME. Jedoch wird in Anbetracht eines gegebenen Lagerbestands von 250 ME die Lagergrenze von 860 ME deutlich überschritten, wenn die optimale Losgröße realisiert würde. Demnach ist die maximal zu fertigende Menge für dieses Produkt 860 − 250 = 610 ME. Aus der Addition der beiden Auftragsgrößen erhalten wir eine Produktionsmenge von 3.270 ME für den betrachteten Produkttyp. Dies entspricht einer ebenso großen Zeitbeanspruchung. Allerdings sind auf der ersten Managementebene 3.654 ZE für den Produkttyp reserviert worden, so dass eine proportionale Auffüllung der Produktionsmengen in Betracht zu ziehen ist. Dabei sind erneut die Lagergrenzen und der gegenwärtige Lagerbestand zu berücksichtigen. Zunächst prüfen wir für jede der beiden aufzulegenden Produktfamilien, wie viele Mengeneinheiten ($\overline{L}_j - L_j$) maximal produziert werden können, damit die Lagergrenzen nicht überschritten werden. Bei Produktfamilie 2 sind dies laut Tabelle 3.4.2 insgesamt 4.020 ME, bei Produktfamilie 3 liegt der entsprechende Wert bei 7.390 ME. Die beiden Werte werden nun genutzt, um einen Verteilungsschlüssel v_j zu ermitteln, nach dem die noch verbleibenden 3.654 − 3.270 = 384 ME auf beide Produktfamilien verteilt werden sollen. Die Schlüsselwerte lauten in diesem Fall:

$$v_2 = \frac{4.020}{4.020 + 7.390} \approx 0{,}35$$

und

$$v_3 = \frac{7.390}{4.020 + 7.390} \approx 0{.}65$$

Damit werden 35% der noch zu verteilenden Kapazität der Produktfamilie 2 zugeschlagen, 65% hingegen der Produktfamilie 3. Als korrigierte Auftragsgrößen erhält man $Q_2 \approx 1.425$ ME und $Q_3 \approx 2.229$ ME.

Die grundsätzliche Idee auf dieser zweiten Managementebene besteht darin, nur solche Produktionsentscheidungen zu treffen, die unbedingt notwendig sind. Soweit genügend Lagerbestände bei einzelnen Produktfamilien vorhanden sind, würde eine zusätzliche Produktion die Lagerkosten nur noch weiter erhöhen, ohne dass damit eine Befriedigung von zusätzlicher Nachfrage in der betrachteten Periode zustande käme. Allerdings wird eine Ausnahme gemacht: Wird eine Produktfamilie aufgelegt, so gilt die Produktionsentscheidung grundsätzlich für alle Einzelprodukte dieser Familie, auch wenn einige Einzelprodukte noch in genügender Menge vorhanden sind. Damit wird dem Umstand Rechnung getragen, dass die Produkte einer Familie eng verwandt sind und keine weiteren Umrüstungen der Maschinen erforderlich werden, wenn verschiedene Produkte derselben Familie gefertigt werden sollen. Wie noch gezeigt wird, bleibt es jedoch den Operational Units der dritten Managementebene vorbehalten, die endgültige Produktionsentscheidung zu treffen.

Management auf der untersten Instanzenebene

Für die periodenweise Bestimmung der Produktionsmengen der Einzelprodukte besteht die grundlegende Idee darin, dass alle Eindeckungszeiten innerhalb ein und derselben Familie in etwa identisch sein sollen. Das ist sinnvoll, weil damit auch die Produkte dieser Familie in Zukunft voraussichtlich wieder gemeinsam aufgelegt werden können. Die Einsparung von zukünftigen Rüstkosten wird so schon heute sichergestellt, sofern natürlich die Nachfragewerte konstant bleiben.

Die Vorgehensweise zur Berechnung der einzelnen Produktionsmengen ist höchst einfach:

1. Vorgabe der Eindeckungszeit der Produktfamilie, zu der das betreffende Einzelprodukt gehört.

2. Auffüllung des Lagers mit der Menge des Einzelprodukts, die gewährleistet, dass die Eindeckungszeit des Einzelprodukts der Eindeckungszeit der Produktfamilie entspricht.

Betrachten wir das Einzelprodukt 62, das zur Produktfamilie 2 gehört. Nach der Produktionsentscheidung auf der zweiten Managementebene hat die Produktfamilie 2 nunmehr eine durchschnittliche Eindeckungszeit

$$EZ_2 = \frac{1.425 + (1.300 - 516)}{1.060} \approx 2,084$$

Die Eindeckungszeit von Einzelprodukt 62 vor Aufnahme der Produktion liegt bei 0,719. Die Produktionsmenge muss deshalb so festgelegt werden, dass der neue, verfügbare Lagerbestand ausreichend ist, um die erwartete Nachfrage der nächsten 2,08 Perioden zu decken. Dementsprechend lässt sich die Produktionsmenge für das Einzelprodukt 62 folgendermaßen berechnen:

$$Q^*_{62} = 2,084 \cdot 620 - (750 - 304) \approx 846.$$

Dieselben Rechnungen sind von den anderen Operational Units für die übrigen Einzelprodukte anzustellen. Die genaue zeitliche Terminierung dieser Produktionen ist noch gesondert vorzunehmen.

Anhand des HAX-MEAL-Modells können wir noch einmal die Vor- und Nachteile der hierarchischen Integration deutlich erkennen. Die Daten werden zeitgerecht benötigt. Detaildaten werden erst auf der unteren Managementebene nachgefragt. Die Abstimmung der Managementebenen wird offenbar. Es kommen keine widersprüchlichen Resultate zustande. Der Unsicherheit des gesamten Managementprozesses wird durch die rollierende Planung Rechnung getragen. Allerdings stellt die rollierende Planung auch die einzige Form der Rückkopplung dar, die integrierend wirkt. Direkte planungswirksame Rückkopplungen kommen sonst nicht vor, es sei denn die reservierten Kapazitäten sind auf keinen Fall zu nutzen. Der zeitliche Ablauf der Produktion wird bei dem HAX-MEAL-Modell überhaupt nicht berücksichtigt. Eine Reihenfolgeplanung findet nicht statt. Mit dem Modell wird keinesfalls eine Optimallösung angestrebt. Vielmehr wird eine Näherungslösung auf der Grundlage von plausiblen wissenschaftlichen Erkenntnissen für zweckmäßig befunden. Das Modell ist nicht auf alle Branchen und Produktionsstrukturen übertragbar. Es gibt jedoch mittlerweile viele Varianten und Weiterentwicklungen, deren Anwendbarkeit auf konkrete Strukturen im Einzelfall zu überprüfen ist (vgl. STEVEN 1994).

3.4.4 Zusammenfassung

Der Ansatz der hierarchischen Integration, wie wir ihn in diesem Unterkapitel kennengelernt haben, ist vergleichsweise flexibel. Er bezieht entsprechend der vorliegenden Organisationsstruktur auch die einzelnen Instanzen in das Operations Management mit ein und ist nach geeigneter Modifikation auf alle Branchen und Objektumfänge anwendbar. Dies ist zugleich aber seine Schwachstelle, da er lediglich als Konzept formuliert werden kann und mit jeder Implementierung eine andere Form erhält. Wir haben uns in Abschnitt 3.4.2 zunächst mit dem Systemaufbau und dem Datenfluss befasst. Das System ist auf beliebig viele Managementebenen ausdehnbar. Der Datenfluss verläuft zunächst top-down. Anschließend sind bottom-up-Rückkopplungen vorgesehen. Im Verlaufe des Integrationsprozesses nimmt der Detaillierungsgrad der Managemententscheidungen zu. In Abschnitt 3.4.3 haben wir dann das HAX-MEAL-Modell als Prototyp der hierarchischen Integration behandelt. Dieses Modell konzentriert sich auf die Mengenplanung im Produktionssektor. Es werden drei Managementebenen unterschieden: das Management von Produkttypen, Produktfamilien und Einzelprodukten. Ziel ist es, auf recht einfache und einleuchtende Weise die Mengen der Einzelprodukte festzulegen, die jeweils in der folgenden Produktionsperiode hergestellt werden sollen. Entscheidungen über weitere Terminierungen, wie zum Beispiel über Produktionsabläufe und Maschinenbelegungen, werden in dem Modell ausgeklammert.

3.4.5 Fragen zur Wiederholung

1. Was verstehen Sie unter Instanzen? Warum ist es zweckmäßig, Instanzen an der Integration von Operational Units zu beteiligen?
2. Welches sind die Vor- und Nachteile einer hierarchischen Integration gegenüber den nicht-hierarchischen Integrationsmechanismen?
3. Wie lassen sich die Managementebenen im HAX-MEAL-Modell differenzieren?
4. Begründen Sie die Kostenfunktion auf der obersten Managementebene des HAX-MEAL-Modells.
5. Warum sind Eindeckungszeiten auf der mittleren und unteren Managementebene des HAX-MEAL-Modells von großer Bedeutung?
6. Welche Anstrengungen müssen auf der zweiten Managementebene des HAX-MEAL-Modells unternommen werden, um die Vorgaben der ersten Ebene einzuhalten?

7. Unter welchen Umständen ist es denkbar, dass Einzelprodukte im HAX-MEAL-Modell gefertigt werden, obwohl noch ausreichend Lagerbestände für die Nachfrage der kommenden Periode vorhanden sind?
8. Wie lassen sich Lagergrenzen für einzelne Produkte begründen?

3.4.6 Aufgaben zur Übung

Aufgabe 1

Der Sportartikelhersteller Kuguar AG produziert Laufschuhe. Sein Sortiment an diesen Schuhen untergliedert sich in die Familien Runaway, RoadRunner und Speedy, die er in verschiedenen Schuhgrößen fertigt. Die reservierte Kapazität für die Laufschuhe beträgt in dieser Periode 1.499 ZE. Für die Produktion eines Schuhpaars werden 0,5 ZE benötigt.

Welche Schuhfamilien sollten Ihrer Meinung nach für die Produktion in der nächsten Periode aufgelegt werden, wenn die Werte aus der folgenden Tabelle Gültigkeit besitzen? Begründen Sie Ihre Antwort.

Familie j	Schuhgröße k	D_{kj}	L_{kj}	SB_{kj}	Q_{kj}	$\overline{L}_{kj}$
Runaway	38	200	300	125	500	1.000
	39	75	200	50	300	450
RoadRunner	40	100	250	50	200	400
	41	25	100	25	125	200
	42	150	200	50	450	500
Speedy	43	250	100	125	1.000	1.500
	44	300	175	150	900	1.500

Grunddaten

D_{kj} : Nachfrage nach Schuhen der Größe k aus der Familie j pro Periode
L_{kj} : Lagerbestand von Schuhen der Größe k aus Familie j
SB_{kj} : Sicherheitsbestand für Schuhe der Größe k aus Familie j
Q_{kj} : Optimale Produktionsmenge für Schuhe der Größe k aus der Familie j
$\overline{L}_{kj}$: Lagerhöchstgrenze für Schuhe der Größe k aus der Familie j

Berechnen Sie – basierend auf dem Ansatz von HAX und MEAL – die Produktionsmengen der drei Schuhfamilien für die kommende Periode.

Ermitteln Sie die Produktionsmengen für die verschiedenen Schuhgrößen der Familien.

3.4.7 Literaturempfehlungen zur Vertiefung

KISTNER, K.-P./STEVEN, M. (2001): Produktionsplanung. 3. Auflage, Physica, Heidelberg

MILLER, T. (2002): Hierarchical Operations and Supply Chain Planning. Springer, London u. a.

STEVEN, M. (1994): Hierarchische Produktionsplanung. 2. Auflage, Physica, Heidelberg

3.5 Bestandsregelung

3.5.1 Einführung

Nachdem deutlich geworden ist, wie wichtig es ist, dass die bestehenden Organisationsstrukturen und -abläufe in einem Unternehmen beim Operations Management unbedingt zu beachten sind, wollen wir in diesem Unterkapitel eine Integrationsform behandeln, die auf ihre Weise ebenfalls die existierenden Planungs- und Entscheidungskompetenzen berücksichtigt. Während bei der hierarchischen Integration im Wesentlichen davon ausgegangen wurde, dass die gesamte Planung in einem (hierarchisch strukturierten) Unternehmen abläuft, wird bei der Bestandsregelung darauf verzichtet, die Grenzen des Unternehmens ausdrücklich zu berücksichtigen. So können sich einzelne Objekte der Planung sowohl innerhalb als auch außerhalb dieser Grenzen befinden. Entscheidend ist allein, dass jede Operational Unit ihre Planung vor allem an den Beständen von Verbrauchsfaktoren ausrichtet, die von ihr zu verantworten sind. Hohe Lagerbestände weisen dementsprechend auf einen Planungsdefekt hin. Es entstehen hohe Bestandskosten, die auf eine mangelhafte Koordination zwischen den Operational Units zurückzuführen sind. Die Idee der Bestandsregelung soll in Abschnitt 3.5.2 näher ausgeführt werden, bevor einige der am weitesten verbreiteten Modelle und Konzepte mit ihren Grundeigenschaften präsentiert werden. Abschnitt 3.5.3 ist dem Modell der Belastungsorientierten Auftragsfreigabe gewidmet. In Abschnitt 3.5.4 wird das Fortschrittszahlenkonzept erörtert. Dieses Konzept ist ebenso wie das in Abschnitt 3.5.5 erläuterte Just-in-Time-System maßgeblich in der Automobilindustrie entwickelt worden. Ein ausgezeichnetes Beispiel für das Just-in-Time-System ist die Kanban-Regelung, die in Abschnitt 3.5.6 dargestellt wird. Die Steuerung mit Karten (jap. „Kanbans"), auf denen alle erforderlichen Daten zur Koordination der Operational Units verzeichnet sind, wurde ursprünglich von der Toyota Motor Company in den sechziger und siebziger Jahren des vorigen Jahrhunderts entwickelt, um dem japanischen Automobilkonzern Produktionskostenvorteile zu verschaffen.

3.5.2 System der Bestandsregelung

Ein zentraler Kritikpunkt an den in den Unterkapiteln 3.3 und 3.4 ausführlich erörterten Integrationskonzepten ist das Auftreten hoher Lagerbestände. Solche Bestände haben mehrere Ursachen: Erstens führt das Bemühen um eine hohe Kapazitätsauslastung der Maschinen bei einer engpassorientierten Sichtweise zwangsläufig zu einer Geringschätzung der Auftragsdurchlaufzeiten, wie es dem Dilemma der Ablaufplanung entspricht. Zweitens ist bei schwankenden bzw. unsicheren Nachfrageentwicklungen das Durchlaufzeitensyndrom zu beobachten. Drittens resultieren aus einer Ausbalancierung der Gesamtkosten häufig große optimale Lose. Dadurch können die Nutzzeiten der Maschinen erhöht und dementsprechend Rüstzeiten eingespart werden. Bei mehrstufiger Fertigung potenzieren sich diese Losgrößeneffekte gelegentlich allerdings auf unerwünschte Weise in Richtung der vorgelagerten Fertigungsstufen, wie bereits in Abschnitt 3.3.3 anhand von Tabelle 3.3.1 zu sehen war. Hohe Zwischenlagerbestände sind die logische Konsequenz.

> **Exkurs: Durchlaufzeitensyndrom**
>
> Infolge von Maschinenstörungen oder nicht vorhersehbaren Änderungen der Produktionsabläufe kommt es in den Werkstätten vielfach zu ungeplanten Auftragsbeständen, die dazu führen, dass die erwarteten Durchlaufzeiten der Aufträge nicht eingehalten werden können. Vielmehr resultieren längere Wartezeiten, welche eine rechtzeitige Auslieferung des Auftrags häufig gefährden. Lassen sich diese Probleme regelmäßig beobachten, so wird von der Produktionsplanung gelegentlich der Versuch unternommen, durch frühere Auftragsfreigabe dennoch eine pünktliche Fertigstellung zu erreichen. Dadurch, dass bei solchen Maßnahmen aber immer mehr Aufträge in die Werkstätten gelangen, als unbedingt erforderlich ist und es der Werkstattkapazität entspricht, vergrößert sich die Zahl der wartenden Aufträge weiter. Es resultieren zusätzliche Verzögerungen, die die Auftragsdurchlaufzeiten weiter verlängern. Noch mehr Aufträge sind nunmehr von einer verspäteten Auslieferung bedroht. Reagiert die Produktionsplanung erneut mit einem weiteren Vorziehen der Auftragsfreigabe, so verschärft sich die Problematik so lange, bis das System vollständig zusammenbricht, also kaum ein Auftrag noch fristgerecht bearbeitet wird. Dieses Phänomen wird als Durchlaufzeitensyndrom bezeichnet. Bei auftretenden Störungen bzw. Unterbrechungen des Produktionsprozesses muss deshalb nach anderen Lösungen gesucht werden.

Die unbefriedigende Situation der betrieblichen Lagerhaltung hat fast zwangsläufig zu einer neuen Sicht und Beurteilung von Lägern geführt. Nicht der positive Gedanke einer Sicherstellung der Produktion steht nunmehr im Vordergrund, sondern der negative Gesichtspunkt der Kostenverursachung. Hohe Läger verdecken lediglich Probleme in den einzelnen Operational Units, die durch Ressourcenengpässe entstanden und dringend zu beheben sind. Während die traditionellen Planungskonzepte erst mittelfristig eine Engpassbewältigung anstreben, werden die entsprechenden Maßnahmen durch die Bestandsregelung unverzüglich forciert.

Durch die Senkung der Material- und Halbfabrikatbestände vor den Maschinen werden zugleich die Durchlaufzeiten der Aufträge reduziert. Allerdings sollten die Bestände nicht zu gering ausfallen, da dann die Kapazitätsauslastung sinken würde und sogar Produktionsausfälle wahrscheinlich wären. Eine sorgfältige Bestandsregelung ist also erforderlich. Sie setzt zunächst voraus, dass die Regelgrößen erkannt und die Zusammenhänge zwischen ihnen exakt beschrieben werden. Anschließend ist der Soll-Bestand zu ermitteln. Er beeinflusst sowohl die Durchlaufzeiten der Aufträge als auch die Kapazitätsauslastungen der Maschinen.

Eine einfache Form der Bestandsregelung ist Input-Output-Control. Die Idee besteht darin, den Bestandsverlauf sichtbar zu machen und genau die Aufträge freizugeben, die einem gewünschten Bestandsverlauf bzw. einer gewünschten Durchlaufzeit entsprechen. Ausgangspunkt ist dabei die Darstellung des Zusammenhangs der Regelgrößen über die Bestandsentwicklung:

$$SB_t = RB_t + FR_t - AB_t, t = 1, \ldots, T. \tag{3.5.1}$$

Gemäß dieser Gleichung ergibt sich der Soll-Bestand SB_t am Ende der Periode t aus dem Restbestand RB_t zu Beginn der Periode, der Addition aller in der Periode freigegebenen Aufträge FR_t sowie der Subtraktion aller zwischenzeitlich bearbeiteten Aufträge bzw. Abgänge AB_t. Alle Größen stellen geplante Werte dar und werden in Arbeitsstunden an dem betrachteten Aggregat ausgedrückt. Die geplante mittlere Durchlaufzeit T_t entspricht dann der Zeit, die bei der gegebenen Bearbeitungsgeschwindigkeit erforderlich ist, um den derzeitigen Auftragsbestand abzuarbeiten, d.h.

$$T_t = \frac{SB_t}{AB_t} \tag{3.5.2}$$

Es ist nun sinnvoll, das System so zu regeln, dass eine gewünschte Durchlaufzeit bzw. ein gewünschter Soll-Lagerbestand vorgegeben wird. Die Regelungsgrößen sind zum einen die freizugebenden Aufträge und zum anderen die Bearbeitungsgeschwindigkeit an dem betreffenden Aggregat. In welcher Reihenfolge die Aufträge freigegeben werden sollen und welche Kapazitätserweiterungsmaßnahmen im Einzelnen getroffen werden können, bleibt dabei offen. Insofern handelt es sich bei Input-Output-Control lediglich um einen einfachen Mechanismus ohne Rückkopplungsschleifen, der anzeigt, über welche Größen die Inputs und Outputs an einem Aggregat grundsätzlich gesteuert werden können. Die Auswahl von Einzelmaßnahmen ist mit diesem Mechanismus nicht beabsichtigt.

Beispiel: Input-Output-Control

Wir wollen die Idee von Input-Output-Control noch einmal an konkreten Zahlen nachvollziehen. Dazu sei die Bestandsentwicklung an einem Aggregat über mehrere Wochen angenommen, wie sie in der Tabelle 3.5.1 dargestellt ist. So werden in der 2. Woche 300 Arbeitsstunden angesetzt, um den aus der Vorperiode resultierenden Restbestand von 740 Arbeitsstunden zuzüglich der in Periode 2 freigegebenen 32 Arbeitsstunden zu erledigen. Bei planmäßiger Ausführung der Arbeiten beträgt der Soll-Bestand am Ende der 2. Woche 472 Arbeitsstunden, die als unbewältigter Restbestand in die 3. Woche übernommen werden. Wie wir Tabelle 3.5.1 entnehmen können, bleibt es auch in den folgenden Wochen zunächst bei einem Arbeitseinsatz von 300 Arbeitsstunden pro Woche. Demzufolge ist mit 472:300 ≈ 1,6 Wochen zu rechnen, um den am Ende der 2. Woche vorhandenen Auftragsbestand abzuarbeiten. Der zuletzt angenommene Auftrag müsste also bei einer „First Come First Served"-Disziplin etwa 1,6 Wochen warten, bis er bearbeitet ist. Wird nun generell mit einer Auftragsdurchlaufzeit von 2 Wochen kalkuliert, so kann der geplante Soll-Bestand danach beurteilt werden, ob er zu hoch oder zu niedrig ist. In der 3. Woche könnten zur Erreichung dieser Plandurchlaufzeit vermehrt Aufträge freigegeben oder eine geringere Maschinenkapazität wie bisher für die Bearbeitung eingesetzt werden. Wie wir sehen, reagiert das System ab der 5. Woche tatsächlich in der Weise, dass die Maschinenkapazität gedrosselt und gleichzeitig die Freigabemenge beträchtlich erhöht wird. Die mittlere Durchlaufzeit eines Auftrags steigt dann erstmals in der 8. Woche auf über 2 Wochen an, so dass ab hier wieder eine Regelung in die umgekehrte Richtung vorgenommen werden sollte.

Woche	Arbeitsstunden in Woche										
	1	2	3	4	5	6	7	8	9	10	11
FR_t	–	32	64	37	284	69	232	389	311	74	99
AB_t	–	300	300	300	160	160	160	160	160	160	160
$SB_t = RB_{t+1}$	740*	472	236	0	124	33	105	334	485	399	338
DLZ_t	2,5*	1,6	0,8	0	0,8	0,2	0,7	2,1	3,0	2,5	2,1

* gegebene Ausgangswerte

Tabelle 3.5.1: Beispielhafte Bestandsentwicklung an einem Aggregat

Im System der Bestandsregelung müssen wir die Steuerungsgrößen, wie zum Beispiel die freigegebene Auftragsmenge oder die eingesetzte Maschinenkapazität, von den Kennzahlen, wie etwa der Durchlaufzeit eines Auftrags, unterscheiden lernen. Über die Steuerungsgrößen wird versucht, die Kennzahlen in der gewünschten Richtung zu beeinflussen. Da die Kennzahlen Ausdruck des zugrunde liegenden Zielsystems der Planung sind, haben wir es im weiteren

Sinne mit einer heuristischen Planung zu tun. Bei einer solchen Planung steht das Erreichen der Formalziele, wie zum Beispiel die Maximierung von Deckungsbeiträgen oder die Minimierung von Durchlaufzeiten, nicht im Fokus der Betrachtung. Statt den logischen Zusammenhängen zwischen einzelnen Problemgrößen und der Zielerreichung wird empirischen Kausalzusammenhängen der Vorzug gegeben. So sind Kennzahlen vor allem ein Indiz für die Realisierung von Zielen, was auf eine Vielzahl von Beobachtungen zurückgeht. Formal nachweisen lassen sich diese Zusammenhänge jedoch in vielen Fällen nicht. Die Vorzüge der Bestandsregelung liegen hingegen eindeutig bei der einfachen Informationsübertragung zwischen den Operational Units sowie den minimalen Schnittstellen, die eine transparente Organisation auch über die Unternehmensgrenzen hinweg gestatten.

3.5.3 Belastungsorientierte Auftragsfreigabe

Die Idee der Bestandsregelung ist in dem Konzept der Belastungsorientierten Auftragsfreigabe auf verschiedene Weise weiterentwickelt worden. Wie wir sehen konnten, stellt die Menge der freizugebenden Aufträge in einer Periode eine wichtige Steuerungsgröße dar, die nicht nur zur Beurteilung der Durchlaufzeiten heranzuziehen ist. Wir wollen zunächst einen Blick auf die prinzipielle Einplanbarkeit von Aufträgen werfen, d.h. wir prüfen, ob die Auftragsfreigabe in einer Periode überhaupt in Betracht zu ziehen ist. Dazu legen wir eine Terminschranke $\bar{T}$ fest, um nicht-dringliche Aufträge, die problemlos auch in einer der nächsten Planungsperioden bearbeitet werden können, nicht schon heute unnötig in die Planung mit einbeziehen zu müssen. Bei der Entscheidung über den Wert dieser Terminschranke helfen oft Erfahrungen aus früheren Perioden. Anschließend werden die spätestmöglichen Freigabetermine ST_j für alle Aufträge j ermittelt, die angenommen wurden und für deren Bearbeitung die Ressourcen verfügbar sind. Diese Termine orientieren sich vor allem an der Dringlichkeit der Aufträge, die zum Beispiel durch die Lieferwünsche der Kunden bestimmt wird. Wie ein spätestmöglicher Freigabetermin exakt berechnet wird, wird in Unterkapitel 5.4 gezeigt.

Die Freigabe eines Auftrags j in der Betrachtungsperiode ist grundsätzlich zulässig, wenn sein spätestmöglicher Freigabetermin die gegebene Terminschranke nicht überschreitet, d.h.

$$ST_j < \bar{T} \tag{3.5.3}$$

gilt. Die Differenz zwischen dem spätesten Freigabetermin und dem gegenwärtigen Planungszeitpunkt wird auch als Vorgriffshorizont bezeichnet. Unter den dringlichen Aufträgen, die die Bedingung (3.5.3) erfüllen, wird eine Reihenfolge der Dringlichkeit festgelegt. Im Allgemeinen werden hierbei einfache Prioritätsregeln, wie zum Beispiel „first come first served", angewandt.

Neben der Terminschranke, die sich auf die Aufträge bezieht, wird eine Belastungsschranke BS für die Kapazität festgelegt, welche sicherstellt, dass das Produktionssystem durch die freigegebenen Aufträge nicht planmäßig überlastet wird. BS wird ebenso wie $\bar{T}$ nicht analytisch ermittelt, sondern vom Management als Erfahrungswert vorgegeben. Die Belastungsschranke ist definitionsgemäß die Summe aus dem Soll-Bestand, wie wir ihn von der einfachen Bestandsregelung her kennen, und dem Planabgang. Somit ergibt sich umgekehrt der Soll-Bestand SB_t in diesem System zu

$$SB_t = BS_t - AB_t \tag{3.5.4}$$

Er lässt sich also über die Vorgabe einer Belastungsschranke regeln. Zugleich erhalten wir aus (3.5.1) und (3.5.4) für die in der Periode t freizugebenden Aufträge:

$$FR_t = BS_t - RB_t$$

bzw. für die mittlere Durchlaufzeit einer Arbeitsstation:

$$T_t = \frac{BS_t}{AB_t} - 1.$$

Die einzelnen Regelungszusammenhänge können wir auch der Abbildung 3.5.1 entnehmen. Die Bestimmung der Belastungsschranke und damit auch des optimalen Soll-Bestands kann beispielsweise durch Simulationsexperimente vorgenommen werden, indem die Auswirkungen verschiedener Bestandsgrößen auf die Durchlaufzeiten und die Kapazitätsauslastungen eingehend untersucht werden.

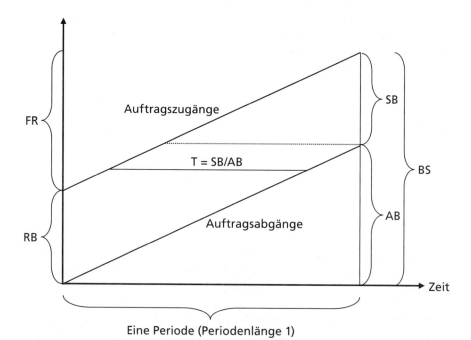

Abbildung 3.5.1: Regelungszusammenhänge im Konzept der Belastungsorientierten Auftragsfreigabe

3.5 Bestandsregelung

Es ist empfehlenswert, die Belastungsschranke so zu wählen, dass ein gewünschter Auslastungsgrad der Kapazität auf jeden Fall erreicht wird. Eine weitere Heraufsetzung der Schranke würde dann lediglich zu längeren Durchlaufzeiten führen. Im Allgemeinen werden aus den Simulationen spezifische Betriebskennlinien hergeleitet, aus denen ein „Optimalbereich" für den Soll-Bestand hervorgeht. In Abbildung 3.5.2 ist ein solcher Bereich schraffiert dargestellt. Wird ein Soll-Bestand aus diesem Bereich gewählt, so hat dies den Vorteil, dass die mittlere Kapazitätsauslastung durch Erhöhung des Soll-Bestands nicht mehr nennenswert zu steigern ist. Auf der anderen Seite würde eine Reduzierung des Soll-Bestands kaum noch zu Verbesserungen der Durchlaufzeit führen. Allerdings existiert kein optimaler Soll-Bestand im theoretischen Sinne, der etwa im Zuge einer mathematischen Optimierung berechenbar wäre.

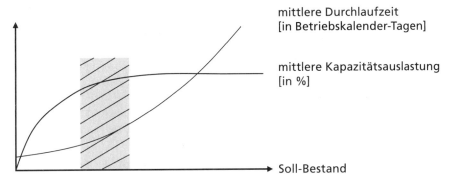

Abbildung 3.5.2: Betriebskennlinien und optimaler Bereich für den Soll-Bestand

Eine weitere wichtige Abgrenzung des Konzepts zu einfachem Input-Ouput-Control besteht darin, dass es nicht kurzsichtig ist. Vielmehr wird bewusst dem Fall der mehrstufigen Fertigung an verschiedenen Arbeitsstationen Rechnung getragen. So muss berücksichtigt werden, dass für einen Auftrag, der gerade an der ersten Arbeitsstation bzw. auf der ersten Maschine bearbeitet wird, auch Kapazitäten an den nachfolgenden Stationen reserviert werden, soweit die Bearbeitung dort in derselben Periode geschehen soll. Denn nur durch eine unverzögerte Bearbeitung können Zwischenlagerzeiten des Auftrags sowie eine verspätete Auslieferung des fertigen Auftrags vermieden werden.

An der ersten Arbeitsstation m_1 wird ein Auftrag mit der Wahrscheinlichkeit

$$p_{m_1} = \frac{AB_{m_1}}{BS_{m_1}}$$

in der betreffenden Periode ausgeführt. Der in Prozent ausgedrückte Kehrwert wird auch als Einlastungsprozentsatz (EPS) an dieser Arbeitsstation bezeichnet. Er beträgt also:

$$\text{EPS}_{m_1} = \frac{100}{p_{m_1}}.$$

Wenn wir die Bearbeitungszeit t_{jm1} des Auftrags j auf der Arbeitsstation m_1 mit der Wahrscheinlichkeit p_{m1} gewichten, erhalten wir die Direktbelastung der Arbeitsstation m_1 mit Auftrag j. Sie entspricht der erwarteten Belastung in der Betrachtungsperiode t. Analog können wir für denselben Auftrag j auch die Direktbelastungen der Arbeitsstationen m_2, m_3,... in der Betrachtungsperiode ermitteln, wenn wir die dort geltenden Einlastungsprozentsätze kennen. So gilt für die Direktbelastung einer Arbeitsstation m_n, die gemäß der vorgegebenen Bearbeitungsreihenfolge für den Auftrag j die n-te Station ist:

$$DB_{j_{m_n}} = \left(p_{m_1} \cdot p_{m_2} \cdot \ldots \cdot p_{m_n}\right) \cdot t_{jm_n}.$$

Die Direktbelastungen müssen bei der Freigabe eines Auftrags mit ins Kalkül einbezogen werden. Aufträge dürfen nur so lange freigegeben werden, wie durch die Direktbelastungen die vorgegebene Belastungsschranke einer Arbeitsstation nicht überschritten wird. Auf diese Weise erhalten wir eine eindeutige Regelungsgröße, da nicht nur über das Freigabevolumen insgesamt entschieden wird. Vielmehr lässt sich jeder einzelne Auftrag in der Reihenfolge seiner Dringlichkeit daraufhin überprüfen, ob er mit seinen Direktbelastungen noch unterhalb der Belastungsschranken der einzelnen Arbeitsstationen bleibt und somit in der betrachteten Periode freizugeben ist.

Die Belastungsorientierte Auftragsfreigabe stellt eine Form der Bestandsregelung dar, bei der der gesamte Produktionsprozess vorausschauend betrachtet wird. Allerdings bleiben bei diesen Überlegungen zahlreiche Planungsdetails unberücksichtigt. So wird nur festgelegt, welche Aufträge in welcher Periode grundsätzlich freizugeben sind. Wie die Aufträge zustande gekommen sind und in welcher Bearbeitungsreihenfolge sie anschließend auf den einzelnen Arbeitsstationen erledigt werden, ist nicht Gegenstand des Regelungskonzepts.

Zur Festlegung der Einlastungsprozentsätze bzw. der Soll-Bestände an den Arbeitsstationen dienen Erkenntnisse aus Simulationsstudien. Liegen diesbezüglich keine ausreichenden Erfahrungen vor, so bleibt die Festlegung dieser Parameter ein zentrales Problem. Einigermaßen homogene Produktionsprozesse, die sich also häufiger wiederholen, sind deshalb eine wesentliche Anwendungsvoraussetzung für das Verfahren. Zu bedenken ist auch, dass zwar mehrstufige Fertigungsprozesse betrachtet werden, der Planungsprozess jedoch nicht über eine Periode t hinausreicht. Die Betrachtungsperiode muss deshalb so gewählt werden, dass Aussicht besteht, die freigegebenen Aufträge innerhalb dieser Periode erledigen zu können.

3.5 Bestandsregelung

> **Beispiel: Belastungsorientierte Auftragsfreigabe**
>
> Für den Möbelhersteller Timber & Style werden die Bauteile für die Möbelstücke aus seinem Sortiment an bis zu vier verschiedenen Bearbeitungsstationen (A–D) gefertigt. Derzeit liegen drei Fertigungsaufträge vor, die als dringlich eingestuft werden (vgl. Tabelle 3.5.2).
>
> | Fertigungs-auftrag | Reihenfolge der Bearbeitungsstationen | | | |
> |---|---|---|---|---|
> | j | 1 | 2 | 3 | 4 |
> | 1 | 15C | 20A | 20D | |
> | 2 | 20C | 30B | 10A | 10D |
> | 3 | 5B | 10C | 10D | 20A |
>
> Tabelle 3.5.2: Gegebene Fertigungsaufträge
>
> Diese Fertigungsaufträge durchlaufen die Bearbeitungsstationen in unterschiedlicher Reihenfolge und beanspruchen die Stationen dabei unterschiedlich lang: So wird Fertigungsauftrag 1 beispielsweise in drei Arbeitsgängen in der Reihenfolge C (15 Std.) → A (20 Std.) → D (20 Std.) gefertigt. Mit Hilfe des Verfahrens der Belastungsorientierten Auftragsfreigabe werden nun die freizugebenden Fertigungsaufträge der kommenden Woche bestimmt. Die Wochenkapazität aller Bearbeitungsstationen ist nachfolgend dargestellt.
>
> | Bearbeitungsstation | A | B | C | D |
> |---|---|---|---|---|
> | Wochenkapazität der Bearbeitungsstation (in Arbeitsstunden) | 40 | 50 | 25 | 25 |
> | Restbestand aus der Vorwoche (in Arbeitsstunden) | 35 | 40 | 20 | 30 |
>
> Tabelle 3.5.3: Bearbeitungsstationen
>
> Dabei gilt es zu beachten, dass in der Regel nicht die gesamte Wochenkapazität auch zur Verfügung steht. Da beim Verfahren der Belastungsorientierten Auftragsfreigabe grundsätzlich mehr Fertigungsaufträge freigegeben werden, als überhaupt abgearbeitet werden können, ist in jeder Planungsperiode ein Restbestand an Fertigungsaufträgen aus der Vorperiode zu beachten, der bevorzugt abgewickelt wird. Die Höhe des Restbestands ist abhängig vom gewählten Einlastungsprozentsatz. Je nach Branche haben sich unterschiedliche Einlastungsprozentsätze bewährt. Bei Timber & Style wird von einem Einlastungsprozentsatz (EPS) von 200 % ausgegangen, d. h. es wird das Doppelte der zur Verfügung stehenden Kapazität eingelastet. Als Belastungsschranke für die Bearbeitungsstation A erhält man somit 80 Std., für B 100 Std., für C 50 Std. und für D 50 Std.

Es wird unterstellt, dass bei der Nummerierung der Aufträge bereits das „First Come First Served"-Prinzip berücksichtigt wurde, so dass zunächst für Auftrag 1 zu prüfen ist, ob er freigegeben werden kann.

Auftrag 1 beansprucht zu Beginn das Betriebsmittel C 15 Stunden lang. Die Belastung des Betriebsmittels C inklusive der Bearbeitung des Restbestands aus der Vorwoche beträgt damit bereits insgesamt 35 Arbeitsstunden. Für den nachfolgenden Arbeitsgang, der auf Betriebsmittel A ausgeführt wird, werden 20 Arbeitsstunden benötigt. Wegen des hohen Einlastungsprozentsatzes von 200 % wird dieser Arbeitsgang jedoch nur mit $20 \cdot 0{,}5 = 10$ Arbeitsstunden in der kommenden Woche kalkuliert, da nicht sicher ist, ob es zur Ausführung in dieser Woche überhaupt noch kommt. Für alle weiteren Arbeitsgänge wird entsprechend verfahren, so dass die Belastung von Betriebsmittel D lediglich mit 1/4 der tatsächlichen Bearbeitungsdauer angesetzt wird. Da bei Zugrundelegung dieser Belastungsrechnung die Belastungsschranke bei keinem Betriebsmittel überschritten wird, erhält Fertigungsauftrag 1 die Freigabe. Analog zum Auftrag 1 wird nun die Belastungsrechnung für den Auftrag 2 durchgeführt. Es stellt sich heraus, dass die Belastungsschranke für das Betriebsmittel C um 5 Arbeitsstunden überschritten wird, so dass Fertigungsauftrag 2 nicht freigegeben wird. Für alle weiteren Fertigungsaufträge bleibt Betriebsmittel C in der kommenden Woche gesperrt. Fertigungsauftrag 3, für dessen zweiten Arbeitsgang Betriebsmittel C benötigt wird, kann daher in der kommenden Woche ebenfalls nicht freigegeben werden.

3.5.4 Fortschrittszahlen

Seit den sechziger Jahren werden Bestände vor allem in der Automobilindustrie über Fortschrittszahlen geregelt. Dabei wird laufend Information über den sich aus der Endmontage ergebenden kumulierten Teilebedarf, die so genannte Fortschrittszahl, an die jeweils vorgelagerten Stufen weitergegeben. Auf der Grundlage dieser Information erfolgt die Versorgung der Montage mit notwendigen Komponenten auf Abruf.

Während die Bestände bei Input-Output-Control sowie bei der Belastungsorientierten Auftragsfreigabe zentral ermittelt und auch zentral überwacht werden, findet bei der Regelung über Fortschrittszahlen eine stärkere Dezentralisation statt. In den einzelnen Werkstätten werden die Aufträge dezentral zu optimalen Losen zusammengefasst und terminiert, bevor die Teilebedarfe für diese Aufträge bestimmt und weitergegeben werden. Lediglich die Bearbeitung der Kundenaufträge sowie der langfristige Kapazitätsabgleich zwischen den Werkstätten wird noch zentral vorgenommen. Auch bei diesem Konzept ist es das Ziel, Überproduktionen auf den Vorstufen zu vermeiden, dabei aber in jedem Fall eine rechtzeitige Anlieferung der Teile zu sichern.

Im streng mathematischen Sinne ist eine Fortschrittszahl eine Funktion zwischen der unabhängigen Variablen Zeit und der abhängigen Variablen Teilebedarf. Wir können die Entwicklung der Fortschrittszahl als Treppenfunktion abbilden. In diskreten Zeitabständen werden neue Teilebedarfe angemeldet, die zu einem höheren Funktionswert führen (vgl. Abbildung 3.5.3). Wir wollen zwischen Ist-Fortschrittszahlen, Soll-Fortschrittszahlen und Plan-Fortschrittszahlen unterscheiden:

- Ist-Fortschrittszahlen geben die Mengen an, die tatsächlich bis zu einem bestimmten Zeitpunkt bereitgestellt worden sind.
- Soll-Fortschrittszahlen kennzeichnen demgegenüber die entsprechenden Soll-Mengen, die aus den gemeldeten Bedarfen abgeleitet werden.
- Plan-Fortschrittszahlen geben zu jedem Zeitpunkt die bereits ausgeführten sowie die veranlassten Aufträge an. Das heißt, sie enthalten auch solche Aufträge, für die die Planung bereits abgeschlossen ist, die jedoch noch nicht vollendet sind.

> **Beispiel: Fortschrittszahlen**
>
> Die Leoni Bordnetz-Systeme GmbH & Co. KG mit dem Stammsitz Nürnberg ist ein Systemlieferant der Automobilindustrie für Fahrzeugelektronik. Während inzwischen 80 % der Wertschöpfung von den Auslandstöchtern erbracht werden, übernehmen die deutschen Standorte immer mehr die Funktion von Kompetenzzentren für Kundenbeziehungen, Entwicklung, Logistik und Vertrieb. Da in der Automobilindustrie, die nach dem Just-in-Time-Prinzip arbeitet, bereits geringfügige Lieferverzögerungen zu einem Produktionsstopp beim Automobilhersteller führen können, setzte Leoni das Fortschrittszahlenkonzept ein, um die Lieferfähigkeit zu kontrollieren. Als Soll-Fortschrittszahl wurde dabei die Summe der innerhalb eines Rahmenliefervertrags durch einen Abnehmer abgerufenen Bordnetz-Systeme geführt. Die kumulierte Anzahl der produzierten Bordnetz-Systeme bildete die Ist-Fortschrittszahl. Alle aktuellen Statusdaten der Fertigungsstätten wurden u. a. mit Hilfe von Satelliten in die Leoni-Zentrale an das Logistiksystem FORS gesendet. FORS generierte ständig Soll-Ist-Vergleiche, die einen Disponenten bei Leoni nun darüber informierten, ob ein Werk – bezogen auf einen Lieferabruf – im Rückstand oder im Vorlauf war.
>
> Quelle: MERTENS (2009)

Fortschrittszahlen werden für jedes Teil bzw. jede Komponente und jede Fertigungsstufe berechnet. Entsprechende Kontrollpunkte werden eingerichtet. Mit Hilfe von Produktionskoeffizienten (Input-Output-Relationen) und zeitlichen Vorlaufverschiebungen werden die Ausgangs-Fortschrittszahlen (das sind zeitbezogene Mengen-Outputs) in Eingangs-Fortschrittszahlen (zeitbezogene Mengen-Inputs) transformiert. Diese sind dann an die jeweiligen Vorstufen weiterzuleiten.

Nehmen wir an, dass zur Herstellung einer Einheit eines Halbfabrikats zwei Einheiten eines Teils benötigt werden und die Produktionsdauer eine Stunde beträgt, so muss die Ausgangs-Fortschrittszahl mit zwei multipliziert und der Bedarfszeitpunkt um eine Stunde nach vorne verschoben werden, damit wir die Eingangs-Fortschrittszahl erhalten.

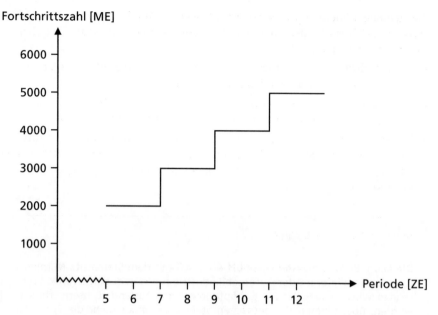

Abbildung 3.5.3: Fortschrittszahlen als Mengen-Zeit-Relation

Im Einzelnen sind mehrere Planungsschritte zu unterscheiden: Zuerst werden für die Bedarfsermittlung die Fortschrittszahlen kalkuliert. Allgemein ergibt sich ein Handlungsbedarf genau dann, wenn der um die Produktionsdauer bzw. Vorlaufzeit (VZ) reduzierte Unterdeckungstermin T erreicht ist, d. h.

$$T_0 = T - VZ$$

gilt. T_0 heißt deshalb auch Auftragsdispositionstermin. Den Unterdeckungstermin T erhalten wir aus folgendem Vergleich von Soll-Fortschrittszahl (SFZ) und Plan-Fortschrittszahl (PFZ), wobei h den gegenwärtigen Entscheidungszeitpunkt kennzeichnet:

$$PFZ_h \geq SFZ_t, t = h, \ldots, T-1$$

und

$$PFZ_h < SFZ_T.$$

Reicht der heutige Planfortschritt im Allgemeinen noch aus, um die Soll-Bedarfe zukünftiger Perioden zu befriedigen, so wird irgendwann ein Zeitpunkt T erreicht, zu dem die Soll-Fortschrittszahl die gegenwärtige Plan-Fortschrittszahl übersteigt, also eine Unterdeckung vorliegt. Dies muss durch rechtzeitige Planung bzw. Auftragsdisposition verhindert werden.

3.5 Bestandsregelung

Beispiel: Bestandsregelung mit Fortschrittszahlen

Nehmen wir an, dass die Plan- und Soll-Fortschrittszahlen gemäß Abbildung 3.5.4 bekannt sind und für die Planung bzw. deren Realisierung eine Vorlaufverschiebung von einem Tag erforderlich sei. Befinden wir uns im Zeitpunkt h = 5, so gelten die Ungleichungen:

$$PFZ_5 \geq SFZ_5,$$
$$PFZ_5 \geq SFZ_6,$$
bzw.
$$PFZ_5 < SFZ_7.$$

Als Unterdeckungstermin ermitteln wir also die Periode 7. Der entsprechende Auftragsdispositionstermin liegt bei: $T_0 = 7-1=6$.

Zu diesem Termin wird die Fertigung weiterer 1.000 ME geplant. Verfolgen wir den Verlauf der beiden Fortschrittszahlen, so wird der Planfortschritt zum Zeitpunkt 8 erstmals kritisch. Die Auftragsdisposition ist nicht in dem erforderlichen Umfang vorgenommen worden. Die Plan-Fortschrittszahl zu diesem Zeitpunkt hätte mindestens auf 6.000 ME ansteigen müssen. Der eingetragene Planfortschritt entspricht damit nicht dem Fortschrittszahlenkonzept. Die horizontalen Differenzen zwischen Plan-Fortschrittszahl und Soll-Fortschrittszahl werden auch als Zeitvorlauf, die vertikalen Differenzen entsprechend als Mengenvorlauf bezeichnet.

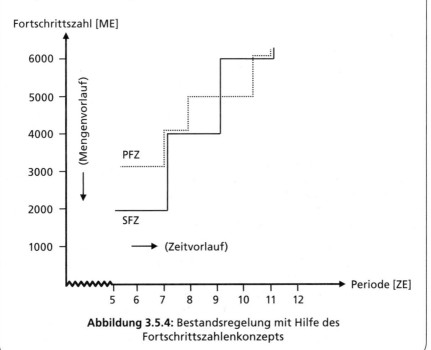

Abbildung 3.5.4: Bestandsregelung mit Hilfe des Fortschrittszahlenkonzepts

Wie wir sehen konnten, konzentriert sich die Bestandsregelung über Fortschrittszahlen nicht auf die Auftragsfreigabe. Vielmehr müssen die einzelnen Fertigungsstufen alle Planungsaufgaben erledigen, um die Teile rechtzeitig bereitzustellen. Der Entscheidungsspielraum der vorgelagerten Fertigungsstufen ist allerdings recht gering, weil die nachfolgenden Stufen den Fertigungsrhythmus vorgeben. Um die Wirtschaftlichkeit der Produktion nicht zu gefährden, sind deshalb eine stabile Produktionsrate sowie eine hohe Wiederholhäufigkeit gleichartiger Aufträge notwendige Anwendungsvoraussetzungen für diese Form der Bestandsregelung. Andernfalls müsste das System jeweils neu abgestimmt werden. Die Vorlaufzeiten würden beträchtlich anwachsen. Insofern ist das Fortschrittszahlenkonzept vor allem zum Einsatz bei Großserien- und Massenfertigern bestimmt.

3.5.5 Just-in-Time-System

Aus den vorangegangenen Unterabschnitten ist bekannt, dass es zweckmäßig sein kann, Bestandsentwicklungen an verschiedenen Stellen im Produktionsprozess zu kontrollieren, damit die Produktion möglichst reibungslos und ohne Wartezeiten der Aufträge beendet werden kann. Es ist nun naheliegend, die Frage nach der Bestandsregelung derart zu pointieren, ob der Aufbau von Lagerbeständen überhaupt erforderlich und ob nicht vielmehr eine „lagerlose" Fertigung anzustreben ist. Dieser Überlegung wird im Rahmen der Just-in-Time-Philosophie nachgegangen, die ihren Ursprung in Fertigungsstrategien der japanischen Automobilindustrie hat. Nach dem Just-in-Time-Prinzip ist die kurzfristige Kapazitäts- und Materialbedarfsplanung an die aktuelle Fertigungs- und Auftragssituation so anzupassen, dass auf Eingangs- und Zwischenläger vor den einzelnen Bearbeitungsstufen idealerweise verzichtet und so ein stetiger Materialfluss durch das ganze Unternehmen stattfindet. Ziehen wir Abbildung 3.5.5 zur Illustration heran, so führt die Absenkung des Wasserpegels dazu, dass vorher unsichtbare Klippen nun sichtbar sind und von Booten umfahren werden können. Analog sollen nach dem Just-in-Time-Prinzip Störungen und Ineffizienzen des Produktionsablaufs unmittelbar am Entstehungsort aufgedeckt und behoben werden. Dies ermöglicht den Aufbau einer erheblich verbesserten Gesamtkostenposition des Unternehmens bei gleichzeitiger Erhöhung von Arbeitsproduktivität und Flexibilität hinsichtlich der kurzfristigen Lieferbereitschaft. Außerdem können Qualitätssteigerungen erwartet werden.

Das Just-in-Time-Prinzip kann sowohl auf die Beschaffung als auch auf die Produktion und die Distribution angewandt werden. Die Ausführungen in diesem Abschnitt konzentrieren sich auf die Just-in-Time-Beschaffung, nach der die Teile von den Lieferanten genau dann angeliefert werden, wenn sie für den Einbau in die Produkte benötigt werden. Mit der Just-in-Time-Beschaffung ist jedoch nicht nur eine produktionssynchrone Beschaffung gewährleistet. Damit würden lediglich Kosteneffekte erzielt. Vielmehr ist eine bedarfszeitpunktgenaue Anlieferung der nachgefragten Mengen in der geforderten Qualität zu garantieren. Um einen reibungslosen Ablauf zu gewährleisten, muss also die Qualitätskontrolle bereits beim Lieferanten erfolgen. Dies erfordert wiederum

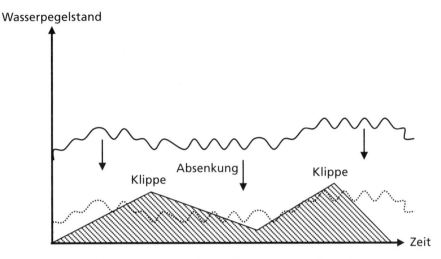

Abbildung 3.5.5: Absenkung des Wasserpegelstandes

eine enge Zusammenarbeit zwischen Lieferant und Abnehmer. Die auf den Lieferanten übertragene Verantwortung für die bedarfszeitpunktgenaue Anlieferung setzt im Allgemeinen eine langfristige vertragliche Bindung voraus. Grundlage hierfür sind beispielsweise Rahmenverträge, die Konventionalstrafen vorsehen und somit das Versorgungsrisiko bei Lieferausfällen für den Abnehmer minimieren. Oft begnügen sich die Kooperationspartner jedoch auch mit nicht einklagbaren Vereinbarungen über eine dauerhafte Beziehung, die auf gegenseitigem Vertrauen basiert. Die individuelle Vertragsgestaltung hängt stets auch von der Marktmacht der Vertragspartner ab.

Die Anwendung des Prinzips der Just-in-Time-Beschaffung wird in der ökonomischen Theorie zunächst für regelmäßig benötigte Güter mit hohem Verbrauchswert empfohlen. Nur für solche Güter lassen sich die aufwändigen logistischen Maßnahmen, die zu treffen sind, rechtfertigen. Unabhängig davon muss alles unternommen werden, um die hohen Logistikkosten, die im Zusammenhang mit dem Just-in-Time-Prinzip anfallen, so weit zu reduzieren, dass eine Just-in-Time-Beschaffung bei Vorliegen der grundlegenden Voraussetzungen wirtschaftlich wird.

Zwischenbetriebliche Just-in-Time-Belieferungen erfolgen inzwischen zu 90 % mit LKWs. Die Problematik dieser Art des Lieferverkehrs besteht in den nicht absehbaren Kostenentwicklungen im Transportbereich, welche vor allem durch Straßenbenutzungsgebühren (Maut), Benzinpreise sowie die darauf zu entrichtenden Öko-Steuern bedingt sind. Wenn man außerdem berücksichtigt, dass die Auslastung von LKWs, die im Just-in-Time-Verkehr unterwegs sind, längst nicht dem mittleren Auslastungsgrad aller Nutzfahrzeuge entspricht, besteht offenbar ein erhebliches Potenzial zur Reduzierung der Logistikkosten, indem nach geeigneten Kooperationsalternativen zwischen den Partnern der logistischen Kette gesucht wird. Durch die planbaren und regelmäßigen Lieferungen im Rahmen der Just-in-Time-Beschaffung lassen sich solche Lösungen bestens institutionalisieren, d. h. über einen längeren Zeitraum vereinbaren, so dass die Einrichtung der zugehörigen Infrastruktur lohnend wird.

Im Folgenden wollen wir einige Konzepte erörtern, mit denen eine Erhöhung des Auslastungsgrads der LKWs angestrebt wird und die dementsprechend einer Erhöhung des Preises für Logistikleistungen rechtzeitig entgegenwirken können. Mit allen Maßnahmen wird das Ziel verfolgt, die mit den LKWs einer bestimmten Größenordnung zurückgelegten Kilometer (Tonnenkilometer) und somit die Transportkosten zu minimieren.

Gebietsspeditionskonzept

Ursprünglich geht das Just-in-Time-Konzept von einem einzigen Lieferanten für jedes Teil aus (Single Sourcing). Wenn im Allgemeinen in der Fertigungsindustrie auch eine Tendenz zur Konzentration auf einige wenige Lieferanten beobachtbar ist, kann ein Single Sourcing in der Reinkultur aufgrund der Angebotsvielfalt, aber auch aus Gründen der Liefersicherheit, in der Praxis als unerreichbarer Zustand betrachtet werden. Die Ausgestaltung des Logistiksystems muss deshalb prinzipiell nicht nur die Koordination zwischen einem Kunden und einem Lieferanten berücksichtigen, sondern auch das Optimierungspotenzial der Abstimmung verschiedener Lieferanten nutzen. Eine Möglichkeit der Nutzung des Multiple Sourcing zur Erhöhung der Effizienz des Logistiksystems besteht in der Beauftragung eines Gebietsspediteurs. Hierbei wird für alle in einer Region räumlich konzentrierten Zulieferer ein Logistikunternehmen bestimmt, das im Auftrag eines Kunden arbeitet und für alle Transporte von den regionalen Lieferanten zum Kunden verantwortlich ist. Dieser vom Kunden eingesetzte Gebietsspediteur fährt zunächst die Lieferanten sukzessiv an und kann danach den Kunden mit einem erheblich höher ausgelasteten LKW beliefern. Dadurch, dass im Rahmen des Just-in-Time-Prinzips oftmals tägliche oder sogar stündliche Lieferungen vereinbart sind, entfällt das Problem der Terminabstimmung dieser Lieferungen. Somit ist als Gestaltungsaufgabe dieses Konzepts nur die Fahrtroute zwischen den in Frage kommenden Lieferanten zu

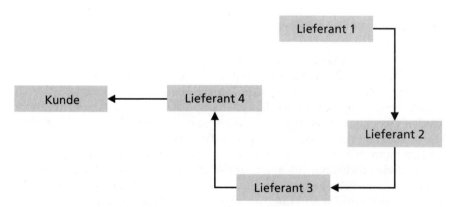

Abbildung 3.5.6: Lieferantenseitiges Gebietsspeditionskonzept

optimieren, ohne die Just-in-Time-Lieferbedingungen zu verletzen. Eine Lösung dieser Aufgabe ist beispielhaft in Abbildung 3.5.6 veranschaulicht.

Die Fahrtroute eines LKWs vom ersten Lieferanten bis zum Kunden wird als Tour bezeichnet. Für die optimale Zusammenstellung einer Tour existieren Modelle und Methoden zur Tourenplanung, mit deren Anwendung gewährleistet ist, dass das Ziel, die gesamte Fahrstrecke zu minimieren, systematisch verfolgt wird.

Beispiel: Tourenplanung

Zur Veranschaulichung wollen wir im Folgenden ein einfaches Tourenplanungsproblem auf der Basis des lieferantenseitigen Gebietsspeditionskonzepts betrachten. Wir gehen davon aus, dass vier regionale Lieferanten (A, B, C und D) einen Kunden K im Rahmen einer Just-in-Time-Belieferung mit Material versorgen. Verantwortlich für den Materialtransport ist Lieferant A, der die anderen drei Lieferanten auf dem Weg zum Kunden sukzessive anfährt und nach Auslieferung der Ware direkt zum Ausgangsort zurückkehrt. Die regionale Anordnung der Lieferanten können wir der Abbildung 3.5.7 entnehmen, die Entfernungen zwischen den Knoten sind in der Tabelle 3.5.4 zusammengefasst.

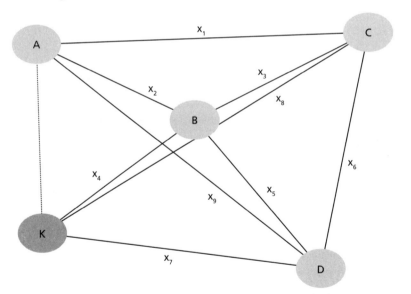

Abbildung 3.5.7: Räumliche Anordnung der Lieferanten

Für Lieferant A besteht nun das Tourenplanungsproblem darin, die Fahrstrecke zu minimieren, denn bei linearen Transportkosten werden so die gesamten Distributionskosten minimiert. Unterstellen wir einen Transportkostensatz von 1,20 GE pro Kilometer, so können wir mit den in Tabelle 3.5.4 angegebenen Entfernungen alternative Fahrstrecken berechnen. Eine erste Alternative besteht etwa in einer Tour, bei der zunächst Lieferant C (x_1 = 100 km), dann Lieferant B (x_3 = 70 km) und schließlich Lieferant D (x_5 = 100 km) angefahren wird, bevor es dann zum Kunden K geht (x_7 = 70 km). Die letzte Teilstrecke vom Kunden zum Ausgangsort zurück wird bei allen Alternativen gleichermaßen gefahren und muss bei einem Vergleich deshalb nicht weiter betrachtet werden. Für die erste Alternative ergibt sich damit eine relevante Fahrstrecke von insgesamt 340 Kilometern, die multipliziert mit dem Fahrtkostensatz von 1,20 GE zu Gesamtkosten von 408 GE führt. Die Ergebnisse weiterer Alternativen entnehmen wir Tabelle 3.5.5.

Strecke	Streckenlänge in km
x_1	100
x_2	50
x_3	70
x_4	60
x_5	100
x_6	140
x_7	70
x_8	120
x_9	120

Tabelle 3.5.4: Entfernungen zwischen den Standorten

Tour	Fahrstrecke in km	Fahrtkosten in GE
Alternative: 1: A → C → B → D → K ($x_1 + x_3 + x_5 + x_7$)	340	408,00
Alternative: 2: A → B → C → D → K ($x_2 + x_3 + x_6 + x_7$)	330	396,00
Alternative: 3: A → B → D → C → K ($x_2 + x_5 + x_6 + x_8$)	410	492,00
Alternative: 4: A → C → D → B → K ($x_1 + x_6 + x_5 + x_4$)	400	480,00
Alternative: 5: A → D → C → B → K ($x_9 + x_6 + x_3 + x_4$)	390	468,00
Alternative: 6: A → D → B → C → K ($x_9 + x_5 + x_3 + x_8$)	410	492,00

Tabelle 3.5.5: Kosten alternativer Fahrstrecken

> Die Alternative 2, bei der die Lieferanten in der Reihenfolge Lieferant B, Lieferant C, Lieferant D angefahren werden, ist danach die günstigste Alternative. Durch die Aufnahme zusätzlicher Nebenbedingungen, etwa von Transportkapazitäten, Liefermengen und Lieferterminen oder des allgemeinen Verkehrsaufkommens, ließe sich dieses Beispiel realitätsnäher erweitern. Das Auffinden einer Optimallösung wird damit jedoch auch wesentlich komplizierter.

Das Gebietsspeditionskonzept kann auch vom Lieferanten betrieben werden. Wenn der Lieferant die Möglichkeit hat, seine Kunden regional zusammenzufassen, kann er ebenfalls den Einsatz eines Gebietsspediteurs veranlassen. Falls für jeden Kunden ein individueller Lieferrhythmus respektive Termin vereinbart wurde, kompliziert sich die Gestaltungsaufgabe allerdings erheblich. Zum Teil können unterschiedliche Liefertermine durch die zeitliche Entfernung zwischen den Standorten der Kunden aufgefangen werden. Häufig werden auch Strafkosten („Penalties") für Lieferverzögerungen vereinbart.

Die Beauftragung eines Gebietsspediteurs durch den Lieferanten setzt voraus, dass die Lieferkosten für den Lieferanten entscheidungsrelevant sind. Insofern muss der Kunde dafür sorgen, dass der Lieferant für die Logistikkosten verantwortlich wird. Dies kann nur durch die Übertragung der Logistikfunktion an den Lieferanten erfolgen. Dem Lieferanten wird für seine Zulieferleistung ein fester Preis pro Tonnenkilometer gezahlt. Die Minimierung der Lieferkosten bietet dem Lieferanten damit einen Anreiz, seinen Gewinn zu steigern. Abbildung 3.5.8 veranschaulicht dieses kundenseitige Gebietsspeditionskonzept.

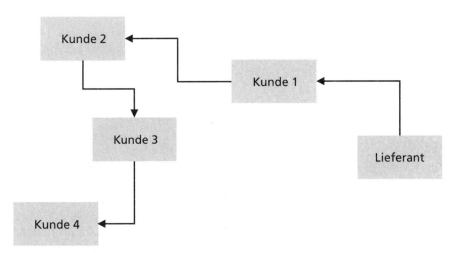

Abbildung 3.5.8: Kundenseitiges Gebietsspeditionskonzept

3 Integrationskonzepte des Operations Managements

Just-in-Time-Lager

Obwohl sich mit dem Just-in-Time-Prinzip üblicherweise gerade der Verzicht auf Lagerhaltung verbindet, kann es durchaus effizienzsteigernd sein, im Rahmen dieses Konzepts ein spezielles Just-in-Time-Lager einzurichten. Ein solches Lager ist lediglich ein Pufferlager und dient der Koordination der Zulieferung verschiedener Materialien von verschiedenen Lieferanten zu unterschiedlichen Kunden. Das Lager ermöglicht eine Erhöhung des Auslastungsgrads der einzelnen Touren vom Lieferanten zum Lager wie auch vom Lager zu den Kunden durch Neuzusammenstellung der einzelnen LKW-Ladungen. Die zweifache Gestaltungsaufgabe des Konzepts besteht in der einmaligen Bestimmung des Standorts für den Umschlagplatz sowie in der laufenden Tourenzusammenstellung. Die beiden Aufgaben haben zwar eine unterschiedliche Fristigkeit. Jedoch hängen sie wechselseitig voneinander ab. Für die Tourenplanung ist ausschlaggebend, wo das Lager angesiedelt ist. Bei der Wahl des Standorts muss wiederum berücksichtigt werden, welche Touren prinzipiell erwartet werden. Abbildung 3.5.9 stellt das Konzept graphisch dar.

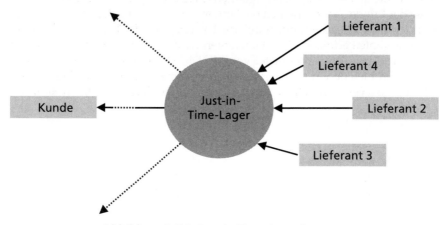

Abbildung 3.5.9: Just-in-Time-Lagerkonzept

Im Vergleich zum Gebietsspeditionskonzept liegen die Vorteile des Just-in-Time-Lagers vor allem in der zweifachen Bündelung der transportierten Güter. Bei geeigneter Lieferstruktur sind die LKWs sowohl auf dem Weg zwischen dem Lieferanten und dem Just-in-Time-Lager als auch auf der Strecke zwischen dem Just-in-Time-Lager und dem Kunden jeweils voll ausgelastet, auch wenn im Just-in- Time-Lager ein Umladevorgang erfolgt. Hingegen findet beim Gebietsspeditionskonzept lediglich ein Bündelungsvorgang statt.

Die eigentliche Problematik des Just-in-Time-Lagers liegt in dem erhöhten Informationsbedarf. Um die Investitionsentscheidung zu begründen, müssen längerfristige Daten über die Lagernutzung, d.h. über Transportmengen und Lieferzeitpunkte vorliegen. Solche Daten sind jedoch häufig für den gesamten

Betrachtungszeitraum nicht sicher verfügbar. Wir beobachten deshalb in der betrieblichen Praxis, dass Just-in-Time-Läger noch nicht in allen Branchen verbreitet sind.

Güterverkehrszentrum

Die bei der Einrichtung eines Just-in-Time-Lagers auftretenden Informationsdefizite bieten vielfach Anlass, sich nach Lösungen umzusehen, bei denen die Verantwortung für den Umschlagplatz weder beim Lieferanten noch beim Kundenunternehmen liegt. Wenn der Umschlagplatz durch ein unabhängiges Dienstleistungsunternehmen zur Verfügung gestellt wird, bezeichnet man ihn als Güterverkehrszentrum. In der Regel umfasst das hier vorhandene, vielfach auch kommunal subventionierte Dienstleistungsangebot weitere Serviceleistungen, die den Umschlag und die Lagerleistung ergänzen.

Die Dienstleistung eines Güterverkehrszentrums geht über die entstehenden Lager- und Umschlagkosten in die aktuelle Planung des Lieferanten respektive des Kunden ein. So kann unter Berücksichtigung der jeweils aktuellen Transportmengen und -zeiten wiederum eine optimale Tourenplanung vorgenommen werden.

Da ein Güterverkehrszentrum von einem unabhängigen Unternehmen betrieben wird, ist die Standortentscheidung bereits längst gefallen, bevor es von den Kunden genutzt wird. Aus Sicht des einzelnen Nutzers ist der Standort im Allgemeinen suboptimal, d.h. es müssen Umwegfahrten in Kauf genommen werden. Dies liegt daran, dass der Standort bei der Vielzahl der vorgesehenen Nutzer eine Kompromisslösung darstellt. Gegenüber dem Just-in-Time-Lager hat das Güterverkehrszentrum jedoch den Vorteil, dass das Investitionsrisiko auf den Betreiber überwälzt wird, so dass Kunden lediglich für die tatsächliche Inanspruchnahme von Leistungen bezahlen müssen. Im Übrigen sind die Vorteile des Güterverkehrszentrums mit denen des Just-in-Time-Lagers durchaus vergleichbar.

Wie wir sehen konnten, birgt die Just-in-Time-Beschaffung eine Reihe von Vorteilen, denen aber auch Nachteile gegenüberstehen. Im Zuge der Arbeitsteilung, wie sie in einer modernen Volkswirtschaft realisiert wird, sind die Transportkosten so stark angewachsen, dass vielfach vermutet wird, der Grad der optimalen Arbeitsteilung sei bereits überschritten. Wenn dennoch am Just-in-Time-Prinzip festgehalten wird, weil diese Koordinationsform neben Kosteneinsparungen auch Qualitätsgewinne verspricht, so ist in Betracht zu ziehen, dass Zulieferer und Produzenten in Zukunft wieder stärker regional konzentriert werden. In Japan, aber auch in anderen asiatischen Industriestaaten, wird diese Form der Just-in-Time-Kooperation in Industriebetrieben seit langem praktiziert. Auch in Deutschland – so beispielsweise in der Automobilindustrie – entstehen vermehrt Zulieferbetriebe in unmittelbarer Nähe zum Kunden. Das Logistikproblem wird dadurch natürlich entschärft. Allerdings kann eine solche Maßnahme der Standortverlagerung, wie sie auch in Abbildung 3.5.10 dargestellt ist, kaum ausschließlich mit Beschaffungsvorteilen gerechtfertigt

146 3 Integrationskonzepte des Operations Managements

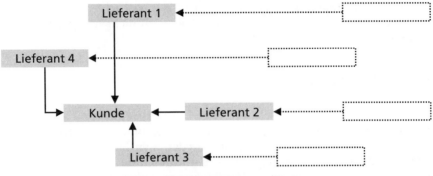

Abbildung 3.5.10: Standortverlagerung

werden. Vielmehr müssen die Unternehmen ihre Entscheidungen im Rahmen einer Gesamtstrategie treffen, die auch rechtliche, personalwirtschaftliche und volkswirtschaftliche Kriterien mit einbezieht.

3.5.6 Kanban-System

Das Just-in-Time-System ist auch deswegen besonders attraktiv, weil es die Möglichkeit zur Selbststeuerung durch die Operational Units eröffnet („Produktion auf Abruf") und der Planungsaufwand erheblich reduziert werden kann. Dabei kommt es darauf an, dass die Übertragung der Information auf möglichst einfache und robuste Weise vorgenommen wird, so dass das System effizient und zuverlässig funktioniert. Eine weit verbreitete Umsetzung des Just-in-Time-Prinzips finden wir in dem Kanban-System, das Anfang der sechziger Jahre von dem japanischen Automobilhersteller Toyota konzipiert worden ist.

Systemelemente

Zentrales Systemelement ist der Kanban. Er gibt dem Konzept zugleich seinen Namen. Kanban bedeutet übersetzt Karte oder Schild. Es gibt Fertigungs-Kanbans und Transport-Kanbans. Kanbans werden an den Behältern befestigt, in denen die gefertigten Teile den Betrieb durchlaufen. Dabei werden Fertigungs-Kanbans von der erzeugenden Stelle benutzt, Transport-Kanbans hingegen von der verbrauchenden Stelle. Ein Mitarbeiter der verbrauchenden Stelle transportiert die Behälter in seinen Zuständigkeitsbereich, d. h. zu einer Station, an der die Teile weiter verarbeitet werden. Beide Kanban-Arten enthalten unterschiedliche Information. Ein Vorschlag für die Kartengestaltung ist in Abbildung 3.5.11 wiedergegeben.

Ein zweites Systemelement ist der Kanban-Regelkreis, dessen Wirkungsweise in Abbildung 3.5.12 dargestellt ist. Im Verbrauchsbereich werden die Transport-Kanbans, die bei der Produktion von den Behältern getrennt werden, in einem Speicher gesammelt. Ist dieser Speicher voll, d. h. wird eine zuvor festgelegte

Fertigungs-Kanban

Bezeichnung:	Behälterart:	Karten-Nr.:
Ident-Nr.:	Stück/Behälter:	Ausgabedatum:
Erzeugungsbereich:	Losgröße:	Verbrauchsbereich:
Kostenstelle:	Produktionszeit:	Kostenstelle:
Rohmaterial-Nr.:	Arbeitsplan-Nr.:	

Transport-Kanban

Bezeichnung:	Behälterart:	KartenNr.:
Ident-Nr.:	Stück/Behälter:	Ausgabedatum:
Erzeugungsbereich:	Wiederbeschaffungszeit:	Verbrauchsbereich:
Kostenstelle:	Transportzykluszeit:	Kostenstelle:
Min. Bestand:	Max. Bestand:	

Abbildung 3.5.11: Kanban-Arten

Kartenanzahl erreicht, so werden die Transport-Kanbans zusammen mit einer entsprechenden Anzahl von leeren Behältern in das Pufferlager gebracht, das zwischen Erzeugungs- und Verbrauchsbereich eingerichtet ist, und dort gegen dieselbe Anzahl voller Behälter ausgetauscht. An den vollen Behältern befinden sich Fertigungs-Kanbans. Diese werden jetzt an den leeren Behältern angebracht. Die vollen Behälter mit den daran befestigten Transport-Kanbans werden in den Verbrauchsbereich transportiert, die leeren Behälter mit den Fertigungs-Kanbans in den Erzeugungsbereich. Die Fertigungs-Kanbans werden dort wieder in einem Speicher gesammelt. Sobald dieser Speicher voll ist, initiiert dies einen neuen Fertigungsprozess im Erzeugungsbereich. Das Speichervolumen ergibt sich dabei einerseits aus der wirtschaftlichen Fertigungslosgröße und andererseits aus einer optimalen Abstimmung zwischen Fertigungsrate im Erzeugungsbereich und Verbrauchsrate im Verbrauchsbereich. Im Anschluss an die vollzogene Fertigung werden die Fertigungs-Kanbans an den vollen Behältern angebracht und ins Pufferlager transportiert. Dort warten sie auf ihre Abholung in den Verbrauchsbereich.

> **Beispiel: Kanban-System**
>
> Der Gütersloher Möbelhersteller Flötotto GmbH ist bekannt für seine schlicht edlen Systemmöbel. Jede Möbelserie des Unternehmens besteht aus einfachen Grundmodulen, die je nach Kundenwunsch kombiniert und ggf. modifiziert werden können. Ein Großteil der Komponentenfertigung wurde an sechs lokale Tischlereien und Holzverarbeiter übertragen, die ihre Komponenten „just in time" zur Montage bei Flötotto anliefern. Die Versorgung mit C-Teilen erfolgte bei Flötotto nach dem Kanban-Prinzip. So befanden sich in speziellen Plastikbehältern, die je nach Produktlinie unterschiedliche Farben hatten – zum Beispiel rot für Schulmöbel, gelb für Büro- und Wohnmöbel. Auf der Vorderseite jedes Behälters war ein spezieller Kanban angebracht, der

Lagerort und Lieferant des Materials sowie einen Strichcode enthielt. Mit Hilfe des Strichcodes konnten die Mitarbeiter erkennen, welches Material in welcher Menge in den Behälter gehörte. Die leeren Behälter aus der Montage wurden einmal pro Woche von Mitarbeitern der 30 km entfernten Dresselhaus GmbH & Co. KG abgeholt und gegen gefüllte Behälter getauscht. Dresselhaus verfügte über einen großen Kundenstamm und kaufte die Materialien weltweit zu günstigen Konditionen ein.

Quelle: SIEVERS (2005)

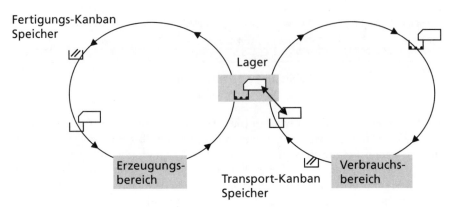

Abbildung 3.5.12: Kanban-Regelkreis (Quelle: MONDEN 1983)

Drittes Systemelement ist die Holpflicht („pull"-Prinzip). Ein benötigtes Teil muss von der verbrauchenden Stelle aus dem Pufferlager geholt werden. Gleichzeitig wird damit ein Produktionsauftrag von der verbrauchenden an die produzierende Stelle erteilt, das Lager wieder aufzufüllen. Mehrere Regeln sind hierbei zu beachten:

- Für den Verbrauchsbereich gilt, dass er Teile nur in der benötigten Menge und zu dem benötigten Zeitpunkt holt.
- Der Erzeugungsbereich darf nie mehr Teile herstellen, als dem Lager entnommen worden sind. Außerdem darf nie vor Eingang des Auftrags produziert werden.
- Der zentrale Planungsbereich hat nur noch die Funktion, das System zu initialisieren, indem er für eine gleichmäßige Auslastung der einzelnen Betriebsstellen sorgt und die optimale Anzahl von Kanbans festgelegt.

Ein viertes Systemelement ist schließlich das Steuerungsprinzip. Da weitestgehend Selbststeuerung vereinbart ist, verbleiben lediglich zwei Steuerungsparameter, die bei der Systemimplementierung vorzugeben sind. Dies sind die Behältergröße sowie die Anzahl von Kanbans. Die optimale Behältergröße wird nach den Kriterien der Losgrößenplanung bestimmt, die in Unterkapitel 5.3 ausführlich behandelt wird. Für die Berechnung der Kartenanzahl gibt es verschiedene Überlegungen, die wir im Folgenden detaillierter vorstellen wollen.

Optimale Kanban-Anzahl

Wie wir feststellen konnten, hat ein Lager bei Anwendung des Just-in-Time-Prinzips lediglich eine Puffer- und Koordinationsfunktion. Es sollen stets nur so viele Teile im Lager vorhanden sein, wie für eine reibungslose Produktion erforderlich sind. Grundsätzlich kann ein Lager diese Forderung erfüllen, wenn es zu Produktionsbeginn die Menge an Teilen enthält, die vom Verbrauchsbereich nachgefragt werden, solange es dauert, das Lager nach dem Verbrauch eines Teils wieder entsprechend aufzufüllen. Ist mit Schwankungen beim Verbrauch oder der Wiederbeschaffung verbrauchter Teile zu rechnen, so sollte bei der unbedingt notwendigen Lagermenge ein Sicherheitsaufschlag hinzugerechnet werden, damit die Nachfrage mit hoher Wahrscheinlichkeit auch unverzüglich bedient werden kann und keine Wartezeiten in der Produktion entstehen, die auf ein leeres Pufferlager zurückzuführen sind.

Wir können diese Überlegungen in folgender Formel zusammenfassen:

$$A = \left\lceil \frac{\lambda \cdot \gamma (1+s)}{m} \right\rceil.$$

λ symbolisiert den mittleren Teilebedarf pro Periode, γ die Wiederauffüllzeit (in Perioden) eines Behälters. Bei der Bestimmung der Wiederauffüllzeit sind neben der reinen Produktionsdauer auch die Rüstzeit, die Wartezeit und die Auslieferzeit eines Loses zu beachten. Ein Los kann dabei die Teilemenge eines oder mehrerer Behälter umfassen. m kennzeichnet die Anzahl der Teile pro Behälter, so dass λ/m den Behälterbedarf pro Periode ergibt. s beschreibt den Sicherheitsaufschlag als prozentualen Zuschlag auf den erwarteten Bedarf. Die eckigen Klammern in der Berechnungsformel geben an, dass der berechnete Wert auf die nächst größere ganze Zahl aufzurunden ist.

> **Beispiel: Optimale Kanban-Anzahl**
>
> Wir nehmen an, dass für die Montage von Endprodukten pro Tag 80 Mengeneinheiten eines bestimmten Bauteils benötigt werden. Dieses Bauteil wird vom Erzeugungsbereich in einem Standardbehälter bereitgestellt. In einem Standardbehälter finden jeweils zehn Bauteile Platz. Die Maschinenlaufzeit im Erzeugungsbereich beträgt acht Stunden pro Tag. Für die Herstellung des Bauteils steht eine Maschine zur Verfügung, welche mit einer Produktionsrate von drei Minuten pro ME fertigt. Die Produktion des Bauteils erfolgt losweise mit einer optimalen Losgröße von 60 ME pro Los. Bei jeder Auflage eines Loses sind eine Rüstzeit von einer Stunde sowie eine ablaufbedingte Wartezeit von drei Stunden zu berücksichtigen. Eine weitere Stunde muss für die Auslieferung bzw. Bereitstellung der Bauteile im Pufferlager veranschlagt werden. Die gesamte Wiederbeschaffungszeit beläuft sich damit auf γ = 3 Stunden (Bearbeitungszeit) + 1 Stunde (Umrüstzeit) + 3 Stunden (Wartezeit) + 1 Stunde (Auslieferungszeit) = 8 Stunden. Dies entspricht genau der Maschinenlaufzeit eines Tages. Um der Möglichkeit von Verzögerungen bei der Wiederbeschaf-

fung Rechnung zu tragen, wird sicherheitshalber ein Puffer von 10 % des Tagesbedarfs veranschlagt. Für die Anzahl der in Umlauf zu bringenden Kanbans ergibt sich damit:

$$A = \left\lceil \frac{80 \cdot 1 \cdot 1{,}1}{10} \right\rceil = \lceil 8{,}8 \rceil = 9$$

Es sollten also neun Kanbans in Umlauf gebracht werden.

Mit der entwickelten Formel kann die Anzahl der Kanbans nur dann befriedigend bestimmt werden, wenn der Sicherheitsfaktor zutreffend festgelegt wurde. Hierbei sind die Schwankungen der Wiederbeschaffungszeit und der Nachfrage hinreichend zu berücksichtigen. Im Allgemeinen erfolgt die Festlegung des Sicherheitsfaktors jedoch intuitiv. Um die optimale Kanban-Anzahl zu erreichen, müssen die ökonomischen Konsequenzen zunächst in Kriterien, wie zum Beispiel Kosten und Erlösen, abgebildet werden. Unter Einbeziehung stochastischer Herstellzeiten sowie einer stochastischen Nachfrage wird die Kanban-Anzahl dann so berechnet, dass die entscheidungsrelevanten Kosten minimiert werden. Dies ist Sinn und Zweck des Warteschlangenansatzes von KUHN (1994), der im Folgenden dargestellt wird.

Beispiel: Der Kanban-Regelkreis

Anknüpfend an die vorangegangene Beispielrechnung wollen wir nun den Kanban-Regelkreis beobachten. Hierzu nehmen wir an, dass im betrachteten Unternehmen um 8:00 Uhr Arbeitsbeginn ist. Zu diesem Zeitpunkt stehen neun volle Behälter mit Fertigungs-Kanbans sowie neun leere Behälter mit Transport-Kanbans im Pufferlager bereit. Weiterhin unterstellen wir, dass exakt zu Beginn jeder Stunde durch einen Arbeiter des Verbrauchsbereichs ein voller Behälter dem Pufferlager entnommen wird, dessen Inhalt dann innerhalb der folgenden 60 Minuten bei der Endmontage verbraucht wird. Bei jeder Entnahme eines Behälters kommt es zu dem bereits bekannten Tausch des Transport-Kanbans eines leeren Behälters gegen den Fertigungs-Kanban eines gefüllten Behälters. Die relativ lange Wiederbeschaffungszeit des Bauteils von insgesamt acht Stunden verlangt nun zur Initiierung des Kanban-Regelkreises eine vorausschauende Planung, d.h. der Fertigungsauftrag für die Neuauflage eines Loses des betrachteten Bauteils erfolgt unmittelbar zum Systemstart. Würde nämlich mit der Auflage des Loses so lange gewartet werden, bis die Entnahmemenge aus dem Pufferlager die Menge der optimalen Losgröße erreicht hat, wären Fehlmengen die Folge. Eine vorausschauende Planung ist immer dann möglich, wenn wir – wie hier geschehen – eine bekannte Nachfragesituation unterstellen. In diesem Fall ist nach der ablaufbedingten Wartezeit von drei Stunden die Maschine um 11:00 Uhr zur Umrüstung bereit. Um 12:00 Uhr kann mit der Fertigung des Bauteils begonnen werden, welche dann schließlich um 15:00 Uhr abgeschlossen ist. Zu diesem Zeitpunkt befinden sich nur noch zwei Behälter im Pufferlager. In der Zwischenzeit, d.h. mit der Entnahme des sechsten gefüllten Behälters um 13:00 Uhr, wurde auch der Impuls zur Auflage eines neuen Loses gegeben. Dieses Los wird voraussichtlich um 12:00 Uhr am Folgetag im Pufferlager eintreffen. Das um 8:00 Uhr in Auftrag gegebene Los erreicht dagegen bereits um 16:00 Uhr das Pufferlager. Am Ende des Arbeitstags stehen damit sieben gefüllte Behälter für den nächsten Arbeitstag im Pufferlager bereit.

Betrachten wir der Einfachheit halber ein einstufiges Kanban-System, in dessen Produktionsbereich ein Produkt komplett erstellt wird. Die Wiederbeschaffungszeit pro Behälter schwankt und wird durch eine stochastische Variable beschrieben. Der Mittelwert dieser Zufallsvariablen wird als bekannt vorausgesetzt und durch die mittlere Produktionsrate γ charakterisiert. Da wir nur eine Produktionsstufe analysieren, brauchen wir nicht zwischen Produktions- und Transport-Kanbans zu unterscheiden. Wird ein voller Behälter aus dem Lager entnommen, so wird der zugehörige Kanban in den Produktionsbereich zurückgeschickt. Der Kanban entspricht einem Produktionsauftrag zur Wiederauffüllung des leeren Behälters. Die Nachfrage nach vollen Behältern wird ebenfalls als stochastisch schwankend angenommen; λ bezeichnet die durchschnittliche Nachfragerate.

Aufgrund der Annahme einer schwankenden Nachfrage sowie stochastischer Herstellzeiten kommt es vor, dass nicht jede Nachfrage unmittelbar befriedigt werden kann, d. h. es können Fehlmengen auftreten. Das Fehlen von vollen Behältern im Endproduktlager kann grundsätzlich zwei Konsequenzen haben. So kann vereinbart werden, dass die Fehlmenge unmittelbar nach Fertigstellung an den Kunden ausgeliefert wird („back order"). Hat der Kunde hingegen seine Nachfrage bereits bei einem anderen Unternehmen befriedigt, geht die Nachfrage unwiederbringlich verloren („lost sales").

Wir wollen uns auf den Back-Order-Fall konzentrieren und die optimale Kanban-Anzahl hierfür ermitteln. Zunächst sind die entscheidungsrelevanten Kosten zu bestimmen. Diese hängen von dem Lagerbestand L sowie den aufgelaufenen Fehlmengen F ab. Da sowohl der Lagerbestand als auch die Fehlmengen durch die stochastische Nachfrage determiniert sind, werden die Erwartungswerte dieser Größen zur Bestimmung des Erwartungswertes der Kosten herangezogen. Die Kostenfunktion nimmt dann die Form

$$K(L,F) = k_L E(L) + k_F E(F) \qquad (3.5.5)$$

an, wobei k_L den Lagerkostensatz und k_F den Fehlmengenkostensatz kennzeichnen. Der erwartete Lagerbestand $E(L)$ und die erwarteten Fehlmengen $E(F)$ lassen sich bei Annahme einer poissonverteilten Nachfrage und exponentialverteilter Zwischenankunftszeiten genauer abschätzen, wie im Folgenden gezeigt wird. Die Annahmen über die Verteilung von Nachfrage und Zwischenankunftszeiten wirken auf den ersten Blick kompliziert. Jedoch können wir sie vereinfacht so interpretieren, dass innerhalb eines konstanten Beobachtungsintervalls stets mit einer gegebenen Wahrscheinlichkeit ein neuer Auftrag erteilt bzw. ein voller Behälter ins Lager eingestellt wird.

Exkurs: Poissonverteilung

Wir betrachten die Ankünfte von Kunden an einem Postschalter und beobachten, dass in einem geeignet gewählten, kleinen Zeitintervall (beispielsweise einer Minute) jeweils ein Kunde mit einer gegebenen Wahrscheinlichkeit erscheint. Eine Ankunft von mehreren Kunden in diesem Intervall kommt nicht vor. Wird dieses Ankunftsverhalten über einen längeren Zeitraum festgestellt, so spricht man von poissonverteilten Ankünften. Die zugehörige Wahrscheinlichkeitsverteilung ist 1837 von SIMÉON DENIS POISSON entwickelt worden. Ist das Ankunftsverhalten der Postkunden poissonverteilt, so sind die so genannten Zwischenankunftszeiten – also die Zeiten zwischen dem Eintreffen zweier Kunden – exponentialverteilt.

Die zu einem Zeitpunkt t vorhandene Anzahl an Kundenaufträgen – das ist die Anzahl an Behältern, die nachgefragt werden – setzt sich zusammen aus den zu diesem Zeitpunkt existierenden Produktionsaufträgen M(t) in Form von Kanbans und der Anzahl der rückständigen Aufträge F(t). Ein rückständiger Auftrag tritt dann auf, wenn die Anzahl der zirkulierenden Kanbans erschöpft und das Lager leer ist.

Der Lagerbestand an vollen Behältern ergibt sich somit aus der Differenz zwischen den insgesamt im System zirkulierenden Kanbans A und der vor einer Maschine wartenden Kanbans M(t) als:

$$L(t) = \begin{cases} A - M(t) \text{ für } M(t) \leq A \\ 0 \text{ für } M(t) > 0 \end{cases}.$$

Das Lager ist somit gefüllt bzw. leer, wenn sich in dem Warteschlangensystem keine bzw. mindestens A Aufträge befinden. Die Wahrscheinlichkeit, dass sich genau n Aufträge im System befinden, erhalten wir aus den Annahmen über die Nachfrage- und Angebotsverteilung als

$$f(n) = P(N = n) = \left(1 - \frac{\lambda}{\gamma}\right)\left(\frac{\lambda}{\gamma}\right)^n, n = 0, 1 \ldots; \frac{\lambda}{\gamma} < 1.$$

Aus dieser Formel folgt unmittelbar, dass die mittlere Herstellzeit $1/\gamma$ geringer sein muss als die Zwischenankunftszeit der Aufträge $1/\lambda$. Andernfalls würden sich die Aufträge im System stauen, und die Auftragsrückstände würden immer weiter anwachsen.

Mit Hilfe dieser Überlegungen lassen sich nun auch der mittlere Lagerbestand an Behältern E(L) sowie die Höhe der erwarteten Auftragsrückstände E(F) abschätzen. Es gelten:

$$E(L) = \sum_{n=0}^{A-1}(A-n)f(n)$$

und

3.5 Bestandsregelung

$$E(F) = \sum_{n=A+1}^{\infty} (A-n)f(n).$$

Setzen wir diese Werte in die Kostenfunktion (3.5.5) ein, so ergeben sich nach einigen Umrechnungen Gesamtkosten in Höhe von:

$$K(A) = k_L\left(A - \frac{\rho}{1-\rho}(1-\rho^A)\right) + k_F\left(\frac{\rho^{A+1}}{1-\rho}\right), \rho = \frac{\lambda}{\gamma} < 1,$$

falls A Kanbans im Umlauf sind. Durch Minimierung von K(A) erhalten wir nun unmittelbar die optimale Anzahl der Kanbans im System, nachdem wir geprüft haben, ob der mathematisch exakt berechnete Wert A auf- oder abzurunden ist. Mit dem Ergebnis erreicht das Unternehmen natürlich nicht die Sicherheit, dass unter allen Umständen Lieferbereitschaft hergestellt wird. Allerdings haben wir den Fall, dass es kurzfristig zu Lieferausfällen bzw. Lieferverzögerungen kommt, durch die Kalkulation entsprechender Kosten mit erfasst.

> **Beispiel: Optimale Kanban-Anzahl bei stochastischem Systemverhalten**
>
> Mit Hilfe eines Zahlenbeispiels wollen wir nun auch für eine stochastische Umgebung die Ermittlung der optimalen Kanban-Anzahl veranschaulichen. Hierzu setzen wir voraus, dass ein bestimmtes Montageteil auf einer Maschine mit einer mittleren Produktionsrate γ von 6 ME pro Minute gefertigt wird. Die Nachfrage nach diesem Montageteil ist stochastisch schwankend und liegt bei einer durchschnittlichen Nachfragerate λ von 3 ME pro Minute. Das Verhältnis von Nachfragerate und Produktionsrate beträgt somit $\rho = \lambda/\gamma = 1/2$, d. h. es wird pro Zeiteinheit durchschnittlich nur halb so viel nachgefragt, wie produziert werden kann. Unabhängig von den konkreten Lager- und Fehlmengenkosten lässt sich die optimale Kanban-Anzahl nun wie folgt ermitteln: Wir setzen zunächst die Verhältniskennzahl ρ in die oben hergeleitete Funktion der Gesamtkosten ein und führen dann folgende Transformation durch:
>
> $$K(A) = k_L\left[A - \frac{0{,}5}{0{,}5}(1-0{,}5^A)\right] + k_F\left(\frac{0{,}5^{A+1}}{0{,}5}\right)$$
>
> $$= k_L(A - 1 + 0{,}5^A) + k_F \cdot 0{,}5^A$$
>
> $$= k_L\left(A - 1 + e^{A\ln(0{,}5)}\right) + k_F e^{A\ln(0{,}5)}.$$
>
> Um zu ermitteln, wann diese Funktion ihr Minimum annimmt, setzen wir die erste Ableitung der Gesamtkostenfunktion nach A gleich null und lösen die Gleichung nach A auf:
>
> $$\frac{dK}{dA} = k_L + \ln(0{,}5)k_L e^{A\ln(0{,}5)} + \ln(0{,}5)k_F e^{A\ln(0{,}5)} = 0$$

$$\Leftrightarrow e^{A\ln(0,5)} = -\frac{k_L}{\ln(0,5)(k_L + k_F)}$$

$$\Leftrightarrow A = \ln\left(-\frac{k_L}{\ln(0,5)(k_L + k_F)}\right)\frac{1}{\ln(0,5)}.$$

Für einen monatlichen Lagerkostensatz k_L in Höhe von 1 GE/ME und einen monatlichen Fehlmengenkostensatz k_F in Höhe von 10 GE/ME ergibt sich nun ein Wert von A = 2,93 ME. Die optimale Kanban-Anzahl muss also entweder 2 oder 3 betragen. Folglich müssen wir uns für eine der beiden Alternativen entscheiden. Einen geeigneten Bewertungsmaßstab liefern die Gesamtkosten für jede Alternative. Wir setzen deshalb die entsprechenden Werte in die Gesamtkostenfunktion ein und erhalten: K (A=2) = 3,75 und K (A=3) = 3,5. Die Entscheidung fällt zu Gunsten der Alternative mit den geringsten Gesamtkosten, d.h. wir entscheiden uns für die Alternative mit drei Kanbans.

Bei einem Ansteigen des monatlichen Fehlmengenkostensatzes auf einen Wert von 100 GE/ME wächst die optimale Kanban-Anzahl auf 6. Durch die „Verteuerung" von Fehlmengen werden nämlich bewusst größere Lagerbestände toleriert. Die Erhöhung des Pufferlagers wird durch eine Erhöhung der Kanban-Anzahl umgesetzt.

Adaptives Kanban-System

In der Praxis ist es häufig schwer, wenn nicht sogar unmöglich, die Anzahl A der Kanbans auf längere Sicht zu bestimmen. Das hängt in erster Linie damit zusammen, dass die für eine solche Berechnung erforderlichen Größen, wie etwa die Nachfragerate oder die Wiederbeschaffungszeit, größeren Schwankungen unterliegen. Bliebe die Anzahl A trotz solcher Schwankungen konstant, so würde das System nicht reibungslos funktionieren. Beispielsweise kommt es unter solchen Umständen häufig zu Fehlmengen oder Überproduktionen, die vom Pufferlager aus Kapazitätsgründen nicht zu bewältigen wären. Aus diesem Grund erscheint es sinnvoll, darüber nachzudenken, ob und wie die Anzahl der im System kursierenden Kanbans von Zeit zu Zeit angepasst werden kann.

Wir wollen uns zur Systembeschreibung wieder auf einen einstufigen Prozess konzentrieren, in dem die Kartenanzahl nach einem Vorschlag von TARDIF und MAASEIDVAAG (2001) verändert wird, sobald der Abgleich von Kanban-Anzahl und aktueller Nachfrage nachhaltig ergibt, dass zu viele bzw. zu wenige Karten im System sind. Eine entsprechende Kontrolle findet in regelmäßigen Zeitabständen t = 1, ..., T statt. Dazu wird jeweils zu Periodenbeginn ein Produktionsüberhang P(t) derart ermittelt, dass die Anzahl der Fertigungs-Kanbans A, die an vollen Behältern im Pufferlager befestigt sind, mit einer Anzahl D von Nachfrage-Kanbans abgeglichen wird, die an leeren Ausgabebehältern stecken. Es gilt also:

$$P(t) = A - D$$

3.5 Bestandsregelung

Nun ergeben sich zwei Überlegungen: Erstens wird der Produktionsüberhang P(t) mit einer Freigabeschranke R verglichen. Gilt P(t) < R, so werden eine oder mehrere Extra-Karten aus einem besonderen Kartenspeicher mit einer Kartenkapazität E in Umlauf gebracht. Anstelle von A Fertigungs-Kanbans sind nun A + n (n ≤ E) Karten im Umlauf. Dadurch soll sichergestellt werden, dass auch bei kurzfristigen Schwankungen die Nachfrage grundsätzlich erfüllt wird. Zweitens wird der Produktionsübergang aber auch mit der Einbehaltensgrenze C für Extra-Karten verglichen. Wird diese Grenze überschritten, d. h. ist P(t) > C, so werden ein oder mehrere Extra-Karten – soweit sich überhaupt Extra-Karten im Umlauf befunden haben – wieder einbehalten, um später gegebenenfalls wieder ausgegeben zu werden. Dadurch reduziert sich zunächst die Menge der im System befindlichen Fertigungs-Kanbans. Der geschilderte Prozess ist in Abbildung 3.5.13 noch einmal veranschaulicht.

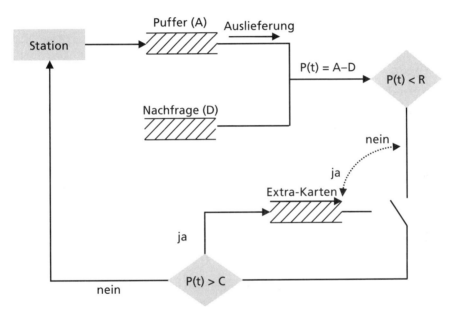

Abbildung 3.5.13: Einstufiger adaptiver Kanban-Regelkreis (Quelle: TARDIF/MAASEIDVAAG 2001)

Das Prinzip des selbststeuernden Regelkreises wird auch im adaptiven Kanban-System beibehalten. Die Überprüfung der Freigabeschranke bzw. Einbehaltensgrenze kann ebenso automatisiert werden wie die Anzahl der auszugebenden bzw. einzubehaltenden Kanbans. Allerdings muss sichergestellt werden, dass das adaptive System nicht zu nervös reagiert, d. h. auf jede Veränderung des Produktionsüberhangs sogleich eine entsprechende Veränderung durch Anpassung der Kartenanzahl erfolgt. In diesem Fall würde das System lediglich der Realität hinterherhinken und ihr nicht vorauseilen. Deshalb müssen die Korrekturen stets im Sinne einer vorausschauenden Planung stattfinden. Einmalige Ausreißer sind zu ignorieren. Werden diese Forderungen berücksichtigt, so führt das adaptive Kanban-System gegenüber dem klassischen System sicherlich zu einer Verbesserung der Anwendungsbedingungen auf stochastische Produktionsstrukturen, die sonst nicht adäquat abgebildet würden.

Generisches Kanban-System

Die bisher dargestellten Verfahren zur Bestimmung der optimalen Kanban-Anzahl setzen voraus, dass die Pufferläger zwischen den einzelnen Bearbeitungsstufen mit den notwendigen Teilen und Komponenten bestückt sind. Betrachten wir hingegen ein dynamisches Produktionsumfeld, in dem sich ein Produktionsprogramm nicht oder nur schwer vollständig festlegen lässt, dann können auch die Pufferlagermengen auf den einzelnen Bearbeitungsstufen nicht exakt bestimmt werden. Weil in Kanban-Systemen der Informationsfluss retrograd, d. h. von der nachgelagerten zu einer direkt vorgelagerten Stufe verläuft, kann mit der Produktion immer erst dann begonnen werden, wenn auf der letzten Bearbeitungsstufe tatsächlich ein Produkt bzw. eine Produktvariante nachgefragt wird.

In einer dynamischen Umwelt mit vielen Produktvarianten sowie einem sich laufend ändernden Produktionsprogramm ist deshalb die Modifizierung des klassischen Kanban-Regelkreises dahingehend erforderlich, dass die Pufferläger nicht mehr unverzüglich mit Teilen und Komponenten bestückt werden, sondern mit generischen Kanbans. Ein generischer Kanban zeigt an, dass eine Gattung von Produkten grundsätzlich hergestellt werden kann. Da mehrere Varianten möglich sind, erfolgt die Teilefertigung allerdings erst nach Auftragseingang. Dadurch erhöht sich die Durchlaufzeit des Auftrags.

In Abbildung 3.5.14 ist ein mehrstufiges generisches Kanban-System veranschaulicht. Wird ein Produkt auf der (n+1)-ten Stufe nachgefragt, so wird ein leerer Behälter zusammen mit einem Transport-Kanban in das Outputpufferlager der vorgelagerten Stufe n transportiert. Dort wird der leere Behälter nicht, wie im normalen Kanban-Regelkreis, gegen einen vollen Behälter ausgetauscht. Vielmehr wird der leere Behälter mit einem generischen Kanban versehen. Dieser Kanban löst die Beschaffung der Vorprodukte für die Produktion auf der Stufe n aus. Weil die Vorprodukte wiederum erst von der vorgelagerten Stufe n−1 beschafft werden müssen, wird der leere Behälter mit dem generischen Kanban vom Outputpufferlager zum Inputpufferlager der Stufe n transportiert. Im Inputpufferlager der Stufe n erfolgt der Austausch des generischen Kanbans gegen einen dort verfügbaren Transport-Kanban. Die leeren Behälter mit dem Transport-Kanban werden anschließend zum Outputpufferlager der Stufe n−1 transportiert und lösen dort die Bestellung für den Produktionsprozess der Stufe n aus.

Können die Vorprodukte aus der Stufe n−1 direkt geliefert werden, so werden die vollen Behälter mit einem Transport-Kanban in das Inputpufferlager der Stufe n zurückgebracht. Dort wird der Transport-Kanban wieder gegen den generischen Kanban ausgetauscht, und der volle Behälter mit dem generischen

3.5 Bestandsregelung 157

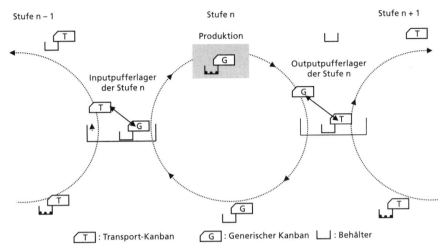

Abbildung 3.5.14: Beispielhafte Darstellung eines generischen Kanban-Regelkreises (Quelle: CHANG/YIH 1994)

Kanban wird in den Produktionsprozess der Stufe n geschickt. Ist die Produktion der Stufe n beendet, wird der volle Behälter mit dem generischen Kanban in das Outputpufferlager der Stufe n zurückgebracht. Dort wird wiederum bei Abholung des Behälters aus der Stufe n+1 der generische Kanban gegen einen Transport-Kanban ausgetauscht. Der freigesetzte generische Kanban steht dann im Outputpufferlager der Stufe n für die Bearbeitung weiterer Aufträge zur Verfügung.

Im Regelkreis des generischen Kanban-Systems muss beachtet werden, dass die Informationsübertragung von Stufe n auf die vorgelagerte Stufe n−1 nur dann reibungslos funktioniert, wenn im Outputpufferlager der Stufe n mindestens ein generischer Kanban bereitsteht. Ist das Pufferlager hingegen leer, bedeutet dies, dass bereits andere Aufträge bearbeitet werden. Die Einlastung weiterer Aufträge wird dann so lange aufgeschoben, bis wieder ein generischer Kanban im Outputpufferlager verfügbar ist. Im Gegensatz zu dem klassischen Just-in-Time-Kanban-System, in dem die benötigten Teile und Komponenten bereits im Pufferlager vorhanden sind und somit diesbezüglich keine Lieferverzögerung auftreten kann, erhöht sich im generischen Kanban-System die Lieferzeit für die nachgefragten Produkte: Zum einen deshalb, weil ein Auftrag möglicherweise noch auf seine Freigabe warten muss, wenn kein generischer Kanban im Pufferlager zur Verfügung steht, zum anderen, weil die benötigten Teile oder die Komponenten bestellt werden müssen und der Auftrag erst nach der erfolgten Lieferung des gewünschten Produkts fertiggestellt werden kann.

Weil generische Kanbans die Anzahl der freizugebenden Aufträge steuern, ist die Kanban-Anzahl erneut ein wichtiger Parameter im System. Werden zu wenige Kanbans auf den einzelnen Stufen eingesetzt, so ist zwar einerseits die Anzahl der insgesamt zirkulierenden Zwischenprodukte (Work in Progress) gering, und die Lager- und Kapitalbindungskosten sinken. Andererseits muss mit der Auftragsfreigabe möglicherweise so lange gewartet werden, bis wieder generische Kanbans in den Outputpufferlagern verfügbar sind. Diese Wartezeit erhöht die Durchlaufzeit der einzelnen Aufträge. Zirkulieren zu viele Kanbans im System, so entsteht der umgekehrte Effekt. Die Kanban-Anzahl muss damit so festgelegt werden, dass der Trade-off zwischen dem Work in Progress und der Durchlaufzeit der Aufträge optimal gesteuert wird.

> **Beispiel: Ablauf im generischen Kanban-System**
>
> Betrachten wir ein dreistufiges Produktionssystem (Stufe 1: Schreinerei, Stufe 2: Lackiererei, Stufe 3: Endmontage), in dem nach dem generischen Kanban-Prinzip Schreibtische in verschiedenen Ausführungen gefertigt werden, so ist folgender Güterfluss denkbar: Nachdem die Montage über einen Kundenauftrag informiert worden ist, kommt ein Mitarbeiter der Abteilung am darauffolgenden Morgen mit einem leeren Behälter ins Outputpufferlager der Stufe 2. Er findet dort keine fertig lackierte Arbeitsplatte vor, die er sofort mitnehmen könnte. Allerdings gibt es für das gewünschte Zwischenprodukt einen generischen Kanban mit den genauen Produkt- und Arbeitsplandaten. Dieser Kanban wird am leeren Behälter befestigt und dient somit als Auftrag für die Lackiererei. Von einem Mitarbeiter der zweiten Station wird der Behälter anschließend ins Inputpufferlager dieser Station transportiert. Dort wird der generische Kanban gegen einen Transport-Kanban ausgetauscht, auf dem die entsprechenden Beschaffungsdaten für das Vormaterial – in diesem Fall die unlackierte Arbeitsplatte – vermerkt sind. Von demselben oder einem anderen Mitarbeiter der Stufe 2 wird dann der übliche Kanban-Austausch im Outputpufferlager 1 vorgenommen. Das heißt, der Mitarbeiter lässt den leeren Behälter in diesem Pufferlager zurück, befestigt daran den Fertigungs-Kanban und nimmt die Arbeitsplatte gemeinsam mit dem Transport-Kanban zur Arbeitsstation 2 wieder mit zurück. Nach dem Rücktausch des Transport-Kanbans gegen den generischen Kanban, auf dem die Produktionsdaten notiert sind, erfolgt die Lackierung der Arbeitsplatte in der Lackiererei. Anschließend wird das fertige Teil in das Outputpufferlager 2 gebracht, von wo es dann unter Rücktausch des generischen Kanbans gegen einen Transport-Kanban der Montagestation zur Weiterverarbeitung bzw. Endmontage weiter transportiert wird.

Eine Modifizierung des generischen Kanban-Systems ist in der Weise denkbar, dass nicht auf jeder Bearbeitungsstufe generische Kanbans eingesetzt werden, sondern nur auf einzelnen Bearbeitungsstufen. Produziert ein Unternehmen beispielsweise mehrere Produkte, die aber alle aus den gleichen Grundbestandteilen bestehen, so können diese grundlegenden Komponenten mit Hilfe eines Just-in-Time-Kanban-Regelkreises dem Produktionsprozess zugeführt werden. Die nicht von vornherein kalkulierbaren Komponenten, etwa Sonderanfertigungen, können bedarfsgesteuert über generische Kanbans bestellt werden. Diese kombinierte Kanban-Steuerung ist zum Beispiel bei der Produktion von Haarpflegemitteln möglich. Die identischen Plastikflaschen für Shampoo und

3.5 Bestandsregelung

Spülung sind bereits in den Pufferlägern verfügbar, während die Inhaltsstoffe je nach Bedarf mit Hilfe eines generischen Kanban-Systems eingefüllt werden können. Eine kombinierte Steuerung eignet sich auch bei der Verarbeitung schnell verderblicher Produkte, wie beispielsweise Lebensmitteln mit geringer Lagerfähigkeit oder kurzer Haltbarkeitsdauer.

Allgemeine Würdigung

Vergleichen wir das Steuerungsprinzip mit Hilfe von Kanbans mit einer zentralen Produktionssteuerung, so liegen die wesentlichen Unterschiede auf der Hand. Bei der zentralen Steuerung ist ein Zugriff der Planungsinstanz auf jedes Funktionsmodul üblich, wie Abbildung 3.5.15 zeigt. Die Informationsflüsse sind gestrichelt dargestellt. Demgegenüber gibt die Zentrale bei einer Produktionssteuerung nach dem Kanban-Prinzip lediglich einen Impuls auf der Stufe der Endmontage in der Weise, dass dort die Aufträge eingelastet bzw. storniert werden (Abbildung 3.5.16). Die Endmontage informiert die Vormontage mit Hilfe von Kanbans, die Vormontage auf dieselbe Weise wieder die Vorstufe der Feinbearbeitung usw. Die zentrale Auftragsfortschrittsüberwachung bleibt in beiden Fällen erhalten. Im Fall der Kanban-Steuerung werden hierzu in regelmäßigen Abständen die Kartenumläufe registriert. Störungen können auf diese Weise rechtzeitig erkannt werden.

Das Kanban-Konzept ist auf den ersten Blick sehr überzeugend. Es verlangt jedoch nach einer Reihe von flankierenden Maßnahmen, die Anwendungsvoraussetzungen darstellen. So muss die Produktion in hohem Maße standardisiert werden. Heterogene Produktionen und schwankende Verbräuche führen dazu, dass auf den einzelnen Fertigungsstufen häufig umgerüstet werden muss. Auf jeden Fall sollten Bemühungen erfolgen, den Rüstaufwand zu reduzieren. Geeignete Maßnahmen sind zum Beispiel regelmäßiges Training, der Einsatz

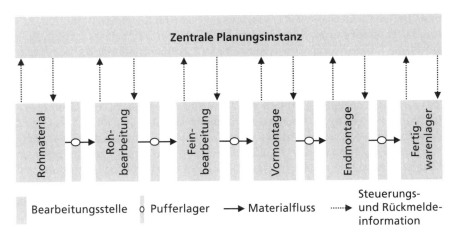

Abbildung 3.5.15: Prinzip der zentralen Produktionssteuerung (Quelle: WILDEMANN 1984)

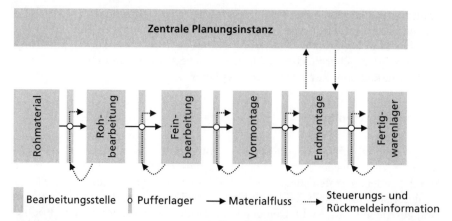

Abbildung 3.5.16: Prinzip der dezentralen Produktionssteuerung mit Kanbans (Quelle: WILDEMANN 1984)

technischer Hilfsmittel, vorbeugende Instandhaltung, die rechtzeitige Bereitstellung von Werkzeugen und Vorrichtungen, die Planung rüstoptimaler Auftragsreihenfolgen sowie die Nutzung arbeitswissenschaftlicher Erkenntnisse.

Außerdem müssen die Werkstätten materialflussgerecht organisiert werden. Die Layoutplanung hat sich am Fließprinzip zu orientieren. Gegenüber der Fließfertigung ist die Flexibilität des Kanban-Konzepts aber durch geeignete Pufferläger sowie durch multifunktionale Arbeiter zu unterstützen. Teamarbeit und so genannte Springer tragen dazu bei, dass auftretende Störungen schnellstmöglich behoben werden können.

Eine vorbeugende Instandhaltung und umfassende Qualitätssicherungsmaßnahmen sind auch erforderlich, um das vorhandene Störungspotenzial des Systems von vornherein möglichst gering zu halten. Um Systemwartung und Systempflege betreiben zu können, muss das Personal technisch gut und umfassend geschult sein. Die Qualitätssicherung basiert auf Selbstkontrolle. Eine autonome Überprüfung von Abnormitäten („Autonomation") bei der erzeugenden Stelle ersetzt die Fremdkontrolle bei der verbrauchenden Stelle. Hierzu wurden von Toyota elektronische Produktionskontrollgeräte entwickelt.

Das Kanban-Konzept eignet sich vor allem für eine Massen- und Großserienfertigung mit geringen Absatzschwankungen von weniger als 10 %. Es wird deshalb auch vornehmlich in Industrien wie zum Beispiel bei der Herstellung von Automobilen, Kameras oder Elektrogeräten praktiziert. Wegen der geringen Losgrößen bzw. hohen Lieferfrequenzen ist die überbetriebliche Einbindung von Teilelieferanten schwierig. Hohe Rüst- und Transportkosten sind wesentliche Einsatzbarrieren für das Konzept. Durch eine gute Zusammenarbeit zwischen den vielen Zulieferern im Sinne eines Round-Tour-Systems, bei dem ein Zulieferer bei allen anderen Zulieferern vorbeifährt und deren Teile mitnimmt, könnten die Transportkosten erheblich gesenkt werden. In der Bundesrepublik Deutschland wird dieses System jedoch bisher nur in Ausnahmefällen praktiziert.

Bei einer generellen Wertung der Produktion auf Abruf müssen vor allem die Dezentralisation der Ablaufplanung, der geringe Planungsaufwand, die kurzfristige Behebung von Störungen sowie die weiterhin bestehenden zentralen Eingriffsmöglichkeiten als Vorteile hervorgehoben werden. Nachteilig wirkt sich aus, dass keine effizienten Algorithmen existieren, die für optimale Entscheidungen sorgen, eine Ausbalancierung der Kosten prinzipiell abgelehnt wird, das Konzept für Einzel- und Kleinserienfertigung kaum geeignet ist und schließlich eine Verlagerung von Risiken immer in Richtung der liefernden Stelle erfolgt. So ist die Entscheidungsautonomie der ersten Fertigungsstufen bzw. der Lieferanten in einer Lieferkette prinzipiell stark eingeschränkt.

3.5.7 Zusammenfassung

Mit der Bestandsregelung wird ein besonderer Ansatz zur Integration der Operational Units verfolgt, der hohe Ansprüche an das Informations- und Kommunikationssystem stellt. Auslöser des Informationsprozesses sind stets die Bestände in den Pufferlägern der Operational Units, die lediglich eine zeitliche Überbrückungsfunktion besitzen, insgesamt aber möglichst gering gehalten werden sollen. In Abschnitt 3.5.2 wurde erläutert, durch welche Stellgrößen die Lagerbestände grundsätzlich gesteuert werden können. In Abschnitt 3.5.3 wurde diese Idee aufgegriffen, um systematisch Produktionsaufträge für die Bearbeitung in den Werkstätten freizugeben. Das dort vorgestellte Konzept der Belastungsorientierten Auftragsfreigabe ist insofern komplex und vorausschauend, als es den gesamten Bearbeitungsprozess ins Kalkül mit einbezieht. Insofern muss die Bestandsregelung von einer zentralen Instanz vorgenommen werden. Abschnitt 3.5.4 beschäftigte sich hingegen mit einer seit langem vor allem in der Automobilbranche praktizierten Bestandssteuerung, bei der dezentral auf den verschiedenen Produktionsstufen über die Aufnahme der Produktion entschieden wird. Anhand von Fortschrittszahlen wird festgelegt, ob und wann einzelne Arbeitsgänge der Teilebearbeitung erfolgen sollen, damit einerseits keine systematischen Lagerbestände entstehen, andererseits jedoch die Produktionsaufträge rechtzeitig fertig werden. Dieses Prinzip der retrograden, bestandsorientierten Fertigungssteuerung, das man auch als Just-in-Time-Prinzip bezeichnet, wurde in Abschnitt 3.5.5 für den Fall der überbetrieblichen Kooperation weiter entwickelt. Wir können in der tagtäglichen Unternehmenspraxis beobachten, dass mit der zunehmenden räumlichen Distanz der Operational Units natürlich auch ein erheblicher Transportaufwand verbunden ist, der die Wirtschaftlichkeit der Bestandsregelung bedroht. Dadurch, dass die Transportkosten durch geschickte Organisation gesenkt werden, bleiben die Vorteile des Konzepts jedoch in vielen Fällen erhalten. Eine spezielle Ausprägung des Just-in-Time-Prinzips wurde in Abschnitt 3.5.6 erörtert. Information wird mit Hilfe von Karten (Kanbans) auf recht einfache, standardisierte Art und Weise weitergegeben, so dass auf aufwändige, zum Teil DV-gestützte Informationssysteme verzichtet werden kann. Dieses System ist von Toyota entwickelt worden und hat sich vor allem in der Serien- bzw. Großserienfertigung bewährt. Unterkapitel 3.5 zeigte, dass die Integration aller Operational

Units nicht in erster Linie über Planungsprozesse zustande kommt, sondern als Organisationsprozess vollzogen wird, der weitgehend auf dem Prinzip der Selbststeuerung basiert. Insofern ist diese Form der Integration hoch flexibel.

3.5.8 Fragen zur Wiederholung

1. Worin unterscheidet sich die grundlegende Idee der Bestandsregelung von dem Integrationskonzept der Engpassbewältigung in einem Produktionssystem?
2. Über welche Größen können die Bestände prinzipiell geregelt werden? Welche Zusammenhänge sind hierbei zu beachten?
3. Welche Leistungskenngrößen spielen im Konzept der Belastungsorientierten Auftragsfreigabe eine zentrale Rolle zur Bestimmung der optimalen Bestände?
4. Skizzieren Sie die Weitsichtigkeit des Konzepts der Belastungsorientierten Auftragsfreigabe, indem Sie erläutern, in welcher Form die Bestände während des gesamten periodenweisen Bearbeitungsprozesses eines Auftrags in die Kalkulation mit einbezogen werden.
5. Erläutern Sie das Prinzip der retrograden Bestandssteuerung anhand des Fortschrittszahlenkonzepts. Welche Vor- und Nachteile verbinden Sie mit diesem Prinzip?
6. Inwiefern handelt es sich beim Just-in-Time-System um eine besondere Form der Bestandssteuerung? Nennen Sie die kritischen Parameter, die für eine erfolgreiche Umsetzung dieses Systems ausschlaggebend sind.
7. Nach welchen Kriterien sollten die Lösungen für eine überbetriebliche Optimierung der Just-in-Time-Beschaffung beurteilt werden?
8. Beschreiben Sie den Regelkreis im Kanban-System. Analysieren Sie diesen Regelkreis im Hinblick auf auftretende Nachfrageschwankungen sowie eine wenig standardisierte Produktion mit vielen Produktvarianten. Erläutern Sie, wie das Kanban-System gegebenenfalls erweitert werden kann.
9. Diskutieren Sie, wie die optimale Kanban-Anzahl unter verschiedenen Prämissen bestimmt werden kann und welche Auswirkungen die Abweichungen von diesem Optimum auf das Produktionssystem haben.

3.5.9 Aufgaben zur Übung

Aufgabe 1

In einem Unternehmen der Papierindustrie werden unter anderem Schreibblöcke hergestellt. Die Schreibblöcke werden aus je 100 DIN A4-Seiten Schreibpapier, einer Deckseite und einer Rückseite aus Pappe gefertigt. Das Schreibpapier besteht aus 20% Holzschliff, 65% Zellstoff, 5% Altpapier und 10% Füllstoffen. Die Deckseite besteht aus der gleichen Kombination der Vorprodukte, allerdings werden nur 5% Füllstoffe verwendet, da zur Erzeugung einer

3.5 Bestandsregelung

nassfesten Oberfläche noch 5 % Leime und Wachse zugesetzt werden müssen. Die Rückseite aus Pappe hat einen hohen Anteil aus Altpapier (40 %) und auch weniger Füllstoffe als das Schreibpapier (5 %). Es werden außerdem 30 % Holzschliff und nur 25 % Zellstoff zugesetzt. Die Schreibblöcke werden in Auftragsfertigung hergestellt. Es soll nun entschieden werden, welche Aufträge für die kommende Woche freigegeben werden sollen. Die zu fertigenden Schreibblöcke bzw. Vorprodukte müssen bis zu vier verschiedene Mahl-, Misch- und Aufbereitemaschinen (A, …, D) durchlaufen. Es liegen folgende zehn Aufträge vor, die nach ihrer Dringlichkeit sortiert sind. Die jeweiligen Maschinenreihenfolgen und Bearbeitungszeiten sind wie folgt angegeben.

Auftrag	Bearbeitungszeit und Maschinenreihenfolge			
	1	2	3	4
1	10 B	20 C	50 D	20 A
2	15 B	30 A	10 C	20 D
3	20 A	15 D	40 B	20 C
4	5 A	10 B	20 C	–
5	30 D	10 A	10 B	20 C
6	10 B	20 C	20 A	–
7	20 C	10 A	5 B	10 D
8	30 A	–	–	–
9	10 A	20 B	40 C	20 D0
10	5 A	30 C	10 D	20 B

Bearbeitungszeit und Maschinenreihenfolge

Der Einlastungsprozentsatz der Aufträge auf den einzelnen Maschinen beträgt stets 200 %. Die Kapazitäten und Restbestände aus der vorhergehenden Periode sind der folgenden Tabelle zu entnehmen (alle Angaben in Stunden).

	Maschine			
	A	B	C	D
Restbearbeitungszeit	40	55	60	30
Kapazität	45	50	60	40

Kapazität und Restbearbeitungszeit

Ermitteln Sie mit Hilfe des Verfahrens der Belastungsorientierten Auftragsfreigabe, welche Fertigungsaufträge in der kommenden Woche freigegeben werden sollten.

Aufgabe 2

Das Unternehmen der Automobilzulieferindustrie Alani GmbH will in Absprache mit der Einkaufsabteilung des Fahrzeugherstellers Automotive Star eine geeignete Lagerungs- und Belieferungsform wählen. Als potenzielle Alternativen kommen

- Just-in-Time-Belieferung per LKW von Werk zu Werk,
- Just-in-Time-Belieferung per LKW unter Nutzung eines neu einzurichtenden Just-in-Time-Lagers und
- Just-in-Time-Belieferung per LKW unter Nutzung eines Güterverkehrszentrums (GVZ) in Frage.

Die Liefermenge beträgt insgesamt 25 t pro Monat, der Wert der Güter 8.000 € pro t, die Ladekapazität eines jeden LKWs 2 t und der aktuelle Marktzins 8 % p.a. Die Entfernung vom Lieferanten zum Kunden beläuft sich auf 245 km; pro Kilometer entstehen beim LKW-Transport Kosten von 1,50 €.

Bei Einrichtung eines Just-in-Time-Lagers, das 100 km vom Kunden und 150 km vom Lieferanten entfernt ist, entstehen unabhängig von der Einlagerung der Güter monatliche Kosten von 1.046,63 €. Eine Einlieferung in das Just-in-Time-Lager würde nur einmal am Anfang eines Monats erfolgen. Die Bedarfsmenge der ersten Auslieferung an den Kunden wird dabei nicht erst im Just-in-Time-Lager eingelagert, sondern nach der Verladung direkt an den Kunden ausgeliefert.

Bei Einbindung eines GVZ in das Belieferungskonzept wird die Ware jeweils am gleichen Tag umgeschlagen. Für die Nutzung des GVZ ist eine Gebühr von 9 % des durchschnittlich monatlich eingelagerten Warenwerts zu entrichten. Das GVZ ist 150 km vom Lieferanten und 175 km vom Kunden entfernt. Die LKW vom GVZ zum Kunden sind im Gegensatz zu den LKW, die vom Just-in-Time-Lager zum Kunden unterwegs sind, stets mit Gütern – auch von anderen Lieferanten – voll beladen, so dass für den Transport der Güter von Alani GmbH vom GVZ zu Automotive Star nur anteilige Transportkosten anfallen.

Für welches Belieferungskonzept sollten sich die beiden Unternehmen entscheiden? Welche Auswirkung hätte eine pro LKW-Kilometer anfallende ökologische Steuer auf die Entscheidung?

Bearbeitungshinweis: Die Rückfahrten mit leerem LKW sind bei der Kostenermittlung nicht explizit zu berücksichtigen. Eventuelle Leerfahrten der LKW sind bereits im Fahrtkostensatz pro Kilometer einkalkuliert.

Aufgabe 3

Das Unternehmen Porter Inc. ist auf das Verzinken von Karosserieteilen für die Automobilindustrie spezialisiert. In seinem Werk kommt das Kanban-Prinzip zur Anwendung. Pro Arbeitstag (8 Stunden) werden 160 € eines bestimmten

Karosserieteils benötigt. In einem Behälter finden jeweils 10 Teile Platz. Ein Los besteht aus 9 Behältern. Bezüglich der Wiederbeschaffungszeit ist mit einer Produktionsrate von 5 Minuten pro Teil zu rechnen. Außerdem sind eine Rüstzeit von 45 Minuten, eine geplante mittlere Wartezeit von 2 Stunden sowie eine Auslieferungszeit von 30 Minuten nach Beendigung der Fertigung zu beachten. Eventuellen Abweichungen von diesen geplanten Werten soll durch einen Sicherheitszuschlag von 10 % Rechnung getragen werden.

Ermitteln Sie die optimale Anzahl der in Umlauf zu bringenden Kanbans.

3.5.10 Literaturempfehlungen zur Vertiefung

LÖDDING, H. (2008): Verfahren der Fertigungssteuerung: Grundlagen, Beschreibung, Konfiguration. 2. Auflage, Springer, Berlin u. a.

OHNO, T. (2009): Das Toyota-Produktionssystem. 2. Auflage, Campus, Frankfurt am Main

WIENDAHL, H.-P. (1997): Fertigungsregelung – Logistische Beherrschung von Fertigungsabläufen auf der Basis des Trichtermodells. 2. Auflage, Hanser, München u. a.

WILDEMANN, H. (2001): Das Just-in-Time-Konzept: Produktion und Zulieferung auf Abruf. 5. Auflage, TCW Transfer-Centrum-Verlag, München u. a.

4 Informationsbasiertes Operations Management

4.1 Vorbemerkungen

In Kapitel 3 haben wir erfahren, wie wichtig es ist, dass sich Unternehmen rechtzeitig darüber im Klaren sind, welche Operational Units mit welchen Aufgaben des Operations Managements betraut werden sollen und wie die Managemententscheidungen aufeinander abzustimmen sind. Wir können dies als das Organisationsproblem des Operations Managements beschreiben. In Kapitel 4 steht nun eindeutig die Information im Vordergrund aller weiteren Überlegungen. Auch wenn die Bedeutung von Information bereits im anderen Zusammenhang, so vor allem in den Unterkapiteln 2.5 und 3.3, deutlich geworden ist, so haben wir den Informationsprozess bisher noch nicht näher beleuchtet. Wir wollen an dieser Stelle vor allem die Frage beantworten, wie Daten, die Information darstellen, so erzeugt, transportiert und gespeichert werden sollen, dass sie die Entscheidungen der Operational Units bestmöglich unterstützen.

Ein Unternehmen von mittlerer Größenordnung hat es gewöhnlich mit vielen Millionen Einzeldaten zu tun, die von außen an das Unternehmen herangetragen oder aber selbst erzeugt werden. Je stärker die Arbeitsteilung im Unternehmen ist, desto mehr müssen diese Daten hin und her transportiert werden, damit sie zum richtigen Entscheidungszeitpunkt an der richtigen Stelle sind. Erschwerend kommt hinzu, dass die Daten einen unterschiedlichen Aktualisierungsgrad haben. Manche Daten – wie etwa Kundenanschriften – müssen nur in größeren Abständen geändert werden, wenn nämlich der Kunde seinen Wohnsitz verlagert. Hierbei handelt es sich um so genannte Stammdaten. Andere Daten wiederum ändern sich laufend, sei es, dass sie durch die Umgebung des Unternehmens aktualisiert werden – wie Preise, Zinsen oder Kundenaufträge –, sei es, dass sie im Unternehmen selbst angepasst werden – wie zum Beispiel Lagerbestände und Fertigungsaufträge. Diese Daten heißen Bewegungsdaten. Nun wäre es problematisch, wenn den Operational Units jeweils verschiedene, z.T. nicht-aktualisierte Datensätze zur Verfügung stünden, die dann für die Managementprozesse herangezogen würden. Beispielsweise ist es grundsätzlich möglich, dass die neue Anschrift eines Kunden nur der Fakturierung, aber nicht dem Versand vorliegt, so dass die Ware noch an die alte, ungültige Adresse geliefert wird. Unter Umständen verursacht diese Fehlinformation die Festlegung ungünstiger Liefertouren und damit vielleicht auch den Einsatz weiterer Fahrzeuge. Die Informationsprozesse sind also keineswegs trivial, sondern beeinflussen das Operations Management oft entscheidend.

Wir werden uns im Folgenden mit betrieblichen Informationssystemen befassen, die meistens EDV-gestützt betrieben werden. Dabei ist zum Beispiel von Material-Informationssystemen, Produktions-Informationssystemen oder Absatz-Informationssystemen die Rede. Außerdem ist eine Klassifizierung der Informationssysteme nach ihrer Aufgabenart sinnvoll. In der Literatur ist es üblich geworden, zwischen Administrationssystemen, Dispositionssystemen, Management-Informationssystemen sowie Planungssystemen zu unterscheiden. Während Administrationssysteme die Rationalisierung der Massendatenverarbeitung mit Hilfe der EDV zum Zweck haben und dadurch für eine Entlastung des Menschen von Routineaufgaben sorgen, dienen Dispositionssysteme der Steuerung kurzfristiger, gut strukturierter Abläufe in den Betrieben. Beispielsweise sind Aufgaben der Buchhaltung sowie die Abwicklung des Zahlungsverkehrs typische Elemente eines EDV-gestützten Administrationssystems. Die Materialdisposition, die Lieferantenauswahl oder die Losgrößenbestimmung werden hingegen mit Hilfe eines Dispositionssystems vorgenommen. Hierbei liegen die notwendigen Input-Daten vor und werden mit Hilfe von klassischen Entscheidungskalkülen in Output-Daten transformiert. Management-Informationssysteme sorgen darüber hinaus für eine Bereitstellung von Führungsinformation auf der Basis von vorangegangenen Dispositionen. Die Detailentscheidungen werden so weit verdichtet, wie es für übergeordnete Zwecke notwendig bzw. sinnvoll erscheint. Eine ebenfalls weit entwickelte Form der EDV-gestützten Datenverarbeitung besteht in der Anwendung von Planungssystemen. Hierbei geht es vorrangig um die Planung langfristiger und schlecht strukturierter Probleme mit hoher Komplexität und hoher Unsicherheit. Die Konsequenzen der Planungsergebnisse sind häufig nur unzureichend erkennbar, so dass im Wesentlichen nicht auf die üblichen Modell- oder Methodenbanken zurückgegriffen werden kann, sondern beispielsweise Expertensysteme zur Unterstützung der Planungsabläufe herangezogen werden müssen.

Die Komponenten eines Informationssystems sind seine Datenbank, Modellbank sowie Methodenbank. Diese Begriffe bezeichnen jeweils die Menge und Struktur der vorrätigen Daten, Modelle bzw. Methoden, die für das System verfügbar sind bzw. auf die vom Benutzer zugegriffen werden kann. Wie Daten unterschieden werden können, wurde bereits erörtert. Modelle sind Abbildungen der Realität. So gibt es etwa lineare und nichtlineare Optimierungsmodelle, Simulationsmodelle oder kybernetische Modelle. Methoden dienen dazu, die Daten zu verarbeiten und Ergebnisse abzuleiten. Den Zusammenhang zwischen Datenbank, Modellbank und Methodenbank zeigt auch Abbildung 4.1.1.

Modell- und Methodenbank umfassen die Anwendungssoftware. Die Datenbank stellt zugleich die Datenbasis des Informationssystems dar. Sie enthält alle relevanten Unternehmensdaten. Der Benutzer steuert den Ablauf der EDV-gestützten Anwendung mit Hilfe einer programm- und datenunabhängigen Software-Komponente, die eine zweckmäßige und zeitkritische Abwicklung des Rechenprozesses gestattet. Die Ablaufsteuerung ist einerseits die Schnittstelle zum Benutzer, in der die Abfolge der Dialogschritte festgelegt ist. Andererseits übernimmt sie eine Koordinations- und Steuerungsfunktion zwischen

Datenbasis, Anwendungssoftware und Benutzer. Abbildung 4.1.2 gibt diese Zusammenhänge anschaulich wieder.

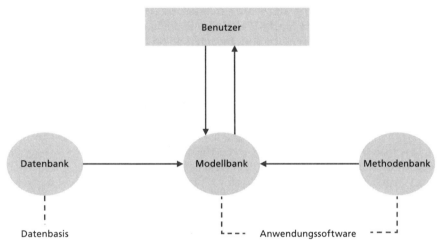

Abbildung 4.1.1: Komponenten eines Informationssystems

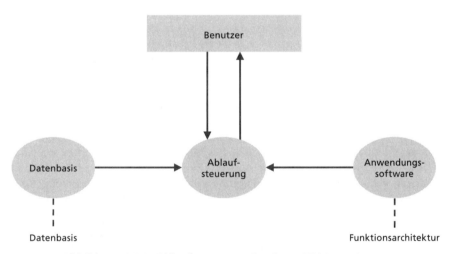

Abbildung 4.1.2: Ablaufsteuerung in einem EDV-gestützten betrieblichen Informationssystem

Informationsbasiertes Operations Management hat im Wesentlichen Administrations- und Dispositionsentscheidungen zum Gegenstand. Es handelt also von Administrations- und Distributionssystemen. Management-Informationssysteme und Planungssysteme wollen wir hier nicht weiter betrachten, weil sie als Führungssysteme eher auf das Top Management zielen und die Operational Units höchstens als Lieferanten von Einzeldaten mit einbeziehen. Vielmehr wollen wir uns auf das System konzentrieren, das in Unterkapitel 3.3 bereits als PPS-System klassifiziert wurde. SCHEER (1988) hat hierzu erstmals einen informationsorientierten Ansatz entwickelt, auf den wir unsere Überlegungen an vielen Stellen aufbauen wollen. Wir werden das Unterkapitel 4.2 zunächst der Angebotsbearbeitung und Auftragserfassung widmen. Dieser Bereich bildet die Schnittstelle zum Markt bzw. Kunden, der als Impulsgeber für die weiteren operativen Aufgaben fungiert. In Unterkapitel 4.3 geht es dann darum zu zeigen, welche Informationsflüsse erforderlich sind, um aus dem Primärbedarf die Sekundärbedarfe zu ermitteln. Dabei sind diese Prozesse so flexibel zu handhaben, dass das System selbst bei Störungen – wie etwa Auftragsstornierungen oder Lieferverzögerungen – reibungslos funktioniert. Unterkapitel 4.4 soll vermitteln, welche Information für die Terminierung der Aufträge und Maschinen zum Einsatz kommt und wie zusätzliche Information als Ergebnis dieser Terminierung generiert wird, bis die Aufträge zur Produktion freigegeben werden können. Die operativen Aufgaben in den einzelnen Werkstätten sind Gegenstand von Unterkapitel 4.5.

4.2 Angebotsbearbeitung und Auftragserfassung

4.2.1 Einführung

Am Beginn eines Informationsprozesses für das Operations Management steht die Frage, welche Kundenaufträge in der betrachteten Periode eingehen und weiter bearbeitet werden sollen. Nicht jeder Kontakt mit einem Kunden stellt bereits einen Auftrag dar, der ausgeführt werden kann und soll. Vielmehr geht der Erteilung eines Auftrags im Allgemeinen eine Anfrage von Seiten des Kunden voraus. Dabei ist genau festzulegen, wer Kunde eines Unternehmens sein und welche Artikel er in Auftrag geben kann. Wir werden in Abschnitt 4.2.2 deshalb zunächst die elementaren Grunddaten erörtern, die für das Operations Management von Belang sind. In Abschnitt 4.2.3 werden wir prüfen, wie eine Kundenanfrage zustandekommt und wie diese Anfrage vom Unternehmen dadurch weiter behandelt wird, dass entsprechende Information erzeugt und als Angebot an den Kunden zurückgesandt wird. In Abschnitt 4.2.4 wird dann, falls es zu einem Kundenauftrag gekommen ist, dieser Auftrag genauestens analysiert, bevor er in den weiteren Bearbeitungsprozess gegeben wird. Im Rahmen der Analyse werden die Kundenauftragsdaten auf verschiedene Weise ausgewertet. In Abschnitt 4.2.5 werden die wichtigsten Ergebnisse zusammengefasst.

4.2.2 Grunddatenverwaltung

Das Informationssystem eines Unternehmens, wie es die Grundlage für das Operations Management bildet, ist grundsätzlich offen und dynamisch. Die in einer zentralen Datenbank oder mehreren dezentralen Datenbanken abgelegten Datensätze werden laufend ergänzt, verändert oder gelöscht. Dennoch gibt es eine Reihe von Dateien, die sich längst nicht nur durch diesen temporären Charakter der Daten auszeichnen, sondern in zweierlei Hinsicht stabil sind:

4.2 Angebotsbearbeitung und Auftragserfassung

- Die Zahl der Datensätze ändert sich im Vergleich zu anderen Dateien relativ wenig, d. h. sie ist über einen größeren Zeitraum konstant.
- Die Merkmale eines Datensatzes bleiben über einen längeren Zeitraum unverändert.

Als Grunddaten werden die Daten solcher Dateien bezeichnet, die so verwaltet werden müssen, dass jederzeit ein schneller und bequemer Zugriff möglich ist. Grunddaten sind von zentraler Bedeutung für die Operational Units, da sie für die operativen Managementtätigkeiten unbedingt notwendig sind. Findet sich etwa keine ausreichende Artikelbeschreibung in der Artikeldatei, so werden alle weiteren Maßnahmen der Operational Units in Bezug auf die Bearbeitung einer entsprechenden Anfrage unverzüglich abgebrochen.

Wir werden Dateien als zweidimensionale Tabellen oder Relationen erfassen, in denen zeilenweise Datensätze abgelegt sind. Jede Zeile einer Relation enthält einen Datensatz. Ein Datensatz besteht wiederum aus einer Anzahl von Datenattributen, die in der Relation spaltenweise dargestellt sind. Im Allgemeinen ist eines dieser Attribute besonders dadurch ausgezeichnet, dass es eindeutig ist und den Zugriff auf den Datensatz erleichtert. Dieses Attribut bezeichnet man als Schlüsselattribut. Der Begriff Relation soll symbolisieren, dass die Attribute eines Datensatzes zusammengehören, also in Relation zueinander stehen. Ein einzelnes Attribut ist im Allgemeinen nur im Kontext der anderen zugeordneten Attribute voll verständlich. Das Relationenmodell ist von CODD (1970) entwickelt worden. Inzwischen gibt es eine umfassende Relationentheorie, die den theoretischen Umgang mit Relationen behandelt und vor allem Regeln zur Vereinfachung, Verknüpfung und Normierung von Relationen formuliert.

Wichtige Grunddaten sind in den Relationen KUNDE und ARTIKEL abgelegt. Bevor eine Anfrage bearbeitet werden kann, ist zu prüfen, ob die erforderlichen Datensätze überhaupt existieren. Handelt es sich um einen Neukunden, so ist eine entsprechende Ergänzung der Relation KUNDE vorzunehmen. Richtet sich die Anfrage nach einem Produkt, das nicht in der Relation ARTIKEL auftaucht, so ist nach Rücksprache mit der Entwicklungsabteilung eine Ergänzung der Relation ARTIKEL vorzunehmen. Welche Attribute zur Beschreibung der Datensätze herangezogen werden, muss für den Einzelfall festgelegt werden.

Beispiel: Relation KUNDE

Zur Veranschaulichung des Relationenmodells wollen wir das Beispiel einer Kundendatenbank betrachten: Einem Vertriebsmitarbeiter des Möbelherstellers Timber & Style GmbH ist es gelungen, die Nordlandmöbel GmbH als neuen Kunden für das Unternehmen zu gewinnen. Die Daten dieses Kunden sollen in die Kundendatenbank aufgenommen werden, welche in Tabelle 4.2.1 als Relation dargestellt ist.

Jeder Kundendatensatz umfasst danach die Attribute Kundennummer, Name, Adresse, Kontakt, Lieferadresse, Bonität und Rabattklasse. Als Schlüsselattribut dient die Kundennummer. Schlüsselattribute werden in Relationen fortan durch Unterstreichung besonders gekennzeichnet.

R.KUNDE						
Kunden-Nr.	Name	Adresse	Kontakt	Lieferadresse	Bonität	Rabattklasse

Tabelle 4.2.1: Relation KUNDE

Die Nordlandmöbel GmbH erhält die Kundennummer 35500 zugewiesen. Diese Nummer identifiziert die Nordlandmöbel GmbH ab sofort eindeutig. Firmenname und Firmenanschrift werden anschließend unter den Attributen Name und Adresse vermerkt. Als Ansprechpartner bei Nordlandmöbel GmbH fungiert der Einkaufsleiter, Herr Becker. Diese Information wird zusammen mit weiteren Kontaktdaten unter dem Attribut Kontakt erfasst. Da die Nordlandmöbel GmbH am Firmensitz in der Innenstadt nur geringe Lagerkapazität besitzt, erfolgt die gesamte Warenannahme in einem zusätzlich angemieteten Außenlager. Mit Hilfe eines Attributs Lieferadresse können wir auch diese Information in der Kundendatenbank abbilden. Von herausragender Bedeutung für die weiteren Geschäftsbeziehungen mit der Nordlandmöbel GmbH ist die Bewertung ihrer Bonität. Die Einschätzung der Bonität entscheidet über das gewährte Kreditlimit und das Zahlungsziel. Ein entsprechender Vermerk im Kundendatensatz darf somit nicht fehlen. Als Neukunde erhält die Nordlandmöbel GmbH zunächst die neutrale Bewertung BBB. Kunden mit einem hohen Jahresumsatz gewährt die Timber & Style zusätzlich einen Rabatt auf den Listenpreis, der im Rahmen des Attributs Rabattklasse für jeden Kunden individuell festgelegt und dokumentiert wird. Der Nordlandmöbel GmbH wird als Neukunde zunächst ein Neukundenrabatt von 2 % auf den Listenpreis gewährt. Der komplette Datensatz für die Nordlandmöbel GmbH in Relationendarstellung ist in Tabelle 23 dargestellt. Für eine EDV-technische Umsetzung der Relation sind weitere Maßnahmen erforderlich. Hierzu können Sie sich etwa bei MATTHIESSEN/UNTERSTEIN (2008) genauer informieren.

R.KUNDE						
Kunden-Nr.	Name	Adresse	Kontakt	Lieferadresse	Bonität	Rabattklasse
35500	Nordlandmöbel GmbH	Salzstraße 155, 21335 Lüneburg	Herr Becker, Leiter Einkauf, Tel.: 04131-112233, eMail: becker@nordland-moebel.de	Gewerbegebiet Süd, 21332 Lüneburg	BBB	2 %

Tabelle 4.2.2: Relation KUNDE

4.2 Angebotsbearbeitung und Auftragserfassung

Grunddaten können nicht immer so formatiert werden, wie es Tabelle 4.2.3 und Tabelle 4.2.4 zeigen. Es gibt auch nicht-formatierte Daten, die als Texte bezeichnet werden. Im Bereich der Angebotsbearbeitung und Auftragserfassung kommen Texte zum Beispiel als Lieferbedingungen, Konditionen oder Auftragsformulare vor. Oft sind sie als Bausteine in eigenen Dateien abgelegt, die bei Bedarf auf verschiedene Weise zusammengefügt werden können.

R. KUNDE				
KundenNr.	**Name**	**Lieferanschrift**	**Kreditlimit in €**	**Auftragssumme Vorjahr in €**
10000	Möbel-Müller KG	Tischlerstr. 40, 40593 Düsseldorf	125.000,00	250.000,00
20000	Home & Garden GmbH	Gr. Bergstr. 55, 80997 München	300.000,00	450.000,00

Tabelle 4.2.3: Relation KUNDE

R. ARTIKEL			
TeileNr.	**Bezeichnung**	**Preis in €**	**Einführungszeitpunkt**
112	Schreitisch „CEO-Classic"	1.200	12.01.2011
117	Drehstuhl „Convenient"	300	17.03.2010
123	Regal „Bill" (120 x 200 x 40 cm)	1.000	30.05.2010

Tabelle 4.2.4: Relation ARTIKEL

4.2.3 Anfragebearbeitung und Angebotserstellung

Nachdem wir geklärt haben, dass zunächst die Grunddaten gepflegt werden müssen, bevor überhaupt dispositive Aufgaben vom Operations Management wahrgenommen werden können, werden wir in diesem Abschnitt der Frage nachgehen, wann eine Anfrage zu einem Auftrag wird und welche Informationsprozesse hierfür erforderlich sind. Bevor wir jedoch dieses Problem betrachten, werden wir die Darstellung von Dateien als Relationen noch einmal genauer in Augenschein nehmen und spezifizieren. Nicht alle Dateien sind so elementar wie die Relationen KUNDE und ARTIKEL. Vielmehr gibt es Relationen, die aus anderen Relationen hergeleitet und gegebenenfalls um weitere Attribute ergänzt werden. Eine solche Relation ist beispielsweise die Relation ANGEBOT.

Entity-Typ und Beziehungstyp

Bevor wir uns die Relation ANGEBOT näher ansehen, wollen wir eine Fallunterscheidung treffen: Eine Relation, die gleichartige Grunddaten zusammenfasst, wird als Objekttyp oder – in Anlehnung an CHEN (1976) – als Entity-Typ bezeichnet. Sie ist darstellbar durch ein Schlüsselattribut sowie eine endliche Anzahl weiterer Attribute. Die einzelnen Objekte (engl.: Entities), die zu einem Entity-Typ gehören, weisen stets konkrete Ausprägungen für all diese Attribute auf. Nun gibt es weitere Relationen, die nicht direkt auf Grunddaten zurückgehen, sondern mittelbar aus Entity-Typen gebildet werden. Eine solche Relation ist etwa die Relation ANGEBOT. Nehmen wir beispielsweise die Entity-Typen „Kunde" und „Zeit", so entsteht aus der Beziehung zwischen diesen beiden Entity-Typen und dem zusätzlichen Attribut Angebotsmenge eine neue Relation, die als Beziehungstyp (engl.: Relationship) bezeichnet wird. Die graphische Notation von Entity-Typen, Beziehungstypen und deren Attributen ist in Abbildung 4.2.1 wiedergegeben. Während ein Entity-Typ als Rechteck dargestellt wird, veranschaulicht eine Raute den Beziehungstyp. Sowohl dem Entity-Typ als auch dem Beziehungstyp sind jeweils seine Attribute zugeordnet. Der Beziehungstyp enthält dabei unbedingt die Schlüsselattribute der Entity-Typen, die an dem Beziehungstyp beteiligt sind. Die weiteren Attribute der Entity-Typen werden nicht wiederholt. Allerdings können stattdessen neue Attribute hinzugefügt werden.

Jeder Beziehungstyp wird zusätzlich so gekennzeichnet, wie er die beteiligten Entity-Typen miteinander kombiniert. An der Kante zu dem betreffenden Entity-Typ ist dazu eine natürliche Zahl (die so genannte Kardinalität) notiert, die angibt, wie viele Beziehungen jede einzelne Entity grundsätzlich mit Entities der anderen Entity-Typen eingeht. Können, wie in dem so genannten Entity-Relationship-Diagramm der Abbildung 4.2.1 angenommen, mehrere Kunden zur gleichen Zeit bzw. kann ein Kunde zu verschiedenen Zeitpunkten Angebote erhalten, so werden an den entsprechenden Kanten allgemeine Notationen

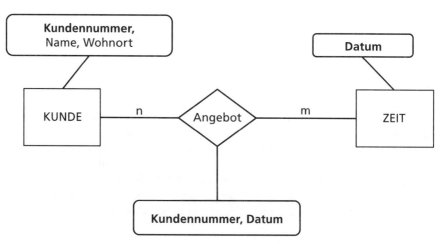

Abbildung 4.2.1: Entity-Typen und Beziehungstypen

4.2 Angebotsbearbeitung und Auftragserfassung

m (m ≥ 1) bzw. n (n ≥ 1) stehen. In diesem Fall sprechen wir deshalb auch von einer m:n-Beziehung. Nur m:n-Beziehungen müssen später in eigenständige Relationen überführt werden. Liegen n:1- bzw. m:1-Beziehungen vor, so erübrigt sich die Einführung einer eigenen Relation, weil die entstandene Beziehung in der Relation des übergeordneten Entity-Typs abgebildet werden kann, wie das folgende Beispiel zeigt.

Beispiel: Fakturierung

Bei einer langfristigen Geschäftsbeziehung wird jede von einem Unternehmen für einen Kunden erbrachte Leistung gewöhnlich gesondert in Rechnung gestellt. Zwischen den Entity-Typen „Kunde" und „Rechnung" besteht daher eine n:1-Beziehung, wobei der Entity-Typ „Kunde" die Kardinalität n (n ≥ 1) erhält, weil ein Kunde mehrere Rechnungen erhalten kann. Dagegen wird jede Rechnung nur an einen Kunden versandt, so dass die Kardinalität für den Entity-Typ „Rechnung" offenbar n = 1 beträgt.

Abbildung 4.2.2: Entity-Typen „Kunde" und „Rechnung" im Entity-Relationship-Modell

Um zu vermeiden, dass eine zusätzliche Relation ERHÄLT eingeführt werden muss, die den Sachverhalt der Rechnungserstellung und des Rechnungsversands ausdrückt, wird das Schlüsselattribut der übergeordneten Relation KUNDE, im vorliegenden Beispiel typischerweise die Kundennummer, der Attributmenge der untergeordneten Relation RECHNUNG hinzugefügt. Die Relation RECHNUNG besitzt nunmehr zwei Schlüsselattribute, einen so genannten Primärschlüssel (die Rechnungsnummer) sowie einen Fremdschlüssel Kundennummer, die die Fakturierung genau abbilden.

R.KUNDE		
Kun-denNr.	Name	Adresse

R.RECHNUNG			
Rech-nungs-Nr.	Kun-denNr.	Rech-nungs-datum	Rech-nungs-betrag

Tabelle 4.2.5: Relation KUNDE und erweiterte Relation RECHNUNG

Das Entity-Relationship-Modell bietet eine Veranschaulichung der komplexen Datenstruktur, so wie sie in einem Unternehmen grundsätzlich anzutreffen ist. Die Daten werden zum Teil außerhalb des Unternehmens erhoben, wie zum Beispiel Kunden oder Auftragsdaten. Zum Teil sind sie aber auch das Ergebnis von Planungen, die im Unternehmen selbst stattfinden, so etwa Maschinenbelegungsdaten. Wie diese Daten geplant werden, werden wir später in Kapitel 5 näher untersuchen.

Entity-Relationship-Diagramm zur Angebotserstellung

Der Erteilung eines Auftrags geht im Allgemeinen eine Anfrage von Seiten des Kunden oder ein direktes Angebot von Seiten des Lieferanten voraus. Zunächst werden wir also einen Entity-Typ „Kunde" definieren, in dem die relevanten Attribute abgelegt sind. Das Schlüsselattribut dieses Entity-Typs ist die Kundennummer. Außerdem sollten vor allem die Attribute Name, Wohnort bzw. Lieferanschrift, Kreditlimit, letztjährige Auftragssumme sowie Zuordnung zu einer betreuenden Niederlassung berücksichtigt werden. Ein anderer natürlicher Entity-Typ ist die „Zeit", das zugehörige Schlüsselattribut der Kalendertag. Andere wichtige Attribute sind etwa die Kalender- bzw. Arbeitswoche, die Arbeitsschicht sowie weitere Zeiteinteilungen, die aus Unternehmenssicht zweckmäßig sind und häufig gebraucht werden. Eine Relation ANGEBOT ist nun als Beziehungstyp zwischen den Entity-Typen „Kunde" und „Zeit" darstellbar. Dabei besteht sie meistens aus verschiedenen Angebotspositionen, die sich auf jeweils konkrete Artikel beziehen. Die Relation ARTIKEL ist deshalb ein weiterer Entity-Typ mit dem Schlüsselattribut Teilenummer sowie zusätzlichen Eigenschaften, die von der Lieferzeit über die Qualität bis zum Artikelpreis reichen. Wie aus Abbildung 4.2.3 hervorgeht, kann die Relation ANGEBOTSPOSITION als Beziehungstyp zwischen den Relationen ARTIKEL und ANGEBOT gedeutet werden. Es ist also möglich, zwischen Beziehungstypen erneut Beziehungen herzustellen.

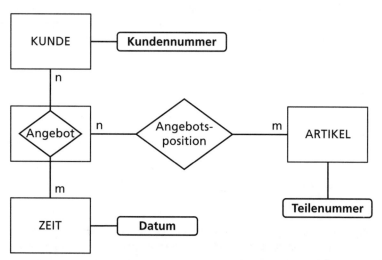

Abbildung 4.2.3: Entity-Relationship-Diagramm zur Angebotserstellung

4.2 Angebotsbearbeitung und Auftragserfassung

Beispiel: Angebotserstellung

Wir wollen ein Angebot des Möbelherstellers Timber & Style (vgl. Abbildung 4.2.4) näher betrachten.

Kundennummer: 12233   *Timber & Style GmbH*

Herrn
Norbert Meyer
Firma Möbel Meyer KG
Mustermannstraße 1
52477 Alsdorf

Angebot

Datum 25.01.2011

Sehr geehrter Herr Meyer,

wir freuen uns, Ihnen folgendes Angebot unterbreiten zu können:

Pos.	Anzahl	ArtNr./ Bezeichnung	Listenpreis /Stück	Liefertermin	Gesamtpreis
1	10	12457/ Esstisch „Big Oak"	1.066,00 GE	10.02.2011	9.690,00 €
2	15	23568/ Sitzbank „Rustic"	548,00 GE	13.02.2011	7.470,00 €

Das Angebot gilt ab dem Ausstellungsdatum für 7 Tage. Bei einer Bestellung innerhalb dieses Zeitraums garantieren wir Ihnen die genannten Liefertermine. Das Zahlungsziel beträgt 14 Tage ab Auslieferung.

Abbildung 4.2.4: Beispielangebot

Grundsätzlich handelt es sich bei dem Beziehungstyp „Angebot" um eine m:n-Beziehung zwischen den Entity-Typen „Kunde" und „Zeit". Dementsprechend ist eine eigene Relation ANGEBOT zu entwerfen. Zuerst soll jedoch die Relation KUNDE erstellt werden. Das vorliegende Angebot richtet sich an Herrn Norbert Meyer von der Möbel Meyer KG mit der Kundennummer 12233.

Über das Schlüsselattribut KundenNr. ist die Möbel Meyer KG eindeutig identifizierbar. Darüber hinaus wird auch die Kundenadresse benötigt. Für die Relation KUNDE bietet sich also eine Darstellung gemäß Tabelle 4.2.6 an.

R. KUNDE

KundenNr.	Name	Adresse	Kontakt
12233	Möbel Meyer KG	Mustermannstraße 1 52477 Alsdorf	Norbert Meyer

Tabelle 4.2.6: Relation KUNDE

Weitere Attribute sind erwägenswert. So wird dem Kunden ein Angebot unterhalb des regulären Listenpreises unterbreitet sowie ein Zahlungsziel von 14 Tagen eingeräumt. Die Attribute Kundenbonität und Rabattklasse, welche den Kunden genauer typisieren, bilden daher sinnvolle Ergänzungen der Relation, auf deren Darstellung hier aber verzichtet wird. Als Basis für die Eingruppierung des Kunden in eine Rabattklasse bietet es sich zudem an, den getätigten Jahresumsatz mit dem Kunden als weiteres Attribut zu führen. Die Relation ZEIT besitzt im vorliegenden Fall das Schlüsselattribut Kalenderdatum (Tabelle 4.2.7). Von der Darstellung weiterer, für die Fertigung und den Versand interessanter Daten wollen wir an dieser Stelle ebenfalls absehen.

R. ZEIT

Datum
25.01.2011

Tabelle 4.2.7: Relation ZEIT

Mit dem Kalenderdatum als Schlüsselattribut wird gleichzeitig festgelegt, dass ein Kunde maximal ein Angebot pro Tag erhalten kann, denn das „Angebot" ist ein Beziehungstyp zwischen „Kunde" und „Zeit", das sowohl die Kundennummer als auch das Kalenderdatum als Fremdschlüssel enthält (Tabelle 4.2.8). Werden Gültigkeitsdauer und Zahlungsziel für jedes Angebot individuell festgelegt, sollten diese Attribute in der Relation ANGEBOT zusätzlich geführt werden.

R. ANGEBOT

KundenNr.	Datum
12233	25.01.2011

Tabelle 4.2.8: Relation ANGEBOT

Betrachten wir nun die Relation ARTIKEL. Sie muss auf jeden Fall Daten bezüglich der beiden im Angebot aufgeführten Artikel enthalten. Der Esstisch „Big Oak" und die Sitzbank „Rustic" werden mit Hilfe des Schlüsselattributs Teilenummer (TNr.) eindeutig identifiziert. Außerdem muss jeweils der Listenpreis angegeben sein. Tabelle 4.2.9 zeigt eine mögliche Darstellung der Relation.

R. ARTIKEL

TNr.	Bezeichnung	Listenpreis in €
124578	Esstisch „Big Oak"	1.066
235689	Sitzbank „Rustic"	548

Tabelle 4.2.9: Relation ARTIKEL

Analog zur Relation KUNDE kann die Relation ARTIKEL zudem um ein Attribut Rabattstaffelung, welche bestimmten Angebotsmengen eine Rabattklasse zuordnet, erweitert werden. Der Beziehungstyp „Angebotsposition" zwischen ANGEBOT und ARTIKEL ist vom Typ m:n, so dass eine entsprechende Relation zu generieren ist. Als Schlüsselattribute kommen hierfür die Fremdschlüssel Kundennummer, Kalenderdatum und Teilenummer in Betracht. Weiterhin sind für jede Angebotsposition die Angebotsmenge, der Liefertermin und der Gesamtpreis dieser Angebotsposition zu hinterlegen (Tabelle 4.2.10).

R. ANGEBOTSPOSITION

KundenNr.	Datum	TNr.	Menge	Liefertermin	Gesamtpreis in €
12233	25.01.2011	124578	10	10.02.2011	9.690
12233	25.01.2011	235689	15	13.02.2011	7.470

Tabelle 4.2.10: Relation ANGEBOTSPOSITION

Ereignisgesteuerte Prozesskette

Die Anfragebearbeitung und Angebotserstellung gehen der Erteilung eines Auftrags voraus. Dabei wird nicht nur auf die jeweiligen Kunden- und Artikeldaten zugegriffen, sondern ebenfalls auf Information aus anderen Betriebsabteilungen, zum Beispiel was die Fertigungsmöglichkeit und die Kalkulation anbetrifft. Ziel ist es, die Angebotsattribute wie Preis, Lieferzeit sowie Lieferbedingungen zu ermitteln. Durch die Vorgaben der Relation ANGEBOT werden die Arbeitsabläufe rationalisiert, so dass die Angebotsabgabe beschleunigt wird. Die erhobenen Daten lassen sich später auch statistisch auswerten.

Bei der Angebotsbearbeitung kann es sich um einen recht komplexen Geschäftsprozess handeln, der verschiedene Schritte umfasst. Bisher war noch nicht von Interesse, welche Prozessschritte im Einzelnen unterschieden werden müssen und wie diese Schritte miteinander verbunden sind. Grundsätzlich wollen wir bei den Schritten auch von Funktionen sprechen, die in sich geschlossen sind und mit denen eine konkrete Aufgabe erfüllt wird. Solche Funktionen sind etwa die Erfassung der Angebotsdaten beim Kunden, die Bearbeitung des Angebots, die Befragung des Kunden und gegebenenfalls die Ergänzung der Angebotsdaten. Soweit die Funktionen aufwändige Planungen umfassen, werden wir dies separat in Kapitel 5 erörtern.

Von den Funktionen zu unterscheiden sind Ereignisse. Zum Beispiel stellt das Eintreffen einer Kundenanfrage ein Ereignis dar. Allgemein sind Ereignisse Zustandsveränderungen, die im vorliegenden Fall ein wirtschaftliches Handeln erforderlich machen.

Wenn wir nun erfahren wollen, wie eine Aufnahme bzw. Änderung von Daten in Relationen zustande kommt, müssen wir die Abfolge von Ereignissen und Funktionen genauer betrachten. Ereignisse sind nämlich gleichermaßen Auslöser und Ergebnis von Funktionen. Es entsteht eine zeitliche und logische Abfolge von Funktionen und Ereignissen, die auch als Geschäftsprozesskette oder Prozesskette bezeichnet wird.

Die Prozesskette startet stets mit einem Ereignis, welches den Geschäftsprozess auslöst. Sie wird daher auch als Ereignisgesteuerte Prozesskette bezeichnet. Während eine Funktion als eine betriebswirtschaftliche Aufgabe Zeit verbraucht, ist ein Ereignis auf einen Zeitpunkt bezogen. Graphisch wollen wir Ereignisse durch Sechsecke darstellen. Ihre Bezeichnung sollte sowohl das Informationsobjekt (zum Beispiel eine Anfrage) als auch die Zustandsänderung (zum Beispiel eingetroffen) beinhalten. Eine Funktion soll hingegen durch ein Rechteck mit abgerundeten Ecken symbolisiert und mit einem Verb (zum Beispiel bearbeiten, prüfen) näher charakterisiert werden. Ereignisse und Funktionen werden unter Zuhilfenahme von Konnektoren miteinander verknüpft.

Exkurs: Konnektoren

Die gebräuchlichsten Konnektoren sind der „und"-Konnektor, der „oder"- Konnektor sowie der „entweder oder"-Konnektor. Der Konnektor „∧" („und") verlangt, dass mehrere Ereignisse eingetreten sein müssen, um eine Funktion auszulösen (Abbildung 4.2.5). Mit dem Konnektor „∨" („inklusives oder") wird hingegen symbolisiert, dass bereits mindestens ein Ereignis von mehreren möglichen Ereignissen den Impuls für die Ausübung einer Funktion gibt (Abbildung 4.2.6). Soll ausdrücklich ausgeschlossen werden, dass sich die Funktion auf mehr als ein Ereignis bezieht, so wird dies durch den Konnektor „XOR" („exklusives oder" bzw. „entweder oder") ausgedrückt (Abbildung 4.2.7).

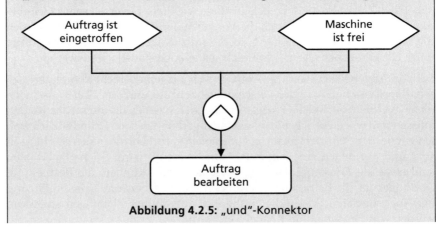

Abbildung 4.2.5: „und"-Konnektor

4.2 Angebotsbearbeitung und Auftragserfassung

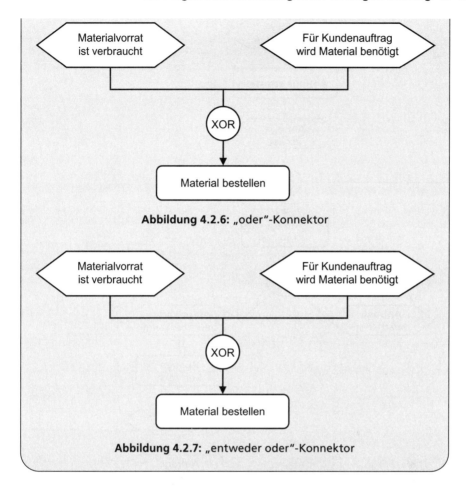

Abbildung 4.2.6: „oder"-Konnektor

Abbildung 4.2.7: „entweder oder"-Konnektor

Treffen nun Anfragen ein, so sind diese Anfragen zunächst zu erfassen. Anschließend müssen sie bearbeitet werden, d.h. es ist etwa zu prüfen, ob die Artikel vorrätig sind oder ob sie zu einem bestimmten Preis gefertigt werden können. Bei der Bearbeitung einer Anfrage kann festgestellt werden, dass ein Informationsbedarf aufgetreten ist. Beispielsweise kann dies der Fall sein, weil die Anfragedaten nicht plausibel sind, etwa widersprüchliche Angaben gemacht wurden, Liefertermine fehlen o.ä. In solchen Fällen muss der Kunde, der die Anfrage gestellt hat, erneut befragt werden. Sobald die erbetene Information eingetroffen ist, wird die Anfrage ergänzt, bevor das Angebot erstellt wird. Abbildung 4.2.8 veranschaulicht diesen Prozess in Form einer Ereignisgesteuerten Prozesskette.

Soweit in den Prozess verschiedene Operational Units einbezogen werden, kann dies in einem Vorgangskettendiagramm berücksichtigt werden (Abbildung 4.2.9). Während die Funktion „Anfrage bearbeiten" bzw. „Angebot erstellen" im Vertrieb erledigt wird, werden die drei anderen Funktionen „Anfrage erfassen", „Kunden befragen" und „Anfrage ergänzen" oft von Niederlassungen

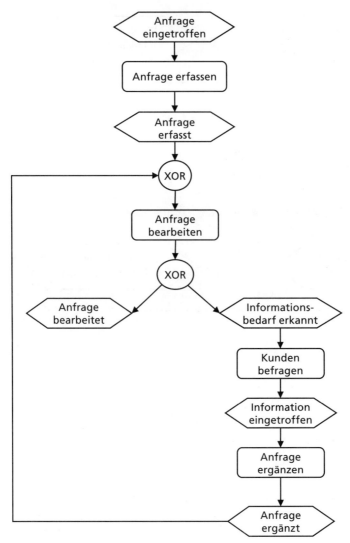

Abbildung 4.2.8: Ereignisgesteuerte Prozesskette zur Anfragebearbeitung

wahrgenommen. Die Zusammenhänge zwischen den einzelnen Funktionen und den Relationen, in die die Ergebnisse einfließen, wird durch das Vorgangskettendiagramm ebenso berücksichtigt wie die Art der Funktionsausübung. So ist in Abbildung 4.2.9 veranschaulicht, dass die Erfassung einer Anfrage interaktiv im Dialog erfolgt, während die anschließende Bearbeitung im so genannten Batchbetrieb (Stapelbetrieb) stattfindet. Dazu werden beispielsweise alle Aufträge eines Tages gesammelt und gemeinsam bearbeitet, da es sich um eine größtenteils programmierbare Aufgabe handelt. So sind in einer Programmlogik (Routine) diverse automatisch ablaufende Kalkulationen hinterlegt. Die Funktionen „Kunden befragen" und „Anfrage ergänzen" müssen

4.2 Angebotsbearbeitung und Auftragserfassung

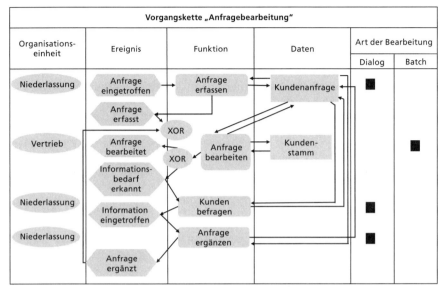

Abbildung 4.2.9: Vorgangskettendiagramm

schließlich wieder im Dialogbetrieb erledigt werden, da die Aufgaben höchst unterschiedlich sind und hierfür keine Routinen zur Verfügung stehen. Die grundlegende Unterscheidung zwischen Dialog- und Batchverarbeitung wird auch noch einmal aus Abbildung 4.2.10 ersichtlich.

Die Erstellung des Angebots ist dann ein weiterer Prozess, der analog als Ereignisgesteuerte Prozesskette oder als Vorgangskettendiagramm abgebildet werden kann. Zur Veranschaulichung dieses Prozesses kann das folgende Beispiel dienen.

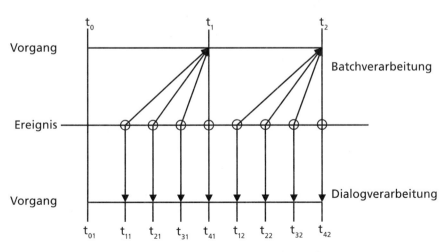

Abbildung 4.2.10: Dialog- und Batchverarbeitung

> **Beispiel: Angebotserstellung bei der Festo AG**
>
> Bei der Festo AG, einem Hersteller von pneumatischen und elektrischen Komponenten und Systemen, erfolgte die Konfiguration der Produkte anhand eines elektronischen Produktkatalogs. Der Verkäufer wurde automatisch durch sämtliche Phasen der Angebotserstellung geführt. Zunächst wurden die in Frage kommenden Produktparameter präsentiert, bevor gemeinsam mit dem Kunden eine geeignete Selektion vorgenommen wurde. Im folgenden Programmschritt wurden die Produkte so konfiguriert, dass sie den Wünschen des Kunden maximal entgegenkamen. Mit Hilfe des Kalkulationsmoduls wurde anschließend der Angebotspreis ermittelt. Dem Kunden wurde außerdem ein Finanzierungsvorschlag unterbreitet. Die anfallenden Folgekosten, zum Beispiel für die Produktpflege, wurden erläutert.
>
> Quelle: MERTENS (2000)

4.2.4 Auftragserfassung und -prüfung

Wir wollen nun unterstellen, dass aufgrund einer Anfrage und eines darauf folgenden Angebots ein Kundenauftrag erteilt wird. Ähnlich wie der Beziehungstyp „Angebot" stellt auch der Beziehungstyp „Kundenauftrag" eine Verknüpfung zwischen den Entity-Typen „Kunde" und „Zeit" dar. Jedoch ist ein Schlüsselattribut nunmehr das Datum des Kundenauftrags, nicht mehr das Datum der Angebotsabgabe, die zeitlich früher lag. Analog zum Angebot zerfällt auch der Beziehungstyp „Kundenauftrag" im Allgemeinen in verschiedene Kundenauftragspositionen. Diesen Sachverhalt zeigt Abbildung 4.2.11.

Bei der Auftragserfassung ist darauf zu achten, dass die Auftragsattribute in verarbeitungsgerechter Form vorliegen. Kommt der Auftrag zum Beispiel über Außendienstmitarbeiter auf Messen oder per Telefon zustande, so ist davon auszugehen, dass die Datenerfassung keine Probleme bereitet. Wird ein Auftrag hingegen direkt vom Kunden erteilt, so sind die Angaben zunächst geeignet aufzubereiten, bevor sie in das System übernommen werden. Neben einem erheblichen Arbeitsaufwand sind oft auch Übertragungsfehler zu beobachten. Läuft ein Prüfprogramm mit, so können Fehler, wie etwa bei der Rabattzuordnung, unmittelbar korrigiert werden.

> **Beispiel: Auftragserfassung bei der Robert Bosch GmbH**
>
> Bei der Robert Bosch GmbH wurden die per Telefon eintreffenden Aufträge zunächst offline auf einem Auftragsblatt erfasst. Die Bildschirmerfassung begann dann mit der Kundenidentifikation, wobei die ersten drei Stellen des Ortsnamens und bis zu sechs Anfangsbuchstaben des Kundennamens eingegeben wurden. Zur Auftragsabwicklung wurden Auftragsnummer, Sonderkonditionen, Versandart usw. am Bildschirm notiert. Danach erfolgte eine Über-

prüfung der formalen und sachlichen Richtigkeit des Auftrags. Insbesondere wurde geprüft, ob der Kunde für weitere Lieferungen gesperrt worden war. War dies nicht der Fall, so wurden mit Hilfe einer weiteren Bildschirmmaske der Auftrag bzw. die einzelnen Auftragspositionen bearbeitet. Falls ein ausreichend verfügbarer Bestand gemeldet wurde, wurde ein Lieferschein gefertigt. Im anderen Fall war zu überprüfen, ob der Auftrag storniert werden sollte oder eine Teillieferung gestattet war, wobei die nicht vorhandene Restmenge als offener Auftragsbestand geführt wurde.

Quelle: MERTENS (2005)

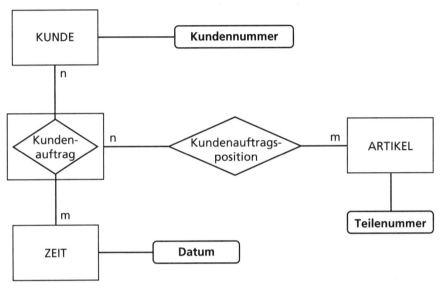

Abbildung 4.2.11: Entity-Relationship-Diagramm zur Auftragserfassung

Bei formlosen Kundenaufträgen, die zum Beispiel über das Telefon erteilt werden, besteht die Gefahr, dass sie unvollständig sind. Beispielsweise fehlen Kunden- oder Teilenummer. Im Rahmen einer Online-Erfassung, bei der die Daten unmittelbar am Bildschirm eingegeben werden, ist eine Kundenidentifizierung vielfach über die Eingabe so genannter Match-Codes möglich. Gibt der Sachbearbeiter einen Match-Code ein, so erhält er die vollständige Kundennummer und damit auch den Zugriff auf die übrigen Kundenstammdaten.

Exkurs: Match-Code

Versandhäuser, Zeitungsverlage, Energieversorgungs- oder Telekommunikationsunternehmen verfügen in der Regel über einen sehr großen Kundenstamm. Um eingehende Kundenaufträge oder Anfragen schnell und zuverlässig bearbeiten zu können, ist ein schneller Zugriff auf die im Unternehmen vorhandenen Kundendaten notwendig. Als Primärschlüssel dient standardmäßig die Kundennummer. Die Praxis zeigt jedoch, dass die Kundennummer oftmals nicht vorliegt, wenn sich ein Kunde an ein Unternehmen wendet. In diesem Fall hilft ein Match-Code, einen schnellen und kompetenten Kundenservice anzubieten und die Betreuungskapazität effizient auszunutzen. Da der Identifikationsprozess beschleunigt wird, steht mehr Kapazität für den eigentlichen Kundenservice zur Verfügung.

Wenn man vorhat, in den Ferien zu verreisen und auch die abonnierte Tageszeitung im Urlaub weiter zu lesen, ruft man die Service-Hotline des Verlags an, um eine Zustellung am Urlaubsort zu veranlassen. Hat man die Kundennummer nicht zur Hand, kann sich der Mitarbeiter des Call Centers, der den Anruf entgegennimmt, eines Match-Codes bedienen, um den benötigten Primärschlüssel, die Kundennummer, aufzufinden. Der Match-Code ist ein aus mehreren Attributen (oder Teilen davon) zusammengesetzter Sekundärschlüssel. Im vorliegenden Fall kann er beispielsweise durch eine Kombination von Teilen des Vornamens, Nachnamens und Wohnorts gebildet worden sein. Der Match-Code gestattet nicht zwangsläufig eine eindeutige Identifikation des gesuchten Datensatzes. Bei einer großen Kundendatei würde dem Call Center-Mitarbeiter unter Umständen eine Liste von Kunden angezeigt, auf die diese Merkmalskombination zutrifft. Um den Vorgang bearbeiten zu können, müssten dann also weitere Attribute, zum Beispiel das Geburtsdatum, erfragt werden.

Bevor ein Auftrag angenommen und bestätigt wird, sind einige Prüfungen durchzuführen. Das Ergebnis dieser Prüfungen entscheidet darüber, inwieweit die im Auftrag angegebenen Artikel tatsächlich zu den vom Kunden gewünschten Bedingungen lieferbar sind. Eine wichtige Prüfung ist zunächst die technische Prüfung. Je mehr der Lieferwunsch von einem Standardprodukt abweicht, es sich also um eine Form der Variantenfertigung handelt, desto aufwändiger ist eine solche Prüfung. Dabei muss zum Beispiel geklärt werden, ob der Artikel in der gewünschten Qualität geliefert werden kann, ob das Modell überhaupt noch hergestellt wird, ob es sich also nicht um eine Bestellung aus einem alten Katalog handelt, oder ob Lieferbeschränkungen existieren. Oft wird die Prüfung mit Hilfe von Entscheidungstabellen vorgenommen.

Zusätzlich zur technischen Prüfung ist eine Bonitätsprüfung vorzunehmen, die sich auf den Kunden selbst bezieht. Lieferungen an dubiose Kunden wird dabei gar nicht bzw. nur in restriktiver Form nachgekommen. Eine einfache statische Bonitätsprüfung besteht darin, dass das im Kundenstammsatz gespeicherte Kreditlimit mit den ausstehenden Forderungen sowie dem Wert der noch nicht fakturierten Aufträge verglichen wird. Bei Überschreitung dieses Limits wird ein zusätzlicher Auftrag abgelehnt. Ein entsprechender Sperrvermerk wird im Kundenstammsatz notiert. Andere Kriterien wie zum Beispiel Zahlungsgewohnheiten, Auftragsgrößen, Bestellkontinuität oder Reklamationshäufigkeit können herangezogen werden, um das Prüfergebnis abzusichern. Zur Herbeiführung einer Entscheidung kann ein Scoring-Modell verwendet werden.

4.2 Angebotsbearbeitung und Auftragserfassung

Beispiel: Entscheidungstabellentechnik

Eine Entscheidungstabelle besteht grundsätzlich aus einem Bedingungs- sowie einem Aktionsteil. Der Bedingungsteil enthält verschiedene Fragen, mit denen geklärt werden soll, ob bestimmte Funktionsvoraussetzungen gegeben sind. Analog umfasst der Aktionsteil Handlungsempfehlungen, die an das Vorhandensein einzelner Bedingungen bzw. der Kombinationen von Bedingungen gebunden sind. So kann eine Empfehlung darin bestehen, dem Kunden ein modifiziertes Angebot mit neuen Konditionen zu unterbreiten, wenn der Artikel nicht mehr am Lager ist, er entsprechend dem Kundenwunsch aber noch hergestellt werden kann.

Artikel vorrätig?	J	N	N	N	Bedingungsteil
Artikel noch herstellbar?	–	J	J	N	
Existiert Lieferzusage?	–	J	N	–	
Liefern!	X	X			Aktionsteil
Nicht liefern!				X	
Neues Angebot unterbreiten!			X		

Tabelle 4.2.11: Entscheidungstabelle zur Auftragsprüfung

Beispiel: Scoring-Technik

Bei der Bewertung der Bonität mit Hilfe der Scoring-Technik sind für jeden Kunden Bonitätsziffern zu berechnen. Zunächst werden die Bewertungskriterien festgelegt, z. B. die Auftragsmenge A, die Zahlungsgewohnheiten Z sowie die Reklamationshäufigkeit R. Anschließend ist für jedes Bewertungskriterium eine geeignete Skalierung auszuwählen, bevor die konkreten Kundenmerkmale auf der jeweiligen Skala eingetragen werden (Abbildung 4.2.12):

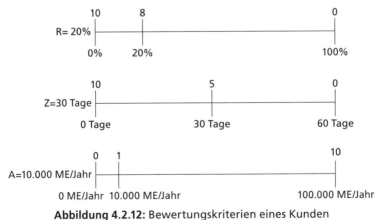

Abbildung 4.2.12: Bewertungskriterien eines Kunden

Zuletzt werden die Kriteriengewichte auf einer Skala eingetragen (Abbildung 4.2.13). Diese Gewichte müssen von dem verantwortlichen Entscheidungsträger nach seinem subjektiven Empfinden bestimmt werden.

Abbildung 4.2.13: Skala für Kriteriengewichte

Die Gewichte sind anschließend so zu normieren, dass die Gewichtesumme den Wert eins ergibt:

$$g_R = \frac{2}{(2+7+8)} \approx 0{,}12$$

$$g_R = \frac{7}{(2+7+8)} \approx 0{,}41$$

$$g_R = \frac{8}{(2+7+8)} \approx 0{,}47$$

Die Bonitätsziffer für einen Kunden erhalten wir schließlich aus der Addition der gewichteten Kriterienbewertungen. Im vorliegenden Fall beträgt der Gesamtwert (Score) für den bewerteten Kunden $0{,}12 \cdot 8 + 0{,}47 \cdot 5 + 0{,}41 \cdot 1 \approx 3{,}72$, während ein durchschnittlicher Kunde offensichtlich mit dem Score 5,0 bewertet wird. Ob die Bonität für den betrachteten Kunden dennoch ausreichend ist, muss vom Entscheidungsträger im Unternehmen wiederum individuell festgestellt werden.

Beispiel: Netzplantechnik

Als geeignete Methode für die Terminprüfung hat sich die Netzplantechnik bewährt. Im Sinne einer frühestmöglichen Fertigstellung der Aufträge wird durch eine Vorwärtsterminierung der einzelnen Arbeitsgänge zunächst geprüft, ob und gegebenenfalls welche Halbfabrikate schon gefertigt sind und für einen vorliegenden Auftrag verwendet werden können. Diese Stellen werden in einem so genannten Vorgangspfeilnetzplan markiert, wie er in Abbildung 4.2.14 veranschaulicht ist. Insgesamt bilden die Knoten des Netzplans Produktionszustände – also die Realisierung von Zwischenprodukten usw. – ab, während die Pfeile im Netzplan als Produktionsprozesse zu interpretieren sind. Im Beispiel sind die dunkel schattierten Zwischenprodukte 2 und 3 bereits im Lager vorrätig, so dass lediglich die nachfolgenden Produktionsschritte kalkuliert werden müssen.

4.2 Angebotsbearbeitung und Auftragserfassung

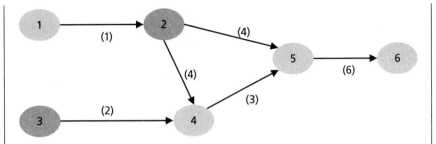

(in Klammern: Dauer des jeweiligen Teilprozesses in Wochen)

Abbildung 4.2.14: Fertigungsnetzplan

Angenommen, der zu prüfende Auftrag kann frühestens in Kalenderwoche 10 begonnen werden. Die frühesten Fertigstellungstermine (FT) der Zwischenprodukte bzw. des Endprodukts im fortlaufenden Produktionsprozess lauten dann:

$$FT_2 = 10 \text{ (liegt vor)}$$
$$FT_3 = 10 \text{ (liegt vor)}$$
$$FT_4 = \max(FT_2 + 4, FT_3 + 2) = 14$$
$$FT_5 = \max(FT_2 + 4, FT_4 + 3) = 17$$
$$FT_6 = FT_5 + 6 = 23.$$

Der Auftrag kann also frühestens – d. h. bei höchster Priorität – nach 23 Wochen ausgeliefert werden, wenn die einzelnen Teilprozesse nicht weiter beschleunigt werden können. Ein früherer Terminwunsch des Kunden führt deshalb im Allgemeinen zu einer Ablehnung.

Bei Kundenaufträgen wird im Rahmen der Lieferbedingungen im Allgemeinen auch ein Liefertermin genannt. Liegt sofortige Lieferbereitschaft vor, so sollte im Rahmen der Terminprüfung zugleich eine Reservierung für den Auftrag stattfinden. Die Terminprüfung gewinnt jedoch besonders dann an Bedeutung, wenn nicht von einer unmittelbaren Lieferbereitschaft ausgegangen werden kann. In einem solchen Fall ist die frühestmögliche Fertigstellung des Auftrags zu kalkulieren. So kann etwa auf die Verfahren der Netzplantechnik zurückgegriffen und ausgehend vom reifsten verfügbaren Zwischenprodukt mit Hilfe einer so genannten Vorwärtsterminierung der früheste Fertigstellungstermin berechnet werden. Wir werden diese Technik in Unterkapitel 5.4 ausführlicher behandeln. Einfachere, ebenso gebräuchliche Methoden sind die Fortschreibung der mittleren Durchlaufzeit aus früheren Erfahrungen oder die Addition von Rüst- und Bearbeitungszeiten.

Die letzte große Prüfung vor der Auftragsbestätigung ist die Deckungsbeitragsprüfung. Sie ist vor allem dann von großer Wichtigkeit, wenn ausführliche Preisverhandlungen zu erwarten sind bzw. die Fertigung individuell nach Kundenwünschen verlaufen soll. Die Kalkulation des Deckungsbeitrags erfolgt mit Unterstützung der Kostenrechnung. Der kalkulierte Wert wird gelegentlich auch als Mindestdeckungsbeitrag im Artikelsatz abgelegt, so dass sich in ähnlichen Fällen Kalkulationen zukünftig erübrigen oder zumindest vereinfachen. Bei Unterschreitung des Mindestdeckungsbeitrags sollte eine Anzeige auf dem Bildschirm nicht unterbleiben.

Nach erfolgreicher Auftragsprüfung wird der Kundenauftrag zum bestätigten Kundenauftrag. Es muss aber auch in Erwägung gezogen werden, dass lediglich einzelne Kundenauftragspositionen bestätigt werden können. Ob eine eigene Relation BESTÄTIGTER KUNDENAUFTRAG gebildet werden soll oder ob es ausreicht, in die Relation KUNDENAUFTRAG ein entsprechendes Attribut aufzunehmen, hängt von der weiteren Bearbeitung dieser Information ab. Je mehr Operationen im Verlauf des weiteren Planungsablaufs sich auf die bestätigten Kundenaufträge beziehen, desto eher wird die Bildung einer eigenen Relation in Betracht zu ziehen sein.

Vornehmlich wegen der Datenaktualität sind Auftragserfassung und -prüfung dialogorientiert zu betreiben. Verzögerungen durch Batchverarbeitung können insbesondere zu Terminüberschreitungen und damit erheblichen Mehrkosten führen. Aber auch aus Gründen der frühzeitigen Fehlererkennung ist eine Online-Erfassung vorzuziehen. Für den Kunden resultiert aus einem solchen Vorgehen überdies der Nutzen, dass technisch nicht realisierbare Artikelwünsche bzw. abweichende Preisvorstellungen unverzüglich erkannt und dementsprechend Änderungen vorgenommen werden.

4.2.5 Zusammenfassung

Dieses Unterkapitel hat gezeigt, wo die Information zu finden ist, die zur Auftragsbearbeitung benötigt wird, wie diese Information dorthin gelangt und mit welchen Verfahren die Information erzeugt wird. Außerdem sind, soweit nicht unmittelbar plausibel, die beteiligten Operational Units identifiziert und zugeordnet worden. Wir haben drei größere Aufgabenbereiche unterschieden: in Abschnitt 4.2.2 die Verwaltung der Grunddaten, die zunächst noch unabhängig von konkreten Aufträgen erfolgt, in Abschnitt 4.2.3 die Bearbeitung von Anfragen sowie in Abschnitt 4.2.4 die eigentliche Auftragsbearbeitung, die in eine Auftragsbestätigung mündet. Es hat sich als zweckmäßig erwiesen, die Daten objektweise nach Entity-Typen zu ordnen und eine Verbindung zwischen den Entity-Typen über Beziehungstypen herzustellen. Die ausführliche Darstellung der zusammengetragenen Information erfolgt dann über die Datensätze, welche durch Attributausprägungen beschrieben sind. Diese Darstellungsform eines Entity-Typs bzw. Beziehungstyps wird als Relation bezeichnet. Die wichtigsten Relationen der Auftragsbearbeitung sind KUNDE, ARTIKEL, ANGEBOT und KUNDENAUFTRAG. Zur Herleitung der (bestätigten) Aufträge ist eine Anzahl von Vorgängen (Funktionen) erforderlich, die von der Erfassung der Kundenwünsche bis zu verschiedenen Auftragsprüfungen reichen. Erst wenn diese Funktionen von den jeweiligen Operational Units erfolgreich ausgeführt sind, erhält ein Auftrag den Status „bestätigt". Den bestätigten Auftrag wiederum können wir als Impuls für weitere Aufgaben im Rahmen des Operations Managements verwenden.

4.2.6 Fragen zur Wiederholung

1. Nennen Sie Beispiele für Grunddaten. Welche Daten zählen auf keinen Fall zu den Grunddaten? Begründen Sie dies.
2. Ergänzen Sie die Relation KUNDE aus Tabelle 4.2.3 um weitere Attribute.
3. Welche der Relationen KUNDE, ARTIKEL, ANGEBOT und KUNDENAUFTRAG sind Entity-Typen? Welche dieser Relationen stellen Beziehungstypen dar? Begründen Sie Ihre Antworten.
4. Worin bestehen die Vorteile einer Dialogverarbeitung gegenüber einer Batchverarbeitung bei der Angebotserstellung?
5. Erläutern Sie den Prozess der Auftragserfassung und -prüfung anhand eines Vorgangskettendiagramms.
6. Welche Fehler können bei der Auftragserfassung auftreten?
7. Erläutern Sie die Teilprüfungen, die im Rahmen der Auftragsprüfung durchzuführen sind. Skizzieren Sie diese Prüfungen anhand eines selbst gewählten Beispiels.

4.2.7 Aufgaben zur Übung

Aufgabe 1

Das Unternehmen Niwida GmbH liefert Desktop-Rechner an verschiedene Handelsunternehmen. Um auf entsprechende Kundenwünsche schnell reagieren zu können, findet die Montage der Rechner auftragsbezogen statt.

In der 15. Kalenderwoche bestellt der Versandhändler Bestellfix AG 2.000 Rechner aus der 0815-Serie für ein Lockvogelangebot. Die Zahlungsmoral der Bestellfix AG war in der Vergangenheit nicht immer zufriedenstellend. Aus diesem Grund beschließt das Management der Niwida GmbH, für die Bestellfix AG noch einmal eine Bonitätsprüfung vorzunehmen. Für die Kriterien Auftragsmenge (A), Zahlungsgewohnheiten (Z) und Reklamationshäufigkeit (R) werden jeweils null bis zehn Punkte vergeben.

Kunden erhalten prinzipiell null Punkte, wenn ihre jährliche Auftragsmenge 2.000 Einheiten nicht überschreitet. Für eine Auftragsmenge von 22.000 Einheiten und mehr im Jahr werden zehn Punkte verteilt. Kunden, die im vergangenen Jahr keine Reklamation ausgelöst haben, erhalten ebenfalls zehn Punkte. Wurden dagegen im betrachteten Jahr zwei Drittel aller Lieferungen reklamiert, bekommt der Kunde null Punkte. Das Zahlungsziel der Niwida GmbH beträgt drei Wochen. Kunden, die diese Frist im Jahresdurchschnitt einhalten, bekommen zehn Punkte zugewiesen. Für einen durchschnittlichen Zahlungseingang nach 51 oder mehr Tagen werden null Punkte vergeben.

Die rechtzeitige Bezahlung von Rechnungen hat für das Niwida GmbH Management Priorität. Hierfür wird das Kriterium Zahlungsgewohnheiten auf einer Skala von eins bis zehn mit acht gewichtet. Das Kriterium Auftragsmenge erhält das Gewicht sechs, die Reklamationshäufigkeit das Gewicht drei. Aus dem vergangenen Jahr liegen die Daten aus der folgenden Tabelle vor.

Art-Nr.	Kunden Nr.	Kunden- name	Auftrags- datum	Auftrags- menge (ME)	Rechnungs- datum (RDat)	Zahlungs- eingangsda- tum (ZDat)	Differenz ZDat-RDat (Tage)	Reklamation
0103	0217	Bestell- fix AG	02.03.10	4.000	22.03.10	03.05.10	42	Nein
0617	0217	Bestell- fix AG	07.08.10	4.500	27.08.10	29.09.10	33	Ja
0324	0217	Bestell- fix AG	10.09.10	7.500	05.10.10	25.11.10	51	Nein

Grunddaten

Wie wird sich das Management der Niwida GmbH entscheiden, wenn für eine Annahme des Auftrags mindestens ein Score von 5,0 erreicht sein muss?

Aufgabe 2

Der Fachverlag Schmitz führt in seinem Sortiment auch die beiden Bücher „BWL leicht gemacht" und „Produktionswirtschaft für Fortgeschrittene". Zu seinen Kunden zählen die Buchhandlungen City und Markwart. Die Bücher werden „on demand" gedruckt, d. h. durch die Bestellung wird ein Druckauftrag ausgelöst. Verlag und Buchhandlungen planen die Entwicklung eines Geschäftprozessmodells zur einheitlichen, beschleunigten Gestaltung der Auftragsbearbeitung.

Von der Buchhandlung Markwart liegt zu Beginn der 10. Kalenderwoche (KW) eine Bestellung vor, die eine Lieferung von 50 Exemplaren „BWL leicht gemacht" und 20 Exemplaren „Produktionswirtschaft für Fortgeschrittene" zu Beginn der 15. KW vorsieht. Bei der Erfüllung dieses Auftrags ist Folgendes zu beachten: Das BWL-Buch wird zwar auf einer anderen Maschine als das Produktions-Buch gedruckt. Jedoch beanspruchen beide Bücher dieselbe Bindevorrichtung. Der Druck der 50 BWL-Bücher dauert ebenso wie der Druck der 20 Produktions-Bücher insgesamt zwei Wochen. Für das Binden der 50 bzw. 20 Exemplare wird jeweils eine Woche veranschlagt. Dabei wird zunächst das BWL-Buch, anschließend das Produktions-Buch gebunden. Um das BWL-Buch attraktiver zu gestalten, wird ihm eine CD beigefügt. Diese CD wird extern erstellt. Die Produktionsdauer liegt bei drei Wochen. Die Auslieferung des kompletten Auftrags selbst dauert noch einmal eine Woche.

Führen Sie eine Liefertermineprüfung durch. Zeichnen Sie den zugehörigen Netzplan und berechnen Sie die kritischen Aktivitäten. Ist eine pünktliche Bereitstellung der Sendung beim Kunden möglich? Wann muss spätestens mit dem Druck des Produktions-Buches begonnen werden?

Der Produktionsbeginn verzögert sich um zwei Tage. Lohnt es sich, die CDs selbst herzustellen, wenn sie dadurch bereits in zwei Wochen fertig sind? Lohnt es sich, den Auslieferungsprozess um zwei Tage zu beschleunigen? Begründen Sie Ihre Antworten.

4.2.8 Literaturempfehlungen zur Vertiefung

BECKER, J./KUGELER, M./ROSEMANN, M. (2008): Prozessmanagement – Ein Leitfaden zur prozessorientierten Organisationsgestaltung. 6. Auflage. Springer, Berlin

KURBEL, K. (2011): Enterprise Resource Planning und Supply Chain Management im Industrieunternehmen. 7. Auflage, Oldenbourg, München u. a.

MERTENS, P. (2009): Integrierte Informationsverarbeitung 1. 17. Auflage, Gabler, Wiesbaden

SCHEER, A.-W. (1997): Wirtschaftsinformatik – Referenzmodelle für industrielle Geschäftsprozesse. 7. Auflage, Springer, Berlin u. a.

SCHÖNSLEBEN, P. (2011): Integrales Logistikmanagement – Planung und Steuerung der umfassenden Supply Chain. 6. Auflage, Springer, Berlin u. a.

STAUD, J. L. (2006): Geschäftsprozessanalyse: Ereignisgesteuerte Prozessketten und objektorientierte Geschäftsprozessmodellierung für betriebswirtschaftliche Standardsoftware. 3. Auflage, Springer, Berlin u. a.

4.3 Bedarfsauflösung und Bedarfsverfolgung

4.3.1 Einführung

Nach der Auftragsannahme befindet sich ein Unternehmen in der Situation, die Produktion weiter vorbereiten zu müssen. Wir wollen uns in diesem Unterkapitel damit beschäftigen, wie das Informationssystem entwickelt werden muss, damit in den zuständigen Operational Units Daten für die in der Produktion benötigten Materialien und Halbfabrikate rechtzeitig bereitstehen. Außerdem wird betrachtet, welchen Weg eine Information nimmt, wenn es zu Störungen in dem Bereitstellungsprozess kommt und damit nicht sichergestellt ist, ob der Kundenauftrag pünktlich erledigt werden kann. In Abschnitt 4.3.2 wollen wir uns dazu zunächst wieder mit den Grunddaten befassen, die vor allem vom Konstruktionsbereich in das Informationssystem importiert werden. Abschnitt 4.3.3 beschäftigt sich mit dem Abgleich dieser Daten mit den Kundenaufträgen. Wir werden die Frage beantworten, welche Teilaufträge hinsichtlich der Produktion und Beschaffung von Materialien bzw. Halbfabrikaten aus den Kundenaufträgen abgeleitet werden. Abschnitt 4.3.4 beschreibt den Prozess der Bedarfsverfolgung, mit dem dargestellt wird, welche Teilaufträge zu einem Kundenauftrag gehören. Diese Rückkopplung ist deswegen besonders wichtig, weil die Teilaufträge für Materialien und Halbfabrikate nicht immer unmittelbar mit den ursprünglichen Kundenaufträgen korrespondieren, sondern gelegentlich Materialien für einen Kundenauftrag aus dem Lager entnommen, auf verschiedenen Maschinen gefertigt oder gemeinsam mit Materialien für andere Kundenaufträge produziert werden. Abschnitt 4.3.5 liefert dann wieder eine Zusammenfassung der Resultate.

4.3.2 Stücklistenverwaltung

Der Informationsprozess verläuft im Allgemeinen nach dem Stufenkonzept eines PPS-Systems. Sobald die Kundenaufträge bestätigt sind, ist die Bedarfsplanung das erste Modul eines solchen PPS-Systems. Die Primärbedarfe entsprechen den bestätigten Auftragsmengen. Sie werden unter Beachtung von Stücklisten in Sekundärbedarfe aufgelöst. Die Sekundärbedarfe beschreiben die Bedarfsmengen und Bedarfszeitpunkte für alle Materialien und Halbfabrikate, die zur Erledigung der Aufträge entweder beschafft oder selbst gefertigt werden müssen.

Bevor die Vorgehensweise bei dieser so genannten Bedarfsauflösung näher untersucht wird, wollen wir zunächst eingehender die Verwaltung der Stücklistendaten erörtern. Auf welche Weise und mit welchem Detaillierungsgrad Stücklisten erstellt und verwaltet werden, hängt im Wesentlichen von ihrem Verwendungszweck ab (vgl. auch Abschnitt 5.7.3). Eine wichtige Frage besteht darin, inwiefern neben den Endprodukten (P) und den Einzelteilen (E) auch Zwischenprodukte oder Baugruppen (B) erfasst werden sollen, um die Produktionsstruktur auf allen Stufen möglichst exakt abzubilden. Baugruppen werden oft deshalb ausdrücklich erfasst und gekennzeichnet, weil sie

- in unterschiedliche übergeordnete Teile eingehen,
- selbstständig gelagert und angeboten werden,
- grundsätzlich eine eigene Funktion haben.

Endprodukte, Einzelteile und Baugruppen lassen sich zu einem Entity-Typ „Teil" zusammenfassen. Zur Beschreibung eines Teils kann eine Vielzahl von Attributen herangezogen werden. Die wichtigsten Attribute sind in Abbildung 4.3.1 zusammengefasst.

Nicht immer können alle Attribute sinnvoll auf alle Teile angewendet werden. Abbildung 4.3.1 enthält zum Beispiel Attribute, mit denen nur fremdbezogene Teile näher beschrieben werden können, wie zum Beispiel die Lieferzeit. Aus diesem Grund wird der Entity-Typ „Teil" in mehrere Entity-Typen spezialisiert. Es bietet sich an, zusätzlich die Entity-Typen „Fremdteil", „Eigenteil" und „Artikel" (Endprodukt) einzuführen, die dann nur noch mit den jeweils ergänzend geltenden Attributen belegt werden. Abbildung 4.3.2 veranschaulicht diesen Operator Spezialisierung. Alle allgemeinen Daten werden weiterhin in dem generellen Entity-Typ „Teil" geführt. Werden jedoch spezielle Teiledaten benötigt, so wird auf die spezialisierten Entity-Typen „Fremdteil", „Eigenteil" und „Artikel" zugegriffen.

Jedes Teil kann je nach seiner Beschreibung für die Produktion anderer Teile verwendet werden oder aber aus anderen Teilen bestehen. Ein Teil soll entsprechend dieser Stellung entweder als untergeordnetes oder übergeordnetes Teil gekennzeichnet werden. Dabei ist diese Bezeichnung nicht immer eindeutig,

4.3 Bedarfsauflösung und Bedarfsverfolgung

Allgemeine Attribute
• Identifikationsdaten, z.B. Teilenummer, Teilebezeichnung und Zeichnungsnummer • Klassifikationsdaten, z.B. Teiletyp, Wertgruppe (A,B,C), Dispositionsstufe, Bedarfsart (Primär- oder Sekundärbedarf) • Statusdaten, z.B. Nullserie, Produktionsphase, Auslaufphase, Ersatzteil • Technische Größen • Dispositionsdaten (verbrauchs- oder bedarfsgesteuerte Disposition) • Kostendaten, z.B. Lagerkosten, Beschaffungskosten, Rüstkosten
Spezielle Attribute
• Bestellpolitik, Lieferzeit, Sicherheitsbestand (für Fremdteile) • Losgröße, Durchlaufzeit, Arbeitsplan (für Eigenteile) • Verkaufspreis, Rabattstaffelung, Verpackungseinheit (für Artikel)
Attribute für Strukturbeziehungen
• Fertigungsdauer (Vorlaufzeit) • Ausschuss • Produktionskoeffizient • Arbeitsgangzuordnung

Abbildung 4.3.1: Teileattribute

da Baugruppen sowohl als untergeordnete als auch als übergeordnete Teile fungieren können. Allerdings treten Einzelteile niemals als übergeordnete Teile, Produkte niemals als untergeordnete Teile in Erscheinung. Eine Stückliste ist ein Beziehungsgeflecht zwischen untergeordneten und übergeordneten Teilen, das beschreibt, welche untergeordneten Teile in welcher Menge und Form benötigt werden, um eine Einheit eines übergeordneten Teils herzustellen. Wir werden dieses Geflecht als Bedarfsstruktur bezeichnen. Die einzelnen Strukturbeziehungen, wie etwa die benötigten Teilemengen und Bedarfszeitpunkte, können in einem eigenen Beziehungstyp „Struktur" erfasst werden (vgl. Abbildung 4.3.3).

4 Informationsbasiertes Operations Management

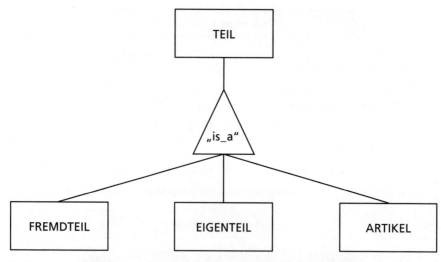

Abbildung 4.3.2: Spezialisierung des Entity-Typs „Teil" (Quelle: SCHEER 1997)

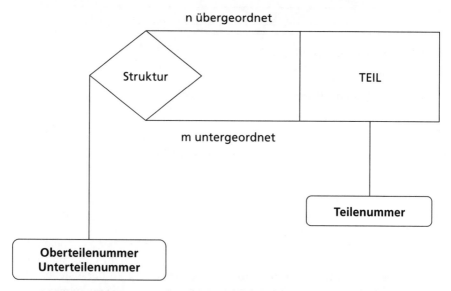

Abbildung 4.3.3: Entity-Relationship-Diagramm zur Bedarfsermittlung (Quelle: SCHEER 1997)

4.3 Bedarfsauflösung und Bedarfsverfolgung

Beispiel: Stückliste

Eine Erzeugnisstruktur wird zur Veranschaulichung häufig zunächst als Teilebaum dargestellt. Die Strukturbeziehungen zwischen übergeordneten und untergeordneten Teilen (Knoten) werden als Kanten abgebildet, die Zahlen an den Kanten geben die jeweiligen Mengen an untergeordneten Teilen an, die für die Herstellung von einer Mengeneinheit des übergeordneten Teils benötigt werden. Das Endprodukt steht dabei immer an der Spitze des Teilebaums. Der Teilebaum in Abbildung 4.3.4 zeigt die Erzeugnisstruktur des Endprodukts P1, welches sich aus einer Baugruppe B1 und zwei Einzelteilen E1 zusammensetzt. Die Baugruppe B1 besteht wiederum aus drei Einzelteilen E1.

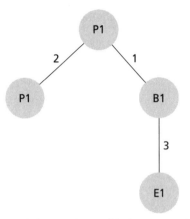

Abbildung 4.3.4: Teilebaum als graphische Veranschaulichung einer Stückliste

Hinter jedem Knoten des Teilebaums verbirgt sich ein Datensatz. Die Teilenummer wird dabei als Schlüsselattribut geführt. Die Relation TEIL ist in ihrer Grundform in Tabelle 4.3.1 dargestellt.

R. TEIL

TeileNr.	Bezeichnung
P1	Endprodukt 1
B1	Baugruppe 1
E1	Einzelteil 1

Tabelle 4.3.1: Relation TEIL

Um die Relation STRUKTUR zu entwickeln, sind alle Kanten des Teilebaums als Datensätze in die Relation aufzunehmen. So verbindet eine Kante das übergeordnete Teil P1 mit dem untergeordneten Teil E1. Die entsprechenden Teilenummern werden als Schlüsselattribute in der Relation vermerkt. Außerdem ist der Mengenkoeffizient in dem jeweiligen Datensatz als zusätzliches Attribut zu notieren. Die vollständige Relation STRUKTUR lautet in ihrer Grundform:

R. STRUKTUR

OberteileNr.	UnterteileNr.	Mengenkoeffizient
P1	E1	2
P1	B1	1
B1	E1	3

Tabelle 4.3.2: Relation STRUKTUR

Um aus den Relationen TEIL und STRUKTUR die gewünschte Stücklisteninformation zu erzeugen, kann man eine Datenbank-Abfrage vornehmen. Hierfür gibt es spezielle Abfragesprachen, so genannte Query Languages (QL). Eine einfache QL-Abfrage liefert in diesem Fall folgendes Ergebnis:

R.ENDPRODUKT P1

TeileNr.	Bezeichnung	Menge
B1	Baugruppe 1	1
E1	Einzelteil 1	5

Tabelle 4.3.3: Ergebnis der QL-Abfrage

Für die Herstellung eines Endprodukts P1 sind demnach eine Mengeneinheit der Baugruppe B1 sowie fünf Mengeneinheiten des Einzelteils E1 erforderlich. Die Mengenangaben sind dabei folgendermaßen zu interpretieren: Von den fünf Mengeneinheiten des Einzelteils E1 gehen zwei Mengeneinheiten unmittelbar in das Endprodukt P1 ein. Drei Mengeneinheiten werden für die Herstellung der Baugruppe B1 benötigt. Ist die Baugruppe bereits vorgefertigt, so dürfen diese drei Mengeneinheiten bei der Beschaffung nicht mehr berücksichtigt werden.

Das Entity-Relationship-Modell zur Bedarfsermittlung wird genutzt, um Stücklisten oder Teileverwendungsnachweise zu erzeugen. Während eine Stückliste Auskunft über die für eine Einheit eines Endprodukts benötigten untergeordneten Teile gibt, lässt sich durch Nutzung eines Teileverwendungsnachweises in Erfahrung bringen, wie ein untergeordnetes Teil in den Produktionsprozess Eingang findet, d. h. bei welchen Produktionen es verwendet wird. Gelegentlich kommt es zu Lieferverzögerungen von Einzelteilen, so dass auf diese Weise die Auswirkungen auf alle betroffenen Produktionsprozesse unmittelbar sichtbar werden.

Vielfach werden die Teile- und Strukturdaten unmittelbar miteinander verknüpft und als Relationen STÜCKLISTE und TEILEVERWENDUNGSNACHWEIS verwaltet. In der Praxis ist hierzu eine Reihe von unterschiedlichen Dateien, wie etwa Standardstücklisten, Variantenstücklisten, Plus-Minus-Stücklisten, entwickelt worden. Im Grundsatz können wir aber auch mit den Entity-Typen „Teil" und „Struktur" jede beliebige Form einer Stückliste und eines Teileverwendungsnachweises erzeugen.

Beispiel: Teileverwendungsnachweis

Ausgehend von der Erzeugnisstruktur, welche im vorangehenden Beispiel zur Erklärung einer Stückliste verwendet wurde, wollen wir nun einen Teileverwendungsnachweis als Relation erfassen. Teileverwendungsnachweise lassen sich grundsätzlich für alle untergeordneten Teile, hier also B1 und E1, erstellen. Zur Veranschaulichung wird der Teilebaum zunächst geeignet modifiziert. So zeigt Abbildung 4.3.5, dass zwei Einheiten des Einzelteils E1 in eine Einheit des Endprodukts P1 und drei Einheiten E1 in jede Baugruppe B1 eingehen. Die Baugruppe B1 wird dann stets einmal für jedes Endprodukt P1 benötigt.

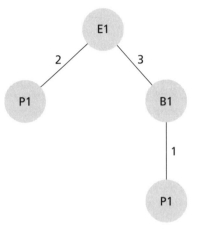

Abbildung 4.3.5: Graphische Veranschaulichung eines Teileverwendungsnachweises

Der Teileverwendungsnachweis für die Teile E1 und B1 kann wiederum durch eine QL-Abfrage erbracht werden. Wir erhalten die Relationen, die in Tabelle 4.3.4 dargestellt sind.

R. EINZELTEIL E1

TeileNr.	Bezeichnung	Menge
P1	Endprodukt 1	5
B1	Baugruppe 1	3

R. BAUGRUPPE B1

TeileNr.	Bezeichnung	Menge
P1	Endprodukt 1	1

Tabelle 4.3.4: Ergebnis der QL-Abfrage

Daraus ist zu entnehmen, dass insgesamt drei Einheiten E1 in jeder Baugruppe B1 bzw. fünf Einheiten in jedem Endprodukt P1 enthalten sind, während die Baugruppe B1 lediglich einmal in einer Einheit P1 vertreten ist.

4.3.3 Bedarfsauflösung und -bündelung

Nachdem die Bedarfsstruktur grundsätzlich bekannt ist, kommt es im Hinblick auf einen konkret vorliegenden Kundenauftrag nun darauf an, die Strukturbeziehungen entsprechend zu nutzen. Zur Unterscheidung der verschiedenen Bedarfsarten werden wir eine Kundenauftragsposition grundsätzlich als Primärbedarf bezeichnen. Dabei kann es aber durchaus auch vorkommen, dass der Primärbedarf für bestimmte Teile (zum Beispiel C-Teile) nicht aus einem Kundenauftrag direkt abgeleitet wird, sondern aus allgemeinen Bedarfsprognosen resultiert. Die hierfür anwendbaren Prognoseverfahren werden in Abschnitt 5.7.2 genauer vorgestellt.

Aus einem Primärbedarf können zu verschiedenen Zeiten unterschiedliche Sekundärbedarfe resultieren. Da die Fertigungsdauer zu berücksichtigen ist, treten Sekundärbedarfe zeitlich früher als Primärbedarfe auf. Allerdings sind beide Bedarfsarten sonst ähnlich zu behandeln, so dass sie zu einem Entity-Typ „Bedarf" zusammengefasst werden. Hierzu wenden wir den Generalisierungs-Operator an, der analog zum Spezialisierungs-Operator aufgebaut ist, welchen wir in Abschnitt 4.3.2 erörtert haben. Der Beziehungstyp „Bedarf" enthält also alle Attribute, die sowohl für die Primärbedarfe als auch für die Sekundärbedarfe von Bedeutung sind. Er beschreibt eine Beziehung zwischen den Entity-Typen „Teil" und „Zeit". In der zugehörigen Relation werden alle Teilebedarfe mit allgemeinen Attributen wie zum Beispiel Bedarfsmenge und Bedarfszeitpunkt erfasst. Lediglich spezifische Attribute, wie etwa die ABC-Klassifikation von Sekundärbedarfsteilen, werden in den entsprechend spezialisierten Beziehungstypen abgelegt.

Die Bedarfsauflösung geht im Allgemeinen mit einer Bedarfsbündelung einher. Um zu vermeiden, dass zu kleine oder zu große Aufträge gefertigt werden, weil in solchen Fällen entweder die Maschinen häufig umgerüstet werden müssen oder die Maschinenkapazität nicht ausreicht, werden die Primär- und Sekundärbedarfe grundsätzlich zu Fertigungslosen gebündelt. Daraus resultiert der neue Beziehungstyp „Fertigungsauftrag" (bzw. „Beschaffungsauftrag" für Fremdbezugsteile), der analog zu dem Beziehungstyp „Bedarf" ebenfalls eine m:n-Beziehung zwischen den Entity-Typen „Teil" und „Zeit" darstellt. Für die Bedarfsauflösung sowie die Losgrößenbildung ist prinzipiell eine Vielzahl von Planungsverfahren im Einsatz, die in Kapitel 5 näher erläutert werden. Die Ergebnisse der Planung werden als Attributwerte in den entsprechenden Relationen notiert. Sowohl die Bedarfsmengen und Bedarfszeitpunkte als auch die Fertigungsauftragsmengen und -zeiten stellen Bewegungsdaten dar, die anders als die Stammdaten nur für eine begrenzte Periode aufbewahrt werden. Sobald ein Fertigungsauftrag abgeschlossen ist, können diese Daten prinzipiell gelöscht werden. Sie werden lediglich zu Dokumentationszwecken sowie aus rechtlichen Gründen noch für einen befristeten Zeitraum aufbewahrt. Wie anhand des Beispiels „Fehlerkosten bei Bridgestone/Firestone" in Abschnitt 2.3.2 deutlich geworden ist, können diese Daten aber auch für das Qualitätsmanagement von großer Bedeutung sein.

4.3 Bedarfsauflösung und Bedarfsverfolgung

Beispiel: Bedarfsauflösung und Bedarfsbündelung

Ein Unternehmen fertigt das Endprodukt P1, dessen Erzeugnisstruktur aus dem Beispiel in Abschnitt 4.3.2 bereits bekannt ist. Wir wollen unterstellen, dass nach eingehender Prüfung zwei Aufträge für P1 angenommen wurden: Der erste Auftrag sieht eine Lieferung von 50 Mengeneinheiten (ME) in der 12. Kalenderwoche (KW) vor. Im Rahmen des zweiten Auftrags sind 160 ME in der 13. KW auszuliefern. Die beiden Aufträge bilden den Primärbedarf und werden nun in einer Relation BEDARF erfasst. Teilenummer und Bedarfsdatum (BDatum) fungieren als Schlüsselattribute. Mit Hilfe der Mengenkoeffizienten werden die Sekundärbedarfe aus dem Primärbedarf abgeleitet. Die benötigte Produktions- bzw. Wiederbeschaffungszeit eines Teils ist bei der Ermittlung des Bedarfsdatums für die Sekundärbedarfe ebenfalls zu beachten. Sie beträgt hier annahmegemäß eine KW. Die Relation BEDARF ist in der folgenden Tabelle wiedergegeben. Der Bedarf von 580 ME des Einzelteils E1 in der 11. KW setzt sich dabei aus dem Bedarf von 100 ME E1 für das Endprodukt P1 und einem Bedarf von 480 ME E1 für die Baugruppe B1 zusammen.

R. BEDARF

TeileNr.	BDatum	Menge	
P1	12	50	Primärbedarf
P1	13	160	
B1	11	50	Sekundärbedarf
B1	12	160	
E1	10	150	
E1	11	580	
E1	12	320	

Tabelle 4.3.5: Relation BEDARF

Entscheidungen über die Bündelung von Bedarfen werden in der Relation FERTIGUNGSAUFTRAG festgehalten. So ist der entsprechenden Tabelle 4.3.6 zu entnehmen, dass der gesamte Bedarf von E1 in einem Fertigungsauftrag in der 9. KW gefertigt werden soll. Das Auftragsdatum (ADatum) entspricht dem frühesten Bedarfsdatum abzüglich der Produktions- bzw. Wiederbeschaffungsdauer von einer KW.

R. FERTIGUNGSAUFTRAG

TeileNr.	ADatum	Menge
P1	11	50
P1	12	160
B1	10	50
B1	11	160
E1	9	1050

Tabelle 4.3.6: Relation FERTIGUNGSAUFTRAG

Eine weitere Informationsquelle ist bei der Bedarfsermittlung von Bedeutung: Bedarfsmengen, die aus einem vorhandenen Lagerbestand befriedigt werden können, müssen separat betrachtet werden. So sind lediglich die Nettobedarfe, d. h. die Bedarfe, denen kein Lagerbestand gegenübersteht, zu Fertigungsaufträgen zusammenzufassen. Für Bedarfe ist ein Beziehungstyp „Reservierung" einzurichten, mit dem die Lagermengen entsprechend gebunden werden. Diese Zusammenhänge sind in Abbildung 4.3.6 veranschaulicht.

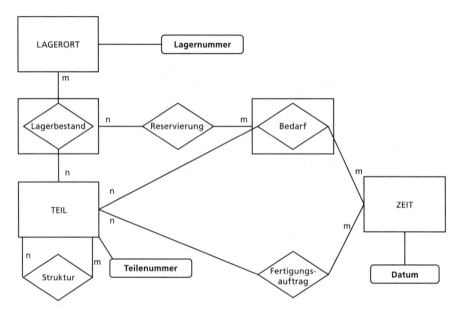

Abbildung 4.3.6: Entity-Relationship-Diagramm zur Bedarfsauflösung und -bündelung (Quelle: in Anlehnung an SCHEER 1997)

Beispiel: Reservierung

Wir greifen zunächst noch einmal das Fallbeispiel zur Bedarfsauflösung und Bedarfsbündelung auf und nehmen zunächst an, dass sich noch 80 ME von P1 im Distributionslager des Unternehmens befinden. Die zugehörige Relation LAGERBESTAND ist in Tabelle 4.3.7 abgebildet.

R. LAGERBESTAND

TeileNr.	LNr.	Lagermenge
P1	1	80

Tabelle 4.3.7: Relation LAGERBESTAND

4.3 Bedarfsauflösung und Bedarfsverfolgung

Zur eindeutigen Identifizierung der Datensätze existiert eine Kombination von Schlüsselattributen: Neben der Teilenummer wird eine Lagernummer (LNr.) vergeben, damit auch Vorräte an verschiedenen Lagerorten erfasst werden können. Im vorliegenden Fall befindet sich der gesamte Vorrat allerdings am Lagerort 1. Die Anrechnung des Lagerbestands auf den Primärbedarf wird mit Hilfe der Relation RESERVIERUNG dokumentiert (Tabelle 4.3.8). Sie übernimmt als Fremdschlüssel die Schlüsselattribute der Relationen BEDARF und LAGERBESTAND, d. h. also Teilenummer, Lagernummer und Bedarfsdatum. Zusätzlich wird ein Attribut Reservierungsmenge geführt.

RESERVIERUNG

TeileNr.	LNr.	BDatum	Reservierungsmenge
P1	1	12	50
P1	1	13	30

Tabelle 4.3.8: Relation RESERVIERUNG

Tabelle 4.3.8 zeigt insbesondere, dass für den Bedarf der 12. KW eine Reservierung von 50 ME aus dem Lager vorgenommen worden ist. Der Primärbedarf der 12. KW wird also vollständig aus dem Lager befriedigt. Der verbleibende Lagerbestand von 30 ME wird für einen Teil des Primärbedarfs in der 13. KW reserviert. Über die Differenz wird ein entsprechender Fertigungsauftrag angelegt.

4.3.4 Bedarfsverfolgung

Dadurch dass Bedarfe unterschiedlicher Herkunft sowie unterschiedlicher Perioden im Rahmen der Bedarfsauflösung und -bündelung zusammengefasst werden, drohen Informationsverluste. Es gibt zunächst keinen evidenten Zusammenhang zwischen den Kundenaufträgen, den Bedarfen und den Fertigungsaufträgen. Vielmehr ist lediglich gewährleistet, dass die Fertigungsaufträge aus den Kundenaufträgen abgeleitet wurden. Dementsprechend muss Information bereitgestellt werden, die Antworten auf folgende Fragen zulässt:

- Welche Kunden werden jeweils aus einem gefertigten Los bedient?
- Welche Aufträge sind von Produktionsausfällen betroffen?
- Welche Fertigungsaufträge haben eine hohe Priorität?

Die Beantwortung der letzten Frage ist dann von Bedeutung, wenn in den Relationen KUNDE bzw. KUNDENAUFTRAG ein Attribut vorgesehen ist, das verschiedene Prioritätskennzahlen umfasst, wonach besondere Kunden bevorzugt bedient werden.

Um eine Rückverfolgung der Fertigungsaufträge zu ermöglichen, müssen die Bedarfe den Fertigungsaufträgen auf zweierlei Weise zugeordnet werden: Im Sinne der Bedarfsverursachung werden wir einen Beziehungstyp „Bedarfsableitung" definieren, in dem festgehalten wird, wer der Bedarfsverursacher ist, d. h. welche Sekundärbedarfe sich aus einem übergeordneten Fertigungsauftrag herleiten. Der Beziehungstyp „Bedarfsdeckung" verfolgt hingegen den Zusammenhang zwischen einem Bedarf und den zugehörigen Fertigungsaufträgen im Sinne der Bedarfsbefriedigung. Die Beziehungstypen „Bedarfsableitung" und „Bedarfsdeckung" verknüpfen die Bedarfsinformation mit der Auftragsinformation also auf jeweils unterschiedliche Weise.

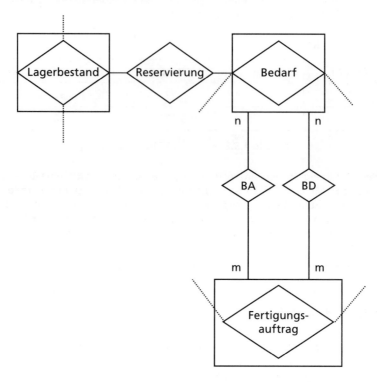

(BA: Bedarfsableitung, BD: Bedarfsdeckung)

Abbildung 4.3.7: Entity-Relationship-Diagramm zur Bedarfsverfolgung (Quelle: in Anlehnung an SCHEER 1997)

Beispiel: Bedarfsverfolgung

Wie Tabelle 4.3.9 zeigt, liegen dem Unternehmen aus dem vorangegangenen Beispiel neben den beiden bereits erörterten Kundenaufträgen nun drei weitere Aufträge für das Endprodukt P1 vor. Das Kundenauftragsdatum (KA-Datum) bezeichnet den Auftragseingang im Unternehmen, das Bedarfsdatum (BDatum) den zugesicherten Auslieferungstermin. Als Produktions- bzw. Wiederbeschaffungszeit wird nach wie vor für jedes Teil eine KW unterstellt. Der Lagerbestand von P1 im Distributionslager (LNr. 1) umfasst 80 ME und wurde entsprechend reserviert. Die Relation BEDARF (Tabelle 4.3.10) konzentriert sich auf den Primärbedarf für das Endprodukt P1.

4.3 Bedarfsauflösung und Bedarfsverfolgung

R. KUNDENAUFTRAG

KundenNr.	KADatum	TeileNr.	BDatum	Menge
2	1	P1	12	50
2	2	P1	13	160
3	2	P1	17	120
2	3	P1	19	30
1	3	P1	21	550

Tabelle 4.3.9: Relation KUNDENAUFTRAG

R. BEDARF

TeileNr.	BDatum	Menge
P1	12	50
P1	13	160
P1	17	120
P1	19	30
P1	21	550

Tabelle 4.3.10: Relation BEDARF

Wir wollen jetzt annehmen, dass die Abteilung Produktionsplanung beschlossen hat, den Primärbedarf der 12. bis 18. KW in einem Fertigungslos von 280 ME zu bündeln. Der Bedarf von P1 in der 20. KW soll dagegen in zwei gleich große Lose à 275 ME aufgeteilt werden, die in der 16. bzw. 17. KW in Auftrag gegeben werden (Tabelle 4.3.11).

R. FERTIGUNGSAUFTRAG

TeileNr.	ADatum	Menge
P1	12	280
P1	16	275
P1	17	275

Tabelle 4.3.11: Relation FERTIGUNGSAUFTRAG

Im Folgenden werden wir den Prozess der Bedarfsdeckung und Bedarfsableitung parallel entwickeln. In der Relation BEDARFSDECKUNG wird zunächst der Informationszusammenhang zwischen den Primärbedarfen und den Fertigungsaufträgen abgebildet (1. Schritt).

Der Fertigungsauftrag wird jeweils durch das Schlüsselattributpaar Teilenummer und Auftragsdatum identifiziert, der Bedarf durch das Schlüsselattributpaar Teilenummer und Bedarfsdatum. Die Differenz zwischen Auftragsdatum und Bedarfsdatum ergibt den für den Fertigungsauftrag zur Verfügung stehenden Bearbeitungszeitraum. Für den zweiten Datensatz in der Relation BEDARFSDECKUNG (Tabelle 4.3.12) besteht also etwa ein Zeitraum von 4 Wochen. Während der Bedarf erst in der 17. KW entsteht, wird der Fertigungsauftrag bereits in der 12. KW erteilt. In der 13. KW steht er dann zur Auslieferung bereit.

R. BEDARFSDECKUNG

TeileNr.	BDatum	ADatum	Menge	
P1	13	12	130	⎫
P1	17	12	120	⎪
P1	19	12	30	⎬ 1. Schritt
P1	21	16	275	⎪
P1	21	17	275	⎭
B1	12	11	280	⎫
B1	16	15	275	⎪
B1	17	16	275	⎬ 3. Schritt
E1	12	11	560	⎪
E1	16	15	550	⎪
E1	17	16	550	⎭
E1	11	10	840	⎫
E1	15	14	825	⎬ 5. Schritt
E1	16	15	825	⎭

Tabelle 4.3.12: Relation BEDARFSDECKUNG

Im 2. Schritt wird der Informationszusammenhang zwischen dem Fertigungsauftrag und dem daraus verursachten Sekundärbedarf in einer Relation BEDARFSABLEITUNG dargestellt (Tabelle 4.3.13). Die Bedarfsdaten werden mit Hilfe der Relation STRUKTUR und TEIL erzeugt.

R. BEDARFSABLEITUNG

TeileNr. (Fertigungsauftrag)	ADatum	TeileNr. (Bedarf)	BDatum	Menge	
P1	12	B1	12	280	⎫
P1	12	E1	12	560	⎪
P1	16	B1	16	275	⎬ 2. Schritt
P1	16	E1	16	550	⎪
P1	17	B1	17	275	⎪
P1	17	E1	17	550	⎭
B1	11	E1	11	840	⎫
B1	15	E1	15	825	⎬ 4. Schritt
B1	16	E1	16	825	⎭

Tabelle 4.3.13: Relation BEDARFSABLEITUNG

4.3 Bedarfsauflösung und Bedarfsverfolgung

Die ermittelten Sekundärbedarfe werden in die Relation BEDARF übertragen. Gleichzeitig wird für jeden neu bestimmten Sekundärbedarf in der Relation FERTIGUNGSAUFTRAG ein Datensatz angelegt, sofern die Teile nicht fremdbezogen werden. Eine Gegenüberstellung der ermittelten Sekundärbedarfe sowie der zugehörigen Fertigungsaufträge erfolgt wieder in der Relation BEDARFSDECKUNG (3. Schritt), bevor aus den neuen Fertigungsaufträgen auf die beschriebene Art und Weise weitere Sekundärbedarfe abgeleitet werden. Für die vorliegende Produktionsstruktur wird dieses Verfahren im 4. und 5. Schritt solange weiter verfolgt, bis alle Aufträge berücksichtigt sind.

Beispiel: Auswirkungen von Produktionsverzögerungen auf die Bedarfserfüllung

Wir nehmen in Fortführung der bekannten Produktionsstruktur weiterhin an, dass eine zur Herstellung des Endprodukts P1 eingesetzte Maschine in der 12. KW unerwartet ausfällt. Um die Auswirkungen dieses Maschinenausfalls auf die Bedarfserfüllung frühzeitig zu erkennen, müssen zunächst die betroffenen Aufträge identifiziert und diese anschließend in Verbindung mit dem zugrunde liegenden Primärbedarf gesetzt werden. Wir erhalten diese Information aus den ersten fünf Zeilen der Relation BEDARFSDECKUNG in Tabelle 4.3.12.

Unmittelbar betroffen vom Maschinenausfall ist der erste Datensatz in Tabelle 4.3.12. Lässt sich die Maschinenstörung nicht unverzüglich beheben, so kann der Primärbedarf in der 13. KW nicht in vollem Umfang befriedigt werden. Nach Rücksprache mit dem betroffenen Kunden kann allenfalls eine schnellstmögliche Nachlieferung der Fehlmenge von 130 ME vereinbart werden. Unter Servicegesichtspunkten muss der betroffene Kunde auf jeden Fall unverzüglich über die aufgetretenen Lieferprobleme informiert werden. Für die übrigen Datensätze hat der Maschinenausfall wegen des vorhandenen zeitlichen Puffers zunächst keine direkten Konsequenzen.

Wir haben bisher analysiert, welche Bedarfs- und Auftragsinformation bereitzustellen ist und welche Aufgaben damit erfüllt werden können. Eine zentrale Frage betrifft den zeitlichen Ablauf dieses Informationsprozesses. Grundsätzlich werden alle Teile- und Strukturdaten zunächst in einem Batch-Prozess übernommen. Laufende Änderungen dieser Daten müssen dialoggesteuert werden, damit die Aktualität in der Planung gesichert ist. Außerdem ist ein Dialogbetrieb auch dann vorteilhaft, wenn eine bestimmte Grundstruktur verändert werden soll. Dies gilt etwa für Variantenstücklisten, die durch Austauschen einzelner Teile oder Baugruppen schnell und zeitnah erzeugt werden können. So entstehen auf einfache Weise Stücklisten und Teileverwendungsnachweise für Produktvarianten.

Die Funktionen der Bedarfsauflösung, Bedarfsbündelung und Bedarfsverfolgung werden in der Praxis überwiegend batchorientiert durchgeführt. Wenn aber Anpassungen aufgrund unvorhersehbarer Entwicklungen – beispielsweise infolge einer Stornierung von Aufträgen oder von dringlichen Auftragseingängen – vorzunehmen sind, sollte dies wegen der erforderlichen Aktualität im Dialogbetrieb geschehen. Aus praktischer Sicht bieten sich auch bei der Losbildung gute Eingriffsmöglichkeiten für den Disponenten, um die vom Programm erzeugten Vorschläge abwandeln zu können. Die Nutzung des Dialogbetriebs hängt im Wesentlichen von den angewandten Planungsverfahren ab. Meistens eignen sich hierfür lediglich einfache Praktikerverfahren. Die klassischen Optimierungsverfahren, so wie sie auch in Kapitel 5 beschrieben werden, verlangen hingegen vollständige Information über alle Bedarfe einer Periode, bevor der Optimierungsprozess einsetzen kann. Deshalb kommt unter diesen Umständen nur eine Batchverarbeitung in Betracht.

4.3.5 Zusammenfassung

Dieses Unterkapitel hat gezeigt, wie aus bestätigten Kundenaufträgen Güterbedarfe und Fertigungsaufträge abgeleitet werden können und wie wichtig es ist, dass diese Information wieder bis zu den Kundenaufträgen rückverfolgt werden kann. Grundlage für den Informationsprozess bilden die Stücklisten, die auf Information aus der Konstruktionsabteilung basieren und vor allem die Mengenbeziehungen zwischen Enderzeugnissen, Baugruppen sowie Einzelteilen enthalten. Wie Stücklisten gebildet und verwaltet werden, wurde in Abschnitt 4.3.2 erläutert. Im diskutierten Datenmodell haben wir als wichtigen Bestandteil der Stücklisten den Beziehungstyp „Struktur" identifiziert. Mit seiner Hilfe lassen sich – wie in Abschnitt 4.3.3 gezeigt – aus den Primärbedarfen die Sekundärbedarfe für alle im Produktionsprozess verwendeten Teile bestimmen. Dabei ist – soweit möglich – für die einzelnen Bedarfe jeweils zu überlegen, ob und inwieweit sie zu Fertigungsaufträgen gebündelt oder in mehrere Aufträge aufgeteilt werden sollen. Nicht immer ist dieser Prozess optimiert, da die Bedarfe häufig zu unterschiedlichen Zeitpunkten bestimmt werden. Dezidierte Planungsmethoden zur Bedarfsauflösung und -bündelung, mit denen eine systematische Informationsverarbeitung durchgeführt wird, werden wir in Kapitel 5 behandeln. Es ist jedoch in Abschnitt 4.3.4 deutlich geworden, dass die Informationsverarbeitung meistens auch zu Informationsverlusten führt, wenn nicht gleichzeitig jeder Verarbeitungsschritt durch geeignete Beziehungstypen dokumentiert wird. Dies ist – wie wir gesehen haben – Gegenstand der Bedarfsverfolgung. Mit ihr wird ein retrograder Informationsweg beschritten: So kann Information wieder zurückgesandt werden, wenn Änderungen bzw. Störungen im Produktionsprozess auftreten und deshalb die planmäßige Erfüllung eines Kundenauftrags gefährdet ist. Insgesamt wird mit dem in diesem Unterkapitel behandelten Informationsmodul das Ziel verfolgt, den Informationsfluss zwischen der Stelle, die den Kundenauftrag bestätigt hat, und allen anderen Stellen im Unternehmen, die für die Erfüllung der daraus entstehenden Fertigungsaufträge verantwortlich sind, sicherzustellen.

4.3.6 Fragen zur Wiederholung

1. Welche Aufgaben erfüllen Stücklisten?
2. Welche Information wird benötigt, um eine Stückliste zu erstellen?
3. Beschreiben Sie den Prozess der Bedarfsauflösung anhand eines Beispiels.
4. Erläutern Sie die Abhängigkeit zwischen den Prozessen der Bedarfsauflösung und der Bedarfsbündelung. Worin besteht die grundlegende Schwierigkeit, diese beiden Prozesse zu kombinieren?
5. Erläutern Sie anhand eines Beispiels, warum durch die Bedarfsauflösung Information verloren gehen kann, die im späteren Verlauf der Produktionsplanung bedeutsam ist.
6. Nennen Sie exemplarisch einige Fragen, die mit einer Bedarfsverfolgung beantwortet werden können.
7. Stellen Sie die Vor- und Nachteile eines Dialogbetriebs bei der Bedarfsauflösung, Bedarfsbündelung und Bedarfsverfolgung gegenüber.

4.3.7 Aufgaben zur Übung

Aufgabe 1

Die Konstruktionsabteilung der Timber & Style hat auf der Basis von Marktforschungsergebnissen den neuen robusten Küchenstuhl „Kitchen Master" entwickelt.

Ein „Kitchen Master" besteht aus zwei Baugruppen, die parallel montiert und anschließend miteinander verschraubt werden. Die erste Baugruppe umfasst eine Sitzfläche aus Holz, vier Stuhlbeine, ebenfalls aus Holz, und ein Kunstledersitzkissen. Die vier Stuhlbeine werden zunächst mit der Sitzfläche verschraubt. Anschließend wird das Sitzkissen mit der Sitzfläche verklebt. Die zweite Baugruppe bilden zwei Stahlrohre und ein leicht gebogenes Brett für

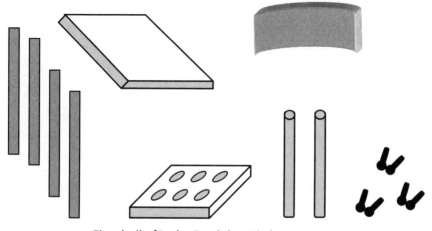

Einzelteile für das Produkt „Kitchen Master"

die Rückenlehne. Beide Stahlrohre werden in einem Arbeitsgang in die vorgebohrten Montagelöcher des Rückenlehnenbretts gesteckt.

Stellen Sie die Erzeugnisstruktur des „Kitchen Master" als Teilebaum dar. Vermerken Sie dabei auch die Mengenkoeffizienten an den Kanten. Erstellen Sie die Relationen TEIL und STRUKTUR und füllen Sie die Relationen mit den Daten dieser Aufgabe. Bilden Sie das Produkt „Kitchen Master" als Stückliste ab.

Aufgabe 2

Ein Unternehmen erhält für das Endprodukt P zwei Aufträge. Die Relationen TEIL, STRUKTUR und KUNDENAUFTRAG liegen vor.

R. TEIL

TeileNr.	Bezeichnung
P	Produkt
B	Baugruppe
E	Einzelteil

Relation TEIL

R. STRUKTUR

OberteileNr.	UnterteileNr.	Menge
P	B	1
P	E	2
B	E	3

Relation STRUKTUR

R. KUNDENAUFTRAG

KundenNr.	Periode	TeileNr.	Menge
4711	3	P	100
4712	3	P	200

Relation KUNDENAUFTRAG

Entwickeln Sie die Relationen BEDARF, FERTIGUNGSAUFTRAG, BEDARFSDECKUNG und BEDARFSABLEITUNG für den Fall, dass die Bedarfe zweier aufeinanderfolgender Perioden stets zu einem Fertigungsauftrag zusammengefasst werden. Gehen Sie für jeden Fertigungsschritt von einer Produktions- bzw. Wiederbeschaffungszeit von einer Periode aus. Maschinenkapazität ist immer ausreichend verfügbar, so dass mit der Fertigung der Teile sofort begonnen werden kann.

4.3.8 Literaturempfehlungen zur Vertiefung

BECKER, J./KUGELER, M./ROSEMANN, M. (2008): Prozessmanagement – Ein Leitfaden zur prozessorientierten Organisationsgestaltung. 6. Auflage. Springer, Berlin
KURBEL, K. (2011): Enterprise Resource Planning und Supply Chain Management im Industrieunternehmen. 7. Auflage, Oldenbourg, München u. a.
MERTENS, P. (2009): Integrierte Informationsverarbeitung 1. 17. Auflage, Gabler, Wiesbaden
SCHEER, A.-W. (1997): Wirtschaftsinformatik – Referenzmodelle für industrielle Geschäftsprozesse. 7. Auflage, Springer, Berlin u. a.
SCHÖNSLEBEN, P. (2011): Integrales Logistikmanagement – Planung und Steuerung der umfassenden Supply Chain. 6. Auflage, Springer, Berlin u. a.
STAUD, J. L. (2006): Geschäftsprozessanalyse: Ereignisgesteuerte Prozessketten und objektorientierte Geschäftsprozessmodellierung für betriebswirtschaftliche Standardsoftware. 3. Auflage, Springer, Berlin u. a.

4.4 Auftrags- und Kapazitätsterminierung

4.4.1 Einführung

Alle Auftragsdaten, die bisher erhoben wurden, sind Mengendaten. Sie bezeichnen die Art und Menge der Endprodukte, Baugruppen und Teile, die in einer Produktionsperiode gefertigt werden sollen. Um mit der Fertigung beginnen zu können, müssen die Operational Units außerdem aber über die genauen Termine verfügen, zu denen die einzelnen Fertigungsschritte zu erfolgen haben. Aufgabe der Auftrags- und Kapazitätsterminierung ist es deshalb, die Start- und Endtermine dieser Arbeitsgänge zu bestimmen und so zusammenzustellen, dass sich für den vollständigen Fertigungsablauf ein übersichtliches Bild ergibt. Zunächst werden wir in Abschnitt 4.4.2 wiederum die Datenarten erörtern, die für die beschriebene Terminierung erforderlich sind. Anschließend werden die erhobenen Daten unter zweierlei Aspekten zusammengefasst. In Abschnitt 4.4.3 wird eine Auftragsterminierung vorgenommen. Dabei wird jeder einzelne Auftrag mit seinen Fertigungsdauern für jeden Arbeitsschritt erfasst, so dass klar wird, zu welchem Zeitpunkt sich der Auftrag in welcher Bearbeitungsphase befindet und wann er vollständig bearbeitet ist. Abschnitt 4.4.4 widmet sich den Maschinen, die im Allgemeinen für die Bearbeitung verschiedener Auftragsarten herangezogen werden. Die Bearbeitungstermine der Aufträge auf den Maschinen sind so anzupassen („abzugleichen"), dass die Maschinen in allen Perioden gut ausgelastet sind. Abschnitt 4.4.5 zeigt, wie die Plandaten mit den Ist-Daten noch einmal abzustimmen sind, bevor es schließlich zur Freigabe von Aufträgen kommt. Abschnitt 4.4.6 liefert die gewohnte Zusammenfassung der in diesem Kapitel gewonnenen Erkenntnisse.

4.4.2 Verwaltung der Kapazitäts-, Ablauf- und Zeitdaten

Auch die Auftrags- und Kapazitätsterminierung basiert auf einer Vielzahl von Daten, deren Verwaltung und Pflege von eminenter Wichtigkeit für die Entscheidungen der Operational Units sind. Die Grund- und Auftragsdaten sind bereits aus den vorangegangenen Abschnitten bekannt. Wir werden uns zunächst mit der Information näher beschäftigen, die die Kapazität des Produktionssystems betrifft, das sind alle Daten, die den Leistungsumfang des Systems beschreiben. Im Folgenden werden wir drei wichtige Kapazitätsparameter unterscheiden:

- Der Entity-Typ „Betriebsmittel" bezeichnet die Verbrauchsgüter, die im Produktionsprozess eingesetzt werden, um Teile zu bearbeiten. Er wird durch das Schlüsselattribut Betriebsmittelnummer identifiziert. Weitere Attribute beziehen sich auf die technische Beschreibung der Maschine, das Anschaffungsdatum, die Instandhaltungsintervalle, die Abschreibungsmethoden usw. Ggf. werden die Betriebsmittel zu einem übergeordneten Entity-Typ „Betriebsmittelgruppe" zusammengefasst.

- Der Entity-Typ „Werkzeug" wird analog durch das Schlüsselattribut Werkzeugnummer identifiziert. Auch sonst gelten ähnliche Merkmalsattribute wie bei den Betriebsmitteln. In der industriellen Produktion, auf die wir uns hier konzentrieren, werden Werkzeuge meistens in Verbindung mit Betriebsmitteln genutzt.

- Bezüglich des Entity-Typs „Mitarbeiter" (Schlüsselattribut: Personalnummer) sind Planungs- und Klassifikationsdaten wie zum Beispiel die Arbeitszeit, die Lohngruppe und Betriebsmittelkenntnisse zu berücksichtigen.

- Unter dem Entity-Typ „Technisches Verfahren" werden Tätigkeiten wie zum Beispiel Bohren, Fräsen und Biegen verstanden. Als Schlüsselattribut dient im Allgemeinen die Verfahrensnummer. Im Einzelnen müssen die Verfahren durch eine Anzahl von technischen Attributen spezifiziert werden.

Neben diesen Daten, die die quantitative und qualitative Kapazität eines Produktionssystems beschreiben, sind auch Ablauf- und Zeitdaten über die Nutzung dieser Kapazität zu führen. Insbesondere enthält der Entity-Typ „Arbeitsplan" (Schlüsselattribut: Arbeitsplannummer) einen kompletten Verfahrensablauf, d. h. die technologische Reihenfolge von Verfahrensschritten, die für die Herstellung eines Teils erforderlich sind. Neben Klassifizierungsdaten, die den Arbeitsplan beispielsweise als Reparatur- oder Ersatzarbeitsplan kennzeichnen, finden gewöhnlich Attribute Verwendung, die die benötigten Materialien sowie den Zeitbedarf beschreiben. Häufig hängt die benötigte Zeit für einen Arbeitsschritt bzw. den vollständigen Arbeitsablauf jedoch auch davon ab, welche Betriebsmittel und Werkzeuge eingesetzt werden, welches Teil bearbeitet wird und welcher Mitarbeiter die Arbeiten ausführt. Hierfür wird eine Reihe weiterer Beziehungstypen erforderlich, so dass in den entsprechenden Relationen solche Daten abgelegt werden können.

4.4 Auftrags- und Kapazitätsterminierung

Die durch die Auftrags- und Kapazitätsterminierung begründeten Beziehungstypen sind unmittelbar eingängig. Wir können uns deshalb auf eine kurze Skizzierung beschränken:

- Der Beziehungstyp „Werkzeugeinsatz" gibt eine m:n-Beziehung zwischen den Entity-Typen „Werkzeug" und „Betriebsmittel" an. Es ist denkbar, dass sowohl ein Werkzeug für mehrere Betriebsmittel verwendet werden kann als auch ein Betriebsmittel mehrere Werkzeuge benötigt.
- Die Arbeitsplanzuordnung stellt einen Beziehungstyp zwischen den Entity-Typen „Teil" und „Arbeitsplan" dar. Auch hier liegt eine m:n-Beziehung vor, da für ein Teil entweder mehrere Arbeitspläne bestehen können oder derselbe Plan für mehrere Teile gültig ist. Im zweiten Fall handelt es sich offensichtlich um eine Form der Variantenfertigung.
- Da ein Arbeitsplan mehrere Verfahrensschritte enthält, der einzelne Schritt im Hinblick auf seine Modifizierbarkeit jedoch auch von grundsätzlichem Interesse ist, sollte ein Beziehungstyp zwischen den Entity-Typen „Arbeitsplan" und „Technisches Verfahren" existieren. Dieser Beziehungstyp wird als Arbeitsgang bezeichnet. Er beschreibt also einen konkreten technischen Verfahrensschritt.
- Arbeitsgänge hängen wesentlich von den sie unterstützenden Betriebsmitteln ab, so dass ein entsprechender m:n-Beziehungstyp „Arbeitsgangzuordnung" zu definieren ist.
- Analog kann ein Beziehungstyp „Mitarbeiterzuordnung" zwischen den Entity-Typen „Mitarbeiter" und „Betriebsmittel" gebildet werden. Sowohl für die „Arbeitsgangzuordnung" als auch für die „Mitarbeiterzuordnung" sind Planungsdaten in Bezug auf die Rüst- und Belegungszeiten zu erfassen.
- Werden Werkzeuge nur für spezielle Arbeitsgänge auf einem Betriebsmittel benötigt, so empfiehlt sich die Einrichtung eines Beziehungstyps „Werkzeugzuordnung" zwischen den Beziehungstypen „Werkzeugeinsatz" und „Arbeitsgangzuordnung".

Das hier beschriebene Entity-Relationship-Modell zur Auftrags- und Kapazitätsterminierung ist in Abbildung 4.4.1 veranschaulicht. Sie zeigt, dass mit den entwickelten Entity- und Beziehungstypen eine Vielzahl von Fragestellungen einhergeht, die beantwortet werden müssen. So ist vor allem zu klären,

- welche Arbeitsgänge auf welchem Betriebsmittel durchführbar sind (Beziehungstyp „Arbeitsgangzuordnung"),
- welche technischen Verfahren einen Arbeitsplan unterstützen (Beziehungstyp „Arbeitsgang"),
- mit welchen Werkzeugen ein Betriebsmittel bestückt wird (Beziehungstyp „Werkzeugeinsatz"),
- welche Arbeitspläne für eine Teilefertigung in Betracht kommen (Beziehungstyp „Arbeitsplanzuordnung").

4 Informationsbasiertes Operations Management

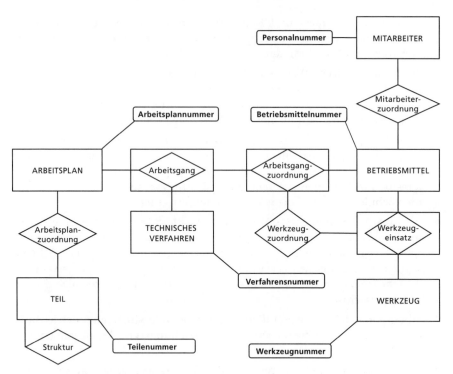

Abbildung 4.4.1: Entity-Relationship-Modell zur Auftrags- und Kapazitätsterminierung (Quelle: in Anlehnung an SCHEER 1997)

Beispiel: Auftrags- und Kapazitätsterminierung

Der Zulieferbetrieb eines Fahrradherstellers, die Citycycle GmbH, fertigt aus einer Felge, einer Nabe sowie 32 Speichen hochwertige Laufräder (TeileNr. 100). Zur Herstellung der Laufräder benötigt das Unternehmen drei verschiedene Maschinen (Tabelle 4.4.1), an denen verschiedene Werkzeuge zum Einsatz kommen (Tabelle 4.4.2).

R. BETRIEBSMITTEL

BMNr.	technische Beschreibung	Instandhaltungsintervall
BM1	Maschine zum Einlegen und Spannen der Speichen	vierteljährlich
BM2	Maschine zum Zentrieren des Laufrads	monatlich
BM3	Maschine für automatische Einspeichung	vierteljährlich

Tabelle 4.4.1: Relation BETRIEBSMITTEL

4.4 Auftrags- und Kapazitätsterminierung

R. WERKZEUG

WerkzeugNr.	technische Bezeichnung	Anschaffungsdatum
W1	Vorrichtung für das Einlegen der Speichen	Mai 2011
W2	Spannwerkzeug	August 2004
W3	Tensiometer für Zentrierung	Oktober 2007

Tabelle 4.4.2: Relation WERKZEUG

Das Einsatzspektrum der Werkzeuge wird mit Hilfe der Relation WERKZEUGEINSATZ abgebildet. So können wir der Tabelle 4.4.3 zum Beispiel entnehmen, dass alle drei Werkzeuge am Betriebsmittel BM3 zum Einsatz kommen.

R. WERKZEUGEINSATZ

BMNr.	WerkzeugNr.	Rüstzeit
BM1	W1	20 Min
BM1	W2	10 Min
BM2	W3	15 Min
BM3	W1	20 Min
BM3	W2	10 Min
BM3	W3	15 Min

Tabelle 4.4.3: Relation WERKZEUGEINSATZ

In der Fertigung beschäftigt der Zulieferbetrieb drei Arbeiter (Tabelle 4.4.4), wobei jeder dieser Arbeiter nur an einer bestimmten Maschine eingesetzt werden kann, wie die Relation MITARBEITERZUORDNUNG in Tabelle 4.4.5 zeigt.

R. MITARBEITER

PersonalNr.	Name	Lohngruppe
00 12	Müller, Karl-Heinz	LG III
00 18	Meyer, Walter	LG III
00 25	Schulze, Friedrich	LG IV

Tabelle 4.4.4: Relation MITARBEITER

R. MITARBEITERZUORDNUNG

PersonalNr.	BMNr.
00 12	BM1
00 18	BM2
00 25	BM3

Tabelle 4.4.5: Relation MITARBEITERZUORDNUNG

Bei der Herstellung der Laufräder müssen die Arbeiter verschiedene technische Verfahren anwenden (Tabelle 4.4.6). Der komplette Verfahrensablauf für die Herstellung eines Laufrads ist im Arbeitsplan AP1 festgehalten (Tabelle 4.4.7). Die einzelnen Verfahrensschritte erläutert die Relation ARBEITSGANG (Tabelle 4.4.8). Danach wird zunächst die Felge eingelegt und gespannt. Anschließend werden die Naben in der Felge zentriert und die Speichen eingezogen.

R. TECHNISCHES VERFAHREN

VerfahrensNr.	Bezeichnung
V1	einlegen/spannen
V2	zentrieren
V3	einspeichen

Tabelle 4.4.6: Relation TECHNISCHES VERFAHREN

R. ARBEITSPLAN

ArbeitsplanNr.	Bezeichnung
AP1	Herstellung eines Laufrads

Tabelle 4.4.7: Relation ARBEITSPLAN

R. ARBEITSGANG

ArbeitsplanNr.	VerfahrensNr.
AP1	V1
AP1	V2
AP1	V3

Tabelle 4.4.8: Relation ARBEITSGANG

Die für die Ausführung der Arbeiten bereitstehenden Betriebsmittel werden in der Relation ARBEITSGANGZUORDNUNG gespeichert. Wie Tabelle 4.4.9 zeigt, wird jeder Verfahrensschritt auf einem anderen Betriebsmittel ausgeführt. Um die an den verschiedenen Betriebsmitteln benötigten Werkzeug zu dokumentieren, wird die Relation WERKZEUGZUORDNUNG genutzt (Tabelle 4.4.10).

R. ARBEITSGANGZUORDNUNG

ArbeitsplanNr.	VerfahrensNr.	BMNr.
AP1	V1	BM1
AP1	V2	BM2
AP1	V3	BM3

Tabelle 4.4.9: Relation ARBEITSGANGZUORDNUNG

R. WERKZEUGZUORDNUNG

ArbeitsplanNr.	VerfahrensNr.	BMNr.	WerkzeugNr.
AP1	V1	BM1	W1
AP1	V1	BM1	W2
AP1	V2	BM2	W3
AP1	V3	BM3	W1
AP1	V3	BM3	W2
AP1	V3	BM3	W3

Tabelle 4.4.10: Relation WERKZEUGZUORDNUNG

Anhand des im Abschnitt 3.2.3 formulierten Beispiels „Produktionsbedingungen in einem Industrieunternehmen" und des dort skizzierten Produktionsumfelds können wir uns gut vorstellen, welche komplexen Datenstrukturen sich in der Praxis häufig ergeben. Dagegen sind die hier beschriebenen Produktionsbedingungen noch sehr überschaubar. Die Verwendung des Arbeitsplans AP1 beschränkt sich, wie durch die in Tabelle 4.4.11 dargestellte Relation ARBEITSPLANZUORDNUNG veranschaulicht ist, in diesem Beispiel auf die Herstellung des Laufrads mit der Teilenummer 100. Sollten zukünftig jedoch weitere Varianten des Laufrads in das Produktionsprogramm des Unternehmens aufgenommen werden, könnte dieser Arbeitsplan auch breitere Anwendung finden.

R. ARBEITSPLANZUORDNUNG

ArbeitsplanNr.	TeileNr.
AP1	100

Tabelle 4.4.11: Relation ARBEITSPLANZUORDNUNG

Mit der Beantwortung dieser Fragen geht einher, welche Konsequenzen der Ausfall einer Maschine, der Verlust eines Werkzeugs, die Entwicklung eines neuen Verfahrens oder die Abkürzung eines Arbeitsgangs haben. Allerdings fehlt in den bisherigen Überlegungen noch das Element, welches den Informationsfluss zwischen den Operational Units auslöst. Dies ist nämlich der Kunden- bzw. Fertigungsauftrag, der einen Bedarf an Endprodukten, Baugruppen und Einzelteilen nach sich zieht. Im Entity-Relationship-Modell können wir dies recht einfach dadurch berücksichtigen, dass zwischen den soeben beschriebenen Beziehungstypen „Arbeitsplan", „Arbeitsgang" und „Arbeitsgangzuordnung" sowie dem bereits aus Abschnitt 4.3.3 bekannten Beziehungstyp „Fertigungsauftrag" weitere Beziehungstypen eingerichtet werden, die wir als „Auftragsarbeitsplan", „Auftragsarbeitsgang" bzw. „Auftragsarbeitsgangzuordnung" bezeichnen wollen. Im Unterschied zu den auftragsneutralen Beziehungstypen enthalten die neu gebildeten Beziehungstypen nunmehr konkrete auftragsbezogene Daten, wie zum Beispiel früheste und späteste Anfangs- bzw. Endtermine und Pufferzeiten („Auftragsarbeitsgang") oder Zeitvorgaben und Prioritäten („Auftragsarbeitsgangzuordnung"). Die Verknüpfung der Grunddaten mit den Fertigungsauftragsdaten lässt nun konkrete Auswertungen derart zu, dass beispielsweise Durchlaufzeiten berechnet und Kapazitätsauslastungen bestimmt werden. Dabei ist nicht auszuschließen, dass die auftragsbezogenen Attribute, zum Beispiel die geplante Durchlaufzeit, der Starttermin oder die Pufferzeit, im Verlaufe des Terminierungsprozesses mehrfach angepasst werden müssen.

4.4.3 Auftragsterminierung

Aufträge zu terminieren heißt, für jeden neuen oder geänderten Fertigungsauftrag festzulegen, welche Betriebsmittel, Werkzeuge, Arbeitspläne und Arbeitsgänge für die Ausführung notwendig sind und zu welchem Zeitpunkt sie benötigt werden. Hierbei werden Kapazitätsgrenzen noch nicht berücksichtigt, sondern lediglich die in dem Entity-Typ „Arbeitsplan" und dem Beziehungstyp „Arbeitsgang" enthaltenen Auftragsparameter, Bearbeitungs- und Übergangszeiten, Material- und Betriebsmitteldaten sowie Daten zur Verknüpfung von Arbeitsgängen. Unter Übergangszeiten versteht man nicht-produktive Zeiten eines Auftrags, die anfallen, nachdem ein Auftrag auf einer Maschine bearbeitet wurde und bevor seine Bearbeitung auf der nächsten Maschine beginnt. Hierzu zählen vor allem Transportzeiten, aber auch Wartezeiten, wenn der Auftrag sich in eine Warteschlange einreihen muss, weil die Maschine noch belegt ist. Die Übergangszeiten können als fester Wert bzw. als Prozentsatz der Bearbeitungszeit im Entity-Typ „Arbeitsplan" erfasst werden. Die Transportzeiten werden oft auch in Form einer Ortschlüsselmatrix („von A nach B") abgelegt.

Sobald die Zeit- und Ablaufdaten als Attributwerte in den verschiedenen Entity-Typen verfügbar sind, müssen sie in die benötigte Termininformation umgesetzt werden. Dabei muss ein Unternehmen frühzeitig entscheiden, ob einfache, zeitpunktbezogene Termindaten ausreichen oder ob Zeitintervalle zu bestimmen sind, in denen etwa mit der Bearbeitung eines Fertigungsauftrags zu beginnen ist. Mit der letzteren Vorgehensweise erreicht das Unternehmen nicht nur einen Planungsspielraum, der ihm das Verschieben von Auftragsterminen unter übergeordneten Zielen gestattet. Es wird außerdem signalisiert, wann Störungen im Fertigungsablauf zu unerwünschten Auswirkungen auf die Auftragserfüllung führen.

Wir wollen im Folgenden bei der Ermittlung der Zeitdaten zwischen der Vorwärts-, Rückwärts- und Mittelpunktterminierung unterscheiden. Bei der Vorwärtsterminierung erhalten wir frühestmögliche Anfangs- und Endtermine für die einzelnen Fertigungsaufträge bzw. deren Arbeitsgänge. Für die Rückwärtsterminierung werden hingegen spätestmögliche Anfangs- und Endtermine benötigt. Bei der Mittelpunktterminierung müssen wir zwischen kritischen und nicht-kritischen Arbeitsgängen unterscheiden. Kritische Arbeitsgänge entstehen, sobald ein Fertigungsauftrag an einen Engpass gelangt, so dass eine Verschiebung des betreffenden Arbeitsgangs unmittelbar zu einer verspäteten Auslieferung des Fertigungsauftrags führen würde. Insofern ist es erklärlich, dass von hier an alle nachfolgenden Arbeitsgänge frühestmöglich terminiert werden sollten (vgl. auch Abschnitt 3.3.5). Andererseits verfolgt die Mittelpunktterminierung die Strategie, alle nicht-kritischen Arbeitsgänge – die also vor dem Engpass liegen – spätestmöglich zu terminieren, um Lagerkosten für vorzeitig fertig gestellte Halbfabrikate bzw. Endprodukte zu vermeiden.

Wird sowohl eine Vorwärts- als auch eine Rückwärtsterminierung vorgenommen, so können die Attribute der Beziehungstypen „Fertigungsauftrag" und „Auftragsarbeitsgang" mit den aktuellen (frühesten und spätesten) Anfangs- und Endterminen sowie den Pufferzeiten besetzt werden. Pufferzeiten beschreiben dabei genau die Differenz zwischen den frühesten und spätesten Fertigungsterminen.

Für den Fall, dass Terminüberschreitungen bei Aufträgen nicht vermieden werden können, ist weitere Information erforderlich. So kann in den Datensätzen der Relation ARBEITSGANGZUORDNUNG Information über die Reduzierung von Bearbeitungs- und Übergangszeiten abgelegt werden. Beispielsweise können die Datensätze darüber informieren, wie hoch die Beschleunigungskosten pro Zeiteinheit sind. Existiert eine Betriebsmittelgruppe mit mehreren gleichartigen Betriebsmitteln, so lässt sich durch eine Auftragsteilung Zeit gewinnen. Zur Beschleunigung von Auftragsbearbeitungen kommen auch komplexe Maßnahmen wie etwa die Überlappung von Arbeitsgängen in Betracht. Wir sprechen dann auch von einer offenen Fertigung, wenn die in einem Arbeitsgang bereits bearbeiteten Einheiten eines Auftrags im nächsten Arbeitsgang weiter bearbeitet werden, bevor der Auftrag auf der ersten Maschine vollständig beendet ist. Inwiefern eine solche Überlappung zulässig ist, geht im Allgemeinen aus den Planungsdaten des Beziehungstyps „Fertigungsauftrag" hervor.

Das Ergebnis der Auftragsterminierung wird durch eine Aktualisierung der Attribute in den beschriebenen Beziehungstypen festgehalten. So sind dem Entity-Typ „Fertigungsauftrag" beispielsweise die Fertigstellungstermine zu entnehmen, während der Beziehungstyp „Auftragsarbeitsgang" die jeweiligen Bearbeitungszeiten enthält. Über die Daten im Beziehungstyp „Auftragsarbeitsgangzuordnung" kann überdies verfolgt werden, welche Betriebsmittel für die Durchführung eines Auftragsarbeitsgangs zum Einsatz kommen. Es wird also eine Vielzahl von Einzeldaten erzeugt, die an verschiedene Adressaten wie etwa Werkstattmeister, Produktmanager oder Kunden gesandt werden. Kommt es zu Störungen im Fertigungsablauf, so müssen die Auswirkungen analog zur Bedarfsverfolgung ausgewertet werden. Wir werden dieses Problem in Unterkapitel 4.5 genauer erörtern.

4.4.4 Kapazitätsabgleich

Die bisherigen Überlegungen zur Terminierung haben sich darauf konzentriert, die entsprechenden Auftrags- und Arbeitsgangdateien mit aktueller Information zu versorgen. Für die fristgerechte Erfüllung der Fertigungsaufträge ist diese Information unverzichtbar. Wir müssen aber auch in Rechnung stellen, dass jeder Fertigungsauftrag Kapazität beansprucht. So ist es zugleich erforderlich, die Auftragsdaten auf geeignete Weise auch in den Datensätzen der Relationen BETRIEBSMITTEL, WERKZEUG und MITARBEITER zu speichern. Wegen der meistens eindeutigen Zuordnung von Werkzeugen und Mitarbeitern zu Betriebsmitteln wollen wir uns an dieser Stelle darauf beschränken, die Belegung der Betriebsmittel einer genaueren Betrachtung zu unterziehen. Zunächst werden wir einen Beziehungstyp „Belastung" einrichten, der den Betriebsmitteln für die Erledigung von Auftragsarbeitsgängen exakte Zeiten zuordnet. Aus diesen Zuordnungen sowie einem Vergleich mit der Verfügbarkeit der Betriebsmittel wird unmittelbar ersichtlich, inwieweit die vorgenommene Auftragsterminierung überhaupt zulässig ist oder ob Kapazitätsgrenzen überschritten werden. Dies ist zum Beispiel dann der Fall, wenn mehrere Arbeitsgänge zeitgleich auf derselben Maschine erledigt werden sollen oder die Belastung eines Betriebsmittels mit einem Arbeitsgang zu einer Zeit geplant ist, zu der das Betriebsmittel wegen Wartungsarbeiten o.ä. gar nicht zur Verfügung steht. Tritt eine solche Unzulässigkeit auf, so muss die Kapazitätsnachfrage durch Verlagerung von Arbeitsgängen angepasst werden. Entweder sind Arbeitsgänge auf anderen Betriebsmitteln oder in anderen – in der Regel früheren – Teilperioden zu erledigen. Im Beziehungstyp „Arbeitsgangzuordnung" ist Information dazu enthalten, ob eine Verlagerung von Arbeitsgängen auf andere Betriebsmittel überhaupt in Betracht kommt. Auf diese Weise wird also eine Anpassung der Auftragsarbeitsgangzuordnung vorgenommen. Soll ein Arbeitsgang hingegen zeitlich vorgezogen werden, so hat dies Konsequenzen hinsichtlich der Attribute in den Beziehungstypen „Auftragsarbeitsgang" und „Fertigungsauftrag". Außerdem muss berücksichtigt werden, dass sich auch andere Auftragsarbeitsgänge durch eine solche Verlagerung verschieben können. Dieser Prozess wird als Kapazitätsabgleich bezeichnet, da die ursprüngliche Terminierung von Aufträgen mit den vorhandenen Kapazitäten abgeglichen wird.

Beispiel: Belastungsübersicht

Auf der Basis einer bereits durchgeführten Auftragsterminierung soll bei dem Unternehmen Timber & Style eine Belastungsübersicht für eine Fräsmaschine (BM 1) erstellt werden. In der Relation BELASTUNG (Tabelle 4.4.12) bezeichnen neben den bereits bekannten Abkürzungen APNr. die Arbeitsplannummer und VNr. die Verfahrensnummer.

R.BELASTUNG

	Teile Nr.	ADatum	APNr.	VNr.	BMNr.	Starttermin	Endtermin
I	100	03.05.2011	AP1	V1	BM1	15.05.2011, 8:30 Uhr	15.05.2011, 15:30 Uhr
II	100	03.05.2011	AP1	V2	BM1	16.05.2011, 8:00 Uhr	17.05.2011, 12:00 Uhr
III	100	05.05.2011	AP1	V2	BM1	17.05.2011, 12:00 Uhr	18.05.2011, 12:00 Uhr

Tabelle 4.4.12: Relation BELASTUNG

4.4 Auftrags- und Kapazitätsterminierung

Bei Timber & Style gilt die Vierzigstundenwoche. Die Maschinenlaufzeit ist auf den Zeitraum von 8:00–16:00 Uhr begrenzt. Aus der Differenz von geplantem Start- und Endtermin ergibt sich somit die in Abbildung 4.4.2 visualisierte Belastungsübersicht. Sie enthält neben der geplanten Durchlaufzeit des Fertigungsauftrags auch die Rüstzeiten für die Einrichtung des Betriebsmittels bzw. einen Verfahrenswechsel. So ist das Betriebsmittel 1 für Auftrag I zunächst einzurichten und für die Fertigung von Auftrag II umzurüsten, weil ein anderes Verfahren V2 Anwendung findet.

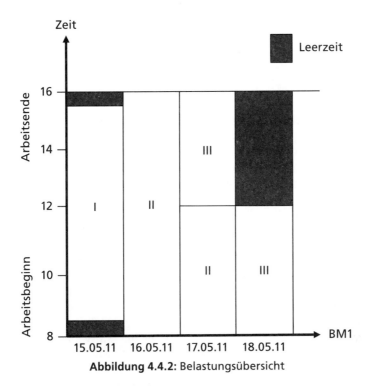

Abbildung 4.4.2: Belastungsübersicht

Vor und nach der Bearbeitung von Auftrag 1 existiert auf BM1 eine unproduktive Zeit, die für die Auf- bzw. Umrüstung des Betriebsmittels genutzt werden kann. Die benötigten Rüstzeiten sind den Relationen WERKZEUGEINSATZ und WERKZEUGZUORDNUNG zu entnehmen. Sie hängen davon ab, welche Fräsaufsätze auf dem Betriebsmittel bei Anwendung von Verfahren V1 sowie V2 eingesetzt werden, und führen ggf. zur Anpassung der Belastungsübersicht.

Beim Kapazitätsabgleich handelt es sich um eine Musterkennungsaufgabe, die der Mensch häufig besser als ein Computer lösen kann (MERTENS 2009). Das heißt, der Computer stellt lediglich Information zur Verfügung, auf die der Disponent reagieren kann. So sind im Beziehungstyp „Fertigungsauftrag" oft Prioritätsziffern für die Aufträge enthalten (so genannte externe Prioritäten), die die Reihenfolge der Einlastung von Aufträgen bzw. Arbeitsgängen auf den Betriebsmitteln erleichtern. Bei drohender Überlastung werden dann für die weniger wichtigen Aufträge sofort Ausgleichsmaßnahmen erwogen. Während dieses Vorgehen als Konstruktionsverfahren bezeichnet wird, gehen Iterationsverfahren von einer vollständigen Ausgangslösung aus, bei der nachträglich – und zwar am besten im Bildschirmdialog – vorhandene Über- bzw. Unterauslastungen von Betriebsmitteln schrittweise abgebaut werden.

Durch den Kapazitätsabgleich werden auch die Daten der auftragsbezogenen Relationen wiederum mit aktualisierten Werten belegt. Der Gefahr von Terminverletzungen wird dadurch begegnet, dass Auftrags- bzw. Arbeitsgangverschiebungen nach Zulässigkeitsregeln vollzogen werden, die ebenfalls in den Datensätzen abgelegt sind. Mit dem Kapazitätsabgleich sind die Plandaten der Produktion weitestgehend erfasst. Es verbleibt im Wesentlichen die Umsetzung in der Planung in Form von Ist-Daten.

4.4.5 Verfügbarkeitsprüfung und Auftragsfreigabe

Im Prinzip ist mit den in den Unterkapiteln 4.2 bis 4.4 vorgenommenen Erhebungen die Informationsversorgung zunächst weitgehend abgeschlossen. In den einzelnen Relationen sind die für die Produktionsaufnahme erforderlichen Daten abgelegt. Allerdings empfiehlt es sich, unmittelbar vor Produktionsbeginn noch einmal zu klären, ob die Betriebsmittel, Werkzeuge, Mitarbeiter sowie die Materialien bzw. Halbfabrikate tatsächlich in der benötigten Art und Weise verfügbar sind. Diese Verfügbarkeitsprüfung verhindert die Belastung von Werkstätten mit undurchführbaren Aufträgen sowie deren Leerlauf wegen nicht vorhandener Materialien. Bei einwandfreier Bedarfsermittlung und Terminierung wäre eine nochmalige Verfügbarkeitsprüfung überflüssig. Jedoch kommt es in der Praxis immer wieder vor, dass die zuvor erhobenen Plandaten später nicht realisiert werden können. Die Verfügbarkeitsprüfung hat sich an den aktuellen Attributbelegungen der betreffenden Entity- bzw. Beziehungstypen „Lagerbestand", „Betriebsmittel", „Werkzeug", „Mitarbeiter" usw. zu orientieren. Die Auswertung dieser Prüfung erfolgt in Form der unmittelbaren Auftragsfreigabe, die hier hauptsächlich einen formalen Akt darstellt und den Informationsprozess durch den Soll-Ist-Vergleich von Daten beschließt.

Die Auftragsfreigabe besitzt Konsequenzen hinsichtlich der Attributbelegungen einzelner Relationen. So werden aus den Fertigungsaufträgen freigegebene Fertigungsaufträge. Dem wird entweder durch ein zusätzliches Attribut oder sogar durch einen gesonderten Beziehungstyp „Freigegebener Fertigungsauftrag" Rechnung getragen (SCHEER 1997). In Bezug auf die Werkzeug-, Betriebsmittel- und Mitarbeiterkapazität empfiehlt es sich, die für den Auftrag beanspruchte Kapazität direkt vom entsprechenden Kapazitätskonto fortlaufend abzubuchen, nachdem zuvor bereits Reservierungen vorgenommen worden sind. Die einzelnen Belastungen können dabei unmittelbar aus dem Beziehungstyp „Auftragsarbeitsgangzuordnung" ersehen und entsprechend weiter verfolgt werden.

Bei der Auftragsfreigabe ist zu beachten, dass zu Beginn einer Fertigungsperiode – beispielsweise eines Arbeitstags – jeweils mehrere Aufträge im Hinblick auf eine Freigabeentscheidung analysiert werden. Bei dieser Batchverarbeitung von Auftragsdaten spielt wiederum die Auftragspriorität eine zentrale Rolle. Kommt es zum Beispiel infolge unvorhersehbarer Wartungs- oder Reparaturarbeiten an Betriebsmitteln zu zeitlichen Engpässen, so müssen die weniger dringlichen Aufträge in eine Folgeperiode verschoben werden. Wie die Verfügbarkeitsprüfung grundsätzlich abläuft, wird auch anhand von Abbildung 4.4.3 deutlich.

Eine Variante der konventionellen Verfügbarkeitsprüfung ist die Belastungsorientierte Auftragsfreigabe (vgl. Abschnitt 3.5.3), bei der sich die Freigabeentscheidung nicht allein an den für einen Auftrag verfügbaren Ressourcen ausrichtet. Vielmehr soll durch eine Belastungsorientierte Auftragsfreigabe vermieden werden, dass sich in den Werkstätten größere Bestände an unerledigten Aufträgen bilden. Sie werden sich fragen, wieso dieser Fall eintreten kann, wenn doch ausreichend Ressourcen für die Aufträge bereitgestellt sind. Die Antwort liegt darin, dass vielfach zwar eine tag- bzw. sogar stundengenaue Planung

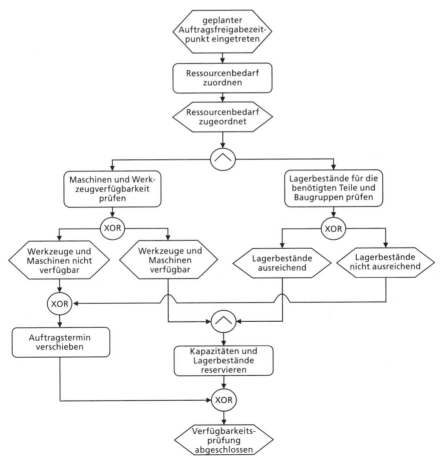

Abbildung 4.4.3: Ereignisgesteuerte Prozesskette zur Verfügbarkeitsprüfung

vorgenommen wird, das Ergebnis für den Werkstattmeister jedoch nicht immer verbindlich ist. Der Grund hierfür ist leicht nachzuvollziehen: Die ursprünglichen Termindaten sind oft ohne Kenntnis der direkt konkurrierenden Aufträge zustande gekommen, weil die Aufträge beispielsweise zu verschiedenen Zeitpunkten eingetroffen sind und terminiert wurden. Wir hatten bereits erörtert, dass eine Mustererkennungsaufgabe, wie sie auch in diesem Fall vorliegt, sich einer DV-gestützten Optimierung weitgehend entzieht. So ist es erklärlich, dass dem Werkstattmeister letztendlich die Entscheidung obliegt, in welcher Reihenfolge er die zur Bearbeitung anstehenden Aufträge einer Periode auf seinen Betriebsmitteln einlastet. Dadurch kommt es häufig zu Kettenreaktionen in der Weise, dass die bearbeiteten Aufträge ungleichmäßig, z. T. zeitlich gehäuft an den weiteren Arbeitsstationen eintreffen und dort Engpässe verursachen. Die Belastungsorientierte Auftragsfreigabe bemüht sich also vorausschauend darum, dass mögliche Engpässe rechtzeitig erkannt werden. Für die Steuerung des Werkstattbestands bedarf es dabei weiterer Information. So muss der Entity-Typ „Betriebsmittel" um ein Attribut Belastungsschranke erweitert werden. Die Belastungsschranke bezeichnet die Auftragsmenge (in Auftragsstunden), die hinsichtlich eines Betriebsmittels in einer Periode auf keinen Fall überschritten werden darf. Außerdem wird der Beziehungstyp „Fertigungsauftrag" um das Attribut spätestmögliches Freigabedatum ergänzt, das zur Berechnung der Dringlichkeit eines Auftrags benötigt wird.

4.4.6 Zusammenfassung

Die Auftrags- und Kapazitätsterminierung beschäftigt sich mit der Erhebung der Zeit- und Ablaufdaten in einem Produktionssystem. In Abschnitt 4.4.2 haben wir zunächst festgestellt, dass es große Datenmengen zu bewältigen gibt, die in einer Vielzahl von Relationen erfasst werden. Dabei wird zwischen auftragsorientierten und betriebsmittelorientierten Daten unterschieden. Generell gilt es, in den Datensätzen verschiedene Auftragstermine wie zum Beispiel die frühest- und spätestmögliche Fertigstellung von Arbeitsgängen bzw. Aufträgen abzulegen. Die grundsätzliche Vorgehensweise wurde in Abschnitt 4.4.3 erklärt, während die eigentliche Ermittlung dieser Termine häufig aufwändigen Planungsmethoden vorbehalten bleibt, die wir in Unterkapitel 5.4 näher betrachten werden. In der betrieblichen Praxis werden die auftragsorientierten Daten dann den betriebsmittelorientierten Daten gegenübergestellt. In Abschnitt 4.4.4 haben wir gesehen, dass die ursprünglich erhobenen Daten meistens angepasst werden müssen, weil bestehende Ressourcenkapazitäten nicht hinreichend berücksichtigt wurden und den reibungslosen Auftragsfluss behindern. Eine andere Anpassung der Daten ist erforderlich, wenn bei der Gegenüberstellung der Plandaten mit den Ist-Daten vor Beginn der Produktion Störungen im weitesten Sinne, also unerwartete Ereignisse hinsichtlich der Verfügbarkeit von Betriebsmitteln oder Materialien, bemerkt werden. Erst wenn die Aufträge diese letzte Prüfung erfolgreich durchlaufen haben und eine verbindliche Reservierung der Kapazitäten erfolgt ist, ist die Terminierung abgeschlossen. Die Aufträge können freigegeben werden (vgl. Abschnitt 4.4.5). Dies schließt allerdings nicht aus, dass aus den Werkstätten, in denen ein Auftrag bearbeitet wird, weitere Information in die Datenbanken zurückfließt. Die Verantwortlichen in den Werkstätten haben nämlich die Möglichkeit, angesichts der konkreten Auftragssituation vor Ort kurzfristig Ablaufkorrekturen vorzunehmen, wenn dadurch die Betriebsmittelauslastung verbessert wird.

Bei der Terminierung muss ein grundsätzlicher Konflikt überwunden werden, der darin besteht, dass einerseits große Datenmengen zu bewältigen sind und andererseits die Aufträge zu unterschiedlichen Zeitpunkten eintreffen. Obwohl grundsätzlich eine Batchverarbeitung der Daten sinnvoll wäre, um den Aufwand zu reduzieren, sollte die Ablaufsteuerung der Auftragsterminierung dennoch einige dialogorientierte Komponenten enthalten. Dies gilt insbesondere für die Grunddatenverwaltung, die Erstellung von Belastungsübersichten sowie den Kapazitätsabgleich. Sobald Aufträge eintreffen, sollten automatisch die auftrags- und betriebsmittelorientierten Relationen mit den aktuellen Attributen belegt werden. Falls erforderlich, sind auch die Grunddaten unverzüglich anzupassen. Wir bezeichnen diese durch einen hinzukommenden Auftrag ausgelöste Datenverarbeitung auch als aktionsorientierte Steuerung. Hingegen genügt für die Grobterminierung sowie die Auftragsfreigabe in der Regel eine periodische Batchverarbeitung, da hierbei ohnehin meistens unter Zuhilfenahme von Algorithmen vorgegangen wird, die optimale Lösungen nur bei Kenntnis des vollständigen Problems erzeugen. Die aufwändigere Dialogverarbeitung würde jedoch kaum zu anderen Ergebnissen führen.

4.4.7 Fragen zur Wiederholung

1. Erläutern Sie, welche Objekte Gegenstand der Terminierung sind. Nennen Sie einige wesentliche Relationen, in denen die Termindaten geführt werden.
2. Erläutern Sie das Prinzip der Mittelpunktterminierung.
3. In welchen Relationen sind die Kapazitätsdaten abgelegt? In welcher Form und wann werden die Kapazitätsdaten bei der Terminierung berücksichtigt?
4. Nennen und vergleichen Sie Alternativen der Beschleunigung von Fertigungsaufträgen bzw. Arbeitsgängen.
5. Welche Rolle spielen Auftragsprioritäten bei der Terminierung? Auf welche Art und Weise werden solche Prioritäten beachtet?
6. Skizzieren Sie den Kapazitätsabgleich anhand eines selbst gewählten Beispiels. Stellen Sie eine Belastungsübersicht auf.
7. Nennen Sie Gründe, warum eine Auftragsfreigabe erforderlich ist.
8. Erläutern Sie, warum es bei der Produktion in den Werkstätten zu Auftragsstaus kommen kann, obwohl bereits eine Auftrags- und Kapazitätsterminierung erfolgt ist.
9. Führen Sie Gründe auf, warum es im Allgemeinen ausreicht, Aufträge periodenweise (batchorientiert) freizugeben.

4.4.8 Aufgaben zur Übung

Aufgabe 1

In einem holzverarbeitenden Betrieb werden hochwertige Regale hergestellt. Ein Regal setzt sich aus vier Brettern und zwei Seitenstützen zusammen. Die Seitenstützen wiederum entstehen aus vier Kanthölzern und zwei Abdeckleisten sowie vier Brettern (s. folgende Abbildung). Zur Fertigung der Seitenstützen gibt es zwei Alternativen. Bei der ersten Alternative, die für Stückzahlen kleiner 100 angewandt wird, werden zunächst die Abdeckleisten auf die Kanthölzer geklammert. Dies wird auf einer Universalmaschine A ausgeführt, die mit einem Klammeraufsatz versehen wird. Anschließend werden die derart vorbereiteten Kanthölzer mit den Brettern verschraubt. Hierfür wird eine andere Universalmaschine B benötigt, in die ein Schraubmodul eingespannt ist.

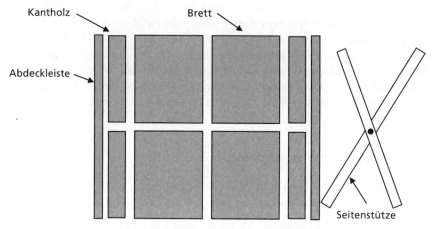

Einzelteile des hergestellten Produkts

Die zweite Alternative, die bei Stückzahlen ab 100 angewandt wird, fügt Kanthölzer, Abdeckleisten und Bretter in einem Zug zusammen. Diese Alternative wird auf einer Spezialmaschine ausgeführt, auf der sich sowohl ein Klammer- als auch ein Schraubaufsatz befinden.

Schließlich werden Seitenstützen und Regalbretter an einem Heißleimgerät zusammengefügt. Da der Leim mit hoher Präzision an die Klebstellen gespritzt werden muss, ist an dem Gerät eine Präzisionsdüse angebracht. Da bei den hochwertigen Regalen stets auf Dauerhaltbarkeit geachtet wird, werden die Bretter zusätzlich zu der Leimung noch verschraubt. Für die Verschraubung kommt eine der Universalmaschinen A oder B zum Einsatz, die mit einem Schraubaufsatz versehen wird.

Erstellen Sie ein Entity-Relationship-Modell zur Auftrags- und Kapazitätsterminierung. Überführen Sie anschließend das Entity-Relationship-Modell in ein Relationenmodell und füllen Sie die Relationen mit den Informationen aus dem Aufgabentext.

4.4.9 Literaturempfehlungen zur Vertiefung

BECKER, J./KUGELER, M./ROSEMANN, M. (2008): Prozessmanagement – Ein Leitfaden zur prozessorientierten Organisationsgestaltung. 6. Auflage. Springer, Berlin

KURBEL, K. (2011): Enterprise Resource Planning und Supply Chain Management im Industrieunternehmen. 7. Auflage, Oldenbourg, München u. a.

MERTENS, P. (2009): Integrierte Informationsverarbeitung 1. 17. Auflage, Gabler, Wiesbaden

SCHEER, A.-W. (1997): Wirtschaftsinformatik – Referenzmodelle für industrielle Geschäftsprozesse. 7. Auflage, Springer, Berlin u. a.

SCHÖNSLEBEN, P. (2011): Integrales Logistikmanagement – Planung und Steuerung der umfassenden Supply Chain. 6. Auflage, Springer, Berlin u. a.

STAUD, J. L. (2006): Geschäftsprozessanalyse: Ereignisgesteuerte Prozessketten und objektorientierte Geschäftsprozessmodellierung für betriebswirtschaftliche Standardsoftware. 3. Auflage, Springer, Berlin u. a.

4.5 Werkstattsteuerung

4.5.1 Einführung

Während der Informationsprozess bisher zentralisiert war, steht nun die Verteilung von Aufgaben an einzelne Fertigungswerkstätten im Blickpunkt. Das heißt aber zugleich, dass alle weiteren Aktivitäten der Informationserzeugung und -verarbeitung insofern dezentralisiert sind, als sie auf Werkstattebene ablaufen. Nach der Auftragsfreigabe werden die Arbeitsgänge, die in einer Werkstatt durchgeführt werden, zunächst feinterminiert. Wie dies geschieht, wird in Abschnitt 4.5.2 näher erläutert. Eine andere Aufgabe in der einzelnen Werkstatt besteht darin, die Qualität des Produktionsprozesses sowie des entstandenen Produkts einer genaueren Qualitätsprüfung zu unterziehen. Die hierfür erforderlichen Informationsprozesse werden in Abschnitt 4.5.3 beschrieben. In Abschnitt 4.5.4 werden wir den Instandhaltungsauftrag einer Werkstatt analysieren. Haben die Betriebsmittel bestimmte Werte erreicht, so müssen sie gewartet bzw. instandgesetzt werden. Alle Ist-Daten, die in einer Periode im Zusammenhang mit der Auftragsfertigung stehen und den Fertigungsauftrag, die Betriebsmittel, das Personal, die Werkzeuge sowie die Materialien betreffen, werden periodenweise erfasst und archiviert. Auf diesen Prozess werden wir in Abschnitt 4.5.5 eingehen, bevor anschließend in Abschnitt 4.5.6 die Ergebnisse dieses Unterkapitels wieder zusammengefasst werden.

4.5.2 Feinterminierung

Einige terminliche Abstimmungen lassen sich am besten vor Ort, d. h. in den einzelnen Werkstätten, und zeitnah, also im Anschluss an die Auftragsfreigabe bzw. unmittelbar vor Beginn der Produktion, vornehmen. Dies liegt vor allem daran,

4 Informationsbasiertes Operations Management

dass sich die benötigte Information laufend ändert oder der Detaillierungsgrad der Daten so hoch ist, dass eine zentrale Planung unzweckmäßig wird. Die Aufgabe der Feinterminierung besteht deshalb im Wesentlichen aus der endgültigen zeitlichen Belegung von Betriebsmitteln, Werkzeugen und Mitarbeitern, dem Zusammenfassen von Arbeitsgängen zu so genannten Sequenzen sowie der Einrichtung neuer Arbeitsgänge infolge von unerwarteten Ereignissen.

Die beiden letzten Aufgaben, nämlich die Zusammenfassung und Ergänzung von Arbeitsgängen, rühren von dem Bestreben her, einerseits die Durchlaufzeiten der Arbeitsgänge zu minimieren sowie die Betriebsmittel gut auszulasten und andererseits Störungen wie zum Beispiel Ausschussproduktionen unmittelbar zu beseitigen, d. h. die Teile entsprechend nachzuarbeiten. Nach ZÄPFEL (2001) kann die Werkstattsteuerung als Regelkreis dargestellt werden, bei dem aus den Soll-Werten der Auftragsfreigabe und den Ist-Werten der Betriebsdatenerfassung im Rahmen eines Soll-Ist-Vergleichs Stellgrößen wie zum Beispiel Maschinenbelegungen oder Werkstatttermine resultieren. Zu beachten ist, dass Störungen, zum Beispiel Maschinenausfälle, auftreten können, die die Werkstattsteuerung („Regelung") beträchtlich erschweren. Im Zuge der Planung festgelegte Werte müssen unter Umständen mehrfach korrigiert, d. h. neu geregelt werden. Insbesondere aus diesem Grund wird auch von einer Steuerung (engl. Control) gesprochen und nicht von einer Planung (vgl. Abbildung 4.5.1).

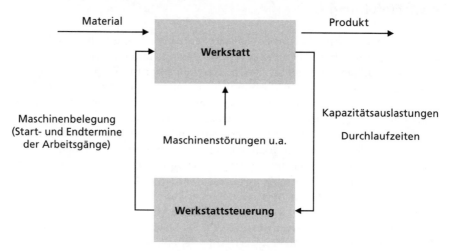

Abbildung 4.5.1: Regelkreis der Werkstattsteuerung
(Quelle: ZÄPFEL 2001)

Die Bildung einer Sequenz erfolgt in der Regel exogen durch Zusammenfassung ähnlicher Arbeitsgänge, die ohne Umrüstung vollzogen werden können, bzw. durch Zuordnung einer Materialeinheit, aus der mehrere unterschiedliche Aufträge gefertigt werden können. Innerhalb einer Werkstatt erhält der Entity-Typ „Sequenz" das Schlüsselattribut Sequenz-Nummer. Häufig werden Sequenzen auch als Standardsequenzen gespeichert, wenn die Auftragsstruktur eine entsprechende Wiederholfrequenz vermuten lässt.

4.5 Werkstattsteuerung

Die Maschinenbelegung in einer Werkstatt erfordert eine Planung, in welcher Reihenfolge die Fertigungsaufträge auf den einzelnen Betriebsmitteln bearbeitet werden sollen. Hierfür existieren Verfahren der Maschinenbelegungsplanung, die wir in Unterkapitel 5.5 ausführlich behandeln werden. An dieser Stelle wollen wir davon ausgehen, dass die optimale Reihenfolge bereits ermittelt ist und die entsprechenden Daten nun in einem Beziehungstyp „Maschinenbelegung" abgelegt werden. Da die ursprüngliche Relation FREIGEGEBENE AUFTRAGS-ARBEITSGANGZUORDNUNG lediglich Information darüber enthält, welche Auftragsarbeitsgänge auf welchen Betriebsmitteln erledigt werden sollen, müssen die jeweiligen Datensätze dieser Relation um die Attribute Starttermin und Endtermin sowie die zugehörige Sequenznummer ergänzt werden. Abbildung 4.5.2 veranschaulicht diese Datenstruktur. Sofern Arbeitsgänge nicht zu einer Sequenz zusammengefasst werden sollen, bleibt der Entity-Typ „Sequenz" unberücksichtigt. Allerdings kann es auch vorkommen, dass Auftragsarbeitsgänge auf mehrere Sequenzen verteilt werden, so dass der Beziehungstyp „Maschinenbelegung" von einem allgemeinen m:n:p-Typ ist. In der Praxis wird bei der freigegebenen Auftragsarbeitsgangzuordnung oft lediglich eine Zuordnung zwischen dem Arbeitsgang und der Betriebsmittelgruppe in einer Werkstatt vorgenommen. Besteht diese Betriebsmittelgruppe aus mehreren funktionsgleichen Betriebsmitteln, die alternativ eingesetzt werden können, so geschieht die endgültige Betriebsmittelzuordnung erst im Verlaufe der Feinterminierung. Für diesen Fall muss der Beziehungstyp „Maschinenbelegung" entsprechend ergänzt werden.

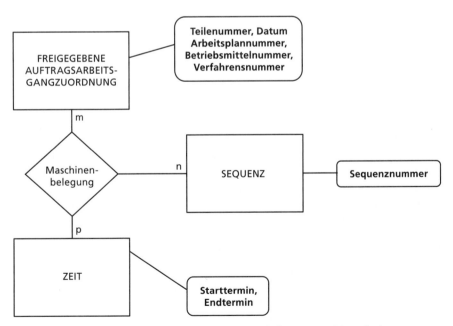

Abbildung 4.5.2: Entity-Relationship-Modell zur Maschinenbelegung
(Quelle: SCHEER 1997)

> **Beispiel: Maschinenbelegung**
>
> In einer Werkstatt werden Fräsarbeiten (VNr. V1) an verschiedenen Aufträgen vorgenommen. Tabelle 4.5.1 gibt in den ersten sechs Spalten die entsprechenden Auftragsarbeitsgangzuordnungen in Relationenform an. So sind beispielsweise 40 ME von einem Teil 100 mit dem Auftragsdatum 1.10.2011 gemäß Arbeitsplan Nr. 530 auf Betriebsmittel 1 zu fräsen. Die Maschinenbelegung erfolgt nun durch Zuordnung von Zeitintervallen, Sequenznummern (SNr.) und gegebenenfalls weiteren Mengenangaben in den folgenden Spalten. So erkennen wir, dass der erste Auftrag nur zur Hälfte im Rahmen einer Sequenz S1 zwischen 8:10 Uhr und 8:40 Uhr bearbeitet wird. Es ist denkbar, dass die übrigen 20 ME zu einem späteren Zeitpunkt oder auf einer anderen Maschine nachgeholt werden. Die Fertigungsaufträge für die Teile 101 und 102 werden dagegen zu einer Sequenz S2 zusammengefasst, die zwischen 8:50 Uhr und 9:45 Uhr ebenfalls auf Betriebsmittel 1 bearbeitet wird.
>
> **R. MASCHINENBELEGUNG**
>
> | TNr. | ADatum | AP-Nr. | BM-Nr. | VNr. | Menge | Starttermin | Endtermin | SNr. | Sequenzmenge |
> |---|---|---|---|---|---|---|---|---|---|
> | 100 | 1.10.2011 | 530 | 1 | V1 | 40 | 1.10.2011 8:10 Uhr | 1.10.2011 8:40 Uhr | S1 | 20 |
> | 101 | 1.10.2011 | 630 | 1 | V1 | 30 | 1.10.2011 8:50 Uhr | 1.10.2011 9:45 Uhr | S2 | 30 |
> | 102 | 1.10.2011 | 700 | 1 | V1 | 20 | 1.10.2011 8:50 Uhr | 1.10.2011 9:45 Uhr | S2 | 20 |
>
> **Tabelle 4.5.1:** Relation MASCHINENBELEGUNG

Ähnlich wie die Maschinenbelegung können auch die Werkzeug- und Mitarbeiterbelegung dokumentiert werden. In beiden Fällen werden Ressourcen einerseits den sie beanspruchenden Betriebsmitteln zugeordnet. Andererseits sind für die Belegung Zeitintervalle festzulegen. So handelt es sich bei der Werkzeugbelegung etwa um die Ein- und Auswechselzeitpunkte der Werkzeuge. Bei der Mitarbeiterbelegung sind die Start- und Endtermine des Mitarbeitereinsatzes unter Berücksichtigung der tariflich vereinbarten Pausen zu ermitteln. Abbildung 4.5.3 veranschaulicht dieses Modell. Die entsprechende Information lässt sich aber auch direkt durch Erweiterung der Relation MASCHINENBELEGUNG erfassen. In diesem Fall ist der Entity-Typ „Betriebsmittel" durch den Beziehungstyp „Maschinenbelegung" zu ersetzen.

Wegen ihres hohen Detaillierungsgrads und der Existenz einfacher, heuristischer Steuerungsregeln kann die Feinterminierung im Dialog vollzogen werden. Dies hat den Vorteil, dass Störungen im Betriebsablauf sofort behoben werden können. Zu solchen Störungen zählen beispielsweise Maschinenausfälle, Werkzeugbruch oder Kundenauftragsänderungen. Je mehr Störungen beobachtbar sind, desto weniger kommen zugleich Optimierungstechniken

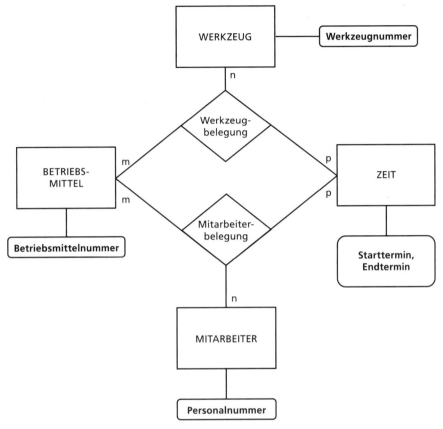

Abbildung 4.5.3: Entity-Relationship-Modell zur Werkzeug- und Mitarbeiterbelegung (Quelle: SCHEER 1988)

in Betracht, die eine zentrale Fertigungssteuerung bedingen. Vielmehr erweist es sich als vorteilhaft, dass die auf Werksebene freigegebenen Aufträge in den einzelnen Werkstätten bzw. Leitständen optisch – etwa in Form von GANTT-Diagrammen – aufbereitet und interaktiv verschoben werden. Dabei stellen die ermittelten Pufferzeiten Bereiche dar, in denen die Auftragsbearbeitung vorgezogen oder verzögert werden darf, ohne dass die Durchlaufzeit bzw. die Auslastung der Betriebsmittel beeinträchtigt wird. Die an den Leitständen angezeigten Ergebnisse können dann an den jeweiligen Arbeitsplatz automatisch übertragen werden und unter Umständen sogar automatisch die Fertigung auslösen.

Beispiel: GANTT-Diagramm

In einem GANTT-Diagramm sind auf einem Zeitstrahl die Start- und Endtermine der feinterminierten Arbeitsgänge eines Fertigungsauftrags abgetragen. Bei einem Auftrags-GANTT werden die Start- und Endtermine jeweils auftragsbezogen vermerkt. Der Planer erhält auf diese Weise anschauliche Information über die Verteilung von Bearbeitungs- und Wartezeiten innerhalb der Gesamtdurchlaufzeit eines Fertigungsauftrags. Ein Betriebsmittel-GANTT visualisiert die geplante Belegung der verschiedenen Betriebsmittel mit Arbeitsgängen, so dass die Auslastung der Betriebsmittel schnell erfasst werden kann.

Die beiden Darstellungsformen wollen wir anhand eines einfachen Beispiels genauer studieren. Ein Werkstattmeister hat für den kommenden Arbeitstag (8:00 bis 16:00 Uhr) für neun Arbeitsgänge (AG) eine Feinterminierung vorgenommen. Die Arbeitsgänge sind drei Fertigungsaufträgen (FA) zugeordnet. Nur Fertigungsauftrag 1 beansprucht alle drei vorhandenen Betriebsmittel. Die Ergebnisse der Planung sind durch Abbildung 4.5.4 veranschaulicht.

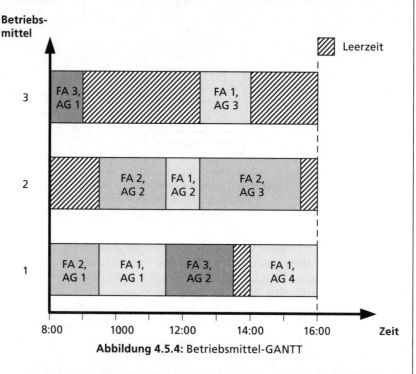

Abbildung 4.5.4: Betriebsmittel-GANTT

Wir erkennen, dass auf Betriebsmittel 1 von 8:00 bis 9:30 Uhr zunächst der erste Arbeitsgang des Fertigungsauftrags 2 ausgeführt wird. Es folgen der erste Arbeitsgang von Fertigungsauftrag 1 und der zweite Arbeitsgang von Fertigungsauftrag 3. Zwischen 13:30 und 14:00 Uhr wird das Betriebsmittel 1 nicht beansprucht, bevor am Ende dieses Arbeitstags der vierte Arbeitsgang von Fertigungsauftrag 1 auf dem Betriebsmittel eingelastet wird. Der Zeitraum der Nichtbeanspruchung wird als Leerzeit bezeichnet. Verglichen mit Betriebsmittel 3, auf dem insgesamt fünfeinhalb Stunden Leerzeit anfallen, ist die Auslastung von Betriebsmittel 1 jedoch gut.

Wie wir mit Hilfe des Auftrags-GANTT in Abbildung 4.5.5 erkennen können, ist die Ausführung von Fertigungsauftrag 3 bereits um 13:30 Uhr abgeschlossen, Trotz einer relativ geringen Bearbeitungszeit von nur drei Stunden beträgt die Gesamtdurchlaufzeit von Fertigungsauftrag 3 insgesamt fünfeinhalb Stunden. Es ist sofort ersichtlich, dass die lange Gesamtdurchlaufzeit auf die ablaufbedingte Wartezeit von zweieinhalb Stunden zurückzuführen ist.

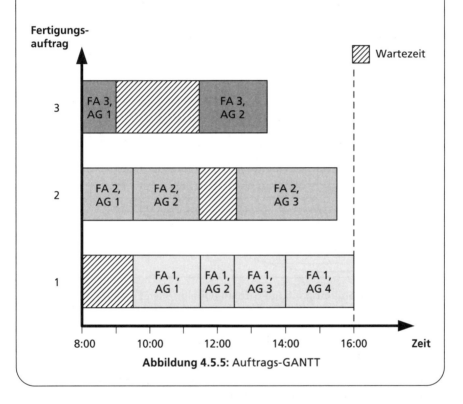

Abbildung 4.5.5: Auftrags-GANTT

4.5.3 Qualitätssicherung

Unter der Qualität eines Teils wird dessen Beschaffenheit bezüglich seiner Eignung, festgelegte und vorausgesetzte Erfordernisse zu erfüllen, definiert (vgl. auch Abschnitt 2.3.2). Qualität kann sich selbstverständlich auch auf Prozesse beziehen. Maßnahmen der Qualitätssicherung zerfallen in die Teilfunktionen Qualitätsplanung, Qualitätsprüfung und Qualitätslenkung. Kernfunktion ist die Qualitätsprüfung, zu der insbesondere die Erstellung und Verwaltung von Prüfplänen, Prüfmitteln und Prüfaufträgen sowie die Abwicklung der Prüfung selbst zu rechnen sind. Ein Prüfplan ist in Abbildung 4.5.6 wiedergegeben. Er enthält eine Anzahl von Prüfvorgängen, die unter Zuhilfenahme von Prüfmit-

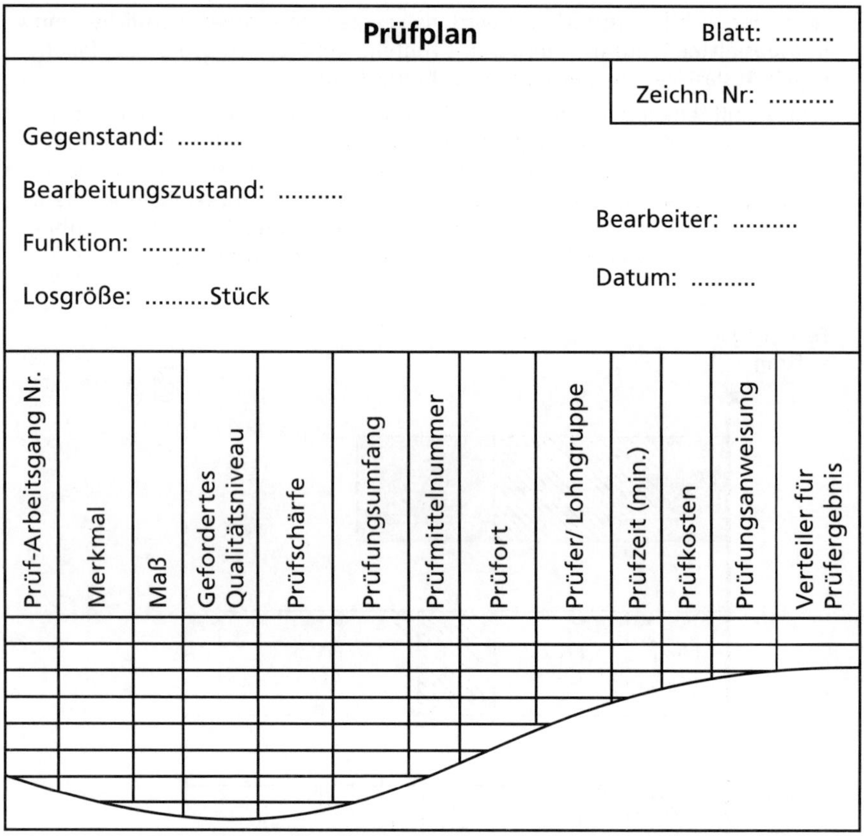

Prüfplan									Blatt:			
									Zeichn. Nr:			
Gegenstand:												
Bearbeitungszustand:												
Funktion:								Bearbeiter:				
Losgröße: ....Stück								Datum:				
Prüf-Arbeitsgang Nr.	Merkmal	Maß	Gefordertes Qualitätsniveau	Prüfschärfe	Prüfungsumfang	Prüfmittelnummer	Prüfort	Prüfer/ Lohngruppe	Prüfzeit (min.)	Prüfkosten	Prüfungsanweisung	Verteiler für Prüfergebnis

Abbildung 4.5.6: Prüfplan (Quelle: SCHEER 1997)

teln wie zum Beispiel Messarbeitsplätzen oder besonderen Analyseeinrichtungen durchgeführt werden müssen.

Die Qualitätsprüfung im Rahmen der Arbeitsgänge kann sowohl stichprobenartig als auch fortlaufend erfolgen. Eine unzureichende Qualitätsprüfung hat in der Regel kostspielige Folgen. So musste Volkswagen 2002 beispielsweise weltweit über eine Million Fahrzeuge der Typen Polo und Lupo wegen Materialschwächen im Bremssystem in die Werkstätten zurückrufen. Der japanische Hersteller Toyota brachte es zwischen 2009 und 2010 sogar auf mehr als 10 Mio. Fahrzeuge, die überprüft werden mussten.

Es ist oft zweckmäßig, die Datenstruktur um die Entity-Typen „Prüfplan", „Standardprüfvorgang" und „Prüfmittel" zu ergänzen. Die Verknüpfung zur Fertigungsdatenstruktur erfolgt über den Beziehungstyp „Prüfplanzuordnung", wobei dieser eine n:1-Beziehung zwischen dem Prüfplan und dem Arbeitsgang darstellt. Das heißt, ein Prüfplan erstreckt sich auf n Arbeitsgänge. Die übrigen m:n-Beziehungen innerhalb der Qualitätsdatenstruktur sind in Abbildung 4.5.7 dargestellt. Ob es im Einzelfall erforderlich ist, einen

Entity-Typ „Standardprüfvorgang" zu definieren, hängt wesentlich von der Homogenität der Fertigungsstruktur ab. Sobald regelmäßig auf eine begrenzte Anzahl solcher Prüfungen zurückgegriffen wird, erleichtert die Einführung eines entsprechenden Entity-Typs den Informationsprozess.

Mit einer computergestützten Qualitätssicherung CAQ (Computer Aided Quality Assurance) sollen nicht nur Fehler erkannt und gemeldet werden. Vielmehr wird das System auch in die Lage versetzt gegenzusteuern, d. h. Maschinen automatisch zu justieren oder die Produktion zu unterbrechen. Die Messstationen sind gewöhnlich direkt mit einem Werkstattrechner verbunden, von dem die Meldungen statistisch verarbeitet werden. Insbesondere werden dort auch die Stichprobenpläne angepasst. So wird der Stichprobenumfang automatisch erhöht, wenn häufiger Fehlermeldungen auftreten. Für die Qualitätssicherung bietet sich deshalb vornehmlich eine Online-Datenerfassung und -verarbeitung an, da nur aktuelle Daten eine rechtzeitige Fehlererkennung gewährleisten.

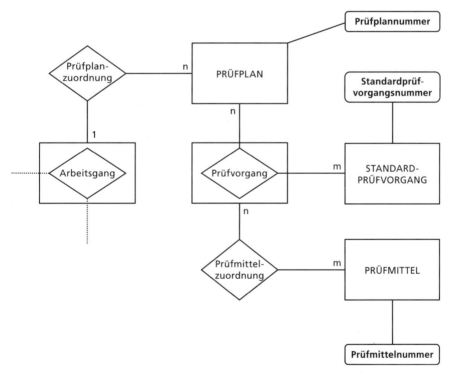

Abbildung 4.5.7: Entity-Relationship-Modell zur Qualitätssicherung (Quelle: SCHEER 1997)

Beispiel: Qualitätssicherungssystem

Beim Fahrradhersteller Radelfix GmbH werden die gefertigten Fahrradrahmen regelmäßig einer Qualitätsprüfung unterzogen. Für die Qualitätsprüfung existieren zwei Prüfpläne, die über eine Prüfplannummer (PPNr.) eindeutig identifiziert werden (Tabelle 4.5.2). Jede Prüfung verursacht Kosten und beansprucht im unterschiedlichen Maße die Arbeitszeit eines Mitarbeiters.

R. PRÜFPLAN

PPNr.	Bezeichnung	Prüfzeit in ZE	Prüfkosten in GE
PP1	Belastungsprüfung	4	250
PP2	Materialprüfung	0,5	30

Tabelle 4.5.2: Relation PRÜFPLAN

Während die Belastungsprüfung aus nur einem Standardprüfvorgang besteht, sind für die Materialprüfung zwei Standardprüfvorgänge erforderlich. Die Standardprüfvorgänge sind in einer eigenen Relation abgelegt und werden über eine entsprechende Vorgangsnummer (SPVNr.) identifiziert. In Tabelle 4.5.3 sind die zugeordneten Prüfvorgänge als Relation dargestellt. Der Standardprüfvorgang SPV1 ist im betrachteten Fall die Messung der Lackstärke. Der Standardprüfvorgang SPV2 bezieht sich auf die Sichtprüfung der Schweißnähte. Die Messung der Materialverformung bildet SPV3. Für die Relation PRÜFMITTEL werden hingegen die zur Qualitätsprüfung benötigten Prüfmittel verwaltet. Eine eindeutige Prüfmittelzuordnung ist offensichtlich (Tabelle 4.5.4).

R. PRÜFVORGANG

PPNr.	SPVNr.
PP1	SPV3
PP2	SPV1
PP2	SPV2

Tabelle 4.5.3: Relation PRÜFVORGANG

R. PRÜFMITTEL

PMNr.	Bezeichnung
PM1	Messgerät zur Lackstärkemessung
PM2	Einspannvorrichtung zur Belastungsprüfung

Tabelle 4.5.4: Relation PRÜFMITTEL

Mit Hilfe der Relation PRÜFPLANZUORDNUNG (Tabelle 4.5.5) werden die Prüfpläne schließlich speziellen Arbeitsgängen zugeordnet.

R. PRÜFPLANZUORDNUNG

PPNr.	APNr.	VNr.	Ausführungsort
PP1	AP0 (montieren)	V14	Werkstatt
PP2	AP4 (schweißen)	V6	Fließband
PP2	AP5 (lackieren)	V3	Fließband

Tabelle 4.5.5: Relation PRÜFPLANZUORDNUNG

4.5.4 Instandhaltung

Für jedes Unternehmen ist es wichtig, dass die eingesetzten Anlagen in betriebsbereitem Zustand sind. Zur Erhaltung der erforderlichen Betriebsbereitschaft ist eine planmäßige Instandhaltung unumgänglich. Es gibt mehrere Ereignisse, die Maßnahmen der Instandhaltung in Gang setzen, so zum Beispiel Betriebsmittelstörungen oder das Erreichen von Wartungszeitpunkten. Ein Instandhaltungsauftrag stellt dabei einen Beziehungstyp zwischen den Entity-Typen „Maschinenteil" und „Zeit" dar. Im Sinne einer Stücklistenstruktur können die Maschinenteile hierarchisch angeordnet und dem Betriebsmittel über eine m:n-Beziehung zugeordnet werden (vgl. Abbildung 4.5.8).

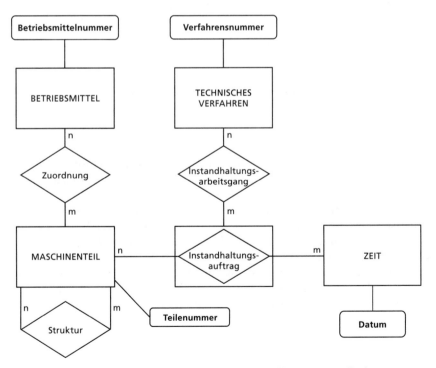

Abbildung 4.5.8: Entity-Relationship-Modell zur Instandhaltung

Die Rahmentermine für die Instandhaltung werden im Allgemeinen im Betriebsmittelstammsatz gespeichert. Damit ist festgelegt, in welchen Abständen welche vorbeugenden Maßnahmen vorgenommen werden sollen. Ein spezielles Instandhaltungsterminierungsprogramm wandelt die Vorgaben in detaillierte Termine um. So versucht ein solches Programm beispielsweise, einen Zeitpunkt für die Instandhaltung zu finden, in dem die Anlage nicht oder nur teilweise ausgelastet ist. Die aktualisierten Daten werden als Instandhaltungsauftrag geführt. Der Instandhaltungsauftrag ähnelt dem Fertigungsauftrag. Wir definieren den Entity-Typ „Maschinenteil" als Spezialisierung des Entity-Typs „Teil", um die bereits existierende Datenstruktur weiterhin zu nutzen.

> **Beispiel: Instandhaltungsterminierung**
>
> Die CeramTec AG fertigte an mehreren Standorten keramische Bauteile u. a. für die Medizin-, Elektro- und Chemietechnik. Pro Standort mussten Instandhaltungstätigkeiten für ca. 1.500 Maschinen und ebenso viele Baugruppen durchgeführt und dokumentiert werden. Die CeramTec AG setzte hierfür das SAP-Modul Plant Maintenance ein. Für vorbeugende Instandhaltungsmaßnahmen waren im SAP-System Intervalle bzw. geplante Termine hinterlegt. Rechtzeitig vor den geplanten Maßnahmen wurden Instandhaltungsaufträge vom System erzeugt und zusätzlich Belastungsübersichten für alle Wartungstechniker erstellt. Bei Kapazitätsüberlastungen ließen sich so beispielsweise zusätzliche externe Dienstleister bestellen. Der Beginn einer Instandhaltungsmaßnahme wurde durch Scannen eines Barcodes an der betreffenden Maschine protokolliert. Das mobile Datenerfassungsgerät, über welches jeder eingesetzte Wartungstechniker verfügt, meldete diese Daten dann an das SAP-System. Über vierstellige Nummerncodes wurden zusätzlich Schadensbilder und die benötigte Arbeitszeit an das SAP-System übermittelt. Die Rückmeldung der gewarteten Maschine erfolgte analog.
>
> Quelle: MERTENS (2005)

Ein weiteres Programm konzentriert sich auf die Instandhaltungsablaufplanung. Hierbei wird zunächst die Nummer der ausgefallenen oder zu wartenden Maschine zusammen mit der Ausfallursache bzw. der Wartungsart erfasst. Das Programm bestimmt daraufhin die einzelnen Instandhaltungsarbeitsgänge. Rationalisierungs- und Optimierungseffekte ergeben sich dadurch, dass bei einer geplanten Gesamtauswechselung solche Teile nicht berücksichtigt werden, die kurz vorher nach einem ungeplanten Stillstand bereits ausgewechselt wurden und deshalb noch voll funktionsfähig sind. Eine weitere Aufgabe der Instandhaltungsablaufplanung besteht darin, dass die Verfügbarkeit der benötigten Maschinenteile durch Lagerüberprüfung festgestellt und die Teile dann ggf. automatisch bereitgestellt werden.

> **Beispiel: Instandhaltungsablaufplanung**
>
> Die regionale Bevorratung selten benötigter Ersatzteile ist äußerst kostspielig. Neben der Kapitalbindung können auch lagerungsbedingte Schäden auftreten, wie beispielsweise das Einrosten von Austauschmotoren. Die Siemens AG hat die Lagerung von Ersatzteilen vor Ort dadurch stark verringert, dass eine zentrale elektronische Überwachung aller weltweit eingesetzten Produktionsanlagen realisiert wurde, welche aktuelle Statusmeldungen aller Anlagen verarbeitet. Beim Verlassen bestimmter Toleranzbereiche wurde steuernd in den Fertigungsprozess eingegriffen, so dass ein gefährdetes Teil der Anlage weniger strapaziert wurde. Parallel dazu wurde der Versand des betroffenen Teils aus einem Zentrallager veranlasst.
>
> Quelle: MERTENS (2005)

Die Instandhaltungsüberwachung ergibt sich durch einen automatischen Soll-Ist-Vergleich der Termine bzw. Arbeitsgänge. Die Daten werden erst dann gelöscht bzw. aktualisiert, wenn die fälligen Maßnahmen als durchgeführt zurückgemeldet werden. Ist eine Meldung überfällig, so mahnt das Überwachungsprogramm diese automatisch an.

Die Maßnahmen der vorbeugenden Instandhaltungsplanung sind vorzugsweise im Batchbetrieb auszuführen. Zum einen ergibt sich das aus der Überlegung, die optimalen Instandhaltungsintervalle mit Hilfe von Operations-Research-Modellen zu bestimmen. Zum anderen können erforderliche Maßnahmen gemeinsam durchgeführt werden, ohne dass mehrere Unterbrechungen erforderlich werden. Bei einer solchen Zusammenlegung sollten die Maßnahmen auf den Zeitpunkt vorgezogen werden, für den die früheste Maßnahme geplant ist.

4.5.5 Betriebsdatenerfassung

Wird die Werkstattsteuerung als Regelkreis verstanden, so geben Rückmeldungen in Form der aktuellen Betriebsdaten die entscheidenden Impulse, um die Systemparameter neu zu berechnen. Um jederzeit über den Stand der Fertigung und damit vor allem über eventuelle Störungen im System informiert zu sein, bedarf es einer zeitnahen Betriebsdatenerfassung (BDE). Gegenstand der BDE sind

- auftragsbezogene Daten, zum Beispiel Produktionsmengen und -zeiten,
- betriebsmittelbezogene Daten, zum Beispiel Stillstand- und Störzeiten,
- werkzeugbezogene Daten, zum Beispiel Einsatzzeiten, Werkzeugbruch,
- mitarbeiterbezogene Daten, zum Beispiel Einsatzzeiten, Materialverbrauch, Wartungs- und Rüstaufgaben,

und außerdem lagerbezogene, transportbezogene, qualitätsbezogene sowie instandhaltungsbezogene Daten (SCHEER 1997). Die erhobenen Daten sind als Ist-Daten in den entsprechenden Beziehungstypen Fertigungsauftrag, Maschinenbelegung, Werkzeugbelegung usw. abzulegen. Dabei ist zu beachten, dass die Datenstruktur geeignet angepasst wird. So können beispielsweise Nacharbeiten einen Arbeitsgang erforderlich machen, der bisher nicht ausgewiesen war. Der Beziehungstyp „Arbeitsgang" ist dann entsprechend zu ergänzen. Grundsätzlich empfiehlt sich für die Aufzeichnung von Betriebsmittelstörungen die Einrichtung eines Beziehungstyps „Betriebsmittelstörung" zwischen den Entity-Typen „Betriebsmittel", „Maschinenbelegung", „Zeit" sowie einem ebenfalls neu einzurichtenden Entity-Typ „Störungsart" (vgl. Abbildung 4.5.9).

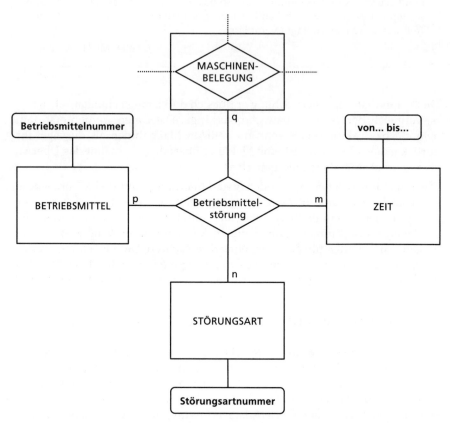

Abbildung 4.5.9: Entity-Relationship-Modell zur Betriebsdatenerfassung (Quelle: SCHEER 1988)

Der Entity-Typ „Störungsart" enthält neben dem Schlüsselattribut (zum Beispiel Störungsartnummer) als weitere Attribute insbesondere die verschiedenen Ausprägungen von Störungsarten wie etwa Werkzeugbruch, Stromausfall oder Bedienfehler. Der Beziehungstyp „Betriebsmittelstörung" ordnet die jeweilige Störungsart nunmehr nicht nur dem Betriebsmittel sowie dem Datum der Störung zu, sondern ebenso der Maschinenbelegung. Damit wird zugleich der betroffene Auftrag bzw. Arbeitsgang mit allen Konsequenzen identifiziert, die sich für die weitere Bearbeitung ergeben können.

Für die BDE ist eine unmittelbare, ereignisgesteuerte Datenerfassung der periodischen Erfassung vorzuziehen. Die erfasste Datei ist auf der Werkstattebene anschließend online zu verarbeiten, denn nur auf diese Weise kann Störungen im Fertigungsablauf direkt entgegengesteuert werden. Auf Betriebsebene reicht hingegen ein Batchbetrieb aus. Viele Daten lassen sich verdichten, bevor sie periodisch an die Betriebsleitung zur weiteren Verwendung gegeben werden.

4.5.6 Zusammenfassung

Wir haben gesehen, dass einige Aufgaben dezentral in den einzelnen Werkstätten zu erledigen sind und demzufolge auch ein Informationsprozess existiert, der Daten in diese Werkstätten importiert, dort verarbeitet und zum Teil wieder exportiert. In Abschnitt 4.5.2 wurde zunächst erörtert, dass im Besonderen alle Daten der Ressourcenbelegung erst in der Werkstatt erzeugt werden, in der auch der zugehörige Arbeitsgang zu erledigen ist. Die Qualitäts- und Instandhaltungsdaten sind betriebsmittelbezogene Daten und werden deshalb ebenfalls dezentral verwaltet. In den Abschnitten 4.5.3 und 4.5.4 wurde darauf näher eingegangen. Die abschließende Datenerfassung wurde dann in Abschnitt 4.5.5 kurz problematisiert. Wir haben aber auch festgestellt, dass im Rahmen der BDE eine Fülle von zumeist operativen Daten erzeugt wird, die wiederum in das Produktionssystem eingespeist werden, damit sie allen Systemeinheiten bei Bedarf zur Verfügung stehen. Zu diesen Daten zählt nicht nur Information über den reibungslosen oder verzögerten Produktionsablauf, welche für nachfolgende Werkstätten von großer Wichtigkeit sind. Zum Teil gehen die Betriebsdaten auch an die Betriebsleitung, damit sie dort zur strategischen Entwicklung des Produktionssystems eingesetzt werden können. Oft lässt sich beobachten, dass die Werkstattsteuerung unter einem erheblichen Zeitdruck steht. Es ist deshalb von zentraler Bedeutung, dass die Daten zeitnah, d. h. im Allgemeinen online erfasst und verarbeitet werden. Werkstattrechner müssen zwar keine komplexen Operationen vornehmen. Sie müssen jedoch so konfiguriert sein, dass sie zu jeder Zeit ein hohes Datenvolumen beherrschen können.

4.5.7 Fragen zur Wiederholung

1. Nennen Sie Gründe, warum die Maschinenbelegung dezentral in den einzelnen Fertigungswerkstätten erfolgt.
2. Warum und unter welchen Umständen bietet es sich an, Sequenzen von Arbeitsgängen exogen festzulegen?
3. Erläutern Sie, auf welche Weise Auftragsreihenfolgen, Warte- und Durchlaufzeiten von Aufträgen sowie Leerzeiten von Betriebsmitteln durch GANTT-Diagramme veranschaulicht werden können.
4. Wie werden Prüfpläne und Prüfvorgänge im Rahmen eines Entity-Relationship-Modells modelliert?

5. Grenzen Sie die Aufgaben Instandhaltungsterminierung, Instandhaltungsablaufplanung und Instandhaltungsüberwachung voneinander ab.
6. Welche Ziele werden mit der Betriebsdatenerfassung verfolgt?

4.5.8 Literaturempfehlungen zur Vertiefung

BECKER, J./KUGELER, M./ROSEMANN, M. (2008): Prozessmanagement – Ein Leitfaden zur prozessorientierten Organisationsgestaltung. 6. Auflage. Springer, Berlin

KURBEL, K. (2011): Enterprise Resource Planning und Supply Chain Management im Industrieunternehmen. 7. Auflage, Oldenbourg, München u. a.

MERTENS, P. (2009): Integrierte Informationsverarbeitung 1. 17. Auflage, Gabler, Wiesbaden

SCHEER, A.-W. (1997): Wirtschaftsinformatik – Referenzmodelle für industrielle Geschäftsprozesse. 7. Auflage, Springer, Berlin u. a.

SCHÖNSLEBEN, P. (2011): Integrales Logistikmanagement – Planung und Steuerung der umfassenden Supply Chain. 6. Auflage, Springer, Berlin u. a.

STAUD, J. L. (2006): Geschäftsprozessanalyse: Ereignisgesteuerte Prozessketten und objektorientierte Geschäftsprozessmodellierung für betriebswirtschaftliche Standardsoftware. 3. Auflage, Springer, Berlin u. a.

5 Planungszentriertes Operations Management

5.1 Vorbemerkungen

5.1.1 Planungsaufgaben

Wenn im Folgenden die Planung als wichtiger Teil des Operations Managements im Vordergrund der Betrachtungen steht, so heißt dies nicht, dass Organisations- und Informationsprobleme hierbei keine Rolle spielen. Allerdings besitzt der Planungsaspekt bei vielen Managementproblemen dann hohe Priorität, wenn diese als einfach in dem Sinne gelten, dass keine komplexen Wirkungszusammenhänge zu erkennen sind, zum Beispiel lediglich ein bzw. wenige Entscheidungsträger in den Entscheidungsprozess involviert sind, sowie ausreichend Information vorliegt, um eine hohe Entscheidungsgüte zu erzielen. Je stärker diese Attribute beobachtbar sind, desto wirksamer lassen sich Planungsinstrumente entwickeln und anwenden. Ein großer Wegbereiter der modernen Betriebswirtschaftslehre, Erich Gutenberg, spricht in diesem Zusammenhang davon, dass die anderen Managementaufgaben, insbesondere die Organisation, dienende Funktion haben, also dazu beitragen, dass die Planung bestmöglich umgesetzt wird (Gutenberg 1962). Ob es allerdings stets möglich bzw. sinnvoll ist, Produktionsprobleme so zu vereinfachen, dass sie planungszentriert gelöst werden können, muss im Einzelfall geprüft werden. Wir werden im Verlaufe der weiteren Überlegungen hierauf noch näher einzugehen haben.

Der Planungsprozess im Produktionsbereich lässt sich auf vielerlei Weise klassifizieren. Zunächst einmal muss geprüft werden, welche Produkte im Einzelnen hergestellt werden sollen. Diese Fragestellung betrifft das Outputsystem des Unternehmens. Sie spielt vor allem eine Rolle in Mehrproduktunternehmen. Diese Teilaufgabe wird auch als Planung des Produktionsprogramms oder als Programmplanung bezeichnet. Das Produktionsprogramm wird dabei durch die Art und Menge der zu fertigenden Produkte sowie durch den Zeitpunkt der Fertigung näher beschrieben. Die Programmplanung stellt eine Form der Engpassplanung dar, da verschiedene Arten von Nebenbedingungen zu berücksichtigen sind. Diese Nebenbedingungen können sowohl Produktionsbedingungen – etwa vorhandene Maschinen- bzw. Personalkapazitäten – als auch Beschaffungs-, Absatz-, Lager- oder Finanzierungsbedingungen, aber auch andere Gegebenheiten von Unternehmen und Umwelt sein. Zielsetzungen der Programmplanung können zum Beispiel die Maximierung von Deckungsbeiträgen oder aber die Maximierung des Unternehmensgewinns sein. Die Produktionsprogrammplanung hat sowohl kurz- als auch langfristige Aspekte. Bei langfristiger Planung steht vornehmlich die Art der zu fertigenden Produkte im Vordergrund der Betrachtungen. Bei der kurzfristigen Planung sollten dagegen eher die zu fertigenden Mengen das Analyseobjekt bilden. Die Programmplanung hat darüber hinaus eine enge wechselseitige Beziehung zur Absatzplanung. Aus dem Absatzbereich wird übermittelt, für welche Produkte am Markt überhaupt Nachfrage besteht.

Die Programmplanung gilt gemeinhin als Ausgangspunkt der weiteren Produktionsplanung. Erst wenn die zu fertigenden Produkte in den Zeitpunkten, Arten und Mengen festliegen, können andere Entscheidungen im Produktionsbereich vorbereitet werden.

Der Programmplanung nachgeordnet ist zum Beispiel die Bereitstellungsplanung. Die Bereitstellungsplanung konzentriert sich auf das Inputsystem des Unternehmens, d. h. die Bereitstellung von Produktionsfaktoren für die Fertigung. Bei den Produktionsfaktoren handelt es sich insbesondere um Werkstoffe, Betriebsmittel und Personal. Die Planungsüberlegungen zu den Betriebsmitteln und zum Personal werden häufig aus den grundständigen Betrachtungen zur Bereitstellungsplanung ausgeklammert, weil hier keine kurzfristigen, sondern eher langfristige Überlegungen dominieren, die zudem spezielle Verfahren benötigen. So existiert zur Beschaffung von Betriebsmitteln eine eigene Rechnung, die Investitionsrechnung. Personalentscheidungen werden in der Personalplanung diskutiert. Die Bereitstellungsplanung, so wie sie Gegenstand des Operations Managements ist, konzentriert sich deshalb zunächst auf die Bereitstellung von Werkstoffen.

Zwischen der Planung von Outputs und der Planung von Inputs liegt die Planung des betrieblichen Produktionsprozesses. Man bezeichnet diese Planung in der Literatur üblicherweise als Prozess- oder Ablaufplanung. Grundsätzlich lässt sich die Prozessplanung in eine Mengenplanung und in eine Zeitplanung unterteilen. In der Mengenplanung wird beispielsweise diskutiert, welche Mengen in welcher Reihenfolge auf welchen Maschinen zu fertigen sind. Dies ist Gegenstand der Maschinenbelegungsplanung. Dagegen ist es Aufgabe der Zeitplanung, die genauen Termine der Bearbeitung von Aufträgen festzulegen. Außerdem muss kalkuliert werden, wann diese Aufträge voraussichtlich an den Kunden ausgeliefert werden können. Mengen- und Zeitplanung sind eng miteinander verbunden. Wir müssen jedoch bereits hier festhalten, dass für verschiedene Fertigungsstrukturen durchaus unterschiedliche Planungsaspekte relevant sein können. So spielt etwa in der Werkstattfertigung das Reihenfolgeproblem eine zentrale Rolle, in der Fließbandfertigung ist dieses Problem unbekannt. Hier muss stattdessen die optimale Taktabstimmung des Fließbands, der so genannte Fließbandabgleich, vorgenommen werden. In der Serienfertigung ist daneben das Problem der optimalen Losgröße von zentraler Bedeutung.

5.1.2 Gestaltung des Planungsprozesses

Fragen des Planungsprozesses konzentrieren sich darauf, wie und wann einzelne Planungsschritte ablaufen. Es gibt mehrere Klassifikationsmerkmale, die im

Folgenden kurz erörtert werden sollen. Zum einen spielt der Zeithorizont der Planung eine erhebliche Rolle für den Unternehmenserfolg. Manche Planungen sind langfristig vorzubereiten, andere hingegen kurzfristig. Beispielsweise muss über den Standort einer Maschine bereits bei deren Beschaffung entschieden werden. Bedenkt man, dass Maschinen in der Regel eine langjährige Nutzungsdauer besitzen, so bedeutet dies, dass langfristige Entscheidungen über die zukünftige Nutzung der Maschine getroffen werden müssen. Hingegen ist die Belegung der Maschine eine äußerst kurzfristige Angelegenheit. Häufig sind die Aufträge eines Tages, die an diesem Tag von der Maschine zu bearbeiten sind, am Morgen des Tages noch nicht vollständig bekannt. Die Planung muss deshalb in der Lage sein, auch kurzfristige Auftragseingänge noch mit einzuplanen. Es ist Gepflogenheit, bei Planungen von mehr als einem Jahr Horizont von langfristigen Planungen, bei Planungen, die weniger als einen Monat im Voraus stattfinden, von kurzfristigen Planungen zu sprechen. Gelegentlich wird der Planungszeitraum von weniger als einem Jahr, jedoch mehr als einem Monat auch als mittelfristige Planung bezeichnet. Dabei ist zu beachten, dass für mittel- bis langfristige Planungen häufig keine exakten Daten zur Verfügung stehen. Der Planer muss sich deshalb mit prognostizierten Daten behelfen. Am leistungsfähigsten sind deshalb solche Planungsmethoden, die sich auf exakte Daten stützen können, d. h. Methoden der kurzfristigen Produktionsplanung.

Eng verwandt mit der Klassifizierung der Planung nach ihrer Fristigkeit ist die Klassifizierung nach der hierarchischen Struktur. Zunächst erfolgt eine strategische Planung, die weitgehend auf Planungsdetails verzichtet. Im Anschluss daran wird eine taktische Planung vorgenommen, bevor operativ geplant wird. Beispielsweise betrifft die strategische Planung die Entdeckung von neuen Technologien oder Märkten. Die taktische Planung konzentriert sich dann auf die Realisierung von Absatzmengen auf solchen Märkten bzw. mit solchen Technologien. Hierzu muss etwa das Sortiment im Einzelnen festgelegt werden. Maschinen müssen beschafft und weitere Vorkehrungen im Unternehmen getroffen werden. Die operative Planung kümmert sich schließlich um die Umsetzung dieser vorbereitenden Maßnahmen in realisierbare, zielwirksame Pläne. Sie trägt dafür Sorge, dass die Aufgaben wirtschaftlich erledigt werden können. Die Aufgaben der strategischen Planung werden also durch die taktische und operative Planung mehr und mehr konkretisiert. Dies geschieht im Allgemeinen, indem die Pläne in einem hierarchisch strukturierten Unternehmen an die nächstniedrigere Hierarchiestufe zur schrittweisen Umsetzung weitergegeben werden. Deshalb wollen wir hierfür für die Produktionsplanung auch die Bezeichnung der Hierarchisierung verwenden. Strategische Planungen werden meistens vom Top Management des Unternehmens vollzogen. Dagegen werden taktische bzw. operative Maßnahmen auf den Ebenen des mittleren bzw. unteren Managements realisiert. Ob es sich bei der strategischen auch zugleich um eine langfristige Planung handelt und umgekehrt, hängt entscheidend davon ab, inwiefern mit ähnlich grobem Datenmaterial gearbeitet wird bzw. werden muss. Analog ist die Frage zu klären, ob eine kurzfristige Planung immer mit einer operativen Planung einhergeht. Dies hieße, dass bei Entscheidungen mit kurzem Planungsvorlauf stets auch detailliert zu planen wäre. Im Allgemeinen wird man diesen Zusammenhang bejahen müssen.

Ein anderer Aspekt des Planungsprozesses betrifft die Frage, welche Interdependenzen zwischen den Modulen auf welche Weise berücksichtigt werden sollen. Je mehr solcher Abhängigkeiten Beachtung finden, desto größer ist der Grad der Integration. Sofern lediglich eine zeitliche Reihung existiert, also zeitlich vorangestellte Planungen nachfolgende Planungsschritte determinieren, liegt eine vertikale Integration vor. Werden hingegen sämtliche bekannten Interdependenzen bei der Planung beachtet bzw. in dem entsprechenden Planungsmodell abgebildet, so wollen wir von einer vollständigen Integration sprechen. Das zugehörige Planungsmodell heißt auch Totalmodell. Üblicherweise werden Totalmodelle in der Unternehmenspraxis kaum angewandt. Vielmehr beschränken sich die Unternehmen auf Partialmodelle. Ein besonders einfaches und vielfach praktiziertes Partialmodell ist das „myopische" Modell, welches ein Partialmodell ohne vertikale Interdependenzen darstellt. D. h. das Planungsmodul wird derart isoliert, dass Konsequenzen hinsichtlich anderer Module keine Berücksichtigung finden. Beispielsweise werden gelegentlich Produktionsprogramme erstellt, ohne dass gleichzeitig die Belegung der Maschinen oder die Beschaffung der benötigten Materialien geprüft wird. Diese Überprüfung erfolgt erst in einer späteren Planungsphase. Natürlich ist ein solches Vorgehen nur dann zweckmäßig, wenn es mit hoher Wahrscheinlichkeit weder zu Kapazitäts- noch zu Lieferengpässen kommen wird. Es liegt eine so genannte Sukzessivplanung vor, während die unmittelbare Berücksichtigung aller infrage kommenden Interdependenzen als Simultanplanung bezeichnet wird. Im Allgemeinen führt nur die Simultanplanung zu einer exakten, optimalen Lösung eines Problems. Bei der Sukzessivplanung werden Beziehungen vernachlässigt, da das Ergebnis eines Planungsschritts als Datum für den folgenden Planungsschritt verwendet wird, ohne dieses Datum kritisch zu hinterfragen. Oft kommt es somit nur zu „zweitbesten" Lösungen.

Ein weiterer wichtiger Aspekt bezüglich der Gestaltung des Planungsprozesses ist die Anpassung von Planungsergebnissen an Daten, zum Beispiel Nachfrage- oder Lieferdaten, die zum Zeitpunkt der Planung noch nicht bekannt waren. Geht ein Planer davon aus, dass seine zum Zeitpunkt der Planung prognostizierten Werte auch später tatsächlich eintreten, so vollzieht er eine Planung bei Sicherheit. Rechnet der Planer hingegen damit, dass unterschiedliche Datenkonstellationen mit entsprechenden Wahrscheinlichkeiten in Zukunft eintreten können, so liegt Planung bei Risiko vor. Planung bei Ungewissheit bedeutet, dass keine Informationen über die Eintrittswahrscheinlichkeiten von bestimmten Zuständen der Zukunft bekannt sind. Planung bei Sicherheit wird in deterministischen Planungsmodellen abgebildet, Planung bei Risiko in stochastischen Modellen. Lässt sich die zukünftige Entwicklung, die für ein Planungsproblem relevant ist, nicht sicher absehen, so kann man – statt von vornherein mit subjektiven und bisweilen recht unbefriedigenden Wahrscheinlichkeiten über die Entwicklung zu operieren – auch flexibel planen. So besteht die Möglichkeit, für alle Entwicklungen, die von vornherein nicht auszuschließen sind, so genannte bedingte Entscheidungen zu treffen. D. h. für jede subjektiv denkbare Entwicklung wird der Planungsprozess durchgeführt. Damit geht natürlich ein äußerst hoher Planungsaufwand einher. Um die entstehenden Kosten zu reduzieren, kann deshalb flexibel geplant werden, indem zunächst nur solche Entscheidungen getroffen werden, die unaufschiebbar bzw. unbedingt zu treffen sind. Es wird nur für einen bestimmten Zukunftsabschnitt geplant. Alle weiteren Planungen werden in der Hoffnung aufgeschoben, dass zwischenzeitlich neue Informationen über die zukünftige Entwicklung eintreffen mögen. Man bezeichnet dieses Planen in Abschnitten auch als Abschnitts- oder Anschlussplanung. Die Gefahr einer solchen Abschnittsplanung besteht darin, dass bereits durch den Verzicht auf vorweggenommene Planungsaktivitäten bestimmte Alternativen nachher nicht mehr realisierbar sind. Selbst der Entscheidungsverzicht bedeutet nämlich eine Entscheidung. Um diese Gefahr zu reduzieren, kann man so vorgehen, dass zwar für einen längeren Zeitraum geplant wird, jedoch werden nur die Planungen für den nächsten Planungsabschnitt als verbindlich und unabänderlich angesehen. Die Planung für die weiteren Abschnitte kann hingegen im Sinne der Abschnittsplanung revidiert werden. Wenn dieses System kontinuierlich Anwendung findet, wird auch von einer rollierenden Planung gesprochen.

Im Folgenden werden wir in erster Linie einfache Planungsprobleme behandeln. Dies sind vor allem solche kurzfristigen und operativen Probleme, die sich in deterministischen Partialmodellen abbilden lassen. Hierzu existieren die leistungsfähigsten Methoden. Sollte die Plausibilität der hierbei unterstellten Prämissen jedoch nicht mehr in hinreichendem Maße gewährleistet sein, so wollen wir auch die Lösbarkeit von komplexeren Produktionsplanungsproblemen näher ins Auge fassen.

5.2 Planung des Produktionsprogramms

5.2.1 Einführung

Die zentrale Aufgabe, vor der jedes Produktionsunternehmen bei der Aufnahme seiner Tätigkeit steht – unabhängig davon ob es Sachgüter oder Dienstleistungen produziert –, besteht darin, zu prüfen, welche Produktarten in welchen Mengen und in welchem Zeitraum hergestellt werden sollen. Das Ergebnis dieser Prüfung wollen wir als Produktionsprogramm bezeichnen. Bei der Prüfung sind mehrere Planungsschritte zu unterscheiden, die in diesem Unterkapitel genauer untersucht werden sollen. Die Programmplanung ist aber auch deshalb von außerordentlicher Bedeutung, weil sie eine Reihe anderer Planungen auslöst, die ebenfalls ergebniswirksam sind. Während die Planung des Produktionsprogramms vor allem auch von der angestrebten Umsatzsteigerung des Unternehmens geleitet ist, konzentrieren sich die nachfolgenden Planungen – wie etwa die Planung der zu beschaffenden Materialien oder die Planung des Maschineneinsatzes – auf die Kosten, die im Verlaufe der Produktion entstehen. Bleibt die Programmplanung deshalb zu kurzsichtig, so mögen zwar hohe Umsätze bzw. Produktionserlöse gewährleistet sein, die damit einhergehenden Kosten zehren diese Erlöse jedoch zum großen Teil wieder auf.

In Abschnitt 5.2.2 wollen wir uns deshalb zunächst darum kümmern, welche Bedingungen bei der Programmplanung berücksichtigt werden müssen, damit keine unrealistischen Pläne erstellt werden, die nachher nicht umsetzbar sind. Je mehr Rahmenbedingungen rechtzeitig erkannt werden, desto größer ist die Wahrscheinlichkeit, dass die erstellten Pläne später auch verwirklicht werden können. In Abschnitt 5.2.3 wenden wir uns dann den Zielen zu, die der Planung zugrunde liegen. Dabei geht es vornehmlich um die Verfolgung ökonomischer Ziele, wie etwa die Erreichung eines bestimmten Gewinnziels. Jedoch wissen wir aus aktuellen Diskussionen, dass Unternehmen heutzutage auch nicht-ökonomische Ziele, wie etwa Sozial- und Umweltziele, mit ins Kalkül einbeziehen müssen. Abschnitt 5.2.4 befasst sich mit den wichtigsten Planungsmethoden, die bei der Festlegung des Produktionsprogramms anzuwenden sind, je nachdem welche Rahmenbedingungen berücksichtigt worden sind. Diese Methoden führen in der Regel zu einem optimalen Produktionsprogramm, das nicht ohne weiteres verbessert werden kann. Allerdings gehen wir in diesem Abschnitt auch auf post-optimale Analysen ein, da nach Abschluss der Planung häufig Tatbestände beobachtet werden, die vorher nicht bekannt waren. Der Sinn dieser Analysen besteht darin, die Entscheidungsträger rechtzeitig darüber zu informieren, ob bzw. in welchem Umfang der Planungsprozess zu wiederholen ist, wenn neue Fakten zu wichtigen wirtschaftlichen Tatbeständen entdeckt werden.

Einige weitere Spezialprobleme werden in den folgenden Abschnitten dieses Kapitels erörtert. In Abschnitt 5.2.5 wird zunächst der Fall diskutiert, wie sich ein Unternehmen bei der Festlegung seines Produktionsprogramms verhalten sollte, wenn sich herausstellt, dass die zu beachtenden Ziele konfliktär sind, d.h. die Verbesserung in Bezug auf ein Ziel zu einer Verschlechterung hinsichtlich eines anderen Ziels führt. Abschnitt 5.2.6 gibt einen Einblick in die Möglichkeiten, Unsicherheiten über die Planungssituation von vornherein zu berücksichtigen. In Abschnitt 5.2.7 wird der vielfach zu beobachtende Fall erörtert, wie das Produktionsprogramm gestaltet sein sollte, wenn die in einem Produktionsprozess entstehenden verschiedenen Produktionsmengen mehrerer Produktarten aneinander gekoppelt sind. D.h. je mehr von einer Produktart gefertigt wird, desto mehr Einheiten entstehen auch hinsichtlich anderer Produktarten. Diese Form der Produktion beobachten wir vor allem im Hinblick auf das Entstehen von Abfallprodukten, die oft in einem festen Verhältnis zu den gewünschten Produktmengen anfallen. Häufig tritt auch die Situation auf, dass das Produktionsunternehmen mehrere Möglichkeiten der Fertigung besitzt, so dass es sich entscheiden muss, welche Verfahrensalternative in welchen Fällen zu bevorzugen ist. Diese Betrachtung ist Gegenstand von Abschnitt 5.2.8. Das Kapitel mündet schließlich in Abschnitt 5.2.9 in eine zusammenfassende Darstellung und Wertung der gewonnenen Erkenntnisse.

5.2.2 Rahmenbedingungen

Die Programmplanung, soweit sie kurz- bis mittelfristiger Natur ist, ist in den gesamten Planungsprozess eingebunden. Sie liefert einerseits Informationen an nachfolgende Planungsabschnitte. Andererseits bedarf sie ihrerseits aber auch entsprechender Informationen von vorangehenden Planungsabschnitten.

5.2 Planung des Produktionsprogramms

Informationen aus dem Absatzbereich, gewöhnlich auch als Absatzbedingungen oder Absatzrestriktionen bezeichnet, werden oft als Höchst- oder Mindestmengen bereitgestellt. Diese Mengen sind in der Produktionsplanung also vorgegeben, obwohl sie grundsätzlich vom Unternehmen zu beeinflussen sind. Hierzu steht beispielsweise das Marketing Mix der Absatzplanung zur Verfügung. Höchstmengen des Absatzes können etwa Sättigungsmengen sein, d. h. solche Mengen, die selbst bei einem Verkaufspreis von null nicht überschritten werden. Die Nachfrage ist an diesem Punkt nämlich gesättigt. Allerdings können wir Höchstmengen auch als solche Mengen interpretieren und in die Programmplanung mit einbeziehen, die bei einem gegebenen Marktpreis maximal vom Unternehmen absetzbar sind. Mindestmengen des Absatzes beruhen hingegen zum Beispiel auf Liefervereinbarungen oder so genannten Absatzverbundwirkungen, wenn nämlich die Absatzmengen einer anderen Produktart bestimmte Mengen der betrachteten Produktart zwangsläufig nach sich ziehen. So ist in der Automobilbranche dafür Sorge zu tragen, dass mit den Neufahrzeugen zugleich auch Ersatzteile in ausreichendem Umfang von den Unternehmen bereitgestellt werden. Wäre dies nicht der Fall, würden die Konsumenten in ihren Kaufentscheidungen unter Umständen negativ beeinflusst werden. Allgemein sind Absatzprognosen durch umfassende Marktanalysen zu stützen. Statt in Form von festen Mengen können diese Informationen dann auch in komplexer Art, so etwa in Form von Preis-Absatz-Funktionen, in die Produktionsplanung eingebracht werden. Diese Funktionen, die empirisch hergeleitet worden sind, zeigen, bei welchen Preisen mit welchen Absatzmengen zu rechnen ist. Ist ein Preis kurzfristig nicht veränderbar, so reicht die Einbeziehung von Höchst- und Mindestmengen in die Überlegungen gewöhnlich aus.

Es existieren aber auch Werte im Produktionsbereich selbst, die auf kurze bzw. mittlere Sicht nicht verändert werden können und deshalb als Rahmenbedingungen der entsprechenden Programmplanung zu beachten sind. Hierbei handelt es sich zunächst um Kapazitätsrestriktionen, d. h. Informationen über den verfügbaren Bestand an Mitarbeitern sowie Betriebsmitteln, der kurzfristig nicht angepasst werden kann. Darüber hinaus sind technische Bedingungen in Form von Zeiten und Mengen zu beachten. Sie basieren auf der Forschung und Entwicklung und geben den Stand des Wissens bzw. der verfügbaren Technologie wieder. Die Inanspruchnahme von Material und Personal pro Ausbringungseinheit einer Produktart wird dabei auch als Produktionskoeffizient bezeichnet. Die Produktionskoeffizienten sind für jede Produktart in Stücklisten zusammengefasst. Informationen zu den Produktionszeiten erhalten wir aus den Arbeitsplänen.

Weiterhin sind Informationen aus dem Beschaffungsbereich zu berücksichtigen. Der verfügbare Bestand an Materialien einer gegebenen Qualität kann beispielsweise als Höchstmenge in die Programmplanung mit aufgenommen werden. Größere Mengen sind entweder gar nicht oder erst unter Berücksichtigung einer langen Wiederbeschaffungszeit zu erhalten und kommen damit für die betrachtete Produktion zu spät.

Schließlich gibt es auch Informationen aus dem Rechnungswesen, die für die Programmplanung von Bedeutung sind. Insbesondere handelt es sich hierbei um die erwarteten Nettoerlöse einer Produkteinheit bzw. eines Auftrags sowie die Grenzplankosten, welche die geplanten Kosten einer zusätzlichen Produkteinheit bezeichnen. Durch Subtraktion der Grenzplankosten von den Nettoerlösen entstehen die Deckungsbeiträge für die Produkte oder Aufträge, die im nächsten Abschnitt genauer erörtert werden.

5.2.3 Ziele der Programmplanung

Mit der Planung des Produktionsprogramms wird grundsätzlich das Ziel der Ergebnismaximierung in einer bestimmten Periode unterstützt. Das Ergebnis wird im Allgemeinen in einem erwerbswirtschaftlichen Unternehmen durch die Differenz von Erlös und Kosten ermittelt. Die Erlössituation spiegelt sich in den Absatzmengen und den zu erzielenden Absatzpreisen wider. Langfristig sind Preise und Mengen „negativ korreliert", d. h. mit steigenden Absatzpreisen fallen die zu erwartenden Absatzmengen. Kurzfristig wird ein Unternehmen aber, zumindest soweit es sich um einen Polypolisten handelt, der mit vielen anderen Unternehmen am Markt konkurriert, von konstanten Absatzpreisen pro Stück auszugehen haben. Auf der Kostenseite sind lediglich die entscheidungsrelevanten Kosten zu beachten, die sich ändern, je nachdem welches Produktionsprogramm aufgelegt wird. Daraus ist zu folgern, dass Kosten für die Aufrechterhaltung der Produktionsbereitschaft prinzipiell bei der Programmplanung nicht angesetzt werden, da diese Kosten ohnehin anfallen. Allerdings ist zu klären, ob die relevanten Grenzplankosten mit zunehmender Produktionsmenge linear ansteigen oder degressive, progressive oder sogar regressive Kostenverläufe zu beobachten sind. Wird bei der Programmplanung auf den Ansatz der irrelevanten Kosten verzichtet, so entspricht die angestrebte Ergebnismaximierung einer Maximierung der Deckungsbeiträge in der betrachteten Produktionsperiode. Der Begriff erklärt sich dadurch, dass die erwirtschafteten Beträge genutzt werden, um mindestens die gegebenen, für den Planungsprozess irrelevanten Bereitschaftskosten abzudecken. Entstehen darüber hinaus Überschüsse, so verbleiben sie dem Unternehmen als Gewinn, über dessen Verwendung gesondert zu entscheiden ist.

Sie sollten berücksichtigen, dass durch das Ziel der Deckungsbeitragsmaximierung zwischen den Bereichen Produktion und Absatz ein Spannungsfeld aufgebaut wird. Der Absatzbereich ist grundsätzlich an einem umfassenden und breiten Sortiment interessiert. Damit kann eine hohe Lieferbereitschaft bei kurzen Lieferfristen realisiert werden. Demgegenüber ist der Produktionsbereich vornehmlich um ein gestrafftes und kostengünstiges Programm bemüht. Standardisierte Produkte und eine gleichmäßige Kapazitätsauslastung unterstützen dieses Ziel. Oberflächlich betrachtet stellt die Deckungsbeitragsmaximierung also einen Kompromiss zwischen dem Absatz- und Produktionsbereich, d. h. zwischen hohen Erlösen und geringen Kosten, dar.

Die Zielsetzung der Deckungsbeitragsmaximierung ist jedoch nicht unter allen Umständen befriedigend. Existieren beispielsweise keine Erlöskomponenten, weil die Produkte nicht marktfähig sind und im Unternehmen lediglich als Zwischenprodukte dienen, so kommt eine Maximierung der Deckungsbeiträge nicht in Betracht. Vielmehr ist eine Kostenminimierung anzustreben. Sollen darüber hinaus andere Größen als nur die Produktions- bzw. Absatzmenge geplant werden, so ist die Deckungsbeitragsmaximierung ebenfalls nicht ausreichend. So können weitere Ziele wie beispielsweise die Sicherung eines vorhandenen Marktanteils, die Überwindung von Markteintrittsbarrieren oder die Verdrängung der Konkurrenz ebenfalls von Bedeutung sein.

Überdies dürfen die Sozialziele des Unternehmens, d. h. zum Beispiel die Erhöhung von Arbeitszufriedenheit oder die Gewährleistung der Betriebssicherheit, nicht außer Acht gelassen werden. Im Allgemeinen sind dies Ziele von strategischem Charakter, die sich kurzfristig nicht umsetzen lassen. Allerdings gibt es auch operative Sozialziele, die jederzeit angestrebt werden können. Hierzu zählt in erster Linie die Sicherung einer gleichmäßigen Beschäftigung im Unternehmen auch bei schlechter Konjunktur. Soll dieses Ziel realisiert werden, so sind gelegentlich auch Aufträge zu akzeptieren, deren Deckungsbeiträge unter normalen Umständen nicht zur Auftragsannahme ausreichen würden.

Schließlich drängen auch gesellschaftliche Ziele bzw. Umweltziele immer mehr in den Vordergrund der Produktionsplanung. Produktarten, die nicht umweltverträglich sind, werden zwar schon bei der strategischen Programmplanung eliminiert bzw. nicht weiter als aussichtsreich für eine Aufnahme in das Produktionsprogramm betrachtet. Doch gibt es auch Produktarten, die bis zu einer bestimmten Höchstmenge produziert werden können, ohne dass ihre Fertigung bis dahin gegen die bestehenden Emissionsschutzvorschriften verstoßen würde. Aus diesem Grunde ist stets darauf zu achten, dass die laufende Produktion diese Vorschriften nicht verletzt. Andernfalls können hohe Strafen die Konsequenz sein.

5.2.4 Standardansätze

Planung ohne Engpass in der Produktion

Am einfachsten ist eine Programmplanung bei Unterbeschäftigung durchzuführen, wenn nämlich ausreichend Produktionskapazität im Unternehmen vorhanden ist und hinsichtlich der benötigten Materialien keine Beschaffungsengpässe vorhanden sind. Unter solchen Umständen sollten grundsätzlich alle Produktarten, die zur Zielerreichung beitragen können, solange gefertigt werden, bis die jeweiligen Absatzhöchstmengen erreicht sind. Wird das Ziel der Deckungsbeitragsmaximierung verfolgt, so sind die Produktarten auszuwählen, die positive Deckungsbeiträge besitzen. Produktarten mit negativen Deckungsbeiträgen sind dagegen nicht zu produzieren.

Gibt es allerdings Beschränkungen derart, dass Produktionsfaktoren, die zur Fertigung einzelner Produktarten benötigt werden, knapp sind, so entspricht das Vorgehen zum Auffinden des optimalen Produktionsprogramms dem Fall einer Programmplanung mit Engpässen im Produktionsbereich. Dieser Fall soll im folgenden Unterabschnitt B näher betrachtet werden.

Planung bei einem Kapazitätsengpass

Bei Vollbeschäftigung kommt es stets zu Engpässen in der Produktion. Nicht alle Aufträge können angenommen bzw. termingerecht erledigt werden, weil beispielsweise die Maschinenkapazitäten nicht ausreichen. Nach dem von GUTENBERG (1951) aufgestellten Ausgleichsgesetz der Planung muss auch die Programmplanung kurzfristig an solchen Engpässen ausgerichtet werden. Langfristig besteht dann die strategische Aufgabe, die Engpässe zu beheben. Dies kann etwa auf die Weise geschehen, dass das Unternehmen zusätzliche Kapazität dadurch einrichtet, dass es neue Maschinen beschafft und Personal einstellt.

Im Ein-Produkt-Unternehmen verläuft die operative Programmplanung bei Vorliegen eines Produktionsengpasses wiederum sehr einfach: Vorausgesetzt, dass der Stückdeckungsbeitrag des Produktes positiv ist, sollte das Produkt so lange produziert werden, bis die Engpasshöchstmenge erreicht ist.

Formal heißt dies:

$$x^{opt} = x^{max} \leq \overline{x},$$

wobei x^{opt} die optimale Produktionsmenge, x^{max} die Produktionshöchstmenge und $\overline{x}$ die Absatzhöchstmenge bezeichnen. Der resultierende Deckungsbeitrag lautet dann

$$DB^{opt} = cx^{max},$$

wenn c den konstanten Stückdeckungsbeitrag, d. h. den Deckungsbeitrag pro erzeugter Produkteinheit angibt.

Für ein Mehr-Produkt-Unternehmen, welches J verschiedene Produktarten erzeugt, ist das Vorgehen aufwändiger. Auf keinen Fall sollte eine Rangfolge der Produktion durch Reihung der unterschiedlichen Stückdeckungsbeiträge verschiedener Produktarten erfolgen. In diesem Fall wäre nicht berücksichtigt, dass der Engpassfaktor durch die einzelnen Produktarten unterschiedlich stark belastet wird. Vielmehr sind zunächst die relativen bzw. engpassorientierten Deckungsbeiträge zu bilden. Sie geben an, wie hoch die Deckungsbeiträge der einzelnen Produktarten in Bezug auf die Nutzung einer Zeit- oder Mengeneinheit des Engpassfaktors sind. Auf dieser Grundlage ist die Herstellung der Produktart mit dem höchsten relativen Deckungsbeitrag so lange einzuplanen, bis die Absatzrestriktion für die betreffende Produktart erreicht ist. Anschließend ist in der Reihenfolge des relativen Deckungsbeitrags mit den weiteren Produktarten auf analoge Weise fortzufahren. Also ist als nächstes die Produktart mit dem zweithöchsten relativen Deckungsbeitrag bis zu ihrer Absatzhöchstmenge zu produzieren usw.

Das formale Programmproblem lautet in diesem Fall:

$$\text{Max DB} = \sum_{j=1}^{J} c_j x_j$$

5.2 Planung des Produktionsprogramms

unter den Nebenbedingungen bzw. Restriktionen

$$c_j > 0, j = 1,...,J$$

$$\sum_{j=1}^{J} a_j x_j \leq b^{max}$$

$$0 \leq x_j \leq \overline{x}_j, j = 1,...,J$$

mit folgenden Symbolen: c_j Stückdeckungsbeitrag von Produktart j, x_j Produktionsmenge von Produktart j, a_j Produktionskoeffizient von Produktart j in Bezug auf den Engpass, b^{max} verfügbare Zeit- bzw. Mengeneinheiten des Engpassfaktors sowie $\overline{x}_j$ Absatzhöchstmenge von Produktart j. Um die relativen Deckungsbeiträge darzustellen, wird statt der Ausbringungsmengen x_j nunmehr die Beanspruchung des Engpassfaktors $\hat{x}_j = a_j x_j$ betrachtet. Das führt zu folgender Problemformulierung:

$$\text{Max DB} = \sum_{j=1}^{J} \frac{c_j}{a_j} \hat{x}_j$$

unter den Nebenbedingungen

$$c_j > 0, j = 1,...,J$$

$$\sum_{j=1}^{J} \hat{x}_j \leq b^{max}, j = 1,...,J$$

$$0 \leq \hat{x}_j \leq a_j \overline{x}_j, j = 1,...,J$$

Der Quotient $\frac{c_j}{a_j}$ bezeichnet den relativen Deckungsbeitrag von Produktart j.

Beispiel: Programmplanung bei einem Kapazitätsengpass

Nehmen wir an, dass die Stückdeckungsbeiträge für zwei Produktarten mit c_1 = 180 €/Mengeneinheit (ME) und c_2 = 540 €/ME gegeben sind. Es ist bekannt, dass die Maschinenkapazität auf einer Produktionsstufe einen Engpass bildet, so dass nicht so viele Produkte gefertigt werden können, wie abzusetzen wären. Die Maschine steht in der betrachteten Periode maximal 6.000 Zeiteinheiten (ZE) zur Verfügung. Die Produktionszeiten einer Produkteinheit auf dieser Maschine betragen a_1 = 20 ZE bzw. a_2 = 40 ZE. Da die zweite Produktart mit 135 €/ZE den höheren relativen Deckungsbeitrag aufweist, sollten 150 ME von dieser Produktart gefertigt werden, während die erste Produktart in dieser Periode überhaupt nicht hergestellt wird. Der maximale Deckungsbeitrag liegt bei 81.000 €.

Planung bei mehreren Kapazitätsengpässen

Treten in der Produktion mehrere Kapazitätsengpässe auf, so kann das zuvor beschriebene Verfahren dann nicht mehr angewandt werden, wenn die Reihung entlang der relativen Deckungsbeiträge für jeden Engpass andere Lösungen ergeben würde. Deshalb müssen wir ein stärker analytisch ausgerichtetes Vorgehen ins Auge fassen. Inzwischen gibt es hierzu mehrere Verfahrensvorschläge, von denen der Simplex-Algorithmus im Folgenden genauer vorgestellt werden soll. Bevor dies am konkreten Beispiel geschieht, wollen wir uns noch einmal kurz auf die Annahmen besinnen, die hierbei zugrunde liegen. Es wird lediglich ein Ergebnisziel vorausgesetzt. Hierbei handelt es sich um ein so genanntes Extremierungsziel, d.h. der Deckungsbeitrag ist in diesem Fall zu maximieren. Häufig finden wir in der Praxis auch Ziele, die sich mit der Realisierung eines Anspruchsniveaus begnügen. Solche Ziele werden auch als Satisfizierungsziele bezeichnet. Die Produktionskoeffizienten, d.h. also die pro Produkteinheit einzusetzenden Mengen an Materialien und Betriebsmitteln, sind konstant vorgegeben. Hierdurch wird also vorerst ausgeschlossen, dass die Produktionskoeffizienten mit wachsenden Produktionsmengen abnehmen, sei es weil Lerneffekte auftreten, sei es weil sich die Ausschussquote reduzieren lässt oder sei es weil der Produktionsablauf besser arbeitsteilig organisiert werden kann. Außerdem sind bei dem hier betrachteten Problem die Stückdeckungsbeiträge als konstant vorausgesetzt. Das Unternehmen erzielt also konstante Stückerlöse und gewährt bei hohen Absatzmengen keine Rabatte. Die konstanten Grenzkosten erklären sich plausibel aus den festen Faktoreinsatzmengen pro erzeugter Einheit. Schließlich ist es wichtig, darauf hinzuweisen, dass die Produktions- bzw. Absatzmengen die einzigen Variablen des Problems darstellen. Bezüglich dieser Variablen wird eine beliebige Teilbarkeit vorausgesetzt, d.h. es können auch kleinste Mengeneinheiten von einer Produktart hergestellt werden.

Formal lautet der Standardansatz der Produktionsprogrammplanung jetzt:

$$\text{Max DB} = \sum_{j=1}^{J} c_j x_j$$

unter den Nebenbedingungen

$$\sum_{j=1}^{J} a_{ij} x_j \leq b_i \text{ , } i = 1,\ldots,I$$

$$x_j \geq 0 \text{ , } j = 1,\ldots,J$$

mit den oben eingeführten Notationen. Außerdem kennzeichnen a_{ij} den Produktionskoeffizienten von Produktart j in Bezug auf den Engpassfaktor i sowie b_i die insgesamt verfügbare Menge bzw. Zeit von Faktor i.

5.2 Planung des Produktionsprogramms

Beispiel: Programmplanung bei zwei Kapazitätsengpässen

Aus dem Controlling-Bereich erhalten wir analog zum vorangegangenen Beispiel die Informationen c_1 = 180 €/Mengeneinheit (ME) und c_2 = 540 €/ME. Aus dem Produktionsbereich werden nun jedoch zwei Engpässe gemeldet. Die Periodenkapazitäten von zwei in der Regel voll ausgelasteten Maschinen betragen b_1 = 6.000 Zeiteinheiten (ZE) und b_2 = 8.640 ZE. Den Arbeitsplänen entnehmen wir, wie lange die beiden Produktarten auf den einzelnen Maschinen verweilen. Die entsprechenden Produktionskoeffizienten betragen für Maschine 1 a_{11} = 20 ZE/ME und a_{12} = 40 ZE/ME. D.h. jede Mengeneinheit von Produktart 1 wird zwanzig Zeiteinheiten und jede Mengeneinheit von Produktart 2 vierzig Zeiteinheiten auf Maschine 1 gefertigt. Analog gelten für die Produktionskoeffizienten auf Maschine 2 a_{21} = 8 ZE/ME und a_{22} = 64 ZE/ME. Aus dem Beschaffungsbereich erfahren wir, dass ein Material, welches für beide Produktarten benötigt wird, zur Zeit in Höhe von b_3 = 5.000 kg zur Verfügung steht. Die Stücklisten für die beiden Produktarten informieren darüber, dass für jede Einheit von Produkt 1 a_{31} = 30 kg und für jede Einheit von Produkt 2 a_{32} = 20 kg benötigt werden. Schließlich erhalten wir aus dem Absatzbereich die Information, dass von Produktart 1 nicht mehr als x_1 = 120 ME abgesetzt werden können. Von Produktart 2 kann dagegen alles abgesetzt werden, was produziert wird.

Aus diesen Informationen ergibt sich folgende formale Problemformulierung:

$$\text{Max DB} = 180x_1 + 540x_2$$

unter den Nebenbedingungen

$20x_1 + 40x_2 \leq 6.000$ \hfill (5.2.1)

$8x_1 + 64x_2 \leq 8.640$ \hfill (5.2.2)

$30x_1 + 20x_2 \leq 5.000$ \hfill (5.2.3)

$x_1 \leq 120$ \hfill (5.2.4)

$x_1, x_2 \geq 0$ \hfill (5.2.5)

Bei den Restriktionen (5.2.1) und (5.2.2) handelt es sich um Kapazitätsrestriktionen, bei (5.2.3) um eine Beschaffungsrestriktion, bei (5.2.4) um eine Absatzrestriktion und bei (5.2.5) um die so genannten Nicht-Negativitäts-Restriktionen für die Variablen x_1 und x_2. Mit ihnen wird sichergestellt, dass keine negativen Produktionsmengen ermittelt werden. In Abbildung 5.2.1 sind die verschiedenen Restriktionen graphisch visualisiert. Der Lösungsraum ist schraffiert dargestellt. Er enthält alle zulässigen Produktionsprogramme und ergibt sich dadurch, dass für die entsprechenden Kombinationen von Ausbringungsmengen x_1 und x_2 in diesem Fall alle Restriktionen erfüllt sein müssen. Die so genannte Iso-Deckungsbeitrags-Gerade

$$180x_1 + 540x_2 = c, c > 0$$

erfasst alle Produktionsprogramme, die zu einem gleichem (gr. „iso") Gesamtdeckungsbeitrag führen. Durch paralleles Verschieben dieser Geraden nach unten bzw. oben ändert sich der Deckungsbeitrag entsprechend. Wir erhalten das optimale Produktionsprogramm, sobald die Iso-Deckungsbeitrags-Gerade einen Punkt des Lösungsraums berührt.

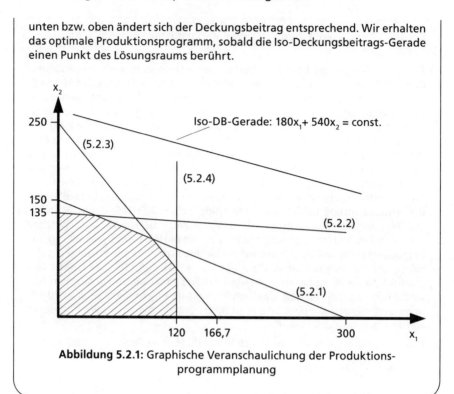

Abbildung 5.2.1: Graphische Veranschaulichung der Produktionsprogrammplanung

Eine graphische Suche nach dem optimalen Produktionsprogramm, wie sie im letzten Beispiel angesprochen wurde, ist jedoch unbefriedigend, da sie lediglich für zwei Variablen geeignet ist. In der Realität wird ein Produktionsprogramm nämlich sehr viel mehr als nur zwei Produktarten aufweisen. Deshalb soll im Folgenden ein allgemeiner analytischer Lösungsweg beschrieben werden. Die Idee des zugrundeliegenden Simplex-Algorithmus besteht darin, zunächst ein beliebiges Produktionsprogramm zu betrachten, das die gegebenen Restriktionen nicht verletzt, also zulässig ist. Dabei spielt es keine Rolle, wie hoch der dabei entstehende Deckungsbeitrag ist. Dieses Programm wollen wir nun daraufhin analysieren, ob es verbessert werden kann, d. h. ob durch Änderungen der Produktionsmengen eine Erhöhung des Deckungsbeitrags möglich ist. Dazu benötigen wir Informationen darüber, inwiefern überhaupt noch freie Kapazitäten vorhanden sind. Ist dies der Fall, so wird bei jedem Verbesserungsschritt, den wir auch als Iterationsschritt bezeichnen wollen, versucht, eine Kapazität bestmöglich zu nutzen. In jeder Iteration konzentrieren wir uns auf die Anpassung der Menge einer Produktart.

Formal wird vor Anwendung des Verfahrens für jede Restriktion eine so genannte Schlupfvariable s eingefügt, die beschreibt, wie groß der Spielraum („Schlupf") zwischen vorhandener und bereits genutzter Kapazität ist. Die Ungleichungen

5.2 Planung des Produktionsprogramms

$$\sum_{j=1}^{J} a_{ij} x_j \leq b_i \,, i = 1,\ldots,I$$

werden hierzu in Gleichungen

$$\sum_{j=1}^{J} a_{ij} x_j + s_i = b_i \,, i = 1,\ldots,I$$

überführt.

Beispiel: Programmplanung mit dem Simplex-Algorithmus

Aus den Ungleichungen des letzten Beispiels

$20x_1 + 40x_2 \leq 6.000$

$8x_1 + 64x_2 \leq 8.640$

$30x_1 + 20x_2 \leq 5.000$

$x_1 \leq 120$

entstehen durch Einführung der Schlupfvariablen s_1, s_2, s_3 und s_4 die Gleichungen

$20x_1 + 40x_2 + s_1 = 6.000$

$8x_1 + 64x_2 + s_2 = 8.640$

$30x_1 + 20x_2 + s_3 = 5.000$

$x_1 + s_4 = 120.$

Wird etwa die Kapazität von Maschine 1, nämlich 6.000 ZE in dieser Periode, durch das zu prüfende Produktionsprogramm (x_1, x_2) nicht vollständig ausgelastet, so gibt die Schlupfvariable s_1 genau den Betrag an, der noch für weitere Produktionen auf dieser Maschine zur Verfügung steht. Die Schlupfvariable s_2 liefert die entsprechende Information für Maschine 2. s_3 bezeichnet den Bestand an Materialien, der nicht verbraucht wird, wenn das Programm (x_1, x_2) gefertigt wird. Schließlich zeigt s_4 die Absatzmenge an, die durch die Produktionsmenge x_1 nicht befriedigt werden kann, d.h. $s_4 = 120 - x_1$.

Für die Entwicklung und Durchführung der Iterationsschritte wenden wir den Simplex-Algorithmus an, der zu den leistungsfähigsten Verfahren der Programmplanung zählt. Zur besseren Übersichtlichkeit und Handhabung des Verfahrens wird zuerst ein Tableau erstellt, wie es beispielhaft in Tabelle 5.2.1

dargestellt ist. Es enthält einige Konventionen, die leicht nachzuvollziehen sind. So kann die erste Zeile (s_1-Zeile) in Tabelle 5.2.1. folgendermaßen interpretiert werden: $20x_1 + 40x_2 + 1s_1 + 0s_2 + 0s_3 + 0s_4 + 0DB = 6.000$. Nach Vereinfachung und Auflösung erhalten wir aus dieser Gleichung umgehend die bereits bekannte Restriktion $20x_1 + 40x_2 + s_1 = 6.000$. Analog ist mit den anderen Zeilen des Tableaus zu verfahren.

		NBV		BV					
		x_1	x_2	s_1	s_2	s_3	s_4	DB	b_i
BV	s_1	20	40	1	0	0	0	0	6.000
	s_2	8	64	0	1	0	0	0	8.640
	s_3	30	20	0	0	1	0	0	5.000
	s_4	1	0	0	0	0	1	0	120
	DB	-180	-540	0	0	0	0	1	0

Tabelle 5.2.1: Erstes Simplex-Tableau

Dem Tableau der Tabelle 5.2.1 lässt sich zum Beispiel folgendes triviale Produktionsprogramm entnehmen, das auf jeden Fall zulässig ist: Es wird nichts produziert ($x_1 = x_2 = 0$), so dass noch erhebliche freie Kapazitäten verbleiben ($s_1 = 6.000$, $s_2 = 8.640$, $s_3 = 5.000$ und $s_4 = 120$). Natürlich ist dieses Programm unbefriedigend, da auch der Deckungsbeitrag null beträgt. Es muss also im nächsten Iterationsschritt nach einem besseren Programm gesucht werden. Aus diesem Grund sind im Tableau die Variablen in Basisvariablen (BV) und Nicht-Basisvariablen (NBV) differenziert worden. Als Basisvariablen werden die von null verschiedenen Variablen bezeichnet; Nicht-Basisvariablen nehmen in der gegenwärtigen Lösung den Wert null an. Grundsätzlich entspricht die Anzahl der Basisvariablen der Zahl der bei einem Problem zu beachtenden Restriktionen.

Mit dem Simplex-Algorithmus suchen wir nun schrittweise nach besseren Produktionsprogrammen mit höheren Deckungsbeiträgen, indem wir einen Basistausch vollziehen. D.h. es soll jeweils eine Basisvariable durch eine bisherige Nicht-Basisvariable ersetzt werden. Dabei kommen nur solche Nicht-Basisvariablen für eine Aufnahme in die Basis in Frage, die überhaupt für eine Erhöhung des Deckungsbeitrags sorgen können.

Beispiel (Fortsetzung): Programmplanung mit dem Simplex-Algorithmus

In Tabelle 5.2.1 sind die beiden Nicht-Basisvariablen x_1 und x_2 aussichtsreiche Kandidaten für einen Basistausch. Dies erkennen wir an den Koeffizienten in der letzten Zeile des Tableaus (DB-Zeile). Jede Einheit von Produktart 1

5.2 Planung des Produktionsprogramms

erwirtschaftet einen zusätzlichen Deckungsbeitrag von 180 €, während eine Einheit von Produktart 2 den Deckungsbeitrag um 540 € wachsen lässt. Steht also in der letzten Zeile des Simplex-Tableaus ein negativer Wert, so kommt die zugehörige Nicht-Basisvariable für einen Austausch grundsätzlich in Betracht. In diesem Fall wollen wir x_2 in die Basis aufnehmen, weil wir uns hiervon einen größeren Deckungsbeitragszuwachs erwarten.

Hat man eine neue Basisvariable gefunden, so muss in demselben Iterationsschritt allerdings eine andere Variable aus der Basis weichen. Auch dieses Vorgehen ist schnell plausibel. Die neue Basisvariable soll einen möglichst hohen Wert annehmen, damit der Deckungsbeitrag des Produktionsprogramms bereits in diesem Schritt so stark wie möglich ansteigt. Eine Grenze ist erreicht, sobald die Verletzung einer Restriktion droht, sei es, dass die Maschinenkapazität ausgeschöpft ist, sei es, dass kein Material mehr verfügbar ist oder sei es, dass keine Nachfrage am Absatzmarkt mehr existiert. Die maximale Erhöhung der Produktion ist auf der Grundlage dieser Überlegung zu kalkulieren.

Beispiel (Fortsetzung): Programmplanung mit dem Simplex-Algorithmus

Im Tableau der Tabelle 5.2.1 werden vier Restriktionen unterschieden. So wird die Maschine 1 für jede Einheit von Produkt 2 vier Stunden lang benötigt. Insgesamt können also maximal 6.000/40 = 150 Produkteinheiten auf dieser Maschine gefertigt werden. Analog sind die Belastungen hinsichtlich der anderen Restriktionen zu bestimmen. Ausschlaggebend für die maximale Produktion von Produktart 2 ist die Restriktion, die bei einer kontinuierlichen Ausdehnung der Produktion am ehesten erreicht wird. Dies ist bei Maschine 2 der Fall, sobald 135 Produkteinheiten hergestellt werden. Die zugehörige Schlupfvariable s_2 wird null und verschwindet aus der Basis.

Da das neue Simplex-Tableau wieder nach demselben Schema konstruiert sein soll wie das alte Tableau, sind einige weitere Rechenoperationen erforderlich, bevor das in Tabelle 5.2.2 wiedergegebene Tableau erreicht ist. Beachten Sie, dass die zweite Zeile dieses Tableaus nunmehr die x_2-Zeile bildet, da zeilenweise nur die Basisvariablen dargestellt werden. Die übrigen Rechenoperationen zur abgebildeten Transformation basieren auf der Überlegung, dass die x_2-Spalte – wie alle Spalten von Basisvariablen – zur besseren Interpretation zu einem Einheitsvektor umgeformt worden ist. Dabei wurden die Regeln angewandt, die für Rechnungen mit Gleichungssystemen gelten.

		NBV	BV	BV	NBV	BV			
		x_1	x_2	s_1	s_2	s_3	s_4	DB	b_i
BV	s_1	$20 - \frac{40}{64} \cdot 8 = 15$	0	1	$\frac{-40}{64} \cdot 1 = -\frac{5}{8}$	0	0	0	$6.000 - \frac{40}{64} \cdot 8.640 = 600$
	x_2	$\frac{1}{8}$	1	0	$\frac{1}{64}$	0	0	0	$\frac{8.640}{64} = 135$
	s_3	$30 - \frac{20}{64} \cdot 8 = \frac{55}{2}$	0	0	$\frac{-20}{64} \cdot 1 = -\frac{5}{16}$	1	0	0	$5.000 - \frac{20}{64} \cdot 8.640 = 2.300$
	s_4	1	0	0	0	0	1	0	120
	DB	$-180 + \frac{540}{64} \cdot 8 = -\frac{225}{2}$	0	0	$\frac{540}{64} \cdot 1 = \frac{135}{16}$	0	0	1	$0 + \frac{540}{64} \cdot 8.640 = 72.900$

Tabelle 5.2.2: Zweites Simplex-Tableau

> **Beispiel (Fortsetzung): Programmplanung mit dem Simplex-Algorithmus**
>
> Zur Umformung des ersten Tableaus in das zweite Tableau wird die x_2-Zeile zunächst mit 40:64 multipliziert und anschließend von der s_1-Zeile subtrahiert. Die x_2-Zeile wird anschließend geändert, indem wir sie durch 64 dividieren. Um die s_3-Zeile anzupassen, wird zunächst die ursprüngliche x_2-Zeile mit 20:64 multipliziert und anschließend von der s_3-Zeile subtrahiert. Die s_4-Zeile kann unverändert bleiben. Die DB-Zeile ist derart umzuformen, dass zunächst die x_2-Zeile mit 540:64 multipliziert wird und das Resultat anschließend zur DB-Zeile addiert wird.

Der Simplex-Algorithmus endet, sobald für das Produktionsprogramm kein Verbesserungspotenzial mehr erkennbar ist. Dieser Fall tritt ein, wenn in der DB-Zeile nur noch Werte größer gleich null auftreten. Jeder weitere Basistausch ist unter solchen Umständen aussichtslos, da er wieder zu einer Verschlechterung des bis dahin erreichten Ergebnisses führen würde.

> **Beispiel (Fortsetzung): Programmplanung mit dem Simplex-Algorithmus**
>
> In unserem Fall zeigt das zweite Tableau an, dass der Deckungsbeitrag noch gesteigert werden kann, wenn die Nicht-Basisvariable x_1 in die Basis aufgenommen wird. Es sollte Sie aber nicht verwundern, dass jede Einheit von Produktart 1 den Deckungsbeitrag nicht um $c_1 = 180$ €, sondern lediglich um 112,50 € erhöht. Dies liegt daran, dass mit jeder Erhöhung der Ausbringungsmenge x_1 eine Drosselung der Ausbringungsmenge x_2 einhergeht, weil nämlich die Maschine 2 bereits zuvor völlig ausgelastet war. Allerdings bleibt der Nettoeffekt positiv, weil die Reduktion von x_2 im Vergleich zur Erhöhung von x_1 gering ausfällt. Dieser Trade-Off zwischen den beiden Produktarten wird so lange fortgeführt, bis die Kapazität von Maschine 2 vollkommen ausgelastet, d.h. $s_2 = 0$ ist. Tabelle 5.2.3 zeigt das Ergebnis dieses

weiteren Basistausches in Form eines dritten Simplex-Tableaus, in dem alle oben beschriebenen Transformationen bereits vorgenommen sind.

	BV		NBV				BV	
	x_1	x_2	s_1	s_2	s_3	s_4	DB	b_i
x_1	1	0	$\frac{1}{15}$	$-\frac{1}{24}$	0	0	0	$\frac{600}{15}=40$
x_2	0	1	$-\frac{1}{120}$	$\frac{4}{192}=\frac{1}{48}$	0	0	0	$135-\frac{600}{120}=130$
s_3	0	0	$\frac{55}{30}=-\frac{11}{6}$	$\frac{40}{48}=\frac{5}{6}$	1	0	0	$2.300-600\cdot\frac{55}{30}=1.200$
s_4	0	0	$-\frac{1}{15}$	$\frac{1}{24}$	0	1	0	$120-\frac{600}{15}=80$
DB	0	0	$\frac{225}{30}=\frac{15}{2}$	$\frac{15}{4}$	0	0	1	$72.900+600\cdot\frac{225}{30}=72.900+4.500=77.400$

Tabelle 5.2.3: Drittes Simplex-Tableau

Hat der Simplex-Algorithmus ein Produktionsprogramm hervorgebracht, das mit diesem Verfahren nicht weiter verbessert werden kann, so verbleibt abschließend noch die Interpretation der Planwerte. Dazu ist vor allem die rechte Spalte des letzten Tableaus heranzuziehen. Sie enthält die Ergebnisse für alle Basisvariablen, die einen von Null verschiedenen Wert aufweisen. Außerdem sollten wir an dieser Stelle bereits einen Blick auf die DB-Zeile des Tableaus werfen. Zwar zeigt diese Zeile kein weiteres Verbesserungspotenzial an, doch enthält sie die so genannten Schattenpreise der Nicht-Basisvariablen. Diese Preise spiegeln die Bedeutung einer Kapazitätsanpassung wider. Fällt etwa durch Wartung oder Reparatur eine Maschine für eine Zeiteinheit aus, so entsteht eine Schmälerung des Deckungsbeitrags um eben diesen Schattenpreis. Umgekehrt lohnt es sich, die Maschinenkapazität durch Kauf, Leasing o.ä. zu erweitern, wenn die damit einhergehenden Kosten pro Zeiteinheit unterhalb des jeweiligen Schattenpreises liegen.

Beispiel (Fortsetzung): Programmplanung mit dem Simplex-Algorithmus

Das optimale Produktionsprogramm ist gemäß Tabelle 5.2.3 dann erreicht, wenn von Produktart 1 40 Einheiten und von Produktart 2 130 Einheiten gefertigt werden. Beide Maschinen sind voll ausgelastet, da die zugehörigen Schlupfvariablen nicht in der Basis sind. Hingegen bleiben von dem verfügbaren Material in Höhe von 5.000 kg weiterhin 1.200 kg ungenutzt. Außerdem wird die Absatzhöchstmenge für Produktart 1 immer noch um 80 Einheiten unterschritten.

Insgesamt führt das Produktionsprogramm zu einem Deckungsbeitrag von 77.400 €. Eine weitere Verbesserung des Programms ist nicht möglich, wie aus der letzten Zeile des Tableaus zu erkennen ist.

Die Schattenpreise für die beiden Maschinen 1 und 2 betragen 7,50 € bzw. 3,75 €. Würde also eine Maschine für eine Zeiteinheit ausfallen, so würde dies zu einer entsprechenden Absenkung des Deckungsbeitrags führen, solange keine anderen Restriktionen verletzt werden.

Betrachten wir zur näheren Begründung dieser Aussage die formale Problemdarstellung für den Fall, dass lediglich die Schlupfvariable s_1 um eins erhöht wird. Nach Rücktransformation des dritten Simplex-Tableaus in die ursprüngliche Modelldarstellung

$$\frac{15}{2}s_1 + \frac{15}{4}s_2 + DB = 77.400$$

$$x_1 + \frac{1}{15}s_1 - \frac{1}{24}s_2 = 40$$

$$x_2 + \frac{1}{120}s_2 + \frac{1}{48}s_2 = 130$$

$$-\frac{11}{6}s_1 + \frac{5}{6}s_2 + s_3 = 1.200$$

$$-\frac{1}{15}s_1 + \frac{5}{24}s_2 + s_4 = 80$$

und Einsetzen der Werte $s_1 = 1$ und $s_2 = 0$ erhalten wir die Produktionsmengen 40 – 1/15 Einheiten bzw. 130 + 1/120 Einheiten bei einem gleichzeitigen Rückgang des Deckungsbeitrags um 7,50 €.

Sensitivitätsanalyse

Nachdem das optimale Produktionsprogramm mit Hilfe des Simplex-Algorithmus berechnet wurde, wollen wir nun noch die Stabilität dieser Lösung überprüfen. Wenn sich nämlich die Controlling-, Beschaffungs-, Produktions- oder Absatzinformationen ändern, so ist es hilfreich zu wissen, ob und wann man das Produktionsprogramm an diese neuen Daten anpassen sollte, damit nach wie vor das Ziel der Deckungsbeitragsmaximierung erreicht wird. Eine geeignete Überprüfungsmethode stellt die Sensitivitätsanalyse dar. Bei dieser Analyse ist vor allem danach zu unterscheiden, welche Informationen im Blickpunkt stehen.

Die erste Analyse betrifft die Entwicklung der Stückdeckungsbeiträge einzelner Produktarten. Ist beispielsweise unklar, ob der Deckungsbeitrag der ersten Produktart korrekt kalkuliert wurde, weil etwa die Preise für die eingesetzten Rohstoffe stark schwanken, so sollte die Deckungsbeitragsfunktion zu

$$DB = (180 + t)x_1 + 540x_2$$

5.2 Planung des Produktionsprogramms

verallgemeinert werden. Gegenüber der robusten Annahme über einen fest vorgegebenen Stückdeckungsbeitrag von Produktart 1 weicht diese Berechnung von DB um den Wert tx_1 ab. Die Abweichung t des Stückdeckungsbeitrags kann sowohl negativ als auch positiv sein, d. h. es können zum Beispiel auch Stückdeckungsbeiträge von 175 € (t = –5 €) oder 185 € (t = +5 €) anfallen. Es kommt nun darauf an, zu überprüfen, für welche t-Werte die Optimalitätsbedingung in der DB-Zeile des letzten Simplex-Tableaus noch erfüllt bleibt, d. h. wie lange sichergestellt ist, dass dort keine negativen Größen auftreten, die auf ein weiteres Steigerungspotenzial des Deckungsbeitrags hinweisen.

> **Beispiel: Sensitivitätsanalyse des optimalen Produktionsprogramms bei veränderten Deckungsbeiträgen**
>
> Nach den bisherigen Überlegungen ändert sich am Simplex-Tableau der Tabelle 5.2.3 lediglich das Element der ersten Spalte in der DB-Zeile. Statt null muss hier nunmehr -t stehen. D. h. falls t positiv ist und mit der Fertigung von Produktart 1 also ein höherer Stückdeckungsbeitrag als 180 € erzielt werden kann, ist eine Steigerung des gesamten Deckungsbeitrags über 77.400 € hinaus möglich. Da x_1 Basisvariable ist, kommt es nun darauf an, die erste Spalte wieder in die Form eines Einheitsvektors zu bringen. Das Ergebnis ist in Tabelle 5.2.4 in verkürzter Form dokumentiert. Gegenüber Tabelle 5.2.3 hat sich lediglich die DB-Zeile verändert.
>
> Betrachten wir die DB-Zeile des Tableaus in Tabelle 5.2.4, so bleibt die Optimalität der bisherigen Lösung $x_1 = 40$, $x_2 = 130$ offenbar so lange bestehen, wie
>
> $$\frac{15}{2} + \frac{1}{15}t \geq 0 \tag{5.2.6}$$
>
> und
>
> $$\frac{15}{4} - \frac{1}{24}t \geq 0 \tag{5.2.7}$$
>
> erfüllt sind. Erst wenn die Schattenpreise der Maschinen 1 und 2 negativ werden, ist eine weitere Iteration zum Auffinden des neuen optimalen Programms erforderlich. In einem solchen Fall wäre die betroffene Maschine überoptimal eingesetzt. Eine geringere Auslastung würde den Deckungsbeitrag erhöhen. Formulieren wir die beiden Bedingungen (5.2.6) und (5.2.7) um, so erhalten wir unmittelbar
>
> $$t \geq -\frac{15}{2} \cdot 15 = -\frac{225}{2}$$
>
> und
>
> $$t \leq \frac{15}{4} \cdot 24 = 90.$$

Also ändert sich das optimale Produktionsprogramm nicht, solange der Stückdeckungsbeitrag der ersten Produktart nicht über 270 (= 180 + 90) € anwächst bzw. unter 67,50 (= 180 – 112,50) € fällt. Der gesamte Deckungsbeitrag ändert sich mit jeder Anpassung des Stückdeckungsbeitrags natürlich laufend, wie auch aus der letzten Zeile der Tabelle 5.2.4 hervorgeht.

	BV		NBV		BV			
	x_1	x_2	s_1	s_2	s_3	s_4	DB	b_i
x_1	1	0	$\frac{1}{15}$	$-\frac{1}{24}$	0	0	0	40
.	.	.	.	.	.	.	.	.
.	.	.	.	.	.	.	.	.
.	.	.	.	.	.	.	.	.
DB	0	0	$\frac{15}{2}+\frac{1}{15}t$	$\frac{15}{4}-\frac{1}{24}t$	0	0	1	$77.400 + 40t$

Tabelle 5.2.4: Viertes Simplex-Tableau (Sensitivitätsanalyse)

Analysieren wir nun, was passiert, wenn sich neue Optionen ergeben, die in dem bisherigen Produktionsprogramm nicht verfolgt werden. Formal kennzeichnet dies die Situation, dass Nicht-Basisvariablen zu Basisvariablen werden. Oft werden Produktionsalternativen erst dann attraktiv, wenn auf den Märkten Entwicklungen auftreten, die vorher nicht absehbar waren. Ist es für die Umsetzung eines modifizierten Plans noch nicht zu spät, sollten solche Alternativen deshalb auch in die Planung mit einbezogen werden, auch wenn diese bereits fortgeschritten ist.

Beispiel: Sensitivitätsanalyse des optimalen Produktionsprogramms bei anderweitiger Maschinennutzung

In unserem Fall möge ein Angebot vorliegen, die Maschine 1 zu einem Stundensatz von t € zu vermieten. Während dieser Zeit kann das Unternehmen auf der Maschine dann nicht selbst fertigen. Der Deckungsbeitrag ergibt sich nun zu

$$DB = 180x_1 + 540x_2 + ts_1.$$

Gegenüber dem Simplex-Tableau aus Tabelle 5.2.3 verringert sich der Schattenpreis von Maschine 1 von 7,50 € auf 7,50 - t €, so dass das optimale Produktionsprogramm erhalten bleibt, solange die Bedingung

$$\frac{15}{2} - t \geq 0 \text{ oder } t \leq \frac{15}{2}$$

erfüllt ist. Diese Bedingung können wir so interpretieren, dass jede Vermietung der Maschine 1 zu einem Stundensatz von höchstens 7,50 € das optimierte Produktionsprogramm nicht berühren sollte. Lediglich ein Mietpreis von mehr als 7,50 € sollte eine entsprechende Vermietung von Maschinenstunden auslösen. Die entgangenen Deckungsbeiträge für die Selbstnutzung lägen dann unterhalb der Mieteinnahmen. Zur Ermittlung des neuen Optimums sind unter diesen Umständen weitere Iterationen erforderlich.

Eine weitere Analyse betrifft die Nebenbedingungen, die sich nach Aufstellung des Produktionsprogramms noch verändern können. Ist beispielsweise die Laufzeit einer Maschine nicht von vornherein sicher kalkulierbar, weil Wartungs- und Reparaturarbeiten erheblich schwanken, verzögern sich Materiallieferungen oder kommt es zu Einbrüchen der Nachfrage, so sollte dies spätestens bei einer post-optimalen Betrachtung des Produktionsprogramms Beachtung finden. Die betroffene Restriktion lässt sich wieder um einen allgemeinen Term t erweitern, so dass nun

$$20x_1 + 40x_2 + s_1' - t = 6.000$$

gültig ist. Der Wert t kann grundsätzlich positive oder negative Werte annehmen, je nachdem ob es sich um eine erfreuliche oder unerfreuliche Entwicklung handelt. Die neue Schlupfzeitvariable

$$s_1' = s_1 + t$$

unterscheidet sich von der ursprünglichen Variablen s_1 eben um diesen Term t. Damit das berechnete Programm zulässig bleibt, also nunmehr auch

$$s_1' \geq 0$$

ist, muss zugleich

$$s_1 \geq -t$$

gelten.

Beispiel: Sensitivitätsanalyse des optimalen Produktionsprogramms bei Kapazitätsanpassungen

Wir wollen die Konsequenz aus dieser Modifikation für unseren Beispielfall erörtern. Nehmen wir an, dass die Nutzungsdauer von Maschine 1 von der ursprünglich angenommenen Nutzungsdauer um bis zu t Zeiteinheiten abweichen kann, und überprüfen wir auf der Grundlage der modifizierten Zulässigkeitsbedingungen ($s_1 > -t$; $s_2 > 0$) die Optimalität des gemäß Tabelle 5.2.3 geplanten Produktionsprogramms. Aus dem entsprechend korrigierten Simplex-Tableau erhalten wir in ausführlicher Schreibweise das System:

$$-\frac{15}{2}t + DB = 77.400$$

$$x_1 - \frac{1}{15}t = 40$$

$$x_2 + \frac{1}{120}t = 130$$

$$\frac{11}{6}t + s_3 = 1.200$$

$$\frac{1}{15}t + s_4 = 80$$

bzw.

$$DB = 77.400 + \frac{15}{2}t \tag{5.2.8}$$

$$x_1 = 40 + \frac{1}{15}t \geq 0 \tag{5.2.9}$$

$$x_2 = 130 - \frac{1}{120}t \geq 0 \tag{5.2.10}$$

$$s_3 = 1.200 - \frac{11}{6}t \geq 0 \tag{5.2.11}$$

$$s_4 = 80 - \frac{1}{15}t \geq 0 \tag{5.2.12}$$

Die Bedingungen (5.2.9) bis (5.2.12) müssen erfüllt sein, damit das optimale Programm erhalten bleibt. Daraus folgt nach einigen Umformungen

$$-600 \leq t \leq 654{,}54.$$

Solange die Kapazität von Maschine 1 gegenüber dem Ausgangswert von 600 Periodenstunden demnach um nicht mehr als 600 Zeiteinheiten reduziert bzw. um nicht mehr als 654,54 Zeiteinheiten heraufgesetzt wird, bleibt die berechnete Lösung unverändert. Der zugehörige Deckungsbeitrag ergibt sich aus

$$DB = 77.400 + \frac{15}{2}t.$$

Die soeben durchgeführte Analyse behandelte den Fall, dass eine Maschine planmäßig voll ausgelastet ist, bevor die Zeit der Verfügbarkeit noch einmal überprüft wird. Kommen wir nun zu dem Fall, dass eine Maschine bzw. eine andere Ressource nicht knapp ist. Hier sollte uns umgehend klar sein, dass die erweiterte Verfügbarkeit einer solchen Ressource auf keinen Fall die Optimalität des bisherigen Produktionsprogramms beeinträchtigen wird. Umgekehrt muss jedoch geprüft werden, ob eine Verknappung der Ressource entsprechende Konsequenzen besitzt. Diese Überprüfung können wir auf recht einfache Weise anhand der zugehörigen Restriktion vornehmen. Dazu muss lediglich ermittelt werden, wie hoch die Abweichung sein darf, damit der für den optimalen Plan festgestellte Ressourcenverbrauch nicht unterschritten wird.

Beispiel: Sensitivitätsanalyse des optimalen Produktionsprogramms bei Ressourcenbeschränkungen

Betrachten wir für unseren Fall eine Veränderung der verfügbaren Menge an Material, die etwa durch Schwund, Verderb oder Lieferausfälle verursacht wurde. Stehen nun allgemein 5.000 – t kg statt wie bisher 5.000 kg dieses Materials zur Verfügung, so lautet die zu beachtende Nebenbedingung nunmehr

$$30x_1 + 20x_2 + s_3 = 5.000 - t.$$

Das berechnete Programm mit $x_1 = 40$ Produkteinheiten und $x_2 = 130$ Produkteinheiten bleibt so lange optimal, wie eine verfügbare Menge in Höhe von 3.800 kg nicht unterschritten wird, also $t \leq 1.200$ gilt.

Parametrische lineare Optimierung

Zweck einer Sensitivitätsanalyse ist es, die Grenzen für die Stabilität der berechneten Lösung zu ermitteln. Es stellt sich nun die Frage, was passiert, wenn diese Grenzen durch Variation der Parameter überschritten werden. Wie verändern sich die optimale Lösung und der maximale Deckungsbeitrag?

Zunächst gehen wir ähnlich vor wie im Fall einer Sensitivitätsanalyse. Wir nehmen eine „Parametrisierung" der Zielfunktionskoeffizienten vor und überprüfen, welche Auswirkungen sich auf das Produktionsprogramm bei Veränderung der Stückdeckungsbeiträge ergeben. D. h. für verschiedene Parameterkonstellationen sind optimale Lösungen neu zu berechnen.

Formal lautet das auf diese Weise verallgemeinerte Problem:

$$\text{Max DB} = \sum_{j=1}^{J}(c_j + t_j)x_j$$

unter den Nebenbedingungen

$$\sum_{j=1}^{J} a_{ij} x_j \le b_i, i = 1,\ldots,I,$$

$$x_j \ge 0, j = 1,\ldots,J$$

und

$$\underline{t_j} \le t_j \le \overline{t_j}, j = 1,\ldots,J.$$

Neu sind lediglich die Parameter t_j, denen untere sowie obere Schranken auferlegt sind. D.h. mögliche und wahrscheinliche Schwankungen der Stückdeckungsbeiträge werden nach unten und oben begrenzt.

> **Beispiel: Anpassung des Produktionsprogramms bei schwankenden Stückdeckungsbeiträgen**
>
> Wir wollen im Folgenden eine Parametrisierung des Stückdeckungsbeitrags für die erste Produktart vornehmen, während der Stückdeckungsbeitrag für die zweite Produktart unverändert bleibt, d. h. $t_2 = 0$ erfüllt ist. Es gilt also für die Berechnung des gesamten Deckungsbeitrags die Formel
>
> $$DB = (180 + t)x_1 + 540 x_2$$
>
> unter den üblichen Kapazitäts- und Absatzbedingungen. Außerdem soll die Parametrisierung des Stückdeckungsbeitrags von Produktart 1 durch die Bedingung
>
> $$0 \le t \le 100$$
>
> begrenzt werden. Eine Steigerung bis hin zu einem Betrag von 280 € ist also nicht auszuschließen, während eine Verschlechterung nicht in Betracht gezogen wird.
>
> Greifen wir nun noch einmal auf das in Tabelle 5.2.4 dargestellte Simplex-Tableau zu, so erkennen wir anhand der DB-Zeile, dass die Suche nach dem optimalen Programm genau dann noch nicht beendet ist, wenn der Knappheitspreis für die Schlupfvariable s_2 negativ wird, d. h.
>
> $$\frac{15}{4} - \frac{1}{24} t < 0$$
>
> bzw.

$t > 90$

gilt. Die Maschine 2 ist unter diesen Umständen „überoptimal" ausgelastet. Ihre Auslastung sollte reduziert werden. Formal geschieht dies, indem ein Basistausch stattfindet. Auf die bekannte Weise erhalten wir als neue Nicht-Basisvariable s_3. Das entsprechend modifizierte Simplex-Tableau ist in Tabelle 5.2.5 wiedergegeben.

		BV		NBV		BV			
		x_1	x_2	s_1	s_2	s_3	s_4	DB	b_i
BV	x_1	1	0	$-\frac{1}{40}$	0	$\frac{1}{20}$	0	0	100
	x_2	0	1	$\frac{3}{80}$	0	$-\frac{1}{40}$	0	0	100
	s_2	0	0	$-\frac{11}{5}$	1	$\frac{6}{5}$	0	0	1.440
	s_4	0	0	$\frac{1}{40}$	0	$-\frac{1}{20}$	1	0	20
	DB	0	0	$\frac{63}{4}-\frac{1}{40}t$	0	$-\frac{9}{2}+\frac{1}{20}t$	0	1	72.000+100t

Tabelle 5.2.5: Fünftes Simplex-Tableau (Parametrische lineare Optimierung)

Für den Fall, dass $90 < t \leq 100$ gilt, also eine erhebliche Verbesserung des Stückdeckungsbeitrags von Produktart 1 eingetreten ist, ergibt sich ein neues optimales Produktionsprogramm mit $x_1 = 100$ Einheiten sowie $x_2 = 100$ Einheiten. Maschine 2 verfügt zugleich über eine größere nicht genutzte Restkapazität von insgesamt 1.440 Stunden, weil dort nicht mehr so viel von dem bearbeitungsintensiven Produkt 2 gefertigt werden muss. Die vorhandenen Materialien werden in vollem Umfang benötigt ($s_3 = 0$). Die Absatzhöchstmenge von Produktart 1 wird immer noch nicht erreicht. Es verbleibt ein ungenutztes Absatzpotenzial von $s_4 = 20$ Einheiten. Der gesamte Deckungsbeitrag ist wegen des erhöhten Stückdeckungsbeitrags von Produktart 1 offenbar gestiegen. Für $t = 95$ liegt er zum Beispiel bei 81.500 €. Wir halten außerdem fest, dass für das betrachtete Intervall $90 < t \leq 100$ nunmehr alle Werte in der DB-Zeile von Tabelle 5.2.5 größer gleich null sind. Somit sind weitere Verbesserungsmöglichkeiten ausgeschlossen. Das berechnete Programm ist für dieses Intervall optimal. Für andere Ausprägungen von t muss die Suche nach dem neuen Optimum fortgesetzt werden.

Nicht nur die Stückdeckungsbeiträge können einer parametrischen Optimierung unterzogen werden. Auch die übrigen Problemgrößen, also insbesondere die Maschinenkapazitäten, die verfügbaren Materialmengen, die Absatzhöchstmengen sowie die Produktionskoeffizienten, d. h. die für die Herstellung einer Produkteinheit benötigten Ressourcenmengen, lassen sich auf ähnliche Weise überprüfen.

5.2.5 Planung bei Existenz konfliktärer Ziele

Wie wir bereits wissen, ist prinzipiell davon auszugehen, dass bei einer Produktionsprogrammplanung nicht lediglich eine einzelne Zielsetzung maßgeblich ist. Vielmehr müssen mehrere Ziele zugleich berücksichtigt werden. Solche Ziele können zum Beispiel sein: Umsatzmaximierung, maximale Kapazitätsauslastung, Kostenminimierung, die Erreichung angemessener Deckungsbeiträge, maximaler Lieferbereitschaftsgrad, ein bestimmter Marktanteil, eine breite Angebotspalette, kurze Lieferzeiten usw. Eine gravierende Schwierigkeit bei der Beachtung mehrerer oder sogar aller dieser Ziele liegt darin, dass sie nicht immer miteinander harmonieren oder voneinander unabhängig sind. Vielmehr herrscht eine Zielkonkurrenz vor, d. h. es existieren Zielkonflikte. Eine perfekte Lösung, die hinsichtlich aller betrachteten Ziele optimal wäre, kann deshalb nicht berechnet werden.

Formal wird dieses Problem allgemein formuliert als

$$\text{Max}_{x \in X} Z(x) = [g_1(x), g_2(x), \ldots, g_k(x)]$$

unter den üblichen Nebenbedingungen. x bezeichnet dabei den Lösungsvektor bzw. das Produktionsprogramm ($x_1, x_2, \ldots, x_J$), X den Lösungsraum, $g_k(x)$ die verschiedenen Zielfunktionen und Z(x) den Vektor der Zielfunktionen.

Grundsätzlich interessieren natürlich nur solche Lösungen, die von keiner anderen Lösung dominiert werden. Ein Lösungsvektor x wird nicht dominiert, falls kein anderer Vektor $\bar{x}$ existiert, so dass

$$g_k(\bar{x}) \geq g_k(x) \, \forall k \in \{1, \ldots, K\}$$

sowie

$$g_k(\bar{x}) > g_k(x) \text{ für mindestens ein } k \in \{1, \ldots, K\}$$

erfüllt sind. Lösungen, die nicht dominiert werden, heißen auch funktionaleffizient oder pareto-optimal. Mit diesem Kriterium hat man allerdings noch kein Auswahlkriterium für die optimale Lösung an der Hand. Vielmehr ist eine zusätzliche subjektive Bewertung erforderlich. Dies soll im Folgenden anhand einiger ausgewählter Bewertungskriterien diskutiert werden.

Eine Möglichkeit, das optimale Produktionsprogramm bei Existenz mehrerer relevanter Ziele zu bestimmen, besteht darin, die einzelnen Ziele unterschiedlich zu gewichten.

Bei Zielgewichten $t_1, \ldots, t_K$ lautet das so genannte Ersatzproblem in diesem Fall:

$$\text{Max} \, Z = \sum_{k=1}^{K} t_k g_k(x)$$

mit

5.2 Planung des Produktionsprogramms

$$\sum_{k=1}^{K} t_k = 1$$

und

$$t_k > 0, k = 1, \ldots, K.$$

Seine Berechtigung erfährt dieses Ersatzproblem dadurch, dass nachgewiesen wurde, dass eine Lösung x genau dann eine funktional-effiziente Lösung des ursprünglichen Problems darstellt, wenn sie zugleich für einen Parametervektor t > 0 Lösung des Ersatzproblems ist.

Beispiel: Programmplanung bei mehreren Zielen und unterschiedlicher Zielgewichtung

Ein Möbelunternehmen, das Schlafzimmer (Produktart 1) und Wohnzimmer (Produktart 2) fertigt, verfolgt bei seiner Programmplanung aufgrund unterschiedlicher Interessenlagen in den Abteilungen zwei Zielfunktionen, nämlich die Maximierung der Deckungsbeiträge sowie der Umsätze. Die Produkte werden in verschiedenen Werkstätten bei unterschiedlicher zeitlicher Beanspruchung der Maschinen sowie unter Beachtung von Absatzhöchstmengen hergestellt. Zur Problemlösung sind die beiden Zielfunktionen

$$g_1(x) = 2.000 x_1 + 3.500 x_2$$

und

$$g_2(x) = 9.000 x_1 + 19.500 x_2$$

aufgestellt worden. Außerdem sind folgende Nebenbedingungen bei der Planerstellung zu beachten:

$2x_1 + 4x_2 \leq 160$ \hfill (5.2.13)

$2x_1 + 2x_2 \leq 180$ \hfill (5.2.14)

$3x_2 \leq 150$ \hfill (5.2.15)

$x_1 \leq 85$ \hfill (5.2.16)

$x_2 \leq 50$ \hfill (5.2.17)

$x_1, x_2 \geq 0$ \hfill (5.2.18)

Das Problem lässt sich rigoros vereinfachen, indem wir nur die Nebenbedingungen (5.2.13) und (5.2.18) weiter beachten. Die übrigen Nebenbedingungen beeinflussen die Suche nach dem optimalen Produktionsprogramm nicht.

Lösen wir nun die Probleme der Deckungsbeitragsmaximierung bzw. der Umsatzmaximierung isoliert, so führt dies zu den Programmen $x^D = (80,0)$

für den Fall der Deckungsbeitragsmaximierung bzw. x^U = (0,40) für den Fall der Umsatzmaximierung. Der maximale Deckungsbeitrag liegt bei $g_1(x^D)$ = 160.000 €, der optimale Umsatz bei $g_2(x^U)$ = 780.000 €.

Entscheiden wir uns für einen Kompromiss zwischen beiden Zielsetzungen in der Weise, dass wir das Ziel der Deckungsbeitragsmaximierung mit 80 %, das Ziel der Umsatzmaximierung nur mit 20 % gewichten, so erhalten wir die Kompromisszielfunktion

$$\text{Max}\,\hat{g}(x) = 0{,}8g_1(x) + 0{,}2g_2(x).$$

Die Maximierung dieses Kompromissziels führt zu dem Programm x^K = (80,0). Für die Unternehmensabteilung, die eine Umsatzmaximierung anstrebt, wird dieser „Kompromiss" allerdings sehr unbefriedigend sein.

Quelle: ZÄPFEL (1982)

Ein anderer Planungsansatz, der die Idee des Zielkompromisses konsequenter verfolgt als das eben beschriebene Verfahren, besteht darin, dass für jede Zielfunktion zunächst die optimale Lösung bestimmt wird, d. h. es werden zum Beispiel die maximalen Deckungsbeiträge sowie die maximalen Umsätze ermittelt, ohne dass die Nebenbedingungen verletzt werden. Anschließend wird geprüft, wie stark prozentual von diesen idealen Zielwerten abgewichen werden muss, damit garantiert ist, dass die Idealwerte eines jeden Ziels zu demselben Prozentsatz realisiert werden können.

Formal werden für alle relevanten Ziele k=1,…K die jeweiligen Optimalwerte g_k^{opt} ermittelt. Anschließend wird die Programmplanung um die Restriktionen

$$g_k(x) \geq zg_k^{opt}, k = 1,\ldots,K$$

und

$$1 \geq z \geq 0$$

ergänzt. Die Kompromisszielfunktion lautet dann Max z.

Beispiel: Programmplanung bei mehreren Zielsetzungen und möglichst hohem Zielerfüllungsniveau

Wir betrachten den Möbelfabrikanten aus dem vorangehenden Beispiel und vernachlässigen von vornherein die irrelevanten Nebenbedingungen. Das Planungsproblem lautet nunmehr:

Max Z = z

unter den Nebenbedingungen

$2x_1 + 4x_2 \leq 160$

$2.000x_1 + 3.500x_2 \geq z \cdot 160.000$

$9.000x_1 + 19.500x_2 \geq z \cdot 780.000$

$z \geq 0$.

Mit Hilfe des Simplex-Algorithmus erhalten wir die optimale Lösung z_{opt} = 0,952, x_1 = 49,6, x_2 = 15,2 bei einem daraus resultierenden Deckungsbeitrag von 152.320 € sowie einem Umsatz von 742.560 €.

Quelle: ZÄPFEL (1982)

Prinzipiell beruhen bei diesem Verfahren die Kompromisse auf dem Tragfähigkeitsprinzip. Jede Unternehmensabteilung bzw. jeder Interessenvertreter muss seine Ansprüche um einen bestimmten Prozentsatz zurückschrauben. Ob dies allerdings im Sinne des Gesamtunternehmens stets sinnvoll ist, bleibt dahingestellt. Oft werden nämlich Programme realisiert, die ein mangelhaftes Verständnis von den gesamtunternehmerischen Problemen signalisieren und letztendlich auf ein missverstandenes Kompromissverhalten hindeuten. So kommt es vor, dass ein Unternehmen infolge des eingegangenen Kompromisses auf die Thesaurierung von Gewinnen verzichten muss, die sonst zu einem späteren Zeitpunkt wieder zum Wohle aller Unternehmensvertreter hätten investiert werden können.

Ein weiteres Verfahren zur Bewältigung von Zielkonflikten bei der Programmplanung stellt das Goal Programming dar. Mit diesem Ansatz wird versucht, Zielvorgaben allgemeiner Art möglichst gut und genau zu erfüllen. Wie diese Vorgaben zustande kommen, wollen wir hier nicht weiter erörtern. Sie können zum Beispiel aus isolierten Optimierungen, aber auch aus Erfahrungswerten oder vorangegangenen Verhandlungsrunden resultieren. Es ist dann Zweck des Goal Programming, die Abweichungen von den Zielvorgaben zu minimieren. Grundsätzlich können negative wie auch positive Abweichungen beachtet werden. D. h. auch eine Übererfüllung von Zielvorgaben kann ungewollt sein, wenn zum Beispiel zuviel produzierte Zwischenprodukte nicht rechtzeitig verarbeitet werden und somit unnötige Lagerkosten verursachen. Zielvorgaben sollten deshalb immer zuvor unter den Entscheidungsträgern abgestimmt worden sein, damit sie ein sinnvolles Gesamtziel bilden.

Die Abweichungen von den einzelnen Zielvorgaben werden im Rahmen des Goal Programming zu einem einzigen Maß zusammengefasst werden. Für dieses Maß werden so genannte Abweichungsnormen herangezogen. Die wichtigsten und in der Praxis gebräuchlichsten Normen sind die Betragsnorm (City Block-Norm), die Euklidische Norm und die TSCHEBYSCHEFF-Norm.

- Die Betragsnorm erfasst den Betrag der Abweichung jeder einzelnen Zielerfüllung von der Zielvorgabe und summiert anschließend alle Abweichungen auf. Diese Summe der Abweichungen ist zu minimieren. Offensichtlich ist eine lineare Kompensation der Einzelabweichungen möglich. D. h. große Abweichungen bezüglich eines Ziels haben keine besondere Bedeutung, wenn dafür die anderen Ziele gut erfüllt werden.

Bezeichnet g_k^* die Zielvorgabe bezüglich eines Ziels k, g_k den tatsächlich realisierten Zielbeitrag und berücksichtigen wir ferner, dass die Zielabweichungen entsprechend der Zielpriorität mit einem Gewichtungsfaktor t_k multipliziert werden können, so lautet die Zielfunktion formal

$$Z = \sum_{k=1}^{K} t_k \left| g_k^* - g_k(x) \right|.$$

- Bei der Verwendung der Euklidischen Norm werden Zielabweichungen sehr viel stärker gewichtet. Es kommt also darauf an, alle Zielvorgaben möglichst gleichmäßig zu erfüllen, da Kompensationen erschwert werden.

Die Zielfunktion lautet in diesem Fall

$$Z = \sqrt{\sum_{k=1}^{K} t_k \left(g_k^* - g_k(x) \right)^2}.$$

- Die TSCHEBYSCHEFF-Norm konzentriert sich auf die größte Zielabweichung. Zunächst werden alle Zielabweichungen miteinander verglichen. Die größte Zielabweichung ist ausschlaggebend für die Güte des Produktionsprogramms. Die Anwendung der TSCHEBYSCHEFF-Norm eignet sich vor allem bei Mehrpersonenentscheidungen, bei denen die einzelnen Ziele also von verschiedenen Personen verfolgt werden. Die Akzeptanz einer Lösung, die aufgrund der Anwendung der TSCHEBYSCHEFF-Norm hergeleitet wird, ist deshalb besonders hoch.

Unter Beachtung der Gewichtungsfaktoren t_k lautet die Zielfunktion formal:

$$Z = \operatorname*{Max}_{k \in 1, \ldots, K} t_k \left| g_k^* - g_k(x) \right|.$$

Problematisch ist bei allen drei vorgestellten Zielfunktionen, dass der Simplex-Algorithmus zur Problemlösung nur bedingt herangezogen werden kann, weil die Anwendung dieses Algorithmus verlangt, dass die Zielfunktion linear ist. Die Linearisierung gelingt auf keinen Fall bei Verwendung der Euklidischen Norm. Legen die Planer ihren Überlegungen aber die Betragsnorm zugrunde, so ist die Überführung in ein lineares Optimierungsproblem möglich.

> **Beispiel: Programmplanung unter Anwendung der Betragsnorm**
>
> Im bekannten Fall des Möbelherstellers beträgt der optimale Deckungsbeitrag 160.000 €. Der maximale Umsatz beläuft sich auf 780.000 €. Legen wir nun für beide Ziele Gewichtungsfaktoren 0,8 bzw. 0,2 fest und wenden wir zur Abstandsmessung die Betragsnorm an, so erhalten wir die neue Zielfunktion

$$\text{Min} Z = 0{,}8|160.000 - 2.000x_1 - 3.500x_2| + 0{,}2|780.000 - 9.000x_1 - 19.500x_2|.$$

Da es nicht möglich ist, die berechneten Maximalwerte des Deckungsbeitrags sowie des Umsatzes zu übertreffen, können die Differenzen zwischen den Betragsstrichen keinen negativen Wert ergeben. Insofern können wir auf die Betragsstriche verzichten. Die Zielfunktion reduziert sich somit auf die Form

$$\text{Min} Z = 284.000 - 3.400x_1 - 6.700x_2.$$

Damit haben wir den Prozess der Linearisierung abgeschlossen. Der Simplex-Algorithmus ist also anwendbar.

Quelle: ZÄPFEL (1982)

Ebenfalls in ein lineares Optimierungsproblem überführbar ist der Ansatz des Goal Programming unter Verwendung der TSCHEBYSCHEFF-Norm. So kann die Zielfunktion bei dieser Norm unter Zuhilfenahme von Nebenbedingungen des Typs

$$t_k |g_k^* - g_k(x)| \leq z$$

in eine lineare Zielfunktion Min $Z = z$ transformiert werden.

Beispiel: Programmplanung unter Anwendung der TSCHEBYSCHEFF-Norm

Bei der Möbelherstellung sind die Zielabweichungen in Bezug auf den vorgegebenen Deckungsbeitrag sowie den vorgegebenen Umsatz möglichst gering zu halten. Sei z eine allgemeine Obergrenze für diese Abweichungen, so müssen die Bedingungen

$$0{,}8|160.000 - 2.000x_1 - 3.500x_2| \leq z \qquad (5.2.19)$$

und

$$0{,}2|780.000 - 9.000x_1 - 19.500x_2| \leq z \qquad (5.2.20)$$

erfüllt sein. Auch bei diesen beiden Ungleichungen können die Betragsstriche unter den erörterten Bedingungen vernachlässigt werden, so dass ein lineares Optimierungsproblem unter der Zielfunktion Min $Z = z$ mit den Nebenbedingungen (5.2.19) und (5.2.20) sowie den grundlegenden Kapazitäts- und Absatzrestriktionen resultiert. Die mit dem Simplex-Algorithmus erzielte Lösung lautet $z = 6{,}87$ bzw. $x_1 = 45{,}71$ und $x_2 = 17{,}14$. D. h. der Deckungsbeitrag beläuft sich bei diesem Ansatz auf 151.410 €, der Umsatz auf 745.620 €.

Quelle: ZÄPFEL (1982)

Das Verfahren lässt sich weiter verfeinern, indem die Ziele in unterschiedliche Prioritätenklassen eingeteilt werden. Zunächst werden die Abweichungen für die Ziele der höchsten Prioritätenklasse minimiert. Ist dies erfolgt, so werden die Ziele der nächsten Prioritätenklasse an die entsprechenden Vorgaben bestmöglich angepasst. Dadurch dass die Restriktionen immer stärker bindend werden, werden mit abfallender Prioritätenklasse allerdings immer stärkere Zielabweichungen bewusst in Kauf genommen.

> **Beispiel: Programmplanung durch Bildung von Prioritätenklassen**
>
> Unter den Verantwortlichen der Möbelfabrik sei es unstrittig, dass die Deckungsbeitragsmaximierung eine weitaus höhere Bedeutung besitzt als die Maximierung der Umsätze. Deshalb soll zunächst die Abweichung von der Vorgabe eines angestrebten Deckungsbeitragsniveaus minimiert werden, bevor anschließend die Vorgabe hinsichtlich des Umsatzziels möglichst exakt realisiert werden soll.
>
> Betrachten wir zunächst das angestrebte Deckungsbeitragsziel von 160.000 €, so gelingt es offenbar, diese Vorgabe zu erfüllen, indem das Produktionsprogramm ($x_1 = 80$, $x_2 = 0$) aufgestellt wird. Allerdings verbleibt nun für die Minimierung der Abweichung zum Umsatzziel überhaupt kein Spielraum mehr. Bei einer Zielvorgabe von 780.000 € kann lediglich ein Umsatz von 720.000 € realisiert werden. Die Abweichung beträgt demnach 60.000 €.

Das Verfahren des Goal Programming beinhaltet also eine Vielzahl von Varianten. Die erreichte Lösung hängt wesentlich von der jeweiligen Variante, aber auch von den Zielvorgaben ab. Nicht immer kommen echte Kompromisse zustande, in dem gewählten Beispiel etwa dann nicht, wenn die Betragsnorm zugrunde gelegt wird oder die beiden verfolgten Ziele in unterschiedliche Prioritätenklassen eingestuft werden. Allerdings besteht stets die Möglichkeit, durch Reduzierung der Zielvorgaben von vornherein eine konsensfähige Lösung besser zu realisieren.

Ein weiteres Verfahren der Kompromissfindung, das allerdings theoretische Defizite besitzt und deshalb vor allem mit anderen Verfahren kombiniert wird, stellt die so genannte Kapazitätsaufteilung dar. Auf explizite Zielformulierungen wird hierbei verzichtet. Die Idee besteht vielmehr darin, das Produktionsprogramm nicht zu einseitig festzulegen, sondern eine breite Produktpalette anzubieten, um damit verschiedenen Zielsetzungen Rechnung zu tragen.

Liegt ein Produktionsprogramm vor, das vorsieht, nur eine oder wenige Produktarten zu fertigen, so kommt die Kapazitätsaufteilung zum Tragen. Um eine breitere Ausrichtung des Unternehmens zu garantieren und eine sichtbare Berücksichtigung weiterer Ziele zu gewährleisten, werden die berechneten optimalen Produktionsmengen um einen Reduktionsfaktor $0 < R < 1$ verringert. Dadurch werden auch die benötigten Kapazitäten reduziert. Die Restkapazitäten können neu verplant werden. Dazu werden sie in einem zweiten Schritt für die Produktion der bisher als nicht als wirtschaftlich erachteten Produktarten verwendet.

Dieses Vorgehen kann so lange wiederholt werden, bis sämtliche Produktarten im Produktionsplan berücksichtigt sind. Die Frage nach der optimalen Wahl des Reduktionsfaktors R lässt sich nur schwer beantworten. Versuchsrechnungen haben gezeigt, dass mit einem Reduktionsfaktor von R = 0,5 und vier Reduktionsschritten gute Ergebnisse erzielt werden können (CORSTEN/GÖSSINGER 2009, S. 271).

Bei einem Reduktionsfaktor R sinken die optimalen Planwerte einer Produktart j von x_j^{opt} auf

$$x_j^{red} = R x_j^{opt}.$$

Dadurch werden auch die benötigten Ressourcenmengen reduziert. Es entstehen Restmengen

$$b_i^* = b_i - \sum_{j=1}^{J} x_j^{red} a_{ij}, i = 1,\ldots, I$$

bezüglich der Faktoren i, die für neue, bisher als nicht wirtschaftlich erachtete Produktarten ($x_j = 0$) eingesetzt werden.

Insgesamt ist dieses Verfahren wegen seiner Theorielosigkeit sehr kritisch zu beurteilen. Es ist nicht einsichtig, warum eine Reduktion der optimalen Produktionsmengen generell zu besseren Ergebnissen führen soll, wenn die zugrunde liegenden Ziele offengelegt werden.

5.2.6 Stochastische Planung

Der Produktionsprogrammplanung kommt eine fundamentale Bedeutung im Rahmen der Produktionsplanung zu. Da andere Teilplanungen auf dem ermittelten Produktionsprogramm aufbauen, sollten die ermittelten Werte verbindlich sein. Allerdings muss die Möglichkeit, dass Informationen, die zum Planungszeitpunkt vorliegen, nicht zuverlässig sind, bereits von vornherein ins Kalkül einbezogen werden. Eine diesbezügliche Alternative wurde bereits mit der Sensitivitätsanalyse bzw. der linearen parametrischen Programmierung diskutiert. Allerdings haben wir uns hierbei auf die Darstellung von betrieblichen und außerbetrieblichen Entwicklungen konzentriert, für die das ermittelte Produktionsprogramm nach wie vor gültig bleiben sollte. Erst wenn einzelne Parameter die kalkulierten Grenzwerte für solche Entwicklungen überschreiten, besteht Handlungsbedarf im Sinne einer Planrevision.

In diesem Abschnitt wollen wir die Auswirkungen einer allgemeinen Risikosituation, d. h. bei einer Verteilung von Problemparametern über ein bestimmtes Intervall, mit Hilfe entsprechender stochastischer Variablen untersuchen. Wir wollen also direkt eine eindeutige Lösung unter Beachtung der persönlichen Erwartungen bei unvollkommener Information anstreben. Die Erwartungen werden dabei von den Entscheidungsträgern im Unternehmen in Form einer subjektiven Wahrscheinlichkeitsverteilung geäußert. Die möglichen Verfahrensweisen sollen anhand des bekannten Beispiels aus dem vorangegangenen Abschnitt illustriert werden.

> **Beispiel: Risiko-Chancen-Funktion und stochastischer Lösungsraum**
>
> Der totale Deckungsbeitrag
>
> $$DB = 2.000 x_1 + 3.500 x_2$$
>
> soll unter Beibehaltung des Restriktionensystems (5.2.13) – (5.2.18) maximiert werden. Für den Absatz der erzeugten Produkte gelten nunmehr allerdings die stochastischen Bedingungen
>
> $$x_1 \leq h_1 \in [50, 85]$$ (5.2.21)
>
> und
>
> $$x_2 \leq h_2 \in [30, 50].$$ (5.2.22)
>
> D.h. die Absatzerwartungen in Bezug auf die Produktart 1 liegen gleichverteilt zwischen 50 und 85 Stück, in Bezug auf die Produktart 2 zwischen 30 und 50 Stück. Genauere Absatzprognosen sind zum Planungszeitpunkt nicht bekannt.
>
> Für jede Lösung dieses Problems können wir nun zunächst eine Deckungsbeitragsfunktion aufstellen, die von den stochastischen Parametern h_1 und h_2 abhängt. Diese Funktion wird auch als Risiko-Chancen-Funktion bezeichnet. Für die Lösung $x_1 = 70$ und $x_2 = 5$ ergibt sich zum Beispiel folgende Deckungsbeitragsfunktion:
>
> $$\begin{aligned} DB(h_1, h_2) &= 9.000 \cdot \min(h_1, 70) - 7.000 \cdot 70 + 19.500 \cdot 5 - 16.000 \cdot 5 \\ &= 9.000 \cdot \min(h_1, 70) - 472.500. \end{aligned}$$ (5.2.23)
>
> Hierbei ist zu beachten, dass die beiden Stückdeckungsbeiträge disaggregiert wurden. Der Stückdeckungsbeitrag von Produktart 1 ergibt sich aus der Differenz zwischen dem Stückerlös von 9.000 € und den Stückkosten von 7.000 €. Analog berechnet sich der Stückdeckungsbeitrag von Produktart 2 aus dem Stückerlös von 19.500 € und den Stückkosten von 16.000 €. Die zugehörige Deckungsbeitragsfunktion ist in Abbildung 5.2.2 dargestellt.
>
>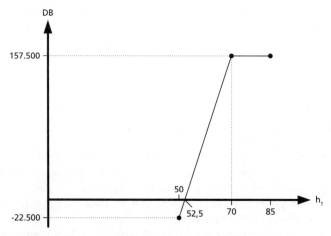
>
> **Abbildung 5.2.2:** Deckungsbeitragsfunktion ($x_1 = 70$, $x_2 = 5$)

Formel (5.2.23) gibt nun wieder, dass die Erlössituation bei Produktart 1 von der tatsächlichen Absatzhöchstmenge h_1 abhängt, während die Kosten bekannt sind. Die Erlöse in Bezug auf Produktart 2 liegen allerdings ebenso wie die Kosten von vornherein fest, da x_2 selbst bei pessimistischer Schätzung der Absatzhöchstmenge auf jeden Fall abgesetzt werden kann. Solange nun die tatsächliche Absatzmenge h_1 unterhalb der Produktionsmenge $x_1 = 70$ liegt, birgt die Produktion ein Risiko in der Weise, dass nicht alle Produkteinheiten verkauft werden können und damit ein geringerer, im schlechtesten Fall sogar negativer Deckungsbeitrag erzielt wird. Beträgt die Absatzmenge dann aber letztendlich doch mindestens 70, so resultiert ein Deckungsbeitrag von 157.500 €.

Für die Suche nach dem optimalen Produktionsprogramm ist der gegenüber dem Ausgangsproblem veränderte Lösungsraum in Abbildung 5.2.3 veranschaulicht. Es fällt auf, dass die Absatzrestriktionen (5.2.21) und (5.2.22) wegen der bestehenden Unsicherheit „Korridore" darstellen. Im ungünstigsten Fall gelten die niedrigsten Werte. D. h. beide Restriktionen sind in dem Sinne zu beachten, dass sie den zulässigen Lösungsraum weiter einengen. Allerdings ist nur die Restriktion (5.2.21) für die optimale Lösung des Problems maßgeblich. Die optimale Lösung ergibt sich nämlich, wie man auch aus Abbildung 5.2.3 erkennen kann, als:

$$\left(x_1^{opt}, x_2^{opt}\right) = \begin{cases} (80, 0) \text{ für } h_1 \geq 80 \\ (h_1, 40 - \frac{1}{2} h_1) \text{ für } 50 \leq h_1 < 80 \end{cases} \quad (5.2.24)$$

Für den Fall, dass $h_1 \geq 80$ ist, ist also weiterhin die Kapazität der ersten Maschine in Form von Restriktion (5.2.13) bindend. Die alte Lösung bleibt erhalten. Ist jedoch $h_1 < 80$, so bestimmt gerade der Schnittpunkt der beiden Restriktionen (5.2.13) und (5.2.21) das Optimum.

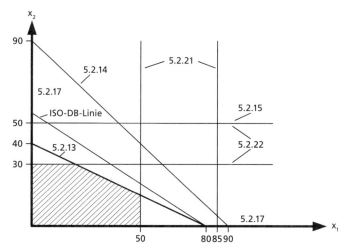

Abbildung 5.2.3: Graphische Veranschaulichung der stochastischen Produktionsprogrammplanung

Quelle: ZÄPFEL (1982)

Blicken wir noch einmal auf die Abbildung 5.2.3 zurück, so stellt sich die Frage nach der Wahl des Zulässigkeitsbegriffs. Sind zum Beispiel alle Lösungen, die sich in den Korridoren der Restriktionen (5.2.21) bzw. (5.2.22) befinden und außerdem die Restriktion (5.2.13) nicht verletzen, wirklich zulässig? Oder sind nur solche Lösungen, die links unterhalb der Korridore und auch unterhalb der Restriktion (5.2.13) liegen, zulässige Lösungen? Bei stochastischen Problemen ist Zulässigkeit ein schwieriger Begriff. Dennoch ist er von entscheidender Bedeutung, da nur zulässige Lösungen auch optimal sein können. Die Zulässigkeitsproblematik kann auf verschiedene Weise behandelt werden:

Gibt es keine Risikopräferenz, so ist zunächst der erwartete Deckungsbeitrag zu bestimmen. Die ermittelte Lösung ist allerdings nicht unter allen Umständen zulässig. So verhindern etwa ungünstige Absatzzahlen nicht nur die Optimalität im konkreten Einzelfall, sondern sorgen u. U. sogar dafür, dass die berechneten Mengen gar nicht umgesetzt werden können.

> **Beispiel: Kalkulation des erwarteten Deckungsbeitrags**
>
> Aus der allgemeinen Deckungsbeitragsfunktion
>
> $$DB(h_1, h_2, x_1, x_2) = 9.000 \cdot \min(h_1, x_1) - 7.000 x_1 + 3.500 x_2$$
>
> erhalten wir wegen der Optimalitätsbedingung
>
> $$x_2 = 40 - \frac{1}{2} x_1$$
>
> (vgl. Abbildung 5.2.3) nunmehr
>
> $$DB(h_1, x_1) = 9.000 \cdot \min(h_1, x_1) - 7.000 x_1 + 3.500 \left(40 - \frac{1}{2} x_1\right)$$
>
> $$= 9.000 \cdot \min(h_1, x_1) - 8.750 x_1 + 140.000$$
>
> sowie für den Erwartungswert
>
> $$E\bigl[DB(h_1, x_1)\bigr] = 9.000 \cdot E[\min(h_1, x_1)] - 8.750 x_1 + 140.000.$$
>
> Nach Berechnung von
>
> $$E\bigl[\min(h_1, x_1)\bigr] = \frac{x_1 - 50}{35} \cdot \frac{x_1 + 50}{2} + \frac{85 - x_1}{35} \cdot x_1$$
>
> führt die Maximierung des Erwartungswerts zum Produktionsprogramm $x_1^{opt} = 51$ und $x_2^{opt} = 14$ (Näherungswerte).
>
> Bei dieser Kalkulation haben wir eine kostenlose Vernichtung der nicht absetzbaren Produktionsmengen unterstellt.

Eine andere, sehr pessimistische Sichtweise besteht darin, das Optimum unter zulässigkeitsstabilen Lösungen zu suchen. Zulässigkeitsstabile Lösungen sind solche Lösungen, die unter allen Umständen zulässig sind.

> **Beispiel: Ermittlung zulässigkeitsstabiler Lösungen**
>
> Legen wir die schlechtesten erwarteten Absatzbedingungen zugrunde, d. h. $x_1 \leq 50$ und $x_2 \leq 30$, um das Problem dann auf die übliche deterministische Weise mit Hilfe des Simplex-Algorithmus zu lösen, so resultiert die optimale Lösung
>
> $$x_1^{opt} = 50, x_2^{opt} = 15.$$
>
> Man nutzt allerdings bei dieser pessimistischen Vorgehensweise die Chancen des Marktes bzw. bessere Absatzbedingungen nicht voll aus. Die Risiko-Chancen-Funktion verläuft jetzt konstant auf dem Niveau 152.500 €. Vergleichen wir diese Funktion mit der in Abbildung 5.2.2 skizzierten Funktion für die Lösung $x_1 = 70$, $x_2 = 5$, so ist die jetzige Lösung zwar im unteren Bereich, also bei kleinen Absatzwerten h_1, besser. Jedoch verzichtet man bei günstigen Absatzbedingungen auf bis zu 5.000 € an Deckungsbeiträgen.
>
> Quelle: ZÄPFEL (1982)

Eine allgemeine Vorgehensweise besteht darin, vom Entscheider eine grundsätzliche Aussage darüber zu verlangen, ob bzw. mit welcher Wahrscheinlichkeit die unbekannten Absatzhöchstmengen eingehalten werden sollen. Je stärker seine Risikoaversität ist, desto größer wird diese Wahrscheinlichkeit sein. Hat der Entscheider seine subjektiven Wahrscheinlichkeiten vorgegeben, mit der stochastische Nebenbedingungen grundsätzlich erfüllt werden sollen, so bietet sich zur Problemlösung der Verfahren die so genannte Chance Constraint-Programmierung an.

> **Beispiel: Programmplanung mit dem Ansatz Chance Constraint-Programmierung**
>
> In unserem bereits ausführlich erörterten Fallbeispiel existieren zwei stochastische Nebenbedingungen in Bezug auf die unbekannten Absatzmengen. Liegen die Wahrscheinlichkeiten für die Einhaltung dieser stochastischen Restriktionen bei jeweils 85 %, so lauten die modifizierten stochastischen Nebenbedingungen („Chance Constraints") jetzt
>
> $p(x_1 \leq h_1) \geq 0{,}85$ (5.2.25)
>
> bzw.
>
> $p(x_2 \leq h_2) \geq 0{,}85.$ (5.2.26)

p bezeichnet die subjektive Wahrscheinlichkeit, dass die in Klammern stehende Ungleichung erfüllt wird. Leistungsfähig wird die Chance Constraint-Programmierung dadurch, dass sie in ein äquivalentes deterministisches Problem überführt werden kann. Nach dem Äquivalenztheorem (MILLER/WAGNER 1965) sind die Restriktionen (5.2.25) und (5.2.26) gleichbedeutend mit

$$x_1 \leq \max[h_1 \mid F(h_1) \leq 1 - 0{,}85] \tag{5.2.27}$$

bzw.

$$x_2 \leq \max[h_2 \mid F(h_2) \leq 1 - 0{,}85]. \tag{5.2.28}$$

F bezeichnet in beiden Fällen die Verteilungsfunktionen in Bezug auf die stochastischen Parameter h_1 und h_2. Die Verteilung $F(h_1)$ gibt zum Beispiel für jeden Wert h_1 die Wahrscheinlichkeit an, mit der die Absatzhöchstmenge der Produktart 1 kleiner gleich h_1 ist. Wegen des bestehenden Intervalls für die stochastische Variable h_1 ist also $F(h_1 = 50) = 0$ und $F(h_1 = 85) = 1$. Unterstellt man für die Verteilungsfunktion eine Gleichverteilung in dem vorgegebenen Intervall, so werden die Bedingungen (5.2.27) und (5.2.28) zu $x_1 \leq 55$ und $x_2 \leq 33$.

Quelle: ZÄPFEL (1982)

Das mit Hilfe des Chance Constraint-Ansatzes erzeugte deterministische Problem ist nun wieder auf die bekannte Art und Weise zu bewältigen. Die Umformung des stochastischen Problems in ein deterministisches Problem ist sehr elegant. Dennoch ist kritisch zu bemerken, dass hierzu schwierige Daten erhoben werden müssen. Dies gilt insbesondere für die Verteilungsfunktionen sowie die Abfrage der Risikoparameter, die in unserem Beispiel mit 85 % Berücksichtigung fanden. Eine Politik zur Verringerung der bestehenden Risiken bzw. zur besseren Informationseinholung wird bei der Chance Constraint-Programmierung nicht berücksichtigt.

Aktive Anpassungsstrategien an eine sich ständig verändernde Umwelt, zum Beispiel in Form von sich verändernden Absatzerwartungen, sind Gegenstand von Kompensationsmodellen. Hierbei wird das Produktionsprogramm zunächst unter Verzicht auf einen großen Optimierungsaufwand verhältnismäßig schnell festgelegt. Im Anschluss hieran werden im Verlaufe der Zeit noch mögliche Anpassungsmaßnahmen entwickelt. Je besser natürlich die Ausgangslösung ist, desto einfacher gestaltet sich die Anpassungsstrategie. Im Hinblick auf unsichere Absatzerwartungen hat man vor allen Dingen die Strategien bei Überproduktion und bei Unterproduktion zu unterscheiden. Liegt Überproduktion vor und läuft die Planung darauf hinaus, dass nicht alle Produkteinheiten auch einen Absatz am Markt finden, so existieren wiederum verschiedene strategische Alternativen: Zum einen lassen sich die nicht absetzbaren Produkte so lange lagern, bis eine Absatzmöglichkeit besteht. Oder sie werden zu besonderen Konditionen verkauft. Schließlich ist eine andere Verwendung bis hin zur Vernichtung nicht ausgeschlossen. In allen Fällen entstehen zusätzliche Kosten, die in die Zielfunktion mit aufgenommen werden müssen.

Im Falle der Unterproduktion, also bei geplanten bzw. bereits veranlassten Produktionsmengen, die unterhalb der tatsächlich beobachteten Absatzhöchstmengen liegen, müssen die Fehlmengen entweder akzeptiert werden, oder es werden kurzfristig Nachlieferungen vereinbart. Auch hier entstehen in beiden Fällen zusätzliche Kosten. In dem einen Fall sind dies die Fehlmengen, die vor allem aus den entgangenen Gewinnen und dem Verlust an Goodwill resultieren, in dem anderen Fall sind erhöhte Produktionskosten aufgrund der beschleunigten Fertigung zu erwarten.

5.2.7 Planung bei Kuppelproduktion

Bisher haben wir ausschließlich verschiedene Probleme bei Alternativproduktion behandelt. Hierbei ist stets abzuwägen, ob die Ressourcen zugunsten eines Produkts oder alternativ für die Herstellung eines anderen Produkts eingesetzt werden sollen. Es gibt jedoch einen anderen Fall der verbundenen Produktion, nämlich die Kuppelproduktion. Kuppelproduktion bedeutet, dass zwangsläufig mehrere Produkte aus einem oder mehreren Ausgangsstoffen in festen Relationen erzeugt werden. Diese Relationen werden auch als Ausbeutekoeffizienten bezeichnet. Ein Sonderfall der Kuppelproduktion ist die elastische Koppelung der Relationen, die dann in technisch gegebenen Bandbreiten schwanken können. Ein wichtiges Beispiel für Kuppelproduktion liefert die Mineralölverarbeitende Industrie. Aus einem Ausgangsstoff, nämlich Rohöl, werden verschiedene Produkte gewonnen, beispielsweise leichtes und schweres Heizöl sowie Vergaserkraftstoffe. Im Übrigen ist zu beachten, dass sämtliche Abfallprodukte in einem Produktionsprozess auch Kuppelprodukte darstellen, da sie unvermeidbar sind. Genau genommen müsste deshalb jeder Produktionsprozess als Kuppelprozess abgebildet werden. Aus Gründen der Praktikabilität wird häufig jedoch darauf verzichtet, da entweder kein zusätzlicher Gestaltungsspielraum erreicht wird oder aber die ökonomischen Konsequenzen keine weitreichende Bedeutung haben.

Die spezielle Behandlung des Kuppelproduktionsproblems gründet sich darauf, dass zwar eine Zurechnung der Stückerlöse zu den Produkten weiterhin möglich ist, eine unmittelbare Zuordnung der Kosten aber nur im Hinblick auf die eingesetzten Stoffe erfolgen kann. Deshalb hat man bei der Programmplanung einen Umweg derart zu beschreiten, dass so genannte Produktpäckchen gebildet werden. Aus diesen Produktpäckchen werden dann Leitprodukte ausgewählt. Erlöse und Kosten werden auf die Leitprodukteinheiten bezogen. Die einzelnen Probleme der Programmplanung bei Kuppelproduktion sollen im Folgenden kurz skizziert werden.

Eine formale Abbildung von Kuppelproduktionsbeziehungen lautet

$$x_j = b_j r, j = 1, \ldots, J.$$

Hierbei wird unterstellt, dass aus einem einzigen Produktionsfaktor, der in der Menge r vorhanden ist, J Produkte erzeugt werden. Die Koeffizienten b_j stellen die Ausbeutekoeffizienten dar. Existiert bezüglich des Produktionsfaktors ein

Kapazitätsengpass, existieren aber keine Absatzhöchstmengen für die gefertigten Produkte, so ergibt sich das optimale Produktionsprogramm unmittelbar als

$$x_j^{max} = b_j \bar{r}, j = 1, \ldots, J$$

mit $\bar{r}$ als Kapazitätsengpassgröße.

Gelten für die einzelnen Kuppelprodukte Absatzhöchstmengen $\bar{x}_j$, so erhält der Planer einen Anhaltspunkt für die wirtschaftliche Höchstmenge r^* des Faktoreinsatzes aus

$$\underset{j}{\text{Min}} \left(\frac{\bar{x}_j}{b_j} \right) = r^*.$$

Ein höherer Faktoreinsatz lohnt sich oft nicht, weil dann zumindest eine Absatzhöchstmenge überschritten würde. Ist genügend technische Kapazität vorhanden, so ergibt sich der optimale Produktionsplan unmittelbar als

$$x_j^{opt} = b_j r^*, j = 1, \ldots, J.$$

Allerdings kann es vorkommen, dass Absatzhöchstmengen gelegentlich überschritten werden, weil die entstehenden Lager- bzw. Entsorgungskosten durch die zusätzlichen Gewinne bei anderen Kuppelprodukten überkompensiert werden.

Für eine exakte Kalkulation der Wirtschaftlichkeit müssen wir deshalb folgendermaßen vorgehen: Zunächst wählen wir aus den Kuppelprodukten ein Leitprodukt aus. In diesem Fall soll es ohne Beschränkung der Allgemeinheit j = 1 sein. Die Erlösfunktion lässt sich dann als

$$E = \sum_{j=1}^{J} p_j x_j = \sum_{j=1}^{J} p_j \left(\frac{b_j}{b_1} x_1 \right) = \left(\sum_{j=1}^{J} p_j \frac{b_j}{b_1} \right) x_1 \qquad (5.2.29)$$

formulieren. Sie hängt also lediglich von der Produktionsmenge x_1 des Leitprodukts ab. Auf ähnliche Weise bestimmen wir die Kosten als

$$K = q r = q \frac{x_1}{b_1} = \left(\frac{q}{b_1} \right) x_1. \qquad (5.2.30)$$

q bezeichnet hierbei den Preis einer eingesetzten Faktoreinheit. Die Differenz aus (5.2.29) und (5.2.30) ergibt den Deckungsbeitrag. In der Erlösfunktion (5.2.29) wird berücksichtigt, wenn für einzelne Produktarten nach Überschreiten der Absatzhöchstmenge keine positiven Stückerlöse p_j mehr zu erwarten sind. Der entsprechende Summand in der Erlösfunktion wird dann zu null, die Erlöse steigen also weniger stark an.

Beispiel: Programmplanung bei Kuppelproduktion

In der Mineralölverarbeitenden Industrie wird aus Rohöl leichtes Heizöl, schweres Heizöl sowie Benzin gewonnen. In dieser Reihenfolge seien die Ausbeutekoeffizienten für die Produktarten $b_1 = 0{,}3$, $b_2 = 0{,}3$ und $b_3 = 0{,}4$. So wird also etwa aus einer Tonne Rohöl 0,3 t leichtes Heizöl gewonnen. Die Faktorkosten für eine Tonne Rohöl betragen $q = 180$ €, die Stückerlöse für die drei Kuppelprodukte lauten $p_1 = 300$ €/t, $p_2 = 280$ €/t und $p_3 = 240$ €/t. Auf dieser Grundlage erhalten wir die Erlösfunktion

$$E = \left(300 + 280 + 240 \cdot \frac{4}{3}\right) x_1 = 900 x_1$$

sowie die Kostenfunktion

$$K = \frac{180}{0{,}3} x_1 = 600 x_1. \tag{5.2.31}$$

Die Deckungsbeiträge steigen demnach mit jeder zusätzlich ausgebrachten Tonne leichten Heizöls um 300 €. Darin ist der Verkauf der zwangsläufig ebenfalls anfallenden Mengen schweren Heizöls und Benzins enthalten.

Sobald nun die Absatzhöchstmenge für eine Produktart erreicht ist, ändert sich die Erlösfunktion. Gilt etwa für Benzin die Höchstmenge $\bar{x}_3 = 1.200$, so folgen, sofern Lagerhaltung nicht gestattet ist, für die Kapazitätsinanspruchnahme

$$r^* = \frac{1.200}{0{,}4} = 3.000 t$$

bzw. für das optimale Produktionsprogramm

$$x_1^{opt} = 0{,}3 \cdot 3.000 = 900 t$$

und

$$x_2^{opt} = 0{,}3 \cdot 3.000 = 900 t.$$

Können die überschüssig produzierten Mengen an Benzin dagegen kostenlos gelagert bzw. vernichtet werden, so resultiert eine Erlösfunktion

$$E(x_1) = 900 \cdot 900 + (300 + 280) \cdot (x_1 - 900) = 288.000 + 580 x_1,$$

sobald mehr als 3.000 t Rohöl eingesetzt werden. Vergleichen wir diese Erlösfunktion mit der Kostenfunktion (5.2.31), so resultiert ein negativer Deckungsbeitrag für diesen Bereich. Die Produktion solcher Mengen ist zwar möglich, jedoch unwirtschaftlich.

Abfallprodukte sind gewöhnlich Kuppelprodukte. Die betrieblichen Aufgaben des Umweltschutzes lassen sich also auf geeignete Weise in die Programmplanung bei Kuppelproduktion mit einbeziehen. Abfallprodukte können insbesondere Schadstoffemissionen in Form von Abgasen, Abfällen, Abwässern, Abwärme oder Lärm sein. Die operative Programmplanung gestattet eine Anpassung des Produktionsprogramms an vorgegebene Emissionsstandards. In der Regel werden Mengenbeschränkungen für die Emission von Schadstoffen eingeführt. Alternativ ist aber auch an die Verwendung anderer, umweltfreundlicher Einsatzstoffe zu denken. Hierbei handelt es sich dann um ein Verfahrensproblem. Dieser Problemtyp wird im folgenden Abschnitt näher erläutert.

Die Planungsprobleme im Hinblick auf die Einbeziehung des Umweltschutzes sind vornehmlich von mittel- bis langfristiger Natur. Mittelfristig ist u. a. an eine Verbesserung der Entsorgungskapazitäten oder den Erwerb neuer, umweltfreundlicher Einsatzstoffe zu denken. Langfristig müssen auch eine Verlagerung von Produktionsstätten und die Einrichtung neuer Anlagen bzw. Technologien überprüft werden.

5.2.8 Planung bei mehrstufiger Fertigung und Verfahrensalternativen

Bislang haben wir bei den Planungsproblemen eine sehr einfache Struktur betrachtet, nämlich die einstufige Fertigung. In der Praxis verfügen die Unternehmen meistens über eine größere Produktionstiefe. So werden zunächst Zwischenprodukte gefertigt, die erst auf der letzten Stufe zu marktfähigen Endprodukten reifen. Auf den einzelnen Stufen existieren überdies oft mehrere alternative Verfahren, mit denen die Produkte hergestellt werden können. Dabei werden zum Beispiel funktionsgleiche, aber kostenverschiedene Maschinen eingesetzt. Eine besondere Betrachtung dieser komplexen Fertigungsstruktur ist deshalb ratsam, weil verfahrensabhängige Kosten auftreten und die Berechnung der Deckungsbeiträge erschweren.

Zur Illustrierung der Problematik konzentrieren wir uns auf einen mehrstufigen Veredlungsprozess für mehrere Produktarten. Für jede Veredlungsstufe ist dabei die Wahl zwischen verschiedenen Verfahren, d. h. Maschinen möglich. Existieren für J verschiedene Produktarten, die jeweils I Fertigungsstufen durchlaufen, auf einer Fertigungsstufe i L_i Verfahrensalternativen, so lässt sich der Planungsansatz wie folgt formalisieren:

$$\text{Max DB} = \sum_{j=1}^{J}\left(p_j - k_j^1\right)x_j - \sum_{j=1}^{J}\sum_{i=1}^{I}\sum_{l=1}^{L_i} a_{ilj} k_{il}^2 x_{ilj}$$

und

$$x_j = \sum_{l=1}^{L_i} x_{ilj}$$

unter den Nebenbedingungen

$$\sum_{j=1}^{J} a_{ilj} x_{ilj} \leq b_{il}, i = 1,\ldots,I, l = 1,\ldots,L_i \quad (5.2.32)$$

$$\sum_{l=1}^{L_i} x_{ilj} = \sum_{l=1}^{L_{i+1}} x_{i+1,l,j}, i = 1,\ldots,I-1, j = 1,\ldots,J \quad (5.2.33)$$

$x_{ilj} \geq 0, i = 1,\ldots,I-1, l = 1,\ldots,L_i, j = 1,\ldots,J.$

Dabei bezeichnen p_j den Stückerlös für Endprodukt j, k_j^1 die verfahrensunabhängigen Stückkosten von j, k_{il}^2 den verfahrensabhängigen Kostensatz pro beanspruchter Zeiteinheit von Maschine l auf Stufe i, a_{ilj} die Bearbeitungszeit einer Einheit von Produktart j auf Stufe i, falls die Maschine l gewählt wird, x_{ilj} die zugehörige Produktionsmenge auf dieser Maschine und b_{il} die Maschinenkapazität. Die Parameter x_{ilj} stellen die Variablen des Problems dar, die zu bestimmen sind. Es ist also zu entscheiden, welche Mengen auf jeder Stufe über die einzelnen Maschinen laufen sollen. Die Restriktionen des Typs (5.2.32) sind die typischen Kapazitätsbedingungen für jede Stufe i. Falls erforderlich, können diese Bedingungen noch weiter für die einzelnen Maschinen auf dieser Stufe spezifiziert werden. Neu sind die Restriktionen vom Typ (5.2.33). Sie heißen auch Kontinuitätsbedingungen, weil sie die Kontinuität des Produktionsflusses über mehrere Stufen hinweg gewährleisten sollen. Das, was auf allen Maschinen der i-ten Stufe gefertigt wird, soll auch auf der (i+1)-ten Stufe bearbeitet werden. Ausschussmengen sind bei unseren Überlegungen also ausgeschlossen, sie können jedoch durch einfache Erweiterungen des Modells mit berücksichtigt werden.

Da für jeden Arbeitsgang eigene Variablen eingeführt werden, heißt dieser Planungsansatz auch arbeitsgangweise Kalkulation. Technisch bereitet das Auffinden des optimalen Produktionsprogramms, d.h. der geeigneten Verfahren für die Produktbearbeitung, nun keine Schwierigkeiten mehr. Es ist jedoch festzuhalten, dass insbesondere bei einem vielstufigen Fertigungsprozess durch die zahlreichen Kontinuitätsbedingungen mit einem hohen Planungsaufwand zu rechnen ist.

> **Beispiel: Arbeitsgangweise Kalkulation**
>
> Wenden wir uns dem Produktionsablauf zu, welcher in Abbildung 5.2.4 veranschaulicht ist. Zwei Produktarten werden in drei Werkstätten bearbeitet. In den Werkstätten A und B existieren für beide Produktarten jeweils zwei verschiedene Verfahren, die sich durch die Bearbeitungsdauern pro Produkteinheit und die Kostensätze der Maschinen pro Zeiteinheit der Bearbeitung unterscheiden. Der Stückerlös für eine Endprodukteinheit des ersten Produkts beträgt 100 €, der Stückerlös für das zweite Produkt 80 €. Die verfahrensunabhängigen Stückkosten liegen für das erste Produkt bei 20 €, für das zweite Produkt bei 10 €. Die Systemkapazität ist pro Maschine in jeder Werkstatt mit 50 Stunden pro Woche gegeben. Die Bearbeitungsdauern (pro Produkteinheit) sind an den Kanten, die Kostensätze (pro Zeiteinheit) sind an den Knoten des Produktionsnetzwerks notiert.

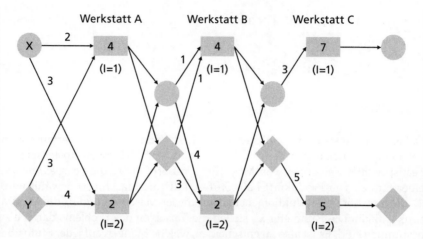

Abbildung 5.2.4: Produktionsnetzwerk mit Verfahrensalterativen

Für den beschriebenen Fall erhalten wir folgende formale Problemdarstellung:

$$\text{MaxDB} = (100-20)x + (80-10)y - 2\cdot 4x_{A1} - 3\cdot 4y_{A1} - 3\cdot 2x_{A2} - 4\cdot 2y_{A2} - 1\cdot 4x_{B1} - 1\cdot 4y_{B1} - 4\cdot 2x_{B2} - 3\cdot 2y_{B2} - 3\cdot 7x_{C1} - 5\cdot 5y_{C2}$$

unter den Nebenbedingungen

$$2x_{A1} + 3y_{A1} \leq 50 \tag{5.2.34}$$

$$3x_{A2} + 4y_{A2} \leq 50 \tag{5.2.35}$$

$$1x_{B1} + 1y_{B1} \leq 50 \tag{5.2.36}$$

$$4x_{B2} + 3y_{B2} \leq 50 \tag{5.2.37}$$

$$3x_{C1} \leq 50 \tag{5.2.38}$$

$$5y_{C2} \leq 50 \tag{5.2.39}$$

$$x_{A1} + x_{A2} = x_{B1} + x_{B2} \tag{5.2.40}$$

$$x_{B1} + x_{B2} = x_{C1} \tag{5.2.41}$$

$$y_{A1} + y_{A2} = y_{B1} + y_{B2} \tag{5.2.42}$$

$$y_{B1} + y_{B2} = y_{C2} \tag{5.2.43}$$

$$x = x_{C1} \tag{5.2.44}$$

$$y = y_{C2} \tag{5.2.45}$$

$$x_{A1}, \ldots, x_{C1}, y_{A1}, \ldots, y_{C2}, x, y \geq 0. \tag{5.2.46}$$

Die Bedingungen (5.2.34) bis (5.2.39) sind Kapazitätsbedingungen, die Bedingungen (5.2.40) bis (5.2.43) Kontinuitätsbedingungen. Die Bedingungen (5.2.44) und (5.2.45) beschreiben, wie die Endprodukte zustande kommen. Die Bedingungen (5.2.46) sind die üblichen Nicht-Negativitätsbedingungen, die dafür sorgen, dass der Produktionsprozess unumkehrbar, d. h. keine Rückführung der Produkte in ihre Bestandteile möglich ist.

Unter Umständen ist es deshalb vorteilhaft, einen anderen Planungsansatz zu entwickeln, um auf Kontinuitätsbedingungen verzichten zu können. So können wir Variablen x_{zj} für jede Verfahrenskombination z einführen. Diese geben dann an, welche Mengen der Produktart j mit Hilfe der entsprechenden Kombination z gefertigt werden sollen. Eine Verfahrenskombination besteht etwa darin, auf der ersten Stufe Maschine 1, auf der zweiten Stufe Maschine 2 usw. zu wählen. Die formale Problemstruktur lautet in diesem Fall:

$$\text{Max DB} = \sum_{j=1}^{J}\sum_{z=1}^{Z}\left(p_j - k_j^1 - k_{zj}\right)x_{zj}$$

unter den Nebenbedingungen

$$\sum_{j=1}^{J} x_{zj} \leq b_{il(z)} , i = 1,\ldots,I , l = 1,\ldots,L \tag{5.2.47}$$

$$x_{zj} \geq 0 , z = 1,\ldots,Z , j = 1,\ldots,J \tag{5.2.48}$$

$$x_j = \sum_{z=1}^{Z} x_{zj} , j,\ldots,J$$

mit den bereits definierten Parametern sowie k_{zj} als verfahrensabhängigen Stückkosten für Produktart j bei Wahl der Kombination z und l(z) als Maschine auf der jeweils betrachteten Fertigungsstufe, welche dort von der Verfahrenskombination z beansprucht wird. Die verfahrensabhängigen Kosten können somit direkt den Endprodukteinheiten zugeordnet werden. Die Restriktionen vom Typ (5.2.47) stellen wieder Kapazitätsbedingungen dar, die Restriktionen vom Typ (5.2.48) sind Bilanzgleichungen. Die mit den unterschiedlichen Verfahrenskombinationen produzierten Teilmengen ergeben die gesamte Produktionsmenge x_j für Produktart j. Kontinuitätsbedingungen kommen nicht vor.

Die beschriebene Vorgehensweise heißt auch Alternativkalkulation, da nun alle alternativen Verfahrenskombinationen bewusst herausgestellt sind. Dem Vorteil der Alternativkalkulation, also dem Verzicht auf aufwändige Kontinuitätsbedingungen, steht der Nachteil gegenüber, dass häufig sehr viele Verfahrenskombinationen existieren, die miteinander zu vergleichen sind.

> **Beispiel: Alternativkalkulation**
>
> Greifen wir wieder den Fall des in Abbildung 5.2.4 beschriebenen Produktionsnetzwerks auf, so sind vier Verfahrenskombination zu analysieren: Wahl der ersten Maschine auf der ersten und zweiten Stufe ($z = 1$), Wahl der ersten Maschine auf der ersten Stufe und der zweiten Maschine auf der zweiten Stufe ($z = 2$), Wahl der zweiten Maschine auf der ersten Stufe und der ersten Maschine auf der zweiten Stufe ($z = 3$), sowie jeweils Wahl der zweiten Maschine auf beiden Stufen ($z = 4$). Daraus ergibt sich die Problemformulierung
>
> $$\text{MaxDB} = (100 - 20 - 33)x_1 + (100 - 20 - 37)x_2$$
>
> $$+ (100 - 20 - 31)x_3 + (100 - 20 - 35)x_4$$
>
> $$+ (80 - 10 - 41)y_1 + (80 - 10 - 43)y_2$$
>
> $$+ (80 - 10 - 37)y_3 + (80 - 10 - 39)y_4$$
>
> unter den Nebenbedingungen
>
> $$2(x_1 + x_2) + 3(y_1 + y_2) \leq 50$$
>
> $$3(x_3 + x_4) + 4(y_3 + y_4) \leq 50$$
>
> $$1(x_1 + x_3) + 1(y_1 + y_3) \leq 50$$
>
> $$4(x_2 + x_4) + 3(y_2 + y_4) \leq 50$$
>
> $$3(x_1 + x_2 + x_3 + x_4) \leq 50$$
>
> $$5(y_1 + y_2 + y_3 + y_4) \leq 50$$

Einen Sonderfall der Verfahrensproblematik stellt die Entscheidung zwischen Eigenfertigung und Fremdbezug von Teilen dar. Generell lässt sich der Fremdbezug von Zwischenprodukten als ein besonderes Verfahren mit entsprechenden Kosten erfassen. Auch wenn dieses Problem gelegentlich durch einen einfachen Vergleich der variablen Herstellkosten mit den effektiv zu zahlenden Einstandspreisen gelöst wird, so muss die Lösung im allgemeinen Fall doch über den zuvor beschriebenen Optimierungsansatz ermittelt werden. Denn bei Vollbeschäftigung reichen die variablen Herstellkosten als Vergleichsmaßstab nicht aus. Zusätzlich sind die Opportunitätskosten heranzuziehen, die dadurch entstehen, dass bei Eigenfertigung eines Zwischenprodukts auf die Fertigung anderer Produkte verzichtet werden muss. Diese Kosten können aber kostenrechnerisch nicht von vornherein ermittelt werden, sondern sind vielmehr das Ergebnis einer Planungsrechnung.

Gerade bei der praktisch relevanten Entscheidung zwischen Eigenfertigung und Fremdbezug spielen neben den rein quantitativen Kostenüberlegungen auch andere Aspekte eine wichtige Rolle. Punkte, die für die Eigenfertigung sprechen, sind etwa die größere Flexibilität bei erforderlichen Produktionsanpassungen, eventuelle Verbundeffekte mit anderen im Unternehmen hergestellten Gütern, die Schaffung von Marktmacht durch Ausweitung der Produktpalette und die Tatsache, dass die zu fertigenden Produkte oft nicht lagerfähig sind. Demgegenüber spricht für einen Fremdbezug nicht nur, dass die eigenen Anlagen anderweitig belegt werden können, sondern überdies, dass keine Investitionen nötig sind und kurzfristige Schwankungen der Nachfrage auch unverzüglich über die eigene Kapazität hinaus durch Zukauf von Teilen ausgeglichen werden können. Wir werden diese Problematik noch einmal in Unterkapitel 5.8 aufgreifen, wenn wir den Umfang der Beschaffungsaktivitäten eines Unternehmens erörtern.

5.2.9 Zusammenfassung

Die Festlegung eines Produktionsprogramms, also der Art und Menge von Produkten, die in den nächsten Perioden gefertigt werden sollen, markiert im Allgemeinen den Beginn des kurzfristigen Operations Managements bzw. des „operativen Tagesgeschäfts" eines Unternehmens. Diese Planung baut auf den grundsätzlichen Entscheidungen auf, welche von der Unternehmensleitung oder anderen Instanzen bereits getroffen worden sind und deshalb nicht mehr bzw. noch nicht Gegenstand eines planungszentrierten Operations Managements sind. Die Abgrenzung der Programmplanung von anderen Bereichsplanungen, insbesondere im Absatz-, Produktions- und Beschaffungsbereich, war Gegenstand der Ausführungen in Abschnitt 5.2.2. Dabei sollte zugleich geklärt werden, welche Schnittstellen zwischen den einzelnen Teilplanungen auftreten und wie diese zu überwinden sind. Abschnitt 5.2.3 hat sich mit den relevanten Zielen der Programmplanung auseinandergesetzt. Der Leser hat erfahren können, dass es mehrere selbstständige Ziele gibt, die bei einem umfassenden Planungsansatz zu berücksichtigen sind. Dies betrifft sowohl die Verfolgung unterschiedlicher ökonomischer Zielsetzungen als auch die Befriedigung sozialer und gesellschaftlicher Bedürfnisse. Für ein nachhaltiges Operations Management sollten möglichst viele dieser Ziele verfolgt werden. Da die einzelnen Zielsetzungen jedoch häufig konkurrierend sind, lassen sie sich nicht immer gleichzeitig in vollem Umfang erfüllen. Gegenstand von Abschnitt 5.2.4 waren zunächst einfache Planungsansätze, in denen es darum ging, den gesamten Deckungsbeitrag für ein Produktionsprogramm zu maximieren, wenn ein oder mehrere Kapazitätsengpässe verhindern, dass alle Absatzmöglichkeiten der Produkte an den Märkten vollständig ausgeschöpft werden. Zur Lösung dieser Problematik wurde der Simplex-Algorithmus herangezogen. Die besondere Leistungsfähigkeit dieses Algorithmus wurde für den Leser auch daran ersichtlich, dass es möglich ist, die zum Planungsbeginn gültigen Mengen-, Erlös- und Kostendaten während des Verfahrens anzupassen, um im Rahmen einer so genannten post-optimalen Analyse zu untersuchen, welche Konsequenzen solche fiktiven Änderungen für das ursprünglich bestimmte Produktionsprogramm hätten und ob gegebenenfalls Programmänderungen vorzunehmen wären. In Abschnitt 5.2.5 ging es darum, mehrere konfliktäre Ziele in einer Kompromisszielfunktion zu erfassen und das optimale Produktionsprogramm dann mithilfe des Ansatzes der Zielprogrammierung („Goal Programming") zu bestimmen. Abschnitt 5.2.6 war der Unsicherheitsproblematik vorbehalten. Im Zentrum der Analyse stand die Frage, welche Konsequenzen für das Produktionsprogramm resultieren, wenn keine verlässlichen Informationen über einzelne Parameter wie etwa Absatzmengen vorliegen. Hierzu wurden die betreffenden Parameter zunächst als Zufallsvariablen definiert, bevor das Programm mithilfe der Chance Constraint-Programmierung optimiert wurde. Wie das Planungsproblem für eine Kuppelproduktion zu lösen ist, wurde in Abschnitt 5.2.7 erläutert. Nach Definition eines Leitprodukts wurden alle anderen Kuppelprodukte mengen- und kostenmäßig an dieses Produkt gekoppelt, so dass der Gesamteffekt bereits anhand einer Veränderung der Produktionsmenge des Leitprodukts sichtbar wurde. Schließlich hat Abschnitt 5.2.8 gezeigt, wie die Produktionsprogrammplanung ablaufen kann, wenn die Fertigungsstruktur horizontal und vertikal erweitert wird, d. h. mehrere Fertigungsstufen existieren und zugleich auf jeder Fertigungsstufe verschiedene Fertigungsverfahren alternativ angewandt werden können. Dabei wurden die beiden Formen der arbeitsgangweisen Kalkulation und Alternativkalkulation mit ihren Vor- und Nachteilen gegenübergestellt.

5.2.10 Fragen zur Wiederholung

1. Wie lassen sich die Ziele der Programmplanung beschreiben? Welche Zielkonflikte müssen beachtet werden?
2. Wie lässt sich ein Produktionsengpass verbal beschreiben? Inwiefern gilt das Augenmerk der Produktionsplanung vor allem den Produktionsengpässen?
3. Worin besteht das Vorgehen der Programmplanung, wenn lediglich ein Produktionsengpass zu beobachten ist?
4. Inwiefern wird die Produktionsplanung dadurch beträchtlich erschwert, dass an mehreren Stationen Engpässe auftreten? Begründen Sie Ihre Antwort anhand eines selbst gewählten Beispiels.
5. Wie lautet die grundlegende Idee des Simplex-Algorithmus?
6. Was ist im Rahmen der Programmplanung Gegenstand der Sensitivitätsanalyse? Welche Ergebnisse sind in einer solchen Betrachtung zu erzielen?
7. Wie ist die parametrische lineare Optimierung von der Sensitivitätsanalyse abzugrenzen?
8. Wie können mehrere konfliktäre Zielsetzungen gleichzeitig in der Programmplanung betrachtet werden?
9. Wie können unsichere Absatzprognosen in die Programmplanung mit einbezogen werden?

5.2.11 Aufgaben zur Übung

Aufgabe 1

In einem Unternehmen werden Fahrradrahmen aus Stahl (Produkt I) und aus Aluminium (Produkt II) hergestellt. Während die Stahlrahmen geschweißt werden, werden die Aluminiumrahmen verklebt. Beide Rahmenarten werden nach dem Zusammenfügen mit einer Pulverbeschichtung überzogen.

Die Fertigungsstelle „Schweißen" steht pro Tag maximal 12 Stunden zur Verfügung. Für die Herstellung eines Stahlrahmens braucht ein Schweißer 72 Minuten. Auch das Verkleben eines Aluminiumrahmens dauert 72 Minuten, der zuständige Mitarbeiter ist täglich 7 Stunden und 12 Minuten anwesend. In der Beschichtungsabteilung ist das verfügbare Arbeitszeitpotenzial 38,4 Stunden pro Tag. Die Beschichtung eines Stahlrahmens dauert 144 Minuten, die eines Aluminiumrahmens die doppelte Zeit. Die Controllingabteilung des Unternehmens meldet, dass mit Stahlrahmen ein Stückdeckungsbeitrag von 36 € und mit Aluminiumrahmen in Höhe von 24 € erzielt wird.

Formulieren Sie zunächst das lineare Planungsproblem für die oben dargestellte Situation. Nehmen Sie dabei an, dass die Unternehmensleitung das Ziel der Deckungsbeitragsmaximierung verfolge.

Bestimmen Sie die Lösung des Planungsproblems graphisch.

Ermitteln Sie die Lösung des Problems nun mit Hilfe des Simplex-Algorithmus, und interpretieren Sie das Endtableau.

Aufgabe 2

Ein Automobilwerk stellt zwei verschiedene Autotypen in drei Abteilungen (Karosserie-Lackiererei, Montage, Motorenbau) her. Für die Herstellung von Typ 1 sind 3 Std./Stück in der Abteilung Karosserie-Lackiererei, 2 Std./Stück in der Montageabteilung und 4 Std./Stück in der Motorenbauabteilung notwendig. Für Typ 2 gelten analog die Produktionskoeffizienten 4 Std./Stück in der Karosserieabteilung, 3 Std./Stück in der Montage und 3 Std./Stück beim Motorenbau. Die Abteilungen Karosserie-Lackiererei und Montage verfügen über je 36 Std./Monat Kapazität, in der Motorenbauabteilung sind 41 Std./Monat Kapazität verfügbar. Die Deckungsbeiträge betragen für Typ 1 6 € und für Typ 2 7 €.

Welche Produkte sollen in welchen Mengen hergestellt werden, damit der Deckungsbeitrag maximiert wird?

Wie hoch ist der Deckungsbeitrag?

Welche Kapazitäten sind knapp, welche nicht?

Wie hoch sind die Schattenpreise für die drei Kapazitäten?

Aufgabe 3

Ein Unternehmen steht vor der Frage, wie das optimale Produktionsprogramm aussehen soll. Zur Aufnahme in das Produktionsprogramm stehen die Produkte P1, P2 und P3 zur Auswahl. Jedes Produkt muss sowohl maschinell als auch von Hand bearbeitet werden. Dabei benötigt Produkt P1 3 Maschinenstunden und 8 Arbeitsstunden, Produkt P2 benötigt jeweils 4 Arbeits- und Maschinenstunden. Für Produkt P3 werden demgegenüber 6 Maschinenstunden und 2 Arbeitsstunden benötigt. Pro Woche stehen dem Unternehmen 60 Arbeitsstunden sowie 40 Maschinenstunden zur Verfügung. Die Deckungsbeiträge, die mit den unterschiedlichen Produkten zu erzielen sind, lauten: Produkt P1 480 €, Produkt P2 440 € und Produkt P3 420 €.

Bestimmen Sie das optimale Produktionsprogramm und den maximal erreichbaren Deckungsbeitrag unter Anwendung des Simplex-Algorithmus.

Die Umsätze, die mit einer Produkteinheit erzielt werden können, betragen 900 € (P1), 550 € (P2) und 500 € (P3). Der maximale Umsatz beträgt 7.650 €, wenn die Umsatzmaximierung das alleinige Ziel ist. Das Unternehmen will jedoch das Ziel der Deckungsbeitragsmaximierung wie auch der Umsatzmaximierung verfolgen.

Formulieren Sie das Optimierungsproblem mit Hilfe des Goal Programming-Ansatzes unter der Annahme, dass beide Ziele der gleichen Prioritätenklasse angehören!

5.2.12 Literaturempfehlungen zur Vertiefung

ADAM, D. (2001): Produktions-Management. 9. Auflage, Gabler, Wiesbaden
FANDEL, G./FISTEK, A./STÜTZ, S. (2010): Produktionsmanagement. 2. Auflage, Springer, Heidelberg u. a.
HAHN, D./LASSMANN, G. (1999): Produktionswirtschaft – Controlling industrieller Produktion. 3. Auflage, Physica, Heidelberg u. a.
KISTNER, K.-P./STEVEN, M. (2001): Produktionsplanung. 3. Auflage, Physica, Heidelberg
KÜPPER, H.-U./HELBER, S. (2004): Ablauforganisation in Produktion und Logistik. 3. Auflage, Schäffer-Poeschel, Stuttgart
ZÄPFEL, G. (1982): Produktionswirtschaft – Operatives Produktions-Management. De Gruyter, Berlin u. a.

5.3 Planung der Produktionslose

5.3.1 Einführung

Liegt das Produktionsprogramm für die nächste Periode nach Art und Menge der zu fertigenden Produkte fest, so ist zunächst zu prüfen, ob die Mengen der einzelnen Produktarten vollständig und ohne Unterbrechung oder zeitlich versetzt in verschiedenen Losen produziert werden sollen. Diese Losgrößenplanung gehört noch zur Mengenplanung der Produktion. Erst wenn die Mengenplanung abgeschlossen ist, wird sie um eine Zeitplanung ergänzt. Die Zeitplanung klärt dann die Frage, wann genau welcher Produktionsschritt zu erfolgen hat. Die Losgrößenplanung spielt natürlich nur dort eine Rolle, wo die Herstellung einer Produktionsmenge unterbrochen werden kann. Bei Einzelfertigung tritt das Losgrößenproblem naturgemäß nicht auf.

Bei Einproduktfertigung existiert ein Losgrößenproblem, wenn die Produktionsgeschwindigkeit von der Absatzgeschwindigkeit abweicht. In diesem Fall ist zu klären, ob das Produkt beispielsweise in einer Serie ununterbrochen gefertigt wird oder ob die Produktion in Form von Teilserien stets rechtzeitig zur Deckung der Nachfrage erfolgen sollte. Bei Mehrproduktunternehmen kommt hinzu, dass verschiedene Produkte um dieselben Maschinen konkurrieren. Diesen Fall haben wir im Unterkapitel 5.2 bereits als Alternativproduktion kennengelernt. Wenn die Maschinenkapazitäten knapp sind, muss die laufende Produktion aus wirtschaftlichen Größen oft unterbrochen werden, damit auch andere nachgefragte Produkte rechtzeitig hergestellt werden können.

Um die optimale Losgröße einer Produktart zu bestimmen, müssen zuvor die anfallenden Kosten berechnet werden. Relevante Kostenarten, die also mit der Losgröße variieren, sind vor allem die Lagerkosten, die Fehlmengenkosten sowie die Rüstkosten. Lagerkosten fallen an, wenn in großen Losen schneller produziert wird, als Bedarf herrscht. Fehlmengenkosten entstehen, sobald ein Los so klein gewählt wird, dass die Nachfrage nicht befriedigt werden kann. Rüstkosten sind bei jedem Rüstvorgang zu beobachten, d. h. bei jeder Neuauflage eines Loses. In Abschnitt 5.3.2 soll zunächst das klassische Losgrößenmodell vorgestellt werden. Dabei steht die Beantwortung der Frage im Vordergrund, was es grundsätzlich für die Festlegung der Losgröße heißt, wenn sich die einzelnen Kostenarten – etwa Lagerkosten, Rüstkosten und Fehlmengenkosten – gegenläufig verhalten, sobald das Fertigungslos verändert wird. Abschnitt 5.3.3 vertieft diese Diskussion dann insofern, als mehrere aufeinander folgende Fertigungsperioden betrachtet werden, in denen jeweils unterschiedliche Nachfrage- und Kostensituationen zu beobachten sind. Im praktischen Anwendungsfall sind die bisher entwickelten Planungsansätze oft zu aufwändig, weshalb Praktiker häufig nach schnellen und robusten Verfahren verlangen, die auch als „Heuristiken" bezeichnet werden. Solche Heuristiken sind Gegenstand der Ausführungen in Abschnitt 5.3.4. In Abschnitt 5.3.5 geht es darum, dass mehrere Produktarten um dieselben beschränkten Maschinenkapazitäten konkurrieren, so dass die optimale Losgröße, welche für jedes Produkt isoliert berechnet worden ist, in der Realität nicht umgesetzt werden kann. Dass dennoch gute Lösungen erzielt werden, zeigt dieser Abschnitt. Alle betrachteten Ansätze der Losgrößenplanung werden in Abschnitt 5.3.6 noch einmal zusammenfassend gegenübergestellt.

5.3.2 Standardansatz

Ein simples Losgrößenmodell besteht darin, dass man die optimale Losgröße für einen gegebenen, konstanten Periodenbedarf einer Produktart ermittelt. Dabei wird nicht berücksichtigt, dass möglicherweise Lagerraum- oder Kapazitätsbeschränkungen existieren. Für den Fall, dass die Nachfrage auf jeden Fall befriedigt werden muss und die Produktion geschlossen erfolgt – die Produktionsmenge also erst dann verfügbar ist, wenn das komplette Los gefertigt worden ist –, ermittelt man auf einfache Weise folgende optimale Losgröße:

$$q^{opt} = \sqrt{\frac{2k_R \overline{x}}{k_L}}. \qquad (5.3.1)$$

k_R gibt den Rüstkostensatz pro Umrüstvorgang, k_L den Lagerkostensatz pro Stück und Periode und $\overline{x}$ den Bedarf der Produktart in der betrachteten Periode an. Formel (5.3.1) wird in der Fachliteratur auch als Wurzelformel oder Losgrößenformel von ANDLER (1929) bezeichnet. Wie Formel (5.3.1) genau zustande kommt, wird anhand des ähnlich strukturierten Bestellmengenproblems in Abschnitt 5.9.3 erläutert.

Legt man offene Produktion zugrunde – d.h. jede Produkteinheit steht, sobald sie gefertigt worden ist, für die Weiterverarbeitung bzw. Auslieferung zur Verfügung –, so erhält man die modifizierte Formel

$$q^{opt} = \sqrt{\frac{2k_R \overline{x}}{k_L \left(1 - \frac{a}{z}\right)}}. \qquad (5.3.2)$$

a bezeichnet hierbei die Abgangsgeschwindigkeit aus dem Lager, z entsprechend die Zugangsgeschwindigkeit. Der Quotient a/z liegt im Normalfall zwischen null und eins. D. h. die Losgröße (5.3.2) ist größer als die Losgröße (5.3.1).

Gestattet sich das Unternehmen die bewusste Inkaufnahme von Fehlmengen, d.h. einen temporären Verzicht auf Lieferfähigkeit, so beträgt die optimale Losgröße

$$q^{opt} = \sqrt{\frac{2k_R \overline{x}}{k_L \left(1 - \frac{a}{z}\right)}} \sqrt{\frac{k_L + k_F}{k_F}}. \qquad (5.3.3)$$

k_F gibt hierbei die Fehlmengenkosten pro Stück und Periode an, die dadurch entstehen, dass die Nachfrage nicht voll erfüllt werden kann. Beispielsweise müssen die fehlenden Produkteinheiten dann zu höheren Kosten fremdbezogen oder aber in Sonderschichten aufwändig nachgefertigt werden. Wenn auf eine Nachlieferung verzichtet wird, fallen Opportunitätskosten in Form von entgangenen Gewinnen an, die ebenfalls zu den Fehlmengenkosten zu rechnen sind.

In allen drei betrachteten Fällen ist der Konflikt zwischen einer Minimierung der Lagerkosten und einer Minimierung der Rüstkosten deutlich erkennbar. Mit wachsenden Rüstkosten steigt die optimale Losgröße, mit wachsenden Lagerkosten nimmt sie ab. Der aus dem Standardansatz hergeleitete Kompromiss, wie er in Formel (5.3.1) artikuliert wird, empfiehlt, dass die Lagerkosten im Optimum genau den Rüstkosten entsprechen sollen. Aus Formel (5.3.2) wird zudem ersichtlich, dass die optimale Losgröße mit steigender Zugangsgeschwindigkeit fällt, mit steigender Absatzgeschwindigkeit dagegen ebenfalls zunimmt. Formel (5.3.3) impliziert, dass die Inkaufnahme von Fehlmengen zu größeren Losen führt. Erst mit steigenden Fehlmengenkosten wird die Losgröße allmählich wieder an Formel (5.3.2) angepasst.

5.3.3 Dynamische Planung

Die gravierendste Einschränkung des Standardansatzes besteht in der konstanten Abgangsratsrate während des gesamten Betrachtungszeitraums. Um diese realitätsfremde Prämisse zu vermeiden, muss statt eines statischen Einperiodenmodells ein dynamisches Mehrperiodenmodell zugrunde gelegt werden. Wird der Planungszeitraum in T Perioden t = 1,…,T aufgeteilt, so lassen sich für die einzelnen Perioden t unterschiedliche Produktnachfragen $\bar{x}_t$ voraussetzen. Für unseren nach wie vor recht einfachen Ansatz wollen wir weiterhin annehmen, dass lediglich ein Produkt in einem einstufigen Prozess gefertigt wird. Relevante Kosten bleiben die Rüstkosten sowie die Lagerkosten. Fehlmengenkosten sollen nicht betrachtet werden. Die Produktionskosten K_P bleiben nach wie vor außer Betracht, weil im Falle gegebener Stückkosten gilt:

$$K_p = \sum_{t=1}^{T} K_p(\bar{x}_t) = \sum_{t=1}^{T} k_p \bar{x}_t = k_p \sum_{t=1}^{T} \bar{x}_t = k_p \bar{x}.$$

D. h. die Produktionskosten sind nicht losgrößenabhängig. Sie fallen unabhängig von der Wahl der Losgröße in fester Höhe an.

Formal lautet das beschriebene dynamische Losgrößenmodell in seiner Grundform:

$$\operatorname{Min} K(x_1,\ldots,x_T) = \sum_{t=1}^{T} \left[k_R \delta(x_t) + k_L y_t \right]$$

unter den Nebenbedingungen

$$y_t = y_{t-1} + x_t - \bar{x}_t, t = 1,\ldots,T \qquad (5.3.4)$$

$$x_t \geq 0, t = 1,\ldots,T$$

$$y_t \geq 0, t = 1,\ldots,T-1$$

$$y_0 = y_T = 0.$$

Mit x_t wird die Losgröße in Periode t erfasst. Den Term

$$\delta(x_t) = \begin{cases} 1 \text{ falls } x_t > 0 \\ 0 \text{ falls } x_t = 0 \end{cases}$$

bezeichnet man auch als KRONECKER-Symbol. In diesem Fall beschreibt das KRONECKER-Symbol, ob in einer Periode t überhaupt ein Los aufgelegt wird. y_t gibt den Lagerendbestand am Ende der Periode t an. Die Lagerkosten werden hier also näherungsweise auf der Grundlage dieses Endbestands bestimmt. Alternativ können auch die durchschnittlichen Lagerbestände einer Periode zur Kalkulation der Lagerkosten herangezogen werden. Rüstkosten fallen jeweils nur in solchen Perioden an, in denen tatsächlich produziert wird, also $x_t > 0$ gilt. Gleichung (5.3.4) kennzeichnet die Fortschreibung der Lagerbestände über die verschiedenen Perioden hinweg. Der Lagerendbestand zu Beginn sowie am Ende des Betrachtungszeitraums soll jeweils gleich null sein. Für die Produktions- bzw. Lagermengen gilt im Übrigen wieder Nicht-Negativität.

Es lässt sich nachweisen, dass es optimale Lösungen gibt, für die gilt:

$$x_t y_{t-1} = 0, t = 1, \ldots, T \tag{5.3.5}$$

D.h. es ist nur dann zu produzieren, wenn der Lagerendbestand der vorangegangenen Periode gleich null war. Dieser Nachweis wurde von VEINOTT (1969) geführt. Die Bedingung (5.3.5) wird auch als „Complementary Slackness" bezeichnet. Sie besagt, dass – vorausgesetzt der Lagerendbestand der vorangegangenen Periode war ungleich null – eine Produktionsaufnahme in der gegenwärtigen Periode zwecks Restbefriedigung der Nachfrage nicht vorteilhaft ist. Dann hätte man nämlich genau so gut die ganze Bedarfsmenge in der betrachteten Periode herstellen können. Die Rüstkosten wären dieselben, die Lagerkosten würden sinken, weil der Lagerendbestand der vorangegangenen Periode dann gleich null wäre.

Aus Bedingung (5.3.5) folgt, dass sich die Suche nach optimalen Produktionsmengen auf solche Mengen konzentrieren kann, die ein Vielfaches der Periodenbedarfe darstellen. D.h. es gilt

$$x_t = \sum_{\tau=1}^{t'} \overline{x}_\tau, t \leq t' \leq T$$

bzw.

$$x_t = 0.$$

Durch diese Einschränkung der Lösungsmenge vereinfacht sich die Suche nach der optimalen Losgröße.

Ein bekanntes Lösungsverfahren ist das von WAGNER/WHITIN (1958). Dieses Verfahren wendet das Prinzip der dynamischen Optimierung an. Für einen nicht weiter festgelegten, beliebigen Lagerendbestand y werden zunächst die Kosten bestimmt, die in der ersten Periode anfallen, d.h.

$$K_1(y) = k_R \delta(y + \overline{x}_1) + k_L y. \tag{5.3.6}$$

Wegen $x_1 = y + \overline{x}_1$ lässt sich (5.3.6) auch darstellen als

$$K_1(y) = k_R \delta(x_1) + k_L y.$$

Damit sind also allgemein die Kosten für eine Periodenproduktion x_1 festgelegt, die neben dem aktuellen Bedarf $\overline{x}_1$ auch einen Lagerbestand y berücksichtigt. Im zweiten Schritt werden nun die Kosten für die ersten beiden Perioden summarisch ermittelt. Die entsprechende Kostenfunktion lautet

$$K_2(y) = \min_{x_2 \geq 0}[k_R \delta(x_2) + k_L y + K_1(y + \overline{x}_2 - x_2)].$$

5.3 Planung der Produktionslose

Strebt man am Ende der zweiten Periode einen Lagerendbestand y an, so bestimmen sich die bis dahin angefallenen Gesamtkosten wie folgt: Um den Lagerendbestand y zu erreichen, wird eine Produktionsmenge x_2 in der zweiten Periode erzeugt. Wenn zugleich $\bar{x}_2$ Einheiten in der zweiten Periode nachgefragt werden, muss der Rest, nämlich $y-(x_2-\bar{x}_2)$ bzw. $y+\bar{x}_2-x_2$, der Produktion der ersten Periode entstammen. Somit verbleiben y Einheiten am Lager. Allerdings existiert eine Wahlmöglichkeit, wie die optimale Aufteilung zwischen den Produktionen der ersten und zweiten Periode zu lauten hat. Je weniger in der zweiten Periode produziert wird, desto mehr muss bereits am Ende der ersten Periode am Lager verfügbar sein. Die Gesamtkosten bei einer variablen Produktionsmenge x_2 und einem allgemeinen Lagerendbestand y setzen sich aus den Rüstkosten – im Falle von $x_2 = 0$ verschwinden diese Rüstkosten –, den Lagerkosten sowie den Gesamtkosten der ersten Periode bei einem Lagerendbestand von $y+\bar{x}_2-x_2$ zusammen.

Wenn wir diese Überlegungen auch für die weiteren Perioden nutzen, erhalten wir ein Schema, dessen Kostenfunktion für eine beliebige Periode t allgemein lautet:

$$K_t(y) = \min_{x_t \geq 0}[k_R \delta(x_t) + k_L y + K_{t-1}(y + \bar{x}_t - x_t)].$$

Die Gesamtkosten lassen sich also durch sukzessive Optimierung bestimmen. Soll der Lagerbestand am Ende der T-ten Periode annahmegemäß gleich null sein, so gibt offenbar der Wert $K_T(0)$ die gesuchten Gesamtkosten an. Das sind die Kosten, die in den Perioden 1 bis T anfallen, wenn der Lagerendbestand am Ende der letzten Periode null ist. Die entsprechenden Produktionsmengen der einzelnen Perioden lassen sich dann folgendermaßen ermitteln: Aus der Kostenminimierung in Periode T erhalten wir die optimale Produktionsmenge x_T sowie den Lagerendbestand y_{T-1}. Für diesen Lagerendbestand ergibt sich analog ein Kostenminimierungsproblem in Periode T-1, das zu den Ergebnissen x_{T-1} und y_{T-2} führt. Auf diese Weise lassen sich sukzessiv alle Periodenlose x_t retrograd bestimmen.

Während also das ursprüngliche Kostenminimierungsproblem T Variablen x_1 bis x_T enthält, wird dieses Problem nun durch Anwendung des Prinzips der dynamischen Optimierung in T Teilprobleme aufgespalten, die jeweils nur eine Variable umfassen. Dadurch reduziert sich der Optimierungsaufwand, ohne dass Ergebnisqualität eingebüßt wird.

Berücksichtigt man außerdem die Bedingung (5.3.5), so lässt sich das Verfahren weiter vereinfachen. Es existieren dann nämlich Perioden t′, in denen der Lagerendbestand jeweils null ist. Sonst käme es überhaupt nicht zu einer Auflage von Losen. Für diese Perioden ist ausschließlich der Kostenwert $K_{t'}(0)$ interessant. Wurde davor zuletzt in der Periode t < t′ gefertigt, so lautet der Kostenwert dementsprechend

$$K_{t'}(0) = k_R + k_L \bar{x}_{t+1} + k_L 2\bar{x}_{t+2} + \ldots + k_L(t'-t)\bar{x}_{t'} + K_{t-1}(0)$$

bzw.

$$K_{t'}(0) = k_R + k_L \sum_{\tau=t+1}^{t'} (\tau-t)\bar{x}_\tau + K_{t-1}(0).$$

In der Periode t fallen also einmalig Rüstkosten an. Für die Bedarfe der Periode t+1 entstehen zusätzlich Lagerkosten in Höhe der einfachen Lagerkostensätze. Für die Bedarfe der Periode t+2 sind die Lagerkostensätze zu verdoppeln usw., bis Periode t' erreicht ist, in der die vorproduzierten Mengen bereits t'-1 Perioden lagern. Außerdem sind die Kosten zu addieren, die bis einschließlich der (t-1)-ten Periode bereits angefallen sind. Da somit nicht länger die optimalen Produktionsmengen in den einzelnen Perioden, sondern lediglich die Produktionsperioden zu bestimmen sind, ergibt sich folgendes vereinfachtes Kalkulationsschema:

$$K_{t'}(0) = \operatorname*{Min}_{1 \leq t \leq t'} \left[k_R + k_L \sum_{\tau=t+1}^{t'} (\tau-t)\bar{x}_\tau + K_{t-1}(0) \right]$$

für 2 < t' < T. Außerdem gelten die Anfangsbedingungen

$$K_0(0) = 0$$

und

$$K_1(0) = k_R.$$

Nachdem dieses Schema progressiv von t' = 0 bis t' = T entwickelt worden ist, sind ausgehend von $K_T(0)$ die Perioden zu suchen, in denen im Optimum jeweils produziert werden sollte. Die Produktionsmengen lassen sich dann unmittelbar zuordnen.

> **Beispiel: Losgrößenplanung mit dem WAGNER-WHITIN-Verfahren**
>
> Wir betrachten ein Produkt, dessen Periodenbedarfe
>
> $\bar{x}_1 = 80, \bar{x}_2 = 100, \bar{x}_3 = 60, \bar{x}_4 = 40$ (5.3.7)
>
> ebenso gegeben sind wie die Rüstkostensätze
>
> $k_R = 60$ € für Perioden 1 und 2
> $k_R = 70$ € für Perioden 3 und 4 (5.3.8)
>
> für die Bereitstellung des Fertigungsaggregats. Der Lagerkostensatz für vorgefertigte Produkteinheiten beträgt
>
> $k_L = 1$ € pro Stück und Periode. (5.3.9)
>
> Nach dem WAGNER-WHITIN-Verfahren gilt nun folgendes Lösungsschema
>
> $K_1(0) = \operatorname{Min}[60] = 60$ € (5.3.10)

$$K_2(0) = \text{Min} \begin{bmatrix} t=1: 60+1\cdot 100+K_0(0)=160 \\ t=2: 60 \qquad\qquad +K_1(0)=120 \end{bmatrix} = 120 \text{ €} \qquad (5.3.11)$$

$$K_3(0) = \text{Min} \begin{bmatrix} t=1: 60+1\cdot 100+2\cdot 60+K_0(0)=280 \\ t=2: 60 \qquad\qquad 1\cdot 60+K_1(0)=180 \\ t=3: 70 \qquad\qquad\qquad K_2(0)=190 \end{bmatrix} = 180 \text{ €} \qquad (5.3.12)$$

$$K_4(0) = \text{Min} \begin{bmatrix} t=1: 60+1\cdot 100+2\cdot 60+3\cdot 40+K(0)=400 \\ t=2: 60 \qquad\qquad +1\cdot 60+2\cdot 40+K_1(0)=260 \\ t=3: 70 \qquad\qquad\qquad\qquad +1\cdot 40+K_2(0)=230 \\ t=4: 70 \qquad\qquad\qquad\qquad\qquad +K_3(0)=250 \end{bmatrix} = 230 \text{ €}. \qquad (5.3.13)$$

In der ersten Periode muss auf alle Fälle produziert werden, da bereits ein positiver Bedarf $\overline{x}_1 = 80$ existiert. (5.3.10) gibt die Kosten an, wenn nur dieser Periodenbedarf gefertigt wird, das Lager demnach am Periodenende wieder geräumt ist. Wenn entsprechend der Lagerendbestand in der zweiten Periode gleich null sein soll, empfiehlt der in (5.3.11) vorgenommene Kostenvergleich die Wiederaufnahme der Produktion in dieser Periode, so dass dort $\overline{x}_2 = 100$ Einheiten hergestellt werden. Eine Vorproduktion der Bedarfsmenge $\overline{x}_2$ bereits in der ersten Periode erweist sich wegen der damit einhergehenden Lagerkosten in Höhe von 100 € als ungünstiger. Aus (5.3.12) folgt hingegen, dass bei einem Lagerendbestand $y_3 = 0$ der Bedarf $\overline{x}_3$ bereits bis zur zweiten Periode vorgefertigt werden sollte. Schließlich fordert (5.3.13), dass eine letztmalige Produktion in der dritten Periode erfolgen sollte, da am Ende der vierten Periode das Lager auf jeden Fall geräumt sein muss, eine Produktion in der vierten Periode, d.h. ein leeres Lager am Ende der dritten Periode, jedoch höhere Kosten verursacht. Die Gesamtkosten betragen gemäß (5.3.13) 230 €. Hieraus ergibt sich als Konsequenz, dass das Lager am Ende der zweiten Periode ebenfalls geräumt sein sollte. Dies wiederum bedeutet gemäß (5.3.11), dass ein leeres Lager auch am Ende der ersten Periode optimal ist. Die Losgrößen für die ersten drei Perioden ergeben sich somit zu 80, 100 und 100 (= 60 + 40). In der vierten Periode wird nicht gefertigt.

Quelle: ZÄPFEL (1982)

5.3.4 Heuristische Planungsverfahren

In der unternehmerischen Praxis kommt es unter Zeitdruck oft darauf an, mit einfachen Mitteln „gute" Lösungen zu finden, die dann nicht weiter dahingehend analysiert werden, ob sie noch verbessert werden können. Solche Ansätze basieren gleichermaßen auf theoretischen Erkenntnissen und positiven Erfahrungen im Umgang mit den erzielten Ergebnissen. Sie werden deshalb auch als Heuristiken (gr. Heureka: Ich habe es gefunden) bzw. heuristische Verfahren bezeichnet. Bei der Planung der Fertigungslose haben sich einige Heuristiken besonders gut bewährt. Wir wollen sie deshalb an dieser Stelle genauer betrachten:

5 Planungszentriertes Operations Management

Eine häufig angewandte Heuristik ist das Verfahren der gleitenden wirtschaftlichen Losgröße. Die Verfahrensidee besteht in der sukzessiven Minimierung der Stückkosten. Für eine Planungsperiode t wird geprüft, welche Bedarfe der nachfolgenden Perioden bereits in der gegenwärtigen Periode mit gefertigt werden sollen, damit nicht erneut Maschinenumrüstungen erforderlich werden. Dem Verfahren liegt die Vermutung eines konvexen Stückkostenverlaufs zugrunde, wie sie für den Standardansatz der Losgrößenplanung nachgewiesen ist. Zunächst fallen die stückbezogenen Rüstkosten stärker, als die Lagerkosten zunehmen. Bei stetig ansteigender Vorfertigung, d.h. wachsenden Fertigungslosen, können die Rüstkostenersparnisse ab einem bestimmten Niveau die überproportional zunehmenden Lagerkosten jedoch nicht mehr kompensieren. Die Gesamtkosten, d.h. die Summe aus Rüst- und Lagerkosten, steigen. Abbildung 5.3.1 drückt diesen Sachverhalt aus, wobei t' den Horizont für die Vorfertigung symbolisiert und die Planung gegenwärtig bis Periode t<t' fortgeschritten ist.

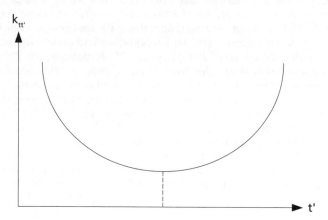

Abbildung 5.3.1: Konvexer Stückkostenverlauf bei wachsender Losgröße

Die Stückkosten $k_{tt'}$ für eine Produktion der Bedarfsmenge in den Perioden t bis t' lassen sich formal als

$$k_{tt'} = \frac{k_R \delta(x_t) + k_L \sum_{\tau=t+1}^{t'}(\tau-t)\overline{x}_\tau}{\sum_{\tau=t}^{t'} \overline{x}_\tau}$$

bestimmen. Sie sind nunmehr durch ein sukzessives Ausdehnen des Horizonts für die Vorfertigung zu minimieren. Die entsprechende Periode t' wird dabei so lange schrittweise in die Zukunft verschoben, bis die Stückkosten $k_{tt'}$ nicht weiter fallen. Formal lässt sich diese Minimierung durch eine Fortsetzungs- und eine Abbruchbedingung darstellen. Das Verfahren wird mit einer sukzessiven Erhöhung von t' fortgesetzt, solange

$$k_{tt'} > k_{t,t'+1}$$

gilt. Die Abbruchbedingung ergibt sich analog zu

$$k_{tt'} \leq k_{t,t'+1}.$$

Sobald die Abbruchbedingung erfüllt wird, wird die Suche nach der optimalen Losgröße beendet. Gemäß unserer Überlegungen ist eine Vorproduktion mit entsprechender Lagerhaltung bis einschließlich Periode t' vorzunehmen. In Periode t'+1 beginnt dann erneut die Optimierung für das nächste Los, das in dieser Periode aufzulegen ist.

> **Beispiel: Losgrößenplanung mit dem Verfahren der gleitenden wirtschaftlichen Losgröße**
>
> Wir greifen wieder auf die Daten (5.3.7) – (5.3.9) des letzten Beispiels zurück und wenden auf diese Daten die soeben dargestellte Heuristik an. Zunächst wird für die Periode t = 1 die Losgröße ermittelt. Für den kürzesten Produktionshorizont t' = 1 erhalten wir die Stückkosten
>
> $$k_{11} = \frac{60 + 0}{80} = 0{,}75.$$
>
> Bei einem erweiterten Horizont t' = 2 ergeben sich bereits höhere Stückkosten in Höhe von
>
> $$k_{12} = \frac{60 + 100}{180} = 0{,}88.$$
>
> D.h. in Periode 1 sollte lediglich der Bedarf $\bar{x}_1 = 80$ gefertigt werden, da die Stückkosten für eine Produktion $x_1 = \bar{x}_1 + \bar{x}_2 = 180$ wieder zunehmen. Darüber hinaus erübrigt sich die Beurteilung noch weiter entfernter Horizonte für die Vorfertigung in Periode 1 wegen der zugrunde liegenden Verfahrensprämisse eines konvexen Stückkostenverlaufs. Die Stückkosten würden weiter ansteigen.
>
> Die analoge Überprüfung führt für die Planungsperiode t = 2 zu den Stückkosten
>
> $$k_{22} = \frac{60 + 0}{100} = 0{,}60$$
>
> sowie
>
> $$k_{23} = \frac{60 + 60}{160} = 0{,}75.$$
>
> Eine Ausdehnung der Betrachtung auf t' = 4 ist wiederum nicht erforderlich, da das Stückkostenminimum bereits überschritten wurde. Also sollte auch in Periode 2 nur der entsprechende Periodenbedarf $\bar{x}_2 = 100$ gefertigt werden.
>
> Das heißt aber zugleich, dass eine erneute Wiederaufnahme der Planung bereits für die Periode t = 3 notwendig ist. Die Stückkostenberechnungen führen jetzt zu den Werten

$$k_{33} = \frac{70+0}{60} = 1{,}16$$

und

$$k_{34} = \frac{70+40}{100} = 1{,}10.$$

In Periode 3 sollte deshalb die Menge $x_3 = \overline{x}_3 + \overline{x}_4 = 100$ gefertigt werden. Eine Neuaufnahme der Produktion in Periode 4 ist überflüssig, d.h. $\overline{x}_4 = 0$.

Quelle: ZÄPFEL (1982)

Ein anderes heuristisches Verfahren ist das Kostenausgleichsverfahren (DE-MATTEIS 1968). Auch dieses Verfahren erhält seine Rechtfertigung aus dem Standardansatz. Bei einer konstanten Bedarfsrate, wie sie diesem Ansatz zugrunde liegt, sollten die Lagerkosten im Optimum den Rüstkosten entsprechen. Da nun die Rüstkosten eines Loses unabhängig von der Produktionsmenge konstant bleiben, die Lagerkosten aber – vom Niveau null aus – mit zunehmendem Horizont für die Vorfertigung ansteigen, existiert offenbar ein Schnittpunkt, an dem Rüst- und Lagerkosten identisch sind. Dieser Schnittpunkt kann jedoch nur approximativ realisiert werden, da lediglich die Periodenbedarfe Gegenstand der Losgrößenplanung sind. Die Periodenlänge müsste also sehr gering gewählt werden, um zu möglichst exakten Ergebnissen zu gelangen. Das Verfahrensziel besteht nun darin, schrittweise jeweils den Horizont für die Vorfertigung zu finden, bei dem die Lagerkosten die Rüstkosten letztmalig nicht überschreiten. Formal bedeutet dies, dass das angestrebte Optimum erreicht ist, wenn

$$k_R \geq k_L \sum_{\tau=t+1}^{t'} (\tau-t)\overline{x}_\tau$$

und

$$k_R < k_L \sum_{\tau=t+1}^{t'+1} (\tau-t)\overline{x}_\tau$$

gelten. Unter diesen Umständen wird eine Vorproduktion bis einschließlich Periode t' vorgeschlagen.

> **Beispiel: Losgrößenplanung mit dem Kostenausgleichsverfahren**
>
> Unser Beispiel (5.3.7) – (5.3.9) soll auch die Vorgehensweise dieses Verfahrens demonstrieren. Die Rüstkosten eines Loses betragen in Periode 1
>
> $$k_R = 60. \quad (5.3.14)$$

Sie sind mit den Lagerkosten zu vergleichen. Für t' = 1, also eine reine Periodenproduktion mit $x_1 = \bar{x}_1$, fallen keine Lagerkosten an. Wird für die Periode 2 vorproduziert, so betragen die Lagerkosten

$$k_L \sum_{\tau=2}^{2}(\tau-1)\bar{x}_\tau = 1 \cdot 1 \cdot 100 = 100.$$

Da bereits bei diesem Los die Rüstkosten überschritten werden, folgt unmittelbar $x_1 = \bar{x}_1 = 80$.

Für t = 2 gilt zunächst wiederum die Rüstkostengleichung (5.3.14). Die Lagerkosten bei Verzicht auf eine Vorproduktion lauten erneut null. Wird dagegen in Periode 2 auch der Bedarf für Periode 3 vorgefertigt, so betragen die anfallenden Lagerkosten

$$k_L \sum_{\tau=3}^{3}(\tau-2)\bar{x}_\tau = 1 \cdot 1 \cdot 60 = 60.$$

Wird die Vorfertigung sogar auf Periode 4 ausgedehnt, so entstehen hierfür Lagerkosten in Höhe von

$$k_L \sum_{\tau=3}^{4}(\tau-2)\bar{x}_\tau = 1 \cdot 1 \cdot 60 + 1 \cdot 2 \cdot 40 = 140,$$

welche die Rüstkosten übersteigen. Nach der Verfahrensidee des Kostenausgleichsverfahrens gilt deshalb $x_2 = 160$, d.h. es wird eine Vorproduktion bis einschließlich Periode 3 vorgenommen. Da in Periode 4 der Betrachtungshorizont zu Ende ist, entfällt eine Überprüfung der Lagerkosten dieser Periode. Für Periode 4 gilt offensichtlich $x_4 = \bar{x}_4 = 40$.

Das Grenzkostenverfahren von GROFF (1979) basiert ebenfalls auf Erkenntnissen aus der klassischen Losgrößenoptimierung mit dem Standardansatz. Im Optimum gilt für die ANDLERsche Losgröße, dass die marginale Reduktion der durchschnittlichen Rüstkosten pro Periode gleich der marginalen Vergrößerung der durchschnittlichen Lagerkosten pro Periode ist. Betrachten wir nun eine Vorproduktion bis einschließlich Periode t', so erhalten wir den Betrag der marginalen Rüstkosten pro Periode als Differenz der durchschnittlichen Rüstkosten für diese sowie die um eine Periode ausgeweitete Vorproduktion, d.h.

$$\frac{k_R}{t'-t} - \frac{k_R}{t'+1-t} = \frac{k_R}{(t'-t)(t'+1-t)}.$$

Die Bestimmung des Anstiegs der durchschnittlichen Lagerkosten pro Periode erfolgt analog. Zunächst können wir diesen Anstieg bei einer Vorproduktion bis Periode t' wieder durch die Differenz

$$\frac{k_L \sum_{\tau=t+1}^{t'}(\tau-t)\bar{x}_\tau}{t'-t+1} - \frac{k_L \sum_{\tau=t+1}^{t'-1}(\tau-t)\bar{x}_\tau}{t'-t} \qquad (5.3.15)$$

abbilden, wobei die durchschnittlichen Lagerkosten bei einer Vorproduktion bis t' mit denen bei einer Vorproduktion t'-1 verglichen werden. Als Näherungslösung für (5.3.15) nutzt GROFF den folgenden einfachen Term:

$$k_L \frac{\overline{x}_{t'}}{2}.$$

Er entspricht genau dann (5.3.15), wenn keinerlei Bedarfsschwankungen aufgetreten sind, also $\overline{x}_\tau = \overline{x}$, für $\tau = t + 1, ..., t'$ gilt.

Die Periode t', bis zu der eine Vorproduktion vorgenommen werden soll, wird nun so lange sukzessiv erhöht, bis die Zunahme der durchschnittlichen Lagerkosten pro Periode größer ist als die Abnahme der durchschnittlichen Rüstkosten pro Periode. Formal gelten dann für die Ermittlung des bestmöglichen Horizonts t' für die Vorproduktion die beiden Bedingungen

$$k_L \frac{\overline{x}_{t'}}{2} \leq \frac{k_R}{(t'-t)(t'-t+1)}$$

und

$$k_L \frac{\overline{x}_{t'+1}}{2} > \frac{k_R}{(t'-t+1)(t'-t+2)}.$$

Das Verfahren besitzt deshalb eine besondere Qualität, weil es sich auf eine Marginalanalyse stützt, die die Änderungen der beiden Kostenfunktion direkt kalkuliert und miteinander vergleicht.

Beispiel: Losgrößenplanung mit dem Grenzkostenverfahren

Bezogen auf die bekannten Beispieldaten folgt zunächst für t = 1 und t' = 2:

$$1 \cdot \frac{100}{2} > \frac{60}{1 \cdot 2},$$

so dass $x_1 = 80$ festgelegt wird. Eine erneute Produktionsaufnahme wird damit in Periode 2 erforderlich. Falls t' = 3, erhalten wir die Abschätzung

$$1 \cdot \frac{60}{2} = \frac{60}{1 \cdot 2}.$$

Eine Vorproduktion bis t' = 4 führt hingegen zu

$$1 \cdot \frac{40}{2} > \frac{60}{2 \cdot 3},$$

d.h. der optimale Produktionshorizont ist bereits überschritten. So lautet die optimale Losgröße für Periode 2: $x_2 = \overline{x}_2 + \overline{x}_3 = 160$. Die optimale Losgröße für die Produktionsmenge in Periode 4 ergibt sich unmittelbar als $x_4 = 40$.

5.3 Planung der Produktionslose

Grundlage des Durchschnittskostenverfahrens von SILVER und MEAL (1973) ist der analytische Nachweis, dass beim Standardansatz die durchschnittlichen Kosten pro Periode im Optimum minimal sind. Diese Kosten lassen sich bei einer dynamischen Losgrößenplanung folgendermaßen ermitteln:

$$z_{tt'} = \frac{k_R + k_L \sum_{\tau=t+1}^{t'}(\tau-t)\bar{x}_\tau}{t'-t+1}.$$

Für den Horizont t', bis zu dem eine Vorproduktion vorgenommen werden soll, gelten dann die Bedingungen $z_{t,t'-1} \geq z_{tt'}$ sowie $z_{tt'} < z_{t,t'+1}$.

Beispiel: Losgrößenplanung mit dem Durchschnittskostenverfahren

Befindet wir uns bei der Planung für das Beispielunternehmen in Periode t = 1, so lassen sich für die Just in Time-Produktion (t' = 1) und die Vorproduktion bis t' = 2 folgende durchschnittliche Periodenkosten ermitteln:

$$z_{11} = \frac{60}{1} = 60$$

und

$$z_{12} = \frac{60+100}{2} = 80.$$

Wegen $z_{11} < z_{12}$ wird die Just in Time-Alternative präferiert ($x_1 = 80$). Die Planung der optimalen Losgröße in Periode t = 2 basiert auf einem Vergleich der Durchschnittskosten

$$z_{22} = \frac{60}{1} = 60,$$

$$z_{23} = \frac{60+60}{2} = 60$$

und

$$z_{24} = \frac{60+60+2\cdot 40}{3} = 66\frac{2}{3}.$$

Aus $z_{23} < z_{24}$ folgt die Entscheidung zugunsten des Loses $x_2 = \bar{x}_2 + \bar{x}_3 = 160$. Es verbleibt die Fertigung des Loses $x_4 = 40$ in Periode 4.

Die vorgestellten heuristischen Verfahren führen nicht zwangsläufig zu kostenminimalen Losgrößen. Grundsätzlich lässt sich nachweisen, dass die heuristischen Verfahren das optimale Ergebnis umso besser anzunähern vermögen, je geringer die Bedarfsschwankungen in dem vorliegenden Problem sind. Das liegt darin begründet, dass die einzelnen Verfahrensideen aus dem Standardansatz der Losgrößenplanung abgeleitet sind. Dieser Standardansatz berücksichtigt jedoch keine Bedarfsschwankungen. Bei großen Schwankungen werden die Ergebnisse deshalb merklich schlechter, wie Simulationsrechnungen gezeigt haben. Außerdem lassen sich die Ergebnisse von heuristischen Verfahren natürlich dadurch verbessern, dass eine feinere Einteilung des Planungshorizonts in viele Teilperioden gewählt wird. Die besseren Ergebnisse werden aber durch einen größeren Rechenaufwand erkauft.

5.3.5 Planung bei mehreren Produkten und beschränkten Kapazitäten

Bisher haben wir lediglich die Problemstruktur der Losgrößenplanung anhand einer einzigen Produktart diskutiert. Die Problematik gewinnt jedoch umso mehr an Bedeutung, je mehr Produkte betrachtet werden, die mit denselben Ressourcen zu fertigen sind. Zwar lassen sich prinzipiell unabhängige Losgrößenberechnungen für jede Produktart durchführen, doch ist nicht immer gewährleistet, dass die Ergebnisse dann koordiniert und die ermittelten Lose gefertigt werden können. Oft steht nämlich nicht ausreichend Kapazität zur Verfügung.

> **Beispiel: Klassische Losgrößenplanung bei zwei Produkten**
>
> Zwei Produkte A und B beanspruchen dieselbe Maschine, dasselbe Personal und denselben Lagerraum. Gemäß den Daten aus Tabelle 5.3.1 werden zunächst die optimalen Losgrößen für beide Produkte nach Formel (5.3.2) separat bestimmt. Wir erhalten
>
> $$q_A^{opt} = \sqrt{\frac{2 \cdot 7{,}50 \cdot 600}{0{,}45 \cdot 0{,}5}} = 200$$
>
> sowie
>
> $$q_B^{opt} = \sqrt{\frac{2 \cdot 10 \cdot 800}{0{,}20 \cdot 0{,}5}} = 400.$$
>
> Produkt A ist also dreimal aufzulegen, Produkt B hingegen zweimal. Beträgt der Planungshorizont 1 Jahr bzw. 12 Monate, so veranschaulicht Abbildung 5.3.2 die Lagerbestandsverläufe für beide Produkte.
>
> | | k_R | k_L | x | |
> |---|---|---|---|---|
> | A | 7,50 | 0,45 | 600 | 0,50 |
> | B | 10,00 | 0,20 | 800 | 0,50 |
>
> **Tabelle 5.3.1:** Ausgangsdaten für die Produktarten A und B bei der Ermittlung der optimalen Lose

Abbildung 5.3.2 ist zu entnehmen, dass sowohl in den ersten beiden Monaten als auch im neunten Monat eine Parallelfertigung beider Produktarten A und B erforderlich wäre. Dagegen stehen die Maschinen in den Monaten 4, 11 und 12 still. Sind die Kapazitäten nun auf eine gleichmäßige Auslastung ausgelegt, so ist eine Parallelbearbeitung nicht oder zumindest nur teilweise zulässig. Die Losgrößen beider Produkte müssen also abgestimmt werden. Dies führt zwar zu einer Steigerung der losgrößenabhängigen Kosten, sorgt aber in der Regel für eine Senkung der Kapazitätskosten. Soll nämlich die Produktion wie ursprünglich geplant ablaufen, so müssen höhere Kapazitäten bereitgestellt werden. Gleichzeitig wachsen die Stillstandzeiten der Maschinen in anderen Perioden, in denen eine Parallelbearbeitung nicht angestrebt wird, beträchtlich an. Insofern ist es zu erwägen, die Maschinenkapazität von vornherein zu beschränken und unter dieser Bedingung aufeinander abgestimmte Losgrößen zu ermitteln.

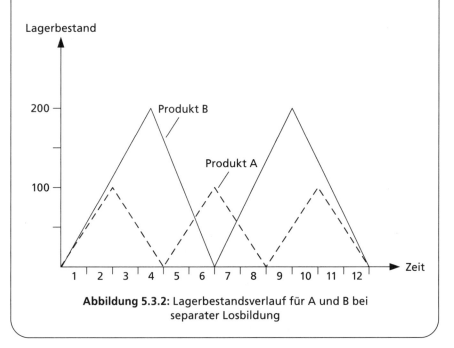

Abbildung 5.3.2: Lagerbestandsverlauf für A und B bei separater Losbildung

Um zu einer Lösung des kapazitierten Losgrößenproblems bei mehreren Produktarten zu gelangen, wollen wir uns im Folgenden mit einem einfachen heuristischen Verfahren befassen, das von EISENHUT (1975) entwickelt wurde. Im Grunde besteht diese Heuristik wiederum darin, die Alternativen einer Vorfertigung für die einzelnen Produkte zu prüfen, nachdem sichergestellt ist, dass am Periodenende auf jeden Fall die Bestände in Höhe der jeweiligen Periodenbedarfe disponierbar sind. Für die aussichtsreichen Vorfertigungsalternativen werden Kostensenkungspotenziale ermittelt. Rüstkostenersparnisse werden mit den steigenden Lagerkosten verglichen. Formal ergibt sich das Kostensenkungspotenzial für eine Produktart j für den Fall, dass in Periode t der Bedarf bis einschließlich Periode t' vorgefertigt wird, als

$$\Delta K_j(t,t') = k_{Rj} w_{jt} - k_{Lj} \sum_{\tau=t+1}^{t'} (\tau - t) \bar{x}_{j\tau}. \tag{5.3.16}$$

w_{jt} bezeichnet hierbei eine so genannte Binärvariable, die nur die Werte null und eins annehmen kann. Sie ist genau dann gleich eins ist, wenn wegen des bestehenden Periodenbedarfs auf jeden Fall eine Produktionsaufnahme für Produktart j in Periode t erforderlich ist. Nur in diesem Fall treten Rüstkostenersparnisse in späteren Perioden auf. Die ausschließliche Vorproduktion von zukünftigen Periodenbedarfen ist stets suboptimal, da sie einerseits lediglich zu einer Verschiebung der Rüstkosten führt, andererseits jedoch vermehrt Lagerkosten auftreten. Gleichung (5.3.16) enthält also im ersten Summanden die möglichen Rüstkostenersparnisse, im zweiten Summanden die zusätzlichen Lagerkosten. Für eine gegebene Periode t sind also die Kostensenkungspotenziale einer Produktart j für aufsteigende Werte t' > t zu prüfen. Offenbar nehmen die Kostensenkungspotenziale gemäß (5.3.16) mit wachsendem t' ab, da die Lagerkosten bei identischen Rüstkostenersparnissen weiter anwachsen.

Es gibt nun zwei Kriterien für die Bestimmung der Fertigungslose:

- Zunächst einmal kommen nur solche Vorfertigungen in Betracht, die ein positives Kostensenkungspotenzial besitzen. Produktionsmengen, die zu einem negativen Kostensenkungspotenzial führen, werden zwecks erneuter Überprüfung in die nächste Periode verschoben.
- Von den verbleibenden Vorfertigungsalternativen wird zunächst diejenige ausgewählt, die zum maximalen Kostensenkungspotenzial führt. Ist die Produktion dieser Menge in Anbetracht der Ressourcenbeschränkungen noch zulässig, so wird sie für die betreffende Periode auch eingeplant. Analog werden schrittweise die nächstbesseren Alternativen für die weiteren Produktarten überprüft, bis schließlich die Ressourcenkapazität erreicht ist. Ist eine Vorfertigung aus Kapazitätsgründen in der gegenwärtig analysierten Periode nicht mehr realisierbar, so muss weiter festgestellt werden, ob nicht noch andere Alternativen existieren, die ein geringeres, aber dennoch positives Kostensenkungspotenzial besitzen und wegen einer geringeren Kapazitätsbeanspruchung noch zulässig sind. Die entsprechende Produktion wird dann ebenfalls für die betrachtete Periode eingeplant.

Beispiel: Losgrößenplanung mit der EISENHUT-Heuristik

Wir legen die Daten aus Tabelle 5.3.1 zugrunde und nehmen außerdem an, dass die Periodenbedarfe der beiden Produktarten A und B über ein Jahr gleichverteilt sind. Der Monatsbedarf für Produktart A beträgt also 600/12 = 50 Mengeneinheiten, der für Produktart B 800/12 = 200/3 Mengeneinheiten. Im ersten Monat sind also mindestens die Grundbedarfe

$$q_{1A} = 50 \quad \text{sowie} \quad q_{1B} = \frac{200}{3}$$

zu fertigen. Außerdem ist zu überprüfen, ob eine Vorfertigung in Betracht kommt. Dazu sind die Kostensenkungspotenziale

$$\Delta K_A(1,2) = 7{,}50 - \frac{0{,}45}{12} \cdot 1 \cdot 50 = 5{,}625$$

und

$$\Delta K_B(1,2) = 10 - \frac{0{,}20}{12} \cdot 1 \cdot \frac{200}{3} = 8{,}888$$

zu vergleichen. Für beide Produktarten treten demnach positive Kostensenkungspotenziale auf. Jedoch ist das Potential für Produktart B größer als das für A. Nehmen wir nun zusätzlich an, dass die gesamte maximale Monatskapazität auf der eingesetzten Maschine 200 Mengeneinheiten beträgt, so lässt sich zwar der zweite Monatsbedarf von B noch vorfertigen, eine weitere Produktionssteigerung ist dann jedoch wegen Erreichens der Kapazitätsgrenze nicht möglich. D. h. die geplanten Fertigungslose für den ersten Monat lauten:

$$x_{1A} = \overline{x}_{1A} = 50$$

und

$$x_{1B} = \overline{x}_{1B} + \overline{x}_{2B} = \frac{400}{3}.$$

Insgesamt werden also 183 1/3 Mengeneinheiten gefertigt. Jede zusätzliche Vorproduktion eines weiteren Monatsbedarfes würde die Kapazitätsgrenze von 200 Einheiten überschreiten und ist deshalb nicht zulässig.

Nachdem die Planung für den ersten Monat abgeschlossen ist, bleibt für den zweiten Monat vorerst nur noch die Einplanung des Monatsbedarfs für Produktart A in Höhe von $q_{2A} = 50$ vorzunehmen. Die zu überprüfenden Kostensenkungspotenziale für etwaige Vorfertigungen späterer Monatsbedarfe ergeben sich für Produktart A aus

$$\Delta K_A(2,3) = 7{,}50 - \frac{0{,}45}{12} \cdot 1 \cdot 50 = 5{,}625$$

$$\Delta K_A(2,4) = 7{,}50 - \frac{0{,}45}{12}(1 \cdot 50 + 2 \cdot 50) = 1{,}875$$

$$\Delta K_A(2,5) = 7{,}50 - \frac{0{,}45}{12}(1 \cdot 50 + 2 \cdot 50 + 3 \cdot 50) = -3{,}75$$

bzw. für Produktart B aus

$$\Delta K_B(2,3) = 0 - \frac{0{,}20}{12} \cdot 1 \cdot \frac{200}{3} = -1{,}111.$$

Aussichtsreich ist demnach lediglich eine Vorfertigung der Monatsbedarfe 3 und 4 von Produktart A. Das Kostensenkungspotenzial ist in diesen Fällen positiv. Andere Vorfertigungen sind dagegen nicht sinnvoll, da die gestiegenen Lagerkosten die Ersparnisse an Rüstkosten übertreffen würden. Eine Vorfertigung der Monatsbedarfe von A über zwei weitere Monate ist außerdem kapazitativ zulässig, so dass die geplanten Losgrößen für den zweiten Monat lauten:

$$x_{2A} = \bar{x}_{2A} + \bar{x}_{3A} + \bar{x}_{4A} = 150$$

sowie

$$x_{2B} = 0.$$

Periode t	q_{tA}	q_{tB}	x_{tA}	x_{tB}	$x_{tA}+x_{tB}$
1	50	200/3	50	400/3	550/3
2	50	0	150	0	150
3	0	200/3	0	200	200
4	0	0	0	0	0
5	50	0	150	0	150
6	0	200/3	0	200	200
7	0	0	0	0	0
8	50	0	150	0	150
9	0	200/3	0	200	200
10	0	0	0	0	0
11	50	0	100	0	100
12	0	200/3	0	200/3	200/3
Σ t	–	–	600	800	1.400

Tabelle 5.3.2: Ergebnisse des kapazitierten Losgrößenproblems für die Produktarten A und B

Die Ergebnisse für das gesamte Jahr, die nach dem erläuterten Schema sukzessiv hergeleitet werden können, sind in Tabelle 5.3.2 zusammengefasst. Abbildung 5.3.3 veranschaulicht darüber hinaus die Lagerbestandsverläufe für den Fall, dass die Losgrößen der beiden Produktarten A und B unter Anwendung der EISENHUT-Heuristik auf die bestehende Kapazitätsbeschränkung abgestimmt wurden.

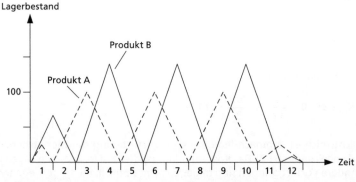

Abbildung 5.3.3: Lagerbestandsverlauf für die Produktarten A und B bei koordinierter Losbildung

5.3.6 Zusammenfassung

Die Losgrößenplanung setzt die Planung des Produktionsprogramms insofern fort, als die von einer Produktart für eine Periode vorgesehenen Fertigungsmengen zu Fertigungslosen gebündelt werden. Diese Lose können dann zu unterschiedlichen Zeitpunkten auf den Maschinen eingelastet werden. Damit wird vor allem dem Ziel einer bedarfsgerechten, flexiblen Fertigung Rechnung getragen. Kleinere Lose können zeitlich enger an den Kundenbedarfen ausgerichtet werden. Die Maschinen werden schneller wieder frei, um mit anderen dringlichen Aufträgen belegt zu werden. In Abschnitt 5.3.2 wurde der Standardansatz präsentiert, der von einer einfachen Produktionsumgebung ausgeht. Hier bleiben insbesondere Bedarfsschwankungen und Fertigungsengpässe außer Betracht. Es wurde ein Unternehmen zugrunde gelegt, das in einem einstufigen Fertigungsprozess ein Standardprodukt erzeugt. Dabei wurde zwischen einer geschlossenen Produktion und einer offenen Produktion unterschieden. Die Ergebnisse dieser Betrachtungen ließen sich in einfachen Losgrößenformeln abbilden, welche dem Anwender eine schnelle Kalkulation der optimalen Fertigungslose gestatten. In Abschnitt 5.3.3 haben wir uns dann dem allgemeinen Fall zugewandt, dass die Produktionsmengen von Periode zu Periode schwanken und die Anwendung von Losgrößenformeln nicht mehr ohne weiteres in Betracht kommt. Vielmehr ist ein aufwändigerer dynamischer Planungsprozess notwendig, der auf dem Grundsatz der dynamischen Optimierung basiert, letztendlich aber ebenfalls Planungsresultate liefert, die zu minimalen Gesamtkosten führen, welche sich aus den Rüst- und Lagerkosten zusammensetzen. Für ein robusteres, wenn auch nicht unbedingt optimales Vorgehen, das dennoch zu guten Ergebnissen führt, bietet sich eine heuristische Losgrößenplanung an, die auf analytisch gewonnenen Erkenntnissen beruht. Einige dieser Verfahren, die sich in der Praxis besonders bewährt haben, wurden anhand ihrer Verfahrensidee sowie des Verfahrensablaufs in Abschnitt 5.3.4 vorgestellt. Die Berücksichtigung von Kapazitätsengpässen war Gegenstand von Abschnitt 5.3.5. Wenn es nicht gelingt, das Kapazitätsangebot kurzfristig zu erhöhen, muss dafür Sorge getragen werden, dass die Kapazitätsnachfrage geeignet angepasst wird. Dies geschieht vor allem durch eine Vorverlagerung von Produktionen. Diese Überlegung wurde in Form der EISENHUT-Heuristik präsentiert. Bei diesem Verfahren werden die Kostensenkungspotenziale verschiedener Alternativen der Vorfertigung miteinander verglichen, bevor die Entscheidung zugunsten der Alternative mit dem höchsten Potenzial getroffen wird. Insgesamt haben die in diesem Unterkapitel dargestellten Verfahren gezeigt, dass die Planung der Fertigungslose auch unter schwierigen Umständen erfolgreich durchgeführt werden kann, so dass am Ende dieser Planungsphase Fertigungsaufträge in Form von optimalen Losgrößen existieren, die im Allgemeinen für die Einlastung auf Maschinen bzw. die Fertigungssteuerung gut handhabbar sind.

5.3.7 Fragen zur Wiederholung

1. Welche Ziele werden bei der Losgrößenplanung verfolgt? Welche Kostenarten sind zu beachten? Unter welchen Umständen können einzelne Kosten außer Acht bleiben? Nennen Sie Beispiele.
2. Erörtern Sie, wie sich die optimale Losgröße unter sonst gleichen Bedingungen verändert, wenn offene Produktion statt geschlossener Produktion vorliegt.
3. Was besagt das Prinzip der Complementary Slackness bei der Bestimmung von Losgrößen?
4. Skizzieren Sie die Idee der dynamischen Optimierung anhand der Losgrößenproblematik.
5. Worin liegen die Vor- und Nachteile von heuristischen Verfahren der Losgrößenbestimmung gegenüber exakten Verfahren?
6. Grenzen Sie die verschiedenen Heuristiken entsprechend ihrer Verfahrensidee voneinander ab. Gehen Sie insbesondere auf die Plausibilität dieser Ideen ein, indem Sie die hierfür notwendigen Voraussetzungen erörtern.
7. Wie lässt sich sicherstellen, dass die Losgrößenplanung auch umgesetzt werden kann? Diskutieren Sie hierzu das Problem beschränkten Lagerraums.

5.3.8 Aufgaben zur Übung

Aufgabe 1

In der Produktionsabteilung eines Automobilzulieferers ist die Aufteilung der gesamten Produktion für die Monate Januar bis Mai in einzelne Lose zu planen. Dem Leiter der Produktionsabteilung liegen Daten über die Periodenbedarfe, die Rüst- sowie die Lagerkosten vor. Folgende Mengen werden in den einzelnen Monaten benötigt:

Monat	Bedarfsmengen
Januar	1.000
Februar	100
März	200
April	400
Mai	100

Die Rüstkosten für jedes neu aufgelegte Los betragen 300 € in den ersten drei Monaten. Von April an ist mit Rüstkosten in Höhe von 400 € pro Rüstvorgang zu rechnen. Die Lagerkosten bleiben über den ganzen Zeitraum konstant und betragen pro Stück und Monat 2 €. Bestimmen Sie die optimalen Losgrößen mit Hilfe des von WAGNER und WHITIN entwickelten Verfahrens. Geben Sie die in den einzelnen Monaten zu produzierenden Mengen und die insgesamt entstehenden Kosten an.

Aufgabe 2

Das Unternehmen Hi-Speed Inc. produziert Computerchips. Die Nachfragemengen für die Perioden 1 bis 4 belaufen sich auf 600, 900, 800 und 700 Stück. Pro Auflageperiode fallen Rüstkosten in Höhe von 350 € in den Perioden 1 und 2 sowie 450 € in den Perioden 3 und 4 an. Die Lagerkosten betragen pro Stück und Periode 0,20 €. Berechnen Sie die optimalen Losgrößen mit Hilfe verschiedener heuristischer Verfahren der Losgrößenplanung und vergleichen Sie die Resultate.

Aufgabe 3

Für den Zeitraum Juli bis Dezember des laufenden Jahres liegen der Produktionsabteilung des Unternehmens Gärtner & Hopfenmalz AG für ihr Premiumbierkonzentrat folgende Bestellungen vor:

Monat	hl
Juli	45
August	50
September	60
Oktober	55
November	70
Dezember	40

Die Rüstkosten für jedes neu aufgelegte Los betragen 500 €, die Lagerkosten 9 € pro Hektoliter (hl) und Monat. Zur Berechnung der Losgrößen verwendet die Produktionsabteilung das Verfahren von SILVER und MEAL. Bestimmen Sie mit Hilfe dieses Verfahrens, in welchen Monaten welche Mengen produziert werden und welche Kosten insgesamt entstehen.

5.3.9 Literaturempfehlungen zur Vertiefung

BLOECH, J./BOGASCHEWSKY, R./BUSCHER, U./GÖTZE, U./ROLAND, F. (2008): Einführung in die Produktion. 6. Auflage, Springer, Berlin u. a.

DOMSCHKE, W./SCHOLL, A./VOSS, S. (1997): Produktionsplanung. Ablauforganisatorische Aspekte. 2. Auflage, Springer, Berlin u. a.

GÜNTHER, H.-O./TEMPELMEIER, H. (2012): Produktion und Logistik. 9. Auflage, Springer, Berlin u. a.

TEMPELMEIER, H. (2008): Material-Logistik – Modelle und Algorithmen für die Produktplanung und -steuerung in Advanced-Planning-Systemen. 7. Auflage, Springer, Berlin u. a.

ZÄPFEL, G. (1982): Produktionswirtschaft – Operatives Produktions-Management. De Gruyter, Berlin u. a.

5.4 Planung der Produktionstermine und Produktionskapazitäten

5.4.1 Einführung

Nachdem die zu fertigenden Mengen in Form von Fertigungsaufträgen bestimmt sind, müssen für solche Aufträge die Produktionszeiten festgelegt werden. Gegenstand und Aufgabe der Terminplanung ist dementsprechend die zeitliche Zuordnung von Aufträgen und hierfür benötigten Produktionsfaktoren. Im Allgemeinen reicht es aus, den Produktionsfaktor Betriebsmittel zu betrachten. Die übrigen Produktionsfaktoren wie zum Beispiel der Einsatz von Arbeitskräften sowie die Bereitstellung von Rohstoffen sind gewöhnlich an die Bearbeitung der Aufträge auf den einzelnen Betriebsmitteln gekoppelt.

Für die Terminplanung sind zwei Blickrichtungen maßgeblich, die zu unterschiedlichen Zielen führen. So kommt es zunächst darauf an, dass die Aufträge möglichst schnell beendet werden. Mit jeder Verzögerung wird unnötigerweise Umlaufkapital gebunden. Dieses Kapital in Form von Material, Personal usw. wird erst dann wieder frei, wenn der Auftrag fertiggestellt ist bzw. die Zahlung für diesen Auftrag eingeht. Die auftragsorientierte Terminplanung wird auch als Durchlaufterminierung bezeichnet. Die Durchlaufzeit eines Auftrags ist die Zeit von der Auftragsannahme bis zur Fertigstellung des Auftrags. Konzentriert man sich dagegen auf eine betriebsmittelorientierte Terminplanung (Kapazitätsterminierung), so sind die Belegungszeiten der Maschinen zu maximieren bzw. die Leerzeiten zu minimieren. Dies ist gleichbedeutend mit einer maximalen Kapazitätsauslastung. Die Belegungszeit ist die Zeit, in der ein Auftrag auf der jeweiligen Maschine bearbeitet wird. Sie wird gelegentlich auch als Nutzzeit bezeichnet. Während einer Leerzeit findet hingegen keine Auftragsbearbeitung statt. Das Ziel einer maximalen Kapazitätsauslastung erhält seine Berechtigung aus der Minimierung der Kosten des Anlagekapitals. Je besser eine Maschine ausgelastet ist, desto mehr Deckungsbeiträge können erwirtschaftet werden, um das Anlagekapital zu decken. Zwischen der maximalen Kapazitätsauslastung und den minimalen Durchlaufzeiten herrscht oft ein Zielkonflikt. Die Verbesserung einer Zielerfüllung führt zur Verschlechterung der anderen Zielerfüllung. GUTENBERG (1951) hat dies als Dilemma der Ablaufplanung bezeichnet. Die primäre Zielrichtung sollte sich deshalb danach richten, ob das Kapital vornehmlich in den Aufträgen oder in den Maschinen gebunden ist und in welchem Umfang der jeweils andere Zielbeitrag negativ ist, also die Erreichung des anderen Oberziels behindert wird.

5.4 Planung der Produktionstermine und Produktionskapazitäten

An dieser Stelle sollten Sie bedenken, dass bei Planungsproblemen, die den zeitlichen Ablauf der Planung zum Gegenstand haben, stets geeignete, operative Ziele zugrunde gelegt werden. Dies sind bei operativen Problemen vor allem Zeit- und nicht Kostenziele. Für kurze Planungszeiträume sind Kosten nicht immer unmittelbar verfügbar bzw. messbar. Vielmehr richtet sich die Kostenverfügbarkeit hauptsächlich nach dem Ausbau des internen Rechnungswesens bzw. der dort vorgesehenen Periodisierung von Planungszeiträumen. Allerdings lassen sich Zeiten meistens recht gut wieder in Kosten transformieren.

In Abschnitt 5.4.2 kümmern wir uns um die routinemäßige zeitliche Erfassung der einzelnen Arbeitsgänge bzw. "Operationen" eines Auftrags. Im Verlaufe der dort angewandten Methodik wird deutlich, dass es zeitliche Spielräume gibt, um einzelne Operationen nach vorne bzw. hinten zu verschieben und die vorhandenen Maschinenkapazitäten bestmöglich zu nutzen. In Abschnitt 5.4.3 wird diese Idee in dem Sinne erweitert, dass geprüft wird, ob unter Umständen zusätzliche Kapazitätseinheiten bereitgestellt werden sollten, damit Operationen bzw. Aufträge schneller ausgeführt werden können. Bei dieser Entscheidung ist eine Abwägung zwischen dem Nutzen einer solchen Beschleunigung und den dadurch entstehenden Kosten vorzunehmen. Abschnitt 5.4.4 liefert wiederum eine Zusammenfassung der wichtigsten Erkenntnisse dieses Kapitels.

5.4.2 Standardansatz

Bevor nun Planungsansätze zur Problemlösung vorgestellt werden, werden wir zunächst erörtern, wie die Durchlaufzeiten und Kapazitäten überhaupt bestimmt werden können. Durchlaufzeiten lassen sich aus der Ablaufstruktur einer Produktion bzw. eines Auftrags herleiten. Zur Darstellung der Ablaufstruktur benutzt man häufig einen Netzplan. Dies ist ein bewerteter und gerichteter Graph ohne Schleifen. Elemente, aus denen ein Netzplan konstruiert wird, sind Knoten und gerichtete Kanten (Pfeile). Je nachdem, welchen Inhalt man den Knoten und Pfeilen zuordnet, spricht man auch von Vorgangsknotennetzplänen oder Vorgangspfeilnetzplänen. Im ersten Fall werden die Vorgänge durch Knoten eines Netzplans, im zweiten Fall durch die Kanten beschrieben.

Zur Ermittlung der Durchlaufzeiten mit Hilfe der Netzplantechnik gibt es zwei wesentliche Methoden, die in der Praxis ausgeübt werden: Die Metra Potential Method (MPM) bedient sich eines Vorgangsknotennetzplans. Im Folgenden soll jedoch die Critical Path Method (CPM) erläutert werden, der ein Vorgangspfeilnetzplan zugrunde liegt.

Bei der CPM werden also Vorgänge als Kanten und dementsprechend Zustände bzw. Ereignisse, die auf diesen Vorgängen basieren, als Knoten dargestellt. Interessant sind vor allem die Eintrittszeitpunkte der einzelnen Zustände von Produkten sowie die Termine, zu denen die Vorgänge bzw. Aktivitäten ausgeführt werden können. Dabei werden früheste und späteste Zeitpunkte unterschieden, die dann den Rahmen für alle zulässigen Lösungen bilden.

Im Folgenden wollen wir die Zustände, die den Abschluss jeweils eines Vorgangs darstellen, mit i bzw. j = 1, ..., I bezeichnen. Analog wird eine Aktivität jeweils durch ein Tupel (i,j) aus dem Zustand i zu Beginn sowie dem Zustand j nach Beendigung der Aktivität gekennzeichnet. Der Anfangszustand im Netzplan, der den Beginn sämtlicher Aktivitäten charakterisiert, erhält die Kennzeichnung i = 1, der Endzustand, welcher die Fertigstellung des Auftrags symbolisiert, die höchste Nummerierung I. Unter der Prämisse, dass die Produktion unverzüglich anlaufen kann, gibt $FT_1 = 0$ das früheste Eintreten des Anfangszustands 1 an. Für die frühesten Eintrittszeitpunkte der weiteren Zustände nach entsprechend fortgeschrittener Bearbeitung des Auftrags gilt dann

$$FT_j = \underset{i}{\text{Max}}\left(FT_i + D_i\right), (i,j) \in \text{Netzplan}, j = 2, \ldots, I. \tag{5.4.1}$$

D_{ij} symbolisiert die Dauer der Aktivität (i,j). Sie umfasst neben der reinen Bearbeitungszeit auch noch die erforderliche Transportzeit sowie eine durchschnittliche Wartezeit in der Werkstatt, bevor die Maschine frei wird und der Auftrag bearbeitet werden kann. (5.4.1) besagt, dass ein Zustand j frühestens dann eintreten kann, wenn sämtliche technisch bedingten Vorgängerzustände ebenfalls frühestmöglich eingetreten sind und außerdem die Aktivität (i,j) durchgeführt wurde, durch die der Auftrag in den Zustand j überführt wird. Mit Hilfe einer derartigen Vorwärtsterminierung lassen sich folglich alle frühesten Eintrittszeitpunkte von Zuständen sukzessiv ermitteln.

Eine analoge Rückwärtsterminierung ist erforderlich, um die spätesten Eintrittszeitpunkte von Zuständen zu bestimmen. Zunächst wird der späteste Eintrittszeitpunkt des Zustands I des fertiggestellten Auftrags als

$$ST_I = FT_I \tag{5.4.2}$$

bestimmt. (5.4.2) verlangt, dass für die Fertigstellung des Auftrags keine unnötigen Verzögerungen bewusst in Kauf genommen werden. Liegt allerdings ein Liefertermin $\bar{D}$ vor, so hat sich der späteste Endzeitpunkt für die Erreichung des Zustands I grundsätzlich an diesem Liefertermin zu orientieren, d.h.

$$ST_I = \bar{D}(> FT_I). \tag{5.4.3}$$

Retrograd lassen sich dann die spätesten Fertigstellungstermine für Zustände i < I aus

$$ST_i = \underset{j}{\text{Min}}\left(ST_j - D_{ij}\right), (i,j) \in \text{Netzplan}, i = I-1, \ldots, 1$$

ermitteln.

Kennt man die Eintrittszeitpunkte der einzelnen Zustände, so erhält man hieraus unmittelbar die Bearbeitungstermine der verschiedenen Aktivitäten. Der früheste Anfangstermin FAT_{ij} einer Aktivität (i,j) entspricht dem frühesten Eintrittszeitpunkt des Zustands i. Es ist also $FAT_{ij} = FT_i$.

Um den frühesten Endtermin FET_{ij} der Aktivität (i,j) zu bestimmen, ist die Dauer der Aktivität zu dem frühesten Anfangstermin zu addieren, d.h.

5.4 Planung der Produktionstermine und Produktionskapazitäten

$$FET_{ij} = FAT_{ij} + D_{ij} = FT_i + D_{ij}.$$

Entsprechend ergeben sich die spätesten End- bzw. Anfangstermine von (i,j) als

$$SET_{ij} = ST_j$$

bzw.

$$SAT_{ij} = SET_{ij} - D_{ij} = ST_j - D_{ij}.$$

Der Spielraum einer jeden Aktivität wird als ihre Pufferzeit bezeichnet. Die Pufferzeit lautet demnach formal

$$P_{ij} = SET_{ij} - FET_{ij} = ST_j - \left(FT_i + D_{ij}\right) = SAT_{ij} - FAT_{ij}.$$

Die gesamte Pufferzeit P_{ij} ist nur dann verfügbar, wenn der Zustand i auch tatsächlich zum frühestmöglichen Zeitpunkt eintritt. Andererseits bewirkt das Ausnutzen der Pufferzeit, dass alle nachfolgenden Zustände erst zum spätestmöglichen Termin eintreten. Bei den nachfolgenden Aktivitäten ist dann keine Pufferzeit mehr vorhanden. Deshalb differenziert man die gesamte Pufferzeit auch nach der freien und unabhängigen Pufferzeit. Die freie Pufferzeit

$$P_{ij}^F = FT_j - \left(FT_i + D_{ij}\right)$$

beschreibt die Zeitspanne, um die ein Vorgang maximal verschoben werden kann, wenn auch alle nachfolgenden Aktivitäten frühestmöglich beginnen sollen. Sie erhält somit einen maximalen Spielraum im Hinblick auf den weiteren Produktionsprozess. Die unabhängige Pufferzeit

$$P_{ij}^U = \text{Max}\left[0, FT_j - \left(ST_i + D_{ij}\right)\right]$$

reduziert die zeitliche Flexibilität der Aktivität (i,j) weiterhin derart, dass von einer spätestmöglichen Fertigstellung der vorangehenden Aktivitäten ausgegangen wird. Die unabhängige Pufferzeit gibt an, um wie viele Zeiteinheiten der Vorgang unabhängig von der zeitlichen Positionierung irgendeines anderen Vorgangs verschoben werden kann. Für die vorangehenden bzw. nachfolgenden Vorgänge bleiben also nach wie vor die vollen Spielräume vorhanden, wie sie auch vor einer zeitlichen Verschiebung der Aktivität (i,j) existiert haben.

Mögen die freien und unabhängigen Pufferzeiten vor allem für die Einplanung einzelner Aktivitäten höchst interessant sein, so sind für die Ermittlung der Durchlaufzeit des Auftrags lediglich die gesamten Pufferzeiten der einzelnen Aktivitäten ausschlaggebend. Für den Fall, dass Bedingung (5.4.2) vorausgesetzt werden darf, existieren Aktivitäten, deren Pufferzeiten gleich null sind. Diese heißen auch kritische Aktivitäten. Die Durchlaufzeit lässt sich dann aus der Summe der Dauern solcher aufeinander folgender Aktivitäten berechnen, die kritisch sind. Ist dagegen die Annahme (5.4.3) erfüllt, d.h. ist ein Liefertermin vorgegeben, der nach dem frühesten Eintrittszeitpunkt des Zustands I liegt, so ergibt sich die Durchlaufzeit als Summe der Dauern solcher aufeinander folgender Vorgänge, welche identische, minimale – jedoch von null verschiedene – Pufferzeiten haben.

5 Planungszentriertes Operations Management

Beispiel: Terminplanung mit der Critical Path Method

Für die Bearbeitung eines Auftrags wurde ein Netzplan entwickelt, der in Abbildung 5.4.1 wiedergegeben ist. Der Ausgangszustand vor Aufnahme der Fertigung ist mit 1 gekennzeichnet. Die Aktivität (1,2) umfasst allgemeine, vorbereitende Maßnahmen für den Auftrag. Anschließend werden verschiedene Teile gefertigt, was durch die Aktivitäten (2,3), (2,4), (2,5) und (2,6) dargestellt ist. Nach Beendigung der Teilefertigung (2,3) werden Arbeitskräfte abgezogen, um bei der Teilefertigung (2,5) zu helfen. Dies wird durch die Aktivität (3,5) symbolisiert. D. h. Zustand 5 kann erst dann eintreten, wenn Zustand 3 eingetreten ist und außerdem die entsprechenden Arbeitskräfte, die zuvor an der Aktivität (2,3) beteiligt waren, vier Tage lang bei der Teilefertigung eines anderen Teils geholfen haben. Die Aktivität (4,5) stellt eine so genannte Scheinaktivität dar. Sie beansprucht keine Zeit und besagt lediglich, dass mit der Aktivität (5,8) erst begonnen werden kann, wenn die Zustände 3, 4 und 5 eingetreten, d. h. die entsprechenden Teile gefertigt sind. Allgemein stellen die Aktivitäten (3,8), (5,8), (6,7) und (7,8) weiterverarbeitende Tätigkeiten an den entsprechenden Teilen dar, zum Beispiel Veredelungen. Sind diese Weiterverarbeitungsprozesse abgeschlossen, ist also Zustand 8 eingetreten, erfolgt die Endmontage, was mit Aktivität (8,9) abgebildet wird. Die Vorgangsdauern sind in Zeiteinheiten (Arbeitstagen) an den Kanten des Netzplans notiert. In Klammern ist die benötigte Kapazität in Kapazitätseinheiten (Anzahl der Arbeitskräfte pro Tag) angegeben.

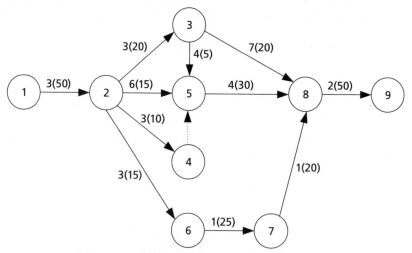

Abbildung 5.4.1: Netzplan einer Auftragsfertigung

Die Berechnung der frühesten bzw. spätesten Fertigungstermine sowie der Pufferzeiten ist in Tabelle 5.4.1 veranschaulicht. Dabei wurde unterstellt, dass ein Liefertermin nach 18 Tagen vorgegeben ist. Somit existieren für die kritischen Vorgänge minimale Pufferzeiten in Höhe von zwei Tagen. Die Durchlaufzeit für den gesamten Auftrag ergibt sich aus der Summe der Fertigungsdauern der Vorgänge mit eben diesen minimalen Pufferzeiten. Dies sind die Aktivitäten (1,2), (2,3), (3,5), (5,8) und (8,9). Die Durchlaufzeit des Auftrags beträgt also 16 Tage.

5.4 Planung der Produktionstermine und Produktionskapazitäten

Ereignis i	FT_i	ST_i	Vorgang (i,j)	D_{ij}	FAT_{ij}	FET_{ij}	SAT_{ij}	SET_{ij}	P_{ij}	CAP_{ij}
1	0	2	(1,2)	3	0	3	2	5	2	50
2	3	5	(2,3)	3	3	6	5	8	2	20
3	6	8	(2,4)	3	3	6	9	12	6	10
4	6	12	(2,5)	6	3	9	6	12	3	15
5	10	12	(2,6)	3	3	6	11	14	8	15
6	6	14	(3,5)	4	6	10	8	12	2	5
7	7	15	(3,8)	7	6	13	9	16	3	20
8	14	16	(4,5)	0	6	6	12	12	6	0
9	16	18	(5,8)	4	10	14	12	16	2	30
			(6,7)	1	6	7	14	15	8	25
			(7,8)	1	7	8	15	16	8	20
			(8,9)	2	14	16	16	18	2	50

Tabelle 5.4.1: Früheste und späteste Fertigungstermine sowie Pufferzeiten

Mit der Bestimmung der Durchlaufzeit liegt noch nicht fest, wann mit der Fertigung begonnen wird, d.h. frühest- oder spätestmöglich oder zu einem anderen Zeitpunkt. Dieser Zeitpunkt ist wesentlich durch die verfügbaren Kapazitäten determiniert. Sind diese Kapazitäten nämlich knapp, so müssen nicht alle Ablaufpläne auch zulässig sein. Beispielhaft sind die frühestmöglichen und spätestmöglichen Kapazitätsterminierungen in den Abbildungen 5.4.2 und 5.4.3 dargestellt. Dabei sind die Kapazitätsbeanspruchungen der einzelnen Aktivitäten CAP_{ij} der Tabelle 5.4.1 entnommen. Auf den Abszissen der beiden Abbildungen ist jeweils der Zeitfortschritt abgetragen, auf den Ordinaten die entsprechende Kapazitätsbeanspruchung in einer Periode.

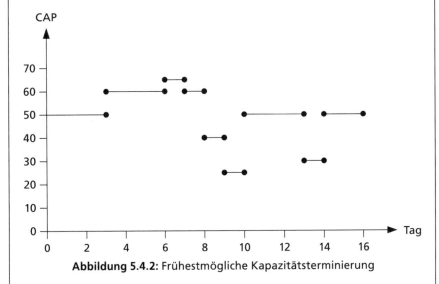

Abbildung 5.4.2: Frühestmögliche Kapazitätsterminierung

Ein Vergleich der beiden Abbildungen zeigt, dass bei frühestmöglicher Kapazitätsterminierung die Kapazitätsbeanspruchung vornehmlich in den ersten

Tagen stattfindet, bei spätestmöglicher Terminierung hingegen in den letzten Tagen. In beiden Fällen ist allerdings eine sehr unausgeglichene Kapazitätsbelastung zu beobachten. So herrscht vereinzelt Bedarf von bis zu 75 Arbeitskräften, während an anderen Tagen lediglich 20 Arbeiter benötigt werden. Sind etwa 50 Arbeiter pro Tag für den Auftrag verfügbar, so wird ein Kapazitätsausgleich erforderlich, um die Arbeiter gleichmäßig zu beschäftigen. Dieser Ausgleich erfolgt durch eine zeitliche Anpassung der Kapazitätsnachfrage.

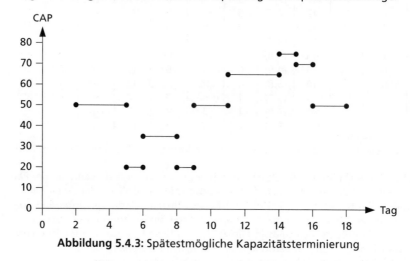

Abbildung 5.4.3: Spätestmögliche Kapazitätsterminierung

Durch Verschiebung von Aktivitäten innerhalb des Intervalls zwischen frühesten und spätesten Bearbeitungsterminen lässt sich ohne Veränderung der Durchlaufzeit des Auftrags ein Kapazitätsplan realisieren, der in jeder Periode lediglich 50 Kapazitätseinheiten beansprucht (vgl. hierzu Abbildung 5.4.4 sowie zur Berechnung der Anfangs- und Endtermine AT bzw. ET der einzelnen Aktivitäten Tabelle 5.4.2). Wird dieser Plan realisiert, so führt er zu einer minimalen Kapazitätsbereitstellung bzw. maximalen Kapazitätsauslastung.

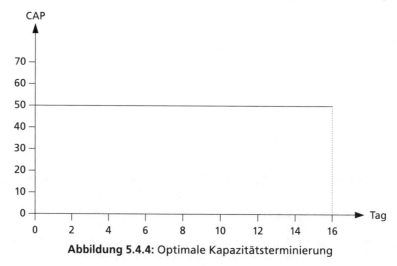

Abbildung 5.4.4: Optimale Kapazitätsterminierung

5.4 Planung der Produktionstermine und Produktionskapazitäten

Vorgang (i,j)	AT_{ij}	ET_{ij}	CAP_{ij}
(1,2)	0	3	50
(2,3)	3	6	20
(2,4)	6	9	10
(2,5)	3	9	15
(2,6)	3	6	15
(3,5)	6	10	5
(3,8)	6	13	20
(4,5)	6	6	–
(5,8)	10	14	30
(6,7)	9	10	25
(7,8)	13	14	20
(8,9)	14	16	50

Tabelle 5.4.2: Fertigungstermine bei optimalem Kapazitätsausgleich

5.4.3 Planung des Kapazitätsangebots

Gelingt es nicht, die Kapazitätsnachfrage so anzupassen, dass die verfügbare Kapazität sowie die vereinbarte Durchlaufzeit eingehalten werden, so muss das Kapazitätsangebot angepasst werden. Möglichkeiten hierzu bestehen in einer zeitlichen Anpassung (Überstunden, Kurzarbeit, Sonderschichten usw.), einer intensitätsmäßigen Anpassung (Beschleunigung der Produktion durch Erhöhung der Maschinengeschwindigkeit) oder einer quantitativen Anpassung (Einsatz zusätzlicher Maschinen).

Allgemein dienen solche Maßnahmen der Anpassung des Kapazitätsangebots auch dazu, die Durchlaufzeiten weiter zu reduzieren. Dies kann durchaus wirtschaftlich sein, wenn sich nämlich der Gewinn umgekehrt proportional zur Durchlaufzeit des Auftrags verhält, d. h. der Gewinn fällt, je länger das Projekt dauert. Zwischen den Beschleunigungskosten und dem entgangenen Gewinn existiert also ein Trade-off, der zu überprüfen ist. Im einfachsten Fall ist davon auszugehen, dass eine höchstmögliche Beschleunigung einer jeden Aktivität (i,j) bis zu einer so genannten Zusammenbruchzeit $\hat{D}_{ij}$ möglich ist. Die Kosten für diese Aktivität steigen dann auf $\hat{K}_{ij}$ an. Vergleichen wir diese Möglichkeit mit der Ausgangssituation, d. h. einer Vorgangsdauer D_{ij} und Vorgangskosten K_{ij}, so ergeben sich unter der Prämisse einer linearen Kostenentwicklung die Beschleunigungskosten pro Zeiteinheit zu

$$\Delta k_{ij} = \frac{\hat{K}_{ij} - K_{ij}}{D_{ij} - \hat{D}_{ij}}. \qquad (5.4.4)$$

Eine Verringerung der Durchlaufzeit kann im Allgemeinen auch durch alternative Maßnahmen realisiert werden. So ist zum Beispiel eine Verringerung der Transport- und Wartezeiten durch ein so genanntes Vorgangssplitting, d. h. die Möglichkeit der Aufteilung eines Vorgangs in parallele Teilaktivitäten oder durch sich zeitlich überlappende Aktivitäten zu erwägen. Aus diesem Grund nimmt die Kostenfunktion (5.4.4) in der Praxis oft eine komplexere Gestalt an, die hier jedoch nicht weiter entwickelt werden soll.

Eine Standardmethode zur Herleitung der optimalen Beschleunigung besteht darin, dass zunächst die kritischen Aktivitäten ermittelt werden. Nachdem deren Beschleunigungskosten bestimmt wurden, sind die Aktivitätsdauern in der Reihenfolge der Beschleunigungskosten zu verkürzen. D.h. solche kritischen Aktivitäten, die geringe Beschleunigungskosten aufweisen, werden zuerst angepasst. Für den Fall, dass im Verlauf dieses Vorgehens ein neuer kritischer Weg festgestellt wird, müssen die kritischen Aktivitäten entsprechend angepasst werden. Die Verfahrensidee ist in Abbildung 5.4.5 graphisch veranschaulicht. Mit jeder Reduzierung einer Aktivitätsdauer steigen die Projektkosten an. Die Kostenfunktion nimmt ihren Ausgang von der ursprünglichen Durchlaufzeit T. Nach allen möglichen Anpassungen mündet sie in die minimale Durchlaufzeit $\hat{T}$. $\hat{T}$ beschreibt ein technisch realisierbares Minimum, das sich aus der Summe aller Zusammenbruchzeiten für die einzelnen Aktivitäten ergibt, die auf dem kritischen Weg liegen. Für die Gewinnfunktion ist in Abbildung 5.4.5 ein linearer Verlauf angenommen, d. h. der Gewinn fällt proportional zur Durchlaufzeit des gesamten Auftrags. Die Inkaufnahme höherer Kosten lohnt sich also so lange, wie die Grenzkosten noch geringer sind als der Grenzgewinn, der aus der Beschleunigung resultiert. Bei Gleichheit von Grenzkosten und Grenzgewinn ist die optimale Beschleunigung erreicht. In Abbildung 5.4.5 ist dieser Wert durch T_{opt} symbolisiert. Eine weitere Verkürzung der Durchlaufzeit über T_{opt} hinaus wäre nicht gerechtfertigt, da die steigenden Kosten durch die Gewinnzuwächse nicht mehr aufgefangen würden.

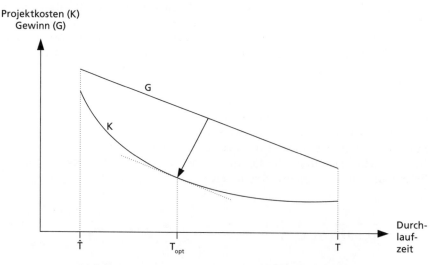

Abbildung 5.4.5: Optimale Auftragsbeschleunigung

5.4 Planung der Produktionstermine und Produktionskapazitäten

Ein exaktes Verfahren, welches die oben erläuterte Idee systematisch zu Ende führt, ist der KELLEY-Algorithmus (KELLEY/WALKER 1959). Er soll im Folgenden beispielhaft dargestellt werden.

> **Beispiel: Auftragsbeschleunigung mit dem KELLEY-Algorithmus**
>
> Für ein Fertigungslos ist der Netzplan in Abbildung 5.4.6 erstellt worden. Die Aktivitäten sind vereinfacht durch Großbuchstaben gekennzeichnet. An den Kanten sind außerdem die geplanten Aktivitätsdauern D in Arbeitstagen abgetragen. Die Zusammenbruchzeiten $\hat{D}$, die maximalen Aktivitätsbeschleunigungen $D - \hat{D}$ sowie die Beschleunigungskostensätze Δk finden wir in Tabelle 5.4.3. Die verschiedenen Wege durch den Netzplan sowie die zugeordneten Alternativen der Beschleunigung einzelner Aktivitäten auf diesen Wegen sind in Tabelle 5.4.4 dargestellt. Ausgehend von der ursprünglichen, unbeschleunigten Lösung wird der kritische Weg sukzessiv um jeweils eine Woche so reduziert, dass die zusätzlichen Beschleunigungskosten minimal bleiben. Dieser Schritt wird so lange wiederholt, bis keine Beschleunigung auf dem kritischen Weg mehr möglich ist.
>
>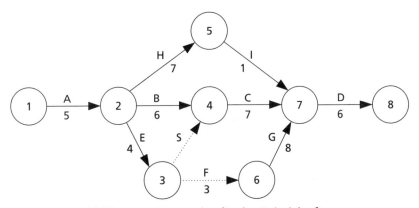
>
> **Abbildung 5.4.6**: Netzplan für den Beispielauftrag

So ist bei der unbeschleunigten Ausgangslösung zunächst AEFGD der kritische Weg. Die Fertigungsdauer beträgt 26 Tage. Eine Beschleunigung des Auftrags ist möglich durch Verkürzung der Aktivitäten A, E, F oder G. Die kostenminimale Beschleunigung um einen Tag erfolgt in Schritt 1 zunächst mit Hilfe einer Verkürzung von G. Die Beschleunigungskosten betragen 6.000 €. Schritt 2 führt zu einer weiteren Reduzierung von G. Wir können Tabelle 5.4.4 entnehmen, dass nunmehr zwei kritische Wege existieren, die jeweils 24 Tage beanspruchen. Die alleinige Beschleunigung von G führt deshalb zu keiner weiteren Absenkung der Auftragsdauer, weil damit der kritische Weg ABCD nicht gleichzeitig auch beschleunigt wird. Gemäß Tabelle 5.4.4 verbleiben zwei Alternativen, die beide kritische Wege berücksichtigen: Zum einen kommt eine Reduzierung von Aktivität A in Betracht. Diese Aktivität ist Teil beider kritischen Wege und kann um zwei Tage beschleunigt werden. Zum anderen lassen sich sowohl G als auch B gleichzeitig in einem Schritt um jeweils einen Tag beschleunigen, denn damit werden beide kritischen Wege parallel reduziert. Es ergibt sich damit ein zusätzliches Beschleunigungspotenzial von drei Tagen. Sowohl für die Beschleunigung von A als auch für die Abkürzung von G und B entstehen Beschleunigungskosten in Höhe von 10.000 € pro Tag.

Aktivität	Optimale Aktivitätsdauer D [Wochen]	Zusammenbruchzeit $\hat{D}$ [Wochen]	Maximale Aktivitätsbeschleunigung D-$\hat{D}$ [Wochen]	Beschleunigungskostensatz Δk [€/Woche]
A	5	3	2	10.000
B	6	5	1	4.000
C	7	7	0	–
D	6	6	0	–
E	4	3	1	20.000
F	3	2	1	17.000
G	8	5	3	6.000
H	7	4	3	5.000
I	1	1	0	–

Tabelle 5.4.3: Erhobene Zeit- und Kostendaten

Insgesamt kann der Auftrag somit um fünf Tage verkürzt werden. Dabei entstehen Beschleunigungskosten von 42.000 €. Die Reihenfolge der Schritte 3, 4 und 5 ist beliebig variierbar. Eine weitere Auftragsbeschleunigung ist nicht möglich, da die Aktivitäten auf dem kritischen Weg ABCD nicht mehr verkürzt werden können. Welcher Beschleunigungsumfang optimal ist, hängt wesentlich von den zusätzlich realisierbaren Gewinnen bzw. möglichen Konventionalstrafen bei verspäteter Auslieferung des Auftrags ab.

										Schritt				
Δk	10.000	4.000	–	–	20.000	17.000	6.000	5.000	–	1	2	3	4	5
Weg	A	B	C	D	E	F	G	H	I	Projektdauer				
ABCD	2	1	–	–	–	–	–	–	–	24	24	24	23	22	21
AEFGD	2	–	–	–	1	1	3	–	–	26	25	24	23	22	21
AHID	2	–	–	–	–	–	–	3	–	19	19	19	18	17	17
AESCD	2	–	–	–	1	–	–	–	–	22	22	22	21	20	20
Schritt														
1							1			6.000 €				
2								1		12.000 €				
3	1									22.000 €				
4	1									32.000 €				
5		1					1			42.000 €				

Tabelle 5.4.4: Schrittweise Auftragsbeschleunigung

5.4 Planung der Produktionstermine und Produktionskapazitäten

5.4.4 Mehrauftragsplanung

Bisher haben wir in diesem Unterkapital Verfahren erörtert, mit denen die Durchlaufzeiten von einzelnen Aufträgen sowie die Anfangs- und Endzeitpunkte der zugehörigen Vorgänge separat ermittelt werden können. Sollen nun mehrere Aufträge zeitlich eingeplant werden, so besteht eine Möglichkeit der Terminplanung in der seriellen Abarbeitung dieser Aufträge. Dies kann jedoch dazu führen, dass an einzelnen Maschinen hohe Leerzeiten entstehen, weil bei der Terminierung nicht unter allen zur Disposition stehenden Bearbeitungsaktivitäten ausgewählt werden kann, sondern die Aktivitäten des gerade einzulastenden Auftrags stets eine besondere Priorität besitzen.

Um eine kapazitätsorientierte Terminplanung vorzunehmen, sind zunächst die Vorgangsknotennetzpläne aller in Betracht kommenden Aufträge zu erstellen. Ein Vorgangsknotennetzplan unterscheidet sich von dem oben dargestellten Vorgangspfeilnetzplan dadurch, dass die Vorgänge nunmehr als Knoten, die Zustände hingegen als Kanten dargestellt werden. Die einzelnen Vorgangsknotennetzpläne werden dann zu einem integrierten Netzplan zusammengefasst, indem zwei fiktive Vorgänge, nämlich eine (Super-)Quelle und eine (Super-)Senke, zusätzlich eingeführt werden. Dazu werden die Startvorgänge der einzelnen Aufträge mit der Quelle und die Endvorgänge mit der Senke verbunden. Mit anderen Worten, die Aufträge werden zu einem Superauftrag zusammengefasst. Zur Illustration sind in Abbildung 5.4.7 zunächst die Vorgangsknotennetzpläne für zwei Aufträge dargestellt, die anschließend in Abbildung 5.4.8 zu einem integrierten Vorgangsknotennetzplan verknüpft werden.

Das Problem einer Mehrauftragsplanung besteht in der Konkurrenz der einzelnen Vorgänge verschiedener Aufträge um die knappen Ressourcen, beispielsweise Personal- oder Betriebsmittel. In dem folgenden Verfahren (DREXL/KOLISCH 1993) wird davon ausgegangen, dass die benötigten Ressourcen nur in beschränkter Kapazität zur Verfügung stehen und außerdem die Wahl zwischen alternativen Ressourcen möglich ist. Eine Verfahrensalternative wird als Modus bezeichnet. Die einfache Heuristik besteht darin, dass in jedem Schritt

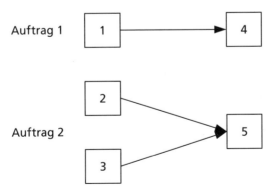

Abbildung 5.4.7: Zwei unverbundene Vorgangsknotennetzpläne (Quelle: DREXL/KOLISCH 1993)

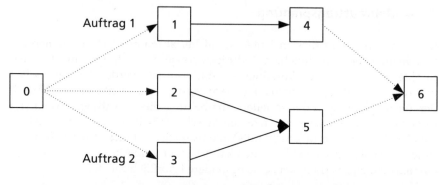

Abbildung 5.4.8: Integrierter Vorgangsknotennetzplan
(Quelle: DREXL/KOLISCH 1993)

zunächst die Menge der Einplanungsvarianten ermittelt wird, d. h. welcher Vorgang mit welchem Modus zu bearbeiten ist. Dabei ist zu berücksichtigen, dass Vorgänge nur dann einplanbar sind, wenn alle Vorgängeraktivitäten beendet sind. Außerdem ist eine Einplanungsvariante nur dann zulässig, wenn die benötigte Ressource zum gegenwärtigen Zeitpunkt frei verfügbar ist. Aus der Menge der Einplanungsvarianten wird gemäß einer Prioritätsregel (vgl. hierzu auch Abschnitt 5.5.5) eine Variante ausgewählt und entsprechend frühestmöglich terminiert.

Die einzelnen Verfahrensschritte lauten:

1. Setze t = 0.
2. Bestimme alle Einplanungsvarianten, d. h. alle Kombinationen von Vorgang und Modus für den Einplanungszeitpunkt t. Existieren keine Einplanungsvarianten, gehe sofort zu 7.
3. Ermittle die Prioritätswerte der Einplanungsvarianten gemäß der zugrunde liegenden Prioritätsregel.
4. Wähle die Einplanungsvariante mit dem höchsten Prioritätswert.
5. Aktualisiere die Ressourcenbestände, indem die zur Verfügung stehenden Vorgänge entsprechend der soeben ausgewählten Einplanungsvariante reduziert werden.
6. Setze t = t + 1. Bestimme die Menge der (aktuell) beendeten Vorgänge und die Menge der (aktuell) aktiven Vorgänge. Gehe zu 2.
7. Sind alle Vorgänge aktiv oder beendet, so liegt ein Ergebnis vor. Der Fertigstellungstermin des letzten Vorgangs bestimmt die Durchlaufzeit, d. h. das Zeitintervall, nach dem alle Aufträge vollständig bearbeitet sind. Andernfalls bestimme den nächsten Einplanungszeitpunkt t, zu dem ein aktiver Vorgang beendet wird. Gehe zu 2.

5.4 Planung der Produktionstermine und Produktionskapazitäten

Beispiel: Mehrauftragsplanung

In dem integrierten Netzplan aus Abbildung 5.4.8 kennzeichnen die Vorgänge 1, 2 und 3 jeweils eine Baugruppenfertigung auf der ersten Fertigungsstufe. Die Vorgänge 4 und 5 stellen die Endmontage der beiden Produktarten dar. Bei der Quelle 0 und der Senke 6 handelt es sich um Scheinvorgänge, die keine Zeit beanspruchen. Für den Einsatz bei der Fertigung werden drei Ressourcenarten unterschieden: manuell betriebene Fräsmaschinen (1), Fräsautomaten (2) und Monteure (3). Es können zwei Monteure, eine manuelle Fräsmaschine und ein Fräsautomat eingesetzt werden. Tabelle 5.4.5 enthält alle weiteren Informationen. So existieren etwa für die Baugruppenfertigung 1 zwei Modi. Modus 1 erfordert den Einsatz eines manuellen Fräsers und dauert 4 Zeiteinheiten (ZE). Für Modus 2 wird ein Fräsautomat benötigt. Die Bearbeitung ist bereits nach 2 ZE abgeschlossen.

Vorgang i (Aktivität)	1		2	3		4	5	
Vorgängeraktivitäten V (i)	–		–	–		1	2,3	
Modus m	1	2	1	1	2	1	1	2
Bearbeitungsdauer D_{im}	4	2	3	5	2	4	5	3
Ressourcenverbrauch — Manueller Fräser k_{im1}	1	0	1	1	0	0	0	0
Ressourcenverbrauch — Fräsautomat k_{im2}	0	1	0	0	1	0	0	0
Ressourcenverbrauch — Monteur k_{im3}	0	0	0	0	0	1	1	2

Tabelle 5.4.5: Daten für die Mehrauftragsplanung

Die einzelnen Lösungsschritte des Verfahrens sind in Tabelle 5.4.6 beschrieben. Als Prioritätsregel wurde angenommen, dass solche Einplanungsvarianten den Vorzug erhalten, die die kürzeste Bearbeitungsdauer haben. In der entsprechenden Spalte von Tabelle 5.4.6 ist die Bearbeitungsdauer notiert, so dass die minimale Bearbeitungsdauer zugleich den höchsten Prioritätswert darstellt.

Zum Einplanungszeitpunkt $t = 0$ stehen alle Ressourcen zur Verfügung. Der Vektor (1, 1, 2) in der ersten Zeile von Tabelle 5.4.6 drückt aus, dass es sich hierbei um einen manuellen Fräser, einen Fräsautomaten sowie zwei Monteure handelt. Zu diesem Zeitpunkt existieren noch keine Vorgänge, die entweder beendet oder aktiv sind. Hingegen gibt es fünf Einplanungsvarianten, von denen die Variante (1,2) ausgewählt wird, weil sie eine minimale Bearbeitungszeit von 2 ZE erfordert. Der Vorgang 1 ist also nach 2 ZE beendet. Nach Korrektur des Ressourcenvektors um den Fräsautomaten, der nunmehr nicht zur Verfügung steht, verbleiben im Zeitpunkt 0 noch zwei Einplanungsvarianten. Hiervon wird die Variante (2,1) wegen der kürzeren Bearbeitungsdauer ausgewählt. Da hierfür die manuelle Fräsmaschine benötigt wird, reduziert sich der Ressourcenvektor weiter auf (0, 0, 2), so dass für den Einplanungszeitpunkt $t = 0$ keine weiteren Einplanungsvarianten existieren. Mit lediglich zwei Monteuren kann der prinzipiell noch einplanbare Vorgang 3 nicht ausgeführt werden. Erst zum Zeitpunkt t = 2 wird daraufhin wieder ein aktiver Vorgang beendet und damit der Fräsautomat frei. D. h. erst zu diesem Zeitpunkt existieren neue Einplanungsvarianten, unter denen dann entsprechend der Prioritätsregel die „beste" Variante ausgewählt wird. Das Verfahren endet zum Zeitpunkt t = 9, wenn nämlich alle Vorgänge beendet sind. Die gesamte Durchlaufzeit, d. h. der Fertigstellungstermin des letzten Vorgangs, beträgt somit 9 ZE. Festzuhalten bleibt, dass mit der Anwendung dieser Heuristik kein optimales Ergebnis erreicht wird. Die optimale Zykluszeit beträgt im vorliegenden Beispielfall 8 ZE.

Einplanungszeitpunkt t	Restkapazität der Ressourcen	Beendete Vorgänge	Aktive Vorgänge	Einplanungsvarianten (i,m)	Priorität der Einplanungsvarianten p(i,m)	Neugewählte Einplanungsvariante (i*, m*)	Fertigstellung von Vorgang i*
0	(1,1,2)	–	–	(1,1),(1,2),(2,1),(3,1),(3,2)	4,2,3,5,2	(1,2)	2
	(1,0,2)	–	1	(2,1),(3,1)	3,5	(2,1)	3
	(0,0,2)	–	1,2	–	–	–	–
2	(0,1,2)	1	2	(3,2),(4,1)	2,4	(3,2)	4
	(0,0,2)	1	2,3	(4,1)	4	(4,1)	6
	(0,0,1)	1	2,3,4	–	–	–	–
3	(1,0,1)	1,2	3,4	–	–	–	–
4	(1,1,1)	1,2,3	4	(5,1)	5	(5,1)	9
	(1,1,0)	1,2,3	4,5	–	–	–	–
6	(1,1,1)	1,2,3,4	5	–	–	–	–
9	(1,1,2)	1,2,3,4,5	–	(6,1)	0	(6,1)	9
	(1,1,2)	1,2,3,4,5,6	–	–	–	–	–

Tabelle 5.4.6: Schrittweise Optimierung des integrierten Netzplans

Quelle: DREXL/KOLISCH (1993)

5.4.5 Zusammenfassung

Die Terminplanung kennzeichnet den Übergang von der Mengen- zur Zeitplanung. Nachdem die Produktionsmengen in Form von Fertigungslosen ermittelt worden sind, müssen sie als Fertigungsaufträge in den Werkstätten zeitlich terminiert werden. Dabei ist zwischen der Durchlauf- und Kapazitätsterminierung zu unterscheiden. Während bei der Durchlaufterminierung die Bearbeitungszeiten der Aufträge auf den einzelnen Stationen bestimmt werden, wird

5.4 Planung der Produktionstermine und Produktionskapazitäten

mit der Kapazitätsterminierung festgelegt, in welchem zeitlichen Umfang die Kapazitäten – hier insbesondere die Maschinen – jeweils in Anspruch genommen werden. In Abschnitt 5.4.2 wurde ein Verfahren der Netzplantechnik, die Critical Path Method, herangezogen, um die einzelnen Termine zu kalkulieren. Um eventuell vorhandene Kapazitätsengpässe angebotsseitig zu beheben, ist in Abschnitt 5.4.3 die Alternative von kurzfristigen Kapazitätserweiterungen in Betracht gezogen worden. Vor solchen Überlegungen muss allerdings stets geprüft werden, inwiefern die ergriffenen Maßnahmen überhaupt noch wirtschaftlich sind, d.h. ob den entstehenden Kosten ein entsprechender Zusatznutzen gegenübersteht. In Abschnitt 5.4.4 sollte sich die Aufmerksamkeit des Lesers auf das entstehende Kapazitätsproblem richten, wenn nämlich mehrere Aufträge um knappe Kapazitäten konkurrieren. Unter diesen Umständen gilt es, für eine zielkonforme Auslastung der Maschinen zu sorgen, so dass eine zügige Fertigstellung der Aufträge bei guter Kapazitätsauslastung gelingt. Das dargestellte Verfahren von DREXL/KOLISCH eröffnet hierfür eine Perspektive.

5.4.6 Fragen zur Wiederholung

1. Wie lautet das Dilemma der Ablaufplanung? Skizzieren sie dieses Dilemma anhand eines selbst gewählten Beispiels.
2. Welchen Gestaltungsspielraum zeigt die Netzplantechnik für die Durchlaufterminierung von Aufträgen sowie die Kapazitätsterminierung von Maschinen auf?
3. Unter welchen Bedingungen sollte die Durchlaufterminierung vor der Kapazitätsterminierung durchgeführt werden? Wann sollte der Kapazitätsterminierung der Vorzug gegeben werden?
4. Wie können Auftragsdurchläufe grundsätzlich beschleunigt werden? Welche Bedingungen müssen dabei beachtet werden?

5.4.7 Aufgaben zur Übung

Aufgabe 1

Von der Buchhandlung Markwart liegt zu Beginn der 10. Kalenderwoche (KW) eine Bestellung vor, die eine Lieferung von 50 Exemplaren „BWL leicht gemacht" und 20 Exemplaren „Produktionswirtschaft für Fortgeschrittene" in der 15. KW vorsieht. Bei der Erfüllung dieses Auftrags ist Folgendes zu beachten: Das BWL-Buch wird zwar auf einer anderen Maschine als das Produktions-Buch gedruckt. Jedoch beanspruchen beide Bücher anschließend dieselbe Bindevorrichtung. Der Druck der 50 BWL-Bücher dauert ebenso wie der Druck der 20 Produktions-Bücher insgesamt zwei Wochen. Für das Binden der 50 bzw. 20 Exemplare wird jeweils eine Woche veranschlagt. Dabei wird zunächst das BWL-Buch, anschließend das Produktions-Buch gebunden. Um das BWL-Buch attraktiv zu gestalten, wird ihm eine CD beigefügt. Diese CD wird extern erstellt. Die Produktionsdauer liegt bei drei Wochen. Die Auslieferung des kompletten Auftrags selbst dauert noch einmal eine Woche. Führen Sie eine Lieferterminprüfung durch.

Zeichnen Sie den zugehörigen Netzplan, und berechnen Sie die kritischen Aktivitäten. Ist eine pünktliche Bereitstellung der Sendung beim Kunden möglich? Wann muss spätestens mit dem Druck des Produktions-Buches begonnen werden?

Aufgabe 2

Timber & Style stellt einen hochwertigen, handgefertigten Küchenhocker aus Holz her. Zur Produktion dieses Hockers müssen zunächst die Beine zugesägt werden (Dauer: 3 Stunden). Währenddessen kann ein anderer Arbeiter die Sitzfläche zuschneiden (Dauer: 1 Stunde). Bevor die Beine an die Sitzfläche geleimt werden (Dauer: 2 Stunden), müssen in der Sitzfläche noch Löcher für die Beine gefräst werden (Dauer: 3 Stunden). Abschließend muss der gesamte Hocker noch abgeschliffen, gereinigt und lackiert werden (Dauer: 1 Stunden).

Entwerfen Sie einen Netzplan für die Produktion des Hockers.

Wann muss mit der Produktion begonnen werden, wenn in 10 Stunden ein Hocker ausgeliefert werden soll?

Wann könnte ein Hocker frühestens ausgeliefert werden, wenn sofort mit der Produktion begonnen wird? Welche Arbeitsschritte sollten beschleunigt werden, wenn der Hocker eine Stunde früher ausgeliefert werden soll?

Aufgabe 3

Ein Maschinenbauunternehmen ist mit der Konstruktion einer Gasturbine für die Entwicklung eines Hybridfahrzeuges beauftragt (Auftrag 1). Weitere Aufträge sind zurzeit nicht eingeplant, d. h. es stehen alle Maschinen unmittelbar zur Verfügung. Die notwendigen Bearbeitungsvorgänge, die Reihenfolge dieser Vorgänge und die einzelnen Bearbeitungszeiten sind in der folgenden Tabelle zusammengefasst. Die Fertigung beginnt auf Maschine A und ist mit den Kontrollvorgängen M und O abgeschlossen.

Vorgang	A	C	D	G	B	O	P	F	E	K	N	I	H	M
Vorgänger	-	B	C	N	A	K,F	C	D	A	I,H,P	A	E	N	G
Bearbeitungszeit	5	1	2	2	3	2	3	3	4	2	3	2	1	3

Bearbeitungsvorgänge für die Konstruktion der Gasturbine (in Tagen)

Der Auftrag soll in 17 Tagen fertiggestellt sein. Die Nichteinhaltung dieses Termins verursacht für jeden Verzugstag eine Konventionalstrafe in Höhe von 4.000 €. Erstellen Sie einen Netzplan für die Fertigung des Auftrags und bestimmen Sie seine Durchlaufzeit.

Durch einen bevorstehenden Schwerpunktstreik ist dem Unternehmen 5 Tage lang die Aufnahme der Produktion unmöglich. Die verbleibenden 12 Tage reichen nicht aus, um die Gasturbine rechtzeitig fertigzustellen. Lediglich eine Beschleunigung der einzelnen Bearbeitungsvorgänge lässt eine Verkürzung der Gesamtbearbeitungszeit zu. Die folgende Tabelle gibt eine Übersicht über die Bearbeitungsvorgänge, die verkürzt werden können, die Kosten einer Verkürzung pro Tag und die Zusammenbruchzeit der einzelnen Vorgänge. Bestimmen Sie die optimale Projektverkürzung.

Vorgang	A	B	M	N	I	D	P
Zusammenbruchzeit	3	2	1	2	1	1	1
Beschleunigungs-kostensatz pro Tag	2.000	3.200	1.500	3.400	600	2.400	1.200

Zeit- und Kostendaten

5.4.8 Literatur zur Vertiefung

ADAM, D. (2001): Produktions-Management. 9. Auflage, Gabler, Wiesbaden
DOMSCHKE, W./SCHOLL, A./VOSS, S. (1997): Produktionsplanung. Ablauforganisatorische Aspekte. 2. Auflage, Springer, Berlin u. a.
KISTNER, K.-P./STEVEN, M. (2001): Produktionsplanung. 3. Auflage, Physica, Heidelberg
KÜPPER, H.-U./HELBER, S. (2004): Ablauforganisation in Produktion und Logistik. 3. Auflage, Schäffer-Poeschel, Stuttgart

5.5 Maschinenbelegungsplanung und Fließbandabgleich

5.5.1 Einführung

Die Terminplanung vernachlässigt die exakte Kalkulation der Wartezeiten von Aufträgen, die sich im Fertigungsprozess befinden. In den einzelnen Vorgangsdauern sind allenfalls durchschnittliche Wartezeiten enthalten. Sie können durch die in Abschnitt 5.4.3 beschriebenen Maßnahmen der Durchlaufzeitenverkürzung nicht beeinflusst werden, wenn sie ablaufbedingt sind. Nun existieren empirische Untersuchungen, wonach die Durchlaufzeit eines Auftrags im ungünstigen Fall zu etwa 85 % aus ablaufbedingten Wartezeiten, zu 10 % aus der eigentlichen Bearbeitungszeiten, zu 2 % aus Transportzeiten und zu 3 % aus Kontrollzeiten besteht. Eine Reduzierung der Durchlaufzeit ist deshalb am ehesten durch Reduzierung der Wartezeiten des Auftrags vor den einzelnen Maschinen möglich. Bei Mehrproduktfertigung, also im Falle der Einzel- und Serienfertigung, können die Wartezeiten durch eine geschickte Reihenfolge der

Maschinenbelegungen reduziert werden. Das duale Problem hierzu besteht darin, durch geeignete Reihenfolgeentscheidungen die Leerzeiten der Maschinen zu minimieren, also die Kapazitätsauslastung zu maximieren. In beiden Fällen handelt es sich um ein kurzfristiges Problem der Ablaufplanung, das auch als Problem der Reihenfolgenplanung charakterisiert wird.

Bei der Reihenfolgeplanung sind zwei verschiedene Arten von Reihenfolgen zu unterscheiden: Zum einen existieren für alle Aufträge j = 1,…,J im Allgemeinen Maschinenreihenfolgen F_j (1,…,M), die angeben, in welcher Reihenfolge der Auftrag j die Maschinen 1,…,M zu durchlaufen hat. Die Maschinenreihenfolgen (kurz: Maschinenfolgen) sind technologisch bedingt und deshalb nicht Gegenstand einer Optimierung. Vielmehr gehen sie als Daten in den Planungsprozess ein. Dagegen sind die Auftragsreihenfolgen (Auftragsfolgen) S_m (1,…,J) die Problemvariablen. Sie geben für jede Maschine m an, welche Aufträge in welcher Reihenfolge auf dieser Maschine zu bearbeiten sind. Die Festlegung von Auftragsfolgen für sämtliche Maschinen 1,…,M kennzeichnet eine Lösung des Reihenfolgeproblems.

Formal betrachtet stellen die Maschinenfolgen F_j (1,…,M) und die Auftragsfolgen S_m (1,…,J) Permutationen des Maschinen- bzw. Auftragsvektors dar. Beispielsweise bedeutet

$$F_j(1,\ldots,M) = (4, 3, M, M-1, \ldots),$$

dass der Auftrag j zunächst auf Maschine 4, dann auf Maschine 3, anschließend auf Maschine M, danach auf Maschine M-1 bearbeitet wird. Analog gibt

$$S_m(1,\ldots,J) = (1, J, 2, J-1, \ldots)$$

an, dass auf Maschine m zunächst Auftrag 1 und anschließend die Aufträge J, 2 sowie J-1 bearbeitet werden. Man sieht unmittelbar, dass es eine Vielzahl von Kombinationen für jede Auftragsfolge gibt. Das Reihenfolgeproblem ist also ein kombinatorisches Optimierungsproblem, welches sehr schwierig zu lösen ist.

Reihenfolgeprobleme treten nicht nur bei der Terminierung von einzelnen Aufträgen auf, sondern darüber hinaus auch in anderen Bereichen der Unternehmen, beispielsweise bei der Reihenfolge der Güterabfertigung oder der Reihenfolge der Kundenbelieferung. Die vorliegende Problematik wird deshalb häufig als Maschinenbelegungsproblem spezifiziert. Der einfachste Problemtyp der Maschinenbelegungsplanung besteht darin, dass das Auftragsvolumen, die einzelnen Maschinenfolgen sowie die Bearbeitungs-, Transport- und Kontrollzeiten von vornherein bekannt sind. Außerdem sind Parallelbearbeitungen ausgeschlossen. D.h. es ist unzulässig, dass mehrere Aufträge gleichzeitig auf einer Maschine gefertigt werden. Auch eine Auftragsunterbrechung ist nicht gestattet.

Je nach Art der vorgegebenen Maschinenfolgen lässt sich dieses einfache Maschinenbelegungsproblem weiter unterteilen: Sind die Maschinenfolgen für alle Aufträge identisch, so liegt eine Reihenfertigung vor. In der angelsächsischen Literatur wird dieses Problem als Flow Shop-Problem bezeichnet. Die Lösung

5.5 Maschinenbelegungsplanung und Fließbandabgleich

des Problems muss nicht darin bestehen, dass auch die Auftragsfolgen identisch sind. Vielmehr können sich die Aufträge in den Zwischenlägern überholen. Sind die Maschinenfolgen hingegen nicht identisch, so handelt es sich um eine Werkstattfertigung bzw. ein Job Shop-Problem. Diese Bezeichnung rührt daher, dass das Werkstattprinzip verfolgt wird. Je nach Auftragstyp werden die einzelnen Werkstätten in unterschiedlicher Reihenfolge durchlaufen.

Werden die genannten Prämissen gelockert, so führt dies zu einer weiteren Erschwernis der Lösungsprozedur. Von praktischer Bedeutung sind vor allem solche Problemtypen, bei denen das Auftragsvolumen nicht von vornherein bekannt ist. Vielmehr kommen während des Planungsprozesses laufend neue Aufträge hinzu; andere Aufträge werden storniert. Dieses Online-Problem der Auftragserfassung und Auftragseinlastung wird auch dynamisches Maschinenbelegungsproblem genannt.

In Abschnitt 5.5.2 sind zunächst die Planungsziele, die bei einer Maschinenbelegung bei Aufträgen im Vordergrund stehen, Objekt der Betrachtung. Wir werden sehen, dass Beziehungen zwischen den verschiedenen Zielen, die verfolgt werden können, nicht immer harmonisch sind, sondern im Gegenteil Konflikte auftreten, die je nach der vorliegenden Auftragssituation zugunsten des einen oder anderen Ziels bewältigt werden müssen. Ist diese Entscheidung einmal getroffen, so stehen verschiedene Lösungstechniken für die Herleitung optimaler Belegungspläne zur Verfügung, die in Abschnitt 5.5.3 genauer beschrieben und miteinander verglichen werden. Wie bereits an anderer Stelle ausgeführt, gibt es vielfach spezielle Bedürfnisse der Unternehmen bzw. der Unternehmenspraxis, die von den theoretischen Erkenntnissen abweichen. So wünscht der Praktiker üblicherweise schnelle Verfahren und verzichtet dabei bewusst auf den Anspruch der Optimalität seiner Ergebnisse. Umgangssprachlich bezeichnet man diese Heuristiken, die in den Abschnitten 5.5.4 und 5.5.5 beschrieben werden, auch als „quick and dirty". Während in 5.5.4 Verfahren dargestellt werden, die immerhin noch eine direkte Anbindung an theoretisch fundierte Optimierungsverfahren besitzen, sind die in Abschnitt 5.5.5 erörterten Prioritätsregeln vor allem aus einer praktischen Plausibilität und Erfahrung heraus entwickelt worden. Dennoch kommen auch diese Verfahren – erstaunlicherweise – oft zu ausgezeichneten Resultaten, die von den optimalen Belegungsplänen, welche theoretisch hergeleitet worden sind, nur geringfügig abweichen. Der Abschnitt 5.5.6 bleibt einem Sonderproblem des Fertigungsablaufs vorbehalten, das im Wesentlichen auf die von HENRY FORD zu Beginn des vorangegangenen Jahrhunderts entwickelte Fließbandfertigung zurückgeht. Es wird nämlich analysiert, wie die Stationen eines solchen Fließbands eingerichtet werden sollten, d.h. wie ein Fließband „ausgetaktet" sein sollte, damit diese Fertigung ebenfalls bestmögliche Ergebnisse gewährleistet. Die zugrunde liegende Problematik wird auch als Fließbandabgleich bezeichnet. Der Abschnitt 5.5.7 gibt noch einmal einen Überblick über die Besonderheiten und Anwendungsbereiche der vorgestellten Verfahren.

5.5.2 Ziele der Maschinenbelegungsplanung

Prinzipiell ist – wie bei der Terminplanung – weiterhin zwischen den Zielkategorien einer Durchlaufzeitenminimierung sowie einer Maximierung der Kapazitätsauslastung zu unterscheiden. Allerdings sind die Ziele innerhalb dieser Kategorien weiter zu differenzieren.

Betrachten wir zunächst die auftragsorientierte Terminierung, so besteht bei mehreren Aufträgen ein sinnvolles Ziel darin, die Summe der Durchlaufzeiten über alle Aufträge zu minimieren. Kennzeichnen T_j die Durchlaufzeit des Auftrags j, t_{jm} die Bearbeitungszeit des Auftrags j auf Maschine m (inklusive anteiliger Transport- und Kontrollzeit sowie auftragsbedingter Rüstzeit) sowie w_{jm} die Wartezeit des Auftrags j vor Maschine m, so lautet dieses Ziel formal

$$\text{Min} \sum_{j=1}^{J} T_j = \sum_{j=1}^{J} \sum_{m=1}^{M} \left(t_{jm} + w_{jm} \right). \tag{5.5.1}$$

Die Verfolgung dieses Ziels gewährleistet, dass alle Aufträge gleich behandelt werden. Jede Verlängerung der Durchlaufzeit eines Auftrags kann außerdem durch eine entsprechende Verkürzung eines anderen Auftrags kompensiert werden. So kann es dazu kommen, dass manche Aufträge lange Durchlaufzeiten haben, während andere Aufträge schnell fertiggestellt werden. Die Gefahr der Überschreitung von Lieferterminen wächst. Die Zielfunktion (5.5.1) ist überdies gleichbedeutend mit der Minimierung der mittleren Durchlaufzeit aller Aufträge sowie der Minimierung der Summe aller Wartezeiten, die bei der Fertigung der Aufträge j = 1,…,J anfallen.

Für eine ausgewogene Fertigstellung aller Aufträge sorgt die Zielfunktion

$$\text{Min} \, T = \text{Min} \max_{j=1,\ldots,J} T_j.$$

Mit ihr wird sichergestellt, dass die maximale Durchlaufzeit aller einzulastenden Aufträge minimal bleibt. Es soll also möglichst keinen Ausreißer geben, der noch dann zu bearbeiten ist, wenn alle übrigen Aufträge längst fertiggestellt sind. T bezeichnet man auch als Gesamtdurchlaufzeit oder Zykluszeit. Der gesamte Auftragsbestand wird also als Zyklus betrachtet, der erst dann abgeschlossen ist, wenn auch der letzte Auftrag beendet ist. Erst dann erfolgen die notwendigen Abschlussarbeiten wie etwa die Qualitätskontrolle und Einlagerung bzw. Distribution. Auch diese Zielfunktion besitzt eine hohe praktische Relevanz.

Obwohl mit der Minimierung der Zykluszeit die Gefahr einer Lieferterminüberschreitung bereits weitgehend ausgeräumt wird, lassen sich individuelle Liefertermine auch explizit in der Zielfunktion einer Maschinenbelegungsplanung berücksichtigen. Sollen lediglich Terminüberschreitungen bzw. Verspätungen V_j minimiert werden, so kann die Zielfunktion

$$\text{Min} \sum_{j=1}^{J} V_j = \text{Min} \sum_{j=1}^{J} \text{Max}\left(T_j - \bar{D}_j, 0 \right)$$

aufgestellt werden. $\bar{D}_j$ bezeichnet hierbei den vereinbarten Liefertermin für Auftrag j. Ist hingegen eine frühzeitige Fertigstellung von Aufträgen ebensowenig erwünscht, weil dadurch beispielsweise unnötige Lagerkosten resultieren, so sind alle Terminabweichungen gemäß

$$\text{Min} \sum_{j=1}^{J} \left| T_j - \bar{D}_j \right| \tag{5.5.2}$$

zu minimieren. (5.5.2) entspricht der Zielfunktion (5.5.1), solange die Liefertermine $\bar{D}_j$ fest vorgegeben sind. Es ist jedoch zu erwägen, die Terminabweichungen mit unterschiedlichen Gewichten $g_j > 0$ zu versehen, um der Dringlichkeit einzelner Aufträge besonderen Ausdruck zu verleihen.

Eine kapazitätsorientierte Sichtweise des Maschinenbelegungsproblems führt zu der Zielfunktion

$$\text{Max} \frac{\sum_{j=1}^{J} \sum_{m=1}^{M} t_{jm}}{\sum_{j=1}^{J} \sum_{m=1}^{M} t_{jm} + \sum_{m=1}^{M} l_m}. \tag{5.5.3}$$

Dabei symbolisiert l_m die Leerzeit der Maschine m während der Betrachtungsperiode. In (5.5.3) wird demnach die Nutzzeit ins Verhältnis zur Gesamtkapazität, die sich aus der Nutz- und Leerzeit zusammensetzt, gesetzt. Der Quotient liefert den durchschnittlichen Auslastungsgrad aller im Fertigungsprozess eingesetzten Maschinen. Sofern die Bearbeitungszeiten t_{jm} gegeben sind, führt (5.5.3) zu demselben Ergebnis wie eine unmittelbare Minimierung der Leerzeiten. Diese Zielsetzung ist im Allgemeinen operabler und einfacher zu handhaben als (5.5.3).

Anhand der verschiedenen Zielfunktionen bei der Reihenfolgeplanung wird auch noch einmal deutlich, was mit dem Dilemma der Ablaufplanung gemeint ist. Eine maximale Kapazitätsauslastung nach (5.5.3) ist gleichbedeutend mit minimalen Leerzeiten. Bei einem gegebenen Auftragsbestand wächst damit die Konkurrenz vor den einzelnen Betriebsmitteln. Die Wartezeiten für die verschiedenen Aufträge steigen tendenziell an. Damit verlängern sich aber auch die Auftragsdurchlaufzeiten gemäß (5.5.1).

5.5.3 Standardansätze

GANTT-Diagramme

Eine einfache Prozedur zur Auffindung einer Lösung des Maschinenbelegungsproblems besteht darin, an einem Steckbrett bzw. einer Plantafel durch Verschieben der einzelnen Arbeitsvorgänge – im Folgenden auch als Operationen bezeichnet – ein so genanntes GANTT-Diagramm (Balkendiagramm) zu erstellen. Hierbei handelt es sich um ein visuelles Hilfsmittel, welches entlang einer Zeitachse die Belegung der einzelnen Maschinen mit Aufträgen bzw. die Auftragsbearbeitung auf den Maschinen veranschaulichen soll (GANTT 1913). Die Vorteile dieser Methode resultieren daraus, dass sie

- sehr plausibel ist,
- durch Verschieben der einzelnen Operationen schnell gute, wenn auch nicht optimale Pläne hervorbringt,
- ein hohes Maß an Flexibilität dadurch aufweist, dass neu hinzukommende Aufträge unverzüglich eingelastet werden können.

Diesen Vorteilen stehen als Nachteile gegenüber, dass es sich

- um eine mehr oder weniger intuitive Vorgehensweise handelt,
- die keine Systematik aufweist,
- bei vielen Aufträgen bzw. Maschinen schnell unübersichtlich wird und
- im Allgemeinen keine optimale Lösung gewährleisten kann.

> **Beispiel: Reihenfolgeplanung mit einem GANTT-Diagramm**
>
> Sei für M = 3 Maschinen und J = 4 Aufträge die einheitliche Maschinenfolge
>
> $$F_j(1,2,3) = F(1,2,3) = (1,2,3), j = 1,\ldots,4 \tag{5.5.4}$$
>
> gegeben. Die Bearbeitungszeiten der einzelnen Aufträge auf den Maschinen sind Tabelle 5.5.1 zu entnehmen. Unter Berücksichtigung dieser Daten lassen sich mit Hilfe eines GANTT-Diagramms zulässige Maschinenbelegungspläne konstruieren, indem die Aufträge nacheinander auf die Maschinen verteilt werden. Ein solcher Plan ist beispielhaft in Abbildung 5.5.1 dargestellt. Die Reihenfolge der Einlastung von Aufträgen entscheidet über die Lösung.
>
> | | j | | | |
> |---|---|---|---|---|
> | m | 1 | 2 | 3 | 4 |
> | 1 | 13 | 7 | 26 | 2 |
> | 2 | 3 | 12 | 9 | 6 |
> | 3 | 12 | 16 | 7 | 1 |
>
> **Tabelle 5.5.1:** Auftragsbearbeitungszeiten
>
> Formal lässt sich die in Abbildung 5.5.1 entwickelte Lösung durch die Auftragsfolgen
>
> $$S_m(1,2,3,4) = S(1,2,3,4) = (3,1,2,4), m = 1,2,3$$
>
> charakterisieren. Auf allen drei Maschinen liegt also dieselbe Auftragsfolge vor. Zunächst wird jeweils Auftrag 3 bearbeitet, anschließend die Aufträge 1, 2 und 4. Die Zykluszeit für diese Lösung beträgt 75 Zeiteinheiten. Die Durchlaufzeiten der einzelnen Aufträge entsprechen ihrem jeweiligen Fertigstellungstermin auf Maschine 3. Es kann zunächst keine Aussage darüber getroffen werden, ob die ermittelte Lösung optimal ist, d. h. eine weitere Verbesserung der Zykluszeit bzw. der Durchlaufzeiten ausgeschlossen ist.

5.5 Maschinenbelegungsplanung und Fließbandabgleich

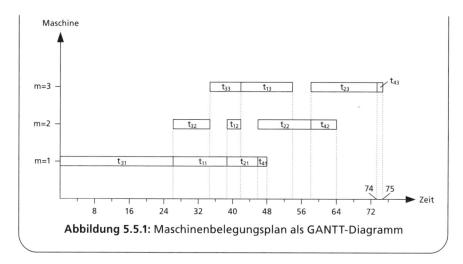

Abbildung 5.5.1: Maschinenbelegungsplan als GANTT-Diagramm

Gemischt-ganzzahliger Optimierungsansatz

Um gute bzw. optimale Lösungen aufzufinden, existieren alternative Vorgehensweisen. Neben einfachsten graphischen Verfahren sowie speziellen Reihenfolgeregeln, die jedoch bereits bei einer größeren Zahl von Aufträgen bzw. Maschinen versagen, ist insbesondere die Formulierung des Reihenfolgeproblems in Form eines Optimierungsmodells denkbar. Dieser Ansatz verdeutlicht zunächst die schwierige Problemstruktur.

Neben der Zielfunktion, beispielsweise der Minimierung der Zykluszeit, sind die Maschinen- und Auftragsfolgebedingungen zu modellieren. Nehmen wir an, dass ein Auftrag j hintereinander auf den Maschinen m und n bearbeitet wird und T_{jm} den Beginn der Operation (j,m) bezeichnet, d. h. die Bearbeitung von Auftrag j auf Maschine m, so gelten die Maschinenfolgebedingungen

$$T_{jm} + t_{jm} \leq T_{jn}, j = 1,\ldots,J, m,n = 1,\ldots,M, m \neq F_j(M).$$

D. h. die Nachfolgeoperation (j,n) von Auftrag j auf Maschine j kann grundsätzlich erst dann beginnen, wenn die Vorgängeroperation (j,m) abgeschlossen ist. Der Zeitpunkt der Fertigstellung der letzten Operation von Auftrag j beschreibt die Durchlaufzeit dieses Auftrags. Die Zykluszeit kalkulieren wir derart, dass alle Aufträge – der so genannte Auftragszyklus – beendet sein müssen. Sie entspricht damit der Fertigstellung des letzten Auftrags.

Hinsichtlich der Auftragsfolgebedingungen ist für zwei verschiedene Aufträge i und j stets zu unterscheiden, ob i vor j oder i nach j auf einer Maschine m bearbeitet werden soll. Diese Alternativen lassen sich folgendermaßen darstellen: Entweder gilt

$$T_{jm} + t_{jm} \leq T_{im}, i,j = 1,\ldots,J, i < j, m = 1,\ldots,M \qquad (5.5.5)$$

oder

$$T_{im} + t_{im} \leq T_{jm}, i,j = 1,\ldots,J, i < j, m = 1,\ldots,M \qquad (5.5.6)$$

ist erfüllt. Das Maschinenbelegungsproblem, das wir hier erörtern, besteht nun darin, dass der Planer im Allgemeinen nicht von vornherein abschätzen kann, ob (5.5.5) oder (5.5.6) gelten soll. Deshalb bedient er sich eines Tricks: Es wird eine Binärvariable x_{ijm} eingeführt, d.h. eine Variable, welche nur die Werte null oder eins annehmen kann. x_{ijm} wird so definiert, dass sie genau dann eins wird, wenn Auftrag i auf Maschine m nach Auftrag j bearbeitet wird. Soll i vor j bearbeitet werden, so ist $x_{ijm} = 0$. Damit lassen sich die Bedingungen (5.5.5) und (5.5.6) in die Bedingungen

$$R \cdot (1 - x_{ijm}) + T_{im} - T_{jm} \geq t_{jm}, i,j = 1,\ldots,J, i < j, m = 1,\ldots M \qquad (5.5.7)$$

und

$$R \cdot x_{ijm} + T_{jm} - T_{im} \geq t_{im}, i,j = 1,\ldots,J, i < j, m = 1,\ldots M \qquad (5.5.8)$$

transformieren. Der Vorteil dieser Umformung besteht darin, dass die beiden neuen Bedingungen nun gleichzeitig erfüllt sein müssen, wenn R eine „hinreichend" große reelle Zahl repräsentiert.

Neben den Maschinenfolge- und Auftragsfolgebedingungen müssen noch „technische" Bedingungen in Form von

$$x_{ijm} + x_{jim} = 1, i,j = 1,\ldots,J, i < j, m = 1,\ldots M$$

$$x_{ijm} \in \{0,1\}, i,j = 1,\ldots,J, i < j, m = 1,\ldots M$$

$$T_{jm} \geq 0, j = 1,\ldots,J, m = 1,\ldots,M,$$

erfüllt sein, die sicherstellen, dass die Suche nach einer optimalen Lösung nicht aus formalen Gründen vorzeitig abbricht.

Für die Lösung dieses Maschinenbelegungsproblems, das wegen der unterschiedlichen Variablentypen – neben den Variablen T_{im} und T_{jm}, welche prinzipiell beliebige nicht-negative, reelle Werte tragen dürfen, gibt es auch Variablen x_{ijm}, die nur die Werte null und eins annehmen können –, komplex ist, steht eine Reihe von exakten Verfahren der gemischt-ganzzahligen Optimierung zur Verfügung, deren Leistungsfähigkeit allerdings im Wesentlichen auf kleinere Probleme begrenzt ist (vgl. MÜLLER-MERBACH 1992).

Wenn die Auftragsfolgebedingungen (5.5.7) und (5.5.8) zunächst nicht beachtet werden, liegt jedoch ein recht einfaches Optimierungsproblem vor, welches vor allem aus der Zielfunktion und den Maschinenfolgebedingungen besteht. Zum Beispiel lässt sich der in Abschnitt 5.2.4 vorgestellte Simplex-Algorithmus anwenden. Nach einer Idee von GREENBERG (1968) ist die Lösung dieses vereinfachten Problems zunächst auf seine Zulässigkeit zu überprüfen, d.h. ob die Auftragsfolgebedingungen eingehalten sind. Ist dies gewährleistet, d.h. werden zum Beispiel keine Parallelbearbeitungen von Aufträgen auf einzelnen Maschinen vorgeschlagen, so ist die ermittelte Lösung offenbar zugleich optimal. Werden hingegen die zunächst nicht berücksichtigten Auftragsfolgebedingungen verletzt, d. h. tritt bei mindestens einer Maschine ein Konflikt im Hinblick auf die Festlegung der Bearbeitungsreihenfolge von Aufträgen auf, so wird der zeitlich zuerst auftretende Konflikt näher analysiert. Er wird entweder zugunsten von (5.5.5) oder gemäß (5.5.6) gelöst. Ist damit immer noch keine zulässige Lösung erreicht, so wird der nächste Konflikt auf dieselbe Weise zu bewältigen versucht. Die Idee besteht also wiederum darin, statt eines einzigen schwierigen Problems mehrere einfache Probleme zu lösen. Je schneller eine zulässige Lösung gefunden wird – die dann auch optimal ist –, desto effizienter ist dieses Verfahren.

Kombinatorische Verfahren

Für große Maschinenbelegungsprobleme ist der Ansatz der gemischt-ganzzahligen Optimierung in der praktischen Anwendung untauglich. Vielmehr eignen sich unter diesen Umständen besonders kombinatorische Verfahren, mit denen gute, wenn auch nicht optimale Lösungen mit angemessenem Aufwand erreicht werden. Die Grundüberlegung der kombinatorischen Verfahren besteht darin, sukzessiv die Fertigstellungstermine $\hat{T}_{jn}$ für solche Operationen (j,n) zu bestimmen, die als nächstes eingeplant werden können, weil die Fertigstellungstermine der Vorgängeroperationen bereits festgelegt wurden. Die Operation (j,n) kann dann frühestens t_{jn} Zeiteinheiten nach Bereitstellung der erforderlichen Zwischenprodukte sowie nach Freiwerden der benötigten Maschine beendet werden. Man beginnt mit der Einplanung solcher Operationen (j,n), die ohne Vorgängeroperation (j,m) sind. Die Fertigstellungstermine für (j,n) ergeben sich aus der Berechnung

$$\hat{T}_{jn} = \text{Max}\left(\hat{T}_{jm}, \text{Max}_{j} \hat{T}_{j'n}\right) + t_{jn},$$

wobei (j,m) die Vorgängeroperation von Auftrag j und (j',n) die bereits eingeplanten Operationen auf Maschine n bezeichnen. Allgemein erhält jede ausgewählte Operation stets eine fortlaufende Positionsnummer s_{jn}, welche angibt, an welcher Position der Auftrag j auf Maschine n bearbeitet wird. Im nächsten Schritt wird aus der Menge der Operationen, für die nunmehr die Fertigstellungstermine der Vorgängeroperationen bekannt sind, eine Operation ausgewählt und analog eingeplant. Auf diese Weise können sukzessiv die Auftragsfolgen aller Operationen mit den zugehörigen Fertigstellungsterminen kalkuliert werden (vgl. HELLER/LOGEMANN 1961).

> **Beispiel: Anwendung eines kombinatorischen Verfahrens**
>
> Wir legen erneut die in Gleichung (5.5.4) des letzten Beispiels dargestellten Maschinenfolgen sowie die in Tabelle 5.5.1 enthaltenen Bearbeitungszeiten zugrunde. Die Ergebnisse der kombinatorischen Verfahrenssuche sind in Tabelle 5.5.2 wiedergegeben. Im ersten Schritt ist eine Auswahl unter den Operationen (1,1), (2,1), (3,1) sowie (4,1) zu treffen. Es wird Operation (1,1) ausgewählt. Für diese Operation werden die Positionsnummer s_{11} sowie der Fertigstellungstermin $\hat{T}_{11}$ ermittelt. Im zweiten Schritt besteht dann die Wahl zwischen den Operationen (1,2), (2,1), (3,1) und (4,1). Wiederum wird die in der Tabelle oben stehende Operation (1,2) gewählt. Die weiteren Operationen werden dann entsprechend Zeile für Zeile eingeplant. Die Zykluszeit ergibt sich aus dem Fertigstellungstermin $\hat{T}_{43}$ der zuletzt eingeplanten Operation (4,3). Der Maschinenbelegungsplan wird durch die Auftragsfolgen S_m (1,2,3,4) = (1,2,3,4) für m = 1,2,3 beschrieben.
>
> | (j,n) | (j,N(n)) | t_{jn} | $\hat{T}_{jm}$ | Max $\hat{T}_{j'n}$ | s_{jn} | $\hat{T}_{ja}$ |
> |-------|----------|----------|----------------|---------------------|----------|----------------|
> | (1,1) | (1,2) | 13 | 0 | 0 | 1 | 0 + 13 = 13 |
> | (1,2) | (1,3) | 3 | 13 | 0 | 1 | 13 + 3 = 16 |
> | (1,3) | – | 12 | 16 | 0 | 1 | 16 + 12 = 28 |
> | (2,1) | (2,2) | 7 | 0 | 13 | 2 | 13 + 7 = 20 |
> | (2,2) | (2,3) | 12 | 20 | 16 | 2 | 20 + 12 = 32 |
> | (2,3) | – | 16 | 32 | 28 | 2 | 32 + 16 = 48 |
> | (3,1) | (3,2) | 26 | 0 | 20 | 3 | 20 + 26 = 46 |
> | (3,2) | (3,3) | 9 | 46 | 32 | 3 | 46 + 9 = 55 |
> | (3,3) | – | 7 | 55 | 48 | 3 | 55 + 7 = 62 |
> | (4,1) | (4,2) | 2 | 0 | 46 | 4 | 46 + 2 = 48 |
> | (4,2) | (4,3) | 6 | 48 | 55 | 4 | 55 + 6 = 61 |
> | (4,3) | – | 1 | 61 | 62 | 4 | 62 + 1 = 63 |
>
> **Tabelle 5.5.2:** Kombinatorische Entwicklung eines Maschinenbelegungsplans

Eine so genannte Suboptimalität der erzeugten Lösungen wird bei den kombinatorischen Verfahren bewusst in Kauf genommen. Die Kritik an diesem Verfahrenstyp richtet sich deshalb höchstens dagegen, dass auch inaktive Maschinenbelegungspläne erzeugt werden können. Inaktive Pläne sind das Gegenstück von aktiven Plänen. Ein aktiver Plan beinhaltet, dass eine Vorverlegung eines Auftrags nicht erfolgen kann, ohne dass dadurch ein anderer Auftrag behindert würde. D. h. dieser Auftrag müsste dann nach hinten verschoben

5.5 Maschinenbelegungsplanung und Fließbandabgleich

werden. Bei inaktiven Plänen kann demgegenüber eine Vorverlegung stattfinden, ohne dass die Durchlaufzeit eines anderen Auftrags dadurch verlängert würde. Es ist deshalb überlegenswert, die Auswahlregel für die Einplanung des kommenden Auftrags so zu modifizieren, dass lediglich aktive Maschinenbelegungspläne erzeugt werden.

Branch-and-Bound-Verfahren

Um einen optimalen Maschinenbelegungsplan zu erhalten, könnte man beispielsweise auch alle zulässigen Pläne ermitteln und anschließend hinsichtlich der Durchlaufzeiten vergleichen. Dies entspricht einer so genannten vollständigen Enumeration. Die vollständige Enumeration ist höchst aufwändig und wird in den seltensten Fällen praktiziert. Es ist ja gerade Sinn von guten Algorithmen, das Verfahren der vollständigen Enumeration zu umgehen und dennoch nicht auf optimale Lösungen verzichten zu müssen. Existieren nun – wie in der Maschinenbelegungsplanung – oft keine leistungsfähigen Algorithmen, so lässt sich das Vorgehen der Enumeration in modifizierter Weise anwenden. Man schlägt dabei grundsätzlich denselben Weg wie bei der vollständigen Enumeration ein, bemüht sich jedoch, frühzeitig zu erkennen, ob der Lösungsweg überhaupt noch zu einer optimalen Lösung führen kann. Nur aussichtsreiche Wege werden weiter bis zum Ende verfolgt. Dieser Verfahrenstyp heißt auch begrenzte Enumeration. Systematisiert man die Suche nach der optimalen Lösung derart, dass man Auftragsfolgen für Maschinen sukzessive konstruiert, indem man sie jeweils um einen weiteren Auftrag ergänzt und anschließend sofort die Güte dieser Ergänzung abschätzt, so bezeichnet man dieses Vorgehen auch als Branch-and-Bound-Technik. Diese Technik besteht aus zwei Elementen, dem Branching und dem Bounding.

Branching („Verzweigen") beschreibt das alternative Hinzufügen von in Betracht kommenden weiteren Aufträgen zu den bereits vorliegenden, unvollständigen Auftragsfolgen. Diese neu hinzukommenden Aufträge sollen dann jeweils als nächste auf den betreffenden Maschinen bearbeitet werden. Bounding („Begrenzen") besagt, dass nach jeder Verzweigung eine untere Schranke für die bestenfalls noch erreichbare Durchlauf- bzw. Zykluszeit abgeschätzt wird, die bei der aktuell untersuchten partiellen Auftragsfolge noch erreicht werden kann.

Inzwischen existiert eine Reihe von Branch-and-Bound-Verfahren, die sich vor allem durch das Bounding unterscheiden. Bei dem im Folgenden vorgestellten Verfahren wollen wir in Bezug auf die Abschätzung der Durchlaufzeiten davon ausgehen, dass auf allen Maschinen eine einheitliche Auftragsfolge angestrebt wird, sich die Aufträge zwischen den verschiedenen Maschinen also nicht mehr überholen (vgl. IGNALL und SCHRAGE 1965). Dies muss nicht unbedingt optimal sein, ist jedoch plausibel, weil ein Überholen von Aufträgen zwangsläufig mit Wartezeiten einhergeht. Für einen neu einzuplanenden Auftrag j erfolgt die Berechnung der unteren Schranke folgendermaßen:

Zunächst werden für alle betrachteten Maschinen m = 1,...,M die Fertigstellungstermine in Bezug auf Auftrag j ermittelt. Dabei ist zu berücksichtigen, dass alle bereits eingeplanten Aufträge auf diesen Maschinen bereits bearbeitet sein müssen, bevor mit Auftrag j begonnen werden kann. Nachdem dann die geplanten Fertigstellungstermine für Auftrag j auf den einzelnen Maschinen festliegen, werden zu diesen Terminen die restlichen Bearbeitungszeiten aller noch nicht eingeplanten Aufträge hinzuaddiert. Evtl. auftretende Wartezeiten werden vernachlässigt, da sie gegenwärtig noch nicht bekannt sind. Auf diese Weise ergeben sich für alle Maschinen Mindestbelegungszeiten, die nicht unterschritten werden können, durch Auftreten von zusätzlichen Wartezeiten bei den noch nicht eingeplanten Aufträgen jedoch nach oben zu korrigieren sind.

Soll zudem eine untere Schranke für die gesamte Zykluszeit des Auftragsbestands bestimmt werden, so kann folgendermaßen argumentiert werden: Für jede Maschine m ist aufgrund der Abschätzung eine Mindestbelegungszeit bzw. ein Termin bekannt, zu dem die Maschine frühestens wieder frei wird, nachdem alle Aufträge dort bearbeitet worden sind. Um die Zykluszeit abzuschätzen, betrachten wir zunächst eine beliebige Maschine m. Nach dem Freiwerden dieser Maschine muss auf jeden Fall noch die Zeit addiert werden, die vergeht, bis der letzte Auftrag gemäß Maschinenfolge auch auf den weiteren Maschinen bearbeitet worden ist, bevor er endgültig fertiggestellt ist. Addiert man diese Restbearbeitungszeiten zur Mindestbelegungszeit der Maschine m hinzu, so erhält man eine vorläufige Abschätzung für die gesuchte Zykluszeit, d.h. die Fertigstellung des gesamten Auftragszyklus. Dieses Vorgehen ist für die anderen Maschinen analog zu wiederholen. Erst das Maximum aller Schätzwerte liefert dann in diesem Planungsstadium die endgültige untere Schranke für die Zykluszeit.

> **Beispiel: Maschinenbelegungsplanung mit einem Branch-and-Bound-Verfahren**
>
> Mit den aus Gleichung (5.5.4) und Tabelle 5.5.1 bereits bekannten Daten soll auch dieses Verfahren veranschaulicht werden. Auf der ersten Verfahrensstufe wird abgeschätzt, welche Zykluszeit bestenfalls realisiert werden kann, wenn auf allen Maschinen alternativ mit Auftrag 1 bzw. 2 bzw. 3 bzw. 4 begonnen wird. Die maschinenweisen Abschätzungen
>
> $b_1 = 13 + (7 + 26 + 2) + \text{Min}(12 + 16, 9 + 7, 6 + 1) = 55$
>
> $b_2 = (13 + 3) + (12 + 9 + 6) + \text{Min}(16, 7, 1) = 44$
>
> $b_3 = (13 + 3 + 12) + (16 + 7 + 1) + 0 = 52$
>
> ergeben die untere Schranke
> $\underline{T} = \text{Max}(55, 44, 52) = 55$.
>
> Wird also auf allen Maschinen mit Auftrag 1 begonnen, so kann die Zykluszeit von 55 Zeiteinheiten nicht mehr unterschritten werden. Spätere Korrekturen nach oben sind jedoch nicht ausgeschlossen. Die übrigen Berechnungen auf der ersten Verfahrensstufe, d.h. die unteren Schranken für den Fall, dass mit

5.5 Maschinenbelegungsplanung und Fließbandabgleich

den Aufträgen 2, 3 oder 4 begonnen wird, sind im oberen Teil von Tabelle 5.5.3 dargestellt. Vergleichen wir diese vier unteren Schranken, so erscheint im gegenwärtigen Planungsstadium ein Beginn mit Auftrag 1 oder Auftrag 2 am günstigsten. Eine dieser beiden partiellen Auftragsfolgen soll nun zunächst mit höchster Priorität weiterverfolgt werden. Die Entscheidung ist beliebig, sie erfolgt hier zugunsten einer Auftragsfolge, die mit Auftrag 1 beginnt.

Partielle Auftragsfolge S_m (...)	b_1	b_2	b_3	T
1	55	44	52	55^1
2	55	38	55	55^2
3	55	57	71	71
4	63	39	44	63
$1,2^1$	55	48	56	56^4
1,3	55	67	72	72
1,4	64	50	52	64
$2,1^2$	55	39	55	55^3
2,3	55	52	62	62^5
2,4	63	44	55	63
$2,1,3^3$	55	62	63	63
2,1,4	64	45	55	64
$1,2,3^4$	55	62	63	63
1,2,4	64	54	56	64
$2,3,1^5$	55	56	62	62^6
2,3,4	63	63	62	63
$2,3,1,4^6$				62

Tabelle 5.5.3: Maschinenbelegungsplanung mit einem Branch-and-Bound-Verfahren

Auf der nächsten Verfahrensstufe ist diese partielle Auftragsfolge alternativ um einen weiteren Auftrag zu ergänzen. Also sind die Auftragsfolgen (1, 2, ...), (1, 3, ...) sowie (1, 4, ...) zu untersuchen. Die Ergebnisse sind wiederum in Tabelle 5.5.3 dargestellt. Für die partielle Auftragsfolge (1, 2, ...) wurde die geringste untere Schranke berechnet. Sie beträgt 56 Zeiteinheiten. Der schlechtere Wert gegenüber dem auf der ersten Stufe kalkulierten Wert ist so zu erklären, dass durch die Einlastung von Auftrag 2 eine ablaufbedingte Wartezeit von einer Zeiteinheit unvermeidlich geworden ist. Die partielle Auftragsfolge (1, 2, ...) wollen wir jedoch zunächst nicht weiterverfolgen, denn die Aussicht auf eine minimale Zykluszeit ist derzeit am besten, wenn wir die partielle Auftragsfolge (2,...) vom letzten Schritt weiter analysieren, bei der noch eine Zykluszeit von 55 Zeiteinheiten erreicht werden kann. Hierzu werden auf der dritten Verfahrensstufe die partiellen Auftragsfolgen (2, 1, ...), (2, 3, ...) und (2, 4, ...) näher geprüft. Auf den nachfolgenden Stufen werden stets die Auftragsfolgen weiter untersucht, die zuvor noch nicht verzweigt worden sind und jeweils die geringste untere Schranke aufweisen. Das Verfahren endet schließlich mit der optimalen Auftragsfolge (2, 3, 1, 4) und einer Zykluszeit, die bei 62 Zeiteinheiten liegt. Die einzelnen Verfahrensschritte sind in Tabelle 5.5.3 entsprechend nummeriert.

Das vorgestellte Verfahren ist für die Bewältigung von Flow Shop-Problemen entwickelt worden. Es gibt aber auch Branch-and-Bound-Verfahren, mit denen Job Shop-Probleme gelöst werden können. Allerdings gilt auch für diesen Verfahrenstyp, dass der Rechenaufwand mit wachsender Problemgröße exponentiell zunimmt.

5.5.4 Heuristische Verfahren

Aus praktischer Sicht ist es wegen der zuvor erläuterten Rechenprobleme sicherlich verständlich, wenn Planer zur Lösung von Maschinenbelegungsproblemen auf einfachere, heuristische Verfahren zugreifen. Dabei orientiert man sich häufig an Einsichten, die aus der Anwendung exakter Planungsverfahren stammen. Eine Heuristik, die auf diese Weise gewonnene theoretische Erkenntnisse verarbeitet, ist das Verfahren von CAMPBELL/DUDEK/SMITH (1970), das für Flow Shop-Probleme entwickelt wurde. Bei dieser CDS-Heuristik werden die Maschinen zunächst in zwei Gruppen aufgeteilt und die Bearbeitungszeiten für jeden Auftrag gruppenweise addiert. D.h. es werden zwei „Supermaschinen" gebildet. Auf diese Weise erhält man ein Maschinenbelegungsproblem für zwei Maschinen, für das relativ einfache Algorithmen existieren.

Ein effizienter Algorithmus zur exakten Lösung eines Flow Shop-Problems für zwei Maschinen stammt bereits von JOHNSON (1954). Als Ziel wird die Minimierung der Zykluszeit verfolgt. Wenn zum Beispiel für alle Aufträge die Maschinefolge (1,2) einzuhalten ist, läuft das Verfahren folgendermaßen ab:

1. Suche die kürzeste Bearbeitungszeit einer Operation. Bestimme den zugehörigen Auftrag j sowie die Maschine m.

2. Falls m = 1 gilt, plane den Auftrag j auf allen Maschinen als den Auftrag ein, der zuerst zu erledigen ist. Andernfalls, d.h. falls m = 2 erfüllt ist, plane den Auftrag j stets als den Auftrag ein, der zuletzt durchgeführt werden soll.

3. Gehe für die verbleibenden, noch nicht eingeplanten Aufträge analog vor. Die Positionierung der bereits eingeplanten Aufträge bleibt dabei unverändert.

Für die beschriebene Problemstellung liefert der Algorithmus von JOHNSON ein optimales Ergebnis, d.h. eine Auftragsfolge mit minimaler Zykluszeit. Deshalb empfiehlt es sich nach der CDS-Heuristik, zwei Supermaschinen auf jede denkbare Weise zu konstruieren. Liegt also eine einheitliche Maschinenfolge (1,2,...,M) vor, so werden im ersten Schritt die beiden Supermaschinen 1 sowie

5.5 Maschinenbelegungsplanung und Fließbandabgleich

2 bis M gebildet. D.h. die zweite Supermaschine besteht aus den Maschinen 2 bis M. Dieses Problem wird mit dem Algorithmus von JOHNSON optimal gelöst. Anschließend bilden im zweiten Schritt die Maschinen 1 und 2 die erste Supermaschine, während die Maschinen 3 bis M einer zweiten Supermaschine zugeordnet werden. Wiederum wird der Algorithmus von JOHNSON angewendet. Dabei resultiert u.U. eine andere Zykluszeit. Sukzessiv lassen sich auf diese Weise (M-1) verschiedene künstliche Maschinenbelegungsprobleme konstruieren, die jeweils auf einfachste Weise einer Lösung zugeführt werden. Aus diesen Lösungen wird die beste ausgewählt. In Bezug auf die Qualität der Heuristik ist die starre Kopplung der Maschinen zu einer Supermaschine zu beachten. D.h. es entstehen relativ große Maschinenblöcke, die jeweils nur einfach mit Aufträgen zu belegen sind. Obwohl einzelne Maschinen einer Maschinengruppe bereits frei sind, können sie erst dann wieder belegt werden, wenn der gerade bearbeitete Auftrag auch die letzte Maschine innerhalb dieser Gruppe verlassen hat. Die Heuristik ist also umso leistungsfähiger, je mehr Kapazitätsengpässe auftreten, da dann ohnehin mit längeren Wartezeiten zu rechnen ist.

Beispiel: Maschinenbelegungsplanung mit der CDS-Heuristik

Für das Beispiel aus Tabelle 5.5.1 ergeben sich nach der CDS-Heuristik zwei Möglichkeiten der Problemvereinfachung. Entweder werden die Maschinen 1 und 2 oder die Maschinen 2 und 3 zu einer Supermaschine zusammengefasst. Die neuen Problemdaten sind in den Tabellen 5.5.4 und 5.5.5 dargestellt.

	j			
m	1	2	3	4
1+2	16	19	35	8
3	12	16	7	1

Tabelle 5.5.4: Tableau der Bearbeitungszeiten für die Supermaschinen 1–2 und 3

	j			
m	1	2	3	4
1	13	7	26	2
2+3	15	28	16	7

Tabelle 5.5.5: Tableau der Bearbeitungszeiten für die Supermaschinen 1 und 2–3

Wenden wir den Algorithmus von JOHNSON auf beide Probleme an, so erhalten wir die Auftragsfolgen (2,1,3,4) mit einer Zykluszeit von 63 Zeiteinheiten bzw. (4,2,1,3) mit einer Zykluszeit von 64 Zeiteinheiten. Der Maschinenbelegungs-

> plan mit der Auftragsfolge (2,1,3,4) stellt demnach die gesuchte Lösung dar, da er die kürzere Zykluszeit generiert. Die mit der CDS-Heuristik gefundene Lösung weicht also nur geringfügig von der optimalen Lösung ab, die im vorangegangenen Beispiel mit Hilfe des Branch-and-Bound-Verfahrens bestimmt wurde.

Ein anderes heuristisches Verfahren zur Lösung von Flow Shop-Problemen ist die NEH-Heuristik (vgl. NAWAZ/ENSCORE/HAM 1983). Diese Heuristik sortiert die Aufträge zunächst monoton fallend gemäß der gesamten Bearbeitungszeit

$$T_j = \sum_{m=1}^{M} t_{jm}$$

an einem Auftrag j. Danach werden die beiden Aufträge mit den höchsten Bearbeitungszeiten ausgewählt. Unter Beachtung der bekannten Maschinenfolge wird eine partielle Auftragsfolge für die beiden Aufträge festgelegt. Hinter diesem Vorgehen steht die Überlegung, dass Aufträge mit langen Bearbeitungsdauern möglichst früh einzulasten sind, weil sie am wenigsten flexibel sind. Die zwischen den beiden ausgewählten Aufträgen ermittelte Reihenfolge der Bearbeitung auf allen Maschinen wird im weiteren Verlauf des Verfahrens unter keinen Umständen mehr verändert. Im nächsten Schritt wird der drittlängste Auftrag in der bereits bestehenden partiellen Auftragsfolge platziert. Er kann also an die erste, zweite oder dritte Stelle der entsprechend erweiterten Auftragsfolge rücken. Welche Stelle er einnimmt, bestimmt ein Vergleich der möglichen Platzierungen anhand der vorläufigen Zykluszeit für die betrachteten drei Aufträge. Anschließend wird die partielle Auftragsfolge so lange ergänzt, bis alle Aufträge ihren Platz zugewiesen bekommen haben und eine vollständige Auftragsfolge existiert. Damit steht zugleich die Lösung des Maschinenbelegungsproblems mit der NEH-Heuristik fest.

> **Beispiel: Anwendung der NEH-Heuristik**
>
> Zur Lösung des Flow Shop-Problems aus Tabelle 5.5.1 werden zunächst die Bearbeitungszeiten auftragsweise addiert (vgl. Tabelle 5.5.6). Nach den Vorüberlegungen sind die beiden Aufträge 3 und 2 am dringlichsten einzulasten. Ein Vergleich der beiden Auftragsfolgen (2,3) und (3,2) führt dazu, dass mit der Reihenfolge (2,3) eine geringere partielle Zykluszeit von 49 Zeiteinheiten (ZE) realisiert werden kann. Im nächsten Schritt wird der Auftrag 1 in die Überlegungen mit einbezogen. Ausgehend von der bereits optimierten Auftragsfolge bezüglich der Aufträge 2 und 3 ergeben sich jetzt drei Möglichkeiten der Erweiterung. So sind die Auftragsfolgen (1,2,3), (2,1,3) und (2,3,1) anhand der Zykluszeit für die Aufträge 1,2 und 3 zu bewerten. Dabei fällt die Entscheidung zugunsten von Auftragsfolge (2,3,1), mit der eine partielle Zykluszeit von 61 ZE erreicht werden kann. Zu beachten ist, dass die Reihenfolge der Aufträge 2

und 3 gegenüber dem ersten Schritt nicht verändert werden darf. Für die Einbeziehung von Auftrag 4 bieten sich im letzten Verfahrensschritt die vier alternative Auftragsfolgen (4,2,3,1), (2,4,3,1), (2,3,4,1) sowie (2,3,1,4) an. Auftrag 4 kann also an erster, zweiter, dritter oder vierter Stelle positioniert werden, ohne dass die bereits festgelegte Auftragsfolge der ersten drei Aufträge verändert würde. Die beste Lösung liefert die Auftragsfolge (2,3,1,4). Hierbei beträgt die Zykluszeit 62 ZE.

	j			
m	3	2	1	4
T_j	42	35	28	9

Tabelle 5.5.6: Tableau der gesamten auftragsbezogenen Bearbeitungszeiten

Zwar kann die Optimalität einer mit der NEH-Heuristik erzeugten Lösung grundsätzlich wiederum nicht garantiert werden, da längst nicht alle kombinatorischen Möglichkeiten von Auftragsfolgen überprüft worden sind. In diesem Fall zeigt allerdings ein Vergleich mit der optimalen Lösung, welche mit dem Branch-and-Bound-Verfahren bestimmt wurde, dass auch mit der NEH-Heuristik das Optimum erreicht wurde. Die gute Qualität dieser Heuristik ist vor allem mit der geschickten Ausgangssortierung der Aufträge begründbar.

5.5.5 Prioritätsregeln

Heuristiken ganz besonderer Art sind die so genannten Prioritätsregeln. Eine Prioritätsregel gestattet die Steuerung der Reihenfolge vor einer Maschine durch Auswahl aus einer Menge von Aufträgen, die vor der Maschine auf ihre Bearbeitung warten. Auch die Anwendung einer Prioritätsregel basiert also auf der Zerlegung eines umfassenden Maschinenbelegungsproblems in einfache Teilprobleme, die dann maschinenweise gelöst werden. Das Besondere an Prioritätsregeln ist, dass sie unverzögerte Maschinenbelegungspläne erzeugen. Unverzögerte Maschinenbelegungspläne bilden eine Teilmenge der aktiven Pläne. Sie garantieren eine frühestmögliche Belegung der Maschinen. D.h. es wird vor keiner Maschine auf einen Auftrag gewartet, der noch nicht bearbeitungsbereit ist, weil er zuvor noch auf einer anderen Maschine fertiggestellt werden muss. Ein optimaler Maschinenbelegungsplan ist allerdings nicht unbedingt unverzögert. Es kann durchaus lohnend sein, auf einen Auftrag zu warten, der zum Planungszeitpunkt noch nicht verfügbar ist. Es gibt also Problemstrukturen, bei denen es von vornherein ausgeschlossen ist, dass mit einer wie auch immer gearteten Prioritätsregel eine optimale Lösung erzeugt wird. Dennoch ist die Erzeugung unverzögerter Maschinenbelegungspläne in Theorie und Praxis gerechtfertigt: Im Durchschnitt erzielen sie bessere Ergebnisse als alle übrigen aktiven Pläne. Welcher unverzögerte Plan im Einzelnen erzeugt wird, hängt entscheidend von der angewandten Regel ab.

Mit der Kürzeste-Operations-Zeit-Regel (KOZ) wird derjenige Auftrag als nächster für die Bearbeitung auf einer Maschine eingeplant, der auf dieser Maschine die kürzeste Operationszeit hat. Der Vorteil dieser Regel besteht darin, dass die Maschinen schnell wieder frei werden. Nachteilig macht sich bemerkbar, dass Aufträge mit längeren Operationszeiten mehrfach zurückgestellt werden und deshalb die Liefertermine nicht unbedingt eingehalten werden können. Gelegentlich wird die KOZ-Regel deshalb dahingehend modifiziert, dass für jeden Auftrag eine Wartezeitbeschränkung eingeführt wird.

Eine Erweiterung der KOZ-Regel stellt die Kürzeste Rest-Bearbeitungszeit-Regel (KRB) dar, mit der nicht lediglich die kürzeste Operationszeit auf einer Maschine, sondern die kürzeste Restbearbeitungszeit eines Auftrags auf allen noch zu durchlaufenden Maschinen zur Entscheidung herangezogen wird. Bei Anwendung der KRB-Regel werden besonders fortgeschrittene Aufträge weiter beschleunigt. Es wird sichergestellt, dass in gleichmäßigen Abständen Aufträge ausgeliefert werden können. Aus Liquiditätserwägungen heraus ist dies besonders wichtig, da mit der Auftragsfertigstellung im Allgemeinen auch Einzahlungen einhergehen.

Die Schlupfzeit-Regel (SZ) macht die kürzeste Schlupfzeit zum Gegenstand der Einplanung des nächsten Auftrags. Eine Schlupfzeit ist definiert als Differenz zwischen dem vereinbarten Liefertermin und der noch ausstehenden Bearbeitungszeit auf den restlichen Maschinen. Je geringer diese Schlupfzeit ist, desto dringlicher ist eine bevorzugte Bearbeitung des Auftrags, damit der Liefertermin eingehalten werden kann. Nachteilig ist, dass bei Anwendung dieser Regel im Allgemeinen mit hohen Durchlaufzeiten zu rechnen ist.

Die First Come First Served-Regel (FCFS) verlangt eine Einplanung der Aufträge nach dem „First Come First Served"-Prinzip. Sie ist die einfachste Prioritätsregel, da sie keine rechnerischen Vergleiche erfordert. Grundsätzlich wird durch ihre Anwendung eine Angleichung der Wartezeiten erreicht. Bei gleich wichtigen Aufträgen wählt man diese Regel auch, um die Liefertermine einhalten zu können. Allerdings können besonders dringliche Aufträge bei Anwendung der Regel nicht besonders beschleunigt werden.

Schließlich existiert auch eine Wertregel, die in statischer und dynamischer Form angewandt wird. Bei der statischen Wertregel richtet sich die Dringlichkeit der Einlastung eines Auftrags nach seinem Produktendwert. Die dynamische Wertregel bevorzugt dagegen den Auftrag mit dem höchsten derzeitigen Produktwert. Mit beiden Varianten wird eine minimale Bindung des Umlaufkapitals angestrebt.

Die Wirksamkeit von Prioritätsregeln ist durch eine Reihe von Simulationsstudien ausgiebig überprüft worden. Einige Ergebnisse sind in Tabelle 5.5.7 zusammengestellt. Es ist unmittelbar ersichtlich, dass keine Regel eine andere Regel in Bezug auf alle aufgeführten Kriterien dominiert. Hinsichtlich einzelner Kriterien gibt es aber sehr wesentliche Unterschiede. Die Wirksamkeit von Prioritätsregeln kann oft dadurch gesteigert werden, dass die einzelnen Regeln miteinander verknüpft werden. Gut bewährt haben sich vor allem alternative Verknüpfungen. So lassen sich die KOZ-Regel und die SZ-Regel alternativ verknüpfen, indem bei der Gefahr einer Terminüberschreitung die SZ-Regel angewandt wird und ansonsten die KOZ-Regel.

	KOZ-Regel	KRB-Regel	Wertregel	SZ-Regel
Kapazitäts-auslastung	sehr gut	gut	mäßig	gut
Durchlaufzeit	sehr gut	gut	mäßig	mäßig
Kapitalbindung	gut	mäßig	sehr gut	mäßig
Terminabweichung	schlecht	mäßig	mäßig	sehr gut

Tabelle 5.5.7: Bewertung von Prioritätsregeln (Quelle: HOSS 1965)

Was die allgemeine Beurteilung von Prioritätsregeln anbetrifft, so wird gemeinhin als Vorteil anerkannt, dass mit Prioritätsregeln vor allem auch dynamische Maschinenbelegungsprobleme bewältigt werden können. Ein kontinuierlicher Auftragseingang führt dazu, dass sich die Auftragslage vor den einzelnen Maschinen ständig verändert. Falls eine Prioritätsregel zum Einsatz kommt, stellt es kein gravierendes Problem dar, solche Dynamiken bei der Einplanung der Aufträge zu berücksichtigen. Natürlich spielt auch die Bequemlichkeit in der Anwendung eine herausragende Rolle. Diesen Vorteilen stehen als wesentliche Nachteile gegenüber, dass die Prioritätsregeln wie viele heuristischen Verfahren kurzsichtig sind. Die weitere Maschinenfolge wird bei der Einplanung eines Auftrags nicht bzw. nur unzureichend beachtet. Die Planungsinstanz ist hier nicht zentral, sondern der Werkstattmeister plant für seine jeweilige Werkstatt bzw. Maschine. Ihn interessiert lediglich, wie der Auftrag in seinem Kompetenzbereich behandelt wird. Eine Abstimmung zwischen den einzelnen Werkstattmeistern existiert häufig nicht. Außerdem bedeutet die Anwendung einer Prioritätsregel zugleich die systematische Bevorzugung bzw. Benachteiligung von Aufträgen mit ähnlicher Struktur. Das kann dazu führen, dass an bestimmten Engpässen im Fertigungssystem Staus von außergewöhnlichem Umfang auftreten.

5.5.6 Fließbandabgleich

Bei der Maschinenbelegungsplanung im vorangegangenen Abschnitt wurde die Struktur einer Einzel- bzw. Kleinserienfertigung zugrunde gelegt. Für den Fall der Großserienfertigung spielt das Reihenfolgeproblem dagegen nur eine untergeordnete bzw. überhaupt keine Rolle. Das Fließprinzip dominiert. Die Maschinen werden so angeordnet, wie es die einheitliche Maschinenfolge für die Serienprodukte gebietet. Im Allgemeinen wird das Fließprinzip bei Großserien in Form einer zeitlich gebundenen Fließfertigung verwirklicht, bei der die Werkstücke in einem bestimmten Rhythmus („Takt") von Station zu Station transportiert werden, um dort bearbeitet zu werden, bevor der Weitertransport erfolgt. Geschieht der Transport dabei über ein Fließband, so spricht man von einer Fließbandfertigung. Diese Organisation des Fertigungsprozesses wurde zuerst ab 1910 von HENRY FORD bei der Automobilherstellung erprobt. Die hierbei auftretende ökonomische Planungsaufgabe besteht in einem optimalen Fließbandabgleich. Gestaltungsparameter für den Fließbandabgleich sind die Taktzeit t bzw. die Zahl der Arbeitsstationen M. Beispielsweise lassen sich bei gegebener Taktzeit die für das Produkt zu erledigenden Arbeitseinheiten zu möglichst wenigen Arbeitsstationen zusammenfassen. Damit ist sichergestellt, dass die Fertigung frühestmöglich beendet wird.

Arbeitseinheiten sind solche Elementaroperationen, die nicht weiter zerlegbar sind. Ihre Anzahl N ist gewöhnlich sehr viel größer als die Zahl der Arbeitsstationen, die bei einer Fließbandfertigung eingerichtet werden. Eine Vorrangrelation zwischen zwei Arbeitseinheiten gibt an, in welcher technologisch begründeten Reihenfolge die beiden Einheiten hintereinander ausgeführt werden müssen. Je weniger Vorrangrelationen zwischen den Arbeitseinheiten existieren, desto größer ist der Freiheitsgrad der Planung.

Hinsichtlich des optimalen Fließbandabgleichs können wiederum verschiedene Zielfunktionen maßgeblich sein. So kommen vor allem eine Minimierung der Auftragsdurchlauf- oder Auftragswartezeiten sowie eine Minimierung der Maschinenleerzeiten bzw. eine Maximierung des Kapazitätsnutzungsgrads in Betracht. Außerdem sind verschiedene technische Nebenbedingungen zu beachten.

Wir wollen das Problem des Fließbandabgleichs als Zuordnungsproblem formulieren (vgl. BOWMAN 1960). Zunächst werden ganzzahlige Zuordnungsvariablen m_n eingeführt, die angeben, welcher Arbeitsstation eine Arbeitseinheit n zugeordnet werden soll. Nimmt eine Variable m_n den Wert v an, so wird Arbeitseinheit n der Station v zugeordnet. Beginn und Ende des Bearbeitungsprozesses für eine Produktart werden dadurch gekennzeichnet, dass die erste Arbeitseinheit auf jeden Fall der ersten Station (d.h. $m_1 = 1$) und die letzte Arbeitseinheit der letzten Arbeitsstation (d.h. $m_N = M$) zugeordnet werden. Bei der Zuordnung der übrigen Arbeitseinheiten sind gegebene Vorrangrelationen bzw. technische Reihenfolgen zu beachten, die durch Binärvariablen $a_{nn'}$ angezeigt werden können. Falls Arbeitseinheit n' erst nach Arbeitseinheit n erledigt werden kann, gilt $a_{nn'} = 1$, sonst ist $a_{nn'} = 0$.

Bezeichnet T_n den Starttermin für eine Arbeitseinheit n und soll die Durchlaufzeit eines Auftrags minimiert werden, so lautet das Problem des optimalen Fließbandabgleichs formal:

Minimiere Mt unter den Nebenbedingungen

$$T_n \geq t(m_n - 1), n = 1, \ldots, N \tag{5.5.5}$$

$$T_n + t_n \leq t \cdot m_n, n = 1, \ldots, N \tag{5.5.6}$$

$$(T_n + t_n) \cdot a_{nn'} \leq T_{n'}, n, n' = 1, \ldots, N, n \neq n' \tag{5.5.7}$$

5.5 Maschinenbelegungsplanung und Fließbandabgleich

$T_n \geq 0, n = 1,\ldots,N$

$m_n \in \mathbb{N}, m_n \leq M, n=2,\ldots, N-1, m_1 = 1, m_N = M.$

Die Durchlaufzeit eines Auftrags Mt wird durch die Multiplikation von Taktzeit und Stationenanzahl bestimmt. Die Bedingungen (5.5.5) beschreiben untere Grenzen für die Starttermine der einzelnen Arbeitseinheiten, während die Bedingungen (5.5.6) die spätesten Fertigstellungstermine limitieren. Mit den Bedingungen (5.5.7) werden diese Termine für solche Arbeitseinheiten zusätzlich eingegrenzt, für die Vorrangrelationen bestehen. Während die Taktzeit t vorgegeben ist, bleibt die Anzahl der Arbeitsstationen M variabel und kann deshalb minimiert werden, wobei die aufgestellten Bedingungen zu beachten sind. Das duale Problem besteht darin, die Taktzeit t variabel zu gestalten und die Anzahl der geplanten Arbeitsstationen M vorab festzulegen. Formal wird dann lediglich eine Variable ($m_N = M$) durch eine andere Variable (t) ersetzt.

Das beschriebene Zuordnungsproblem ist insbesondere mit Hilfe von binären Programmierungsalgorithmen bzw. der Dynamischen Optimierung (vgl. hierzu Abschnitt 5.3.3) lösbar. Der Rechenaufwand ist allerdings erheblich. Bleibt die Lösung wegen der Konstanz des Produktprogramms für einen längeren Zeitraum gültig, so ist dieser Aufwand vertretbar. Bei häufigen Programmwechseln empfiehlt sich jedoch ein heuristisches Lösungsverfahren.

Beim Fließbandabgleich besteht die grundlegende heuristische Idee darin, aussagefähige Kriterien für die Zuordnung der Arbeitseinheiten zu den einzelnen Arbeitsstationen zu finden. Solche Kriterien können etwa die Bearbeitungsdauer t_n für eine Arbeitseinheit n, die Anzahl der Nachfolger einer Arbeitseinheit gemäß den vorliegenden Vorrangrelationen oder die verbleibende Restbearbeitungszeit eines Auftrags sein. Für den Fall, dass bei der Zuordnung die Restarbeitungszeit zugrunde gelegt wird, ist darauf zu achten, Arbeitseinheiten mit hohen Restbearbeitungszeiten möglichst früh zuzuordnen, damit die Chance auf eine frühe Fertigstellung des Werkstücks nicht vertan wird. Folgender Verfahrensablauf ist denkbar (HELGESON und BIRNIE 1961):

1. Eröffnung einer neuen Arbeitsstation. Dabei bezeichnet $\hat{t}$ die auf dieser Station noch verfügbare Zeit. Zu Beginn entspricht diese Zeit der Taktzeit t.

2. Auswahl der Arbeitseinheit n mit höchster Restbearbeitungszeit

$$b_n = t_n + \sum_{n'} t_{n'} \text{ mit } a_{nn'} = 1. \tag{5.5.8}$$

Es ist zu beachten, dass diese Arbeitseinheit aus der Menge der Arbeitseinheiten ohne Vorgänger bzw. mit bereits zugeordneten Vorgängern ausgewählt werden muss. Andere Arbeitseinheiten können zu diesem Zeitpunkt noch nicht eingeplant werden.

3. Zuordnung der entsprechenden Arbeitseinheit n mit der Bearbeitungsdauer t_n zur gegenwärtig geplanten Arbeitsstation, falls $\hat{t} \geq t_n$. Andernfalls weiter mit Schritt 5.

4. Berechnung der verbleibenden Restzeit $\hat{t} \geq t_n$ für die Zuordnung weiterer Arbeitseinheiten auf dieser Station.

5. Wiederholung von Schritt 2, nachdem die zuletzt analysierte Arbeitseinheit aus der Menge der prinzipiell einplanbaren Arbeitseinheiten eliminiert wurde. Existiert keine Arbeitseinheit mehr, die ausgewählt werden kann und die Restzeit der Station nicht überschreitet, so ist Schritt 1 zu wiederholen.
6. Beendigung des Verfahrens, sobald alle Arbeitseinheiten zugeordnet sind.

Das Verfahren ist umso effektiver, je mehr Vorrangrelationen existieren. Können die Operationen dagegen in beliebiger Reihenfolge durchgeführt werden, so reduziert sich die Auswahlregel auf einen einfachen Vergleich der Bearbeitungsdauern.

Beispiel: Heuristischer Fließbandabgleich

Betrachten wir das Zuordnungsproblem aus Tabelle 5.5.8, bei dem 12 Arbeitseinheiten einzuplanen sind. Die Vorrangrelationen hinsichtlich der einzelnen Arbeitseinheiten n sind in Form von Vorgängeroperationen V(n) bzw. Nachfolgeroperationen N(n) gegeben. Die Zahl der einzurichtenden Arbeitsstationen ist zu minimieren. Die Taktzeit für jede Arbeitsstation beträgt laut Vorgabe 11 Zeiteinheiten (ZE).

n	t_n	V(n)	N(n)	b_n
1	6	–	3,4	41
2	8	–	5	24
3	3	1	6,7	30
4	5	1	7	23
5	4	2	10	16
6	2	3	8	20
7	3	3,4	9	18
8	7	6	11	18
9	3	7	10	15
10	1	5,9	11	12
11	10	8,10	12	11
12	1	11	–	1

Tabelle 5.5.8: Problemdaten

Die Zuordnung erfolgt in mehreren Schritten. Zunächst können nur die Arbeitseinheiten 1 und 2 hinsichtlich einer Zuordnung zur Arbeitsstation 1 überprüft werden, weil für beide Arbeitseinheiten keine Vorrangrelation zu beachten ist. Die Restbearbeitungszeiten gemäß Formel (5.5.8) werden miteinander verglichen. Wegen $b_1 > b_2$ wird zunächst Arbeitseinheit 1 zugeordnet. Die verbleibende Restzeit auf Station 1 beträgt $\hat{t} = 11 - 6 = 5$ ZE.

Anschließend werden nun die Arbeitseinheiten 2, 3 und 4 überprüft. Bezüglich der Einheiten 3 und 4 existiert zwar ein Vorgänger, nämlich die Arbeitseinheit 1. Diese ist jedoch bereits zugeordnet worden. Wegen ihrer maximalen Restbearbeitungszeit wird die Arbeitseinheit 3 ebenfalls der Station 1 zugeordnet. Als Restzeit für diese Station verbleiben $\hat{t} = 2$ ZE.

5.5 Maschinenbelegungsplanung und Fließbandabgleich

Die Überprüfung und Zuordnung weiterer Arbeitseinheiten verläuft analog. Das Ergebnis ist in Tabelle 5.5.9 dargestellt. Danach ist die Einrichtung von sechs Arbeitsstationen erforderlich. Lediglich die Stationen 1 sowie 3 bis 5 weisen keine Leerzeiten auf. Dagegen ist vor allem die Einrichtung von Station 6 unbefriedigend, weil sie kaum genutzt wird. Die Optimalität dieser Lösung ist natürlich nicht gesichert.

m_n	n	
1	1,3,6	11
2	2	8
3	4,7,9	11
4	8,5	11
5	10,11	11
6	12	1

Tabelle 5.5.9: Ergebnis des Fließbandabgleichs

Quelle: KISTNER/STEVEN (2001)

Neben einfachen Heuristiken gibt es auch Optimierungsverfahren zur Abstimmung von Fließbändern. Mit dem Branch-and-Bound-Verfahren FABLE („Fast Algorithm for Balancing Lines Effectively") (JOHNSON 1988) wird nur ein Teil der denkbaren Zuordnungen von Elementaroperationen zu Arbeitsstationen untersucht. Ausgangspunkt für das Verfahren ist ein Vorranggraph. Er veranschaulicht die Vorrangrelationen und gibt an, welche technischen Reihenfolgen der Elementaroperationen zu beachten sind. Bei der Zuordnung der Elementaroperationen zu Arbeitsstationen müssen diese Reihenfolgen selbstverständlich beachtet werden. In Abbildung 5.5.2 ist der Vorranggraph für das Problem aus Tabelle 5.5.8 dargestellt.

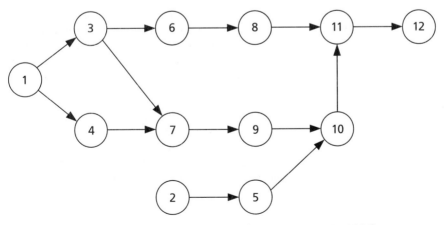

Abbildung 5.5.2: Vorranggraph (KISTNER/STEVEN 2001)

5 Planungszentriertes Operations Management

Den Elementaroperationen werden wiederum Prioritäten zugeordnet, die zum einen aus dem Vorranggraph und zum anderen aus weiteren Kriterien entwickelt werden. Als Prioritätskennziffern werden die natürlichen Zahlen 1, 2, 3 usw. vergeben. Je kleiner die Zahl ist, desto größer ist die Priorität der Zuordnung einer Elementaroperation. Grundsätzlich können nur an solche Elementaroperationen Prioritätskennziffern vergeben werden, deren Vorgängeroperationen entsprechend dem Vorranggraph bereits in die Prioritätenliste aufgenommen wurden. Solche Operationen heißen einplanbar. Für die einplanbaren Elementaroperationen kommen beim Verfahren FABLE die folgenden drei Prioritätsregeln in dieser Reihenfolge zur Anwendung:

1. Oberste Prioritätsregel: Die einplanbaren Elementaroperationen sind entsprechend ihrer Bearbeitungszeit t_n zu ordnen. D.h. vorzugsweise werden Elementaroperationen mit hohen Bearbeitungszeiten in die Prioritätenliste aufgenommen.

2. Mittlere Prioritätsregel: Die einplanbaren Elementaroperationen werden in absteigender Reihenfolge gemäß der Anzahl der unmittelbaren Nachfolger geordnet. Nachfolgeroperationen sind dabei die Arbeitseinheiten, die direkt an die betrachtete Elementaroperation anschließen können. So sind zum Beispiel im Vorranggraphen der Abbildung 5.5.2 die Elementaroperationen 3 und 4 unmittelbare Nachfolger der Elementaroperation 1.

3. Unterste Prioritätsregel: Haben die beiden ersten Prioritätsregeln keine eindeutige Ordnung in Bezug auf die einplanbaren Elementaroperationen ergeben, so erfolgt eine Aufnahme in die Prioritätenliste gemäß der ursprünglichen Nummerierung im Vorranggraph.

Analog zum vorangegangenen heuristischen Verfahren werden zunächst maximale Stationen durch Abarbeitung der Prioritätenliste gebildet. Die so entwickelten Lösungen sind dominant in dem Sinne, dass sie auf jeden Fall das gesuchte Optimum enthalten, d.h. alle anderen Lösungen dominieren. Im Gegensatz zu dem in Abschnitt 5.5.3 präsentierten Branch-and-Bound-Verfahren wird mit FABLE allerdings möglichst schnell eine vollständige Lösung generiert. Liegt eine solche Ausgangslösung vor, so wird anschließend versucht, sie dadurch zu verbessern, dass die erfolgten Zuordnungen in umgekehrter Reihenfolge wieder schrittweise aufgelöst werden, um anschließend alternative Zuordnungen überprüfen zu können. Hierzu werden jeweils Abschätzungen der erreichbaren Lösungsqualität vorgenommen, indem untere Schranken für die Durchlaufzeit bestimmt werden.

Soll eine untere Schranke berechnet werden und ist der Planungsprozess so weit fortgeschritten, dass gegenwärtig Arbeitsstation k eingerichtet wird, so finden alle Elementaroperationen $n \in N^{'}$ Beachtung, die noch nicht einer Station 1 bis k-1 zugeordnet worden sind. Aus den Bearbeitungsdauern t_n dieser Elementaroperationen ergibt sich die Mindestanzahl von noch einzurichtenden Stationen als

$$\left[\sum t_n / t\right], n \in N^{'}.$$

5.5 Maschinenbelegungsplanung und Fließbandabgleich

Die eckige Klammer steht für die nächstgrößere ganze Zahl des Bruchs. Da bereits k-1 Stationen eingerichtet worden sind, lautet die untere Schranke für die gesamte Stationenanzahl

$$(k-1)+\left[\sum t_n / t\right].$$

Untere Schranken werden stets im Zuge der Rückentwicklung der bisher besten Lösung kalkuliert, sobald alternative Zuordnungen möglich sind. Liegt der Schrankenwert allerdings nicht unterhalb des Werts für die bisherige Lösung, so bezeichnet man diesen Zustand als ausgelotet. Eine alternative Zuordnung kann an dieser Stelle des Planungsprozesses nicht mehr zu einem besseren Ergebnis führen und muss deshalb nicht weiter verfolgt werden. Der Auflösungsprozess für die gegenwärtige Lösung wird also fortgesetzt, bis ein Zustand gefunden wird, der alternative Zuordnungen gestattet und noch nicht ausgelotet ist. Ab hier werden dann entsprechend der Prioritätenliste neue Zuordnungen vorgenommen, um eine andere Lösung zu entwickeln. Das Verfahren FABLE endet, wenn alle Zustände ausgelotet sind bzw. keine Alternativzuordnungen mehr zulässig sind.

Beispiel: Fließbandabgleich mit einem Branch-and-Bound-Verfahren

Die Prioritäten der Elementaroperationen des Problems aus Tabelle 5.5.8 sind in Tabelle 5.5.10 zusammenfassend dargestellt. Diese Prioritäten sind ermittelt worden, indem die drei Prioritätsregeln von Fable systematisch angewandt wurden. Die höchste Priorität erhält Elementaroperation 2, die zweithöchste Priorität gehört Elementaroperation 1 usw.

Elementaroperation n	1	2	3	4	5	6	7	8	9	10	11	12
Priorität	2	1	5	3	4	8	6	9	7	10	11	12

Tabelle 5.5.10: Prioritätenliste der Elementaroperationen

Aus dieser Liste ergibt sich die in Tabelle 5.5.11 systematisch hergeleitete Ausgangslösung. Bei einer Taktzeit von 11 ZE sind lediglich die Stationen 2 und 6 voll ausgelastet. Die übrigen Stationen verfügen noch über Restkapazitäten. Das Branch-and-Bound-Verfahren besteht nun darin, zu untersuchen, ob die ermittelte Stationenanzahl 6 durch eine andere Zuordnung der Elementaroperationen wieder reduziert werden kann. Dazu werden die Zuordnungen von Elementaroperationen zu Stationen retrograd, d.h. beginnend mit Operation 12, so lange aufgelöst, bis eine alternative Zuordnung möglich wird. Für die vorliegende Ausgangslösung ist dies der Fall, nachdem die beiden letzten Zuordnungen der Operationen 11 und 12 rückgängig gemacht wurden. Alternativ kann nun Operation 12 vor Operation 11 zugeordnet werden. An der Lösung ändert sich jedoch nichts, so dass dieser Aufwand vermieden werden sollte. Aus diesem Grund werden an den in Frage kommenden Stellen untere Schranken berechnet, d.h. Abschätzungen vorgenommen, die einen Hinweis darauf geben sollen, ob eine Alternativenzuordnung überhaupt Erfolg verspricht.

Station	Schritt	Zuordnung einer Elementaroperation	Restbearbeitungszeit der Station	Menge der einplanbaren Elementaroperationen
k = 1:	1	n = 2	11	{1,2}
			3	∅
k = 2:			11	{1,5}
	2	n = 1	5	{3,4,5}
	3	n = 4	0	∅
k = 3:			11	{3,5}
	4	n = 5	7	{3}
	5	n = 3	4	{6,7}
	6	n = 7	1	∅
k = 4:			11	{6,9}
	7	n = 9	8	{6,10}
	8	n = 6	6	{10}
	9	n = 10	5	∅
k = 5:			11	{8}
	10	n = 8	4	∅
k = 6:			11	{11}
	11	n = 11	1	{12}
	12	n = 12	0	∅ : Ende

Tabelle 5.5.11: Entwicklung der Ausgangslösung

Der vollständige Suchprozess nach einer optimalen Lösung wird durch einen so genannten Enumerationsbaum in Abbildung 5.5.3 visualisiert. Hieraus ist ersichtlich, dass eine geschickte Zuordnung der Elementaroperationen nur fünf Stationen erfordert. Um zu diesem Ergebnis zu gelangen, sind 24 Iterationsschritte erforderlich. Dabei wird die Ausgangslösung völlig aufgelöst, bevor eine neue Zuordnung vorgenommen wird. Danach sind alle Zustände ausgelotet, d. h. eine weitere Reduzierung der Stationenanzahl kommt nicht in Betracht.

5.5 Maschinenbelegungsplanung und Fließbandabgleich

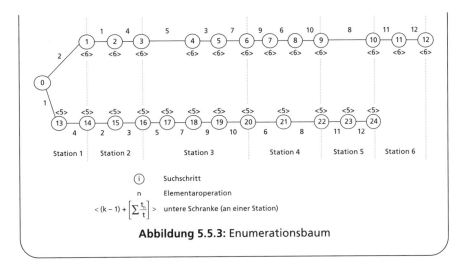

Abbildung 5.5.3: Enumerationsbaum

Das Verfahren FABLE kann, wie alle Branch-and-Bound-Verfahren, recht aufwändig sein. Die Effizienz des Verfahrens, d. h. die Anzahl der Suchschritte, hängt wesentlich von der Konstruktion der unteren Schranken ab. Es ist denkbar, dass die beschriebene Schrankenbildung noch weiter verschärft wird. Da es sich beim Fließbandabgleich um ein Problem handelt, das vielfach nur in größeren Abständen zu lösen ist, kann dieser Aufwand jedoch gerechtfertigt sein, wenn dadurch eine erheblich bessere Lösung entsteht.

Die in diesem Abschnitt behandelte Problematik zum Fließbandabgleich wird auch als klassische Leistungsabstimmung bezeichnet. Sie kann im Sinne einer integrierten Leistungsabstimmung in verschiedene Richtungen weiter vertieft werden (ZÄPFEL 2000):

- Die einseitige Fokussierung entweder auf die Bestimmung der Taktzeit oder die Optimierung der Anzahl der Arbeitsstationen wird aufgehoben. Beide Größen werden gleichzeitig optimiert.
- Da es sich beim Fließbandabgleich häufig um ein mittelfristiges Problem handelt, werden nicht die Durchlaufzeiten, sondern die entstehenden Kosten minimiert. Damit wird sichergestellt, dass variable Kostensätze bei den Lösungen nicht unberücksichtigt bleiben.
- Es werden auch parallele Fließabschnitte untersucht, um Taktzeiten weiter reduzieren zu können.
- Die Reihenfolgeproblematik wird in den Fließbandabgleich integriert, um Lösungen für den Fall zu erzeugen, dass mehrere Produktarten auf demselben Fließband gefertigt werden sollen.

5.5.7 Zusammenfassung

Für einen optimalen Fertigungsablauf müssen die Reihenfolgen, in denen die Aufträge aus den einzelnen Maschinen bearbeitet werden sollen, so festgelegt werden, dass die beeinflussbaren Zeiten und Kosten möglichst gering bleiben. Dieses Reihenfolgen- oder Maschinenbelegungsproblem ist in Abschnitt 5.5.1 grundlegend erörtert worden, bevor in Abschnitt 5.5.2 die zu beachtenden Ziele abgeleitet wurden. Zwei Zielkategorien sind zu unterscheiden: Zum einen muss dafür gesorgt werden, dass die Aufträge schnell bearbeitet werden, damit sie früh ausgeliefert werden können und das Umlaufkapital nur im nötigen Umfang gebunden wird. Zum anderen darf aber das in den Maschinen gebundene Anlagekapital ebenfalls nicht außer Acht bleiben. So ist es selbstverständlich, dass die zum Einsatz kommenden Maschinen während des Fertigungsprozesses gut ausgelastet bleiben. Das bereits bei der Terminplanung beobachtbare Dilemma der Ablaufplanung kommt hierbei noch einmal deutlich zum Vorschein. Auftrags- und maschinenorientierte Ziele befinden sich nicht immer im Einklang, so dass häufig eine Kompromisslösung zu finden ist. In Abschnitt 5.5.3 wurden Standardansätze zur Lösung von Maschinenbelegungsproblemen vorgestellt. Die GANTT-Technik ist ein graphisches Verfahren, mit dem – etwa durch Bedienung elektronischer Leitstände in den Werkstätten – Balkendiagramme erzeugt werden, welche Problemlösungen optisch veranschaulichen. Wie solche Lösungen zustande gekommen sind, spielt keine Rolle. Entscheidend ist, dass die Lösungen durch manuelles Verschieben einzelner Balken auf einfache Weise manipuliert werden können, um zu neuen, ggf. verbesserten Lösungen zu kommen. Exakte Planungsansätze, mit denen der Planer im Allgemeinen auch zu optimalen, nicht weiter verbesserungsfähigen Plänen gelangt, beruhen demgegenüber auf dem Prinzip der mathematischen Optimierung, dem Prinzip der Kombinatorik und dem Branch-and-Bound-Prinzip. Für diese Prinzipien wurde jeweils ein Verfahren ausgesucht und ebenfalls in Abschnitt 5.5.3 vorgestellt. Soweit bei der Planung auf bestmögliche Pläne verzichtet werden kann, gelangen auch heuristische Verfahren zum Einsatz, mit denen im Allgemeinen Näherungslösungen erreicht werden, die vom Optimum noch entfernt sind. Die Güte dieser Lösungen kann jedoch gewöhnlich abgeschätzt werden. Solche Verfahren waren Gegenstand von Abschnitt 5.5.4. Noch praxisnäher sind die in Abschnitt 5.5.5 erörterten Prioritätsregeln, die ausschließlich aus Erfahrungswerten entwickelt wurden, sich aber ebenfalls gut bewährt haben. Die Prioritätsregeln sind bequem und flexibel anwendbar, so dass sie sich hauptsächlich bei einer komplexen Problemumgebung eignen.

Grundsätzlich hängt die Auswahl eines geeigneten Planungsverfahrens stets von der vorliegenden Problemstruktur ab. Eine grundsätzliche Empfehlung für einen Verfahrenstyp gibt es nicht. Es ist jedoch stets im Auge zu behalten, dass jede Reihenfolgenplanung unmittelbar zu brauchbaren Ergebnissen führen sollte, da sie Gegenstand der Feinsteuerung des Betriebsablaufs ist. D. h. entweder greift man auf leistungsfähige Verfahren zu – soweit diese verfügbar sind – oder man verzichtet auf eine optimale Maschinenbelegungsplanung zu Gunsten einer schnellen, robusten Lösung.

5.5 Maschinenbelegungsplanung und Fließbandabgleich

Über die Reihenfolgeplanung hinaus besitzt die Ablaufplanung eine zweite Komponente, die darin besteht, dass im Falle der Anwendung des Fließprinzips der Fertigungsablauf dadurch beschleunigt werden kann, dass die Elementaroperationen gleichartiger Produktarten geschickt zu Arbeitsstationen zusammengefasst werden. Der für eine Fließbandfertigung hieraus resultierende Fließbandabgleich war Gegenstand von Abschnitt 5.5.6. Es wurde erörtert, wie bei einer gegebenen Taktzeit, die für die Bearbeitung eines Auftrags auf einer Arbeitsstation zur Verfügung steht, durch geschickte Zuordnung der Operationen zu den einzelnen Stationen die Durchlaufzeit der Aufträge erheblich abgekürzt werden kann.

5.5.8 Fragen zur Wiederholung

1. Wie sind Auftragsfolge- und Maschinenfolgebedingungen voneinander abzugrenzen? Welche Bedingungen sind gegeben? Welche Bedingungen sind Gegenstand der Maschinenbelegungsplanung?
2. Unter welchen Umständen führt eine Maschinenbelegungsplanung unter Zugrundelegung minimaler Wartezeiten zu denselben Ergebnissen wie eine entsprechende Planung bei Minimierung der Durchlaufzeiten?
3. Worin bestehen die Vor- und Nachteile des Einsatzes von GANTT-Diagrammen zur Lösung von Maschinenbelegungsproblemen?
4. Warum kann ein Maschinenbelegungsproblem nicht ohne weiteres mit Hilfe des Simplex-Algorithmus gelöst werden?
5. Wie lautet das Prinzip der Branch-and-Bound-Technik für die Maschinenbelegungsplanung? Gehen Sie insbesondere auf die Bedeutung der unteren Schranken ein.
6. Wie sind die verschiedenen Prioritätsregeln bei Festlegung der Auftragsfolgen vor dem Hintergrund der Ziele einer Maschinenbelegungsplanung zu bewerten?
7. Wie lässt sich das Problem des Fließbandabgleichs aus dem allgemeinen Maschinenbelegungsproblem herleiten?
8. Welche der für das Maschinenbelegungsproblem entwickelten Verfahren kommen grundsätzlich auch für den Fließbandabgleich in Betracht? Wie sind diese Verfahren ggf. zu vereinfachen?

5.5.9 Aufgaben zur Übung

Aufgabe 1

In einem Unternehmen ist das Problem der Bestimmung der optimalen Auftragsfolge zu lösen. Es sind fünf verschiedene Aufträge einzuplanen, von denen jeder auf Maschine A und Maschine B zu bearbeiten ist. Dabei gilt für alle Aufträge, dass sie zuerst auf Maschine A und dann auf Maschine B bearbeitet werden müssen. Die Bearbeitungszeiten der Aufträge auf den einzelnen Maschinen sind in der nachfolgenden Tabelle angegeben:

Maschine	Auftrag				
	1	2	3	4	5
A	3	5	8	4	7
B	6	2	1	5	5

Bearbeitungsdauern [Std.]

Bestimmen Sie die optimale Auftragsfolge mit Hilfe des JOHNSON-Algorithmus und erläutern Sie Ihr Vorgehen.

Zeichnen Sie das GANTT-Diagramm für die ermittelte Auftragsfolge und geben Sie die Zykluszeit an!

Aufgabe 2

Das mittelständische Unternehmen Lap & Top GmbH stellt Computerplatinen für verschiedene Anwendungen her. Seine Produktpalette besteht dabei aus drei Platinen, die mit der Kennung A, B, und C bezeichnet werden. Während die Platinen A die Maschinen in der Reihenfolge (1,3,2) durchläuft, müssen die Platinen B bzw. C aufgrund ihres Aufbaus in der Maschinenfolge (1,2,3) bzw. (3,2,1) hergestellt werden. Die Bearbeitungszeiten der Platinen auf den einzelnen Maschinen lassen sich der nachfolgenden Tabelle entnehmen:

Auftrag	Maschine		
	A	B	C
1	5	5	1
2	4	3	2
3	3	2	5

Ermitteln Sie mit Hilfe der KRB-Regel die Auftragsfolgen auf den einzelnen Maschinen.

Geben Sie explizit die entsprechenden Fertigstellungstermine der Aufträge an und kommentieren Sie Ihre Vorgehensweise.

Aufgabe 3

In einem Unternehmen wird ein Produkt in Reihenfertigung hergestellt. Jeder Auftrag muss nacheinander auf den Maschinen m = 1,2 bearbeitet werden. Zurzeit liegen der Unternehmensleitung 3 Aufträge j = 1,2,3 vor, die jeweils unterschiedliche Bearbeitungszeiten t_{jm} auf den einzelnen Maschinen haben.

Die Bearbeitungszeiten der Aufträge auf der jeweiligen Maschine sind aus der folgenden Tabelle ersichtlich.

Maschine	Auftrag		
	1	2	3
1	9	4	7
2	5	3	6

Lösen Sie das Problem der Maschinenbelegungsplanung mit Hilfe der Branch-and-Bound-Technik, wenn eine Minimierung der Zykluszeit angestrebt wird.

5.5.10 Literatur zur Vertiefung

DOMSCHKE, W./SCHOLL, A./VOSS, S. (1997): Produktionsplanung. Ablauforganisatorische Aspekte. 2. Auflage, Springer, Berlin u. a.
FANDEL, G./FISTEK, A./STÜTZ, S. (2010): Produktionsmanagement. 2. Auflage, Springer, Heidelberg u. a.
GÜNTHER, H.-O./TEMPELMEIER, H. (2012): Produktion und Logistik. 9. Auflage, Springer, Berlin u. a.
KISTNER, K.-P./STEVEN, M. (2001): Produktionsplanung. 3. Auflage, Physica, Heidelberg u. a.
KÜPPER, H.-U./HELBER, S. (2004): Ablauforganisation in Produktion und Logistik. 3. Auflage, Schäffer-Poeschel, Stuttgart
ZÄPFEL, G. (2000): Taktisches Produktions-Management. 2. Auflage, Oldenbourg, München u. a.
ZÄPFEL, G./BRAUNE, R. (2005): Moderne Heuristiken der Produktionsplanung. Vahlen, München

5.6 Disposition der Teilebestände

5.6.1 Einführung

Bevor eine Produktion aufgenommen werden kann, müssen nicht nur die entsprechenden Mengen bestimmt und genauestens terminiert sein. Vielmehr muss ebenso sichergestellt werden, dass die benötigten Verbrauchsfaktoren bzw. Materialen in ausreichender Zahl vorhanden sind. Der erste Schritt dazu besteht darin, Bestände, die sich am Lager befinden, auf geeignete Weise zu erfassen, zu optimieren und dem Produktionsprozess zuzuführen. Dass dies für die Unternehmen eine besondere Herausforderung darstellt, hat sich in der Vergangenheit an vielen leidvollen Beispielen nachdrücklich gezeigt. So sind Kosten, die in Verbindung mit einer falschen bzw. unzureichenden Bestandspolitik entstanden sind, häufig derart explodiert, dass die Unternehmen in ihrer Existenz gefährdet waren. Inzwischen ist die Aufmerksamkeit allerdings viel stärker auf die sorgsame Pflege der Bestände gelenkt worden. So müssen die Unternehmen mit der wachsenden Herausforderung kurzer Produktlebenszyklen sowie individueller Kundenwünsche noch besser umzugehen lernen. Insbesondere gilt es, die Bestandsdisposition an die ständig wachsende Zahl der bereitzuhaltenden Materialarten sowie vorhandene Informationsdefizite über die Marktentwicklungen anzupassen. Im folgenden Abschnitt 5.6.2 werden wir uns zunächst mit den verschiedenen Bestandsgrößen befassen und verdeutlichen, welche Beziehungen zwischen diesen Größen existieren.

In Abschnitt 5.6.3 wird dann erörtert, welche Methoden existieren, um Bestände möglichst vollständig und genau zu erfassen und wie diese Methoden miteinander verknüpft sind. Da es nicht immer möglich bzw. praktikabel ist, den einzelnen Materialbeständen die durch sie verursachten Kosten zuzurechnen, müssen Kennzahlen entwickelt werden, die anzeigen, inwieweit Bestände in „normalem" Umfang gehalten werden bzw. wo Unter- bzw. Überbestände auftreten. Die dazugehörigen Analysen sind Aufgaben des Bestandscontrollings, das in Abschnitt 5.6.4 beschrieben wird. Schließlich ist die eigentliche Bestandsplanung Gegenstand von Abschnitt 5.6.5. Hier geht es vor allem darum, für eine Materialart den Sicherheitsbestand zu bestimmen, mit dem gewährleistet ist, dass die Nachfrage unter den gegebenen Informationen auf wirtschaftliche Weise befriedigt werden kann. Die Ausführungen dieses Unterkapitels münden in Abschnitt 5.6.6 in ein kritisches Fazit über die Möglichkeiten und Grenzen der Bestandsdisposition.

5.6.2 Bestandsgrößen

Um aus der Bestandssituation in einem Unternehmen Konsequenzen in Bezug auf anstehende Planungserfordernisse treffen zu können, muss zunächst zwischen verschiedenen Arten von Beständen differenziert werden. Die Bestandsmessungen konzentrieren sich dabei jeweils auf eine Materialart. Elementare Ausgangsgröße ist der Lagerbestand, d.h. die physisch am Lager vorhandene Menge eines Materials. Soweit nicht jederzeit eine körperliche Bestandsaufnahme vorgenommen wird, wird diese Größe auch als Buchbestand bezeichnet, da sie lediglich buchmäßig fortgeschrieben wird. Ob ein Lagerbestand systematisch gehalten wird oder ob auf ihn grundsätzlich verzichtet wird, ist eine Frage der Bestellpolitik. Für den Fall, dass Lagerbestände aus Wirtschaftlichkeitserwägungen grundsätzlich in Betracht gezogen werden, werden die Bestandsmengen durch eine Bestellmengenoptimierung indirekt ermittelt. Hierbei ist der so genannte Trade-off zwischen Lager- und Bestellkosten entscheidungsrelevant, der in Unterkapitel 5.9 näher untersucht wird. Bei gleichmäßigen Lagerverläufen wird häufig der durchschnittliche Lagerbestand berechnet, um auf seiner Grundlage die Lagerkosten bequemer kalkulieren zu können. Sobald jedoch starke Bedarfsschwankungen auftreten, geht dieser Vorteil wieder verloren.

Der Bestellbestand bezeichnet die bestellte, jedoch noch nicht physisch vorhandene Materialmenge. Er entspricht also den offenen Bestellungen. Die Ermittlung des Bestellbestands eines Teils ist deshalb wichtig, weil er bei weiteren Bestellungen berücksichtigt werden muss, damit vom Disponenten auf der Basis des Lagerbestands keine Mehrfachbestellungen vorgenommen werden. Wird das Teil selbst gefertigt, d. h. werden die Bestellungen bei der eigenen Fertigung aufgegeben, so entspricht der Bestellbestand dem Werkstattauftragsbestand.

Ein Vormerkbestand, gelegentlich auch reservierter oder disponierter Bestand genannt, ist die Menge eines Materials, über die schon verfügt worden ist, die jedoch noch nicht dem Lager entnommen wurde. Ihr Einsatz für einen bestimmten Fertigungsprozess steht aber unmittelbar bevor.

Der verfügbare Lagerbestand, der noch für beliebige Verwendungen frei ist, ergibt sich auf der Basis dieser Überlegungen für einen bestimmten Zeitpunkt t folgendermaßen:

Verfügbarer Lagerbestand (in t) = Lagerbestand + Bestellbestand (mit Zugang spätestens in t) – Vormerkbestand.

> **Beispiel: Verfügbarer Lagerbestand**
>
> Für die Ermittlung des verfügbaren Lagerbestands ist der Zeitpunkt t der Verfügbarkeit maßgeblich. Ein Bestellbestand wird also lediglich dann berücksichtigt, wenn er bis zum Zeitpunkt der Disposition voraussichtlich eingegangen ist. Existieren derzeit etwa ein Lagerbestand eines Materials in Höhe von 1.500 Stück, ein Bestellbestand von 2.000 Stück, der in Kürze zugehen soll, sowie ein Vormerkbestand von 1.000 Stück für die nächste Woche, so ergibt sich der verfügbare Lagerbestand am Ende der nächsten Woche als 1.500 + 2.000 – 1.000 = 2.500 Stück. Geht die bestellte Menge hingegen erst in der übernächsten Woche ein, so sinkt der verfügbare Lagerbestand am Ende der nächsten Woche entsprechend auf 500 Stück.

Der Höchstbestand eines Materials beschreibt die maximale Lagerkapazität. Aus technischer Sicht entspricht er der Lagerraumkapazität, die für dieses Material vorgesehen ist. Solange verschiedene Materialien gemeinsam gelagert werden können, wird lediglich ein Höchstbestand für diese Materialgruppe, nicht jedoch für jedes Einzelmaterial erfasst. Substitutionseffekte bei der Einlagerung sind also durchaus denkbar, indem von einem Material mehr gelagert werden kann, sobald von einem anderen Material Lagerraum freigegeben worden ist. Der Höchstbestand aus technischer Sicht wird jedoch in den seltensten Fällen tatsächlich realisiert, da er im Allgemeinen oberhalb des Höchstbestands aus wirtschaftlicher Sicht liegt. Bei schlagartigen Lagerzugängen handelt es sich hierbei um die wirtschaftliche Beschaffungsmenge, die diesen Höchstbestand definiert. Ein höherer Lagerbestand als die wirtschaftliche Beschaffungsmenge lohnt grundsätzlich nicht, da die steigenden Lagerkosten nicht mehr durch andere Kosteneinsparungen kompensiert werden können. Die Überschreitung des wirtschaftlichen Höchstbestands verlangt deshalb nach einer Ursachenforschung. Sie signalisiert Unwirtschaftlichkeiten, die etwa auf einer falschen Bestellpolitik oder ungeplanten Bedarfsrückgängen basieren können.

Der Mindest- bzw. Sicherheitsbestand beschreibt den Lagerbestand, bei dessen Unterschreitung die mengenmäßige Versorgung der Produktion mit Materialien nicht mehr sichergestellt ist, sofern Unplanmäßigkeiten im Bestandsverlauf auftreten. Planmäßig wird der Sicherheitsbestand also nie angegriffen. Bei planmäßigem Bestandsverlauf haben die entsprechenden Kosten des Sicherheitsbestands Fixkostencharakter. Verzichtet man auf die Einbeziehung von etwaigen Unplanmäßigkeiten im Bedarfsverlauf bzw. bei der Lieferung von Materialien, so ist der Sicherheitsbestand null. Praktisch sollten jedoch im Hinblick auf die Sicherstellung der Produktion stets drei Formen von Unsicherheit bei der Bestandsdisposition berücksichtigt werden: Bedarfsunsicherheit (mit dem Risiko eines erhöhten Materialverbrauchs), Lieferunsicherheit (mit dem Risiko einer Verzögerung von Materiallieferungen) sowie Bestandsunsicherheit (mit dem Risiko eines zu geringen physischen Lagerbestands infolge einer fehlerhaften Bestandserfassung). Für derart risikobehaftete Situationen existieren im Allgemeinen Wahrscheinlichkeitsfunktionen. Die Absicht, mit Einführung eines Sicherheitsbestands die Versorgung auf jeden Fall sicherzustellen, wird in der Realität deshalb oft dadurch abgeschwächt, dass ein bestimmter Servicegrad vorgegeben wird. So bedeutet beispielsweise ein Servicegrad von 95 %, dass 95 % der Materialanforderungen mit statistischer Zuverlässigkeit bedient werden sollen.

Der Meldebestand, der auch Anforderungsbestand heißt, gibt den Bestand an, der eine Bestellung auslöst. Er ergibt sich aus der planmäßigen Lieferzeit (Beschaffungszeit) sowie dem planmäßigen Bedarf während der Beschaffungszeit zuzüglich des Sicherheitsbestands. Ist die Beschaffungszeit gleich null, d. h. kann ein Lager unverzüglich wieder aufgefüllt werden, so entspricht der Meldebestand dem Sicherheitsbestand. Da dies in der Beschaffungspraxis jedoch kaum zu beobachten ist, liegt der Meldebestand im Allgemeinen oberhalb des Sicherheitsbestands. Wird der Meldebestand zu gering angesetzt, so wird während der Beschaffungszeit mehr Material nachgefragt, als am Lager vorhanden ist. Die Produktion gerät in Verzug. Hohe Beschaffungszeiten und hohe Materialbedarfe verursachen ein Anwachsen des Meldebestands. Kann außerdem eine Bestellung nicht zu jedem beliebigen Zeitpunkt ausgelöst werden, sondern existieren verbindliche Bestelltermine, so steigt die Beschaffungszeit weiter an.

Ein Problem, das in Verbindung mit der Ermittlung des Meldebestands auftreten kann, ist die Tatsache, dass die Beschaffungszeit größer ist als die Verbrauchszeit der optimalen Beschaffungsmenge, welche aus Kostenerwägungen nicht überschritten werden soll. Bei derart langen Beschaffungszeiten ist der Bestellbestand mit zu beachten. Statt des Meldebestands wird der so genannte Eindeckungsmeldebestand berechnet. Er berücksichtigt das Eindeckungsniveau (Lager- und Bestellbestand), das erforderlich ist, um den planmäßigen Bedarf in der planmäßigen Beschaffungszeit zu erfüllen. Diese Menge wird zum Sicherheitsbestand hinzuaddiert, um den Eindeckungsmeldebestand zu ermitteln, bei dem die nächste Bestellung ausgelöst wird. Ungeachtet dieser Bestellung sind unter diesen Umständen weitere Bestellungen unterwegs, aber noch nicht im Lager eingetroffen.

Treten unplanmäßige Mehrverbräuche auf, so muss dies nicht unbedingt zur Auflösung des Sicherheitsbestands führen, wenn nämlich noch beschleunigte Bestellungen möglich sind. In Ergänzung zum Melde- bzw. Eindeckungsmeldebestand bietet sich deshalb die Einführung einer weiteren kritischen Bestandsgröße an, nämlich die des Kontroll- bzw. Eindeckungskontrollbestands. Dies ist der Bestand, bei dem letztmalig die Chance besteht, die Versorgung durch Eilbestellungen zu sichern, nachdem unplanmäßige Mehrbedarfe erkannt worden sind.

Schließlich kann es praktisch vorkommen, dass trotz aller Vorkehrungen die Versorgungssicherheit nicht gewährleistet ist. Der Bestand, welcher eine Versorgungslücke darstellt, heißt Fehlbestand. Er bemisst sich zu einem gegebenen Zeitpunkt aus der Differenz zwischen dem kumulierten bisherigen Verbrauch im Betrachtungszeitraum sowie der kumulierten Beschaffungsmenge zuzüglich des anfänglichen Lagerbestands. Fehlbestände führen dazu, dass die Produktion nicht planmäßig fortgesetzt werden kann. Dies bedeutet jedoch nicht zugleich, dass Fehlbestände nicht auftreten können und dürfen. Vielmehr entscheiden die entstehenden Fehlmengenkosten darüber, in welchem Umfang Fehlbestände tolerierbar sind.

> **Beispiel: Bestandsentwicklung anhand von verschiedenen Bestandsgrößen**
>
> Die planmäßige Bedarfsrate eines Teils beträgt 100 Stück pro Tag. Die normale Beschaffungszeit (WZ) liegt bei 10 Tagen. Die wirtschaftliche Beschaffungsmenge ist mit 1.500 Stück berechnet worden. Der Mindestbestand (SB) lautet auf 500 Stück. Zum Periodenbeginn ist das Lager voll aufgefüllt, d.h. der Lagerbestand entspricht der wirtschaftlichen Beschaffungsmenge zuzüglich des Mindestbestandes. Bis zum 15. Tag wird das Lager auf den Mindestbestand abgebaut. Um eine rechtzeitige Wiederauffüllung zu gewährleisten, muss bei der planmäßigen Beschaffungszeit bereits am 5. Tag neu bestellt werden. Der Meldebestand (MB) liegt damit bei 1.500 Stück. Dieser Prozess wiederholt sich in einem Rhythmus von 15 Tagen.
>
>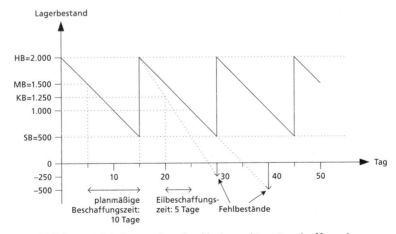
>
> **Abbildung 5.6.1:** Bestandsverlauf bei regulärer Beschaffung bzw. Eilbeschaffung

Steigt die tägliche Bedarfsrate im zweiten Zyklus (15. bis 30. Tag) unplanmäßig auf 150 Stück an, so wird der Sicherheitsbestand bereits am 25. Tag erreicht. Am 30. Tag ist ein Fehlbestand von 250 Stück die Konsequenz. Besteht nun die Möglichkeit einer Eilbeschaffung innerhalb von 5 Tagen, so muss spätestens am 20. Tag reagiert werden, wenn das Lager am 25. Tag wieder auf den Höchstbestand (HB) aufgefüllt werden soll. Der Kontrollbestand (KB) liegt in diesem Fall bei 1.250 Stück, die bei der erhöhten Bedarfsrate am 20. Tag erreicht sind.

Verzögert sich die Wiederbeschaffung des Teils im zweiten Zyklus hingegen unplanmäßig auf 20 Tage, so führt dies bei der herkömmlichen Politik mit einem Meldebestand von 1.500 Stück (am 20. Tag) zu einem Fehlbestand am 40. Tag von insgesamt 500 Stück. Eine Reaktion in Form einer Eilbeschaffung ist bis zum 25. Tag möglich, wenn bis dahin die Verzögerung bekannt geworden ist.

Steigt die Beschaffungszeit hingegen planmäßig auf 20 Tage an, so heißt dies zugleich, dass die wirtschaftliche Beschaffungsmenge (1.500 Stück) grundsätzlich unterhalb des Verbrauchs während der Beschaffungszeit (2.000 Stück) liegt. Demzufolge muss für die kommenden Bestellungen statt des Meldebestands der Eindeckungsmeldebestand (EMB) herangezogen werden.

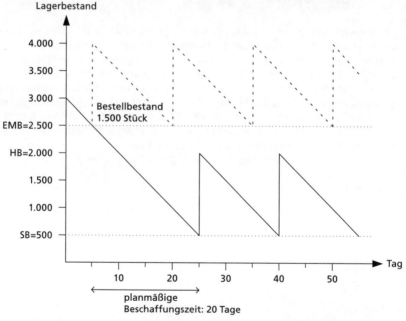

Abbildung 5.6.2: Bestandsverlauf bei langer Beschaffungszeit

Anhand von Abbildung 5.6.2 wird das neue Vorgehen ersichtlich: Bei einem Ausgangslagerbestand von 3.000 Stück und einer täglichen Bedarfsrate von 100 Stück wird der Sicherheitsbestand bei planmäßigem Lagerabgang nach 25 Tagen erreicht. Eine Wiederauffüllung des Lagers zu diesem Zeitpunkt verlangt eine Bestellung am 5. Tag. Der entsprechende Bestellbestand ist in der Abbildung 5.6.2 zusätzlich zum physisch vorhandenen Lagerbestand gestrichelt eingetragen. Der weitere Verlauf der gestrichelten Linie markiert die jeweils aktuelle Summe aus Bestell- und Lagerbestand. Wegen des täglichen Teileverbrauchs nimmt diese Summe konstant mit der Rate von 100 Stück pro Tag so lange ab, bis eine erneute Bestellung am 20. Tag aufgegeben wird. Diese Bestellung ist erforderlich, damit das Lager am 40. Tag wieder aufgefüllt wird. Dieselben Bestellprozeduren wiederholen sich im Rhythmus von 15 Tagen am 35. Tag, 50. Tag usw. jeweils dann, wenn der Eindeckungsmeldebestand in Höhe von 2.500 Stück erreicht ist.

5.6.3 Bestandserfassung

Die exakte und zeitnahe Erfassung der Lagerbestände ist Voraussetzung für jede Art von Bestandsdisposition. Sie ist zugleich Aufgabe der Materialrechnung und spaltet sich in die folgenden Teilaufgaben auf (KUPSCH 1979):

- mengen- und wertmäßige Fortschreibung der Lagerbestände,
- Verbrauchsrechnung aller Materialien,
- Abstimmung von Buch- und Ist-Beständen,
- Bereitstellung von Daten für die Bedarfsermittlung und Bestelldisposition.

Ausgehend von den alten Beständen erfolgt die mengenmäßige Bestandsfortschreibung (Skontration) buchhalterisch über die Erfassung der Bestandszugänge und Bestandsentnahmen. Die Erhöhung der Bestände pro Materialart wird im Allgemeinen durch Materialeingangsmeldungen bzw. gelegentlich auch durch Lieferscheine ausgelöst. Diese Belege werden in der Regel in mehrfacher Ausfertigung erstellt: für die Buchhaltung, für die Disposition (Verbuchung jeweils nach Eingang des Materials im Betrieb) sowie für das Lager (Verbuchung hier erst nach physischem Zugang im Lager, d. h. im Anschluss an die Wareneingangsprüfung und den innerbetrieblichen Transport). Bei Rücklieferungen von Materialien aus der Fertigung ersetzen spezielle Rücklieferungsbelege die Materialeingangsmeldungen.

Analog werden Bestandsentnahmen mit Hilfe von Materialentnahmescheinen sowie bei der Umlagerung von Materialien mit Hilfe von Lagerverkehrsscheinen verbucht. Durch Saldierung ergibt sich dann aus dem Altbestand der aktuelle Buchbestand.

Die wertmäßige Fortschreibung von Materialien kann entweder durch Einzel- oder Sammelbewertung erfolgen. Spezielle Verfahren der vereinfachten Bewertung sind die Durchschnittsbewertung sowie die Bewertung nach Verbrauchsfolgen. Die wertmäßige Fortschreibung hat in erster Linie Bedeutung für das interne und externe Rechnungswesen. Gebräuchliche Verfahren sind in Tabelle 5.6.1 übersichtsweise dargestellt.

Verfahren	Beschreibung	Wirkung auf die Materialrechnung
I. Verfahren der Einzelbewertung		
1. Bewertung nach Verbrauchsfolgen		
FiFo (First-in-First-out)	Die Materialien werden nach der Reihenfolge der Beschaffung ausgebucht.	Bei geringer Verweildauer führt dieses Verfahren zu einem (geringfügig zeitverzögerten) Marktpreisansatz.
LiFo (Last-in-First-out)	Die Materialien werden in umgekehrter Reihenfolge der Beschaffung ausgebucht, d.h. der Artikel, der zuletzt beschafft wurde, wird zuerst ausgebucht.	Dieses Verfahren führt durch die Berücksichtigung der historischen Einstandspreise zu einer vergangenheitsorientierten Bewertung der Materialbestände.
2. Bewertung nach Preisfolgen		
HiFo (Highest-in-First-out)	Die Materialien werden in der Reihenfolge ihrer Buchpreise ausgebucht, d.h. der Artikel mit dem höchsten Preis wird zuerst ausgebucht.	Dieses Verfahren führt zu einer permanenten Unterbewertung der Materialbestände.
LoFo (Lowest-in-First-out)	Die Materialien mit dem geringsten Buchpreis werden zuerst ausgebucht.	Das Verfahren führt zu einer permanenten Überbewertung der Materialbestände.
II. Verfahren der Sammelbewertung		
Durchschnittspreismethode	Alle Materialien werden zum Einstandsdurchschnittspreis oder zum Buchbestandsdurchschnittspreis bewertet.	Das Verfahren ist sehr aufwändig. Die Bewertung der Materialbestände bleibt vergangenheitsorientiert.
Pauschale Bewertung zu Tageswerten	Alle Materialien werden zum aktuellen Tagespreis bewertet.	Auch dieses Verfahren ist aufwändig. Es orientiert sich am Wiederbeschaffungsprinzip. Die wertmäßige Materialbestandserfassung ist bei diesem Verfahren hohen Schwankungen unterworfen.

Tabelle 5.6.1: Verfahren der wertmäßigen Bestandsfortschreibung

5.6 Disposition der Teilebestände

Für die Verbrauchsrechnung ergeben sich nunmehr verschiedene Alternativen. Die Bestandsfortschreibung bietet die Möglichkeit einer direkten Verbrauchserfassung mit Hilfe von Belegen. Dieses Verfahren besitzt den besonderen Vorteil, dass die Erfassungsbelege eine detaillierte Kostenstellenzuordnung gestatten. Demgegenüber favorisiert die Rückrechnung (retrograde Methode) eine indirekte Ermittlung des Planverbrauchs mit Hilfe der Planwerte aus Produktionsplänen, Arbeitsplänen sowie Stücklisten. Beide Methoden sind insofern problematisch, als Abweichungen vom Ist-Verbrauch vorkommen können. Der tatsächliche periodische Ist-Verbrauch wird deshalb allein durch die Befundrechnung, die auch als Inventurmethode bezeichnet wird, korrekt erfasst. Aufgrund einer körperlichen Bestandsaufnahme wird der Endbestand eines Materials ermittelt, bevor der tatsächliche Ist-Verbrauch durch Vergleich von Anfangs- und Endbestand festgestellt werden kann. Mit der Befundrechnung werden auch alle unregelmäßigen Bestandsabgänge erfasst, wie zum Beispiel Schwund und Diebstahl. Der erhebliche Aufwand, der bei der Anwendung der Inventurmethode betrieben werden muss, rechtfertigt allerdings nur einen Einsatz in größeren Abständen. Die unterschiedlichen Berechnungen des Verbrauchs mit den entsprechend differenzierten Aussagegehalten sind hier noch einmal gegenübergestellt:

- Fortschreibung: Verbrauch laut Erfassungsbelegen
- Rückrechnung: Planverbrauch = Produktionsmenge · Produktionskoeffizient
- Befundrechnung: Ist-Verbrauch = Anfangsbestand laut Inventur (t-1) + Zugänge (t) – Endbestand laut Inventur (t)

Beispiel: Verbrauchsrechnung

Wir wollen davon ausgehen, dass der Anfangsbestand einer Materialart gemäß körperlicher Bestandsaufnahme 1.000 Stück beträgt. Laut Eingangsmeldungen ist im Betrachtungszeitraum eine Materialmenge in Höhe von 200 Stück zugegangen. Bei einer Produktionsmenge von 300 Stück des Produkts, für dessen Herstellung das Material verwendet wird, beträgt der Produktionskoeffizient, d.h. die Materialmenge bezogen auf eine Produkteinheit, 3 Stück. Die Inventur am Ende der Periode ergibt einen Materialbestand von 230 Stück. Laut Materialentnahmescheinen sind in der Periode 950 Stück verbraucht worden.

Wenden wir die Methode der Fortschreibung an, so liegt der Materialverbrauch laut Materialentnahmescheinen mit 950 Stück unmittelbar vor. Nach dem Verfahren der Rückrechnung beträgt der Planverbrauch allerdings nur 900 (= 300 · 3) Stück. Die Befundrechnung liefert als Ergebnis den Ist-Verbrauch 970 (= 1.000 - 230 + 200) Stück nach Bestimmung der Inventurdifferenz sowie Berücksichtigung der Periodenzugänge. Die drei unterschiedlichen Ergebnisse sind aufgrund der verschiedenen Erfassungsmethoden erklärbar. Es hängt also wesentlich auch vom Erfassungszweck ab, welche Methode angewandt werden soll.

Für die wertmäßige Verbrauchsrechnung muss neben den in Tabelle 5.6.1 aufgeführten allgemeinen Erfassungsprinzipien auch der Preisansatz mit herangezogen werden, der der Bewertung zugrunde gelegt werden soll. So ist es im Hinblick auf den Verbrauch entscheidend, ob etwa mit Einstandspreisen oder aber Tageswerten gerechnet werden soll. Obwohl vielerlei Alternativen der Preisansetzung bestehen, spitzt sich die Entscheidung auf die Frage zu, ob Anschaffungs- oder Wiederbeschaffungskosten kalkuliert werden sollen. Auch hier ist der Bewertungszweck eindeutig bestimmend für den Wertansatz. In Tabelle 5.6.2 sind die wichtigsten Alternativen zusammengestellt.

Preisansatz	Begriffsbestimmung	Bedeutung
Einstandspreis	Die Bewertung eines Materialbestands erfolgt zu seinem historischen Beschaffungs- bzw. Herstellpreis unter Beachtung sämtlicher relevanter Nebenkosten.	Pagatorischer Bewertungsansatz. Entscheidend für die vergangenheitsorientierte Bewertung der Bestände ist die Zahlungswirksamkeit des historischen Beschaffungsaktes.
Tagespreis	Die Bewertung eines Materialbestands erfolgt zu seinem aktuellen Beschaffungs- bzw. Herstellpreis unter Beachtung sämtlicher relevanter Nebenkosten.	Opportunitätskostenansatz. Die Bewertung der Materialien erfolgt nach dem Wiederbeschaffungsprinzip.
Verrechnungspreis	Die Bewertung der Bestände erfolgt zu einem innerbetrieblichen Verrechnungspreis.	Ein Ziel der Verwendung eines solch „künstlichen" Preises ist die Abkopplung der Materialbewertung von den Schwankungen der Marktpreise zum Zwecke einer zuverlässigen Kalkulation. Ein Verrechnungspreis soll zudem über die Knappheit eines Guts im betrieblichen Leistungsprozess Auskunft geben.

Tabelle 5.6.2: Preisansätze für die Verbrauchsrechnung

Zwecks Abstimmung der Buch- und Ist-Bestände ist vom Unternehmen grundsätzlich eine zeitpunktbezogene Inventur am Schluss eines jeden Geschäftsjahrs vorzunehmen (§§ 240, 241 HGB). Diese Inventur wird auch als Stichtagsinventur bezeichnet. Sie umfasst eine vollständige körperliche Bestandsaufnahme am Bilanzstichtag oder einem davor oder danach liegenden Tag durch Zählen, Messen, Wiegen, Schätzen o. ä. Unter bestimmten Umständen und Rahmenbedingungen kann die Stichtagsinventur zeitlich ausgeweitet werden, wenn die vollständige Erfassung aus Praktikabilitätsgründen nicht an einem einzigen Tag durchführbar ist. Es gibt jedoch auch andere Abweichungsalternativen von der Stichtagsinventur, die sich einer besonderen praktischen Beliebtheit erfreuen:

- So ist eine verlegte Inventur in der Weise zulässig, dass die körperliche Bestandsaufnahme an einem Tag innerhalb der letzten drei Monate vor oder der ersten beiden Monate nach dem Schluss des Geschäftsjahrs zu erfolgen hat, wobei die Bestände dann entsprechend auf den Bilanzstichtag fortzuschreiben oder rückzurechnen sind. Eine verlegte Inventur ist gerade dann interessant, wenn die Lagerbestände abseits vom Bilanzstichtag erheblich geringer sind. Der Erfassungsaufwand sinkt in diesem Fall beträchtlich.

- Die permanente Inventur sieht eine Erfassung der Bestände mit laufender Fortschreibung bzw. Rückrechnung vor. Voraussetzung hierfür ist eine funktionierende Lagerbuchhaltung. Bei der permanenten Inventur handelt es sich also um eine Kombination aus verlegter und zeitlich beliebig ausgeweiteter Inventur.

- Sofern die statistische Zuverlässigkeit gewährleistet ist, kann auch eine Stichprobeninventur durchgeführt werden. D. h. es werden pro Materialart lediglich Stichproben aus den umfangreichen Lagerbeständen entnommen, die dann mit Hilfe statistischer Verfahren auf den gesamten Lagerbestand dieses Materials hochgerechnet werden. Der Aussagewert der Inventur darf durch die Anwendung eines solchen Verfahrens nicht beeinträchtigt werden, auch wenn ein statistischer Fehler im Allgemeinen nicht ausbleibt. Die Stichprobeninventur dient vor allem einer Reduzierung des Erfassungsaufwands für C-Güter. Bei A-Gütern kommt hingegen in erster Linie eine vollständige Bestandsaufnahme in Betracht.

Inventurmethoden sind typische Kontrollinstrumente. Mit ihrer regelmäßigen Anwendung soll verhindert werden, dass sich Erfassungsfehler über mehrere Perioden summieren. Eine zunehmende Bestandsunsicherheit würde zu erheblichen materialwirtschaftlichen Konsequenzen derart führen, dass der Sicherheitsbestand angehoben werden müsste und damit Mehrkosten der Lagerhaltung einhergingen.

5.6.4 Bestandscontrolling

Absolute Bestandswerte, wie sie aus der Kontrollrechnung hervorgehen, liefern noch keine zufriedenstellende Erkenntnis zur Qualität dieser Größen im Hinblick auf die verfolgten Ziele. Wenn etwa ein Bestand von 100 Stück von einer Materialart ermittelt wurde, so bleibt die Beantwortung der Frage ungeklärt, ob dieser Bestand zu hoch, zu gering oder angemessen ist. Die Aufgabe des Bestandscontrollings ist es, für die Bestelldisposition und Beschaffung geeignete Informationen zur Verfügung zu stellen.

Im Folgenden sollen einige wichtige Kennzahlen diskutiert werden, die in Verbindung mit betrieblichen Erfahrungen Auskunft über die Zweckmäßigkeit des Bestandsniveaus geben können und die ggf. weitere materialwirtschaftliche Maßnahmen auslösen.

Die Umschlagshäufigkeit eines Materials ergibt sich aus dem Quotienten aus Verbrauchsmenge und durchschnittlichem Lagerbestand. Sowohl die Verbrauchsmenge als auch der durchschnittliche Lagerbestand beziehen sich auf einen Betrachtungszeitraum, zum Beispiel einen Monat oder ein Kalenderjahr. Der durchschnittliche Lagerbestand kann auf verschiedene Weise bestimmt werden. Bei gleichmäßigem Materialverbrauch ist es am einfachsten, die Summe aus Anfangs- und Endbestand zu halbieren. Ist dies nicht exakt genug, so sollte der Lagerbestand so lange in Teilperiodenbestände b_i, $i = 1,\ldots,I$, zerlegt werden, bis innerhalb der einzelnen Teilperioden i keine gravierenden Bedarfsschwankungen mehr zu beobachten sind. Da die Teilperioden nicht unbedingt dieselbe Länge haben müssen, sind die Teilperiodenlängen t_i, $i = 1,\ldots,I$, bei der Ermittlung des durchschnittlichen Lagerbestands unbedingt zu berücksichtigen. Der durchschnittliche Lagerbestand ergibt sich dann formal zu

$$\frac{\sum_{i=1}^{I} t_i b_i}{\sum_{i=1}^{I} t_i}.$$

Für die Umschlagshäufigkeit erhält man den Wert

$$\frac{\sum_{i=1}^{I} t_i \sum_{i=1}^{I} x_i}{\sum_{i=1}^{I} t_i b_i}. \tag{5.6.1}$$

Dabei symbolisiert x_i die Verbrauchsmenge in der Teilperiode i. Gegebenenfalls ist der Sicherheitsbestand zuvor aus beiden Formeln herauszurechnen, da er für das Bestandscontrolling in diesem Kontext keinerlei Bedeutung hat (vgl. aber Abschnitt 5.6.5).

Die Umschlagshäufigkeit steigt, wenn der durchschnittliche Lagerbestand abnimmt. Je größer die Umschlagshäufigkeit eines Materials ist, desto eher kann die Realisierung eines vernünftigen Kostenziels erwartet werden. Die Umschlagshäufigkeit gestattet darüber hinaus einen Vergleich von verschiedenen Materialarten. In Bezug auf eine Beurteilung des Lagerbestands ist sie eine relative Kennzahl, die auch den Materialverbrauch mit ins Kalkül einbezieht.

Eine andere in der Praxis häufig verwendete Kennzahl ist die durchschnittliche Verweildauer eines Materials im Lager. Sie ist formal darstellbar als

$$\frac{\sum_{i=1}^{I} t_i b_i}{\sum_{i=1}^{I} x_i}.$$

Eine Reduzierung der durchschnittlichen Verweildauer entspricht einer Erhöhung der Umschlagshäufigkeit. Allerdings ist die durchschnittliche Verweildauer nicht auf einen festen Betrachtungszeitraum bezogen, so dass anhand dieser Kennzahl auch periodenübergreifende Vergleiche angestellt werden können. Sowohl die Umschlagshäufigkeit als auch die durchschnittliche Ver-

5.6 Disposition der Teilebestände

weildauer sind ausschließlich an den Lagerkosten ausgerichtet. Insofern liefert keine dieser beiden Kennzahlen Hinweise auf die Entwicklung der gesamten Materialkosten.

Eine dritte wichtige Bestandskennziffer ist deshalb die Reichweite des Lagerbestands. Sie wird dadurch ermittelt, dass der Lagerbestand eines Materials ins Verhältnis zu seiner Bedarfsrate, d. h. dem Bedarf pro Zeiteinheit, gesetzt wird. Bei langen Beschaffungszeiten ist es angebracht, die Reichweite der Eindeckung zu bestimmen, bei der auch der Bestellbestand in die Kalkulation mit einbezogen wird. Beide Kennzahlen sind aufschlussreich sowohl in Bezug auf die Lagerkosten als auch hinsichtlich der Bestell- und Fehlmengenkosten. Ist die Reichweite geringer als die Beschaffungszeit, so ist mit Fehlbeständen zu rechnen. Andererseits sollte die Reichweite jedoch so klein wie möglich gehalten werden, um Lagerkosten zu reduzieren. Eine größere Reichweite ist nur dann sinnvoll, wenn nicht so häufig bestellt werden soll, weil mit jeder Bestellung ebenfalls Kosten anfallen. Letztendlich wird der Anwender auch hier die Entwicklung der Reichweite einer Materialart über die Zeit im Auge behalten und außerdem einen Vergleich mit der Reichweite anderer, von der Bedarfsstruktur ähnlicher Materialien vornehmen müssen, um den berechneten Wert gut beurteilen zu können.

> **Beispiel: Kennzahlenberechnung**
>
> Während eines Analysezeitraums von drei Monaten (90 Tagen) beträgt der gleichmäßige Verbrauch eines Materials 100 Stück pro Tag. Bei einem Anfangsbestand von 4.500 Stück zu Beginn dieses Zeitintervalls werden jeweils in der Mitte eines jeden Monats Bestellungen aufgegeben, die am Ende des Monats eintreffen und pünktlich zu Beginn des nachfolgenden Monats zur Verfügung stehen. Im ersten Monat wurden 3.500 Stück bestellt, im zweiten Monat 2.000 Stück und im dritten Monat 5.000 Stück. Für die Analyse wird der gesamte Zeitraum in drei monatliche Teilperioden i = 1,2,3 zerlegt, d. h.
>
> $t_1 = t_2 = t_3 = 1 \, [\text{Monat}]$.
>
> Die Anfangs- und Endbestände der einzelnen Perioden wollen wir durch laufende Fortschreibung ermitteln. Die Ergebnisse sind in Tabelle 5.6.3 wiedergegeben. Aus dem Durchschnitt der jeweiligen Anfangs- und Endbestände der einzelnen Teilperioden erhalten wir unmittelbar die Teilperiodenbestände
>
> $b_1 = 3.000$, $b_2 = 3.500$ und $b_3 = 2.500 \, [\text{Stück}]$.
>
> Wegen der identischen Länge aller Teilperioden ergeben diese Werte einen durchschnittlichen Lagerbestand von 3.000 Stück. Die Umschlagshäufigkeit in drei Monaten liegt gemäß (5.6.1) bei 3. Das Materiallager wird in drei Monaten dreimal umgeschlagen. Die durchschnittliche Verweildauer eines Stücks beträgt einen Monat.

i	Anfangsbestand	Verbrauch (x_i)	Endbestand	Bestellungen
1	4.500	3.000	1.500	3.500
2	5.000 (= 1.500 + 3.500)	3.000	2.000	2.000
3	4.000 (= 2.000 + 2.000)	3.000	1.000	5.000

Tabelle 5.6.3: Bestands-, Verbrauchs- und Bestelldaten

Betrachten wir die Reichweite des Lagerbestands am 20. eines jeden Monats, d. h. bei einem bis dahin realisierten Monatsverbrauch von jeweils 2.000 Stück, so betragen die aktuellen Lagerbestände an diesen Terminen 2.500, 3.000 bzw. 2.000 Stück. Bei einer Bedarfsrate von 100 Stück pro Tag ergibt dies Reichweiten des Lagerbestands von 25, 30 bzw. 20 Tagen. Zur Berechnung der Reichweite der Eindeckung sind hingegen auch die offenen Bestellungen mit zu berücksichtigen. Die Reichweiten lauten deshalb 60, 50 bzw. 70 Tage. Der unabhängige Aussagegehalt jeder dieser beiden Reihen wird sofort erkennbar. Während nämlich die Reichweite des Lagerbestands in der dritten Periode ihren Minimalwert annimmt, ist die Reichweite der Eindeckung zum selben Zeitpunkt maximal.

5.6.5 Bestandsplanung

Aufbauend auf dem Bestandscontrolling dient die Bestandsplanung dazu, die materialwirtschaftlichen Ziele bestmöglich zu realisieren. In der Praxis werden jedoch nicht alle Bestände direkt geplant. Vielmehr ergeben sich die optimalen Bestandsgrößen vielfach aus anderen Teilplanungen, wie zum Beispiel der Bestellmengenplanung. Diese Planungen sind Gegenstand späterer Ausführungen. Hier geht es lediglich um direkte Bestandsplanungen, die Richtgrößencharakter besitzen, ohne dass sie im Detail von übergeordneten Kostenüberlegungen beherrscht würden.

Bei stochastisch schwankenden Bedarfen reicht der nach einer ordnungsgemäßen Bestellung zur Überbrückung der Wiederbeschaffungszeit vorgesehene Meldebestand bzw. Eindeckungsmeldebestand nicht immer aus, um die unsichere Nachfrage in diesem Zeitraum zu befriedigen. Ein zusätzlicher Sicherheitsbestand wird benötigt, um diese Lücke zu schließen. Um einen optimalen Sicherheitsbestand bestimmen zu können, muss der Disponent allerdings Kenntnis von den möglichen Bedarfsausprägungen im Wiederbeschaffungszeitraum und ihren Eintrittswahrscheinlichkeiten haben.

Die Planung des Sicherheitsbestands verläuft in zwei Schritten. Zunächst wird die nachgefragte Menge x^* eines Materials ermittelt, die während der Wiederbeschaffungszeit bei einem Servicegrad α maximal zu befriedigen ist. Erste Auskunft hierzu gibt die Verteilungsfunktion F (x). Sie beschreibt allgemein, wie groß die Wahrscheinlichkeit ist, dass ein Bedarfswert x im Wiederbeschaffungszeitraum nicht überschritten wird. Der Servicegrad α markiert dann die Wahrscheinlichkeit, die für die Planung ausschlaggebend ist. Die Höhe des vom Disponenten gewählten Servicegrads α ist auch von seiner Risikohaltung abhängig. Im zweiten Schritt wird der erwartete Bedarf µ im Wiederbeschaffungszeitraum berechnet. Für den Wiederbeschaffungszeitraum ist zunächst in Höhe dieses Erwartungswertes µ planmäßig Vorsorge zu tragen. Lediglich die unplanmäßigen Abgänge während des Wiederbeschaffungszeitraums, die über µ hinausgehen, sind vom Sicherheitsbestand aufzufangen. Die Bedarfe im Wiederbeschaffungszeitraum können dann so lange aus dem Lager befriedigt werden, bis die Summe aus Meldebestand bzw. Eindeckungsmeldebestand und Sicherheitsbestand überschritten wird.

> **Beispiel: Planung des Sicherheitsbestands**
>
> Aufgrund zurückliegender Erfahrungen soll davon ausgegangen werden, dass die Nachfrage nach einem Teil im Wiederbeschaffungszeitraum zwischen a = 50 und b = 100 liegt, wobei alle Werte im Intervall [50, 100] gleichwahrscheinlich sind. Die Verteilungsfunktion ist in Abbildung 5.6.3 dargestellt. Der angestrebte Servicegrad für die Bedienung der Aufträge mit dem Teil liegt bei α = 0,9. Das bedeutet, dass 90 % aller „wahrscheinlichen" Bedarfswerte im Wiederbeschaffungszeitraum (d.h. zwischen 50 und 100) durch die Lagerpolitik auf jeden Fall abgedeckt werden sollen.
>
>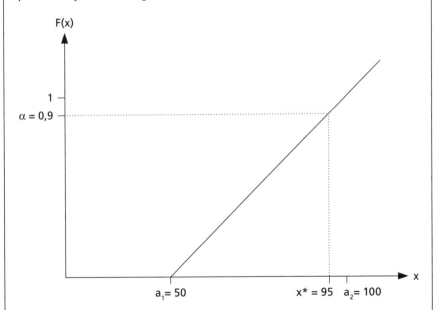
>
> **Abbildung 5.6.3:** Verteilungsfunktion für den Teilebedarf während der Beschaffungszeit

> Aus der Abbildung 5.6.3 ist zu erkennen, dass der Bedarfswert $x^* = 95$ mit einer Wahrscheinlichkeit von 90 % nicht überschritten wird. D. h. in 90 % aller Fälle tritt ein Bedarf von höchstens 95 Mengeneinheiten im Wiederbeschaffungszeitraum auf. Bei einem gegebenen $\alpha = 0{,}9$ braucht auf höhere Bedarfe ($96 \leq x \leq 100$) also auf keinen Fall reagiert zu werden.
>
> Um den Sicherheitsbestand zu planen, bestimmen wir den erwarteten Bedarf μ im Wiederbeschaffungszeitraum. Offenbar ist $\mu = (50+100)/2 = 75$. Für den Wiederbeschaffungszeitraum ist zunächst in Höhe dieses Erwartungswertes μ planmäßig Vorsorge zu tragen. Die unplanmäßigen Abgänge während des Wiederbeschaffungszeitraums, die über μ hinausgehen, sind vom Sicherheitsbestand aufzufangen. Verbrauchsmengen, die das Niveau $x^* = 95$ übersteigen, werden allerdings nicht berücksichtigt. Damit ergibt sich der zu planende Sicherheitsbestand als
>
> $SB = x^* - \mu = 95 - 75 = 20.$

Die beschriebene Vorgehensweise soll im Folgenden noch einmal allgemein dargestellt werden. Es wird unterstellt, dass die Verteilungsfunktion F (x) bekannt ist. Bezeichnet die Zufallsgröße X den unbekannten Bedarf im Wiederbeschaffungszeitraum, so gibt die Verteilungsfunktion

$$F(x) = P(X \leq x)$$

an, mit welcher Wahrscheinlichkeit ein Bedarfswert x nicht überschritten wird. Für den Fall gleichverteilter Bedarfe im Intervall [a, b] lautet die Verteilungsfunktion

$$F(x) = \frac{x-a}{b-a}.$$

Für die Planung des Sicherheitsbestands ist mit dem Bedarfswert x^* zu disponieren, für den gilt, dass die Wahrscheinlichkeit, dass die zufallsverteilten Bedarfswerte X kleiner oder gleich x^* sind, gleich α ist, d. h. formal

$$F(x^*) = \alpha$$

gilt. D. h. es muss sichergestellt werden, dass die Wahrscheinlichkeit, einen Bedarf nicht zu unterschreiten, gleich dem Servicegrad ist.

Der Bedarfswert x^* wird in Form von

$$x^* = F^{-1}(\alpha)$$

explizit ermittelt. Er ist durch die planmäßige Disposition des Lagers für den Wiederbeschaffungszeitraum in Höhe von

$$\mu = \frac{a+b}{2}$$

sowie den Sicherheitsbestand

$$SB = x^* - \mu = F^{-1}(\alpha) - \mu$$

zu decken.

Die Annahme einer Gleichverteilung der Bedarfswerte im Wiederbeschaffungszeitraum ist nicht immer angebracht. Von hoher empirischer Relevanz ist hingegen eine Normalverteilung der Bedarfe. Sie lässt sich durch den erwarteten Bedarf µ und dessen Standardabweichung σ beschreiben. Die Verteilungsfunktion lautet dann

$$F(x) = \int_{-\infty}^{x} \frac{1}{\sigma\sqrt{2\pi}} e^{-\frac{1}{2}\left(\frac{t-\mu}{\sigma}\right)^2} dt.$$

Die korrespondierende Dichtefunktion f(x) der Normalverteilung, die so genannte GAUSS'sche Glockenkurve, ist in Abbildung 5.6.4 veranschaulicht. Sie ordnet jedem möglichen Bedarfswert eine Eintrittswahrscheinlichkeit zu. Der erwartete Bedarf µ besitzt die höchste Wahrscheinlichkeit.

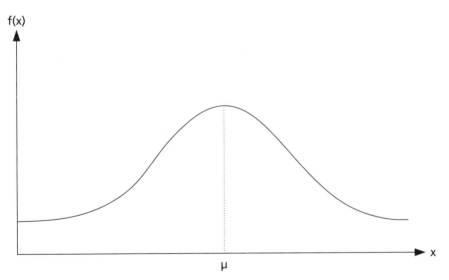

Abbildung 5.6.4: Dichtefunktion einer Normalverteilung

Üblicherweise wird bei der Berechnung der Funktionswerte einer Verteilungsfunktion F(x) auf die so genannte standardisierte Normalverteilung zurückgegriffen, für die der Erwartungswert µ = 1 und die Standardabweichung σ = 1 betragen. Für diese Normalverteilung existieren umfassende Tabellenwerke, die unmittelbar genutzt werden. Die Zufallsgröße X wird dazu in eine standardnormalverteilte Zufallsgröße Y = c + dX übertragen, wobei c = -µ/σ und d = 1/σ gelten.

5 Planungszentriertes Operations Management

Zwischen der Verteilungsfunktion F(x) einer normalverteilten Zufallsgröße X und der Verteilungsfunktion Φ (y) der standardnormalverteilten Zufallsgröße Y gilt die Beziehung F(x) = Φ (y), so dass der Sicherheitsbestand folgendermaßen hergeleitet werden kann:

$$\Phi(y) = \alpha$$

$$\Leftrightarrow \Phi\left(\frac{x-\mu}{\sigma}\right) = \alpha$$

$$\Leftrightarrow \frac{x-\mu}{\sigma} = \Phi^{-1}(\alpha)$$

$$\Leftrightarrow x - \mu = \Phi^{-1}(\alpha)\sigma$$

$$\Leftrightarrow SB = \Phi^{-1}(\alpha)\sigma.$$

$\Phi^{-1}(\alpha)$ wird als Sicherheitsfaktor bezeichnet, der gewöhnlich tabellarisch vorliegt. Auf diese Weise wird die Ermittlung des optimalen Sicherheitsbestands ohne besonderen Rechenaufwand möglich.

Beispiel: Anwendung einer Wahrscheinlichkeitstabelle

Aus Tabelle 5.6.4 folgt, dass bei einem Servicegrad von 50 % der Sicherheitsbestand null wird, bei einem Servicegrad von 84,13 % steigt er auf den Wert σ an, während er sich bei 97,72 % Servicegrad auf 2σ verdoppelt. Der Sicherheitsfaktor gibt also an, um welches Vielfache der Standardabweichung der Sicherheitsbestand gesteigert werden muss, damit der angestrebte Servicegrad realisiert wird.

μ	$\Phi^{-1}(\alpha)$
0,5000	0
0,6915	0,5
0,8413	1,0
0,9332	1,5
0,9772	2,0
0,9938	2,5
0,9987	3,0

Tabelle 5.6.4: Tabellarische Darstellung des Sicherheitsfaktors (auszugsweise)

Oft liegen die benötigten Informationen über μ und σ nicht unmittelbar vor. Sind der Erwartungswert und die Standardabweichung lediglich in Bezug auf die tägliche Bedarfsrate, aber nicht hinsichtlich des gesamten Wiederbeschaffungszeitraums bekannt, so sind diese Angaben in die entsprechenden Werte für die gesamte Wiederbeschaffungszeit zu überführen. Bei täglichen Bedarfen, die unabhängig sind und jeweils mit einer Varianz $\hat{\sigma}^2$ um einen Erwartungswert $\hat{\mu}$ streuen, und einer (Wieder-)Beschaffungszeit WZ beträgt der optimale Sicherheitsbestand

$$SB = \Phi^{-1}(\alpha)\hat{\sigma}\sqrt{WZ}.$$

Er wächst also unterproportional zur Beschaffungszeit. Dies ist insofern plausibel, als die täglichen Bedarfsabweichungen voneinander unabhängig sind. D.h. eine Bedarfsabweichung in Höhe von 10 % an einem Tag zieht nicht automatisch entsprechend hohe Bedarfsabweichungen an den folgenden Tagen nach sich. Soweit Lieferunsicherheit existiert, muss eine Verteilungsfunktion für die Zufallsgröße Beschaffungszeit erstellt werden. Im Übrigen bleibt es bei der dargestellten Vorgehensweise. Der erforderliche Sicherheitsbestand kann wiederum für einen gegebenen Servicegrad berechnet werden.

Die Planung der übrigen Bestandsgrößen ergibt sich entweder aus der direkten Bestandsplanung für den Sicherheitsbestand (SB) oder der indirekten Bestandsplanung für den Lagerbestand (LB) über die Kalkulation einer optimalen Bestellmenge, die Gegenstand von Unterkapitel 5.9 ist. Der optimale Höchstbestand (HB) entspricht der Addition von Sicherheitsbestand (SB) und optimaler Bestellmenge. Die Bestimmung von Meldebestand (MB), Eindeckungsmeldebestand (EMB) und Kontrollbestand (KB) sowie die Anwendungsbedingungen für diese Größen sind in Tabelle 5.6.5 zusammengefasst. Dabei bezeichnen x den Periodenbedarf, x^{max} den maximalen Periodenbedarf, EB den Eindeckungsbestand und EWZ die Beschaffungszeit bei Eilbestellungen. Bei allen abgeleiteten Bestandsgrößen handelt es sich um Richtwerte, bei denen eine sichere Beschaffungszeit unterstellt ist. Unerwartete Ereignisse werden ausschließlich über den Sicherheitsbestand berücksichtigt. Die verschiedenen angegebenen Größen sind dann zu modifizieren, wenn Fehlbestände geplant werden, weil das Kostenziel hierdurch besser verwirklicht wird (vgl. Abschnitt 5.9.3).

Anwendungsbedingung	auslösende Größe	kontrollierte Größe
WZ ≤ Beschaffungsmenge / x	MB = x · WZ + SB	LB
WZ > Beschaffungsmenge / x	EMB = x · WZ + SB	EB = LB + Bestellbestand
x^{max} > x	KB = x^{max} · EMZ + SB	LB

Tabelle 5.6.5: Planung des Melde-, Eindeckungsmelde- und Kontrollbestands

5.6.6 Zusammenfassung

Nachdem die Gründe für die Notwendigkeit einer sorgfältigen Disposition der Teilebestände in Abschnitt 5.6.1 erläutert worden sind, war die Unterscheidung der verschiedenen Bestandsgrößen Gegenstand von Abschnitt 5.6.2. Ziel dieses Abschnitts war es, dem Leser verständlich zu machen, unter welchen Umständen einzelne Bestandsgrößen herangezogen werden sollten, um den Beschaffungsprozess zu planen und zu steuern. Anhand verschiedener Bestandsverläufe wurde sichtbar, welche Eingriffsmöglichkeiten zur Bestandsanpassung existieren, wenn unvorhersehbare Ereignisse eintreten. In Abschnitt 5.6.3 wurde die Bedeutung einer möglichst exakten Bestandsmessung anhand der verschiedenen alternativen Methoden, die dabei angewendet werden können, deutlich. So kommt es wesentlich darauf an, zu welchem Zweck die Bestände erfasst werden, um auf dieser Grundlage die richtige Erfassungsmethode auszuwählen. Eine Bestandssteuerung erfolgt häufig über einen Kennzahlenvergleich, wobei die ausgewählten Kennzahlen über einen längeren Zeitraum beobachtet und mit Entwicklungen in anderen Bereichen bzw. Unternehmen verglichen werden. Einige wichtige Kennzahlen sind in Abschnitt 5.6.4 diskutiert und mithilfe von Beispielen veranschaulicht worden. In Abschnitt 5.6.5 ging es darum, zu untersuchen, ob und unter welchen Umständen optimale Bestände hergeleitet werden können. Diese Ausführungen haben sich vornehmlich auf die Planung von Sicherheitsbeständen konzentriert, die entscheidend davon abhängt, welche Informationen der Disponent verfügbar hat und welche Ziele er mit der Einrichtung von Sicherheitsbeständen anstrebt. Gleichzeitig ist deutlich geworden, wie die Planungen der übrigen Bestandsgrößen ineinandergreifen und dass es darüber hinaus eine indirekte Bestandsplanung gibt, bei der die Bestände mittelbar aus anderen Plangrößen, wie zum Beispiel Bestellmengen, abgeleitet werden.

5.6.7 Fragen zur Wiederholung

1. Unter welchen Umständen ist der Eindeckungsmeldebestand statt des Meldebestands für die Auslösung von Materialbestellungen maßgeblich?
2. Welche systematischen Erfassungsfehler treten bei den Bestanderfassungsmethoden Fortschreibung, Rückrechnung und Befundrechnung auf?
3. Welche Rolle spielt die Wahl des Preisansatzes bei der wertmäßigen Verbrauchsrechnung? Konstruieren Sie für die Ansätze des Tagespreises, des Einstandspreises sowie eines Verrechnungspreises jeweils ein Beispiel.
4. Warum kommt der Umschlagshäufigkeit beim Bestandscontrolling eine zentrale Bedeutung zu?

5. Welche Zielkriterien sollten bei der Planung des Sicherheitsbestands von Materialien beachtet werden?
6. Warum wächst der optimale Sicherheitsbestand mit zunehmender Bedarfsunsicherheit?

5.6.8 Aufgaben zur Übung

Aufgabe 1

Der zunehmende Kostendruck im Einkauf zwingt einen Hamburger Maschinenbauer zu einer intensiven Überarbeitung seiner Beschaffungsaktivitäten. Die hierzu eingerichtete Projektgruppe widmet sich zunächst dem Bestandscontrolling. Eine Kennzahlenanalyse soll die Notwendigkeit einer Systemveränderung bestätigen. So wird der Bestandsverlauf eines Montageteils aufgrund der Materialentnahme- und Lieferscheine für die Monate Juli, August und September (ein Monat umfasst jeweils 30 Arbeitstage) rekonstruiert. Der Anfangsbestand des Materials beträgt am 1. Juli 2.000 Stück. Die in der folgenden Tabelle aufgelisteten Materialzu- und -abgänge sind unmittelbar lagerwirksam.

Zeitpunkt	Entnahmemenge [Stück]	Liefermenge [Stück]
16. Juli	50	
1. August		2.000
16. August	500	
1. September	1.000	
11. September	250	
21. September		2.000

Bestimmen Sie den durchschnittlichen Lagerbestand, die Umschlagshäufigkeit, die durchschnittliche Verweildauer sowie die Lagerreichweite am 1. Oktober.

Die hohen Lagerbestände des Montageteils resultieren primär aus einem sehr hohen Sicherheitsbestand, der mit der Lieferunsicherheit des Lieferanten begründet wird. Neueste Analysen weisen jedoch auf eine erhebliche Verbesserung des Lieferverhaltens hin. Die Lieferzeit wird als normalverteilt mit den Werten $\mu = 10$ und $\sigma^2 = 4$ geschätzt.

Bestimmen Sie den optimalen Sicherheitsbestand für eine in den kommenden Monaten erwartete durchschnittliche Nachfrage in Höhe von 400 Stück pro Tag und einen angestrebten Servicegrad von 95 %. Verwenden Sie die in der folgenden Tabelle auszugsweise angegebenen Werte der standardisierten Normalverteilung.

y	$\Phi(y)$
1,036	0,85
1,282	0,90
1,645	0,95

Aufgabe 2

Ein großes Versandhaus versucht, angesichts des steigenden Wettbewerbs im Markt die strategisch bedeutsame Position des Kostenführers zu erlangen. Hierzu will es zunächst alle vorhandenen Rationalisierungsmaßnahmen ausschöpfen. Im Bereich der Lagerhaltung geschieht dies durch eine Optimierung der Lagerpolitik.

Ein Hauptartikel des Unternehmens wird unregelmäßig nachgefragt. Eine knappe Untersuchung ergibt in der jüngeren Vergangenheit folgende Nachfrageausprägungen für den Wiederbeschaffungszeitraum von 9 Tagen: 90 Stück, 45 Stück, 135 Stück, 90 Stück, 27 Stück, 153 Stück, 90 Stück, 45 Stück, 135 Stück, 90 Stück.

Erfassen Sie tabellarisch Verteilungs- und Dichtefunktion dieser diskreten Verteilung. Bestimmen Sie auf der Grundlage dieser Funktionen den optimalen Sicherheitsbestand für den von der Unternehmensleitung geforderten Servicegrad (α) von 0,9.

5.6.9 Literaturempfehlungen zur Vertiefung

ARNOLDS, H./HEEGE, F./TUSSING, W. (2010): Materialwirtschaft und Einkauf. 11. Auflage, Gabler, Wiesbaden

BICHLER, K./KROHN R./RIEDEL, G./SCHÖPPACH, F. (2010): Beschaffungs- und Lagerwirtschaft – Praxisorientierte Darstellung mit Aufgaben und Lösungen. 9. Auflage, Gabler, Wiesbaden

GROCHLA, E. (1992): Grundlagen der Materialwirtschaft – Das materialwirtschaftliche Optimum im Betrieb. 3. Auflage, Gabler, Wiesbaden

THONEMANN, U. (2010): Operations Management. 2. Auflage, Pearson, München

5.7 Ermittlung der Teilebedarfe

5.7.1 Einführung

Im Zuge einer Ergänzung von Materialbeständen ist es unerlässlich, dass die Bedarfe der kommenden Perioden möglichst vollständig, exakt und auf wirtschaftliche Weise erfasst werden. Die konkrete Planungsaufgabe leitet sich aus zwei Fragestellungen ab: Welche zukünftigen Perioden sollten berücksichtigt werden? Was bedeutet eine möglichst vollständige, exakte sowie wirtschaftliche Bedarfserfassung?

Kommen wir zur Beantwortung der ersten Frage: Planung ist stets vorausschauend, d. h. die zuständige Planungsinstanz muss sich der Herausforderung stellen, dass künftige Handlungen bzw. Produktionen bereits heute gedanklich vorweggenommen werden. Natürlich fällt dies umso schwerer, je weiter die Handlungen in der Zukunft liegen. Deshalb darf die gedankliche Vorwegnahme zukünftiger Handlungen nicht unnötig ausgedehnt werden. In Bezug auf die Bedarfsermittlung ist vor allem dem Umstand Rechnung zu tragen, dass die Bereitstellung der Güter eine bestimmte Zeit benötigt, die bei Eigenfertigung als Fertigungsdauer und bei Fremdbezug als Beschaffungszeit auftritt. Je länger diese Zeit ist, desto eher spielen zukünftige Periodenbedarfe von Materialen in der gegenwärtigen Planungsphase eine Rolle. Wer auf eine solche vorausschauende Planung verzichtet, kann dieses Defizit allenfalls in Form von Eilbeschaffungen o.ä. kompensieren. Dies geschieht im Allgemeinen allerdings zu Lasten höherer Kosten.

Die Beantwortung der zweiten Frage hängt mit dem soeben erläuterten Planungshorizont eng zusammen. Materialbedarfe in ferner Zukunft sind längst nicht so zuverlässig zu ermitteln wie Bedarfsmengen, die in einer der nächsten Perioden anfallen. Im Rahmen einer praktikablen Vorgehensweise wenden Unternehmen in ihrem täglichen Geschäft deshalb häufig vereinfachende Prognoseverfahren an, die den Bedarf auf der Grundlage von früheren Erfahrungen bzw. Bedarfswerten aus den vergangenen Perioden schätzen. Fehler, die bei solchen Schätzungen zwangsläufig in Kauf genommen werden müssen, sind auf andere Weise zu kompensieren. So dient der Sicherheitsbestand, dessen Bestimmung wir bereits in Unterkapitel 5.6 erörtert haben, im Allgemeinen der Korrektur von Schätzfehlern, wenn nämlich zu geringe Bedarfe prognostiziert wurden. Je höherwertig allerdings die Teile sind, die in der Produktion verarbeitet werden, desto mehr wird sich ein Unternehmen bemühen, exakte Bedarfsberechnungen vorzunehmen. Hierzu dienen dann im Wesentlichen die vorliegenden Aufträge, aus denen die Teilebedarfe abgeleitet werden können. Dass eine derart aufwändige Kalkulation erfolgt, liegt vor allem daran, dass mit hohen Sicherheitsbeständen auch hohe Lagerkosten einhergehen bzw. zu geringe Sicherheitsbestände zu entsprechend hohen Fehlmengenkosten führen.

Die vorangegangenen Überlegungen weisen bereits auf die Komplexität in diesem Planungsbereich hin. So verwundert es nicht, dass eine Reihe spezieller Verfahren zur Bedarfsermittlung entwickelt worden ist, mit denen auf fast jede vorliegende Planungssituation eingegangen werden kann. Sie werden im Folgenden einige dieser Verfahren näher kennenlernen und sollten danach in der Lage sein, in einer konkreten Planungssituation das jeweils geeignete Verfahren anzuwenden.

In Abschnitt 5.7.2 werden wir zunächst einige Verfahren erörtern, bei denen der zukünftige Bedarf auf der Grundlage zurückliegender Erfahrungswerte prognostiziert wird. Dabei werden auch Spezialfälle diskutiert, bei denen Trends oder Saisonschwankungen zu beobachten sind. Diese Verfahren haben vor allem den Vorteil, dass die benötigten Informationen im Allgemeinen schnell verfügbar sind und nicht erst mit hohem Aufwand beschafft werden müssen. Abschnitt 5.7.3 wendet sich anschließend den Verfahren zu, in denen die Forderung nach exakter Bedarfsberechnung im Vordergrund steht. Hierzu werden die vollständigen Ergebnisse der Programmplanung (vgl. Unterkapitel 5.2) benötigt. In Abschnitt 5.7.4 werden die gewonnenen Erkenntnisse noch einmal resümiert.

5.7.2 Verbrauchsorientierte Bedarfsermittlung

Bei der Auswahl von Verfahren zur Bedarfsermittlung von Materialien für bestimmte Zeitabschnitte der Produktion muss darauf geachtet werden, welche Unternehmensdaten als Informationen bekannt sind bzw. zur Bedarfsberechnung herangezogen werden sollen. Recht bequem sind solche Verfahren, bei denen lediglich die Materialverbräuche der vergangenen Perioden als Informationen benötigt werden. Diese Zeitreihe wird dann mit Hilfe eines geeigneten statistischen Prognoseverfahrens extrapoliert. Hinsichtlich der Anwendung eines derartigen verbrauchsorientierten Prognoseverfahrens sind mehrere Aspekte bedeutsam.

Die erforderlichen Informationen sind ausschließlich vergangenheitsbezogen. D. h. sie erfordern insbesondere eine exakte Verbrauchsrechnung. Zunächst müssen die Materialentnahmen durch Belege genau erfasst worden sein. Außerdem müssen diese Periodenverbräuche auf verschiedene Art und Weise korrigiert werden: So müssen entnommene Materialien, die von der Fertigung später wieder zurückgegeben worden sind, weil sie dort nicht benötigt wurden, von den Entnahmemengen wieder subtrahiert werden. Treten Qualitäts- und Quantitätsverluste durch längere Lagerung auf, so muss eine entsprechende durchschnittliche Verderbs- bzw. Schwundrate beachtet werden. Fehlbestände, die in einzelnen Perioden beobachtet wurden, gelten als Bedarfe und müssen genauso behandelt werden. Schließlich ist eine Periodenabgrenzung in der Weise wichtig, dass Nachlieferungen von Materialien, die in einer späteren Periode erfolgen, jeweils der ursprünglichen Bedarfsperiode zugeschlagen werden. Nur auf der Basis einer derart präzisen Materialrechnung können zuverlässige Bedarfsinformationen aus der Vergangenheit hergeleitet werden.

Die Anwendung eines Verfahrens der verbrauchsorientierten Bedarfsermittlung muss darüber hinaus statistisch abgesichert sein. Bei den nachfolgend dargestellten Methoden gelten folgende Voraussetzungen:

5.7 Ermittlung der Teilebedarfe

- Der Bedarf setzt sich aus einer systematischen und einer zufälligen Komponente zusammen.
- Beide Komponenten sind nur von der Zeit abhängig. Man spricht hier auch von univariaten Prognosemodellen.
- Es dürfen keine Informationen über weitere systematische Veränderungen des Bedarfsniveaus vorliegen.
- Der Erwartungswert der zufälligen Schwankung ist null. Die Varianz der Zufallsschwankung ist konstant.
- Die systematische Komponente kann entweder konstant, trendförmig oder saisonal verlaufen.

Bezeichnen S_t die systematische Komponente in der Periode t und U_t die Zufallsschwankung in dieser Periode, so beschreibt

$$B_t = S_t + U_t, t = 1, \ldots, T$$

den allgemeinen Bedarfswert einer Zeitreihe in einem univariaten Prognosemodell für die Periode t. Zufällige Schwankungen bedeuten in diesem Modell, dass die Bedarfsmengen B_t nicht aufgrund des einzigen Einflussfaktors Zeit kalkulierbar sind. Da sie nicht vermieden werden können und sowohl Schwankungen nach unten als auch nach oben auftreten können, müssen höhere Sicherheitsbestände angelegt werden, um die Lieferfähigkeit in einem bestimmten Umfang zu garantieren.

Der Schätzcharakter einer verbrauchsorientierten Bedarfsermittlung sowie die bewusste Inkaufnahme erhöhter Sicherheitsbestände weisen darauf hin, dass dieser Verfahrenstyp hauptsächlich für C-Güter geeignet ist. Bei diesen geringwertigen Gütern fallen die Lagerkosten nicht so stark ins Gewicht. Auf der anderen Seite wäre eine aufwändige Bedarfsermittlung unwirtschaftlich.

Standardmethoden

Im Folgenden sollen zunächst die klassischen Standardmethoden zur verbrauchsorientierten Bedarfsermittlung kurz vorgestellt werden, bevor dann einige Erweiterungen diskutiert werden. Die Standardmethoden sind anwendbar bei Vorliegen eines gleichmäßigen Bedarfs. Insbesondere trifft diese Bedingung für Kleinteile zu, die in der Massen- und Großserienfertigung regelmäßig benötigt werden. In einem solchen Fall vereinfacht sich die allgemeine Formel für die Bedarfszeitreihe zu

$$B_t = S + U_t, t = 1, \ldots, T. \qquad (5.7.1)$$

S kennzeichnet hierbei den konstanten Grundbedarf des betrachteten Teils.

Arithmetisches Mittel

Da der Erwartungswert der Zufallsschwankung annahmegemäß gleich null sein soll, kommt es darauf an, den Grundbedarf S möglichst genau zu prognostizieren. D. h. die Abweichung von den bekannten Bedarfswerten der Vergangenheit B_t soll möglichst gering sein. Geben T die gegenwärtige Periode und T+1 die Prognoseperiode an, so resultiert die optimale Schätzung des Grundbedarfs zum Beispiel aus der Minimierungsaufgabe

$$\operatorname*{Min}_{S} f(S) = \sum_{t=1}^{T}(B_t - S)^2. \qquad (5.7.2)$$

Die Verwendung der Summe der Abstandsquadrate stellt ein bewährtes Maß für die Güte der Schätzung des Grundbedarfs dar. Dadurch dass die Quadrate der Abstände durch die Schätzung des Grundbedarfs minimiert werden, geht jeder Abstandswert mit sich selbst gewichtet in die Bestimmung der Prognosefunktion ein. D. h. große Abstandswerte erhalten ein viel stärkeres Gewicht und beeinflussen dadurch die Schätzung. Ist dies nicht gewünscht, muss eine andere Abstandsnorm zugrunde gelegt werden.

Aus Formel (5.7.2) erhält man die Optimalitätsbedingung

$$\frac{df}{dS} = -2\sum_{t=1}^{T}(B_t - S^*) = 0. \qquad (5.7.3)$$

S^* bezeichnet die gesuchte Prognose des Grundbedarfs S. Sie ergibt sich aus Formel (5.7.3) als

$$S^* = \frac{1}{T}\sum_{t=1}^{T} B_t \qquad (5.7.4)$$

und dient unmittelbar als Bedarfsprognose für die Periode T+1, d. h.

$$S^* = B^*_{T+1}.$$

Diese Bedarfsschätzung kann in jeder Periode neu angepasst werden. Der Prognosewert B^*_{T+1} wird jeweils in der Periode T für die kommende Periode ermittelt. Die Vorhersage gemäß (5.7.4) wird auch als arithmetisches Mittel über die Bedarfswerte der letzten T Perioden bezeichnet.

Über die Länge der Zeitreihe, die Formel (5.7.4) zugrunde liegt, ist bisher nichts Näheres ausgesagt worden. Grundsätzlich kann mit fortschreitender Zeit immer weiter in die Vergangenheit zurückgeblickt werden. D. h. immer mehr Vergangenheitswerte lassen sich in die arithmetische Mittelbildung mit einbeziehen. Zum einen bedeutet dies mehr Rechenaufwand. Zum anderen stellt sich die Frage, ob nicht vielleicht die weit zurückliegenden Vergangenheitswerte wegen zwischenzeitlicher Niveauverschiebungen der Bedarfe, so genannter Strukturbrüche in der Zeitreihe, nur noch eine geringe, wenn nicht sogar überhaupt keine Aussagefähigkeit im Hinblick auf die Prognose mehr besitzen. Das Verfahren des arithmetischen Mittels ist deshalb in dieser elementaren Form gerade bei längeren Zeitreihen oft kaum noch sinnvoll anwendbar.

Gleitender Durchschnitt

Aus der Kritik am arithmetischen Mittel entspringt unmittelbar die Idee des Verfahrens der gleitenden Durchschnittsbildung. Hierbei werden bei einer Prognose stets nur N zurückliegende Zeitreihenwerte berücksichtigt. Bei jeder neuen Vorhersage wird also die jeweils älteste Information der früheren Vorhersage durch eine neue, aktuelle Bedarfsinformation ersetzt. Formal entsteht dadurch das Minimierungsproblem

$$\operatorname*{Min}_{S} f(S) = \sum_{t=T-N+1}^{T} (B_t - S)^2,$$

das zu dem Ergebnis

$$B^*_{T+1} = S^* = \frac{1}{N} \sum_{t=T-N+1}^{T} B_t \qquad (5.7.5)$$

führt. Wegen

$$B^*_T = \frac{1}{N} \sum_{t=T-N}^{T-1} B_t$$

lässt sich Formel (5.7.5) auch als

$$B^*_{T+1} = B^*_T + \frac{1}{N}(B_T - B_{T-N})$$

darstellen. Dieser Form der Darstellung können wir jetzt unmittelbar entnehmen, wie die neue Prognose B^*_{T+1} aus der alten Prognose B^*_T hervorgeht. Außerdem sehen wir, dass bei einem kleinen Wert N die aktuellen Veränderungen (in Form von B_T) schnell bzw. mit hohem Gewicht berücksichtigt werden, bei großem N dagegen nur langsam. Die Frage, wie die optimale Länge der Zeitreihe auszusehen hat, d.h. wie groß N zu bestimmen ist, lässt sich nicht einfach beantworten. N ist auf jeden Fall nach oben begrenzt durch Strukturbrüche, die in der Vergangenheit aufgetreten sind. Im Übrigen wird N in der Praxis oft festgelegt, nachdem mit verschiedenen Werten Simulationen durchgeführt worden sind. Auf diese Weise werden Erfahrungen gesammelt, bei welchem Wert N das beste Prognoseergebnis erzielt werden kann.

Die Beurteilung des Prognoseergebnisses geschieht durch die Analyse des Prognosefehlers

$$E_T = B_T - B^*_T.$$

Dieser Fehler hat drei mögliche Ursachen:
- Es liegt ein systematischer Fehler vor. Dies ist der Fall, wenn das Bedarfsmodell, auf dem das Prognoseverfahren beruht, die Realität nicht hinreichend genau abbildet. Das bisher diskutierte Bedarfsmodell entspricht der Bedarfs-

zeitreihe aus Formel (5.7.1). Es wird gelegentlich als Horizontalmodell charakterisiert, weil die Bedarfszeitreihe „horizontal", d. h. ohne Trend verläuft.

- Während des Betrachtungszeitraums hat ein Strukturbruch stattgefunden, d. h. die Prognose des Grundbedarfs wird zum Teil mit Bedarfswerten vorgenommen, deren Systematik nicht über den gesamten Zeitraum einheitlich ist. Zur Vermeidung von Prognosefehlern, die diese Ursache haben, sollte der Betrachtungszeitraum der Prognose verkürzt werden.
- Es sind unvorhersehbare und damit im Prognosemodell nicht beachtete Faktoren aufgetreten. Die daraus resultierenden, systematisch nicht erklärten Bedarfsabweichungen werden auch Zufallsfehler genannt. Sie sind innerhalb des ausgewählten Modells unvermeidbar. Zufallsfehler haben einen Erwartungswert von null und sind im Allgemeinen normalverteilt.

Zur Beurteilung der Prognosegüte ist über einen längeren Zeitraum kontinuierlich darauf zu achten, ob es sich bei den auftretenden Prognosefehlern lediglich um Zufallsfehler oder aber um erklärbare Abweichungen handelt. Verschiedene Maße werden zur systematischen Kontrolle der Prognose genutzt. So wird der durchschnittliche Prognosefehler im Betrachtungszeitraum als

$$\mu_T = \frac{1}{N} \sum_{t=T-N+1}^{T} E_t$$

bestimmt. Ist dieser Wert, das so genannte Fehlerniveau, von null verschieden, so deutet dies auf eine systematische Abweichung hin. Das Bedarfsmodell muss überprüft werden. Einer kontinuierlichen Kontrolle sollte außerdem die Streuung des Prognosefehlers unterliegen. Diese Streuung wird gewöhnlich mit Hilfe der Varianz, der Standardabweichung oder der mittleren absoluten Abweichung erfasst. Die mittlere absolute Abweichung lässt sich mit der Formel

$$MAD_T = \frac{1}{N} \sum_{t=T-N+1}^{T} |E_t|$$

bestimmen. Setzt man den durchschnittlichen Prognosefehler ins Verhältnis zur mittleren absoluten Abweichung, so wird der Prognosefehler normiert. Als Abweichungssignal

$$SIG_T = \frac{\mu_T}{MAD_T}$$

nimmt er Werte zwischen -1 und +1 an. Übersteigt der Betrag des Abweichungssignals den Wert 0,5, so wird im Allgemeinen von einer unbefriedigenden Prognosequalität ausgegangen. Allerdings gibt es hierfür keine theoretische Begründung.

Ein theoretisch fundiertes Maß zur Bestimmung der Güte des Prognoseverfahrens ist der THEIL'sche Ungleichheitskoeffizient (THEIL 1958). Die Begründung für diesen Ungleichheitskoeffizienten liefert ein Vergleich des Prognosefehlers mit dem Fehler einer „naiven" Prognose. Als „naive" Prognose wird die Übernahme des Bedarfs in T als Prognosewert für T+1 bewertet. Der THEIL'sche Ungleichheitskoeffizient ist formal darstellbar als

$$U_T = \sqrt{\frac{\sum_{t=T-N+1}^{T} E_t^2}{\sum_{t=T-N+1}^{T} (B_t - B_{t-1})^2}}.$$

Ist $U_T = 1$, so entspricht die Summe der Prognosefehler einer Zeitreihe den Fehlern, die mit dem Verfahren der „naiven" Prognose gemacht worden wären. Für $U_T > 1$ kann insofern von einer schlechten Prognose und für $U_T < 1$ von einer guten Prognose ausgegangen werden.

> **Beispiel: Ermittlung des Prognosefehlers**
>
> Der Bedarf eines Teils wurde verbrauchsorientiert auf Grundlage des Horizontalmodells geschätzt. Als Schätzverfahren wurde die Methode der gleitenden Durchschnitte so angewendet, dass immer die letzten drei Bedarfswerte in die Prognose eingingen. Die beobachteten Bedarfswerte für die letzten sechs Perioden sind in Tabelle 5.7.1 dargestellt:
>
> | t | 1 | 2 | 3 | 4 | 5 | 6 |
> | --- | -- | -- | -- | -- | -- | -- |
> | B_t | 18 | 20 | 19 | 21 | 22 | 20 |
>
> **Tabelle 5.7.1:** Bedarfswerte
>
> Für die Perioden 4 bis 6 liegen die Prognosewerte
>
> $$B_4^* = \frac{1}{3}(18 + 20 + 19) = 19$$
>
> $$B_5^* = \frac{1}{3}(20 + 19 + 21) = 20$$
>
> $$B_6^* = \frac{1}{3}(19 + 21 + 22) = 20\frac{2}{3}$$
>
> vor. Nach sechs Perioden soll nun die Güte des Verfahrens überprüft werden. Das Fehlerniveau ergibt sich zu
>
> $$\mu_6 = \frac{1}{3}\left[(21-19) + (22-20) + \left(20 - 20\frac{2}{3}\right)\right] = \frac{10}{9} \approx 1{,}11.$$
>
> Die mittlere absolute Abweichung beträgt
>
> $$MAD_6 = \frac{1}{3}\left(|+2| + |+2| + |-\frac{2}{3}|\right) = \frac{14}{9} \approx 1{,}56.$$

> Das Abweichungssignal
>
> $$SIG_6 = \frac{5}{7} \approx 0{,}71$$
>
> deutet auf einen zu knapp gefassten Betrachtungszeitraum bei der Ermittlung der Prognosewerte hin. Der Grenzwert für eine gute Prognose wird deutlich überschritten.
>
> Der THEIL'sche Ungleichheitskoeffizient liefert den Wert
>
> $$U_6 = \sqrt{\frac{2^2 + 2^2 + \left(-\frac{2}{3}\right)^2}{2^2 + 1^2 + (-2)^2}} = \sqrt{\frac{\frac{76}{9}}{9}} = \sqrt{\frac{76}{81}} \approx 0{,}97.$$
>
> Dieser Wert nahe eins verdeutlicht, dass die durch den kurzen Betrachtungszeitraum entstehenden Prognosefehler die Güte der Prognose fast auf das Niveau einer einfachen Fortschreibung des aktuellen Bedarfs absenken.

Bei der gleitenden Durchschnittsbildung werden alle Bedarfswerte der Vergangenheit mit dem identischen Gewichtungsfaktor 1/N bewertet. Um die Prognosequalität zu steigern, sollte geprüft werden, ob die weiter zurückliegenden Bedarfswerte mit einem geringeren Gewicht zu berücksichtigen als die Werte der jüngeren Vergangenheit. Bei Gewichten g_t^T, die für den t-ten Bedarfswert einer in Periode T durchgeführten Prognose gelten, ergibt sich für den Teilebedarf in Periode t+1 ein Prognosewert

$$B_{T+1}^* = \sum_{t=T-N+1}^{T} g_t^T B_t.$$

Die Summe aller Gewichte einer solchen Zeitreihe muss weiterhin eins betragen. Das Verfahren wird als gewogene gleitende Durchschnittsbildung bezeichnet. Es lässt sich auch in der Weise interpretieren, dass Abweichungen weiter zurückliegender Bedarfswerte vom prognostizierten Grundbedarf eher toleriert werden als Abweichungen in späteren Perioden. Im Prinzip ist man also darum bemüht, vermutete, jedoch nicht mit Sicherheit identifizierte Strukturveränderungen durch solche Gewichtungsunterschiede mit zu erfassen.

Exponentielle Glättung

Um das Problem der Festlegung von Gewichten zu umgehen, mit denen Vergangenheitswerte bei Prognosen individuell berücksichtigt werden sollen, hat sich ein anderes Vorgehen in der betrieblichen Praxis gut bewährt. Vergangenheitswerte werden lediglich in Form des Prognosefehlers beachtet, der zuletzt beobachtet wurde. Dieser Fehler wird mit einem Faktor α, der so genannten Glättungskonstanten, gewichtet und zu der letzten aktuellen Prognose hinzuaddiert. Für die neue Prognose gilt also die Formel

$$B^*_{T+1} = B^*_T + \alpha\left(B_T - B^*_T\right). \tag{5.7.6}$$

Für eine Prognose des Bedarfs in Periode T+1 werden somit zwei Werte benötigt werden, nämlich der alte Prognosewert B^*_T sowie der Prognosefehler $B_T - B^*_T$. Je nachdem wie stark der Prognosefehler für die nächste Vorhersage beachtet werden soll, muss α im Intervall zwischen null und eins größer oder kleiner gewählt werden. Ist $\alpha = 0$, so entspricht der neue Prognosewert unmittelbar dem alten Wert. Ein Prognosefehler, der gemessen wurde, findet keinerlei weitere Beachtung. Er wird als Zufallsfehler interpretiert. Bei $\alpha = 1$ wird der Prognosefehler dagegen hoch eingeschätzt. Der letzte aktuelle Bedarfswert B_T wird unverzüglich zum neuen Prognosewert. Damit kann man festhalten, dass α auftretende Bedarfsschwankungen in der Weise glättet, dass es Zufallsschwankungen vom systematischen Bedarf fernhält.

Wir wollen das Verfahren der exponentiellen Glättung im Folgenden mit der Methode der gewogenen gleitenden Durchschnittsbildung vergleichen, indem wir prüfen, inwiefern die Bedarfshistorie bei diesem Verfahren tatsächlich Beachtung findet. Dazu bilden wir Gewichte

$$g^T_t = \alpha(1-\alpha)^{T-t}, t = T, T-1, \ldots, -\infty, \tag{5.7.7}$$

um sie anschließend in die Formel

$$B^*_{T+1} = \sum_{t=-\infty}^{T} g^T_t B_t \tag{5.7.8}$$

zur Bedarfsprognose einzusetzen. Formel (5.7.8) entspricht Formel (5.7.6), d. h. wir erhalten die Bedarfsprognose gemäß einer exponentiellen Glättung. Der mathematisch versierte Leser vermag die notwendigen Umformungen recht schnell vorzunehmen. Mit der Identität beider Formeln wird klar, dass die exponentielle Glättung eine besondere Form der gleitenden Durchschnittsbildung ist. Die verwendeten Gewichte (5.7.7) bedeuten allerdings, dass die Berücksichtigung von zurückliegenden Bedarfszahlen bei der aktuellen Prognose von Periode zu Periode „exponentiell" abnimmt. Allerdings bleiben die Gewichte bis zum Beginn der Zeitreihe stets positiv; die gesamte Historie wird beachtet, auch wenn die frühen Bedarfswerte wegen ihres geringen Gewichts praktisch vernachlässigt werden können.

> **Beispiel: Bedarfsprognose mit Hilfe des Verfahrens der exponentiellen Glättung**
>
> Aus den letzten drei Monaten liegen die Bedarfe eines Teils mit $B_1 = 10$, $B_2 = 12$ und $B_3 = 12$ vor. Zur Prognose für den Bedarf des kommenden Monats wird das Verfahren der exponentiellen Glättung verwendet. Bei einem geringen Glättungsfaktor $\alpha = 0{,}2$ ergibt sich nach den Zwischenrechnungen
>
> $$B_2^* = 10 + 0{,}2 \cdot (10 - 10) = 10$$
>
> (mit $B_1^* = B_1$) und
>
> $$B_3^* = 10 + 0{,}2 \cdot (12 - 10) = 10{,}4$$
>
> der Prognosewert
>
> $$B_4^* = 10{,}4 + 0{,}2 \cdot (12 - 10{,}4) = 10{,}72.$$
>
> Soll der Prognosefehler stärker berücksichtigt werden und wird deshalb der Glättungsfaktor $\alpha = 0{,}4$ gewählt, so führen die Rechnungen
>
> $$B_2^* = 10 + 0{,}4 \cdot (10 - 10) = 10$$
>
> und
>
> $$B_3^* = 10 + 0{,}4 \cdot (12 - 10) = 10{,}8$$
>
> zum Prognosewert
>
> $$B_4^* = 10{,}8 + 0{,}4 \cdot (12 - 10{,}8) = 11{,}28.$$

Der Vorteil des Verfahrens der exponentiellen Glättung liegt nicht nur darin, dass die Gewichtungen von älteren Bedarfswerten nicht ausdrücklich ermittelt werden müssen. Genauso bedeutend ist aus praktischer Sicht der geringe Rechen- und Speicheraufwand. Während bei der gleitenden Durchschnittsbildung N Werte für jede neue Prognose des Teilebedarfs gespeichert und miteinander addiert werden müssen, genügt bei der exponentiellen Glättung die Erfassung bzw. Speicherung zweier Werte, nämlich des alten Prognosewertes sowie des letzten tatsächlichen Bedarfswertes. Bei vielen tausend Teilen, für die solche Rechnungen regelmäßig anstehen, fällt diese Ersparnis ganz wesentlich ins Gewicht. Dennoch bleibt ein Problem bestehen. Die Glättungskonstante α muss so festgelegt werden, dass eine gute Prognosequalität resultiert. Hierzu sind beispielsweise Testverfahren und Simulationsmodelle zu entwickeln, mit denen das optimale α bestimmt werden kann. In vielen Fällen erweist sich ein Glättungsfaktor α zwischen 0,1 und 0,3 als angemessen.

5.7 Ermittlung der Teilebedarfe

Methoden zur Berücksichtigung von Trends und Saisonschwankungen

Lässt sich aus der Vergangenheit eine systematische Bedarfskomponente erkennen, die nicht konstant ist, sondern zeitabhängig verläuft, so muss ein anderer Ansatz für die Bedarfsprognose gewählt werden. An dieser Stelle soll lediglich die Vorgehensweise für einen linearen Trend näher ausgeführt werden. Für diesen Fall ergibt sich der Wert einer Zeitreihe allgemein als

$$B_t = S_1 + S_2 t + U_t, t \geq 0.$$

D. h. die systematische Bedarfskomponente spaltet sich in zwei Teile auf: Neben den Grundbedarf S_1 tritt ein systematischer Bedarfszuwachs S_2 pro Periode.

Exponentielle Glättung erster Ordnung mit Trendkorrektur

Da die exponentielle Glättung eine gewichtete Durchschnittsbildung darstellt, ist ein direktes Anwenden dieses Verfahrens auf die Bedarfswerte eines linear ansteigenden Trends zur Prognoseermittlung nicht sinnvoll. Dadurch dass die Bedarfswerte der Vergangenheit aufgrund des Bedarfsanstiegs im Zeitablauf immer unterhalb des aktuellen Bedarfswerts liegen, führt eine unkorrigierte Durchschnittsbildung aufgrund ihrer Vergangenheitsorientierung zu einem zu niedrigen Prognosewert. Um das Verfahren der exponentiellen Glättung anwenden zu können, ist die lineare Trendgerade zuvor in ein Horizontalmodell zu überführen. Gemeinsamer Punkt des zu konstruierenden Horizontaltrends und des beobachteten linearen Trends ist dabei der Bedarfswert der zu prognostizierenden Periode. Hierzu sind die historischen Bedarfswerte jeweils um ihren Abstand zum Horizontaltrend zu korrigieren. Danach kann diese korrigierte Zeitreihe exponentiell geglättet werden. Abbildung 5.7.1 veranschaulicht diesen Zusammenhang zwischen dem linear ansteigenden Bedarfstrend und dem korrigierten Horizontaltrend. Formal geschieht die Überführung der Werte auf der Trendgerade in das Horizontalmodell durch den Korrekturterm

$$K_t = S - (S_1 + S_2 t).$$

Durch Anwendung des Verfahrens der exponentiellen Glättung auf die korrigierten Bedarfswerte lässt sich der neue Prognosewert B^{**}_{T+1} für die Periode T+1 als

$$B^{**}_{T+1} = B^{*}_{T+1} + \frac{1-\alpha}{\alpha} S_2 + S_2 = B^{*}_{T+1} + \frac{1}{\alpha} S_2 \tag{5.7.9}$$

bestimmen. Auf die formale Herleitung dieses Wertes wollen wir an dieser Stelle verzichten. B^{**}_{T+1} setzt sich aus dem ursprünglichen Schätzwert B^{*}_{T+1} der exponentiellen Glättung und einem Korrekturterm zusammen. Dieser Korrekturterm besteht aus zwei Komponenten. So wird mit einem Term $(1-\alpha)/\alpha\, S_2$ zunächst die bislang nicht beachtete Trendentwicklung bis zum Zeitpunkt T ausgeglichen. Wie in Abbildung 5.7.2 dargestellt ist, hinkt der in Periode T geschätzte Durchschnittswert B^{*}_{T+1} nämlich um $(1-\alpha)/\alpha$ Zeitperioden hinter dem

396 5 Planungszentriertes Operations Management

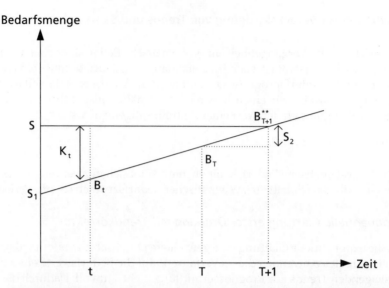

Abbildung 5.7.1: Darstellung der Grundidee einer Trendkorrektur

aktuellen Bedarf B_T her. Besonders bei kleinen Glättungsfaktoren macht sich dieser Zeitverzug deutlich bemerkbar. Um zusätzlich auch den Trendanstieg von Periode T zu Periode T+1 zu berücksichtigen, ist eine weitere Anpassung des ursprünglichen Prognosewertes B^*_{T+1} um S_2 vorzunehmen.

Die Steigung der Trendgeraden S_2 ist allerdings nicht von vornherein bekannt. Sie muss berechnet oder geschätzt werden. Eine Möglichkeit besteht darin,

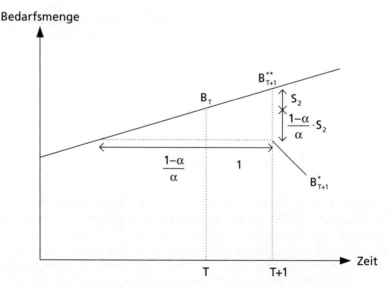

Abbildung 5.7.2: Graphische Darstellung des Korrekturterms

wieder das Verfahren der exponentiellen Glättung anzuwenden. Da die Schätzung für S$_2$ dann jede Periode angepasst werden muss, ist die Formel (5.7.9) zunächst durch

$$B^{**}_{T+1} = B^*_{T+1} + \frac{1}{\alpha}S^*_{2,T+1} \quad (5.7.10)$$

darzustellen. $S^*_{2,T+1}$ gibt hierbei den jeweiligen Prognosewert des Trends für die Periode T+1 an, der in Periode T ermittelt wird. Er wird durch exponentielle Glättung in Form von

$$S^*_{2,T+1} = (1-\alpha)S^*_{2,T} + \alpha\left(B^*_{T+1} - B^*_T\right) \quad (5.7.11)$$

geschätzt. D. h. die alte Trendprognose $S^*_{2,T}$ wird genau dann korrigiert, wenn die mit dem Horizontalmodell prognostizierte Bedarfsentwicklung zwischen T und T+1 von diesem Trend abweicht. Die Glättungskonstante α entscheidet wiederum darüber, ob der alten Trendprognose oder der mit Hilfe der exponentiellen Glättung vorhergesagten Bedarfsentwicklung mehr Vertrauen entgegengebracht wird. Für die Korrektur des alten Trends $S^*_{2,T}$ werden die Schätzungen B^*_{T+1} und B^*_T herangezogen, weil keine aktuelleren Werte vorliegen. Beide Schätzungen liegen jedenfalls genau eine Periode auseinander, so dass die Differenz der beiden Schätzwerte für eine Prognose für die Trendsteigung, d. h. den Bedarfsanstieg während einer Periode, in Betracht kommt. Formel (5.7.11) darf für die Prognose der Trendsteigung solange angewendet werden, wie ein linearer Trend vermutet wird, die Trendsteigung also konstant bleibt.

> **Beispiel: Exponentielle Glättung mit Trendkorrektur**
>
> Unterstellen wir, bei der aus dem letzten Beispiel bekannten Bedarfsentwicklung $B_1 = 10$, $B_2 = 12$ und $B_3 = 12$ einen Trend erkennen zu können, so ist zur Bedarfsprognose die Methode der exponentiellen Glättung mit Trendkorrektur geeignet. Bei einfachen Ausgangsbedingungen ($B^*_1 = B_1$, $S^*_{2,1} = 0$) sowie einem Glättungsfaktor $\alpha = 0{,}2$ führen die Kalkulationen
>
> $B^*_2 = 10 + 0{,}2 \cdot (10 - 10) = 10$
>
> $S^*_{2,2} = 0{,}8 \cdot 0 + 0{,}2 \cdot (10 - 10) = 0$
>
> $B^*_3 = 10 + 0{,}2 \cdot (12 - 10) = 10{,}4$
>
> $S^*_{2,3} = 0{,}8 \cdot 0 + 0{,}2 \cdot (10{,}4 - 10) = 0{,}08$
>
> $B^*_4 = 10{,}4 + 0{,}2 \cdot (12 - 10{,}4) = 10{,}72$
>
> $S^*_{2,4} = 0{,}8 \cdot 0{,}08 + 0{,}2 \cdot (10{,}72 - 10{,}4) = 0{,}128$
>
> nunmehr zu einem Prognosewert
>
> $B^{**}_4 = 10{,}72 + 5 \cdot 0{,}128 = 11{,}36$.

Falls der Anstieg der Bedarfsgeraden im Zeitablauf nicht konstant ist, führt das Verfahren der exponentiellen Glättung mit Trendkorrektur nicht zu guten Ergebnissen. Weil die beiden Werte B^*_T und B^*_{T+1} Bedarfsprognosen abgeben, die um $(1-\alpha)/\alpha$ Zeiteinheiten verzögert sind, repräsentieren sie auch nicht die Bedarfsentwicklung zwischen T und T+1. Die Schätzung des Trends, die durch Formel (5.7.11) dargestellt wird, erfolgt vergangenheitsorientiert. Bei zunehmender Trendsteigung würde somit ein systematischer Fehler im dauernden Unterschätzen dieses Trends entstehen.

Eine weitere Problematik der exponentiellen Glättung mit Trendkorrektur besteht in der Empfindlichkeit des Verfahrens gegenüber veränderten Trendschätzungen. Durch die Vergangenheitsorientierung des Prognosewertes B^*_{T+1} muss dieser Wert laut Formel (5.7.10) um das $1/\alpha$-fache, d.h. im Allgemeinen um ein Vielfaches der geschätzten Trendsteigung $S^*_{2,T+1}$ korrigiert werden. Aufgrund dieser Hebelwirkung reagiert das Prognoseverfahren sehr sensibel auf veränderte Trendschätzungen. Aus diesem Grunde kann es sinnvoll sein, die Schätzung des Trends durch die Wahl eines besonderen Glättungsfaktors stärker zu dämpfen als die Bedarfsprognose.

Ein solches Vorgehen der getrennten Prognose von Grundbedarf und Trendkomponente wollen wir an dieser Stelle genauer ausführen (HOLT 1960). Zunächst wird der Grundbedarf B_{T+1}^0 durch exponentielle Glättung prognostiziert. Der alte Prognosewert B_T^{**} wird korrigiert, nachdem der aktuelle Periodenwert B_T bekannt geworden ist. Dabei gibt die Glättungskonstante α an, wie stark der aktuelle Bedarfswert in die neue Prognose

$$B_{T+1}^0 = \alpha B_T + (1-\alpha) B_T^{**}$$

eingeht.

Die zweite Schätzung betrifft den Anstieg der Trendgeraden. Auch hier erfolgt eine Glättung des alten Schätzwertes in der Weise, dass die letzten beiden Schätzungen des Grundbedarfs, B_{T+1}^0 und B_T^0, miteinander verglichen werden und ihre Differenz mit dem Gewichtungsfaktor β in die neue Prognose der Trendsteigung einbezogen wird. Dieser Vorgang lässt sich durch Formel

$$S^*_{2,T+1} = \beta \left(B_{T+1}^0 - B_T^0 \right) + (1-\beta) S^*_{2,T}$$

ausdrücken. Zusammen ergeben die beiden neuen Schätzungen den aktuellen Prognosewert

$$B_{T+1}^{**} = B_{T+1}^0 + S^*_{2,T+1}.$$

5.7 Ermittlung der Teilebedarfe

> **Beispiel: Exponentielle Glättung von Grundbedarf und Trendgerade**
>
> Für die Bedarfszeitreihe $B_1 = 10$, $B_2 = 12$ und $B_3 = 12$ sollen Grundbedarf und Trendsteigung getrennt prognostiziert werden. Hierbei werden die Glättungsfaktoren $\alpha = 0{,}4$ und $\beta = 0{,}2$ zugrunde gelegt. Bei einer vereinfachten Ausgangssituation, für die angenommen wird, dass $B_1^{**} = B_1^0 = B_1$ sowie $S_{2,1}^* = 0$ gelten, stellt sich der Prognoseprozess folgendermaßen dar:
>
> $B_1^0 = 0{,}4 \cdot 10 + 0{,}6 \cdot 10 = 10$
>
> $S_{2,1}^* = 0{,}2(10 - 10) + 0{,}8 \cdot 0 = 0$
>
> $B_2^{**} = 10 + 0 = 10$
>
> $B_2^0 = 0{,}4 \cdot 12 + 0{,}6 \cdot 10 = 10{,}8$
>
> $S_{2,2}^* = 0{,}2(10{,}8 - 10) + 0{,}8 \cdot 0 = 0{,}16$
>
> $B_3^{**} = 10{,}8 + 0{,}16 = 10{,}96$
>
> $B_3^0 = 0{,}4 \cdot 12 + 0{,}6 \cdot 10{,}96 = 11{,}376$
>
> $S_{2,3}^* = 0{,}2(11{,}376 - 10{,}8) + 0{,}8 \cdot 0{,}16 = 0{,}2432$.
>
> Man erhält den Prognosewert
>
> $B_4^{**} = 11{,}376 + 0{,}2432 = 11{,}6192$.

Exponentielle Glättung zweiter Ordnung

Ein alternatives Verfahren zur Prognose eines linearen Trendverlaufs, auf das wir nur kurz eingehen werden, ist die exponentielle Glättung zweiter Ordnung. Es trägt seinen Namen deshalb, weil auf der Grundlage von Formel

$$B_{T+1}^{*[2]} = (1 - \alpha) B_T^{*[2]} + \alpha B_{T+1}^*$$

eine Durchschnittsbildung der Durchschnitte vorgenommen wird. Durch die zweite Glättung ergibt sich erneut eine Zeitverschiebung zwischen B^*_{T+1} und $B^{*[2]}_{T+1}$ um $(1-\alpha)/\alpha$ Zeiteinheiten, was durch die Beziehung

$$\frac{(1-\alpha)}{\alpha} S_2 = B_{T+1}^* - B_{T+1}^{*[2]}$$

dargestellt werden kann. Der Trendverlauf wird durch die Differenz zwischen $B^{*[2]}_{T+1}$ und $B^{*[2]}_T$ approximiert, da beide Werte jeweils um die gleiche Länge verschoben werden und somit nach wie vor um genau eine Periode variieren. Wir können die Trendsteigung also durch

$$S_2 = B_{T+1}^{*[2]} - B_T^{*[2]}$$

ausdrücken.

Mit diesen zusätzlichen Informationen ergibt sich für den allgemein in Formel (5.7.9) dargestellten Prognosewert eine neue Berechnungsalternative

$$B_{T+1}^{**} = B_{T+1}^{*} + \left(B_{T+1}^{*} - B_{T+1}^{*[2]}\right) + \left(B_{T+1}^{*[2]} - B_T^{*[2]}\right) = 2B_{T+1}^{*} - B_T^{*[2]}.$$

Um den Bedarfswert B_{T+1}^{**} für die Periode T+1 zu prognostizieren, benötigt man also lediglich die einfache Bedarfsvorhersage für die Periode T+1 sowie die Vorhersage gemäß exponentieller Glättung zweiter Ordnung für die Periode T. Alle anderen Informationen können in der Datenbank gelöscht werden, sofern sie nicht noch für die Berechnung von B_{T+1}^{*} bzw. $B_T^{*[2]}$ benötigt werden. Zur sprachlichen Unterscheidung wird die einfache exponentielle Glättung, die in diesem Abschnitt weiter oben vorgestellt wurde, auch als exponentielle Glättung erster Ordnung näher charakterisiert.

Beispiel: Exponentielle Glättung zweiter Ordnung

Für die inzwischen bekannte Bedarfszeitreihe $B_1 = 10$, $B_2 = 12$ und $B_3 = 12$ führt die Bedarfsprognose bei Anwendung des Verfahrens der exponentiellen Glättung zweiter Ordnung zu folgendem Prognoseverlauf, sofern die Glättungskonstante $\alpha = 0{,}2$ gewählt wird und die Anfangsbedingungen $B_1^{*[2]} = B_1^{*} = B_1$ beachtet werden:

$$B_2^{*} = 10 + 0{,}2(10 - 10) = 10$$

$$B_2^{**} = 2 \cdot 10 - 10 = 10$$

$$B_3^{*} = 10 + 0{,}2 \cdot (12 - 10) = 10{,}4$$

$$B_2^{*[2]} = 0{,}8 \cdot 10 + 0{,}2 \cdot 10 = 10$$

$$B_3^{**} = 2 \cdot 10{,}4 - 10 = 10{,}8$$

$$B_4^{*} = 10{,}4 + 0{,}2 \cdot (12 - 10{,}4) = 10{,}72$$

$$B_3^{*[2]} = 0{,}8 \cdot 10 + 0{,}2 \cdot 10{,}4 = 10{,}08$$

Daraus ergibt sich der Prognosewert:

$$B_4^{**} = 2 \cdot 10{,}72 - 10{,}08 = 11{,}36.$$

Lineare Regression

Für das Trendmodell, welches durch die Bedarfszeitreihe

$$B_t = S_1 + S_2 t + U_t, t \geq 0$$

beschrieben wurde, lassen sich die Parameter S_1 und S_2 auch unmittelbar so bestimmen, dass die Prognosefehler der Vergangenheit minimiert werden. Diese Überlegung findet in dem Ansatz

$$\min_{S_1, S_2} f(S_1, S_2) = \sum_{t=1}^{T} (B_t - S_1 - S_2 t)^2 \tag{5.7.12}$$

ihren Ausdruck. Die optimalen Prognoseparameter lauten dann

$$S_1^* = \frac{1}{T} \sum_{t=1}^{T} B_t - S_2^* \frac{a_1}{T}$$

und

$$S_2^* = \frac{T \sum_{t=1}^{T} t B_t - a_1 \sum_{t=1}^{T} B_t}{a_2 T - a_1^2}.$$

Die Konstanten in diesen Bestimmungsgleichungen tragen die Werte

$$a_1 = \sum_{t=1}^{T} t = \frac{T(T+1)}{2}$$

bzw.

$$a_2 = \sum_{t=1}^{T} t^2 = \frac{T(T+1)(2T+1)}{6}.$$

Der mit dem Ansatz (5.7.12) beschrittene Weg wird auch als die Methode der kleinsten Quadrate bezeichnet. Er gehört zu den Verfahren der linearen Regression. Welche und wie viele Vergangenheitswerte in die Zeitreihe mit aufgenommen werden sollen, muss ähnlich diskutiert werden wie bei der gleitenden Durchschnittsbildung. Der Prognosewert für die Periode T+1 ergibt sich bei Anwendung der linearen Regression als

$$B_{T+1}^{**} = S_1^* + S_2^* (T+1).$$

Die Parameter S_1^* und S_2^* müssen in jeder Periode neu geschätzt werden, um Strukturbrüche in der Zeitreihe rechtzeitig zu erkennen. Das Verfahren besitzt zwar eine theoretische Rechtfertigung; es erfordert jedoch einen höheren Rechenaufwand, weil eine große Zahl von Vergangenheitswerten ausgewertet werden muss.

Exponentielle Glättung bei Saisonschwankungen

In diesem Abschnitt werden wir uns mit dem komplizierten Fall beschäftigen, dass im bisherigen Bedarfsverlauf eines Teils Saisonschwankungen beobachtet wurden. Solche Schwankungen können sowohl einen Horizontaltrend als auch einen linear ansteigenden Trend überlagern. Wir gehen von dem Bedarfsmodell

$$B_t = (S_1 + S_2 t)V_t + U_t, \quad 0 \leq V_t \leq 1$$

aus, wobei V_t die Saisonkomponente charakterisiert. Eine „Hochkonjunktur", d.h. eine Überhöhung des linearen Trends, wird mit Werten von $V_t > 1$ ausgedrückt. In anderen Perioden gilt hingegen $V_t < 1$. Abstrahiert man von den Zufallsabweichungen U_t, so lässt sich der Bedarfsverlauf in diesem Fall durch Abbildung 5.7.3 darstellen.

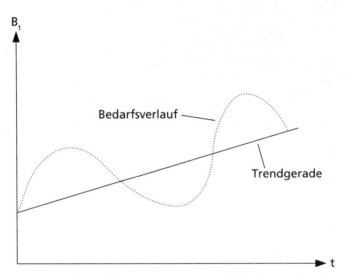

Abbildung 5.7.3: Bedarfsmodell eines linear ansteigenden Trends mit Saisonschwankungen

Für die Bedarfsschätzung ist folgendes Vorgehen denkbar (WINTERS 1960). Zunächst wird der aktuelle Wert auf der Trendgeraden dadurch ermittelt, dass der Bedarfswert B_T um den Saisoneinfluss korrigiert wird. Sofern der aktuelle Saisoneinfluss noch nicht bekannt ist, wird auf einen geeigneten Wert aus der Vergangenheit zurückgegriffen, der durch dieselbe Saisonkomponente V_{T-Z} beschrieben wird. Hierzu muss die Länge Z eines Saisonzyklus gegeben sein. Aus dem aktuellen Bedarfswert sowie dem letzten Prognosewert wird mit Hilfe der exponentiellen Glättung ein um den Saisoneinfluss bereinigter Prognosewert

$$B_{T+1}^0 = \alpha \frac{B_T}{V_{T-Z}} + (1-\alpha)\frac{B_T^S}{V_{T-Z}} \tag{5.7.13}$$

für den aktuellen Trendbedarf bestimmt. B^0_{T+1} kann als aktueller Grundbedarf auf der Trendgeraden ohne Saisonkorrektur interpretiert werden. Nach der Ermittlung des aktuellen Trendbedarfs wird ein neuer Schätzwert für den Geradenanstieg

$$S^*_{2,T+1} = \beta\left(B^0_{T+1} - B^0_T\right) + (1-\beta)S^*_{2,T} \qquad (5.7.14)$$

ermittelt. Mit (5.7.13) und (5.7.14) liegen nun die Voraussetzungen für die Prognose des Saisonbedarfs in T+1

$$B^S_{T+1} = \left(B^0_{1,T} + S^*_{2,T+1}\right)V_{T+1-Z}$$

vor.

Zur systematischen Fortführung des Prognoseverfahrens ist auch eine Fortschreibung der Saisonkomponente V_t notwendig. Dies geschieht mit der Formel

$$V_T = \gamma \frac{B_T}{B^0_T} + (1-\gamma)V_{T-Z}. \qquad (5.7.15)$$

Um eine systematische Abweichung der Prognosewerte von der Trendgeraden zu verhindern, ist außerdem darauf zu achten, dass die Saisonkomponenten eines Saisonzyklus im Durchschnitt über einen Zyklus immer eins ergeben. Dies muss bei einer Bestimmung von V_t gemäß Formel (5.7.15) nicht zwingend der Fall sein. Deshalb sind alle Saisonkomponenten des letzten Zyklus regelmäßig anzupassen. Als entsprechend normierten Saisonfaktor für die Periode t wählt man

$$\hat{V}_t = \frac{ZV_t}{\sum_{i=T-Z+1}^{T} V_i}, t = T-Z+1,\ldots,T.$$

Sonderprobleme

Aus den beschriebenen Verfahrensideen lassen sich im Wesentlichen auch alle Anwendungen auf schwierigere Probleme ableiten. So existiert zum Beispiel die Möglichkeit, durch eine Mittelwertbildung höherer Ordnung auch kubische und quadratische Trends zu erforschen. Es ist außerdem denkbar, dass sich saisonale Schwankungen und Trends auf andere Weise überlagern, als es im vorangegangenen Abschnitt erörtert wurde. Bevor deshalb geeignete Prognoseverfahren angewendet werden können, muss stets eine Analyse und ggf. Zerlegung der Zeitreihen erfolgen.

Ein vornehmlich statistisches Problem wird dadurch begründet, dass eine Zeitreihe nicht lang genug in die Vergangenheit zurückreicht und somit nicht ausreichend Werte für eine brauchbare Vorhersage umfasst. Zur Initialisierung eines Prognoseverfahrens ist es deshalb nicht mit hinreichender Genauigkeit möglich, die Standardabweichung des Prognosefehlers zu berechnen. In diesem Fall bietet sich die Gelegenheit, auf empirisch bestätigte Relationen zwischen dem Mittelwert und der Standardabweichung zurückzugreifen, zum Beispiel auf die Beziehung $\sigma_t = a\mu_t^b$, wobei die Parameter a und b mit der Methode der linearen Regression geschätzt werden können.

Ein anderes Problem, das bei Zeitreihen auftreten kann und das einer besonderen Behandlung bedarf, resultiert aus so genannten Ausreißern. Das sind Bedarfswerte, die bestimmte Schwellenwerte überschreiten. Als Ausreißer gilt ein Bedarfswert B_t, sobald $B_t > B_t^* + 4\text{MAD}$ erfüllt ist. Ausreißer haben verschiedene Ursachen. Sie können aus einem erhöhten Projektbedarf, aus dem Bedarf aufgrund eines großen Auftrags oder auch aus Betriebsstörungen resultieren. Im Allgemeinen versucht man Ausreißer dadurch zu eliminieren, dass man sie durch „normale" Beobachtungswerte ersetzt. Es ist offensichtlich, dass dieses Vorgehen lediglich eine praktische Überlegung darstellt, um die Richtigkeit des Prognoseansatzes nicht zu gefährden.

Insgesamt bleibt festzuhalten, dass jede verbrauchsorientierte Bedarfsermittlung stets auf eine gute Informationsbasis sowie eine homomorphe Abbildung der Realität zu stützen ist. Gelingt dies nicht oder bergen die zu erwartenden Unsicherheiten ein zu hohes Fertigungsrisiko, so muss auf eine andere Form der Bedarfsermittlung zugegriffen werden.

5.7.3 Programmorientierte Bedarfsermittlung

Produktionspläne und Stücklisten als Informationsbasis

Die Alternative zur vergangenheitsorientierten Bedarfsbestimmung ist eine Berechnung der Bedarfszahlen aus zeitlich kongruenten Informationen. Dies sind in erster Linie die Produktionspläne für die betrachtete Periode. Die beabsichtigten Produktionsmengen werden auch als Primärbedarfe bezeichnet. Die nach Art und Menge zusammengefassten Primärbedarfe heißen Produktionsprogramm. Aus diesem Grund spricht man auch von einer programmorientierten oder programmgebundenen Bedarfsermittlung.

Prinzipiell müssen die Primärbedarfe sicher bekannt sein, damit eine Bedarfsauflösung nach den erforderlichen Materialmengen überhaupt möglich ist. Je nach Periodenabgrenzung und Fertigungsstruktur ist eine exakte Vorabfestlegung des Produktionsplans allerdings problematisch, weil Unsicherheiten insbesondere im Absatzbereich nicht immer behoben werden können. Dieses Unsicherheitsproblem kann auf verschiedene Art und Weise bewältigt werden. Zum ersten lassen sich aus stochastischen Primärbedarfen auch nur stochastische Sekundärbedarfe der Materialien herleiten. Dies ist recht unbefriedigend, weil aus stochastischen Sekundärbedarfen keine verbindliche Bestellpolitik entwickelt werden kann. Zum zweiten besteht die Möglichkeit, den Primärbedarf anhand von Umsatzstatistiken oder ähnlichen Unterlagen zu prognostizieren. Zum dritten können Einzelteile und Baugruppen nach Programm vorgefertigt und so lange zwischengelagert werden, wie noch keine absolute Sicherheit über den Primärbedarf herrscht. Zum vierten ist eine rollierende Produktionsprogrammplanung denkbar, bei der nur die beabsichtigten Produktionsmengen

5.7 Ermittlung der Teilebedarfe

der kommenden Teilperiode verbindlich festgelegt werden. Für die übrigen Teilperioden werden lediglich Vorschläge entwickelt, die bei weiteren Informationszugängen noch modifizierbar sind.

Während Produktionspläne die geplanten Primärbedarfe in einer Periode erfassen, liefern Stücklisten Informationen darüber, wie viele Baugruppen und Einzelteile in eine Erzeugniseinheit eingehen. Diese Mengeninformationen werden in der Produktionstheorie als Produktionskoeffizienten bezeichnet. Aggregiert man die Primärbedarfs- und Stücklisteninformationen in der Weise, dass die Primärbedarfsmengen mit den Produktionskoeffizienten multipliziert werden, so erhält man die voraussichtlichen Materialbedarfe für die Betrachtungsperiode.

Es gibt verschiedene Arten von Stücklisten, die im Folgenden übersichtsartig dargestellt und gewürdigt werden sollen. Elementare Form ist die Mengenübersichtsstückliste. Sie ist ein nach einem Schlüsselattribut, etwa der Teilenummer, geordnetes Verzeichnis, aus dem lediglich hervorgeht, wie ein Enderzeugnis mengenmäßig aus Baugruppen und Einzelteilen zusammengesetzt ist. Neben der Bezeichnung des Enderzeugnisses im Stücklistenkopf enthält eine Mengenübersichtsstückliste außerdem als Mindestinformationen die Attribute Teilenummer bzw. Teilebezeichnung sowie den zugehörigen Produktionskoeffizienten. Sie ist daher sehr übersichtlich, liefert aber keinerlei Information über die Produktionsstruktur. So wird zum Beispiel aus der Mengenübersichtsstückliste nicht erkennbar, auf welcher Fertigungsstufe bzw. zu welchem Zeitpunkt ein bestimmtes Teil für die Fertigung des Enderzeugnisses benötigt wird.

Neben dieser analytischen Betrachtungsweise, die angibt, wie sich ein Enderzeugnis zusammensetzt, besteht die reziproke, synthetische Betrachtungsweise darin, dass von einem untergeordneten Teil auf ein übergeordnetes Teil geschlossen wird. Ökonomisch beinhaltet dies die Aussage, welche Teile für welche anderen Teile als Materialien Verwendung finden. Das Ergebnis der synthetischen Betrachtung bezeichnet man als Teileverwendungsnachweis. Neben der Mengenübersichtsstückliste existiert also auch ein Mengenübersichtsteileverwendungsnachweis. Auch hier wird über den zeitlichen Anfall dieser Teile nichts weiter ausgesagt.

Genauere Informationen über die Fertigung werden durch eine Strukturstückliste abgebildet. Außer den Mindestinformationen der Mengenübersichtsstückliste enthält dieser Stücklistentyp Angaben zur Fertigungsstruktur. Analog zur Strukturstückliste existiert wiederum ein Strukturteileverwendungsnachweis.

> **Beispiel: Stücklisten und Teileverwendungsnachweise**
>
> In Abbildung 5.7.4 ist ein Fertigungsprozess in Form eines Fertigungsbaums skizziert. Der Prozess besteht aus drei Fertigungsstufen, wobei zunächst die Einzelteile E1 und E2 zur Baugruppe B2 transformiert werden. Die entsprechenden Produktionskoeffizienten sind an den Kanten des Baums angegeben. Auf der zweiten Fertigungsstufe wird Baugruppe B2 mit Einzelteil E2 weiter zur Baugruppe B1 verarbeitet, während zeitgleich erneut eine Baugruppen-

montage von E1 und E2 zu B2 für einen anderen Verwendungszweck erfolgt. Die letzte Fertigungsstufe, demnach die Endmontage, besteht darin, dass die Baugruppen B1 und B2 mit den Einzelteilen E1 und E2 zu dem Enderzeugnis P verbunden werden.

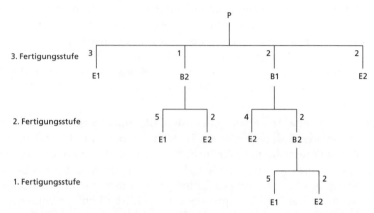

Abbildung 5.7.4: Fertigungsprozess in Form eines Fertigungsbaums

Die Mengenübersichtsstückliste für das Enderzeugnis P ist in Tabelle 5.7.2 wiedergegeben. Insgesamt sind 2 Baugruppen B1, 5 Baugruppen B2, 28 Einzelteile E1 und 20 Einzelteile E2 erforderlich, um eine Erzeugniseinheit P zu fertigen. Auf den verschiedenen Fertigungsstufen treten dabei Teilbedarfe der Baugruppen und Einzelteile auf, die in der Mengenübersichtsstückliste aggregiert sind. Beispielsweise ergibt sich für die Baugruppe B2 ein direkter Bedarf auf der letzten Fertigungsstufe von 1 Mengeneinheit sowie außerdem ein indirekter Bedarf bereits auf der zweiten Fertigungsstufe von 2 Mengeneinheiten für jede Baugruppe B1, demnach also 4 Mengeneinheiten für 1 Mengeneinheit P. Die beiden Teilbedarfe von B2 summieren sich zu 5 Mengeneinheiten.

P	
B1	2
B2	5
E1	28
E2	20

Tabelle 5.7.2: Mengenübersichtsstückliste

Der Mengenübersichtsteileverwendungsnachweis für das Einzelteil E1 wird durch Tabelle 5.7.3 dargestellt. Es werden 28 Einzelteile E1 für eine Produkteinheit P, 10 Einzelteile E1 für eine Baugruppeneinheit B1 sowie 5 Einzelteile E1 für eine Baugruppeneinheit B2 benötigt.

5.7 Ermittlung der Teilebedarfe

E1	
P	28
B1	10
B2	5

Tabelle 5.7.3: Mengenübersichtsverwendungsnachweis

Tabelle 5.7.4 beschreibt die Strukturstückliste. Hierbei ist zu beachten, dass die Produktionskoeffizienten eines untergeordneten Teils sich jeweils auf eine Einheit des direkt übergeordneten Teils beziehen. Für die Bedarfsauflösung sind Strukturstücklisten gut geeignet.

P				
B1		2		
	B2		2	
		E1		5
		E2		2
	E2		4	
B2		1		
	E1		5	
	E2		2	
E1		3		
E2		2		

Tabelle 5.7.4: Strukturstückliste

Der Strukturteileverwendungsnachweis für das Einzelteil E1 ist in Tabelle 5.7.5 dargestellt. Das Einzelteil E1 geht direkt in das Produkt P sowie die Baugruppe B2 in entsprechenden Mengen ein. Indirekt geht es jedoch auch in die Baugruppe B1 sowie wiederum in das Produkt P dadurch ein, dass für B1 sowie P die Baugruppe B2 benötigt wird. Aus dem Strukturteileverwendungsnachweis lässt sich zum Beispiel erkennen, welche Konsequenzen die Nichtverfügbarkeit des Einzelteils E1 für die übrige Teilefertigung besitzt. In einem solchen Fall könnten weder die Baugruppen B1 und B2 noch das Produkt P produziert werden.

E1				
P		3		
B2		5		
	B1		2	
		P		2
	P		1	

Tabelle 5.7.5: Strukturteileverwendungsnachweis

An dem Fertigungsbaum der Abbildung 5.7.4 wird ein Problem deutlich, welches in der Praxis häufig zu beobachten ist. Da die Baugruppe B2 im Fertigungsprozess doppelt verwendet wird, ist der komplette Montageprozess für die Baugruppenfertigung in der Strukturstückliste entsprechend zweimal darzustellen. Insofern entsteht eine Informationsredundanz. Diese Redundanz vermeidet man dadurch, dass die Strukturstückliste in mehrere Einzelstücklisten zerlegt wird. Die Einzelstücklisten heißen auch Baukastenstücklisten. Während Baukastenstücklisten für jedes Teil auftreten, das auf einer Fertigungsstufe wenigstens einmal zum übergeordneten Teil wird, sind Baukastenteileverwendungsnachweise für solche Teile notwendig, die auf mindestens einer Fertigungsstufe zu einem untergeordneten Teil werden. Sowohl Baukastenstücklisten als auch Baukastenverwendungsnachweise verlangen eine recht aufwändige Informationsverkettung. Dagegen erfordern sie weniger Speicherplatz für die Teilestammdaten.

> **Beispiel: Baukastenstücklisten und -verwendungsnachweise**
>
> Tabelle 5.7.6 enthält die für den Fertigungsprozess aus Abbildung 5.7.4 notwendigen Baukastenstücklisten. Dabei wird ersichtlich, dass der Baukasten für Baugruppe B2 lediglich einmal beschrieben werden muss, obwohl der Montageprozess auf zwei Fertigungsstufen vorkommt. Die Baukastenteileverwendungsnachweise sind in Tabelle 5.7.7 wiedergegeben.
>
> | P | |
> |---|---|
> | B1 | 2 |
> | B2 | 1 |
> | E1 | 3 |
> | E2 | 2 |
>
> | B1 | |
> |---|---|
> | B2 | 2 |
> | E2 | 4 |
>
> | B2 | |
> |---|---|
> | E1 | 5 |
> | E2 | 2 |
>
> **Tabelle 5.7.6:** Baukastenstücklisten

E1	
P	3
B2	5

B2	
P	1
B1	2

B1	
P	2

E2	
P	2
B1	4
B2	2

Tabelle 5.7.7: Baukastenteileverwendungsnachweise

Welche Stücklisten- bzw. Teileverwendungsnachweisformen letztlich die geeignete Informationsbasis für die Bedarfsauflösung darstellen, muss hier offen bleiben. Solange die Informationen gleichwertig sind, wie dies etwa bei den Struktur- und Baukastenstücklisten der Fall ist, entscheidet schließlich die interne Datenorganisation über die zweckgerechte Form.

Standardmethoden

Fertigungsstufenverfahren

Die einfachste Form der Bedarfsauflösung besteht in einer Rückrechnung der Teilebedarfe entlang den Fertigungsstufen. Ist der Primärbedarf für das Enderzeugnis bekannt, so ergibt sich mit Hilfe der Produktionskoeffizienten für die Endmontage unmittelbar die benötigte Menge an Sekundärbedarfen für diese letzte Fertigungsstufe. Hierbei ist zu beachten, dass die Sekundärbedarfe wegen der erforderlichen Endmontagezeit gegenüber dem Primärbedarf zeitlich vorverlagert sind. Die zeitliche Differenz zwischen dem Entstehen des Primär- sowie dem Entstehen des Sekundärbedarfs nennt man auch Vorlaufzeit bzw. Vorlauf-

5 Planungszentriertes Operations Management

verschiebung. Sind auf einer Fertigungsstufe Maschinenengpässe vorhanden, so dass mit Wartezeiten gerechnet werden muss, legt man die Vorlaufzeit in aller Regel als durchschnittliche Durchlaufzeit des Auftrags auf dieser Stufe fest.

Sind für ein Teil Bestände bereits am Lager, so müssen diese Bestände von dem berechneten Bruttobedarf in Abzug gebracht werden. Man berechnet für dieses Teil den Nettobedarf. Bei einer retrograden Bedarfsbestimmung ist es jedoch nicht ausgeschlossen, dass für einzelne Teile so genannte Partialbedarfe auf verschiedenen Fertigungsstufen auftreten. Es ist praktisch, dass ein Lagerbestand bei erstmaligem Auftreten eines Partialbedarfs während der Bedarfsermittlung bereits beachtet, d.h. in Abzug gebracht wird. Dadurch ergeben sich Konsequenzen für die weitere Bedarfsauflösung. Die in das betrachtete Teil eingehenden Mengen anderer Teilearten können dementsprechend auch angepasst werden. Tritt für das Teil ein weiterer Partialbedarf auf einer früheren Fertigungsstufe auf (wegen der retrograden Berechnung erkennt man dies erst später), so ist es im Allgemeinen wirtschaftlich, den vorhandenen – jedoch schon verplanten – Lagerbestand bereits zur Deckung dieses Partialbedarfs zu nutzen, um insbesondere die Lagerkosten zu senken. Beim Fertigungsstufenverfahren wird der Grundsatz des frühestmöglichen Verbrauchs so realisiert, dass eine Neuverteilung des Lagerbestands vorgenommen wird. Dieser Umverteilungsprozess kann sich je nach Fertigungsstruktur häufiger wiederholen. Das Fertigungsstufenverfahren ist deshalb rechnerisch sehr aufwändig.

> **Beispiel: Fertigungsstufenverfahren**
>
> Wir wollen den Fertigungsbaum aus Abbildung 5.7.4 um einige weitere Angaben ergänzen. Der Primärbedarf für das Enderzeugnis P beträgt 180 Mengeneinheiten (ME) in Periode 4. Von der Baugruppe B2 liegen zu Planungsbeginn noch 100 ME am Lager. Jeder Fertigungsschritt auf einer der drei Stufen erfordert eine Durchlaufzeit von einer Periode. Tabelle 5.7.8 fasst nun die einzelnen Phasen der Bedarfsauslösung zusammen.
>
> | Periode: | | 1 | 2 | 3 | 4 |
> |---|---|---|---|---|---|
> | **Primärbedarf:** | P | | | | 180 |
> | **Sekundärbedarf:** | | | | | |
> | 3. Fertigungsstufe | B1 | | | 360 | |
> | | B2 | | | 180 | |
> | | | | | -100 | |
> | | | | | 80 | |
> | | E1 | | | 540 | |
> | | E2 | | | 360 | |

Periode:		1	2	3	4
2. Fertigungstufe	E1		400		
	E2		1.440 + 160 1.600		
	B2		720 -100 620	+100	
1. Fertigungsstufe	E1	3.100	500		
	E2	1.240	200		

Tabelle 5.7.8: Phasen der Bedarfsauflösung

Aus dem Primärbedarf für Produktart P resultieren in Periode 3 Sekundärbedarfe in Bezug auf die Baugruppen B1 und B2 sowie die Teile E1 und E2. Bei der Kalkulation dieser Bedarfsmengen werden die Produktionskoeffizienten zugrunde gelegt. Bei Baugruppe B2 wird außerdem der Lagerbestand von 100 ME berücksichtigt, so dass lediglich ein Nettobedarf von 80 Einheiten verbleibt. Die Partialbedarfe auf der zweiten Fertigungsstufe ergeben sich aus den Bedarfen der dritten Fertigungsstufe. Dabei ist zu beachten, dass für das Einzelteil E2 zwei Partialbedarfe auf dieser Fertigungsstufe auftreten, die aus der Montage der beiden Baugruppen B1 und B2 resultieren. Zur Berechnung des Bedarfs von Baugruppe B2 ist außerdem die Umverteilung des Lagerbestands vorzunehmen. Die bereits eingeplanten 100 ME auf der dritten Fertigungsstufe werden zugunsten einer Verwendung des Lagerbestands auf der zweiten Stufe rückgerechnet. Auf der ersten Fertigungsstufe ergeben sich weitere Partialbedarfe für die Einzelteile E1 und E2.

Dispositionsstufenverfahren

Die aufwändigen Berechnungen nach dem Fertigungsstufenverfahren können abgekürzt werden, wenn nicht immer Partialbedarfe stufenweise ermittelt werden müssen, sondern die Berechnung der Nettobedarfe für ein Teil auf einen Schlag erfolgt. Dafür werden so genannte Dispositionsstufen eingerichtet. Eine Dispositionsstufe besagt, dass ein Teil genau dort disponiert wird, wo es logisch zum letzten Mal bzw. zeitlich zum ersten Mal auftritt. Nebenbei besitzt das Dispositionsstufenverfahren den Vorteil, dass Lagerbestände im retrograden Bedarfsermittlungsprozess nicht ständig umverteilt werden müssen.

Beispiel: Dispositionsstufenverfahren

Abbildung 5.7.5 zeigt einen Fertigungsbaum, in dem die Einzelteile und Baugruppen bereits nach ihrem erstmaligen Auftreten geordnet sind. Nach der Idee des Dispositionsstufenverfahrens wird auf der ersten Dispositionsstufe lediglich die Baugruppe B1 disponiert. Auf der zweiten Dispositionsstufe folgt dann die Bedarfsermittlung für Baugruppe B2, während die dritte Dispositionsstufe für die Disposition der Teile E1 und E2 verbleibt. Die längeren Kanten in diesem Fertigungsbaum besagen nicht, dass die Vorlaufzeiten verschieden sind. Alle Vorlaufzeiten betragen nach wie vor eine Periode. Dies betrifft beispielsweise auch das Einzelteil E2, welches direkt in das Enderzeugnis P eingeht (rechte Kante des Baums). Obwohl der entstehende Teilebedarf auf der dritten Dispositionsstufe kalkuliert wird, muss die entsprechende Menge erst zur Endmontage von P bereitgestellt werden.

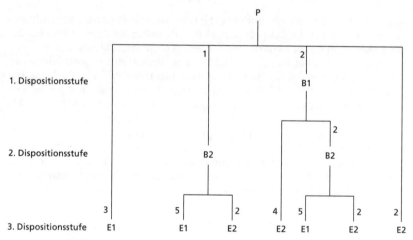

Abbildung 5.7.5: Fertigungsbaum mit Dispositionsstufen

Der Ablauf des Dispositionsstufenverfahrens ist in Tabelle 5.7.9 dargestellt. Im Vergleich zu Tabelle 5.7.8 sind die einfacheren Rechengänge auffällig. Die Ergebnisse sind in beiden Fällen identisch.

5.7 Ermittlung der Teilebedarfe

Periode:		1	2	3	4
Primärbedarf:	P				180
Sekundärbedarf:					
1. Dispositionsstufe	B1			360	
2. Dispositionsstufe	B2		720 −100 620	180	
3. Dispositionsstufe	E1 E2	3.100 1.240	900 360 +1.440 1.800	540 360	

Tabelle 5.7.9: Phasen der Bedarfsauflösung

GOZINTO-Methode

Eine Standardmethode zur Bedarfsauflösung ist die GOZINTO-Methode (VAZSONYI 1962). Bei ihrer Bezeichnung handelt es sich um einen Phantasienamen. Ausgangspunkt ist wiederum die Darstellung der Fertigungsstruktur als Fertigungsbaum. In den Baumdarstellungen der Abbildungen 5.7.4 und 5.7.5 treten mehrfache Wiederholungen durch die Abbildung derselben Einzelteile und Baugruppen auf. Dies lässt sich dadurch vermeiden, dass die Knoten eines Fertigungsbaums geschickt miteinander verbunden werden. Das Resultat ist der so genannte GOZINTO-Graph. Für das Beispiel aus Abbildung 5.7.4 ist der GOZINTO-Graph in Abbildung 5.7.6 entsprechend angepasst worden.

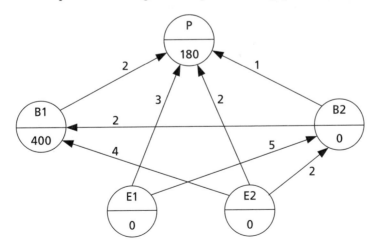

Abbildung 5.7.6: GOZINTO-Graph

5 Planungszentriertes Operations Management

Jedes Teil kommt in einem GOZINTO-Graphen nur noch einmal vor. Allerdings sind die Knoten des Graphen mehrfach untereinander verbunden. Ein von einem Knoten ausgehender Pfeil kennzeichnet, dass es sich bei dem betrachteten Teil um einen Input in Bezug auf die Fertigung eines anderen Teils handelt. Die an den Pfeilen notierten Zahlen stellen die Produktionskoeffizienten dar. Im oberen Teil der Knoten werden die Teile näher bezeichnet; im unteren Teil sind die zu erfüllenden Primärbedarfe notiert.

Zur Auflösung des GOZINTO-Graphen wird das Schema verwendet, das in Tabelle 5.7.10 beispielhaft beschrieben ist. Der GOZINTO-Graph wird dazu schrittweise um die bereits bearbeiteten Knoten und Pfeile reduziert. Bei der Auflösung entsprechend dem Schema ist zu beachten, dass in einem Schritt stets nur solche Knoten analysiert werden können, die Eingangs-, aber keine Ausgangspfeile in dem reduzierten Graphen besitzen. Auf die Berücksichtigung von Vorlaufzeiten sowie Lagerbeständen ist in diesem Schema verzichtet worden. Zur Vereinfachung sind die Güterarten außerdem fortlaufend nummeriert, d. h. P = 1 usw.

Die Berechnungen verlaufen dann folgendermaßen: Für eine Güterart i werden zunächst der Primärbedarf p_i und der Sekundärbedarf s_i addiert. Anschließend werden die Vorgängerknoten j ermittelt, von denen die Güterart i Vorleistungen erhält. Multipliziert man den Gesamtbedarf von i mit dem entsprechenden Produktionskoeffizienten a_{ji}, so ergeben sich die Sekundärbedarfe s_j (i) der Güterart j in Bezug auf die für Güterart i zu erbringenden Leistungen. Die letzte Spalte des Schemas enthält die kumulierten Sekundärbedarfe, soweit sie bisher ermittelt worden sind.

Sobald die beschriebenen Schritte für eine Güterart erledigt sind, werden die betrachteten Kanten aus dem GOZINTO-Graphen eliminiert. Anschließend wird dieselbe Prozedur für einen weiteren Knoten vorgenommen, der nunmehr „freigegeben" ist, also nur noch eingehende Pfeile besitzt. Dazu wird neben dem Primärbedarf der bisher für die entsprechende Güterart ermittelte kumulierte Sekundärbedarf aus dem bereits ausgefüllten Teil des Schemas übertragen.

> **Beispiel: GOZINTO-Methode**
>
> Wir betrachten die Fertigungsstruktur, die Abbildung 5.7.4 zugrunde liegt. Es existieren Primärbedarfe für Produkt P sowie für Baugruppe B. Beim Primärbedarf für die Baugruppe B1 handelt es sich um Ersatzteile, die nicht in das Endprodukt eingehen, sondern unmittelbar für den Markt bestimmt sind. Der Gesamtbedarf für die Baugruppe B1 setzt sich also aus dem Primär- sowie dem Sekundärbedarf zusammen.

5.7 Ermittlung der Teilebedarfe

Güterart	Primärbedarf	Sekundärbedarf	Gesamtbedarf	Vorgängerknoten	Produktionskoeffizient	partieller Sekundärbedarf	kumulierter partieller Sekundärbedarf
i	p_i	s_i	p_i+s_i	j	a_{ji}	$s_j(i)$	$\Sigma_i s_j(i)$
1(=P)	180	-	180	2	2	360	360
				3	1	180	180
				4	3	540	540
				5	2	360	360
2(=B1)	400	360	760	3	2	1.520	1.700
				5	4	3.040	3.400
3(=B2)	0	1.700	1.700	4	5	8.500	9.040
				5	2	3.400	6.800
4(=E1)	0	9.040	9.040	-	-	-	-
5(=E2)	0	6.800	6.800	-	-	-	-

Tabelle 5.7.10: Lösungsschema der GOZINTO-Methode

Für den Beginn der Bedarfsauflösung wird der Knoten für das Enderzeugnis P ausgewählt, da er als einziger nur eingehende Pfeile besitzt. Nachdem die Berechnungen im obersten Tabellenteil durchgeführt worden sind, werden sie für die Güterart 2, d. h. Baugruppe B2, fortgeführt. Der ermittelte Sekundärbedarf beträgt 360 ME (vgl. die erste Zeile des Schemas). Der Gesamtbedarf liegt damit bei 760 ME. Die weiteren Verfahrensschritte sind Tabelle 5.7.10 zu entnehmen.

Eine Weiterführung der Methode des GOZINTO-Graphen besteht darin, dass die produktiven Beziehungen zwischen den einzelnen Teilen in Form eines linearen Gleichungssystems notiert werden. Im Beispielfall der Abbildung 5.7.6 lauten die einzelnen Gleichungen für die Bestimmung der Gesamtbedarfsmengen x_i, i = 1, ..., 5:

$$x_1 = 180 \tag{5.7.16}$$

$$x_2 = 2x_1 + 400 \tag{5.7.17}$$

$x_3 = 1x_1 + 2x_2 + 0$ (5.7.18)

$x_4 = 3x_1 + 5x_3 + 0$ (5.7.19)

$x_5 = 2x_1 + 4x_2 + 2x_3 + 0.$ (5.7.20)

Gleichungssysteme dieser Art sind grundsätzlich lösbar. Die besondere Qualität dieses Verfahrens liegt jedoch darin begründet, dass nunmehr auch Zyklen in den produktiven Beziehungen berücksichtigt werden können. Ein Zyklus liegt dann vor, wenn der GOZINTO-Graph keinen Startpunkt besitzt, d.h. kein Knoten existiert, der nur Eingangspfeile hat. Betriebswirtschaftlich sind solche Strukturen dann relevant, wenn ein geschlossener Kreislauf existiert. Dieser Fall kann eintreten, wenn die Abgabe von unerwünschten Produkten an die Umwelt untersagt ist oder aus anderen Gründen vermieden werden soll. Abfälle sind dann im Produktionsprozess wieder zu verwerten, etwa durch Recycling.

> **Beispiel: Bedarfsauflösung in einer Kreislaufwirtschaft**
>
> Um die Leistungsfähigkeit des Gleichungsverfahrens zu demonstrieren, soll die in Abbildung 5.7.6 beschriebene Fertigungsstruktur erweitert werden. Zur Herstellung einer Mengeneinheit von Güterart B2 werden zusätzlich 0,1 Mengeneinheiten des Gutes P benötigt werden. Bei P kann es sich beispielsweise um Strom handeln, bei B2 um Wasserdampf. Wasserdampf wird benötigt, um Turbinen anzutreiben und damit Strom zu erzeugen. Zur Produktion des Wasserdampfs wird aber auch selbst erzeugter Strom bereitgestellt.
>
>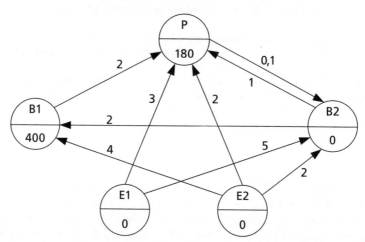
>
> Abbildung 5.7.7: Erweiterter GOZINTO-Graph
>
> Die erweiterte Problemstruktur ist in Abbildung 5.7.7 wiedergegeben. Das Gleichungssystem (5.7.16) bis (5.7.20) bleibt bis auf die Gleichung (5.7.16) unverändert. An ihre Stelle tritt Gleichung

$x_1 = 0,1 x_3 + 180$.

In Vektor- bzw. Matrix-Schreibweise ergibt sich die Darstellung

$$\begin{pmatrix} x_1 \\ x_2 \\ x_3 \\ x_4 \\ x_5 \end{pmatrix} = \begin{pmatrix} 0 & 0 & 0,1 & 0 & 0 \\ 2 & 0 & 0 & 0 & 0 \\ 1 & 2 & 0 & 0 & 0 \\ 3 & 0 & 5 & 0 & 0 \\ 2 & 4 & 2 & 0 & 0 \end{pmatrix} \begin{pmatrix} x_1 \\ x_2 \\ x_3 \\ x_4 \\ x_5 \end{pmatrix} + \begin{pmatrix} 180 \\ 400 \\ 0 \\ 0 \\ 0 \end{pmatrix}$$

bzw. in allgemeiner Form

$x = Ax + p$.

x wird als Gesamtbedarfsvektor, p als Primärbedarfsvektor und A als Direktbedarfsmatrix bezeichnet. Als Direktbedarf gilt jeder Teilebedarf, der unmittelbar durch ein übergeordnetes Teil ausgelöst wird. Durch Umformung erhalten wir über

$x - Ax = p$

bzw.

$(E - A)x = p$

bzw.

$x = (E - A)^{-1} p$

auf direktem Weg die Gesamtbedarfsmatrix

$$(E - A)^{-1} = \begin{pmatrix} 2 & 0,4 & 0,2 & 0 & 0 \\ 4 & 1,8 & 0,4 & 0 & 0 \\ 10 & 4 & 2 & 0 & 0 \\ 56 & 21,2 & 10,6 & 1 & 0 \\ 40 & 16 & 6 & 0 & 1 \end{pmatrix}.$$

Dabei symbolisiert E die Einheitsmatrix.

In der Gesamtbedarfsmatrix sind spaltenweise die Gesamtbedarfe aller Einzelteile und Baugruppen für die Produktion einer Einheit des Teils erfasst, welches durch die Spalte gekennzeichnet ist. Dabei wird die „Einheit" durch die jeweilige Mengenangabe in dem Diagonalelement der betreffenden Spalte definiert. Betrachten wir die erste Spalte der Matrix, so bedeutet dies, dass für zwei Mengeneinheiten des Produkts P 4 Teile B1, 10 Teile B2, 56 Teile E1 sowie 40 Teile E2 benötigt werden.

Die Gesamtbedarfsmatrix lässt sich spaltenweise auch als Zusammenfassung der einzelnen Mengenübersichtsstücklisten erklären. Zeilenweise ergeben sich die Teileverwendungsnachweise. Aus der vierten Zeile erhält man etwa den Teileverwendungsnachweis für das Teil E1: Dieses Teil findet 56 mal Verwendung für jede Einheit P, 21,2 mal für jede Einheit B1 sowie 10,6 mal für jede Einheit B2.

Die einfache Multiplikation der Gesamtbedarfsmatrix mit dem Primärbedarfsvektor p führt schließlich zur Bedarfsauflösung:

$$x = \begin{pmatrix} 2 & 0{,}4 & 0{,}2 & 0 & 0 \\ 4 & 1{,}8 & 0{,}4 & 0 & 0 \\ 10 & 4 & 2 & 0 & 0 \\ 56 & 21{,}2 & 10{,}6 & 1 & 0 \\ 40 & 16 & 6 & 0 & 1 \end{pmatrix} \begin{pmatrix} 180 \\ 400 \\ 0 \\ 0 \\ 0 \end{pmatrix} = \begin{pmatrix} 520 \\ 1.440 \\ 3.400 \\ 18.560 \\ 13.600 \end{pmatrix}.$$

Die erste Zeile des Gesamtbedarfsvektors x weist darauf hin, dass von Produktart P neben dem Primärbedarf von 180 Mengeneinheiten außerdem ein Sekundärbedarf in Höhe von 340 Mengeneinheiten besteht, um die Herstellung von B2 zu ermöglichen. Die übrigen Zeilen sind analog zu interpretieren.

Die Besonderheit einer Bedarfsauflösung durch Lösung eines Gleichungssystems rührt daher, dass die Bedarfe für alle Teile simultan bestimmt werden. Nachdem das Gleichungssystem formuliert worden ist, laufen die weiteren Rechenschritte EDV-gestützt ohne Eingriff des Disponenten ab. Ob dies erwünscht ist, muss im Einzelfall geklärt werden. Das Verfahren ist auf jeden Fall dann in Betracht zu ziehen, wenn der retrograde Lösungsprozess versagt, weil zum Beispiel Endprodukteinheiten wieder recycelt werden, d. h. als Eingangsstoffe erneut Verwendung finden.

Bedarfsermittlung bei unvollkommener Information

Nicht immer sind die Primärbedarfe der einzelnen Güterarten sicher bekannt. So muss zum Beispiel bei Auftragsfertigung mit kurzfristigen Eingängen oder Stornierungen gerechnet werden, die in ihrer genauen Größe zum Zeitpunkt der Planung noch nicht berücksichtigt werden konnten. Oder es treten Kapazitätseffekte auf, etwa Maschinenausfälle, die den geplanten Periodenbedarf ebenfalls ungeplant beeinträchtigen. Sichere Bedarfsinformationen sind zum Teil gar nicht, zum Teil aber auch nur mit extrem hohem Aufwand zu erhalten. Aus diesen Gründen verzichtet man oft auf derart exakte Informationen und passt den Planungsansatz geeignet an.

Die erste Alternative besteht in einer Prognose des Primärbedarfs. So kann der Erwartungswert dieses Bedarfs bestimmt und dabei auch der erwartete Trendbedarf mit berücksichtigt werden. Auf der Grundlage dieser Bedarfsprognose lassen sich dann die erwarteten Sekundärbedarfe mit Hilfe der oben vorgestellten Standardmethoden entwickeln. Allerdings ist diese Vorgehensweise im Allgemeinen äußerst anfällig gegenüber Bedarfsschwankungen. Um auch bei Abweichungen des Primärbedarfs vom Erwartungswert die Produktion aufrecht erhalten zu können, müssen für die Einzelteile und Baugruppen hohe Sicherheitsbestände auf Lager genommen werden. Die durchschnittlichen Lagerbestände steigen bei dieser vereinfachten Verfahrensweise somit ebenfalls stark an. Dies führt im Allgemeinen zu Unwirtschaftlichkeiten.

Eine andere Möglichkeit der Bedarfsermittlung bei Unsicherheit besteht deshalb darin, die Sekundärbedarfe der Teile mit Hilfe der verbrauchsorientierten Bedarfsermittlung direkt zu prognostizieren. Damit werden für alle Materialien unabhängige Lageraufträge erteilt. Auf die Ungenauigkeit eines solchen Vorgehens wurde bereits im Zusammenhang mit der Lagerhaltung hochwertiger A-Güter hingewiesen. Es entstehen vermeidbare Lagerkosten.

Eine dritte Alternative bietet sich, wenn für die Primärbedarfe eine Verteilungs- bzw. Dichtefunktion bekannt ist. Hieraus lassen sich dann die Wahrscheinlichkeitsverteilungen für alle Sekundärbedarfsarten ableiten. Einerseits werden die vorliegenden Bedarfsinformationen damit bestmöglich genutzt. Andererseits unterliegt der Disponent bei diesem Vorgehen nicht von vornherein dem Trugschluss, aus einer ungenauen (Primärbedarfs-)Information eine genaue (Sekundärbedarfs-)Information erhalten zu können. Welche Schlüsse aus den Sekundärbedarfsverteilungen gezogen werden, bleibt ihm jedoch letztendlich immer überlassen.

> **Beispiel: Sekundärbedarfsplanung bei stochastisch verteilten Primärbedarfen**
>
> Für die Güterarten der in Abbildung 5.7.8 dargestellten Fertigungsstruktur werden Zufallsgrößen X_1, X_2, X_3 und X_4 gebildet. Diese Zufallsgrößen beschreiben die stochastischen Bedarfe der einzelnen Güterarten. Für den Primärbedarf des Endprodukts 1 ist die Dichtefunktion
>
> $$P(X_1 = x_1) = \begin{cases} \dfrac{1}{4} & \text{für } x_1 = 1,2,3,4 \\ 0 & \text{sonst} \end{cases}$$
>
> ermittelt worden. Für die Baugruppe 2 wird angenommen, dass der Primärbedarf mit gleicher Wahrscheinlichkeit entweder 2 oder 3 Mengeneinheiten (ME) beträgt. Unter Beachtung dieser Primärbedarfsinformationen erhalten wir für die Bedarfszufallsgrößen X_2, X_3 und X_4 die Wahrscheinlichkeitsverteilungen
>
> $$P(X_2 = x_2) = \begin{cases} \dfrac{1}{8} & \text{für } x_2 = 3 \\ \dfrac{1}{4} & \text{für } x_2 = 4,5,6 \\ \dfrac{1}{8} & \text{für } x_2 = 7 \\ 0 & \text{sonst} \end{cases}$$
>
> $$P(X_3 = x_3) = \begin{cases} \dfrac{1}{8} & \text{für } x_3 = 5,6,8,9,11,12,14,15 \\ 0 & \text{sonst} \end{cases}$$

$$P(X_4 = x_4) = \begin{cases} \frac{1}{8} \text{ für } x_4 = 6 \\ \frac{1}{4} \text{ für } x_4 = 8,10,12 \\ \frac{1}{8} \text{ für } x_4 = 14 \\ 0 \text{ sonst} \end{cases}$$

der jeweiligen Gesamtbedarfe. Die hierbei zugrunde liegenden Gesamtbedarfswerte sind in Tabelle 5.7.11 erläutert.

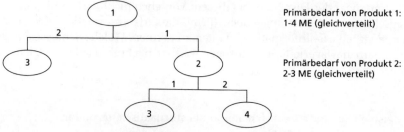

Abbildung 5.7.8: Fertigungsbaum

Strebt das Unternehmen einen Servicegrad von 80 % an, so können wir aus den Dichtefunktionen die Bedarfswerte

$x_1^* = 4$

$x_2^* = 6$

$x_3^* = 14$

$x_4^* = 12$

ermitteln, die diesen Servicegrad gewährleisten. Die Abweichungen dieser Werte von den Erwartungswerten, welche ebenfalls aus den Dichtefunktionen berechnet werden können, sind auch als Sicherheitsbestände interpretierbar.

	x_2		x_3		x_4	
	$p_2=2$	$p_2=3$	$p_2=2$	$p_2=3$	$p_2=2$	$p_2=3$
$p_1=1$	1·1+2=3	1·1+3=4	2·1+1·3=5	2·1+1·4=6	2·3=6	2·4=8
$p_1=2$	1·2+2=4	1·2+3=5	2·2+1·4=8	2·2+1·5=9	2·4=8	2·5=10
$p_1=3$	1·3+2=5	1·3+3=6	2·3+1·5=11	2·3+1·6=12	2·5=10	2·6=12
$p_1=4$	1·4+2=6	1·4+3=7	2·4+1·6=14	2·4+1·7=15	2·6=12	2·7=14

Tabelle 5.7.11: Berechnung der Gesamtbedarfsverteilungen auf der Basis der Primärbedarfsverteilungen

Werden die Informationen hingegen bereits auf der Ebene der Primärbedarfe verdichtet, d.h. werden keine Wahrscheinlichkeitsverteilungen für die Sekundärbedarfe zur Informationsauswertung herangezogen, so entsteht ein systematischer Fehler der folgenden Art: Für einen 100 %igen Servicegrad mit Primärbedarfen 4 (Endprodukt) bzw. 3 (Baugruppe 2) ergeben sich die Gesamtbedarfe $x_1 = 4$, $x_2 = 7$, $x_3 = 15$ sowie $x_4 = 14$ durch klassische Bedarfsauflösung. Bei gleichverteilten Bedarfen folgen daraus für einen 80 %igen Servicegrad die Gesamtbedarfe

$$x_1^* = [0{,}8 \cdot 4] = 4$$

$$x_2^* = [0{,}8 \cdot 7] = 6$$

$$x_3^* = [0{,}8 \cdot 15] = 12$$

$$x_4^* = [0{,}8 \cdot 14] = 12.$$

[z] symbolisiert dabei die nach z nächstgrößere ganze Zahl. Vergleichen wir nun exemplarisch die Gesamtbedarfswerte für Teil 3, die auf zweierlei Weise berechnet worden sind, so wird der Fehler sichtbar.

5.7.4 Zusammenfassung

Wie in Unterkapitel 5.7 gezeigt wurde, ist das Problem der Ermittlung der Bedarfsmengen von Teilen, die im Produktionsprozess eingesetzt werden, vor allem auch ein Informationsproblem. Solange auf vollkommene Informationen bei der Bedarfsfeststellung verzichtet wird und lediglich Bedarfsprognosen erstellt werden, kommen Planungsverfahren zum Einsatz, die Gegenstand der Erörterungen in Abschnitt 5.7.2 waren. Zur Abbildung möglichst realistischer Bedarfsverläufe wurden drei Modelle erörtert: Das horizontale Modell, das Modell eines linearen Bedarfstrends sowie das Modell von saisonalen Bedarfsschwankungen. Unabhängig von der weiteren Datenbasis muss der Anwender über ausreichende Informationen verfügen, damit er bei seiner Bedarfsplanung auf das richtige Modell zugreift. Ob er darüber hinaus für das ausgewählte Modell ein passendes Verfahren findet, mit dem die Prognosen durchgeführt werden, hängt wesentlich von der weiteren Informationsbasis ab, über die er verfügt. Die präsentierten Verfahren unterscheiden sich in dieser Hinsicht ganz wesentlich. So kommt der Verfahrenstyp der exponentiellen Glättung im Allgemeinen mit einer sehr viel schmaleren Datenbasis aus als andere Verfahren der Durchschnittsbildung. Über die Qualität einzelner Verfahren entscheidet jedoch letztlich der Prognosefehler, der auf verschiedene Art und Weise gemessen werden kann. Die einzelnen Verfahren bieten dabei die Möglichkeit, die Prognosequalität über die Wahl von Stellgrößen – wie beispielsweise Glättungsparameter – zu verbessern. In Abschnitt 5.7.3 wurde die programmorientierte Bedarfsermittlung erörtert, der ein anderes Informationsproblem zugrunde liegt. Durch geschickte Organisation müssen die benötigten

Daten, die in Form des Produktionsprogramms sowie von Stücklisten vorliegen, in den Planungsprozess eingebunden werden, damit sie zur richtigen Zeit an der richtigen Stelle verfügbar sind. Die Planung besteht grundsätzlich in einer systematischen Bedarfsauflösung, bei der stufenweise Sekundärbedarfe aus den vorliegenden Primärbedarfen hergeleitet werden. Hierbei handelt es sich um eine zukunftsorientierte Planung, so dass Planungsfehler nicht zu erwarten sind. Allerdings ist mit einzelnen Planungsverfahren ein gegenüber den Prognosemethoden erhöhter Aufwand verbunden. Ein besonderes Problem tritt bei der programmgebundenen Sichtweise dann auf, wenn die zukünftigen Aufträge zum Planungszeitpunkt noch nicht vollständig bekannt sind. Unter bestimmten Umständen kann dann mit stochastischen Bedarfsgrößen geplant werden. Die resultierenden Planungsergebnisse lassen sich jedoch allenfalls als statistisch abgesicherte Richtgrößen interpretieren. Ein wichtiges Fazit der in diesem Unterkapitel erörterten Informationsprobleme bei der Bedarfsplanung besteht darin, dass stets zwischen der Genauigkeit der Bedarfsplanung und dem damit verbundenen Aufwand abzuwägen ist. Ist der Informationsaufwand beträchtlich, so bietet sich die Möglichkeit, auf Detailinformationen zu verzichten und die unsicheren Bedarfsschätzungen um Sicherheitsfaktoren zu erhöhen. Die Entscheidung hierüber liegt stets beim Disponenten.

5.7.5 Fragen zur Wiederholung

1. Wann ist es zweckmäßig, Materialbedarfe verbrauchsorientiert oder programmorientiert zu ermitteln? Nennen Sie Beispiele.
2. Welche Bedeutung hat die Wahl des Glättungsfaktors bei dem Prognoseverfahren der exponentiellen Glättung erster Ordnung?
3. Auf welche Weise können lineare Trends bei der Bedarfsermittlung im Rahmen von Glättungsverfahren berücksichtigt werden?
4. Wie lässt sich der Einfluss von Saisonschwankungen auf Bedarfsprognosen formal darstellen?
5. Welche Möglichkeiten der Stücklistendarstellung gibt es? Wie sind die verschiedenen Darstellungsformen gegeneinander abzugrenzen?
6. Bei welchen typischen Fragestellungen sollten Disponenten auf Teileverwendungsnachweise statt Stücklisten zugreifen? Formulieren Sie Beispiele.
7. Warum ist die Anwendung des Fertigungsstufenverfahrens umständlich und aufwändig, wenn bei der Nettobedarfsermittlung vorhandene Lagerbestände zu beachten sind?
8. Was versteht man unter einer Dispositionsstufe?
9. Wieso ist die GOZINTO-Methode vor allem dann leistungsfähiger, wenn Güter recycelbar sind?
10. Wie können Bedarfsunsicherheiten bei der Bedarfsermittlung berücksichtigt werden?

5.7.6 Aufgaben zur Übung

Aufgabe 1

Ein Unternehmen versucht seine Bestellpolitik zu optimieren. Grundlage hierfür ist das Nachfrageverhalten in der Vergangenheit. Bezüglich des Produkts A wurden von dem Unternehmen in der Vergangenheit folgende Lagerabgangsmengen (B_{At}, Lagerabgang des Guts A in Periode t) erfasst:

$B_{A1} = 32$, $B_{A2} = 34$, $B_{A3} = 30$, $B_{A4} = 28$ und $B_{A5} = 30$.

Bestimmen Sie den erwarteten Verbrauch des Produkts A für Periode 6 mit Hilfe der exponentiellen Glättung erster Ordnung. Der einfach geglättete Prognosewert für die erste Periode (B_{A1}^*) entspricht dem Bedarf der ersten Periode (B_{A1}). Für den Glättungsfaktor gilt $\alpha = 0{,}6$.

Aufgabe 2

In einem Unternehmen wird ein Endprodukt X hergestellt. Für die Montage dieses Produkts werden verschiedene Baugruppen (B1, B2) sowie Einzelteile (E1, E2, E3) benötigt. Dabei beträgt der Zeitbedarf für die Montage auf jeder Fertigungsstufe eine Periode. Die benötigten Mengen der Baugruppen und Einzelteile sind aus den folgenden Baukastenstücklisten ersichtlich.

X	
B1	2
B2	3
B3	6

B1	
E1	2
E2	3

B2	
B1	4
E1	4
E2	5
E3	1

Für das Endprodukt und für die Baugruppen fallen in der letzten Periode folgende Primärbedarfe an: X = 250 Stück, B1 = 200 Stück, B2 = 100 Stück. Von Faktor E1 sind noch 100 Stück im Lager vorhanden.

Stellen Sie den Fertigungsprozess mit Hilfe eines Fertigungsbaums dar.

Berechnen Sie die Gesamtbedarfe der einzelnen Teile mit Hilfe des Fertigungsstufenverfahrens.

Aufgabe 3

In einem Unternehmen werden zwei Produkte P1 und P2 hergestellt. Dabei werden für eine Einheit des Produkts P1 zwei Einheiten des Zwischenprodukts Z1 benötigt. Für das Teil Z1 werden zwei Teile Z3 benötigt. Das Produkt P2 setzt sich aus jeweils einem Teil Z1 und einem Teil Z2 zusammen. Um das Teil Z2 zu fertigen, werden jeweils vier Teile Z3 und zwei Teile Z1 benötigt.

5 Planungszentriertes Operations Management

In der betrachteten Periode existieren Primärbedarfe von 100 Stück von Produkt P1, 80 Stück von Produkt P2, 10 Stück von Teil Z1 und 200 Stück von Teil Z2. Für das Teil Z3 besteht kein Primärbedarf.

Die Lagerverwaltung bittet außerdem um die Berücksichtigung folgender Bestandsanpassung: Der Bestand des Zwischenprodukts Z1 soll um 100 Stück erhöht werden. Von Zwischenprodukt Z2 stehen hingegen zwecks Lagerabbau zusätzlich 120 Einheiten aus dem derzeitigen Lagerbestand für die Produktion zur Verfügung.

Zeichnen Sie den zu diesem Produktionsprozess gehörenden GOZINTO-Graphen.

Berechnen Sie die Gesamtbedarfe der einzelnen End- und Zwischenprodukte.

Wie lauten die Direktbedarfsmatrix und die Gesamtbedarfsmatrix? Was geben die Zeilen und Spalten dieser Matrizen an?

Aufgabe 4

Das Unternehmen DS-Enterprises erzeugt in seinem eigenen Kraftwerk in einem mehrstufigen Verfahren Prozesswärme, die es zur Herstellung seiner Produkte verwendet. Unter Einsatz von entsalztem Wasser und schwerem Heizöl wird zunächst in zwei Kesseln 64 Bar-Dampf und 32 Bar-Dampf hergestellt. Dabei sind für die Produktion der 32 Bar-Dämpfe auch 64 Bar-Dampf und Prozesswärme notwendig. Die Prozesswärme entsteht durch Mischung der beiden Dampfqualitäten.

Für die Erzeugung einer Tonne des 64 Bar-Dampfs benötigt man eine Tonne entsalztes Wasser und zehn Liter schweres Heizöl. Pro Tonne des 32 Bar-Dampfs werden eineinhalb Tonnen entsalztes Wasser, zwanzig Liter schweres Heizöl, eine halbe Tonne 64 Bar-Dampf sowie eine zehntel Tonne Prozesswärme eingesetzt. Das Mischverhältnis pro Tonne Prozesswärme beträgt drei Tonnen 32 Bar-Dampf und zwei Tonnen 64 Bar-Dampf.

Stellen Sie den Produktionsprozess in Form eines GOZINTO-Graphen dar.

Stellen Sie den Ansatz zur Lösung des oben beschriebenen Bedarfsermittlungsproblems in Form eines linearen Gleichungssystems dar. Bestimmen und erläutern Sie die entsprechende Direktbedarfsmatrix. Legen Sie dar, wie man von der Direktbedarfsmatrix zur Gesamtbedarfsmatrix gelangt.

5.7.7 Literaturempfehlungen zur Vertiefung

BICHLER, K./KROHN R./RIEDEL, G./SCHÖPPACH, F. (2010): Beschaffungs- und Lagerwirtschaft – Praxisorientierte Darstellung mit Aufgaben und Lösungen. 9. Auflage, Gabler, Wiesbaden

TEMPELMEIER, H. (2008): Material-Logistik – Modelle und Algorithmen für die Produktionsplanung und -steuerung in Advanced-Planning-Systemen. 7. Auflage, Springer, Berlin u. a.

THONEMANN, U. (2010): Operations Management. 2. Auflage, Pearson, München

5.8 Beschaffungsmarketing

5.8.1 Einführung

Gegenstand dieses Unterkapitels sind operative Maßnahmen zur Vorbereitung des Marktauftritts eines Unternehmens auf den Beschaffungsmärkten. Im Anschluss an die Bedarfsplanung ist nämlich zu entscheiden, welche Teilebedarfe auf welche Weise über Märkte befriedigt werden. Hierbei sind die Ziele zu beachten, die in Abschnitt 3.2.4 für das Beschaffungssystem hergeleitet und erörtert wurden. Im Fokus von Abschnitt 5.8.2 steht die Überlegung, in welchem Umfang eine Beschaffung über Märkte vorgenommen werden soll und welche Kriterien im Einzelnen für diese Entscheidung ausschlaggebend sind. Auch wenn die Entscheidung prinzipiell zugunsten einer Fremdbeschaffung gefallen ist, so kann es weiterhin offen bleiben, bei welchem Lieferanten zu bestellen ist. Grundsätzlich kommen für die einzelnen Materialien jeweils mehrere Lieferanten in Frage. Das hat auch die Bewandtnis, dass bei Ausfall eines Lieferanten auf einen anderen zugegriffen werden kann. Die allgemein relevanten Kriterien, wie zum Beispiel der Lieferpreis, die Konditionen, die Zuverlässigkeit in puncto Qualität, Liefertermin und Liefermenge, die Erfahrung des Lieferanten, sein Kundendienst und die geographische Lage, sollten in einer umfassenden Lieferantendatei erfasst sein. Für jeden Lieferanten ist ein entsprechender Stammsatz mit den wichtigsten Daten anzulegen. Wenn nun eine Bestellung für ein Material aufzugeben ist, so sollte anhand dieser Daten eine objektive, transparente und EDV-gestützte Bewertung zu vollziehen sein. In Abschnitt 5.8.3 werden einfache und aufwändigere Verfahren der Lieferantenauswahl und Lieferantenbewertung präsentiert. Neben der Kriterienauswahl spielen dabei auch die Anforderungen an den Disponenten eine zentrale Rolle. Er muss in der Lage sein, sein Urteil in der von den einzelnen Verfahren geforderten Schärfe zu formulieren. Abschnitt 5.8.4 liefert eine Zusammenfassung der wichtigsten Erkenntnisse.

5.8.2 Eigenfertigung oder Fremdbezug

Um das Ziel einer kostengünstigen Beschaffung zu erfüllen, müssen die Fremdbezugs- sowie die Eigenfertigungskosten miteinander verglichen werden. Die Fremdbezugskosten setzen sich aus dem Einstandspreis – d.h. dem Einkaufspreis abzüglich Skonti und Rabatten zuzüglich der Bezugskosten – und den Bestellkosten zusammen. Die Kosten der Eigenfertigung erhält man, indem man die Materialkosten mit den Fertigungskosten addiert. Auch hierbei sind die Materialkosten um Skonti und Rabatte zu bereinigen. Zu prüfen ist, in welchem Umfang Materialgemein- bzw. Fertigungsgemeinkosten in die Kalkulation mit einzubeziehen sind. Soweit die Kapazitäten nicht voll ausgelastet bzw. die Materialvorräte nicht erschöpft sind, sollte der Ansatz von Gemeinkosten nach dem Marginal- bzw. Verursachungsprinzip generell unterbleiben. Die Inanspruchnahme zusätzlicher, bisher nicht ausgelasteter Kapazitäten würde keine Mehrkosten verursachen. Im anderen Fall ist ein angemessener Zuschlagssatz zu wählen. Auch die Sondereinzelkosten der Fertigung – zum Beispiel die Kosten für ein spezielles Werkzeug – dürfen nicht unberücksichtigt bleiben. Fallen Entwicklungskosten an, so gehören diese ebenfalls anteilsmäßig zu den Kosten der Eigenfertigung. Vereinfachend kann man zur Bestimmung der Kosten der Eigenfertigung auch von den Herstellkosten ausgehen, wie sie zur Bewertung im Rahmen des externen Rechnungswesens vorgeschrieben sind.

Eine wichtige Kostenkomponente der Eigenfertigung sind die Opportunitätskosten. Sobald eine Maschine voll ausgelastet ist, entstehen bei der Einlastung eines neuen Produkts Kosten derart, dass auf eine andere Produktion und die damit einhergehende Wertschöpfung verzichtet werden muss. Diese Kosten werden als Opportunitätskosten bezeichnet und gewöhnlich, soweit es sich um marktreife Produkte handelt, mit dem entgangenen Gewinn angesetzt. Handelt es sich bei dem betrachteten Produkt, das nicht mehr selbst gefertigt wird, um ein nicht marktfähiges Zwischenprodukt, so muss ein anderer Ansatz gewählt werden. Die Opportunitätskosten bestehen dann etwa darin, dass dieses Zwischenprodukt zu einem höheren Preis fremdbezogen werden muss.

> **Beispiel: Opportunitätskosten**
>
> In einer Fabrik ist ein Teil zu einem Stückpreis von 12 € bisher fremdbezogen worden. Der Lieferant hat soeben eine Preiserhöhung auf 18 € pro Stück angekündigt. Es wird nun geprüft, ob eine Eigenfertigung in Zukunft kostengünstiger ist. Das technische Know-how ist in der Fabrik grundsätzlich vorhanden. Die Fertigungszeit für ein Stück des Teils würde 6 Minuten betragen. Die Herstellkosten (ohne Gemeinkostenanteil) belaufen sich nach Angaben der Abteilung Kostenrechnung auf 7 € pro Stück. Allerdings ist die für die Fertigung vorgesehene Maschine bereits mit der Herstellung eines anderen Endprodukts voll ausgelastet. Der Deckungsbeitrag für dieses Endprodukt liegt derzeit bei 14 € pro Stück, die Fertigungszeit bei 7 Minuten pro Stück. Für die Kosten der Eigenfertigung sind deshalb nicht lediglich die Herstellkosten des Teils in Betracht zu ziehen. Vielmehr müssen auch die Opportunitätskosten beachtet werden, die dadurch entstehen, dass während der Eigenfertigung des Teils auf die Fertigung des Endprodukts verzichtet werden müsste.
>
> Die relevanten Kosten der Eigenfertigung betragen
>
> $$7€ / Stück + \frac{14}{7} € / Min \cdot 6 Min / Stück = 19 € / Stück.$$
>
> Der erste Summand stellt die Herstellkosten dar, der zweite Summand die Opportunitätskosten. Der entgangene Deckungsbeitrag beträgt für 7 Minuten 14 €, d. h. pro Minute also 2 €. Da für jede Fertigung eines Stücks des Teils 6 Minuten Produktionszeit für das Endprodukt verloren gehen, liegen die gesamten Opportunitätskosten bei 12 € pro Stück. Wegen dieses hohen Opportunitätskostenanteils bleibt der Fremdbezug des Materials weiterhin vorteilhaft.

Der Vergleich der Fertigungskosten ist auf mehrere Perioden auszudehnen, wenn durch die Fertigungsentscheidung Konsequenzen für die nachfolgenden Perioden zu erwarten sind. Außerdem müssen die finanzwirtschaftlich relevanten Unterschiede zwischen Eigenfertigung und Fremdbezug mit ins Kalkül einbezogen werden. So hat man davon auszugehen, dass mit der Eigenfertigung eine längere Kapitalbindung des Anlagevermögens einhergeht.

Ob eine Beschaffung über den Markt abgewickelt werden soll, hängt allerdings nicht nur von den Fertigungskosten, sondern ebenso von den Transaktionskosten ab. Diese Bewertung entzieht sich jedoch weitgehend einer zahlenmäßigen Kalkulation im Rahmen einer Kostenrechnung, da die einzelnen Transaktionskostenarten zwar grundsätzlich bekannt, aber kaum objektiv messbar sind. Tabelle 5.8.1 listet die entstehenden Transaktionskosten in den einzelnen Phasen des Entscheidungsprozesses auf.

Transaktionskosten	Fremdbezugskosten
Anbahnungskosten	Kosten der Suche nach einem Lieferanten
Vereinbarungskosten	Kosten der Vertragsverhandlung
Kontrollkosten	Kosten der Vertragsüberwachung (z. B. Qualitätsprüfung)
Anpassungskosten	Kosten des Lieferantenwechsels

Tabelle 5.8.1: Transaktionskosten bei der Wahl zwischen Eigenfertigung und Fremdbezug

Auch das Sicherungsziel der Beschaffung wird durch die Fertigungsentscheidung in unterschiedlichem Maße beeinträchtigt. Die wichtigsten Aspekte sind in Tabelle 5.8.2 gegenübergestellt. Hierbei handelt es sich um verschiedene Arten von Risiken, die vor der Fertigungsentscheidung genauestens abzuwägen sind.

Eigenfertigung	Fremdbezug
▪ Fertigungswirtschaftliches Risiko ▪ Mangel an Fertigungseinrichtungen ▪ Mangel an Know-how ▪ Mangel an Fachkräften	▪ Abhängigkeit von der Zuverlässigkeit des liefernden Unternehmens (zeitlich, qualitativ, quantitativ) ▪ Keine Möglichkeiten der Geheimhaltung von Entwicklungen

Tabelle 5.8.2: Risiken bei der Wahl zwischen Eigenfertigung und Fremdbezug

Je nachdem ob Teile selbst gefertigt oder fremdbezogen werden, muss auch mit Qualitätsunterschieden gerechnet werden. Während bei Standardmaterialien in der Regel ein Qualitätsvorteil bei fremdbezogenem Material zu beobachten ist, kommt es bei Individualteilen häufig zu besseren Qualitäten, wenn diese Teile selbst gefertigt werden. Außerdem ist bei Eigenfertigung im Allgemeinen eine schnellere Mängelbehebung möglich.

5.8.3 Lieferantenauswahl

Bewertung der Lieferqualität

Für die Auswahl eines Lieferanten werden vielfach Erfahrungen herangezogen, die ein Unternehmen mit den in Betracht kommenden Kandidaten in der Vergangenheit gesammelt hat. Der Qualität der Lieferungen kommt dabei eine prominente Bedeutung als Indikator zu. So hat die Deutsche Gesellschaft für Qualität eine Qualitätszahl QZ entwickelt, die auf einfache Weise Auskunft über die Lieferqualität gibt:

$$QZ = \frac{WE(iO) \cdot 100 + WE(uV) \cdot 50 + WE(niO) \cdot 1}{WE(gesamt)}. \tag{5.8.1}$$

Jede zeitlich terminierte Warenlieferung wird als Wareneingang (WE) erfasst. Dabei spielt es keine Rolle, wie viele Produktarten in welchen Mengen angeliefert worden sind. Für die Wareneingänge werden drei Qualitäten unterschieden: Gibt es keine Beanstandungen, so erhält ein Wareneingang das Prädikat in Ordnung (iO). Bei geringfügigen Beanstandungen, wenn also etwa die Verpackung nicht in Ordnung ist, wird die Ware unter Vorbehalt (uV) angenommen. Treten jedoch gravierende Mängel auf, die eigentlich eine Rücksendung erforderlich machen, so ist die Ware nicht in Ordnung (niO). Lediglich aus produktionstechnischen Gründen wird im letzten Fall gelegentlich von einer Rücksendung abgesehen. Die verschiedenen Qualitäten von Wareneingängen sind in der Kennzahl (5.8.1) unterschiedlich gewichtet. So erhält ein einwandfreier Wareneingang WE(iO) das Gewicht 100, während eine Lieferung WE(niO), die offensichtliche Beschädigungen aufweist, nur mit dem Faktor 1 gewichtet wird. Auf diese Weise ergibt sich nach Überprüfung der Wareneingänge über einen längeren Zeitraum schließlich eine Qualitätszahl für jeden Lieferanten.

Auf der Grundlage der Qualitätsbewertung erfolgt eine Klassifizierung der Lieferanten. Die Klassengrenzen sind individuell festzulegen. Folgende Überlegung soll den Bewertungsprozess jedoch grundsätzlich veranschaulichen: Liegt die Qualitätszahl QZ zwischen 96 und 100, so erhält der Lieferant das Prädikat A. Bei einer Qualitätszahl zwischen 86 und 95 handelt es sich um einen B-Lieferanten. Liegt die Qualitätszahl unterhalb von 86, so wird der Lieferant als C-Lieferant eingestuft. Langfristig sollte nur mit A-Lieferanten zusammengearbeitet werden. Bei C-Lieferanten sollte stets eine Stellungnahme eingeholt werden, die zugleich einen Maßnahmenkatalog zur zukünftigen Qualitätsverbesserung beinhalten muss. Ob es kurzfristig zu einer Beschaffung bei einem A-, B- oder C-Lieferanten kommt, entscheidet vor allem die Marktsituation.

Scoring-Verfahren

Der Vorteil von Punktbewertungsverfahren (Scoring-Verfahren) besteht darin, dass alle Kriterien, die für die Lieferantenbewertung von Bedeutung sind, explizit und gleichzeitig berücksichtigt werden. Die Kriterien werden zunächst gewichtet. Anschließend werden verschiedene Merkmalsausprägungen für jedes Kriterium definiert. Diese Merkmalsausprägungen werden in Punktzahlen („scores"), beispielsweise zwischen 0 und 10, transformiert. Einem Lieferanten wird dann für jedes Kriterium eine Punktzahl entsprechend der festgestellten Merkmalsausprägung zugeordnet. Nachdem diese Punktzahlen mit den Kriteriengewichten multipliziert und anschließend addiert worden sind, steht das Gesamturteil für den Lieferanten fest. Allerdings ist zu erwägen, bei der endgültigen Auswahlentscheidung den Mittelwert der Punktwerte aus den letzten n Lieferungen zugrunde zu legen wird, um einmalige Ausreißer nicht zu hoch zu bewerten.

Die beobachteten Merkmalsausprägungen sind in geeigneter Weise auf einer Ordinal-, Intervall-, Verhältnis- oder Nominalskala abzutragen. Problematischer ist die Bestimmung der Kriteriengewichte. Das einfachste, in der Praxis am häufigsten verwendete Verfahren ist die Direct Ratio-Methode. Ausgehend von einem Kriterium 1 wird der Disponent befragt, um wie viel wichtiger bzw. weniger wichtig ihm ein anderes Kriterium j≠1 ist. Der Prozentsatz

$$p_j = \frac{g_j}{g_1}, j = 1,\ldots,J$$

gibt den Bruchteil bzw. das Vielfache der Bedeutung von Kriterium j gegenüber Kriterium 1 an. Aus der Normierungsbedingung

$$\sum_{j=1}^{J} g_j = 1$$

folgen sogleich die Kriteriengewichte

$$g_j = \frac{p_j}{\sum_{j=1}^{J} p_j}, j = 1,\ldots,J. \qquad (5.8.2)$$

Diese Gewichte können dadurch auf ihre Konsistenz überprüft werden, dass zusätzliche Befragungen hinsichtlich der relativen Wichtigkeit der Kriterien i, j ≠ 1 zueinander durchgeführt werden. Die auf diese Weise gewonnenen Prozentwerte müssen mit dem Quotienten g_i/g_j übereinstimmen, damit die Konsistenz gewährleistet ist. Geringfügige Abweichungen sind tolerierbar. Bei größeren Abweichungen müssen die Gründe für die Inkonsistenz näher analysiert werden.

> **Beispiel: Direct Ratio-Methode**
>
> Für die Lieferantenauswahl werden die Kriterien Qualität (Q), Service (S), Image (I), Lieferzeit (L) und Gegengeschäfte (G) herangezogen. Der Bereichsleiter Beschaffung wird befragt, wie wichtig er die Kriterien S, I, L und G im Verhältnis zum Kriterium Q einschätzt. Seine Antworten lauten: $p_S = 0{,}8$, $p_I = 0{,}4$, $p_L = 0{,}7$ und $p_G = 0{,}1$. Berücksichtigt man, dass das Kriterium Qualität annahmegemäß den Wert $p_Q = 1$ erhält, so ergeben sich aus Formel (5.8.2) die Kriteriengewichte $g_Q = 0{,}33$, $g_S = 0{,}27$, $g_I = 0{,}13$, $g_L = 0{,}23$ und $g_G = 0{,}03$.

Die Direct Ratio-Methode ist einfach handhabbar. Sie wird jedoch deswegen kritisiert, weil sie postuliert, dass die Bedeutung einzelner Kriterien unabhängig von dem bereits erreichten Niveau bestimmt werden kann. So mag die Bedeutung des Qualitätskriteriums zwar dann erheblich sein, wenn ein noch nicht befriedigendes Qualitätsniveau vorliegt. Ist jedoch beobachtbar, dass die Produktion nahezu fehlerfrei verläuft, so muss unter Umständen einem anderen Kriterium ein größeres Gewicht beigemessen werden. Allgemeiner formuliert ist es nicht entscheidend, ob ein Kriterium wichtiger als ein anderes Kriterium ist, sondern um wie viel besser es erfüllt werden muss, damit die schlechtere Erfüllung des anderen Kriteriums kompensiert wird. Diesen Ansatz verfolgt die Swing-Methode. Dem Disponenten wird dabei zunächst ein fiktiver Lieferant vorgestellt, der alle Kriterien nur „schlechtestmöglich" erfüllt (Mindestniveau). Daraufhin wird der Disponent um sein Urteil gebeten, was es ihm wert sei, wenn dieser Lieferant nun ein Kriterium bestmöglich erfüllen würde (Höchstniveau), bei den anderen jedoch weiterhin lediglich das Mindestniveau realisiert bliebe. Für jeden solchen „Swing" vom schlechtest- zum bestmöglichen Fall wird vom Disponenten eine (Prozent-) Punktbewertung p_j verlangt, die entsprechend Formel (5.8.2) in eine normierte Gewichtung umgerechnet wird. Für den Fall, dass J Kriterien in die Bewertung mit einfließen, sind also J Urteile vom Disponenten abzugeben.

> **Beispiel: Swing-Methode**
>
> Die Lieferantenauswahl erfolgt anhand der Kriterien Qualität (Q), Lieferzeit (L) und Image (I). Die Bandbreite der möglichen Merkmalsausprägungen ist in Tabelle 5.8.3 angegeben. Die Ausgangsalternative besteht darin, dass ein Lieferant gerade noch sämtliche Mindestanforderungen erfüllt, d.h. bei einem mittleren Firmenimage einen durchschnittlichen Ausschuss von 5 % und eine Lieferzeit von 4 Tagen hat.

5.8 Beschaffungsmarketing

Kriterium	bestmögliche Merkmalsausprägung	schlechtestmögliche Merkmalsausprägung
Q	0	5 [% Ausschuss]
L	1	4 [Tage Lieferzeit]
I	gut	mittel

Tabelle 5.8.3: Bandbreite der Merkmalsausprägungen bei der Lieferantenbewertung

Durch Befragung des zuständigen Bereichsleiters Beschaffung des Kundenunternehmens wird nun ermittelt, welche Bedeutung die drei Kriterien Q, L und I im Einzelnen besitzen. Eine maximale Erhöhung der Qualität (0 % Ausschuss) bewertet der Bereichsleiter bei unveränderten Erfüllungsgraden der übrigen Kriterien mit 100 Punkten. Der zugrunde liegende fiktive Lieferant würde also zwar 0 % Ausschuss liefern. Sein Image wäre jedoch weiterhin nur mittelmäßig, die Lieferzeit betrüge nach wie vor 4 Tage. Eine partielle Verbesserung der Lieferzeit von 4 Tagen auf 1 Tag wird hingegen nur mit 70 Punkten bewertet, die singuläre Erhöhung des Firmenimages – ohne gleichzeitige Verbesserung von Qualität und Lieferzeit – sogar nur mit 60 Punkten. Aus (5.8.2) ergeben sich damit die Kriteriengewichte $g_Q = 0{,}44$, $g_L = 0{,}30$ bzw. $g_I = 0{,}26$.

Bei der Swing-Methode handelt es sich im Prinzip um einen einfachen Partialvergleich schlechtester und bester Merkmalsausprägungen, wobei die Abhängigkeit der in ihren Ausprägungen veränderten Merkmale von den übrigen Merkmalsausprägungen berücksichtigt wird. Das heißt, der Disponent hat bei seinem Urteil zu beachten, ob beispielsweise eine Erhöhung des Firmenimages überhaupt nützlich ist, wenn die übrigen Merkmalsausprägungen nach wie vor ein geringes Niveau haben. Es kann also sein, dass in dieser Verbindung eine Imagesteigerung für das Kundenunternehmen wertlos bleibt. Eine Problematik der Swing-Methode bleibt weiterhin die Punktvergabe durch den befragten Disponenten. Obwohl jedes Urteil aufgrund einer einfachen Änderung lediglich einer Merkmalsausprägung gefällt wird, wird die Situation umso unüberschaubarer, je mehr Kriterien insgesamt in die Lieferantenbewertung einzubeziehen sind. Der Befragte muss stets auch seine vorangegangenen Bewertungen im Auge behalten, um bei seinen Antworten konsistent zu bleiben. Gleichzeitig muss er in der Lage sein, alle ihm präsentierten Lösungen miteinander zu vergleichen. Die Anforderungen an sein Urteilsvermögen sind also nach wie vor erheblich.

Analytisch Hierarchischer Prozess

Eine Methode, die den Entscheider hinsichtlich seiner Bewertungskompetenz nicht so stark beansprucht, ist der Analytisch Hierarchische Prozess (AHP; SAATY 1980). Die Idee dieses Verfahrens besteht darin, dem Entscheider lediglich paarweise Vergleiche zuzumuten und daraus bereits Bewertungen vorzunehmen. Wie in Abbildung 5.8.1 veranschaulicht ist, wird ein komplexes Entscheidungsproblem in einem ersten Schritt zunächst in unterschiedliche hierarchische Stufen aufgeteilt. Diese Aufspaltung wird als hierarchische Dekomposition bezeichnet. Im Allgemeinen besteht die erzeugte Hierarchie aus drei Ebenen: der Zielebene (Auswahl des besten Lieferanten), der Kriterienebene (Formulierung von Bewertungskriterien) und der Alternativenebene (Auflistung aller potentiellen Lieferanten).

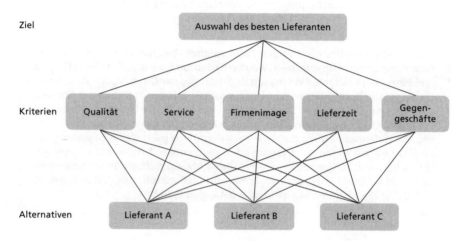

Abbildung 5.8.1: Hierarchische Dekomposition der Lieferantenbewertung

In einem zweiten Schritt werden die bewertungsrelevanten Merkmale festgelegt. Diese Bewertungsmerkmale werden dann im dritten Schritt im Hinblick auf das angestrebte Ziel paarweise miteinander verglichen. Das Ergebnis eines jeden Vergleichs lässt sich mit Hilfe einer 9-Punkte-Skala codieren (vgl. Tabelle 5.8.4). Dem Element, welches beim paarweisen Vergleich stärker präferiert wird, wird dabei der höhere Punktwert zugeordnet. Falls ein Element E_i einem anderen Element E_j vorgezogen wird, erhält E_j im Vergleich zu Element E_i die entsprechende reziproke Bewertung, d.h. statt 5 zum Beispiel 1/5.

Verbales Urteil, Präferenz	Punktwert f(i,j)
Element E_i extrem bevorzugt gegenüber Element E_j	9
Element E_i eher extrem bevorzugt gegenüber Element E_j	8
Element E_i sehr stark bevorzugt gegenüber Element E_j	7
Element E_i eher sehr stark bevorzugt gegenüber Element E_j	6
Element E_i stark bevorzugt gegenüber Element E_j	5

Verbales Urteil, Präferenz	Punktwert f(i,j)
Element E_i eher stark bevorzugt gegenüber Element E_j	4
Element E_i mäßig bevorzugt gegenüber Element E_j	3
Element E_i eher mäßig bevorzugt gegenüber Element E_j	2
Element E_i gleich bevorzugt gegenüber Element E_j	1

Tabelle 5.8.4: Bewertungsskala für AHP-Präferenzurteile

Die Ergebnisse der paarweisen Vergleiche können mit Hilfe einer Urteilsmatrix strukturiert werden. Bei N zu vergleichenden Elementen sind N (N-1)/2 Urteile notwendig, um die (N x N)-Vergleichsmatrix auszufüllen. Die nicht direkt erhobenen Matrixwerte f (i,j) ergeben sich als Reziprokwerte von f (j,i). Es gilt also

$$f(i,j) = \frac{1}{f(j,i)}, i,j = 1,2,3\ldots,N.$$

Die Kriteriengewichte lassen sich dann recht bequem aus der Addition der normierten Matrixwerte ermitteln. Dieses Vorgehen entspricht der bereits in Formel (5.8.2) vorgestellten Rechnung.

Im vierten Schritt werden die potenziellen Lieferanten bezüglich der einzelnen Bewertungskriterien paarweise verglichen, indem Gewichte für ihre Leistungsfähigkeit bezüglich der einzelnen Kriterien ermittelt werden. Die Herleitung dieser Punktwerte erfolgt analog zur Bestimmung der Kriteriengewichte. Schließlich werden die ermittelten Kriteriengewichte und Leistungsfähigkeitsbewertungen in einer hierarchischen Komposition zusammengefasst. Auf diese Weise erhält der Disponent eine Lieferantenrangordnung, die ihm seine Auswahlentscheidung erleichtert.

> **Beispiel: Lieferantenbewertung mit Hilfe des AHP-Verfahrens**
>
> Aus drei potenziellen Lieferanten A, B und C soll der beste ausgewählt werden. Dabei werden die fünf Kriterien Qualität, Service, Firmenimage, Lieferzeit, Gegengeschäfte der Bewertung zugrunde gelegt. Um die Kriteriengewichte zu bestimmen, werden die Ergebnisse der paarweisen Vergleiche aller Kriterien in einer (5x5)-Urteilsmatrix erfasst. Die Ergebnisse sind in Tabelle 5.8.5 wiedergegeben.

Kriterium	Qualität	Service	Firmenimage	Lieferzeit	Gegengeschäfte
Qualität	1	8	5	6	9
Service	$\frac{1}{8}$	1	$\frac{1}{3}$	$\frac{1}{2}$	1
Firmenimage	$\frac{1}{5}$	3	1	2	4
Lieferzeit	$\frac{1}{6}$	2	$\frac{1}{2}$	1	3
Gegengeschäfte	$\frac{1}{9}$	1	$\frac{1}{4}$	$\frac{1}{3}$	1
Gesamt	1,602	15	7,083	9,833	18

Tabelle 5.8.5: Urteilsmatrix des AHP-Verfahrens

Die Herleitung der Gewichte durch einfache Durchschnittsbildung ist in Tabelle 5.8.6 zusammengefasst. Die Elemente jeder Spalte werden zunächst addiert; anschließend wird jedes einzelne Spaltenelement der Urteilsmatrix durch die Spaltensumme dividiert. Summiert man die derart normierten Elemente reihenweise und bildet man anschließend den Mittelwert, so erhält man die relative Bedeutung jedes Kriteriums in Form seines Kriteriengewichts.

Kriterium	Qualität	Service	Firmenimage	Lieferzeit	Gegengeschäfte	Gewicht
Qualität	$\frac{1}{1,602}$	$\frac{8}{15}$	$\frac{5}{7,083}$	$\frac{6}{9,833}$	$\frac{9}{18}$	0,59
Service	$\frac{1/8}{1,602}$	$\frac{1}{15}$	$\frac{1/3}{7,083}$	$\frac{1/2}{9,833}$	$\frac{1}{18}$	0,06
Firmenimage	$\frac{1/5}{1,602}$	$\frac{3}{15}$	$\frac{1}{7,083}$	$\frac{2}{9,833}$	$\frac{4}{18}$	0,18
Lieferzeit	$\frac{1/6}{1,602}$	$\frac{2}{15}$	$\frac{1/2}{7,083}$	$\frac{1}{9,833}$	$\frac{3}{18}$	0,12
Gegengeschäfte	$\frac{1/9}{1,602}$	$\frac{1}{15}$	$\frac{1/4}{7,083}$	$\frac{1/3}{9,833}$	$\frac{1}{18}$	0,05
						1,00

Tabelle 5.8.6: Herleitung der Kriteriengewichte

Die Lieferanten werden paarweise bezüglich der einzelnen Bewertungskriterien verglichen. Die Vorgehensweise entspricht dem Vorgehen zur Bestimmung der Kriteriengewichte. Die Ergebnisse der paarweisen Vergleiche werden für jedes Kriterium in einer (3x3)-Urteilsmatrix erfasst, bevor die Leistungsfähigkeit der Lieferanten A, B und C in Bezug auf jedes Kriterium durch Berechnung entsprechender Werte bestimmt wird. Tabelle 5.8.7 zeigt exemplarisch, wie dieser Prozess für das Kriterium Service verläuft.

5.8 Beschaffungsmarketing

Service	Lieferant A	Lieferant B	Lieferant C	Lieferant A	Lieferant B	Lieferant C	Gewicht
Lieferant A	1	$\frac{1}{5}$	$\frac{1}{2}$	$\frac{1}{8}$	$\frac{1/5}{1,53}$	$\frac{1/2}{4,5}$	0,12
Lieferant B	5	1	3	$\frac{5}{8}$	$\frac{1}{1,53}$	$\frac{3}{4,5}$	0,65
Lieferant C	2	$\frac{1}{3}$	1	$\frac{2}{8}$	$\frac{1/3}{1,53}$	$\frac{1}{4,5}$	0,23
Gesamt	8	1,53	4,5				1,00

Tabelle 5.8.7: Bestimmung der Lieferantenleistungsfähigkeit in Bezug auf das Kriterium Service

Durch Gewichtung und Addition der auf diese Weise systematisch ermittelten Leistungsfähigkeitsbewertungen ergeben sich die gesamten Punktwerte für die einzelnen Lieferanten (vgl. Tabelle 5.8.8). Lieferant C erreicht den Punktwert 0,47 und damit das beste Ergebnis.

Kriterien	Kriteriengewicht	Lieferant A		Lieferant B		Lieferant C	
			gesamt		gesamt		gesamt
Qualität	0,59	0,20	0,12	0,40	0,24	0,40	0,24
Service	0,06	0,12	0,01	0,65	0,04	0,23	0,01
Firmenimage	0,18	0,10	0,02	0,17	0,03	0,72	0,13
Lieferzeit	0,12	0,14	0,02	0,43	0,05	0,43	0,05
Gegengeschäfte	0,05	0,15	0,01	0,09	0,00	0,77	0,04
Gesamtwert	1,00		0,17		0,36		0,47

Tabelle 5.8.8: Herleitung der Lieferantenbewertung

Mit Hilfe des AHP-Verfahrens werden Entscheidungssituationen formalisiert und damit transparent und nachvollziehbar gemacht. Der zentrale Vorteil des Verfahrens liegt in der einfachen Urteilsbildung. Durch die Methode des paarweisen Vergleichs müssen immer nur zwei Elemente miteinander verglichen werden. Bei anderen Bewertungsverfahren, wie zum Beispiel den Scoring-Verfahren, sind dagegen komplizierte Mehrfachvergleiche in Form von relativen Punktvergaben auf einer Skala notwendig. Beim AHP-Verfahren kann durch „cross checks" außerdem festgestellt werden, inwieweit die Bewertungen konsistent sind und wie gut dabei die vorgegebene Rating-Skala zur Urteilsabgabe genutzt wird. Eine konsistente Bewertung hinsichtlich eines Vergleichs dreier Elemente i, j und k erfüllt die Bedingung

$$f(i,k) = f(i,j) \cdot f(j,k).$$

Sind Inkonsistenzen beobachtbar, so besteht die Möglichkeit der Korrektur durch Revision des abgegebenen Urteils. Ein weiterer Vorteil des AHP-Verfahrens besteht darin, dass sowohl quantitative als auch qualitative Bewertungskriterien berücksichtigt werden können. Überdies ist die Durchführung von Sensitivitätsanalysen möglich.

Das Bewertungsergebnis des AHP reflektiert die relative Bedeutung der Lieferanten zu allen anderen in diesem Vergleich betrachteten Lieferanten. Dadurch ist die isolierte Betrachtung eines weiteren Lieferanten nicht ohne weiteres möglich. Soll während des Bewertungsprozesses ein zusätzlicher Lieferant in die Betrachtung integriert werden, muss deshalb der Prozess vollständig wiederholt werden. Ein weiteres Problem bei der praktischen Anwendung des Verfahrens liegt in der Anzahl der durchzuführenden paarweisen Vergleiche. Steigt die Anzahl der Bewertungskriterien oder Lieferanten an, so vergrößert sich die Anzahl der Vergleichspaare exponentiell. Das führt oft dazu, dass die Bewertungen nicht mehr konsistent bleiben und es zu einem hohen Korrekturaufwand kommt bzw. die Ergebnisse mit entsprechenden Vorbehalten zu verarbeiten sind.

5.8.4 Zusammenfassung

In diesem Unterkapitel sind Aspekte des Beschaffungsmarketings problematisiert worden, soweit sie operative Züge tragen. Das Beschaffungsmarketing befasst sich mit sämtlichen Marktaktivitäten des Unternehmens, die auf der Beschaffungsseite geplant und umgesetzt werden sollen. Gegenstand des Operations Management sind dabei vor allem die Planungen des Beschaffungsumfangs sowie der Beschaffungsquelle in der Betrachtungsperiode. In Abschnitt 5.8.2 wurde zunächst die Frage nach solchen Güterarten erörtert, die über den Markt bezogen werden sollen. Die klassische Make-or-Buy-Analyse, die vornehmlich ein kostenrechnerisches Problem darstellt, wurde lediglich noch einmal summarisch rekapituliert und dabei in den Kontext einer kurzfristigen Managemententscheidung zum Beschaffungsumfang eingebettet. Für den Operations Manager ist es wichtig, dass er neben den kalkulierten Fertigungskosten auch die Transaktionskosten sowie weitere Entscheidungsparameter, die sich aus dem Sicherungsziel des Beschaffungssystems ergeben, in seine Planung mit einbezieht. Die Probleme, die in diesem Zusammenhang angesprochen wurden, resultieren vor allem auf der Nicht-Messbarkeit mancher Planungsgrößen, so dass auch eine qualitative Abwägung vorzunehmen ist. Die Planung der Beschaffungsquelle wurde in Abschnitt 5.8.3 thematisiert. Sie mündet in das Problem der Lieferantenauswahl und Lieferantenbewertung. Die Planung wird dadurch erschwert, dass bei der Entscheidung zugunsten eines Lieferanten in der Regel eine Fülle von Kriterien zu beachten ist, die nicht ohne weiteres einfach gemessen, skaliert und gegeneinander abgewogen werden können. Dennoch hat die Diskussion der Verfahren gezeigt, welche Wege im Einzelnen beschritten werden können und welche Anforderungen dabei an die Entscheidungsinstanz im Unternehmen gestellt werden müssen. Bei allen Verfahren, die präsentiert wurden, ist zu berücksichtigen, dass aus qualitativen Beobachtungen quantitative Bewertungen zu entwickeln sind. Dabei interessiert nicht der kardinale Messwert einer solchen Bewertung. Vielmehr ist von ausschlaggebender Bedeutung, dass die Lieferanten auf einer ordinalen Skala eingeordnet werden. Der beste Lieferant erhält den höchsten Punktwert. Wie groß der Abstand zum nächstbesten Lieferanten ist, ist im Allgemeinen zweitrangig. Dennoch – oder gerade deshalb – ist eine entscheidungstheoretische Fundierung des benutzten Messinstrumentariums von äußerster Wichtigkeit. Nur so ergeben sich nachvollziehbare Entscheidungen.

5.8.5 Fragen zur Wiederholung

1. Welche Chancen und Risiken sind abzuwägen, wenn ein Unternehmen plant, Vorprodukte nicht mehr selbst zu fertigen, sondern fremdzubeziehen?
2. Unter welchen Umständen müssen Opportunitätskosten bei der Entscheidung über die Eigenfertigung bzw. den Fremdbezug eines Teils berücksichtigt werden?
3. Wie sollte strategisch mit A-, B- und C-Lieferanten umgegangen werden?
4. Warum wird die Bildung von Kriteriengewichten bei der Direct Ratio-Methode kritisiert?
5. Wann und warum sollte die Methode AHP (Analytisch Hierarchischer Prozess) der Anwendung von Scoring-Modellen bei der Lieferantenauswahl vorgezogen werden?
6. Wie lassen sich konsistente und inkonsistente Lieferantenbewertungen erkennen? Finden Sie jeweils ein Beispiel.

5.8.6 Aufgaben zur Übung

Aufgabe 1

Als Unternehmensberater haben Sie die Aufgabe, das Unternehmen SaltCity-Manufacturing bei der Neustrukturierung seiner Prozesse in den Bereichen Produktion und Beschaffung zu unterstützen.

Im Rahmen einer Marktanalyse wurden zwei potenzielle neue Lieferanten für ein bestimmtes Teil identifiziert. Der aktuelle Lieferant Supply-Star soll daher mit diesen zwei alternativen Lieferanten (A1 und A2) verglichen werden. Für die Lieferantenbewertung nutzt SaltCity-Manufacturing standardmäßig ein Punktbewertungsverfahren. Als Bewertungskriterien werden die Merkmale „Qualität" (Q), „Einstandspreis" (E) und „Lieferzeit" (L) herangezogen. Auf der Basis der verfügbaren Daten ist bereits eine Einschätzung der alternativen Lieferanten erarbeitet und in den Bewertungsskalen für die drei Kriterien vermerkt worden.

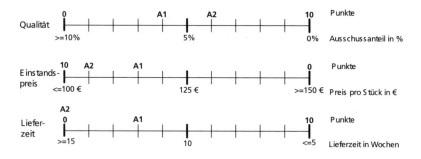

Der aktuelle Lieferant Supply-Star weist eine Ausschussquote von 2 % auf. Der Einstandspreis beträgt 140 € pro Stück. Die Lieferzeit beträgt 4 Wochen.

Die Kriteriengewichte werden bei SaltCity-Manufacturing mit Hilfe der Direct Ratio-Methode bestimmt. Ausgehend vom Referenzkriterium „Einstandspreis" ($p_E=1$) erhalten das Kriterium „Qualität" einen Wert von $p_Q= 0{,}9$ und das Kriterium „Lieferzeit" einen Wert von $p_L= 0{,}4$.

Ermitteln Sie die Punktwerte (Scores) für alle Lieferanten. Bei welchem Lieferant sollte gemäß dieser Bewertung zukünftig beschafft werden?

Aufgabe 2

Im Zuge der Umstellung der Beschaffung auf das Just-in-Time Prinzip steht auch eine Neubewertung der Lieferanten beim Fahrradhersteller Radelfix GmbH an. Für eine Gruppe von A-Teilen sind drei Bewertungskriterien maßgeblich: die Qualität, der Service und das Firmenimage. Mit einem Lieferanten, der diese Kriterien möglichst gut erfüllt, soll im Sinne eines „single sourcing" ein Vertrag

5.8 Beschaffungsmarketing

über eine langfristige Belieferung abgeschlossen werden. Noch befinden sich drei Lieferanten in der Vorauswahl. Sie sind damit beauftragt, die Entscheidung zugunsten eines Lieferanten mit Hilfe des Analytisch Hierarchischen Prozesses (AHP) vorzubereiten.

Die Befragung der betroffenen Abteilungsleiter in Beschaffung und Fertigung hat ergeben, dass das Kriterium der Qualität gegenüber den anderen Kriterien stark bevorzugt wird (Präferenzurteil 5). Der Service und das Firmenimage erscheinen darüber hinaus von gleicher Bedeutung. Ermitteln Sie auf der Grundlage der Befragungsergebnisse die Kriteriengewichte.

Die Einkäufer wurden um ihr Urteil in Bezug auf die noch zur Debatte stehenden Lieferanten gebeten. Dabei entstand folgender Eindruck (in Klammern jeweils die Präferenzurteile): B wird grundsätzlich eher stark bevorzugt wegen seines Firmenimages (6). C wird diesbezüglich nur mäßig besser eingeschätzt als A (3). Grundsätzlich wird C eher sehr stark bevorzugt wegen seiner Serviceleistungen (6). Das Image von A und B unterscheidet sich nicht. Hinsichtlich der Qualität dominiert A gegenüber C (6). B wird diesbezüglich mäßig bevorzugt gegenüber C (3).

Bestimmen sie die Leistungsfähigkeit der Lieferanten hinsichtlich jedes einzelnen Kriteriums.

Bei der Befragung ist allerdings insofern ein Missgeschick unterlaufen, als es versäumt wurde, eine vergleichende Einschätzung der Lieferanten A und B bezüglich des Qualitätskriteriums einzuholen. Sie beabsichtigen deshalb, die Präferenzurteile so zu ergänzen, dass eine Konsistenz der Einzelurteile möglichst gewährleistet bleibt.

Erläutern Sie Ihre Entscheidung hinsichtlich dieses noch nachzutragenden Präferenzurteils. In einem anderen Fall ist eine Inkonsistenz in der Befragung erkennbar geworden. Erörtern Sie diese Inkonsistenz. Welche Konsequenzen wollen Sie hieraus bezüglich der Lieferantenauswahl ziehen?

Führen Sie abschließend die Entscheidung für einen Lieferanten dadurch herbei, dass Sie alle Kriterien mit ihrer relativen Bedeutung in die Auswahl mit einbeziehen. Welcher Lieferant sollte den Vorzug erhalten?

5.8.7 Literaturempfehlungen zur Vertiefung

HOFBAUER, G./MASHHOUR, T./FISCHER, M. (2012): Lieferantenmanagement. 2. Auflage, Oldenbourg, München
KOPPELMANN, U. (2004): Beschaffungsmarketing. 4. Auflage, Springer, Berlin u. a.
KUMMER, S./GRÜN, O./JAMMERNEGG, W. (Hrsg.) (2009): Grundzüge der Beschaffung, Produktion und Logistik. 2. Auflage, Pearson, München u. a.
MÄNNEL, W. (1996): Die Wahl zwischen Eigenfertigung und Fremdbezug. 2. Auflage, Verlag der Gesellschaft für angewandte Betriebswirtschaft, Lauf a. d. Pegnitz
SAATY, T./VARGAS, L. (2012): Models, Methods, Concepts & Applications of the Analytic Hierarchy Process, 2. Auflage, Springer, New York

5.9 Planung von Bestellmenge und Bestellzeitpunkt

5.9.1 Einführung

Die Beschaffungsplanung ist erst dann abgeschlossen, wenn aus der Differenz von vorhandenen Materialbeständen und den berechneten Materialbedarfen die entsprechenden Konsequenzen in Bezug auf die Materialbestellungen bei den ausgewählten Lieferanten gezogen worden sind. Dieser Prozess umfasst die Planung von Bestellmenge und Bestellzeitpunkt. Ähnlich wie bei der Planung der Fertigungslose in Unterkapitel 5.3 kommt es auch hier darauf an, Mengen und Zeitpunkte der zu liefernden Materialien so zu wählen, dass Kostenvorteile in größtmöglichem Umfang in Anspruch genommen werden. Anders als bei der Losgrößenplanung fallen jedoch keine Rüstkosten auf den Maschinen an. Dafür entstehen Kosten im Zusammenhang mit dem Bestellprozess. Lagerkosten resultieren unabhängig davon, ob die Teile selbst gefertigt oder fremdbezogen werden. Insgesamt weisen die Losgrößenplanung sowie die Bestellmengenplanung Parallelitäten auf, die sich der Planer durch die Auswahl und Anwendung von gleichartigen Planungsverfahren zunutze machen kann. Im Abschnitt 5.9.2 werden Sie die verschiedenen Möglichkeiten kennenlernen, wie Bestellmenge und Bestellzeitpunkt aufeinander abgestimmt werden können. Aus dieser Abstimmung werden verschiedene Bestellpolitiken hergeleitet. Abschnitt 5.9.3 befasst sich mit einigen konkreten Planungsverfahren, die vor allem auf der Politik des Bestellpunktsystems beruhen. Dabei werden unterschiedliche Bedarfssituationen zugrunde gelegt. Sobald Bedarfsunsicherheiten vorliegen, überträgt sich die bereits in Unterkapitel 5.7 anlässlich der Bedarfsplanung diskutierte Problematik auf das Bestellwesen. Wie dabei in diesem Kontext zu verfahren ist, zeigt Abschnitt 5.9.4. In Abschnitt 5.9.5 werden die Verfahren miteinander verglichen und im Hinblick auf ihre Leistungsfähigkeit kritisch gewürdigt.

5.9.2 Bestellpolitiken

Nachdem die Bedarfsmenge eines Teils sowie der Lieferant, der beauftragt werden soll, bestimmt worden sind, bleibt zu klären, zu welchen Zeitpunkten bestellt wird. Dabei ist zu erwägen, die Bedarfsmenge in kleinere, zeitlich auseinanderfallende Bestellmengen aufzuteilen. Zwar steigen dadurch die Bestellkosten, doch sind hohe Lagerkosten vermeidbar, wenn die Bestellungen verbrauchsnah eintreffen. Für die Wahl der beiden Bestellparameter Zeit und Menge bestehen Alternativen, welche über die Bestellpolitik entscheiden. Diese Überlegung ist in Tabelle 5.9.1 veranschaulicht.

Bei beiden Bestellparametern existiert die Option einer starren Festlegung zu Planungsbeginn oder einer flexiblen Gestaltung je nach den anfallenden Bedarfen. Solange der Zeitparameter konstant vorgewählt wird, d. h. Bestellungen lediglich zu bestimmten Zeitpunkten aufgegeben werden, spricht man auch

5.9 Planung von Bestellmenge und Bestellzeitpunkt

		Zeit	
		konstant	variabel
Menge	konstant	(T,Q)-Politik	(s,Q)-Politik
	variabel	(T,S)-Politik	(s,S)-Politik

T: Bestellzyklus
s: Bestellpunkt (Meldebestand)
Q: Optimale Bestellmenge
S: Lagerhöchstbestand

Tabelle 5.9.1: Bestellpolitiken

von einem zyklischen Bestellsystem. Das gegebene Zeitintervall zwischen zwei Bestellungen heißt Bestellzyklus. Im anderen Fall liegt ein Bestellpunktsystem vor. Das Erreichen eines Bestellpunkts löst die nächste Bestellung aus.

Die (s,Q)-Bestellpolitik stellt ein solches Bestellpunktsystem mit festen Bestellmengen dar. Der Lagerbestand wird bei dieser Politik nach jeder Entnahme überprüft. Bei Erreichen eines festen Bestellpunkts s wird eine konstante Menge Q bestellt. Diese Bestellpolitik ist auf die folgende Weise plausibel: Die optimale Bestellmenge wird so festgelegt, dass die relevanten Kosten insgesamt

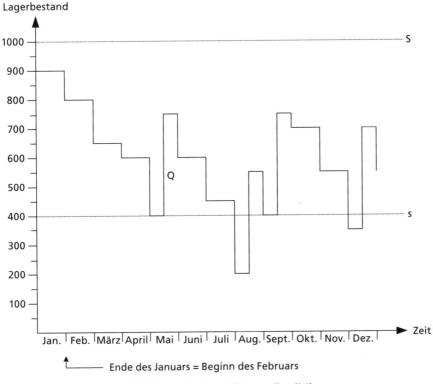

Abbildung 5.9.1: (s,Q)-Bestellpolitik

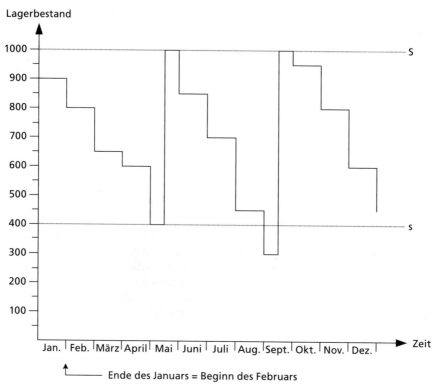

Abbildung 5.9.2: (s,S)-Bestellpolitik

minimal werden. Den Bestellpunkt s haben wir in Unterkapitel 5.6 bereits als Meldebestand kennengelernt. Er richtet sich im Wesentlichen nach der Wiederbeschaffungszeit. Kann eine schlagartige Auffüllung des Lagers ohne Wiederbeschaffungszeit sicher vollzogen werden, so liegt der Bestellpunkt in Höhe des Sicherheitsbestands. Der Zeitraum zwischen zwei Bestellungen hängt von dem Teilebedarf in der Produktion, d.h der Lagerabgangsrate ab. Er ist im Allgemeinen variabel. Abbildung 5.9.1 veranschaulicht die (s,Q)-Bestellpolitik.

Die (s,S)-Bestellpolitik kennzeichnet ein Bestellpunktsystem mit variablen Bestellmengen. Auch hier erfolgt die Überprüfung des Lagerbestands nach jeder Lagerentnahme. Ist der Bestellpunkt erreicht, wird das Lager jedoch nicht mit einer konstanten Bestellmenge wiederaufgefüllt. Vielmehr erfolgt ein Lagerzugang bis zum wirtschaftlichen Lagerhöchstbestand S. Diese Politik wird dadurch gerechtfertigt, dass es vor allem bei regelmäßigen Verbräuchen einen solchen optimalen Lagerbestand S gibt. Abbildung 5.9.2 skizziert den Lagerbestandsverlauf bei einer (s,S)-Bestellpolitik.

Die bisher vorgestellten Bestellpolitiken gehören zu den Bestellpunktsystemen. Diese Systeme haben Vor- und Nachteile. Wegen der laufenden Bestandskontrolle braucht kein hoher Sicherheitsbestand geführt zu werden. Dadurch sinken die Lagerkosten. Allerdings muss mit hohen Kosten der laufenden Kon-

5.9 Planung von Bestellmenge und Bestellzeitpunkt

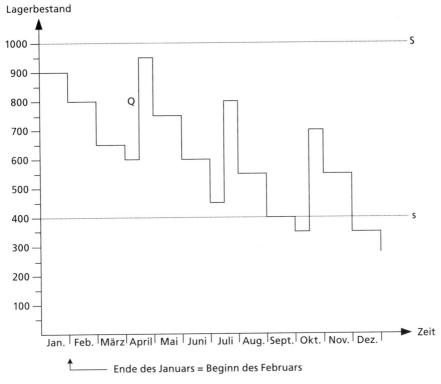

Abbildung 5.9.3: (T,Q)-Bestellpolitik

trolle gerechnet werden. Der Disponent muss jederzeit einen exakten Überblick über die aktuellen Lagerbestände bezüglich der einzelnen Teilearten haben. Um diese Kontrollkosten zu vermeiden, sind zyklische Bestellsysteme entwickelt worden. Sie werden auch als Bestellrhythmussysteme bezeichnet.

Die (T,Q)-Bestellpolitik ist ein solches System, das darüber hinaus mit festen Bestellmengen operiert. Der Vereinfachung der Lagerkontrolle steht jedoch das Problem eines schwankenden Lagerniveaus gegenüber. Wenn nämlich ein unregelmäßiger Verbrauch stattfindet, führen die zyklischen Bestellungen einer konstanten Menge Q zu stark streuenden Auffüllhöhen des Lagers. Überdies wächst die Gefahr von Fehlbeständen insbesondere dann, wenn der Bestellzyklus zu lang gewählt wird und außerdem unregelmäßige Lagerentnahmen wahrscheinlich sind. Für einen Bestellzyklus von drei Monaten zeigt Abbildung 5.9.3 den Lagerbestandsverlauf bei einer (T,Q)-Bestellpolitik.

Ein zyklisches Bestellsystem mit variablen Bestellmengen wird auch als (T,S)-Bestellpolitik bezeichnet. Im Prinzip gelten ähnliche Abwägungen wie bei der (T,Q)-Politik. Allerdings wird mit dieser Politik sichergestellt, dass eine Überschreitung des wirtschaftlichen Höchstbestands auf gar keinen Fall realisiert wird. In Abbildung 5.9.4 ist der Bestandsverlauf bei einer solchen Bestellpolitik wiederum für einen Bestellzyklus von drei Monaten dargestellt.

5 Planungszentriertes Operations Management

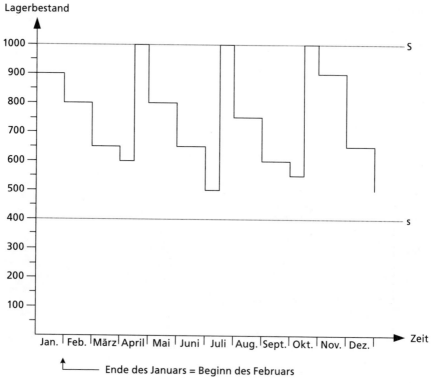

Abbildung 5.9.4: (T,S)-Bestellpolitik

Neben diesen vier Grundpolitiken existieren andere Bestellpolitiken. Dabei können die Vorteile von Bestellrhythmussystemen mit den Vorteilen von Bestellpunktsystemen zu so genannten Kontrollrhythmussystemen kombiniert werden. So lässt sich ein zyklisch kontrolliertes Bestellpunktsystem mit festen Bestellmengen als eine (T,s,Q)-Bestellpolitik gestalten. Der Lagerbestand wird alle T Zeiteinheiten kontrolliert. Ist der Bestellpunkt s zu einem Kontrollzeitpunkt erreicht, so wird eine Bestellmenge Q ausgelöst. Dadurch wird der durchschnittliche Lagerbestand weiter reduziert. Ähnliches gilt für ein zyklisch kontrolliertes Bestellpunktsystem mit variablen Bestellmengen, das als (T,s,S)-Bestellpolitik bezeichnet wird. Hier erfolgt alle T Zeiteinheiten eine Lagerauffüllung auf den Höchstbestand, sofern zum Kontrollzeitpunkt der Bestellpunkt erreicht bzw. unterschritten wurde. Diese beiden Bestellpolitiken eignen sich ebenso wie die zyklischen Bestellsysteme vor allem dann, wenn der Teilebedarf geglättet ist, d. h. keine großen Bedarfsschwankungen auftreten.

Eine Besonderheit stellt die Just-in-Time-Bestellpolitik dar. Diese Politik verlangt, dass die Teile zeitsynchron zu ihrer Verwendung im Fertigungsprozess geliefert werden. Die einsatzsynchrone Beschaffung vermeidet Lagerkosten. Jedoch entstehen hohe Bestellkosten. Sind diese Bestellkosten vom Kunden zu übernehmen, so führt dies in der Regel zu suboptimalen Ergebnissen.

Allerdings werden die Bestellkosten – insbesondere die Anlieferkosten – in der Praxis oft auf den Lieferanten überwälzt, wenn die Marktmacht dies erlaubt. Zusätzlich ist zu beachten, dass die fixen Lagerraumkosten – welche für kurzfristige Überlegungen ja nicht entscheidungsrelevant sind – bei einer einsatzsynchronen Bestellpolitik ebenfalls minimiert werden können. Weitere Eigenschaften der Just-in-Time-Beschaffung sind bereits in Abschnitt 3.5.5 erörtert worden.

5.9.3 Deterministische Planung

Standardansatz

Es gibt eine Vielzahl von Planungsverfahren, die für die Bestellmengenplanung verwendet werden. Solange die Bedarfe sicher bekannt sind und außerdem von einer konstanten Bedarfsrate über den Planungszeitraum ausgegangen werden kann, spielt die Wahl der Bestellpolitik nur eine untergeordnete Rolle. Im Folgenden wollen wir für diesen Fall deshalb lediglich einige Verfahren auf der Grundlage der (s,Q)-Politik betrachten.

Prinzipiell resultiert die optimale Bestellmenge aus einem Kostenminimierungsproblem. Dabei ist die gegenläufige Entwicklung der verschiedenen Kostenarten zu beachten, wie dies auch Abbildung 5.9.5 demonstriert. Während die Lagerkosten K_L mit zunehmender Bestellmenge steigen, weil die früh beschafften Materialmengen vor ihrer Verwendung entsprechend länger im Lager verweilen, sinkt die Bestellhäufigkeit. Dies führt zu einer Abnahme der bestellfixen Kosten K_B, die sich proportional zur Bestellhäufigkeit entwickeln. Liegt ein Periodenbedarf x vor, so sind die Beschaffungskosten im engeren Sinn so lange irrelevant für die Bestellmengenentscheidung, wie der gesamte Bedarf während des Planungszeitraums fest vorgegeben ist und in Abhängigkeit von der Bestellmenge keine Preisnachlässe gewährt werden, der Einstandspreis also konstant bleibt. Diese Annahme wollen wir zunächst aufrechterhalten. Abbildung 5.9.5 zeigt, wie sich die Funktionen der Lagerkosten und Bestellkosten zu einer u-förmigen Gesamtkostenfunktion addieren. Die optimale Bestellmenge ist dann erreicht, wenn diese Gesamtkostenfunktion ihr Minimum annimmt.

Die Bestellmengenplanung vereinfacht sich, wenn das Lager – sobald es leer ist – unverzüglich und schlagartig auf das Niveau Q^* aufgefüllt werden kann. Für den Bestellpunkt gilt also s = 0. Die optimale Bestellmenge in diesem so genannten klassischen Bestellmengenmodell (HARRIS 1913) erhält man aus der Lösung des Minimierungsproblems

$$\underset{Q}{\text{Min}}\, K(Q) = K_L(Q) + K_B(Q). \tag{5.9.1}$$

Ist der Lagerkostensatz k_L, der die Lagerkosten einer Materialeinheit während der gesamten Betrachtungsperiode zum Ausdruck bringt, bekannt, so ergeben sich die gesamten Lagerkosten aus der Multiplikation dieses Lagerkostensatzes mit dem durchschnittlichen Lagerbestand. Wie auch aus Abbildung 5.9.6

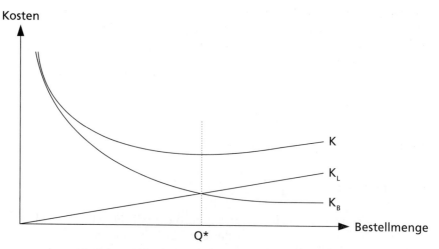

Abbildung 5.9.5: Lager-, Bestell- und Gesamtkostenverläufe

hervorgeht, beträgt der durchschnittliche Lagerbestand offenbar Q/2. Damit werden die Lagerkosten

$$K_L = k_L \frac{Q}{2}$$

kalkuliert.

Die bestellfixen Kosten

$$K_B = k_B \frac{x}{Q}$$

hängen von der Bestellhäufigkeit x/Q, d.h. der Anzahl der Bestellungen in der Planungsperiode, sowie dem Bestellkostensatz k_B ab. Hierzu zählen alle für das Unternehmen relevante Kostenarten, wie zum Beispiel die Kosten für die Bestellschreibung und eventuell auch die Kosten für die Anlieferung der bestellten Menge. Die Anwendung der Optimierungsvorschrift (5.9.1) führt damit zunächst zu der notwendigen Bedingung

$$\frac{dK}{dQ} = k_L \frac{1}{2} - k_B \frac{x}{Q^2} = 0 \tag{5.9.2}$$

und anschließend zu der Formel

$$Q^* = \sqrt{\frac{2k_B x}{k_L}}, \tag{5.9.3}$$

die auch als Wurzelformel oder – nach ihren Entwicklern – als HARRIS-Formel bzw. ANDLER-Formel bezeichnet wird. Wir haben diese Formel bereits bei der Losgrößenplanung in Abschnitt 5.3.2 kennengelernt und angewendet.

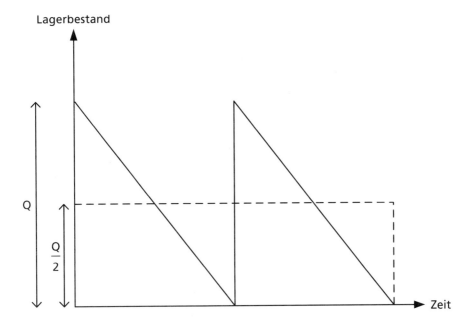

Abbildung 5.9.6: Lagerbestandsverlauf bei konstanter Bedarfsrate und schlagartigem Lagerzugang

Blicken wir noch einmal auf die Bedingung (5.9.2), so ist der rechte Teil dieser Bedingung gleichbedeutend mit

$$k_L \frac{Q}{2} = k_B \frac{x}{Q}$$

bzw.

$$K_L = K_B. \tag{5.9.4}$$

D.h. im Optimum sollten die Lagerkosten den Bestellkosten entsprechen.

Der Standardansatz besitzt die typischen Eigenschaften der leichten Rechenbarkeit und Übersichtlichkeit. Gleichzeitig existiert jedoch auch eine berechtigte Kritik, weil die Anwendungsvoraussetzungen in der Praxis oft nicht erfüllt sind. Einige wichtige Voraussetzungen seien hier nochmals zusammengefasst:

- Es wird jeweils nur eine Materialart betrachtet. In der Praxis hängt jedoch häufig die Beschaffung eines Materials auch von der Beschaffung anderer Materialien ab.
- Der Materialgesamtbedarf während der Planungsperiode ist bekannt. Dies widerspricht insofern den Erfahrungen aus der Praxis, als unvorhersehbare Auftragsschwankungen zugleich Konsequenzen hinsichtlich des Materialbedarfs haben.

- Es tritt keine wirksame Kapazitätsgrenze auf. D. h. die berechnete optimale Bestellmenge kann auch tatsächlich realisiert werden. Praktisch bleibt jedoch zu prüfen, ob genügend Lagerraum vorhanden ist. Dies gilt umso mehr, wenn verschiedene Materialien in demselben Lager untergebracht sind.
- Es wird davon ausgegangen, dass pro Zeiteinheit stets eine identische Materialmenge nachgefragt wird. In praktischen Situationen tritt dieser Fall so gut wie nicht auf.
- Von einer positiven Wiederbeschaffungszeit wird abstrahiert. D. h. es muss erst dann neu bestellt werden, wenn der Lagerbestand das Nullniveau erreicht hat. Kaum ein Unternehmen wird sich diese Politik leisten können.
- Es wird eine unendliche Lagerzugangsrate vorausgesetzt. Häufig werden allerdings Teillieferungen vereinbart, die dann in regelmäßigen Abständen am Lager eintreffen. Dadurch wird das Lager des Kunden weniger belastet. Außerdem muss der Lieferant seinen Produktionsrhythmus nicht ändern.
- Fehlbestände werden systematisch ausgeschlossen. Es kann jedoch unter Umständen vernünftig sein, temporäre Fehlmengen bewusst in Kauf zu nehmen und die Materialien dann später nachzuordern. Insbesondere gilt dies dann, wenn Bedarfsunsicherheit herrscht und sonst zu viele aufwändige Kleinlieferungen erfolgen müssten.

Aus dieser Prämissenkritik ergibt sich fast zwangsläufig, dass es sich bei dem klassischen Ansatz nur um ein Grundmodell handeln kann, welches den praktischen Bedürfnissen weiter anzupassen ist. Im Folgenden wollen wir deshalb einige Weiterentwicklungen in diese Richtung diskutieren.

Erweiterungen des Standardansatzes

Werden zwischen dem Lieferanten und dem Kunden Teillieferungen vereinbart, so bedeutet dies, dass der Lieferant seine gefertigten Materialien unverzüglich an den Kunden liefern kann, während der Kunde lediglich darauf zu achten hat, dass die Zugangsrate z der Materialien nicht unterhalb der eigenen Verbrauchs- bzw. Abgangsrate a liegt. Für beide Seiten haben Teillieferungen somit einen Lagerkostenvorteil. Das Lager des Kunden wird im Zeitintervall t_1 lediglich bis auf ein Niveau L (< Q) aufgebaut. Dementsprechend reduzieren sich die Lagerkosten zu

$$K_L = k_L \frac{L}{2} = k_L \left(1 - \frac{a}{z}\right) \frac{Q}{2}.$$

Dies veranschaulicht auch die Abbildung 5.9.7. Die Berechnung der Bestellkosten bleibt unverändert.

Die optimale Bestellmenge

$$Q^* = \sqrt{\frac{2k_B x}{k_L}} \sqrt{\frac{z}{z-a}} \qquad (5.9.5)$$

5.9 Planung von Bestellmenge und Bestellzeitpunkt

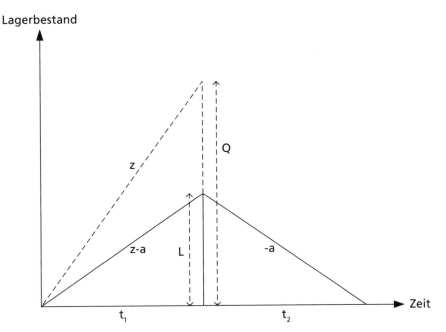

Abbildung 5.9.7: Lagerbestandsverlauf bei konstanter Bedarfsrate und konstanter Lagerzugangsrate

nimmt unter diesen Umständen ab - und zwar umso mehr, je dichter Zugangs- und Abgangsrate beieinander liegen. Sinken damit auch die Lagerkosten, so sollten die Bestellmengen folglich erhöht werden, damit die Bedingung (5.9.4) erfüllt bleibt. Höhere Bestellmengen führen allerdings zu weiter abnehmenden Bestellkosten, so dass das Kostenminimum auf einem insgesamt niedrigeren Niveau realisiert wird.

Eine ergänzende Überlegung ist auch erforderlich, wenn der verfügbare Lagerraum nicht ausreicht, um die bestellten Mengen nach Liefereingang im Lager unterzubringen. Existiert eine begrenzte Lagerkapazität C – zum Beispiel in Form der Lagerfläche in m² – und beträgt die Inanspruchnahme des Lagers durch eine Materialeinheit c m², so kann die optimale Bestellmenge einer Materialart zunächst auf einfache Weise zu

$$Q^{**} = \text{Min}\left(Q^*, \frac{C}{c}\right)$$

korrigiert werden. D.h. die Lagerkapazität limitiert die Bestellmenge nach oben. Reicht der Lagerraum hingegen aus, so wird weiterhin die gemäß Formel (5.9.3) bzw. Formel (5.9.5) berechnete Menge bestellt.

Das Lagerhaltungsproblem bei begrenzt vorhandenem Lagerraum gewinnt vor allem an Bedeutung, wenn der Lagerraum für mehrere Materialarten genutzt wird. Für die Materialarten $j = 1,...,J$ sind dann die jeweiligen Bestellmengen

Q_j zu bestimmen, die gewährleisten, dass auch bei gleichzeitiger Anlieferung aller Materialarten ausreichend Platz im Lager verfügbar ist. Hierzu verwendet man den LAGRANGE-Ansatz

$$\underset{Q_j, \lambda}{\text{Min}} K(Q_j) = \sum_{j=1}^{J} \left(k_{L_j} \frac{Q_j}{2} + k_{B_j} \frac{x_j}{Q_j} \right) + \lambda \left(\sum_{j=1}^{J} Q_j c_j - C \right).$$

Der letzte Ausdruck in dieser Gleichung stellt sicher, dass die Lagerkapazität nicht überschritten wird. Jede Einheit des Materials j nimmt dabei c_j Lagerraumeinheiten in Anspruch. λ symbolisiert den Schattenpreis der Lagerkapazität. Der Schattenpreis signalisiert die Opportunitätskosten einer Lagerraumeinheit. Die optimalen Bestellmengen

$$Q_j^* = \sqrt{\frac{2 k_{B_j} x_j}{k_{L_j} + 2\lambda_{opt} c_j}}, \, j=1, \ldots, J$$

der um den beschränkten Lagerraum konkurrierenden Materialien sind das Resultat der Auflösung des LAGRANGE-Ansatzes. Der optimale Schattenpreis λ_{opt} gibt an, wie die Raumknappheit bewertet wird. Wird der Lagerraum nicht voll genutzt, so gilt $\lambda_{opt} = 0$. Die Bereitstellung zusätzlichen Raums wäre zwecklos. Ein positiver Schattenpreis erfordert allerdings eine Prüfung, ob zu diesen Kosten eine geeignete Lagererweiterung kurzfristig stattfinden kann. Wenn dies nicht geschehen kann, sind die Bestellmengen der einzelnen Materialien entsprechend ihrem Platzbedarf zu reduzieren. Der beschriebene Engpass tritt erst dann auf, wenn die Lagerauffüllungen stets zur gleichen Zeit vorgenommen werden. Durch zeitversetztes Auffüllen des Lagers kann die Lagerkapazität unter Umständen besser genutzt werden. Der Schattenpreis λ erhält dadurch einen anderen, geringeren Wert.

> **Beispiel: Bestellmengenplanung bei einem Engpass im Lager**
>
> Für zwei Materialarten ist derselbe Lagerraum C = 300 m² reserviert. Die Lagerbelastung für jede Materialeinheit (ME) liegt bei c = 1 m². Die jährlichen Materialbedarfe betragen x_1 = 10.000 ME und x_2 = 4.500 ME. Ferner gelten folgende Kostensätze: k_{L1} = 50 € pro ME, k_{L2} = 40 € pro ME, $k_{B1} = k_{B2}$ = 100 € pro Bestellung. Sind die Anforderungen an das klassische Bestellmengenmodell erfüllt, so sollten bei unbeschränktem Lagerraum die optimale Bestellmengen Q_1^* = 200 ME bzw. Q_2^* = 150 ME realisiert werden. Bei gleichzeitigem Lagerzugang sind diese Mengen nicht lagerbar, da die Lagerkapazität überschritten würde.
>
> Aus dem LAGRANGE-Ansatz
>
> $$\underset{Q_j, \lambda}{\text{Min}} K(Q_j) = 50 \cdot \frac{Q_1}{2} + 100 \cdot \frac{10.000}{Q_1} + 40 \cdot \frac{Q_2}{2} + 100 \cdot \frac{4.500}{Q_2} + \lambda(Q_1 + Q_2 - 300)$$

ergeben sich deshalb die reduzierten Bestellmengen $Q_1^* = 174$ ME und $Q_2^* = 126$ ME. Der Schattenpreis für das Lager beträgt $\lambda^* = 8$ € pro m². Eine Erweiterung der Lagerkapazität ist dann vorzunehmen, wenn die hierfür anzusetzenden Kosten 8 € pro m² und Periode nicht übersteigen. In diesem Fall kann eine größere Bestellmenge der Materialien 1 und 2 umgesetzt werden. Die Kostenersparnisse hierfür liegen bei 8 € pro ME und Periode. Lagererweiterungen, die über den ursprünglich kalkulierten Raumbedarf von 350 m² hinausgehen, sind auf keinen Fall vorzunehmen.

Bei den bisher erläuterten Ansätzen waren die Beschaffungskosten nicht maßgeblich für die Planung der Bestellmenge, weil diese Kosten unabhängig von der gewählten Bestellmenge anfallen. Nicht immer entspricht dies der Realität. Häufig ist zu beobachten, dass ein Lieferant in Abhängigkeit von der Bestellmenge Rabatte auf den Einstandspreis eines Materials gewährt. Eine Rabattstaffelung führt dann zu der allgemeinen Preisfunktion

$$p(Q) = p_i \text{ für } Q_i \leq Q < Q_{i+1}, i = 1, \ldots, I.$$

Dabei fallen die Preise p_i mit wachsender Bestellmenge Q_i, d.h. für bestimmte Bestellmengenintervalle gelten konstante Einstandspreise p_i. Beim Optimierungskalkül

$$\underset{Q}{\text{Min}} K(Q) = k_L \frac{Q}{2} + k_B \frac{x}{Q} + p_i x \text{ für } Q_i \leq Q \leq Q_{i+1}$$

sind die Beschaffungspreise deshalb ausdrücklich zu beachten. Man gelangt dann dadurch zu einer Lösung, dass für jede Preisstufe die Kostenfunktion $K(Q)$ gebildet wird. Aus dieser Schar von Kostenfunktionen, die auf unterschiedlichem Niveau verlaufen, werden die relevanten Bereiche extrahiert und zu der endgültigen Funktion zusammengesetzt (vgl. Abbildung 5.9.8), bevor die optimale Bestellmenge durch einen Kostenvergleich ermittelt wird.

Beispiel: Bestellmengenplanung bei Rabattstaffelung

Der Lieferant eines Teils bietet seinen Kunden für ein stark nachgefragtes Teil eine Rabattstaffel in Form der Preisfunktion

$$p(Q) = \begin{cases} 3{,}00 \text{ €} & 0 \leq Q < 100 \\ 2{,}50 \text{ €} & 100 \leq Q < 300 \\ 2{,}00 \text{ €} & 300 \leq Q \end{cases}.$$

Die Schmiede KG prüft ihre Periodenbestellmenge daraufhin, ob diese Menge bei einem Jahresbedarf von 10.000 Mengeneinheiten (ME) angepasst werden soll. Der Bestellkostensatz beträgt $k_B = 100$ € pro Bestellung, der Lagerkostensatz wird derzeit mit $k_L = 50$ € pro ME und Jahr kalkuliert.

Die drei Kostenfunktionen für die in Betracht kommenden Einstandspreise $p_1 = 3$ €, $p_2 = 2{,}50$ € und $p_3 = 2$ € sind in Abbildung 5.9.8 dargestellt. Man erkennt, dass das Kostenminimum für jede dieser drei Funktionen bei der Bestellmenge $Q = 200$ ME erreicht wird. Die relevanten Kostenabschnitte sind besonders kenntlich gemacht. Sie bilden die endgültige Kostenfunktion. Würde $Q = 200$ ME realisiert werden, so führte diese Bestellmenge zu einem Einstandspreis von 2,50 € und Gesamtkosten in Höhe von 35.000 €.

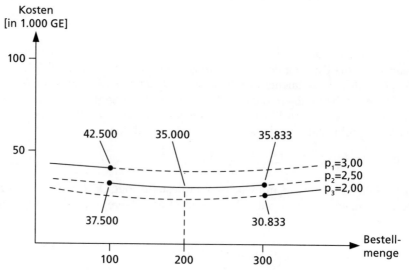

Abbildung 5.9.8: Gesamtkostenverlauf bei Berücksichtigung einer Rabattstaffel

Vergleicht man diesen Betrag mit den Kosten, die entstünden, wenn die Bestellmenge auf 300 ME angehoben würde, so wird eine zusätzliche Kostenersparnis sichtbar. Die Gesamtkosten sinken auf 30.833 €. Trotz höherer Lagerkosten sorgt der günstigere Einstandspreis von 2 € pro ME für diesen Vorteil. Jede Abweichung von dieser Bestellmenge verschlechtert den Kostenwert, wie Abbildung 5.9.8 zeigt.

Für die Suche nach optimalen Bestellmengen brauchen Kostenfunktionen nicht immer komplett erzeugt zu werden. Vielmehr reicht es häufig aus, einige ausgezeichnete Bestellmengen miteinander zu vergleichen. So kommen beim Vorliegen von Rabattstaffeln neben dem auf herkömmliche Weise berechneten Optimum nur noch solche Mengen in Betracht, bei denen ein neuer (niedrigerer) Einstandspreis erstmals wirksam wird. Lediglich für diese Alternativen müssen die Gesamtkosten ermittelt und anschließend verglichen werden.

Bei einem Servicegrad von 100 % werden Fehlbestände nicht toleriert. Im praktischen Betrieb ist aber zu prüfen, ob Fehlbestände einzelner Teile in Kauf genommen werden, um günstige Konditionen in Anspruch zu nehmen bzw. die anfallenden Kosten zu minimieren. Bei derartigen Usancen sind zwei Fälle

5.9 Planung von Bestellmenge und Bestellzeitpunkt

zu unterscheiden: Entweder begnügt sich der Einkauf mit einem Servicegrad von weniger als 100 % („lost sales") oder die zunächst nicht erfüllten Bedarfswünsche seitens der Fertigung werden unmittelbar nach Eingang einer neuen Lieferung erfüllt („back orders"). Überstunden bzw. Sonderschichten in der Fertigung, die erforderlich werden, um die ausgefallene Produktion nachzuholen, bleiben bei der Kalkulation des Einkaufs außer Acht. Es wird vielmehr nach wie vor von einem Servicegrad von 100 % ausgegangen. Allerdings entstehen eigene Fehlmengenkosten u. a. durch Nachlieferung der Teile.

Im Lost-Sales-Fall erreicht das Lager nach Eingang der nächsten Bestellung wieder einen maximalen Bestand in Höhe von Q, während im Back-Order-Fall wegen der unverzüglichen Nachlieferungen an die Betriebsstätten der maximale Lagerbestand lediglich auf einen Nettowert R = Q-F ansteigt. F bezeichnet die zuvor entstandene Fehlmenge. Die nachfolgenden Analysen konzentrieren sich auf den Back-Order-Fall. Sie können analog auf den Lost-Sales-Fall übertragen werden.

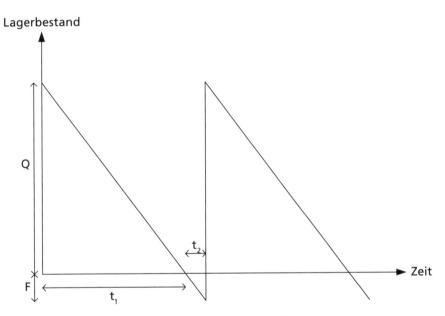

Abbildung 5.9.9: Lagerbestandsverlauf bei „lost sales"

Die Fehlmengenkosten

$$K_F = k_F \frac{Q-R}{2} \frac{t_2}{t_1 + t_2}$$

kommen dadurch zustande, dass der durchschnittliche Fehlbestand

$$\frac{Q-R}{2}$$

mit dem Fehlmengenkostensatz für eine Materialeinheit während der gesamten Planperiode multipliziert wird. Da Fehlbestände, wie in Abbildung 5.9.10 dargestellt, nur während des Bruchteils

$$\frac{t_2}{t_1 + t_2}$$

eines jeden Bestellzyklus auftreten, sind die Kosten mit diesem Faktor zu gewichten.

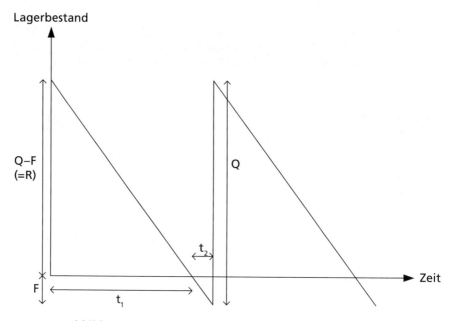

Abbildung 5.9.10: Lagerbestandsverlauf bei „back orders"

Die Lagerkosten

$$K_L = k_L \frac{R}{2} \frac{t_1}{t_1 + t_2}$$

lassen sich analog herleiten: Der durchschnittliche Lagerbestand

$$\frac{R}{2}$$

tritt ebenfalls nur in einem Bruchteil

$$\frac{t_1}{t_1 + t_2}$$

des gesamten Bestellzyklus auf. Solange Fehlbestände bemerkbar sind, fallen Lagerkosten nicht an. Bestellkosten entstehen nach wie vor in Höhe von

$$K_B = k_B \frac{x}{Q}.$$

Wegen

$$\frac{t_1}{t_1 + t_2} = \frac{R}{Q}$$

und

$$\frac{t_2}{t_1 + t_2} = \frac{Q - R}{Q}$$

lässt sich eine Optimierungsvorschrift

$$\underset{Q,R}{\text{Min}} K = k_L \frac{R}{2} \frac{R}{Q} + k_B \frac{x}{Q} + k_F \left(\frac{Q}{2} - R + \frac{R^2}{2Q} \right)$$

entwickeln, aus der die optimale Bestellmenge

$$Q^* = \sqrt{\frac{2k_B x}{k_L}} \sqrt{\frac{k_F + k_L}{k_F}}$$

hervorgeht. Der maximale Auffüllwert des Lagers liegt bei

$$R^* = \sqrt{\frac{2k_B x}{k_L}} \sqrt{\frac{k_F}{k_L + k_F}}.$$

Die maximale Fehlmenge

$$Q^* - R^* = F^* = \sqrt{2k_B x} \sqrt{\frac{k_L}{k_F(k_L + k_F)}}$$

resultiert aus dem Vergleich dieser beiden Werte.

Wir wollen im Folgenden prüfen, wie und in welche Richtung eine Veränderung der Kostensätze auf die berechneten Ergebnisse wirkt. Tabelle 5.9.2 liefert hierzu eine Übersicht, welche Konsequenzen zu erwarten sind. Steigende Fehlmengenkostensätze reduzieren sowohl die optimale Bestellmenge als auch die maximale Fehlmenge. Dabei wird das Intervall t_2 verkürzt, in dem überhaupt Fehlbestände auftreten. Entsprechend wächst das Intervall t_1, in dem Lagerkosten anfallen. Folglich erhöht sich der durchschnittliche Lagerbestand, da neben t_1 auch die maximale Auffüllhöhe R ansteigt. Höhere Fehlmengenkostensätze verursachen demnach höhere Lagerkosten. Außerdem wachsen die Bestellhäufigkeit – weil Q sinkt – und damit die Bestellkosten. Es herrscht also ein Trade-off zwischen den sinkenden Fehlmengenkosten einerseits sowie den steigenden Lager- und Bestellkosten andererseits. Für den Fall, dass der Fehlmengenkostensatz ins „Unendliche" wächst, wird die optimale Bestellmenge wieder nach der klassischen Wurzelformel (5.9.3) bestimmt. D. h. es sollten keine Fehlbestände mehr eingeplant werden.

	k_L	k_F	k_B
Q	−	−	+
R	−	+	+
F	+	−	+

Tabelle 5.9.2: Sensititivitätsanalyse der optimalen Ergebnisse bezüglich veränderter Kostenparameter

---

Beispiel: Bestellmengenplanung im Back-Order-Fall

Die Schmiede KG prüft bei unveränderter Kalkulationsgrundlage (Jahresbedarf 10.000 ME, Bestellkostensatz 100 € pro Bestellung, Lagerkostensatz 50 € pro ME und Jahr), ob die bewusste Inkaufnahme von Fehlbeständen bei möglicher Nachlieferung und einem Fehlmengenkostensatz von ebenfalls 50 € pro ME und Jahr einen wirtschaftlichen Vorteil mit sich bringt.

Die Ergebnisse

$$Q^* = 200\sqrt{2} \approx 282{,}8$$

$$R^* = \frac{200}{\sqrt{2}} \approx 141{,}4$$

$$F^* = \frac{200}{\sqrt{2}} \approx 141{,}4$$

zeigen, dass die Bestellmenge erhöht werden sollte. Dadurch sinken die Bestellkosten von 5.000 € auf ca. 3.536 €. Bei den Lagerkosten ist der Effekt noch deutlicher: Diese Kosten werden von 5.000 € auf ca. 1768 € reduziert. Obwohl Fehlmengenkosten in Höhe von etwa 1.768 € entstehen, bleibt der Nettoeffekt einer Fehlmengenplanung positiv.

Steigen die Fehlmengenkostensätze infolge von Eilbelieferungen der dezentral gelegenen Fertigungsstätte auf 100 € pro ME und Jahr an, so ergibt die Planung folgende Ergebnisse:

$$Q^* = 200\sqrt{1{,}5} \approx 244{,}9$$

$$R^* = \frac{200}{\sqrt{1{,}5}} \approx 163{,}3$$

$$F^* = \frac{200}{3}\sqrt{1{,}5} \approx 81{,}6$$

Sowohl die optimale Bestellmenge als auch der tolerierbare Fehlbestand sinken wieder. Die Auffüllhöhe des Lagers nimmt hingegen zu. Deshalb steigen die Lagerkosten auf ca. 2.722 € an. Wegen der erforderlichen Mehrbestellungen nehmen auch die Bestellkosten zu. Sie betragen jetzt ca. 4.082 €. Lediglich die Fehlmengenkosten sinken auf ca. 1.361 €. Insgesamt verbleibt eine Kostenersparnis gegenüber der Ausgangssituation. Jedoch ist der Nutzen einer Fehlmengenplanung deutlich abgeschwächt.

Während im Falle der Vermeidung von Fehlmengen die Lagerkosten mit den Bestellkosten abzugleichen sind, ergibt sich für die ausdrückliche Beachtung von Fehlmengenkosten mit

$$K_L + K_F = K_B$$

eine neue Form der Ausbalancierung. Fehlmengenkosten sind danach wie Lagerkosten zu behandeln. Die Summe aus Lager- und Fehlmengenkosten sollte den Bestellkosten entsprechen. Allerdings erhält die Planung einen zusätzlichen Freiheitsgrad dadurch, dass zuvor zwischen den Lagerkosten und den Fehlmengenkosten im Sinne einer Kostenminimierung abzuwägen ist. Daraus resultiert der beschriebene Gesamtvorteil dieses Ansatzes. Auf jeden Fall ist zu beachten, dass Fehlmengen dann bewusst in Kauf genommen werden sollten, wenn sie unterhalb der Kosten liegen, die sonst durch die zusätzlich erforderliche Lagerung von Materialien entstehen würden.

Um Bestellmengen für Teile zu planen, deren Bedarfe im Planungszeitraum unregelmäßig anfallen, ist es erforderlich, diesen Zeitraum in Teilperioden zu zerlegen. Damit vollzieht man den Schritt zu einem dynamischen Ansatz. Je feiner die Intervallzerlegung vorgenommen wird, desto mehr Bedarfsschwankungen können erfasst werden. Für ein befriedigendes Ergebnis kommt es darauf an, dass die Bedarfe in den einzelnen Teilperioden weitgehend konstant sind.

Ein wichtiges dynamisches Planungsverfahren, das WAGNER/WHITIN-Verfahren, wurde bereits in Abschnitt 5.3.3 vorgestellt. Wir brauchen dieses Verfahren deshalb hier nicht weiter zu erörtern. Es kann auch auf die Planung der Bestellmengen angewandt werden. Dies trifft auch auf die heuristischen Verfahren zu, die Gegenstand von Abschnitt 5.3.4 waren. Anstelle der Losgrößen, die in Eigenfertigung hergestellt werden, lassen sich die Bestellmengen der fremdbezogenen Teile unter Anwendung derselben Verfahrensprinzipien dynamisch über mehrere Perioden ermitteln.

5.9.4 Stochastische Planung

Bei den deterministischen Verfahren der Planung von Bestellmenge und Bestellperiode wird vor allem moniert, dass die Materialbedarfe zum Planungszeitpunkt nicht immer sicher bekannt sind. Unsicherheiten während des Planungsprozesses sind uns schon mehrfach begegnet. In diesem Stadium der Planung lässt die beobachtete Bedarfsunsicherheit es ratsam erscheinen, die

Bedarfe entweder unmittelbar als Erwartungswerte oder als Zufallsgrößen zu behandeln. Der Ansatz von Erwartungswerten ist einfacher, aber im Ergebnis ungenauer. Nutzt man die vorliegenden Bedarfsinformationen zur Bildung von Wahrscheinlichkeitsverteilungen, so ist die darauf aufbauende Planung flexibler und zuverlässiger.

Entscheidend für das Resultat einer stochastischen Bestellmengenplanung ist die Wahl der Bestellpolitik. Bei Bestellzyklussystemen wächst die Unsicherheit über den Bedarfsverlauf eines Teils umso mehr, je größer der Bestellzyklus gewählt wird. Die Bedarfsverteilung während eines Bestellrhythmus T wird in Form einer Dichtefunktion f(x) oder einer Verteilungsfunktion F(x) für die Zufallsgröße Bedarf ermittelt. Für die Bestellmengenplanung ergeben sich zwei kritische Probleme:

- Für eine Periode T wird zu wenig bestellt. Entweder werden deshalb Nachlieferungen zu höheren Einstandspreisen erforderlich, oder die Fehlmengen führen zu Produktionsausfällen.
- Es wird zu viel bestellt. Diese Materialien, die in der betreffenden Periode nicht verbraucht werden, werden unplanmäßig ins Lager genommen bzw. an den Lieferanten mit einem Preisabschlag zurückgegeben.

Bezeichnet k_E den Einstandspreis bei Normalbeschaffung, k_E^* den Einstandspreis bei Eilbeschaffung (mit $k_E^* > k_E$) und p den Rücknahmepreis des Lieferanten (mit $p < k_E$), so lauten die Beschaffungskosten für den betrachteten Bestellzyklus

$$K(Q) = \begin{cases} k_E Q - p(Q-x), & x < Q \\ k_E Q + k_E^*(x-Q), & x \geq Q \end{cases}$$

Q-x bezeichnet die Materialmenge, die zu einem geringen Rücknahmepreis wieder an den Lieferanten zu senden ist. x-Q ist die Fehlmenge, die unverzüglich zu schlechteren Konditionen nachzubestellen ist. Gewichtet man die Kosten für die verschiedenen Bedarfsausprägungen x mit den Wahrscheinlichkeitswerten aus der Dichtefunktion f(x), so ergibt sich als Optimierungsvorschrift eine Minimierung der erwarteten beschaffungsrelevanten Kosten

$$E[K(Q)] = \sum_{x<Q} [k_E Q - p(Q-x)] f(x) + \sum_{x \geq Q} [k_E Q + k_E^*(x-Q)] f(x).$$

Obwohl keine Mengenrabatte betrachtet werden, ist der Einstandspreis des Materials in diesem Fall nicht unerheblich. Sein Abstand zum Eilbeschaffungs- bzw. Rücknahmepreis ist ausschlaggebend dafür, ob eine offensive oder defensive Beschaffungspolitik verfolgt werden soll.

Bei diesem Planungsansatz wird unterstellt, dass der Disponent risikoneutral agiert. Seine Unsicherheit beschränkt sich auf die Bedarfsentwicklung. Bezüglich der Lieferzeit hat er keine Bedenken. Ebenso sind ihm die verschiedenen Beschaffungspreise sicher bekannt. Liegt die Bedarfsverteilung in Form einer Dichtefunktion vor, so bedeutet dies, dass für den Materialbedarf ausreichend

Erfahrungswerte aus der Vergangenheit existieren. Wird das Material dagegen nur unregelmäßig eingesetzt, so ist der Ansatz praktisch wenig ergiebig.

> **Beispiel: Stochastische Bestellmengenplanung**
>
> Der Wirkungsgrad einer Reagenz ist nur kurzfristig auf hohem Niveau zu halten. Eine Lagerhaltung kommt also nicht in Frage. Andererseits ist die Bedarfsrate pro Planungsperiode unsicher. Ein Unternehmen trifft deshalb mit einem Chemiekonzern folgende Vereinbarung: Ein langfristiger Abnahmevertrag sichert einen günstigen Einstandspreis von $k_E = 500$ € pro kg. Nicht verbrauchte Materialien werden von dem Konzern zum Preis von p = 100 € pro kg zurückgenommen. Für Eillieferungen liegt der kurzfristige Marktpreis bei $k_E^* = 1.200$ € pro kg. Aufgrund von Erfahrungen, die als Wahrscheinlichkeitsverteilung in Tabelle 5.9.3 dargestellt sind, plant das Unternehmen gegenwärtig eine Überprüfung der periodischen Beschaffungsmenge Q.
>
> | x[kg] | 19 | 20 | 21 | 22 | 23 | 24 | 25 |
> |---|---|---|---|---|---|---|---|
> | f(x) | 0,05 | 0,10 | 0,15 | 0,40 | 0,15 | 0,10 | 0,05 |
>
> **Tabelle 5.9.3:** Bedarfsverteilung für eine verderbliche Reagenz
>
> Mit den Werten aus der Dichtefunktion f(x) werden die Kostenfunktion
>
> $$K(Q) = \begin{cases} 500Q - 100(Q-x), & x < Q \\ 500Q - 1.200(x-Q), & x \geq Q \end{cases}$$
>
> sowie der Erwartungswert der entstehenden Periodenkosten
>
> $$E[K(Q)] = \sum_{x=19}^{Q}(400Q + 100x)f(x) + \sum_{x=Q+1}^{25}(500Q + 1.200(x-Q))f(x)$$
>
> bestimmt. Für jede Kombination einer Bedarfsmenge x sowie einer Beschaffungsmenge Q ergeben sich konkrete Zahlenwerte, die in Tabelle 5.9.4 übersichtlich zusammengestellt sind. Sie addieren sich zeilenweise zu den erwarteten Kosten einer Beschaffungsmenge Q, nachdem sie zuvor mit den Eintrittswahrscheinlichkeiten der einzelnen Bedarfssituationen gewichtet worden sind.
>
> | x | 19 | 20 | 21 | 22 | 23 | 24 | 25 | |
> |---|---|---|---|---|---|---|---|---|
> | f(x) | 0,05 | 0,10 | 0,15 | 0,40 | 0,15 | 0,10 | 0,05 | |
> | Q | | | | | | | | E[K(Q)] |
> | 19 | 9.500 | 10.700 | 11.900 | 13.100 | 14.300 | 15.500 | 16.700 | 13.100 |
> | 20 | 9.900 | 10.000 | 11.200 | 12.400 | 13.600 | 14.800 | 16.000 | 12.455 |
> | 21 | 10.300 | 10.400 | 10.500 | 11.700 | 12.900 | 14.100 | 15.300 | 11.920 |

x	19	20	21	22	23	24	25	
f(x)	0,05	0,10	0,15	0,40	0,15	0,10	0,05	
Q								E[K(Q)]
22	10.700	10.800	10.900	11.000	12.200	13.400	14.600	11.550
23	11.100	11.200	11.300	11.400	11.500	12.700	13.900	11.620
24	11.500	11.600	11.700	11.800	11.900	12.000	13.200	11.855
25	11.900	12.000	12.100	12.200	12.300	12.400	12.500	12.200

Tab. 5.9.4: Kostenmatrix bei verschiedenen Bedarfs- und Beschaffungsmengen

Die erwarteten Periodenkosten sind minimal für eine Beschaffungsmenge Q = 22. Sie belaufen sich in diesem Fall auf 11.550 €. Wird lediglich eine Menge von x = 19 kg in einer Periode nachgefragt, so liegen die Kosten bei 10.700 €, da von den für 11.000 € beschafften 22 kg 3 kg zum Preis von 300 € zurückgegeben werden können. Andererseits entstehen Gesamtkosten in Höhe von 14.600 €, wenn von der Reagenz 25 kg nachgefragt wird. Zu den 11.000 € für die regulär beschafften 22 kg kommen dann noch 3 kg zum Preis von 3.600 € hinzu, da für diese Menge eine Eillieferung zu veranlassen ist.

Zusätzliche Sensitivitätsüberlegungen können einen Hinweis darauf geben, wann eine Mehr- oder Minderbeschaffung zum regulären Preis zweckmäßig erscheint. Soll etwa der kurzfristige Marktpreis auf ein noch nicht genau bekanntes Niveau $k_E^* = 1200-t$, $t > 0$ sinken, so sollte eine Reduzierung der Beschaffungsmenge auf Q = 21 kg erwogen werden. Die Plausibilität dieser Überlegung wird deutlich, nachdem der neue Erwartungswert der Kosten

$$E[K(Q,t)] = \sum_{x=19}^{Q}(400Q+100x)f(x) + \sum_{x=Q+1}^{25}\left[(500Q+(1.200-t)(x-Q))\right]f(x)$$

zu

$$E[K(Q,t)] = E[K(Q)] - \sum_{x=Q+1}^{25} t(x-Q)f(x) \qquad (5.9.6)$$

umgerechnet worden ist. Anhand dieser Formel kann der neue Kostenwert mit dem alten Wert verglichen werden. Die Kosteneinsparung entspricht dem zweiten Summanden auf der rechten Seite der Gleichung.

Von der Preisreduktion sind also offenbar nur die unerwarteten Mehrbedarfe betroffen. Die erwarteten Kostenersparnisse sind deshalb umso größer, je geringer die reguläre Beschaffungsmenge ist. Für jeden Euro, um den der kurzfristige Marktpreis reduziert wird, betragen die erwarteten Kostenersparnisse für Q = 21 kg gemäß Formel (5.9.6) 1,20 €, während für Q = 22 kg lediglich eine erwartete Kostenreduktion um 0,50 € resultiert. Bei einer Preissenkung um t = 528,57 € ist der erwartete Kostenvorteil einer Beschaffungsmenge Q = 22 kg aufgezehrt. Weitere Senkungen des kurzfristigen Marktpreises sollten deshalb auch zu einer Anpassung der optimalen Bestellmenge führen.

5.9.5 Zusammenfassung

Im einführenden Abschnitt 5.9.1 wurde darauf hingewiesen, dass die Planung von Bestellmenge und Bestellzeitpunkt ähnlich strukturiert ist wie die Losgrößenplanung, die in Unterkapitel 5.3 behandelt worden ist. Während im einen Fall Bestellaufträge für fremdbezogene Materialien Objekt der Planung sind, stehen im anderen Fall Fertigungsaufträge bzw. Fertigungslose für selbst zu erstellende Teile im Zentrum der Betrachtung. Dies bedeutet für die Planung von Bestellmenge und Bestellzeitpunkt, dass grundsätzlich auch auf die in Unterkapitel 5.3 dargestellten Planungsverfahren zugegriffen werden kann. In Kapitel 5.9.2 wurden die einzelnen Bestellpolitiken anhand von Eigenschaften der beiden Bestellparameter Zeit und Menge näher charakterisiert, bevor in Abschnitt 5.9.3 spezielle Planungssituationen insbesondere für die (s,Q)-Bestellpolitik eingehender untersucht wurden. So wurde analysiert, wie sich die Bestellmengen ändern, wenn Teillieferungen der bestellten Materialen vereinbart worden sind. Im Ergebnis kommt es – wie auch bei der Vereinbarung von Mengenrabatten – zu einem Anstieg der Bestellmengen, um Kostenvorteile bestmöglich zu nutzen. Werden vom Unternehmen Fehlbestände im Lager akzeptiert und kommt es im Sinne einer Back-Order-Politik zu einer verspäteten Auslieferung der fertiggestellten Endprodukte an den Kunden, so wird dies gewöhnlich als nachteilig empfunden. Es wurde allerdings gezeigt, dass die bewusste Inkaufnahme von temporären Fehlbeständen auch eine Maßnahme zur Kostensenkung im Beschaffungsbereich sein kann. In Abschnitt 5.9.4 wurde erörtert, wie zu verfahren ist, wenn die Periodenbedarfe eines Materials nicht mit Sicherheit bekannt sind, sondern lediglich Wahrscheinlichkeitsverteilungen für diese Bedarfe existieren. Es wurde gezeigt, wie begleitende Maßnahmen – zum Beispiel Möglichkeiten der Nachbestellung bzw. Rückgabe von Materialien – das Bestellverhalten beeinflussen.

5.9.6 Fragen zur Wiederholung

1. Für welche Materialien kommt eine Vorratshaltung in Betracht? Welche Funktionen kann ein Lager ausüben?
2. Welche Bestellpolitiken werden unterschieden und welche organisatorischen Bedingungen müssen erfüllt sein, damit diese Bestellpolitiken umgesetzt werden können?
3. Wie lauten die zentralen Annahmen über das HARRIS-Modell? Setzen Sie sich kritisch mit diesen Annahmen auseinander.
4. Wie sind die Opportunitätskosten zu interpretieren, die bei Verletzung der vorgegebenen Lagerkapazität entstehen?
5. Unter welchen Umständen spielen die Materialeinstandskosten sowie die Fehlmengenkosten bei der Optimierung der Bestellmenge eine Rolle? Wie verändert sich die optimale Bestellmenge, wenn diese Kosten steigen?
6. Wie lassen sich Unsicherheiten über den Bedarfsverlauf sowie die Kostenprognosen in die Bestellmengenplanung einbeziehen?

7. Welche Analogien existieren zwischen der Bestellmengenplanung und der Losgrößenplanung. Beschreiben Sie diese Analogien dadurch, dass Sie die entsprechenden Kostenarten einander zuordnen.

5.9.7 Aufgaben zur Übung

Aufgabe 1

Bei der Beschaffung schwarzer Druckfarbe geht die Druckerei Print-it GmbH im Allgemeinen von gleichbleibenden Bedarfen (120 hl pro Woche) aus. Allerdings verfügt sie derzeit noch über hohe Lagerbestände, so dass für die kommende Woche (Woche 1) lediglich 100 hl zusätzlich benötigt werden. Für Woche 3 wird hingegen ein Sonderauftrag erwartet, so dass dann 140 hl planmäßig verbraucht werden. Die Bestellkosten liegen derzeit bei 200 €. Der Lagerkostensatz für 1 hl Druckfarbe beträgt 1 € pro Woche.

Bestimmen Sie auf der Grundlage dieser Informationen die optimalen Bestellmengen für die Bedarfe der kommenden vier Wochen.

Wie verändert sich die Lösung, wenn die Bestellkosten durch Einsatz elektronischer Medien auf 20 € pro Bestellung reduziert werden?

Aufgabe 2

Ein Fotolaborlieferant disponiert den Bedarf an Fotopapier für drei Großlabore im Hamburger Raum. Die Bedarfe belaufen sich pro Tag konstant auf drei Rollen pro Labor. Die monatlichen (25 Arbeitstage) Lagerkosten belaufen sich auf 75 € pro Rolle. Die fixen Bestellkosten betragen 96 € pro Bestellvorgang. Der deutsche Fotopapierhersteller bietet dem Lieferanten die Ware zu folgenden Konditionen an:

Fotopapierrollen pro Bestellung	0 – 24	25 – 49	50 – 74	> 75
Preis in €	1.600	1.500	1.400	1.300

Mengen- und Preiskonditionen

Bestimmen Sie die optimale Bestellmenge des Fotolaborlieferanten.

Der Lieferant versorgt die drei Großlabore ebenfalls mit Entwicklerflüssigkeit. Die Nachfrage nach Entwickler ist jedoch nicht sicher prognostizierbar. Aufgrund langjähriger Erfahrungswerte geht der Fotolaborlieferant von folgender Nachfrageverteilung nach Entwicklerflüssigkeit aus:

Entwickler in Liter (x)	200	210	220	230	240	250
f (x)	0,2	0,1	0,1	0,1	0,2	0,3

Nachfrage nach Entwicklerflüssigkeit

5.9 Planung von Bestellmenge und Bestellzeitpunkt

Aufgrund der schnellen Oxydation des Fotopapierentwicklers kann dieser nicht gelagert werden. Falls der Lieferant nicht seine gesamte disponierte Menge in derselben Periode absetzen kann, muss er den Entwickler gebührenpflichtig als Sondermüll entsorgen. Der Entsorgungspreis für flüssige Sonderabfälle beträgt 15 € pro Liter. Der Lieferant bezieht seine Ware im Rahmen langfristiger Liefervereinbarungen zu einem Preis von 20 € pro Liter. Da er sich verpflichtet hat, den Bedarf der Großlabore unter allen Umständen zu befriedigen, besteht für den Zulieferer die Möglichkeit, die Entwicklerflüssigkeit kurzfristig zu einem Eilbeschaffungspreis von 40 € pro Liter innerhalb einer Periode zu beschaffen.

Entwickeln Sie die entscheidungsrelevante Kostenfunktion des Zulieferers in Abhängigkeit der von ihm gewählten Bestellmenge (Q) und der stochastischen Nachfrage (x). Ermitteln Sie seine optimale Bestellmenge im Rahmen eines Erwartungswertkonzeptes.

Im Zuge eines verstärkten Umweltbewusstseins in der Bevölkerung beschließt die Landesregierung eine Erhöhung des Entsorgungspreises für flüssige Sonderabfälle. Um wie viel € muss die Entsorgungspauschale pro Liter steigen, damit der Zulieferer seine optimale Bestellmenge verändert?

Erläutern Sie die (s, Q)- und die (T, Q)-Politik. Stellen Sie beide Lagerpolitiken graphisch dar und vergleichen Sie ihre Vor- und Nachteile.

Aufgabe 3

Die tägliche Nachfrage eines systematisch bevorrateten Zulieferteils liegt bei 25 Packungseinheiten (PE). Die täglichen Lagerkosten belaufen sich auf 12,50 € pro PE, die Bestellkosten betragen 400 €.

Durch die Aushandlung eines langfristigen Kooperationsvertrags mit dem Lieferanten kann das Unternehmen zudem Rabatte aushandeln. Es zahlt folgende mengenabhängige Preise:

Bestellmenge	$0 \leq Q \leq 80$	$80 \leq Q$
Preis pro PE	330 €	290 €

Bestimmen Sie die entscheidungsrelevante Gesamtkostenfunktion und berechnen Sie die optimale Bestellmenge.

5.9.8 Literaturempfehlungen zur Vertiefung

BLOECH, J./BOGASCHEWSKY, R./BUSCHER, U./DAUB, A./GÖTZE, U./ROLAND, F. (2008): Einführung in die Produktion. 6. Auflage, Springer, Berlin u. a.

FANDEL, G./FISTEK, A./STÜTZ, S. (2010): Produktionsmanagement. 2. Auflage, Springer, Heidelberg u. a.

KISTNER, K.-P./STEVEN, M. (2001): Produktionsplanung. 3. Auflage, Physica, Heidelberg

KÜPPER, H.-U./HELBER, S. (2004): Ablauforganisation in Produktion und Logistik. 2. Auflage, Schäffer-Poeschel, Stuttgart

THONEMANN, U. (2010): Operations Management. 2. Auflage, Pearson, München

Quellenverzeichnis

ANDLER, K. (1929): Rationalisierung der Fabrikation und optimale Losgröße. Oldenbourg, München

BARTELS, W. (1991), Kennzahlen für die Beschaffungslogistik, in: Beschaffung aktuell, August, S. 30–33

BERG, C. C. (1981)., Beschaffungsmarketing, Physica, Würzburg und Wien

BICHLER, M./PIKOVSKY, A./ SETZER, T. (2005): Kombinatorische Auktionen in der betrieblichen Beschaffung – Eine Analyse grundlegender Entwurfsprobleme. In: Wirtschaftsinformatik, Nr. 2, S. 126–134

BOWMAN, E. H. (1960): Assembly-Line Balancing by Linear Programming. In: Operations Research, Vol. 8, Issue 3, S. 385–389

BOWMAN, E. H./FETTER, R. B. (1957): Analysis for Production and Operations Management. Irwin, Homewood/Ill.

BUFFA, E. S. (1961): Modern Production Management – Managing the Operations Function. 5. Auflage, Wiley, New York u. a.

CAMPBELL, H. G./DUDEK, R. A./SMITH, M. L. (1970): A Heuristic Algorithm for the n-Job, m-Machine Sequencing Problem, in: Management Science, No. 16, S. 630–637

CHANG, T. M./YIH, Y. (1994): Generic KANBAN Systems for Dynamic Environment. In: International Journal of Production Research, Vol. 32, No. 4, S. 889–902

CHEN, P. P.-S. (1976): The Entity-Relationship Model – Toward a Unified View of Data. In: ACM Transactions on Database Systems, Vol. 1, No. 1, S. 9–36

CODD, E. F. (1970): A Relational Model of Data for Large Shared Data Banks. In: Communications of the Association for Computing Machinery, Vol. 13, No. 6, S. 377–387

CORSTEN, H. (1990), Produktionswirtschaft, Oldenbourg, München und Wien

CORSTEN, H./GÖSSINGER, R. (2000): Produktionsplanung und -steuerung in virtuellen Produktionsnetzwerken. In: KALUZA, B./BLECKER, T. (Hrsg.): Produktions- und Logistikmanagement in virtuellen Unternehmen und Unternehmensnetzwerken. Springer, Berlin u. a., S. 249–294

CORSTEN, H./GÖSSINGER, R. (2001): Unternehmensnetzwerke: Grundlagen – Ausgestaltungsformen – Instrumente, Schriften zum Produktionsmanagement. Universität Kaiserslautern, 47. Jg., Nr. 38

CORSTEN, H./GÖSSINGER, R. (2007): Dienstleistungsmanagement. 5. Auflage, Oldenbourg, München u. a.

CORSTEN, H./GÖSSINGER, R. (2009): Produktionswirtschaft. 12. Auflage, Oldenbourg, München u. a.

DEMATTEIS, J. J. (1968): An Economic Lot-Sizing Technique I – The Part-Period Algorithm. In: IBM Systems Journal, Vol. 7, No. 1, S. 30–39

DEMING, W. E. (1952): Elementary Principles of the Statistical Control of Quality. Nippon Kegaku Gijutsu Remmei, Tokio

DEMING, W. E. (1982): Out of the Crisis. Massachusetts Institute of Technology, Boston

DEUTSCHES INSTITUT FÜR NORMUNG (Hrsg.) (2008): Qualitätsmanagementsysteme – Anforderungen. DIN EN ISO 9001:2008, Beuth, Berlin

DREXL, A./KOLISCH, R. (1993): Produktionsplanung und -steuerung bei Einzel- und Kleinserienfertigung, in: WiSt, Heft 2, S. 60–66 und S. 102–103

DYCKHOFF, H./LACKES, R./REESE, J. (2004): Supply Chain Management and Reverse Logistics. Springer, Berlin u. a.

EISENFÜHR, F./WEBER, M./LANGER, TH. (2010): Rationales Entscheiden, 5. Auflage, Springer, Berlin u. a.

EISENHUT, P. S. (1975): A Dynamic Lot Sizing Algorithm with Capacity Constraints. In: AIIE Transactions, Vol. 7, No. 2, S. 170–176

FANDEL, G./FRANÇOIS, P./GUBITZ, K.-M. (1997): PPS- und integrierte betriebliche Softwaresysteme: Grundlagen, Methoden, Marktanalyse. 2. Auflage, Springer, Berlin u. a.

FEIGENBAUM, A. V. (1961): Total Quality Control. McGraw-Hill, New York u. a.

FERDOWS, K./LEWIS, M. A./MACHUCA, J. A. D. (2005): Über Nacht zum Kunden. In: Harvard Business Manager, 27. Jg., Nr. 2, S. 80–89.

FISCHER, S./RICHTER, H.-J./RUPPRECHT, K.-R. (2002): Traceability Management – Produktrückrufe erfolgreich managen. In: Harvard Business Manager, Jg. 24, Art. 6, S. 56–66

FRANKEN, R. (1984): Materialwirtschaft. Kohlhammer, Berlin u. a.

GANTT, H. L. (1913): Work, Wages, and Profits. Engineering Magazine Co., New York

GARVIN, D. A. (1986): What does 'Product Quality' Really Mean? In: Sloan Management Review, Vol. 25, No. 4, S. 25–44

GOLDRATT, E. M. (1980): Optimized Production Timetable: A Revolutionary Program for Industry. APICS 23rd Annual International Conference Proceedings, S. 172–176

GREENBERG, H. H. (1968): A Branch-Bound Solution to the General Scheduling Problem. In: Operations Research, Vol. 16, No. 2, S. 353–361

GROFF, G. K. (1979): A Lot-Sizing Rule for Time-Phased Component Demand. In: Production and Inventory Management Journal, Vol. 20, S. 47–53

GRUSCHWITZ, A. (1993): Global Sourcing – Konzeption einer internationalen Beschaffungsstrategie. M&P Verlag, Stuttgart

GUTENBERG, E. (1951): Grundlagen der Betriebswirtschaftslehre. Band 1, Springer, Berlin u. a.

GUTENBERG, E. (1962): Unternehmensführung – Organisation und Entscheidungen. Gabler, Wiesbaden

HAHN, D./LASSMANN, G. (1990): Produktionswirtschaft – Controlling industrieller Produktion, Band 1, 2. Aufl., Physica, Heidelberg

HARRIS, F. W. (1913): How Many Parts to Make at Once. In: Factory, The Magazine of Management, Vol. 10, No. 22, S. 135–136, 152

HAX, A. C./MEAL, H. C. (1975): Hierarchical Integration of Production Planning and Scheduling. In: GEISLER, M. A. (Hrsg.): Logistics, TIMS Studies in Management Sciences. North Holland, Amsterdam, S. 53–69

HELGESON, W. B./BIRNIE, D. P. (1961): Assembly Line Balancing Using the Ranked Positional Weight Technique. In: Journal of Industrial Engineering, Vol. 12, S. 394–398

HELLER, J./LOGEMANN, G. (1962): An Algorithm for the Construction and Evaluation of Feasible Schedules. In: Management Science, Vol. 8, No. 2, S. 168–183

HOLT, C. C. (1960): Planning Production, Inventories and Work Force. Prentice Hall, Englewood Cliffs

HOSS, K. (1965): Fertigungsplanung mittels operationsanalytischer Methoden – Unter Berücksichtigung des Ablaufplanungsdilemmas in der Werkstattfertigung. Physica, Würzburg u. a.

IGNALL, E. J./SCHRAGE, L. (1965): Application of the Branch-and-Bound Technique to Some Flow-Shop Scheduling Problem. In: Operations Research, Vol. 13, S. 400–412

ISHIKAWA, K. (1983): Qualität und Qualitätsmanagement in Japan. In: PROBST, G. J. B. (Hrsg.): Qualitätsmanagement – ein Erfolgspotential. Haupt, Bern, S. 87–112

JOHNSON, R. V. (1988): Optimally Balancing Large Assembly Lines with 'FABLE', in: Management Science, S. 240–253

JOHNSON, S. M. (1954): Optimal Two- and Three-Stage Production Schedules with Setup Times Included, in: Naval Research Logistic Quarterly, No. 1, S. 61–68

JURAN, J. M. (1951): Quality Control Handbook. McGraw-Hill, New York

JURAN, J. M. (1988): Juran on Planning for Quality. The Free Press, New York

KELLEY, E. J./WALKER, M. R. (1959): Critical Path Planning and Scheduling. In: Proceedings of the Eastern Joint Computer Conference, Boston, New York, S. 160–173

KISTNER, K.-P./STEVEN, M. (2001): Produktionsplanung. 3. Auflage, Physica, Heidelberg u. a.

KONHÄUSER, C. (1999): Stärkung strategischer Funktionen. In: Beschaffung aktuell, Heft 1, S. 38–42

KRAJEWSKI, L. J./RITZMAN L. P. (1987): Operations Management: Strategy and Analysis. Addison-Wesley, Reading/Mass.

KRAJEWSKI, L. J./RITZMAN L. P. (2005): Operations Management: Processes and Value Chains, 7. Auflage, Pearson Prentice Hall, Upper Saddle River u. a.

KRALJIC, P. (1988): Zukunftsorientierte Beschaffungs- und Versorgungsstrategie als Element der Unternehmensstrategie. In: HENZLER, H. A. (Hrsg.): Handbuch Strategische Führung, Gabler, Wiesbaden, S. 477–497

KUHN, H. (1994): Bestimmung der Anzahl der Karten in einem Kanban-System. In: Das Wirtschaftsstudium, 23. Jg., Nr. 6, S. 527–532

KUPSCH, P. U. (1979): Materialrechnung, in: KERN, W. (Hrsg.), Handwörterbuch der Produktion, Stuttgart, Sp. 1042–1043

LEIMSTOLL, U. (2003): Fallstudie Kaved AG. In: SCHUBERT, P./WÖLFLE, R./DETTLING, W. (Hrsg.): E-Business Integration – Fallstudien zur Optimierung elektronischer Geschäftsprozesse. Hanser, München u. a., S. 67–80

MATTHIESSEN, G./UNTERSTEIN, M. (2008): Relationale Datenbanken und SQL. 4. Auflage, Addison-Wesley, München u. a.

MAYO, E. (1933): The Human Problem of an Industrial Civilisation. Macmillan, New York

MERTENS, P. (2000): Integrierte Informationsverarbeitung 1. 10. Auflage, Gabler, Wiesbaden

MERTENS, P. (2005): Integrierte Informationsverarbeitung 1. 15. Auflage, Gabler, Wiesbaden

MERTENS, P. (2009): Integrierte Informationsverarbeitung 1. 17. Auflage, Gabler, Wiesbaden

MILES, L. D. (1961): Techniques of Value Analysis and Engineering. McGraw-Hill, New York u. a.

MILLER, B. L./WAGNER, H. M. (1965): Chance Constraint Programming with Joint Constraints. In: Operations Research, Vol. 13, No. 6, S. 930–945

MOHANTY, R. P./SINGH, R. (1992): A Hierarchical Production Planning Approach for a Steel Manufacturing System. In: International Journal of Operations & Production Management, Vol. 12, No. 5, S. 69–78

MONDEN, Y. (1983): Toyota Production System: Practical Approach to Production Management. Industrial Engineering and Management Press, Atlanta

MÜLLER-MERBACH, H. (1992): Operations Research. 3. Auflage, Vahlen, München

NAWAZ, M./ENSCORE, E. E./HAM, I. (1983): A Heuristic Algorithm for the m-Machine, n-Job Flow-Shop Sequencing Problem. In: OMEGA, Vol. 11, S. 91–95

O.V. (1998): Strategien des Global Sourcing. In: Beschaffung aktuell, Heft 4, S. 38–42

O.V. (2004): Sourcing von Logistik-Dienstleistungen: Eine Fallstudie zu Einsatz und Potenzialen von eSourcing-Tools im Frachteinkauf

O.V. (2005a): Arbeitsschutz vom Systemversorger. In: Beschaffung aktuell, Heft 6, S. 64

O.V. (2005b): Elektronischer Rechnungsversand mit Signaturen gemäß Umsatzsteuergesetz. AuthentiDate Deutschland GmbH. http://www.authentidate.de/pdfs/Anwenderbericht_National_Car_von_AuthentiDate.pdf. heruntergeladen am 10.01.2007

O.V. (2006): Highway in die Zukunft. In: Scheer Magazin, Ausgabe 3., S. 4–7

OHNO, T. (2009): Das Toyota-Produktionssystem. 2. Auflage, Campus, Frankfurt am Main

ORLICKY, J. (1975): Material Requirements Planning – The New Way of Life in Production and Inventory Management. McGraw-Hill, New York u. a.

POPP, W. (1968): Einführung in die Theorie der Lagerhaltung. Springer, Berlin u. a.

PORTER, M. E. (2008): Wettbewerbsstrategie: Methoden zur Analyse von Branchen und Konkurrenten. 11. Auflage, Campus, Frankfurt am Main u. a.

RADEMACHER, S. (2001): Einkauf der deutschen Industrie in Niedriglohnländern. Masai, München

REESE, J./PETERSEN, K. (2000): Qualitätsmanagement – Eine empirische Studie im Werkzeugmaschinenbau. In: Zeitschrift für Betriebswirtschaft, 70. Jg., Nr. 1, S. 5–25

ROETHLISBERGER, F. J./DICKSON, W. J. (1939): Management and the Worker. Harvard University Press, Cambridge/Mass.

SAATY, TH. L. (1980): The Analytic Hierarchy Process. Mc Graw Hill, New York 1980
SASIENI, M./YASPAN, A./FRIEDMAN, L. (1967): Methoden und Probleme der Unternehmensforschung. Dt. Übersetzung. Physica, Würzburg
SCHEER, A.-W. (1990): EDV-orientierte Betriebswirtschaftslehre: Grundlagen für ein effizientes Informationsmanagement. 4. Auflage, Springer, Berlin u. a.
SCHEER, A.-W. (1997): Wirtschaftsinformatik – Referenzmodelle für industrielle Geschäftsprozesse. 7. Auflage, Springer, Berlin u. a. (1. Auflage 1988)
SCHNEEWEISS, CH. (1981): Modellierung industrieller Lagerhaltungssysteme. Springer, Berlin u. a.
SCHRÖDER, C. (2010): Industrielle Arbeitskosten im internationalen Vergleich, IW-Trends – Vierteljahresschrift zur empirischen Wirtschaftsforschung aus dem Institut der deutschen Wirtschaft Köln. 37. Jg., Heft 3, S. 19–38
SIEVERS, S. (2005): Modell Toyota. In: Brand Eins Wissen, Jg. 7, Nr. 10, S. 140–144
SILVER, E. A./MEAL, H. C. (1973): A Heuristic for Selecting Lot Size Quantities for the Case of Deterministic Time-Varying Demand Rate and Discrete Opportunities for Replenishment. In: Production and Inventory Management Journal, Vol. 14, No. 2, S. 64–74
SIMPSON, K. F. (1958): In-Process Inventories, in: Operations Research, Vol. 6, S. 863–873
SMITH, A. (1776): An Inquiry into the Nature and Causes of the Wealth of Nations. E. Strahan, T. Cadell, London
STEVEN, M. (1994): Hierarchische Produktionsplanung. 2. Auflage, Physica, Heidelberg
TARDIF, V./MAASEIDVAAG, A. (2001): An Adaptive Approach to Controlling Kanban Systems. In: European Journal of Operational Research, Vol. 132, No. 2, S. 411–424
TAYLOR, F. W. (1911): The Principles of Scientific Management. Harper, New York
THEIL, H. (1958): Economic Forecasts and Policy. North-Holland, Amsterdam und Oxford
TORLACH, S. (1996): Bedeutung und Würdigung der DIN ISO 9000 ff. als TQM-Konzepts für Qualitätssicherung im Baugewerbe. Diplomarbeit, Lüneburg
VASZONYI, A. (1962): Die Planungsrechnung in Wirtschaft und Industrie. Oldenbourg, München
VEINOTT, A. F. (1969): Minimum Concave-Cost Solution of Leontief Substitution Models of Multi-Facility Inventory Systems. In: Operations Research, Vol. 17, S. 262–291
WAGNER, H. M./WHITIN T. M. (1958): Dynamic Version of the Economic Lot Size Model. In: Management Science, Vol. 5, S. 89–96
WEIHERMANN, A (1995): Ausprägungsformen von Global Sourcing. In: Wisu-Wirtschaftsstudium, 24.Jg., Heft 5, S. 418–421
WESSELHÖFT, P. (2003): Achtung Baustelle! In: McKinsey Wissen 6, 2. Jg., September, S. 8–11
WIENDAHL, H.-P. (2005): Betriebsorganisation für Ingenieure. 5. Auflage, Hanser, München u. a.

WIGHT, O. W. (1981): Manufacturing Resource Planning, MRP II. Oliver Wight Publications, Essex Junction/Vt.
WILDEMANN, H. (1984): Flexible Werkstattsteuerung nach KANBAN-Prinzipien. In: WILDEMANN, H. (Hrsg.): Flexible Werkstattsteuerung durch Integration von KANBAN-Prinzipien. CW-Publikation, München, S. 33–99
WILLENBROCK, H. (2004): Wo Karstadt shoppen geht. In: McKinsey Wissen 10, 3. Jg., September, S. 63–69
WILLENBROCK, H. (2006): Handeln Sie. Wir kümmern uns um die Details. In: McKinsey Wissen 17, 5. Jg., Juni, S. 100–105
WINTERS, P. R. (1960): Forecasting Sales by Exponentially Weighting Moving Averages. In: Management Science, Nr. 6, S. 324–342
ZÄPFEL, G. (1982): Produktionswirtschaft – Operatives Produktions-Management. De Gruyter. Berlin und New York 1982, S. 165–167
ZÄPFEL, G. (2000): Taktisches Produktions-Management. 2. Auflage. Oldenbourg, München u. a.
ZÄPFEL, G. (2001): Grundzüge des Produktions- und Logistikmanagements. 2. Auflage, Oldenbourg, München u. a.
ZÄPFEL, G./GFRERER, H. (1984): Sukzessive Produktionsplanung, in: Wirtschaftswissenschaftliches Studium 13, S. 235–241

Sachverzeichnis

ABC-Analyse 80
Abfallprodukt 286
Ablaufplanung 316
Abweichungssignal 390
Administrationssystem 168
Agent
 – Beschaffungsagent 68
 – Informationsagent 69
 – Kooperationsagent 69
 – Transaktionsagent 69
Alternativkalkulation 289
Analytisch Hierarchischer Prozess (AHP) 431
Andlersche Losgrößenformel 296, 446
Angebot 176
Angebotserstellung 176
Angebotsposition 176
Arbeitsgang 213
Arbeitsgangzuordnung 219
Arbeitsplan 212
Arbeitsplanzuordnung 213
Arbeitsteilung 2
Arithmetisches Mittel 387
Artikel 176
Attribut 171
Auftragsarbeitsgang 217
Auftragsarbeitsgangzuordnung 217
Auftragsarbeitsplan 217
Auftragserfassung 184
Auftragsfolgebedingung 339
Auftragsfreigabe 222
Auftrags-Gantt 232
Auftragsprüfung 187
Auftragsreihenfolge 334
Auftragsterminierung 213, 218
Auslastungsgrad 337
Ausschreibungsplattform 60
Autonomation 160

Back Order 151, 453
Balkendiagramm 337
Basistausch 258
Basisvariable (BV) 258
Batchbetrieb 182
Baugruppe 194
Baukastenstückliste 408
Baukastenteileverwendungsnachweis 408
Bedarf
 – Primärbedarf 194
 – Sekundärbedarf 194
Bedarfsableitung 204
Bedarfsauflösung 194, 200
Bedarfsbündelung 200
Bedarfsdeckung 204
Bedarfsermittlung
 – programmorientierte 404
 – verbrauchsorientierte 386
Bedarfsstruktur 195
Bedarfsverfolgung 203
Befundrechnung 371
Belastungsorientierte Auftragsfreigabe 129, 223
Belastungsschranke (BS) 129
Belastungsübersicht 220
Belegungszeit 316
Beschaffung
 – internationale 13
 – quasinationale 13
 – weltweit koordinierte 13
Beschaffungsportfolio
 – strategisches 66
Bestand
 – Anforderungsbestand 366
 – Bestellbestand 364
 – Buchbestand 364
 – Eindeckungskontrollbestand 367
 – Eindeckungsmeldebestand 366
 – Fehlbestand 367
 – Höchstbestand 365
 – Meldebestand 366
 – Mindestbestand 366
 – Vormerkbestand 365
Bestandsfortschreibung 369
Bestandsregelung 125
Bestellhäufigkeit 445
Bestellpolitik 440
 – (s,Q)-Bestellpolitik 441
 – (s,S)-Bestellpolitik 442
 – (T,Q)-Bestellpolitik 443
 – (T,S)- Bestellpolitik 443
Betriebsdatenerfassung (BDE) 239
Betriebsmittel 212
Betriebsmittel-Gantt 232
Betriebsmittelstörung 240
Beziehungstyp 174
Bilaterales Business 63
Bonitätsprüfung 186
Branch-and-Bound-Verfahren 343

Sachverzeichnis

CDS-Heuristik 346
Chance Constraint-Programmierung 281
Clan 45
Company Wide Quality Control 35
Complementary Slackness 298
Computer Aided Design (CAD) 107
Computer Aided Manufacturing (CAM) 107
Computer Aided Planning (CAP) 107
Computer Aided Quality Assurance (CAQ) 107, 235
Computer Integrated Manufacturing (CIM) System 107
Consortium Purchasing 65
Cooperative Scoreboard 53
Critical Path Method (CPM) 317

Datenbank 168
Deckungsbeitrag
– relativer 252
Deckungsbeitragsmaximierung 250
Deckungsbeitragsprüfung 189
Deming-Kette 35
Diagramm
– Entity-Relationship-Diagramm 174
Dialogbetrieb 183
Dilemma der Ablaufplanung 316
Direct Purchasing 65
Direct Ratio-Methode 429
Direktbelastung 132
Dispositionsstufenverfahren 411
Dispositionssystem 168
Durchlaufzeit 316
– mittlere 127
Durchlaufzeitensyndrom 126
Durchschnitt
– gleitender 389
Durchschnittskostenverfahren 307
Dynamische Optimierung 298

E-Auction 62
E-Bidding 65
Eigenfertigung 290
Eindeckungszeit 119
Einkaufsplattform 63
Einlastungsprozentsatz (EPS) 131
Einzelprodukt 116
Eisenhut-Heuristik 310
Electronic Data Interchange (EDI) 63
Elektronische Börse 62
E-Market 66
Entity-Typ 174
Entscheidungstabellentechnik 187
E-Procurement 56
Euklidische Norm 274
Exponentielle Glättung 393

– Glättung bei Saisonschwankungen 402
– Glättung mit Trendkorrektur 397
– Glättung zweiter Ordnung 399

Fachportal 63
Fast Algorithm for Balancing Lines Effectively (FABLE) 355
Fehlerniveau 390
Feinterminierung 227
Fertigungsauftrag 200
Fertigungsstufenverfahren 409
Firewall 71
First Come First Served-Regel (FCFS) 350
Fitness for Use 32, 35
Fließbandabgleich 335, 351
Flow Shop-Problem 334
Fortschrittszahl 134
– Ist-Fortschrittszahl 135
– Plan-Fortschrittszahl 135
– Soll-Fortschrittszahl 135
Fremdbezug 290

Gantt-Diagramm 337
Gebietsspeditionskonzept 140
– kundenseitiges 143
– lieferantenseitiges 140
Gesamtdurchlaufzeit 336
Global Manufacturing 11, 16
Global Operations 5
Global Sourcing 11
Globalisierung 9
Goal Programming 273
Gozinto
– Gozinto-Graph 413
– Gozinto-Methode 413
Grenzkostenverfahren 305
Grunddaten 170
Gut
– Engpassgut 66
– Hebelgut 66
– R-Gut 83
– S-Gut 83
– strategisches 66
– U-Gut 83
– unkritisches Gut 67
Güterverkehrszentrum 145

Harris-Formel 446
Hawthorne-Experimente 3
Hax-Meal-Modell 116
Heuristik 301

Information Science 4
Input-Output-Control 127
Instandhaltung 237
Instandhaltungsablaufplanung 238

Instandhaltungsauftrag 237
Instandhaltungsterminierung 238
Instandhaltungsüberwachung 239
Integration
– vertikale 246
Interorganizational Operations 5
Intranet 44
Inventur
– permanente 373
– Stichprobeninventur 373
– Stichtagsinventur 372
– verlegte 373
Inventurmethode 371

Job Shop-Problem 335
Johnson Algorithmus 346
Joint Venture 15
Just-in-Time
– Just-in-Time-Lager 144
– Just-in-Time-System 138

Kalkulation
– arbeitsgangweise 287
Kanban 146
– Fertigungs-Kanban 146
– Kanban-Regelkreis 146
– Transport-Kanban 146
Kanban-System 146
– adaptives 154
– generisches 156
Kapazitätsabgleich 219
Kapazitätsterminierung 213, 316
Kardinalität 174
Kelley-Algorithmus 325
Kennzahl 373
Kompromisszielfunktion 272
Konnektor 180
Kosten
– Beschaffungskosten 88
– bestellfixe 445
– Bestellkosten 89
– Eigenfertigungskosten 425
– Fehlerkosten 33
– Fehlerverhütung 33
– Fehlmengenkosten 89
– Fremdbezugskosten 425
– Gemeinkosten 425
– Herstellkosten 426
– Lagerkosten 89, 444
– Leerkosten 89
– Opportunitätskosten 426
– Prozesskosten 89
– Prüfkosten 33
– Qualitätskosten 33
– Rüstkosten 89
– Sondereinzelkosten 426
– Transaktionskosten 427

Kostenausgleichsverfahren 304
Kronecker-Symbol 297
Kuppelproduktion 283
Kürzeste Rest-Bearbeitungszeit-Regel
  (KRB) 350
Kürzeste-Operations-Zeit-Regel
  (KOZ) 350

Lagerbestand 364
– durchschnittlicher 364
– Reichweite des Lagerbestands 375
– verfügbarer 365
Lagrange-Ansatz 450
Lean Production 5
Leerzeit 316
Leistungsabstimmung
– integrierte 359
Leitprodukt 283
Linksammlung 61
Lorenz-Kurve 82
Losgröße
– gleitende wirtschaftliche 303
Losgrößenmodell
– dynamisches 297
Lost Sales 151, 453

Management Science 3
Management-Informationssystem 168
Manufacturing Resource Planning
  (MRP II) System 100
Markt
– elektronischer 58
Marktplatz 63
Maschinenbelegung 228
Maschinenbelegungsplan
– aktiver 342
– inaktiver 342
Maschinenbelegungsproblem 334
– dynamisches 335
Maschinenfolgebedingung 339
Maschinenreihenfolge 334
Master Production Schedule (MPS) 99
Match-Code 185
Matching-System 62
Material Requirements Planning (MRP)
  System 99
Materialrechnung 369
Matrixauktion 52
Mehrauftragsplanung 327
Mengenübersichtsstückliste 405
Mengenübersichtsteileverwendungs-
  nachweis 405
Methoden zur Kurssicherung 23
Methodenbank 168
Metra Potential Method (MPM) 317
Mitarbeiterbelegung 230
Mitarbeiterzuordnung 213

Modellbank 168
Multiple Criteria Decision Making 4

NEH-Heuristik 348
Netzplan 317
Netzplantechnik 188
Netzwerk
– horizontales 46
– laterales 46
Nicht-Basisvariable (NBV) 258
Nullbedarfsperiode 84
Null-Fehler-Prinzip 36
Nutzzeit 316

Objekttyp 174
One-to-one-Marketing 67
Operations Research 3
Optimized Production Technology (OPT) System 105

Parametrische lineare Optimierung 267
Partialmodell 246
Planung 243
– Abschnittsplanung 247
– Ausgleichsgesetz der Planung 252
– bei Risiko 246
– bei Sicherheit 246
– bei Ungewissheit 246
– Engpassplanung 252
– kurzfristige 245
– langfristige 245
– Losgrößenplanung 294
– mittelfristige 245
– operative 245
– Programmplanung 247
– Simultanplanung 246
– stochastische 277, 457
– strategische 245
– Sukzessivplanung 246
– taktische 245
Planungsmodell
– deterministisches 246
Planungsprozess 243
Planungssystem 168
Poissonverteilung 152
Power Buying 65
Prioritätsregel 349
Produktfamilie 116
Produktionsplanungs- und -steuerungssystem (PPS-System) 102
Produktkatalog 60
Produktpäckchen 283
Produkttyp 116
Produktverantwortung 34
Prognosefehler 389
Prozesskette
– ereignisgesteuerte 179

Prüfplan 233
Pufferzeit 219, 319
– freie 319
– unabhängige 319
Pull-Prinzip 148
Punktbewertungsverfahren 429

Qualität 30
– Definition 30
– Unqualität 32
Qualitätslenkung 233
Qualitätsmanagement 36
Qualitätsplanung 233
Qualitätsprüfung 233
Qualitätssicherung 233
– computergestützte 235
Qualitätszahl (QZ) 428
Quality Management 4
Query Language (QL) 198

Rabattstaffelung 451
Regression
– lineare 401
Relation 171
Relationenmodell 171
Relationentheorie 171
Risiko-Chancen-Funktion 278
RSU-Analyse 83
Rückrechnung 371

SAP-System 103
Schattenpreis 261
Schlupfvariable 256
Schlupfzeit-Regel (SZ) 350
Schlüsselattribut 171
Schwarzes Brett 62
Scientific Management 3
Scoring-Technik 187
Scoring-Verfahren 429
Sensitivitätsanalyse 262
Sequenz 228
Service Operations 5
Sicherheitsbestand 366
– optimaler 446
Sicherheitsfaktor 380
Signatur
– digitale 71
Simplex-Algorithmus 254
Skontration 369
Soll-Bestand 127
Sourcing
– Multiple 16
– Single 16
Stapelbetrieb 182
Störpegel (SP) 83
Strategie
– Beschaffungsstrategie 18

– Wettbewerbsstrategie 16
Strategische Allianz 15
Strukturstückliste 405
Strukturteileverwendungsnachweis 405
Stückliste 195, 404
Suchdienst 62
Swing-Methode 430
System
– fixiertes 62
– hierarchisches 114

Takt 351
Teil 194
Teileattribut 195
Teileverwendungsnachweis 198, 405
Terminierung
– Durchlaufterminierung 316
– Mittelpunktterminierung 218
– Rückwärtsterminierung 218, 318
– Vorwärtsterminierung 218, 318
Terminprüfung 188
Terminschranke 129
Theil'scher Ungleichheitskoeffizient 390
Total Quality Control 35
Total Quality Management (TQM) 35
Totalmodell 246
Tourenplanung 141
Tragfähigkeitsprinzip 273
Tschebyscheff-Norm 274

Umschlagshäufigkeit 374
Unternehmensnetzwerk 45

Verbrauchsrechnung 369
Verfügbarkeitsprüfung 222

Vermittlungssystem 62
Verschlüsselungsmodell 71
Verweildauer
– durchschnittliche 374
Vickrey-Auktion 52
Virtuelles Branchenbuch 61
Virtuelles Unternehmen 46
Vorgangskettendiagramm 181
Vorranggraph 355

Wagner-Whitin-Verfahren 298
Wartezeit
– ablaufbedingte 333
Werkstattsteuerung 227
Werkzeug 212
– Werkzeugbelegung 230
– Werkzeugeinsatz 213
– Werkzeugzuordnung 213
Wertanalyse 21
Wertregel
– dynamische 350
– statische 350
Wurzelformel 296

Zertifikat 36
Ziel
– Kostenziel 87
– Sicherheitsziel 87
– Sozialziel 251
– Umweltziel 91, 251
Zielkonkurrenz 270
Zielsystem 87
Zulässigkeitsstabile Lösung 281
Zuordnungsproblem 352
Zykluszeit 336